嶺山法學 제4호

朝鮮時代財

禹柄彰 著

세창출판사

法故創新

머 리 말

우리법은 지금까지 크게 두 번에 걸쳐 외래법의 계수과정을 겪었다. 제1차 계수는 중국법을 계수하는 단계로서 삼한시대 중엽 이후부터 시작하여 통일신라·고려시대를 거쳐 조선시대에 이르는 과정으로서 중국법제의 계수가 점차 증가하여 이른바 中國法繼受時代를 맞이하게 된다. 그리고 제2차 계수는 서구법(주로 대륙법)을 계수하는 단계로서 한말 개화기에 시작하여 일정시대를 거쳐 오늘날에 이르는 이른바 西歐法繼受時代를 말한다. 이러한 두 단계로 이루어진 법의 계수는 서로 이질적인 것으로서 두 시대를 구별함으로써 법의 중단을 초래하였다. 이로 말미암아 規範力의 淵源을 일관성 있게 찾는 것이 쉽지 아니하게 되었다. 다만 가족법의 분야는 이 제한에 구애받지 않는다고 할 수 있다. 그러나 제도의 단절이 곧 역사의 단절은 아니며, 법 또는 그 의식은 완전히 소멸되는 것이 아니라 국민들의 의식 속에 면면히 잠재하고 있기 때문에 그 민족의 존속이 전제되는 한 법제사에 관한 연구 역시 전혀 불가능한 것은 아니다. 첫 단계인 중국법의 계수에 있어서는 그 과정을 겪으면서 우리의 전통적인 법규범은 외래의 그것과 서로 융화하기도 하고 아니면 서로 상충되기도 하였다. 그렇지만 그 와중에서 우리 전통법이 외래의 물결에 밀려 완전히 도태된 것은 아니며, 외래법과 서로 저촉되는 문제에 대해서는 전통적인 관습법을 적용함으로써 우리의 현실적인 생활 속에서 규범으로서의 역할을 충실히 담당하였다고 볼 수 있다. 그것은 당시 외국법의 계수라는 것이, 외압에 의한 강제적인 유입이 아니라 우리 선조들의 필요에 의한 자발적인 적극적 수용이었다는 데서 알 수 있다. 실례로 대명률의 경우 조선이 건국되면서 곧 들여와서 적용하였는데, 그것은 고려말의 정치적·사회적 불안이 가장 큰 원인이었다. 그 뒤 조선왕조시대가 끝날 때까지, 정확히는 『刑法大全』이 제정·시행될 때까지, 줄곧 우리 선조의 법률생활관계를 규율하는 기본법으로서 자리를 잡아 큰 역할을 담당하였다. 이 때까지만 하더라도 비록 외래의 법규범이 수입되기는 하였지만, 우리의 전통적인 법규범이 위축되거나 붕괴되었다고 보기는 어렵다. 그것은 조선이나 중국이나 모두 아직까지는 전근대적인 동양사회의 본래 모습을 유지하고 있었기 때문이기도 하다. 이러다가 우리의 전통법은 다시 한 번 외래의 물결과 접하게 되었는데, 이것이 이른바 구한말의 제2차 외국법의 계수이다. 그런데 이 두 번째의 경우는 유입되는 과정에서 첫 번째의 경우와는 달리, 문화적 이질감에서 비롯되는 상당히 강력한 충격과 함께 혼란을 가져왔다. 즉 1차 계수 때의 상호 조화적 접촉과 달리 2차의 계수는 상호 투쟁적인 것이었다. 결국 이 충돌에서 우리의 전통법은 법사상·입법형식 및 그 적용방법 등에 있어서 뒷전으로 밀려날 수밖에 없게 되었고, 오늘날 더욱 잊혀져 가고 있는 우리법의 현실을 보고 있지 아니한가.

이러한 상황 속에서 과거 우리의 전통적인 법규범을 고찰함으로써 우리 전통법의 새로운 法源을 발굴하고, 그것이 오늘날의 법학과 관련하여 볼 때 어떠한 의미를 가질 수 있는가를 규명해 보는 것은 매우 가치 있는 작업이라고 할 수 있다. 이러한 연구를 위해서는 먼저 사전작업이 필요하다. 즉 당시의 우리 선조의 법률생활모습이 어떠했고, 또 그 생활 속에서 발생하는 문제들이 법적으로 어떻게 논의되었으며, 나아가 그러한 크고 작은 문제들이 어떻게 해결되었는가를 정리·분석하는 작업이 선행되어야 할 것이다. 이 책의 주된 목적은 바로 이 선행작업을 수행함으로써 이후에 우리의 전통적 법규범을 보다 깊고 면밀하게 구체적으로 연구하기 위한 기초를 마련하는 데 있다.

이 책에서 논의되고 있는 것은 조선시대의 법 가운데서 특히 재산에 관한 법규범이다. 조선시대에 있어서도, 오늘날과 같이 세분화·체계화되지는 못하였지만, 그 시대의 상황에 맞는 어느 정도의 법의 분화는 있었다고 보아야 할 것이다. 그것은 조선 초기부터 이루어진 성문법전의 편찬과정에서 잘 나타난다. 이 시대에 있어서 법의 영역은 지금만큼 다양하게 체계적으로 세분화되지는 못하였지만 지속적인 성문법전의 編纂·改修와 함께 체계적인 면에서 나름대로의 발전을 거듭한 것은 사실이다. 이 책에서 연구의 대상을 재산에 관한 법규범에 한정한 것은, 신분법 분야에 있어서는 이미 상당한 수준의 연구성과가 축적되어 있다고 판단되었기 때문이다. 여기서 그 연구성과를 일일이 나열할 수는 없고, 구체적인 연구목록은 우선 韓國法史學會에서 발간하는 기관지인 『法史學硏究』의 부록에 잘 나타나 있다. 여기에는 1945년부터 1979년에 이르기까지의 한국 및 일본에서 연구된 목록이 정리되어 있다(創刊號・제2호・제8호의 부록 참조). 그 밖에 한국법제사의 연구성과는 법원행정처・서울대학교 및 국회도서관 등 기관에서 발간하는 韓國法律文獻索引集에 잘 정리되어 있다.

지금까지 한국법제사 연구는 다른 외국의 것에 비교하여 볼 때 그렇게 활발한 편은 되지 못한다. 굳이 그 원인을 들자면 이 분야를 연구하는 학자가 수적으로 많지 않고 또 그로 말미암아 한국법제사에 관한 연구실적 역시 미약할 수밖에 없는 우리 법학계의 현실이 가장 큰 요인이 될 것이다. 이러한 사정 아래 한국법의 역사를 어떻게 시대적으로 구분할 것인가 하는 것조차 제대로 논의되지 않고 있는 것이 바로 한국법제사 연구의 현주소라 하겠다. 한국사에 있어서의 시대구분은 대체로 왕조중심의 시대구분방법이 채용되어 온 것이 일반적이며, 근래에 와서 몇 가지 새로운 시도가 있기는 하지만, 아직까지는 왕조중심의 구분방법을 크게 벗어나지 못하고 있다. 그것은 우리나라의 역사적 발전과정이 왕조의 흥망과 매우 밀접한 관계를 맺고 있기 때문에 역사적 연구에 있어서 왕조의 변천을 기준으로 하는 것이 편리하다는 이점이 있기 때문일 것이다. 이러한 사정은 한국법제사의 연구에 있어서도 예외일 수는 없다. 이 책에서는 연구의 목적이나 성격으로 볼 때 그 시대의 명칭이 어떠하든지 큰 의미는 없다고 판단되기 때문에 구체적인 언급은 생략한다.

이 책의 주목적은 앞으로 한국법제사의 연구자들에게 효율적인 연구를 위한 기초자료를 제공하기 위한 것이다. 본래 필자가 조선왕조실록에서 뽑은 법률관련자료는 재산관계에 관한 것만이 아니라 가족법을 포함한 민법분야 전반, 법일반, 상사법 및 형사법에 이르는 전분야에 걸치는 것이다. 그러나 필자의 전공이 민법이고, 애초에 한국법제사를 전공하게 된 동기 역시 민법, 그 가운데서도 특히 재산관계에 관한 법규범이 중심이 되었기 때문에 이 책에서는 우선 민사법규범에 관한 것을 주로 다룬다. 왕조실록에는 대단히 많은 법규범들이 등장하는데, 대체로 조선 초기에 특히 많이 보이고, 후기에 이르러서는 점차 줄어드는 경향이 있다. 그것은 조선 초기에 많은 성문법전이 편찬됨으로써 어느 정도의 법적 안정이 이루어졌기 때문이라고 생각된다. 이 책에서 직접 인용되는 실록의 내용은 이해의 편의를 위하여 가능하면 관계되는 전문을 그대로 인용하고 있으며, 이들 자료를 주제별로 분류한 다음 시대순으로 서술하는 방식을 취하고 있다. 이 책에서 다루어진 자료들을 기초로 하여, 현대적인 법사학적 방법론을 접목함으로써 우리 전통법에 대한 보다 깊고 세밀한 연구가 계속되기를 기대한다.

이 책이 세상에 나오기까지 많은 분들의 격려와 도움이 있었다. 그 분들께 지면으로나마 진심으로 감사의 말씀을 올린다. 먼저, 필자가 학문의 길에 들어선 이후 줄곧 인자하게 감싸 주시고 이끌어 주신 스승 최달곤 선생님께 감사의 말씀을 올린다. 뵐 때마다 늘 격려의 말씀을 아끼지 않으시는 김용한 선생님, 박병호 선생님 그리고 조규창 선생님께도 감사를 드린다. 또한 이 책이 나오기까지 교정을 도와준 고려대학교 법과대학 정구태 석사에게도 깊이 감사한다. 그리고 필자의 오늘이 있기까지 보살펴 주신 부모님과 형제들께 감사를 드리며, 특히 묵묵히 필자의 뒷바라지를 하면서 그 동안 모든 생활의 즐거움과 여유를 양보해 준 사랑하는 아내 김현미, 그리고 아빠의 부족한 사랑 속에서 예쁘게 무럭무럭 자라준 건강한 두 딸 지민이와 상명이에게도 고마움을 전한다. 끝으로 이 책의 출판작업에 도움을 주신 세창출판사 여러분께 진심으로 감사드린다.

2006년 2월 입춘에

東岳에서 진달래 향을 기다리며

執中 禹柄彰 씀

차 례

서 론

제1장 財産法總論

제2장 物 權 法

제3장 債 權 法

朝鮮時代財産法

서 론

1. 한국법제사의 연구개요

오늘날 한국법제사에 관한 연구업적은, 서양의 것에 비교하여 볼 때 상대적으로, 풍부하지 못한 것이 현실이다. 한국법제사에 관한 연구업적은 크게 두 가지로 분류할 수 있겠다. 하나는 이른바 일제시대에 30여 년간 일본인들이 수집·정리해 놓은 것이고, 다른 하나는 해방 후 50년이 넘는 동안, 일본인들이 정리해 놓은 자료를 바탕으로 한 한국인 학자들의 연구물과 한국 법제처에서 단순히 번역하여 발간하고 있는 조선시대의 법전류이다. 이 두 경우를 놓고 비교해 볼 때 전자의 경우가, 그 내용의 왜곡 여부는 차치하고 볼 때, 우선 연구의 양적인 면에 있어서는 결코 더 적지는 않다. 당시 일본인이 이룬 성과 가운데 주요한 것으로는 『慣習調査報告書』(朝鮮總督府 中樞院 編, 1912년)·『民事慣習回答彙集』(朝鮮總督府 中樞院 編, 1933년)·『朝鮮戶籍例規』(朝鮮總督府 法務部 編, 1933년) 등이 있고, 기타 우리 고유의 법제자료를 정리한 것이 대단히 많다. 그 중에서 일본인 四方 博의 『類聚實錄抄』는 조선왕조실록의 기사를 직접 기초로 한 것인데 이것은 모두 14권으로 구성된 방대한 것이며, 법학만이 아니라 사회·인문·자연과학 등 전분야에 관한 관련기사를 추출·정리·분류해 놓은 것으로서 조선시대의 연구에 있어서 활용가치가 매우 높은 자료라 하겠다. 한편 해방 후에 나온 한국인 학자의 연구물은, 몇 분을 제외하고는, 주로 이들 기초 자료를 바탕으로 하여 다소의 해석을 가한 정도가 대부분이며, 그것도 서구적인 기술과 시각에서 잠시 섭렵하는 정도에 그쳤다고 할 수 있다. 이러한 연구실태는 지금도 크게 변화된 것이 없다.[1)]

1) 이러한 와중에서도 나름대로 독자적인 연구를 묵묵히 수행해 온 것은 韓國法史學會의 활동이라 하겠다. 현재 한국에 있어서의 한국법제사에 관한 연구는 韓國法史學會를 중심으로 해서 이루어지고 있다고 해도 과언은 아닐 것이다. 이 학회는 1973년 3월 3일

2. 한국법제사의 연구자료

(1) 조선시대에 있어서의 법의 제정과 개정

고려시대는 개별적인 王法과 관습법에 지배되었으나, 조선시대에는 統一法典의 제정과 계속적인 법전의 편찬이 이루어진 시기이며, 동시에 중국법의 본격적인 계수가 이루어짐으로써 大明律을 우리나라에 적용하게 되었다. 일반적으로 이 시대를 통일법전인 성문법에 의한 지배시대였다고 말한다. 그러나 이러한 모습과는 별도로 조선시대에서는 王令이 법률, 행정지시 또는 판결이 되기도 하였다. 그것은 조선사회 자체는 중앙집권적 절대왕정이었기 때문이다. 또한 모든 법률은 국왕의 왕명으로써 성립되던 시기이다. 왕의 명령을 教라고 하고, 이 왕명을 받는 것을 受教라고 하였으며, 그리고 왕의 傳旨를 判旨 또는 條例라고 불렀다.[2)]

조선시대에 있어서 법을 제정하는 방식은 일반적으로 두 가지로 대별되었던 것으로 보인다. 첫째는 受教라는 형태로 시행하는 것인데, 이것은 국왕의 자발적인 명령에 의하는 경우로서 입법의 주체가 임금이었다. 둘째는

한국법학원(초대원장 梁准模 박사)에서 창립총회를 갖고서 설립되었다. 창립총회에는 전국 각 대학에서 40여 명의 교수들이 모였으며, 그 결과 전봉덕 선생이 회장으로, 양준모・김증한・박원선・현승종・강주진・최해태・김용욱・김병하・김치선・이종항・송두용 및 박광서 교수가 이사로, 구병삭 교수와 윤재수 법제처 전문위원이 감사로, 박병호 교수가 간사로 선임되었다. 1989년 이래 박병호 교수가 회장을 맡은 이후 현 회장인 최종고 교수에 이르기까지 2006년 1월 현재 75회에 걸쳐 定例學術發表會를 개최하고 있으며, 그 산물로서 매년 1, 2회씩 정기적으로 학회지인 法史學研究를 발간하고 있다.

2) 고려시대에는 王命의 표현을 勅 또는 詔로 사용하였는데, 조선시대에 들어서는 判(判旨, 條例), 制, 教(命令, 傳旨, 受教)로 표현하게 되었다. 判이라는 것은 왕의 말이기 때문에 注書・翰林이라도 쓰지 못하고, 承旨만이 쓸 수 있었다. 그것은 조선왕조는 중국황제의 冊封으로 諸侯의 禮로 대우받았기 때문이다. 실제로 법령의 해석에 있어서도 왕과 대신 사이에서 완전한 해석이 어려운 때에는 중국의 禮部에 자문을 구한 기록이 왕조실록에 보인다.

「奉王旨施行」·「啓聞取旨」 등의 형식으로서 該當司 또는 重臣이 上奏하는 것을 왕이 允許하는 방식으로서 대신들이 입법의 주체가 되었던 것이다. 이러한 입법의 구체적인 과정은 대체로 조선 초기에는 議政·六曹 등의 建議에 의하여 都評議使司[3] 또는 그 직속기관인 檢詳條例司가 심의한 후 다시 都評議使司의 決議를 거쳐 發令하는 방식을 취하였다. 이러한 입법의 기본원칙은 『經國大典』이 편찬되면서 戶典 立法出依牒式條에 「禮曹爲出依牒事. 本曹遽某司關, 啓過蒙准後, 行遽司憲府·司諫院回答, 該卑司商量, 得所有某法並無違礙及詐冒·句當, 請照例施行. 得此依准上項司憲府·司諫院回答, 例出依牒相應, 合行移關. …」라고 명문화되었는데, 그 내용인즉 새법의 뜻과 옛법의 고칠 점을 의정부에서 擬議[4]하여 아뢰면 예조에서는 사헌부·사간원의 回答과 該卑司(하급관청)에서 商量하여 얻은 것에 의거하여 어느 법과도 위반·구애되지 않고 관장(句當)을 사칭하는 일이 없은 뒤에 시행하도록 명문화되었다.

그러나 이러한 입법원칙을 규정한 『經國大典』의 명문규정도 연산군이 들어서면서 무너지는 경우가 생겨났다.[5] 즉 연산군 때에 이르러서는 각 아문이 해당되는 公事가 조금이라도 구애되는 일이 있으면, 문득 새로 조목을 세워 부산하게 受敎만 하고 의정부에서는 상관하지 않았기 때문에 科條가 가닥이 많아져 법이 제정되자마자 폐단이 생겨남으로써 『經國大典』의 본래의 취지가 빛이 바래게 되었다. 연산군은 이 문제에 대하여 8년 6월에 의정부에 전교하여, 지금부터는 마지 못하여 구법을 개정하거나 신법을 제정하는 일을 한결같이 『經國大典』의 규정에 의거하여 시행토록 하였다.[6] 그 뒤 중종조에 이르러 새로운 법이 너무 많이 난립하게 되고, 사소한 문제에까지 별도의 신법을 제정함으로써 법을 집행하는 관리들이 신법의 제정에 대해서

---

3) 조선시대 초기 門下府·三司·中樞院의 종 2품 이상의 官員이 모여 국가의 중대한 일을 의논하던 당시의 最高議決機關을 말한다. 이것은 고려 忠烈王 5년(1279)에 都兵馬使를 고친 것이다.

4) 의망할 사람을 의논드리는 것을 말한다.

5) 『연산군 22권 3년 3월 3일 을사』.

6) 『연산군 44권 8년 6월 8일 무신』.

밝지 못한 폐단이 있게 되자 거듭 전교하여『經國大典』의 취지를 강조하였으며, 또 법률을 제정 또는 개정하는 경우에는 반드시 輿論이 일치할 것을 강조하면서 이후로는 의정부와 각각 그 該曹의 堂上이 회의하여서 확정하도록 하고, 변방의 일인 때에는 변방의 일을 잘 아는 문무신이 같이 참석해서 의논토록 하였다. 이에 따라 議政府의 審議를 거쳐 司憲府·司諫院에 回附하여 認准節次인 署經[7]을 거치면 禮曹에서 이것을 공포하는 방식으로 바뀌게 된다.[8] 중종 5년에 사헌부의 啓에 따라, 斤正法條를 반포하기 전에 大典에 따라 兩司로 하여금 서경하게 한 뒤에 시행하도록 하였다.[9]

신법을 공포하는 방법은 주로 關係官僚에게 알려서 이를 시행하였으나,『세종 43권 11년 2월 5일 신사』를 보면「司憲府啓, 大小人員, 或未知各年受教, 犯法者頗多, 請略節禁令條書爲文板, 掛光化門外及都城各門鍾樓等處, 令其悉知」라고 하여 입법 내용의 홍보를 위하여 경우에 따라서는 국민에게 직접 알리는 방법을 취할 때도 있었다.

위와 같은 과정을 통해서 성립된 受教가 실질적으로 법률로서의 성격을 가지고 당시의 규범으로 작용했음은 분명하다. 그렇다고 하여 수교가 곧 경국대전과 동등한 효력을 갖는 것은 아니었던 것 같다. 영구적인 성문법전에 비하여 수교는 일시적인 성격을 지녔던 것으로 보인다.[10]

조선시대에 있어서는 입법을 매우 신중히 하였으며, 일단 법이 제정되

---

7) 署經이란, 국가가 신법을 제정하거나 새로 수령·경연관·史官·대간 등 顯職 4품 이하의 관원을 제수할 때 양사에 알려서 그 依牒을 기다린 뒤에 시행하는 것을 말한다.

8)『태종 8권 4년 10월 28일 병신』:「議政府請凡立新法, 必報本府擬議, 受判施行, 從之. 其書曰, 凡所以立法者, 必傳之萬歲而無弊, 然後可以爲法也. 各司員吏, 各執所見, 喜作新法, 不惟當該官吏, 難於遵守, 獘復如前, 令後各司凡可立新法之事, 必報政府, 政府以可行事件, 擬議受判施行, 勿令更出依貼」;『중종 19권 8년 11월 30일 갑오』:「傳曰, 大典內新法之立, 舊法之改, 議政府擬議以聞, 本曹考司憲府司諫院署經, 法之創革, 甚非輕易, 必須輿議一定, 近來欲救一時之弊, 法條多端, 紛紜變更, 官吏眩於奉行, 今後或立新科, 或改舊法, 議政府及各其該曹堂上, 會議商確, 若邊鄙事, 則知邊事文武臣, 並令參議」.

9)『중종 12권 5년 8월 17일 경자』.

10) 受教의 法的 性格에 관하여 자세한 것은 金池洙,「受教의 法的 性格과 理念」,『韓國法史學論叢』(朴秉濠教授還甲紀念論文集Ⅱ), 127-137면 참조.

면 쉽게 바꿀 수가 없었다. 그것은 법적 안정성의 추구라는 측면도 있었지만, 그 당시의 입법의 기본원칙인 이른바 祖宗成憲尊重主義에 충실한 입법태도에 기인하기도 한다.[11] 그런데 정조조에 이르러 風敎가 해이해지고 紀綱이 무너져내리자 부수찬 金熙周는 상소문에서 「법이 오래되면 폐지되는 것이야말로 이치상 당연한 일」이라고 하여 文句에 얽매이는 구법의 준수보다는 현실에 부합하는 입법과 법의 적용을 주장하기도 하였다.[12]

(2) 조선시대 성문법전의 편찬과 그 의의

본문에서 논의될 내용에 대한 이해를 돕기 위하여 조선시대에 있어서의 법전편찬에 관하여 간략하게 서술하고자 한다. 여기에서는 그 가운데 법제사적으로 특별한 의미를 갖는 것만 언급하고 나머지에 대해서는 부록의 연구문헌목록에 수록하도록 한다.

조선 초기에는 大明律・經濟六典・經濟續六典・新撰六典 및 經國大典 등과 같은 종합적인 성문법전의 편찬이 이루어졌음은 주지의 사실이다. 그 가운데 『大明律』은 중국 明의 법률로서 조선시대 500년에 걸쳐 의용된 형사법의 기본법이라 할 수 있다. 즉 이 법은 조선이 건국하고 태조가 즉위하면서부터 刑法大全[13]이 제정될 때까지 당시의 형사법 분야에서 기본법으

---

11) 『세종 40권 10년 윤4월 15일 병신』: 「… 上曰, 續典所載, 皆祖宗已行之事, 豈可更改, 若立新法 …」. 이와 관련한 왕조실록의 기사는 『연산군 47권 8년 11월 1일 경오』; 『영조 104권 40년 7월 25일 을해』 참조.

12) 정조 52권 23년 12월 29일 임자.

13) 『刑法大全』은 광무 9년(1905) 5월 29일 법률 제2호로 頒示되었다. 이와 동시에 詔勅 『刑法大全을 頒示하는 件』이 의정부 참정대신 閔泳煥의 副署로 發布되었다. 동법 제679조는 "從前 試用ᄒᆞ든 律例는 本法律 施行日부터 幷閉止홈이라"하여, 조선시대를 통하여 적용되었던 大明律을 비롯한 여러 법률은 형법대전에 의하여 드디어 폐지되었다. 그렇지만 형식적으로는 법률로서의 생명이 끝났지만 大明律의 효력이 실질적으로 완전히 소멸된 것은 아니었다. 그것은 새로 제정된 刑法大全의 규정 중에는 大明律이나 大典會通의 律例가 그대로 많이 실려 있었기 때문이다. 그리고 이 형법대전은 근대화된 법령으로서 비록 그것이 형법이라 이름되어 있지만 그 속에는 오늘날 민법이나 가족법 등으로 분류되는 규정들이 많이 수록되어 있는 종합법률이라고 할 수 있다. 이

로서의 역할을 수행하였던 것이다. 그러므로 이 계수가 갖는 의미는 단순한 어느 한 외국법의 의용이었다기보다는 바로 과거의 우리의 형사법이라고 할 수 있겠다.[14] 그렇지만 대명률을 의용하면서 바로 법의 적용이나 운용에 있어서 통일이 이루어진 것은 아니고, 한편으로는 조선시대에 들어와서도 여전히 元의 법률인 이른바 高麗律이 적용되고 있던 까닭으로 법률의 적용에 있어서 다소의 혼란이 있기도 하였다. 이러한 사실은 『태종 22권 11년 12월 2일 무자』에서 「命譯大明律, 勿雜用元律」이라고 하였고, 그리고 『세종 22권 5년 10월 3일 경술』에서 「承文院啓, 諸印至正條格十件, …」라고 한 데서 알 수가 있다.

대명률이 조선에 의용되어 당시 형사법의 기본법으로서 정착된 것은 다음과 같은 과정을 겪으면서였다. 태조 이성계는 즉위하면서 그 教書에서, 「凡事에는 律文에 의한 果斷을 하고, 專斷을 豫防하고 專弊를 防止하라」는 취지를 선명하고, 또 「自今京外刑決官, 凡公私罪犯, 必該大明律…」 라고 하여 대명률의 의용을 선언하였으며, 그 뒤 『經國大典』 刑典 用律條에서도 「用大明律」이라고 명문으로 규정함으로써 이러한 형사정책적 태도를 재확인하게 된다. 그러나 당시 한국사회의 특수성과 사회가 변화함에 따라 중국의 대명률을 그대로 적용하기에는 곤란한 점이 없지 아니하였다. 이러한 문제점들을 해결하기 위하여 여러 補完規定과 例外規定이 출현하게 된다. 이러한

법전의 편제는 제1편 「法例」, 제2편 「罪例」, 제3편 「刑例」, 제4편 「律例上」 및 제5편 「律例下」의 5개편으로 구성되었고 총 680개 조문을 담은 매우 방대한 것이었다. 이 법이 한국법제사에 있어서 갖는 의의는 자주적 입법의 한 例示로서 조선시대 最後·最大의 立法事業이라는 데 있다. 이렇게 평가받는 근거는, 일본법의 영향을 받으면서도 일본법을 수용하지 아니하고 동양고래의 전통적인 객관주의적 형법사상에 입각하고 있고, 다른 한편으로는 법전편찬의 방식에 있어서 500년 동안 지속되어 오던 전통적인 六分主義를 버리고 처음으로 근대적인 법체제의 형식을 취하였기 때문이다. 이것에 관하여 자세한 것은 「李丙洙, 우리 나라 近代化와 刑法大全의 頒示」(『法史學研究』 제2권, 韓國法史學會, 1975) 참조.

14) 『明律』은 명나라의 세력이 팽창함에 따라, 이미 고려말부터 연구가 진행되어, 麗末에는 명률이 확립된 지위를 차지하지는 않았으나, 실질적으로는 시행되고 있었다고 보아야 할 것이다(『高麗史』 列傳 30권 鄭夢周: 「四年, 夢周, 取大明律·至正條格, 本朝法令, 參酌刪定, 撰新律以進…」).

태도는 『續大典』 刑典 用律條에서 「依大典用大明律, 而大典・續大典有當律者, 從二典」, 또 『大典會通』 刑典 用律條에서 「(原) 用大明律. (續) 依原典用大明律, 而原典・續典有當律者從二典」이라는 규정에서 잘 나타나고 있다. 즉 원칙적으로는 大明律의 규정에 따르지만, 經國大典이나 續大典에 특별한 규정이 있는 경우에는 그것을 따른다는 것이다. 이와 같은 大明律은 名例律을 위시해서 吏・戶・禮・兵・刑・工律의 전 30권으로 구성되어 있는데, 법학 연구에서 주로 많이 참조되는 것은 戶律과 刑律이다.

그리고 대명률을 관리에게 널리 숙지시키기 위하여 대명률을 이두로 직해하였는데, 이것이 이른바 『大明律直解』라는 것이다.[15] 그런데 大明律直解는 한국의 실정에 맞지 않는 부분을 개작한 것이 많이 있다. 예컨대 관제・관서명 또는 직명을 한국의 것으로 代置하였고, 贖을 바치는 경우 明律은 銅錢으로 하였는데, 우리는 五升布로 환산하였다. 또 徒流遷徙地方에 관한 규정을 우리 실정에 맞게 개작하였다.

조선시대 최초의 독자적인 법전은, 고려조의 禑王 14년부터 태조 6년(1397) 12월에 이르기까지 10년 동안 발포한 여러 條例를 모아서 『經濟六典』이라는 이름으로 분류・편찬하였는데, 이 법전의 용어는 吏讀를 섞어서 평이하게 표현하였다고 한다. 이러한 까닭으로 『吏讀六典』 또는 『方言六典』이라고도 불려진다. 이 법전은 비록 현행되는 條例를 모아 편찬한 것이기는 하지만, 조선시대에 있어서의 最初의 법전으로 평가받는 것으로서 법전편찬에 있어서 嚆矢的인 의의를 갖는 것이라 하겠다. 그러나 안타깝게도 태종이 즉위한 후 法文을 이두로 개정하면서, 이전에 반포한 經濟六典을 모두 회수하여 폐기함으로써 현재는 전해지지 않고 있다.[16] 그리고 이것의 속편으로서 『經濟續六典』[17]이 편찬되었는데, 이것은 經濟六典을 편찬한 후 나온 受

15) 金祗・高士褧이 直解하고 趙浚・鄭道傳이 切磋琢磨하였다.

16) 한편 鄭道傳이 周禮를 모방하여 만든 『朝鮮經國典』이라는 私撰法典이 있었다고 한다. 이것은 『經濟六典』을 편찬하게 되는 큰 動機가 되었으며, 조선 초기의 법제도를 이해하는 데 중요한 자료적 가치가 있는 것이다. 그러나 이것 역시 온전하게 전해지지 못하고 三峰集에 그 일부가 실려 있을 뿐이다.

17) 정종 원년(1399) 10월에 착수하여 태종 13년 (1413) 2월에 완성하여 반포하였다. 『經濟六典續典』이라고도 한다.

敎, 條例 등을 새로 편찬하기 위한 것이었으나, 이것 역시 현재는 발견되지 않고 있어 구체적인 내용은 알 길이 없다. 다만 그 내용의 일부가 『조선왕조실록』에서 그 내용이 부분적이나마 등장하고 있음을 볼 수 있다. 原典과 續典의 내용이 서로 부딪히는 경우에는, 원전의 조문에 위배되는 모든 受敎・條例 및 속전의 조문은 전부 삭제하고, 그 중 부득이한 조문은 본 조문 밑에 소문자로 각주하는 방식으로 法文을 統一하고자 하였다. 이 법전이 법전편찬사에 있어서 평가받을 만한 것은 다름 아닌 그 편찬방식이 후세의 법전을 편찬하는 데 하나의 準則이 되었다는 사실이다.[18)]

조선시대를 통털어서 가장 모범이 되는 법전은 역시 『經國大典』이라 할 수 있다. 이 법전은 여러 가지가 있었는데, 지금 전해지는 것은 이른바 『乙巳大典』뿐이다.[19)] 이 법전이 편찬됨으로써 이후로는 大典을 개정하지 않는 기본방침을 확립하게 된다. 그 뒤 영조 20년(1744) 에 續大典을 편찬하여 동 22년 4월부터 시행하였으며,[20)] 다시 정조 9년(1785) 9월에 原・續大典 편찬 후의 受敎를 찬수・증보하여 만든 『大典通編』을 제정・시행하고, 고종 2년(1865)에 최종적으로 大典通編을 증보한 『大典會通』을 편찬함으로써 조선시

18) 그 밖에도 『六典續典』(태종 13년)・『新續六典登錄』(세종 10년)・『新撰經濟續六典』(세종 15년) 등이 刊印되었다고 한다. 그러나 이들 역시 현재는 남아 있지 않다. 現傳하는 最古의 法典은 바로 『經國大典』이다.

19) 『經國大典』의 편찬과정을 보면, 세조 6년(1460) 7월에 戶典을 撰定하여 經國大典이라 명명하여 開版하였고, 동 7년 7월에 刑典을 撰定해서 施行하였고, 동 12년에는 나머지 四典도 완성하여 14년 1월부터 시행하기로 하였으나 세조의 사망으로 실시 유보되었다. 예종 원년(1469) 9월에 六典의 편찬을 完成하여 다음해 1월 1일부터 시행하였는데, 이것이 最初로 확립된 『經國大典』이었다. 성종이 즉위 후 곧 다시 고쳐 2년 1월 1일부터 시행하였는데, 이것이 『2차 經國大典』 즉 이른바 『辛卯大典』이라는 것이었다. 다시 脫漏된 많은 受敎, 條例를 增補 改正하여 동 5년(1474) 2월 1일에 시행하였는데, 이것이 이른바 『甲午大典』이었다. 그 뒤 『甲午大典』의 착오・탈루된 受敎와 條例를 다시 증수 개정할 것을 논의하기 위하여 勘校廳을 설치하여 심의 검토에 착수하여 동 16년(1485) 1월부터 시행하였는데, 이것이 이른바 『乙巳大典』이었다. 이후로는 大典을 개정하지 않는 방침을 확립하여 후세에 전해진 것은 이 『乙巳大典』 뿐이다. 그러다가 영조 20년(1744)에 續大典을 편찬하기에 이른다.

20) 영조 21년 5월 28일에 芸閣(校書館)에 명하여 『原大典』과 『續大典』을 일체로 간행하도록 하였다(『영조 61권 21년 5월 28일 기해』).

대의 법전편찬 작업은 대미를 장식하게 된다. 위 양전은 모두 乙巳大典을 그대로 편집·증보한 것으로서 법조문의 맨앞에 『經國大典』의 규정은 「原」, 『續六典』의 것은 「續」, 『大典通編』의 것은 「增」 그리고 『大典會通』에서 새로 추가한 것은 「補」로 기재하여 법규범의 淵源을 구별하였다. 『經國大典』의 가장 큰 特徵은 첫째, 各典을 項目으로 분류하였다는 것, 둘째, 각 조문을 抽象化·一般化하였다는 것이다. 이것은 『經濟六典』에서 비롯하여 전해져 온 오랜 동안의 錬磨의 결과라 하겠다. 『經國大典』이 훌륭한 法典으로 평가받을 수 있게 된 것은 바로 이러한 연마과정을 겪었기 때문이다.[21)]

『經國大典』 이후에 편찬된 법전으로는 『大典續錄』[22)]·『大典後續錄』,[23)] 『大典註解』[24)]·『詞訟類聚』[25)]·『詞訟類聚補』,[26)] 『受教集錄』[27)]·『新補受

---

21) 『經國大典』의 편제 내용은 다음과 같다. ① 吏典: 중앙과 지방의 관제, 관리의 種別, 任免, 辭令 등에 관한 규정. ② 戶典: 호적제도, 토지제도, 조세제도, 通貨, 商業과 雜業, 倉庫와 還穀, 漕運, 漁場, 鹽場에 관한 규정, 특히 土地, 家屋, 奴婢, 牛馬의 賣買에 관한 民事規定이 포함되어 있다. ③ 禮典: 과거, 외교, 祭禮, 葬禮, 공문서의 書式, 服喪制度, 혼인, 立後制度에 관한 규정. ④ 兵典: 軍制와 軍事. ⑤ 刑典: 刑罰, 裁判, 公私奴婢에 관한 규정. ⑥ 工典: 道路, 橋梁, 度量衡, 殖産에 관한 규정.

22) 『大典續錄』은 『經國大典』 이후에 발포된 敎令을 찬집 수록해서 성종 23년(1492) 7월에 반포한 것이다. 이 법전은 대전 제정 이후 사회정세의 변화에 따라 이에 적응하기 위하여 대전에 없는 것은 새로이 敎旨·條例를 발포하여 시행하였다. 그러나 이들은 일시적인 편의로 행해진 것, 항구적 법규의 성질을 갖는 것, 대전과 저촉되는 것이 서로 혼재하고 있어서 적용하는 데 어려움이 발생하였다.

23) 『大典後續錄』은 『大典續錄』 편찬 후의 50여 년간의 각종 敎令을 모아 중종 38년(1543)에 반포한 것으로서 이 때문에 성종 때의 『大典續錄』을 『前續錄』이라고 한다.

24) 대전의 난해한 條文의 文句를 抄出하고 이에 註釋을 붙인 것으로 명종 10년(1555) 1월에 반포한 것이다.

25) 이것은 선조 18년(1585)에 金伯幹이 『經國大典』·『大典註解』·『大典續錄』·『大典後續錄』과 그 동안 발포된 受教 가운데 詞訟에 관한 규정만을 類聚하여 訴訟의 편의를 위하여 발간한 것이다.

26) 이것은 숙종 33년(1707)에 『詞訟類聚』를 보수한 법령집으로서 여기에는 숙종 말년의 受教도 수록되어 있다.

27) 이것은, 중종 38년(1543)에 『大典後續錄』을 편찬한 후부터 숙종 24년(1698)에 이르기까지의 受教를 선별 수록한 법전이다. 이 무렵은 明의 멸망으로 국가가 多事多難하였기 때문에 많은 受教와 條例가 만들어짐으로써 施行에 차질이 있게 되자, 새로운 편찬이 요망되었던 것이다.

教集錄』[28)] · 『典錄通考』[29)] 등이 있다.

조선시대에 있어서 宣祖 초기부터 영조 즉위년까지의 약 150년 동안은 法制面에서 많은 혼란이 있었으며, 『經國大典』 역시 제대로 효력을 발휘하지 못함으로써 심한 당쟁으로 자파에 유리한 受敎만을 啓請해서 법을 제정 · 시행하는 폐단이 많았던 시기이다. 이에 영조는 즉위하자 곧 법으로써 기강을 잡고 당쟁을 蕩平코자 하여, 대전에 반하지 아니하는 受敎를 新補해서 대전에 버금가는 법전편찬에 착수하게 된다. 이렇게 편찬된 『續大典』의 편별도 역시 六典式이며, 그 내용은 대전을 적지 않은 부분에서 添削하였는데, 그 가운데 禮典은 削이 심하였고, 刑典은 添이 심하였다. 그리고 『大典通編』은 정조 9년(1785)에 반포하여 다음해 1월부터 시행된 법전으로서 『經國大典』 · 『大典續錄』 · 『受敎集錄』 · 『續大典』의 모든 典章을 한데 모아 정리한 것이다. 『經國大典』의 조문은 앞에 「原」字를, 『續大典』은 「續」字를 각각 기재하고, 新增에는 특히 신중한 검토를 하여 증보하되 「增」字를 기재하였으며, 그 가운데 같은 성질을 갖는 조문은 原 · 續 · 增의 순서로 六典의 조문 가운데에 병기하여, 經國大典에서부터 新增에 이르기까지 전부를 한 법전에 合錄한 것이다.[30)] 끝으로, 『大典會通』이 편찬되었는데,[31)] 고종 2년(1865) 11월에 작업이 완료되었다. 이 법전은 조선시대에 편찬된 당시까지의

---

28) 이것은 영조 19년(1743)에 『受敎集錄』 이후의 새로운 敎令을 편집하고, 集錄에 탈루된 것을 보수하여 편찬한 것이다. 그러나 이것은 開版되지 못했다고 한다.

29) 이것은 숙종 27년(1701)에 영의정 崔錫鼎에게 명하여 찬수한 법전이다. 『經國大典』을 바탕으로 하고 『大典續錄』 · 『後續錄』 · 『受敎集錄』 등을 해당 조문의 밑에 나누어 붙여서 통합시킨 것으로서 숙종 32년에 完成되었다.

30) 또 이 무렵에는 明律과 六典과의 관계 또는 그 밖의 一般法律의 이해를 돕기 위하여 나온 提要書들이 등장하였는데, 『典律通補』와 『百憲撮要』가 그것이다. 이 두 가지는 법전은 아니지만 법전을 이해하는 데 중요한 참고자료가 되었다. 전자는, 具允明이 사적으로 편찬한 『典律通補』를 바탕으로 하여, 왕명으로 이를 다시 검토하게 하여 정조 11년(1787)에 편찬을 완료한 것이며, 후자는, 『大典通編』의 편찬과정에서 각 당상들이 共同審議한 부산물로서 만들어진 것이다.

31) 애초에 『大典通編』을 편찬 · 시행하면서 그 이후에 발포된 절목 · 受敎 가운데서 대전에 보충할 필요가 있는 조항은 3년마다 선택하여 『大典通編補』를 편찬하기로 하였는데, 나중에 方針이 변경됨으로써 성립되지 못한 연유가 있다.

법전 가운데 가장 網羅되고, 完備된 것으로 가장 훌륭한 法典으로 평가받고 있으며, 조선시대의 법을 연구하는 데 있어서 가장 기본적인 자료라고 할 수 있다.[32)]

(3) 조선왕조실록

1) 실록편찬의 의의

實錄이란 역대 여러 왕의 事蹟을 編年體로 엮은 것이다.[33)] 조선시대의 왕조실록은 太祖에서 哲宗까지 25代의 역사사실을 日記體로 쓴 것으로서 單一王朝의 史書로서는 세계 최대의 著述이라 할 수 있다. 太宗 13년(1413)에 처음으로 편찬된 太祖實錄 이후, 歷代王은 先王의 實錄을 차례로 만들었다. 그 가운데 宣祖·顯宗 및 景宗의 것은 修正實錄이 따로 편찬되었으며, 高宗과 純宗의 것은 일제시대에 만들어졌기 때문에 朝鮮王朝實錄에는 포함시키지 않는 것이 일반적이다.

실록을 관장하는 기관은 春秋館이었으나, 매 실록을 만들 때마다 별도로 實錄廳이 설치되었기 때문에 실제로 실록은 이 곳에서 편찬되었다. 왕이 죽으면 禮文館의 專任史官이 쓴 史草를 중심으로 하여『承政院日記』·『議政府登錄』·『備邊司登錄』·『時政記(春秋館日記)』및『日省錄』등을 보충자료로 삼아 실록을 완성하였다. 이 때 史草의 내용을 기준으로 하되 그대로 轉寫되는 것도 있지만, 加筆·削除·修正하는 경우도 많았으며, 그런 다음 史草는 그 후 洗滌하여 인멸하였다.

이렇게 하여 편찬된 왕조실록은 4부를 만들어 춘추관·성주·전주 및

---

32) 사실은『大典會通』이후에도『六典條例』라는 것이 있었다. 이것은 고종 2년(1865)에 行政의 不便을 덜기 위한 목적으로 중국의 법을 模倣하여 제정·편찬된 법전이다. 그 편찬 이유는,『대전회통』의 편찬으로 법전의 모습이 우선 완성된 것으로 보였으나 행정법규가 편찬되지 않았기 때문에 법시행에 불편이 많았던 까닭이다. 이것은 모두 10권으로서 고종 4년에 완간되었다.

33) 편년체는 중국에 있어서 唐·宋 이래 크게 유행하여, 宋代의『資治通鑑』에서 확고한 기틀을 잡았다. 우리나라에서도 高麗初에 七代實錄이 있었다고 하나, 현재는 전하지 않고 있다.

충주 등 4史庫에 보관하였으나, 임진왜란과 같은 난리를 겪으면서, 지금까지 전해 오는 것은 서울대학교에 보관중인 太白山·鼎足山本이 유일하다. 왕조실록의 影印은 일제시대에 있었고, 그 뒤 1955~8년 사이에 國史編纂委員會에서 縮刷出刊된 바 있다.

조선왕조실록의 가치는 그 규모나 질적인 면에 있어서 조선시대를 연구하는 데 절대적 가치를 갖는 최대의 문헌이라고 할 수 있다. 특히 법률을 비롯한 정치·사회·경제연구에 있어서 最高의 史料로 인정되고 있다.

그런데 왕조실록에도 문제는 있다. 즉 첫째, 왕실 중심의 서술을 함으로써 지나치게 정치일변도의 내용으로 채워졌고, 일기체에 의한 잡다한 사실의 포용은 史料選擇의 난점을 안고 있는 것이다. 이로 말미암아 사상·풍속·지방 및 下部階層의 상황에 대해서는 자연히 소홀히 처리되고 있다는 것이다. 둘째의 문제점은 史料의 修正이다. 즉 실록편찬 당시의 정치상황에 따라 많은 부분이 가필·삭제되었기 때문에 객관성이 손상되었다는 것이다. 예컨대 태조실록의 경우 여러 차례에 걸쳐 수정되었으며, 선조·현종·경종의 것은 수정실록이 따로 있다. 이 때문에 조선후기의 사실에 대해서는 오히려 『日省錄』·『備邊司登錄』 및 『承政院日記』 등의 史料가 더욱 객관성을 갖는 것으로 평가받고 있다.

2) 법제사연구에 있어서 실록의 문헌적 가치

조선시대의 법제도나 법규범에 관하여 전시대를 통틀어서 다루고 있는 문헌은 없다. 개인의 문집은 그 사람의 생존시기를 전후한 것에 불과하다. 따라서 왕조실록은 조선시대의 법적 연구에 있어서 가장 기본적인 사료가 되는 것이다. 물론 조선시대에는 수많은 법전이 편찬되고 또 현재까지 전해오고 있기는 하지만, 그것이 얼마나 현실생활과 밀접한 연관을 가지고 적용되었는지는 알 수가 없다. 결국 당시의 실질적인 법규범이나 법제도를 궁구하기 위해서는 왕조실록만이 가능한 것이다. 그러므로 여기에 나타난 법률적인 記事를 우선 추출·분석함으로써 기존의 성문법규정을 대비시켜 보는 것이, 조선시대의 법제사 연구에 있어서 가장 정확하고 좋은 연구방법이라 생각된다. 이 왕조실록은 1990년대 중반에 번역본이 CD로 우선 제작되었고, 그 뒤 원문까지 함께 검색할 수 있게 되었다. 그러나 이것은 유료로서 상당히 고가로 판매되었기 때문에 일반인은 접하기가 쉽지 아니하였다. 그러다가 2005년 말부터 국사편찬위원회에서 왕조실록의 원문과 번역본을 인터넷을 통해서 무료로 열람할 수 있도록 서비스함으로써 일반인도 보다 쉽게 실록에 접근할 수 있는 길이 열렸다. 이를 계기로 조선시대의 연구가 한층 더 활발해 질 것으로 기대된다.

(4) 기타 자료

앞에서 언급한 것 이외에 법제사 연구의 자료로 될 만한 것은 조선시대에 활동하였던 個人의 文集類가 있다. 그러나 이 자료의 내용만으로는 그 당시 여러 사실관계에 대한 객관성을 담보할 수 없기 때문에 이들은 어디까지나 보조적인 것에 불과하다고 하겠다. 이러한 문집류는 국사편찬위원회에서 영인본으로 계속 간행해 오고 있다.

古文書 가운데 법제사적 資料로서 활용할 만한 중요한 것들은 부록의 연구문헌목록에 함께 게재한다.

3. 이 책의 구성

이 책에서 주로 다루는 대상은 한국사의 시대구분상으로는 조선시대, 정확하게 말하자면 태조가 즉위한 1392년부터 제25대 임금인 철종조가 끝나는 때(1863년)까지이다. 이 책에서 고종과 순종의 시기를 연구의 대상에서 제외한 것은, 두 실록이 일제시대에 편찬되었다는 것이 그 한 가지 이유이고, 또한 이 시기는 서구세력과 일본의 사회·정치·문화적 압력이 가해짐으로써 우리의 전통적인 법문화가 이미 외래의 것과 뒤섞여 혼란스러운 시기였을 뿐만 아니라 이 무렵에는 『大典會通』(고종 2년, 1865년)이 편찬됨으로써 조선시대의 법전편찬작업이 최종적으로 마무리되었고, 그 후 더 이상 법규범의 정리·편찬이 이루어지지 않은 채 개화기를 맞이함으로써 우리의 전통과 그 거리가 이미 상당히 멀어졌다고 보았기 때문이다.

조선시대에 있어서 재산법에 관한 법규범을 연구하기 위한 기초자료로서는 조선왕조실록 이외에도 많이 있다. 우선 각종 성문법전이 있으며, 비변사등록, 승정원일기 등이 있다. 그렇지만 조선시대의 현실적인 법규범을 궁구하기 위하여 필요한 가장 기초자료는 무엇보다도 조선시대 전기간의 역사를 기록한 조선왕조실록이 으뜸임은 누구도 부인할 수 없을 것이다.[34]

이 책은 다음과 같은 기본적인 원칙에 따라서 기술되었다. 첫째, 연구의 시대적 대상은 조선시대 중 태조에서 철종까지로 국한한다. 둘째, 조선왕조실록에 실려 있는 법규범을 연구의 주된 대상으로 삼는다. 이 연구에서 주된 기초자료는 『朝鮮王朝實錄』[35]이다. 그리고 조선시대에는 다수의 성문법전이 편찬되었는데, 이들 역시 이 연구를 위하여 보조자료로써 활용한다. 그렇지만 이 책에서 주로 많이 활용되는 것은 『經國大典』과 『受教輯錄』 및 『新補受教輯錄』이며, 필요한 경우 그 밖의 자료도 부분적으로 활용한다. 예컨대 『續大典』이나 『大典通編』과 같은 법전 역시 부분적으로 연구의 범위에 포함되어 함께 다루어진다. 셋째, 그 구체적인 연구의 대상은 법학 전분야에 걸치는 것이 아니라 민사관계법 가운데 특히 재산관계에 관련된 법규범을 중심으로 고찰한다. 다만 필요한 경우에는 그 밖의 법분야에 관해서도 함께 다룬다. 넷째, 일반개인의 논문에 대한 인용은 가급적 생략한다. 그것은 이 책의 주목적이 어느 특정한 주제에 관한 논의에 있는 것이 아니라

34) 이 책에서 다룰 왕조실록은 太白山本으로서 태조에서 철종까지 총 25대왕, 472년간의 것으로서 1,893권, 888책에 이르는 방대한 분량이다. 이것을 국사편찬위원회·세종대왕기념사업회·민족문화추진회 세 곳에서 전부 번역하여 단행본으로 간행하였는데, 그 분량이 총 400여 권에 달한다.

35) 조선왕조실록은 여러 가지가 있는데, 이 책에서는 국사편찬위원회가 太白山本에 구두점을 찍어서 影印하여 간행한 것을 기초자료로 삼았으며, 그 가운데 중요하다고 판단되는 내용은 실록의 원문내용을 그대로 인용하고, 그 밖의 것은 실록 원문이 수록된 위치만을 표기하며, 인용되는 원문에는 원본과 마찬가지로 구두점을 찍어서 표기한다. 그리고 조선왕조실록 원문의 인용 표기와 관련하여, 실록 원문에는 본래 『太祖 卷一 元年 壬申三月』과 같은 형식으로 되어 있지만, 이 논문에서는 資料記事의 검색·확인과 연구의 편의를 위하여 당해 년의 간지를 생략하고 그 대신에 매일의 간지를 명기하는 『태조 12권 원년 7월 25일 갑술』의 형식으로 표기함을 원칙으로 한다.

서구법에 비하여 상대적으로 열세에 놓인 우리 고유의 法源을 발굴하는 데 있기 때문이다. 물론 새로운 자료에 덧붙여 현대적인 시각에서 서술하면 금상첨화이겠지만 이러한 작업은 너무나 방대한 것이기 때문에 이 연구가 완성한 이후에야 가능하다고 판단되었고, 또한 아직까지 현실적인 법규범을 완전히 발굴·정리하지 못한 상태에서, 전래되는 성문법전의 규정을 중심으로 하는 연구는 공허한 것이 될 우려가 있기 때문이다. 다만 그 동안의 연구성과에 대해서는 각 주제의 머리 부분에서 아주 간략하게 소개·정리하고, 주요한 것은 간략하게 비교·검토하였다.

이와 같은 대원칙에 따라, 이 책은 서론을 두고, 본론은 모두 3개 장으로 구성하였다. 서론에서는 연구의 개요와 이 책의 구성 및 주요 내용을 정리하여 두었으며, 본론의 전체적인 체계는 가능한 한 현행 민법전을 참고함으로써 연구의 주제 및 내용의 분류에 있어서 민법전의 체제에 맞추어 구성하였다. 또한 전체적인 구성은, 각 장은 4개의 대항목을 넘지 않도록 분류하고, 또 대항목은 중항목 4개 내외로 구성하는 것을 원칙으로 삼았다. 이러한 원칙에 맞추어 그 내용상의 마무리는 각각의 대항목 또는 중항목을 단위로 하는 소결론을 두어서 내용을 정리하였다.

이를 좀더 구체적으로 언급하면, <제1장 財産法總論>은 3개의 대항목으로 구성하여 제1절 「一般的 考察」에서는 법률로서 갖는 총칙적인 내용을 다루고, 제2절 「權利의 主體와 客體」[36]에서는 조선시대에 있어서 사회적인 신분에 따라 그 법적 지위가 어떻게 다르며, 또 그러한 사회적 신분이 어떻게 변모하는가를 다루고 있다. 조선시대에 있어서 사회적 신분은 크게 양인과 천인으로 구분될 수 있는바, 이 책에서는 후자가 논의의 중심이 되어서, 이들이 갖는 사회적 신분과 그에 따른 법적 지위 및 그에 대한 제한, 그리

36) 이 분야는 직접적으로 「어느 법분야와 관련이 있다」고 단정할 수는 없지만, 조선시대의 전반적인 법규범이나 법생활을 고찰하는 데 있어서 꼭 필요하다고 판단되기 때문에 따로 1항목을 마련한 것이다. 특히 이 분야의 주된 대상이 되는 노비(公·私賤)는 그 법률상 성격이 매우 특이한 존재이다. 즉 한편으로는 사람으로서 법률상 권리의 주체이지만, 다른 한편으로는 물건으로서 취급되었기 때문에 권리의 객체가 되기도 한다. 이 천인의 신분은 소유권과 관련하여 매우 다양한 법률관계를 보여 준다. 이러한 까닭으로 이들에 대한 논의는 총론 부분에서 먼저 언급한 후 소유관계에서 다시 다루게 된다.

고 이러한 제한적인 신분의 장벽이 허물어지면서 이들이 법적으로 어떠한 관계에 놓이게 되는가를 자세하게 다룬다. 이러한 성격에 따라서 이 장에서는 꼭 민사법률관계만이 아닌 법학 전반적인 것이 다루어지기도 한다. 그리고 제3절 「權利의 變動」에서는 법률행위, 대리, 조건과 기한, 기간 및 시효제도에 관한 것을 다루고 있다.

다음 제2장 「物權法」은 4개의 대항목으로 구성하여 제1절 「一般的 考察」에서는 점유에 관한 것, 소유권에 관한 총설적 내용에 관한 것을 다루고, 제2절 「所有權의 變動」에서는 소유권을 취득하게 되는 구체적인 경우, 소유권에 대한 제한과 한계 그리고 소유권의 상실 및 회복에 관한 주제들을 다루고 있다. 특히 이 장에서는 사람의 사회적 신분의 변화에 따른 소유권의 취득과 상실에 관한 내용이 많은 부분을 차지한다. 그리고 제3절 「所有權의 證明」에서는 조선시대에 있어서 원시취득 또는 매매나 상속 등으로 인하여 물건에 대한 소유권을 취득하는 경우에 타인의 침해에 대항하거나 그 물건을 처분하는 때에 자신이 진정한 권리자임을 증명하는 방법에 관하여 다룬다. 또한 이 장에서는 소유권에 다툼이 있는 경우에 그것이 구체적으로 어떠한 과정을 통하여 해결되는가를 고찰하고 있다. 제4절 「擔保制度」에서는 조선시대에 있어서의 물적·인적 담보제도에 관한 내용을 다루고 있다.

마지막 <제3장 債權法>은 3개의 대항목으로 구성하여 제1절 「一般的 考察」에서는 채권의 성립과 채무의 이행에 관하여 다루고, 제2절 「賣買」에서는 매매를 중심으로 하여, 계약의 기본 원리, 매매의 성립과 진행, 매매의 한계와 제한 그리고 계약의 취소와 해제에 관한 것을 언급하고 있다. 제3절 「기타 계약」에서는 임대차, 사용대차, 소비대차 등의 대차관계에 관한 것, 그리고 증여·고용·교환에 관한 법률관계를 다루고 있다. 또한 각 장의 소결론의 구성은 왕조실록에 나타난 법규범을 분석하고, 또한 그 분석결과와 당시의 성문법규정과의 유기적 관계를 고찰함으로써 법규정과 현실과의 상관성을 고찰하였다.

4. 이 책의 내용

독자의 이해를 돕기 위하여 앞으로 이 책에서 다루어질 대강의 내용을 정리하면 다음과 같다. 이 책은 크게 3장으로 구성되어 있다. 차례대로 살펴본다.

먼저 <제1장 財産法總論>에서는 다음과 같은 사실을 다루고 있다.

첫째, 법의 효력과 해석·적용에 있어서는, 조선시대에 있어서 성문·불문의 법규범이 시간적, 인적 및 장소적 효력범위와 관련해서 어떠한 입장을 취하고 있었는지를 명확하게 규명하기는 어렵다. 그것은 이러한 개념들이 적어도 서구에서 근대적인 법제도가 정비되면서 그 부산물로서 생겨난 것들이기 때문에 이러한 시각을 가지고서, 전혀 법체계나 법이념을 달리하였던 조선시대의 법규범을 대상으로 하여 이를 고찰한다는 것은 상당히 무리가 따를 수밖에 없다. 이러한 노력을 통하여 알아낸 것은 국내인이 아닌 向化人 또는 외국인에 대해서는 여러 가지 법적인 특권을 주었으며, 그리고 왜인에 대한 법적용에 있어서 오늘날의 속지주의의 원칙과 유사한 내용을 천명하였고, 또한 구체적인 사례의 해결에 있어서 소급효 금지의 원칙이나 신법우선의 원칙과 같은 근대적인 법률사고와 유사한 점이 있었음을 보게 된다. 그리고 법의 해석과 적용에 있어서도 문리해석이나 합목적적 해석 등의 다양한 법해석 기술이 활용되고 있었음을 확인할 수 있다.

둘째, 사람의 법적 지위 및 능력과 관련해서는, 조선사회가 사회적 신분에 따라 어떻게 법적으로 차별대우를 하였는가를 구체적인 신분상의 지위에 따라 고찰한다. 이러한 신분에 따른 법적 제약은 대체로 특히 공법적 영역에 있어서 매우 세부적으로 이들을 취급하였음을 보게 되며, 또 노비의 신분에 놓여 있거나 승려·의관 등의 신분을 가진 자들은 대체로 일반 양인에 비하여 사회적으로나 법적으로 차별대우를 받았으며, 婦女에 대해서는 법적 보호를 상대적으로 두텁게 하였고, 良賤을 막론하고 연령에 따라 公法 또는 형사법상으로 다양한 취급을 받았고, 또 법적으로 온전한 능력을 가진 사람도 범죄와 형벌에 연좌되는 경우에는 그 법적 권리나 지위가 박탈되는 모습도 보게 된다. 그리고 私法 특히 재산상 능력에 있어서 법적으로 능력의 제한을 받던 계급에 속하는 부류라 하더라도, 일부이기는 하지만, 경제적인 면에서 볼 때 상대적인 신분상의 우위에 있던 계급과 거의 대등할 수도 있었음을 보게 된다.

셋째, 조선시대에 있어서의 사회적 신분의 변동에 있어서는, 그 법적 지위가 매우 다양하게 주어졌으며, 때로는 제한되기도 하고, 때로는 제한되는 가운데서도 특별히 은택을 입어 법률상으로 보다 나은 법적 지위를 가질 수가 있었다. 그렇지만 사회적 신분에 따른 어떠한 법적 지위가 어떠하였다는 식의 획일적인 판단을 내리기에는 무리가 있다. 어쨌든 이들 노비들의 법적 지위가 법적인 관점에서 볼 때 매우 다양하고 복잡한 관계를 내포하고 있는 것만은 분명하다. 또 조선시대의 사회적 신분이라는 것이 일단 결정되면 영원불변의 확고부동한 것은 결코 아니었음을 알 수 있다.

권리의 주체이면서 물건으로서 다루어지게 되는 奴婢化의 방식은 대체로 출생에 의한 신분의 세습, 범죄에 대한 신분적 형벌의 부과, 壓良爲賤 또는 投託 등에 의한 경우가 주된 모습이었고, 그 밖에도 채무불이행 또는 인신매매에 의한 경우 등이 있었으며, 드물게는 향화인들이 노비화하기도 하였음을 보게 된다. 특히 채무의 불이행이나 인신의 매매에 의한 경우와 투탁에 의한 노비화는, 한 사람의 법적 지위가 그 자신의 사회적 신분의 포기에 의해서 쉽게 이루어졌음을 보여 주는 것이다. 또 압량위천이나 투탁에 의한 노비화가 성행하였다는 사실은, 당시의 사회적 신분이라는 것이 명백한 법규정의 적용에 의해서 결정되기보다는 법제도화되지 않았거나 불법적인 방법을 통하여 이루어졌음을 알 수 있고, 또한 양인이라는 신분이 반드시 노비의 그것보다 양호하였다고 단정하기 어렵게 만들고 있다. 즉 양인의 신분을 가진 자가 그것을 버리고 스스로 노비로 되기를 자원했다는 사실은, 상대적으로 노비의 실질적 생활사정이 일반 양인의 그것에 결코 못하지 않았음을 보여 주는 것이라 하겠다. 이러한 사실은 결국 조선 중기 이후 사회질서가 붕괴되기 시작하면서 그와 함께 천인과 양인의 실질적인 사회적 사정이나 지위의 격차가 좁아지고, 최종적으로는 노비의 해방을 맞으면서 사회적 신분에 따른 법적인 차별을 완화 내지 철폐하는 것으로 연결되었음을 분명하게 보여 주는 것이다.

넷째, 법적 능력과 관련해서는, 노비는 권리의 객체이면서 동시에 권리의 주체였기 때문에 일정한 경우에 있어서는 양인과 큰 차이가 없었다. 즉 자신의 권리를 주장하기 위한 소송상 능력을 가졌으며, 또한 그 주인을 위하여 대리로 소송을 수행할 수도 있었다. 그러나 노비가 그 주인을 고소하는 것은 원칙적으로 금지되었다. 또한 소유권의 행사와 관련해서도 자유로운 소유권을 보유하였을 뿐만 아니라 자신의 소유물을 직접 타인과 매매하거나 교환할 수도 있었다. 그리고 타인의 소유물로 된 노비가 가진 독자적인 재산에 대한 소유권은 그 주인에게 있지 않고, 노비 자신에게 있다는 사실도 확인할 수 있다. 이러한 사실로 볼 때 대체로 노비에게도 자기 자신의 고유한 소유권이 있었으며, 이러한 소유권은 그 本主의 지배를 받지 않는 독립된 것이었다. 즉 노비의 주인은 노비 자체는 소유할 수 있었지만, 노비의 소유물에 대해서는 소유권이 없었다는 것을 알 수 있다. 이것은 노비의 자손이 그 본주의 소유권에 당연히 귀속되는 것과 비교하여 볼 때 매우 특이한 것이라 하겠다. 또한 노비도 예외적인 경우이긴 하지만, 無後家로 된 그 주인의 奉祀를 할 수 있었다는 것을 알 수 있다. 또한 혼인과 관련하여 조선 초기에는 公·私婢의 혼인을 제한하는 정책을 취하였으며, 원칙적으로 남자 16세 이상, 여자 14세 이상인 경우에만 혼인을 허가하는 등 상당히 적극적인 규제를 하였으나, 중종 때에 이르러서는 이러한 규정들이 제대로 지켜지지 아니하였다.

다섯째, 권리의 변동과 관련해서는, 현행 민법에서와 같은 다양한 법률적 논점을 발견하지는 못하였다. 그러나 법률행위 내지 의사표시와 관련하여, 현행 민법에서 규정하고 있는, 불공정한 법률행위, 사기·강박에 의한 하자 있는 법률행위의 한 모습을 보게 된다. 그 밖에도 대리를 비롯한 조건·기한의 관념이 이미 법률상으로 적용되고 있었으며, 또한 기간을 계산에 있어서 그 기산점을 정하고 있었음을 보게 된다.

다음으로 <제2장 物權法>에서는 다음과 같은 사실을 알 수 있다.

첫째, 소유권에 대한 일반적인 고찰을 통해서, 조선시대에 있어서도 토지에 대한 개인의 소유권이 부정된 것은 아니었으며, 그 배후에 왕토사상을 전제로 하면서 존재하는 이른바 「國法의 적용을 받는 토지」를 의미하였다. 또한 소유권자가 스스로 이용하지 않고 버려두는 토지를 국가가 몰수하여 경작할 자에게 분배하는 것과 같은 적극적인 토지정책을 펴지 못했다는 사실은, 그만큼 백성들의 소유권에 대한 의식이 성장하게 됨으로써 국가의 힘으로도 마음대로 처리하기가 어려웠음을 보여주는 것이다. 결국 조선시대에 있어서 토지에 대한 소유권은, 단순히 有期的인 권리라기보다는 자손대대로 상속이 가능한 영구적인 것이었다. 그리고 토지나 가옥에 대한 권리는 국가에 의하여 필요에 따라 적극적·직접적으로 행사에 많은 제약을 받았으며, 개인과의 관계에 있어서도 자신의 소유권을 행사하는 데 일정한 경우 제약이 있었음을 보게 된다. 그리고 토지의 이용관계에 있어서 오늘날의 지역권이나 상린관계에 관한 법리와 유사한 것들이 논의되고 있음을 확인한다. 이러한 사실은 실제로 현행 민법에서 상린관계의 법률관계를 상당 부분 관습법에 맡기고 있는 것과 연관시켜 볼 때 무관하지 않을 것으로 보인다.

둘째, 소유권에 대한 분쟁과 관련해서는, 당시에는 민사소송과 형사소송이 명확하게 분리되지 않은 채 소송이 이루어졌기 때문에 다소 복잡한 느낌은 있지만, 기본적으로는 소송의 신속한 진행과 경제적인 목적 달성을 위하여 많은 배려를 하였고, 또한 소유권의 분쟁에 있어서 판결을 내릴 때에 信義則에 따른 해결을 시도하였다. 그러나 아직까지 실체적 진실의 발견이나 거래안전의 보호와 같은 문제와는 거리가 멀었다. 소유권의 분쟁해결에 있어서 정부의 입장은 가능하면 분쟁 없는 사회를 유지하기 위하여 신속한 결말을 내려고 하였으며, 이러한 방침에 따라 소송에 대한 定限을 정하자는 논의가 끊임없이 이루어졌던 것이다. 또 의미 없는 소송을 남발하거나 소송이 진행되는 가운데 성실하지 못한 태도를 보이는 소송 당사자에게는 그에 상당한 패소의 위험을 부과하였을 뿐만 아니라 철저하게 증거에 의한 재판을 추구하였다. 이것은 당시의 분쟁에 대한 판결에 있어서 文書인 증거를 가진 쪽이나 현재 점유하고 있는 당사자에게 승소의 가능성을 더 많이 주었다는 사실에서 알 수 있고, 그것은 결국 당시의 매매를 비롯한 모든 거래행위가 서면에 의한 요식행위로서 이루어지도록 간접적으로 강제하는 역할을 담당하였던 것으로 판단된다. 그리고 특별한 경우 국가에서 스스로 재판을 정지함으로써 당사자의 편의를 도모하는 배려도 잊지 아니하였다. 그리고 판결의 효력에 대해서도 소송에 직접 참가한 당사자에게만 미치도록 함으로써 기판력의 인적 범위를 제한하였다.

셋째, 조선시대에 있어서 소유권의 변동은 매우 다양한 모습으로 이루어졌다. 소유권의 취득은 推刷와 陳告, 下賜나 褒賞과 같은 국가의 행위에 의하여 이루어지는 경우와 상속이나 매매에 의한 경우가 있었다. 그리고 無主地에 대해서도 일정한 법규범을 마련하여 소유권의 이전을 허용하였다. 그러나 이러한 경우의 소유권 취득은 영구적인 완전한 것이 못되었기 때문에 그 효력이 미약할 수밖에 없었다. 그리고 상속에 의한 소유권의 취득에 있어서는 당사자의 사회적 신분에 따라 그 내용에 차이가 있었다.

넷째, 소유권의 상실은 주로 몰수나 屬公에 의한 경우가 많았으며, 민사적인 사유가 아닌 형사상의 범죄행위로 인하여 소유권이 자연히 상실되었다는 점에서, 조선시대의 소유권의 성질과 효력을 엿볼 수 있다. 그렇지만 이러한 소유권의 상실은 형사상의 사유가 소멸되는 때에는 쉽게 회복되었다. 이러한 사실로 볼 때, 당시에 있어서는 아직 재산권에 대한 私有意識이 미약하였음을 알 수 있다.

다섯째, 인간의 사회적 신분이 변화함에 따라 그에 대한 법률관계 역시 변화하는 여러 모습들을 보게 된다. 그리고 소유권을 상실하거나 그것을 회복하는 데 있어서 소유권자 본인의 의사가 그렇게 강하게 작용할 수 없었음을 보게 된다. 이와 같이 소유권이 쉽게 생겼다가 쉽게 변경·소멸하였다는 사실에서 당시의 소유권 관념이 오늘날의 그것만큼 강력하지 못하였으며, 또한 소유권이라고 하여 모두 똑같은 법적 힘을 가졌던 것이 아니라 그 대상이나 소유주의 환경에 따라서 각기 다른 내용을 내포하고 있었던 것으로 생각된다. 이러한 까닭으로 소유와 점유의 구별 역시 확연하다고 단정하기는 어렵다.

여섯째, 조선시대에 있어서 토지, 가옥, 기타 재산상의 권리를 입증하는 것으로는 量案을 비롯한 收稅案, 衿記 등의 공적 장부가 있었으며, 그 중에서도 量案은 토지에 관한 최초의 가장 오래 되고 절대적인 權利의 根源으로서 토지의 실태파악과 收稅를 위한 臺帳인 동시에 소유권을 입증하는 가장 기본적인 자료였다. 만일 이러한 官給文書가 없을 경우에는 文記, 文券, 明文 등으로 불리는 私的 증명서 즉, 매매문서를 비롯한 거래문서, 상속에 관한 分財記 또는 遺書(증여문서) 등으로써 자신의 소유권을 입증할 수밖에 없었고 이것마저 없는 경우에는 자신의 권리 입증이 거의 불가능하였다. 그렇기 때문에 토지나 가옥을 매매하는 경우에는 반드시 매도인과 매수인, 증인 그리고 그 文記를 쓰는 筆執者의 요건을 갖춘 계약서를 작성하였으며 단순히 口頭로 하는 일은 드물었다.

일곱째, 거래의 활성화가 크게 요구될 수 없었던 조선시대 전기의 사정으로 보아 매매, 증여 및 상속 등에 의한 재산의 소유권변동의 형식이었던 문기에 관한 법리는 여러 여건의 상황변화에 발맞추어 수정과 보완이 계속되었음을 알게 된다. 그러다가 임진왜란과 병자호란을 거치면서 문기의 소실로 인하여 재산에 대한 소유권의 증명이 어렵게 됨에 따라 문기에 관한 법규범도 크게 혼란에 빠지게 되고, 결국에는 성문법이 관습법규범에 밀려 死文化되는 지경에 이르고, 마침내는 대전회통에 이르러 형식적으로도 완전히 폐지되고 말았다. 이것은 「祖宗成憲」이라는 말로 대표되는 조선시대의 입법사상이나 태도로 볼 때 매우 이례적인 현상이었다.

성문입법과 개별적인 구체적 사례를 통하여 본 조선시대에 있어서 소유권의 증명방법인 文記에 관한 법규범의 일반적인 경향과 몇 가지 특징을 요약하면 다음과 같다. 문기의 성립요건과 관련하여 조선 초기에는 엄격하게 증인·筆執人 등의 요건을 요구하였다. 그러나 이러한 방식을 위반하였다고 하여 그 문기가 당연무효로 취급된 것 같지는 않다. 다만 부자 사이에 있어서의 證筆拒否와 같은 사례가 제기된 점으로 보아 證筆要件의 준수가 강하게 요구되었음을 알 수 있었다. 또 문기의 방식에 관하여 볼 때, 조선 초기에는 白文方式보다는 官署方式이 더 강조되었는데, 그것은 고려말 조선초의 격변과 혼란을 극복하고 새로운 지배질서를 확립해야 했던 당시의 사정으로 보아 지배질서의 경제적 기반인 노비와 토지 등의 중요재산에 대한 국가적 관리의 효율적 강화라는 시대적 요청상 당연한 것이었던 것으로 보인다. 즉 경국대전이 반포되면서는 그 규정에 따르도록 하다가, 그 뒤 중종 이후에는 문기와 관련된 기사가 그렇게 많이 눈에 띄질 않고, 영조 때에 이르러 官署文記의 定式을 정한 것으로 보아, 시간이 흐르면서 점차 문기에 관한 법규범이 정비되고, 白文文記의 허용범위가 확대되었음을 알 수 있다. 이와 같이 문기에 관한 법규범이 정비됨에 따라 白文方式의 문기가 허용되는 범위가 점차 확대된 것은, 近親 사이의 재산이동에 대한 국가적 관리의 필요성의 강조가 약했던 결과이기도 하고, 私事와 公事가 점차 분별되는 새로운 모습을 보여주는 것이다. 그리고 시대의 진전에 따라 이루어진 白文文記의 통용 및 그 허용범위의 확대와 문기의 改定을 제한하는 규정의 적용범위를 축소한 것은, 다른 요인의 작용도 있었겠지만, 유교사회가 정착되는 데 따른 가장권의 강화와 그 궤를 같이 한 결과였다고 하겠다. 그 이유는, 이러한 변화를 뒷받침하는 데 주장되었던 근거들이, 가장은 가정을 專斷할 수 있었다는 점과 효의 관념을 강조하는 데서 도출되었기 때문이다. 그리고 立案의 효력과 관련하여, 입안이 일단 사급되면 번복할 수 없는 확정력을 가지게 되어 권리관계가 명확해진다. 그러므로 진실한 권리자의 권리를 보호하는 정적 안전의 요구는 물론 거래의 안전을 보장하는 동적 안전의 요구도 기하였다고 볼 수 있으며, 소유자는 이를 보존하여 다음에 권리이전을 할 때에 취득자에게 인도하였다. 공적 증명을 절대적으로 신탁하는 것은 당시의 인민이 舊文記紛失의 경우에 그 분실을 증명하는 관의 立案 또는 立旨를 청구하던 것을 보아도 알 수 있다. 다만 무주지에 대해서는, 입안을 받은 경우 일단 소유권을 인정하기는 하였으나, 입안받은 문기를 소지하고만 있을 뿐 직접 경작하지 않는 경우에는 소유권을 박탈함으로써 토지 자체의 소유자가 누구냐를 정하는 것보다는 그 토지를 얼마나 잘 이용하느냐에 중점을 두었던 것이다. 그 밖에 부부의 재산관계와 관련하여, 당시의 부부 사이의 재산관계가 남성 본위의 일방적인 것만은 아니었으며, 여성에게도 상당히 넓은 범위에서 재산에 대한 사용·수익은 물론, 독자적인 처분권까지 인정되었음을 알 수 있다.

여덟째, 담보제도는 한편으로는 매매에서 占有質로, 점유질에서 無占

有質로 발전하였으며, 다른 한편으로는 소유권귀속의 형태에서 賣渡質의 형태로 발전을 해왔다. 그러나 조선시대에 있어서는 아직까지 소유권귀속의 형태를 벗어나지 못하고 있다. 그것은 당시에는 아직 경매제도가 정비되지 못하였기 때문이라고 생각된다. 그리고 조선시대에는 19세기부터 무점유질인 典當이 발생하여 관행되었다. 그리고 전당에는 非占有質의 형태를 취하는 경우 流質契約을 덧붙이는 것이 보통이었다. 그러므로 유질계약을 덧붙인 전당계약은 채무자가 채무를 이행하지 않는 경우에 지정된 부동산을 채무의 변제에 갈음하여 채권자의 영구적인 소유로 귀속하도록 하는 계약이며, 또한 채권담보를 목적으로 하는 부동산의 정지조건부 양도로서 채무의 변제가 불가능한 경우에 借金의 元利를 대가로 해서 지정된 부동산을 채권자에게 양도하는 계약이었다. 이와 같이 전당에 있어서 流質特約이 매매로 관념되고 때때로 매매의 형태인 관습과 전당이 혼동되었다는 것은 근세조선에 있어서 전당이 매매의 성격을 완전히 탈피하지 못하였음을 말해 주는 것이다. 더욱이 점유질로서의 전당의 경우에 담보부동산과 함께 舊文記를 인도하는 것은 留置效用도 있겠으나 매매와의 혼동에서 유래하는 것으로 볼 수 있을 것이다. 결국 유질계약을 덧붙인 전당은 부동산의 정지조건부 매매라고 할 수 있으며, 채무자가 담보부동산을 제3자에게 전매하는 것은 이른바 이중매매에 상당한 것으로서 채권자의 기대권을 해치는 것이 된다고 할 수 있다. 이 부분을 고찰하는 데 있어서 왕조실록에서 구체적인 자료를 발견하지 못하여 정확한 법률관계를 규명하기는 어려웠다. 이러한 방법 외에도 채권을 확보하기 위한 수단으로서 인적 담보인 보증제도가 있었다. 그러나 직접적인 채무자가 아닌 그의 친족이나 이웃에게 대신 채권을 징수하는 폐단은 일찍부터 정부의 규제를 받아 왔으며, 특히 금전소비대차에 있어서의 채무불이행의 경우에 채권집행의 범위, 즉 채무불이행에 대한 배상범위를 적극적으로 제한함으로써 채무자가 舊債務를 변제하기 위하여 또 다른 채무를 지는 악순환을 방지하기 위하여 국가적인 배려를 하였다.

끝으로 <제3장 債權法>에서는 다음과 같은 사실을 알 수 있다.

첫째, 채무의 이행과 관련하여, 채권의 목적을 실현하기 위한 수단으로서 채권자의 선택에 따라 대가를 징수하거나 노비를 강제로 감금할 수 있었으며, 심지어는 채무자의 妻子까지 몰수하여 채권자의 노비로 삼도록 하였다. 또한 불이행한 채무의 규모에 따라 국가에서는 그 처벌을 달리하였음을 보게 된다. 그리고 채권의 소멸, 즉 채무의 변제를 위하여 본래 채권의 목적이 아닌 전토나 노비 등의 다른 내용의 급부를 제공하는 대물변제에 대해서는 금지와 허용이 반복되었다. 그러다가 『續大典』이 편찬되면서 戶典 徵債條에서, 채무자가 채무를 변제하지 아니한 경우에 채권자가 변제에 대신하여 전토를 占得하거나 채무자가 스스로 대물변제하는 것을 명문으로 금지하였다. 그 밖에 公債와 관련하여서는 특정한 신분계급에 대해서는 제한을 가하였을 뿐만 아니라, 그 변제방법에 대해서도 마찬가지로 제한을 두는 등 정부에서 직접적이고 적극적인 많은 관여를 함으로써 민·형사상의 법률관계가 공존하는 모습을 보여주고 있다.

둘째, 계약은, 국가에 의한 금지라는 커다란 제한적인 테두리 속에서 허용되는 범위에 한해서 나름대로의 사적 자치가 이루어졌던 것으로 보인다. 계약의 성립에 있어서 청약과 승낙의 문제, 의사표시의 도달시기, 계약성립 후의 효력에 관한 문제를 보고, 또한 일단 성립하였던 계약이 취소 또는 해제되는 경우에 대해서도 구체적인 사례를 통하여 고찰한다. 그리고 이를 통하여, 세부적인 법률문제에 대해서는 전혀 고려를 하고 있지 않은 사실도 알 수 있다.

셋째, 매매에 있어서 그 상대방 또는 매매대상의 선택에 대해서 원칙적으로는 자유로운 결정권을 부여하였으나, 사회적·종교적·정치적인 이유로 여러 가지 모습의 제한이 함께 하였음을 보게 된다. 또한 당사자 사이의 대등하지 못한 계약인 때에는 정부가 직접 개입함으로써 불평등관계를 미연에 방지하고자 하는 적극적인 노력도 보게 된다. 조선왕조는 초기부터 매매의 수단으로서 화폐의 사용을 권장하기 위하여 많은 노력을 기울여 왔으나, 화폐를 통용하는 것이 아직까지는, 반드시 국민에게 이익이 되는 제도라고 하기에는 어려움이 있었던 까닭에 여러 차례 상반되는 입법이 반복되어 이루어질 수밖에 없었다.

넷째, 조선시대에 있어서도 청약과 승낙에 의해서 계약이 성립되었음은 지금과 크게 다를 것이 없고, 다만 그 법적 성격에 있어서 교환과의 구별이 분명하지 않았다는 점은 있다. 그리고 매매의 유효한 성립을 보증하기 위하여 要物契約의 형태를 가졌음은 부인할 수 없을 것이다. 또 조선 후기에 이르러 外上이 성행한 사실로 볼 때 동시이행의 항변권이 제대로 역할을 담당하지 못한 듯하다. 그 밖에 매매에 있어서의 위험부담이나 비용과 관련하여 정해진 관습이 있었을 법하나, 왕조실록에서는 그에 대한 자세한 기록은 찾지 못하였다.

다섯째, 토지의 처분과 관련하여 조선 초기에는 한때 상속 이외의 처분이 원칙적으로 금지되다가, 세종 3년에 이르러 『大明律』의 稅契過割의 절차에 따르게 함으로써 비로소 토지의 매매가 허용되었다. 이 사실로 볼 때 조선시대에 있어서 토지에 대한 소유권이 비록 개인에게 인정되기는 하였지만, 그것이 오늘날과 같이 완전하고 강력한 것이 못되었음을 알 수 있다. 즉 개인소유권의 인정이라는 것을 바탕으로 삼고서 여러 가지 사유로 제한이 가해졌음을 보게 된다. 그렇다고 개인의 소유권이 그렇게 약한 것도 또한 아니었다. 즉 타인소유의 부동산을 몰래 제3자에게 매도하거나 아니면 일단 매매한 것을 다시 이중으로 매매한 경우에는 처벌할 것임을 명문으로 규정한 것으로 볼 때는 對私人的으로는 거의 절대적이었음을 알 수 있다.

여섯째, 조선시대의 대차관계 중 특히 토지나 가옥의 임대차가 매우 활발하였을 것으로 추측될 뿐, 그 구체적인 법률관계에 관한 왕조실록의 기록은 많지 않다. 이처럼 왕조실록에 토지나 가옥의 임대차에 관한 기록이 적은 것은 아마도 소작관계가 거의 개인과 개인 사이에서 사적으로 이루어졌기 때문인 탓도 있으나, 전국의 각 지방마다 관행이 조금씩 달랐기 때문에 일률적으로 입법화하여 규율하기가 쉽지 아니하였던 탓도 있을 것이다. 한편 외국인에게도 토지를 빌려주어 경작토록 하였으며, 또 草價라는, 穀草인 짚을 경작인이 전부 차지하고, 그 대신에 경작인은 田主에게 代價를 주는 제도가 있었다. 그리고 『大典通編』에서는, 空垈地나 圃田을 물론하고 백성에게 가옥의 건축을 허가한 때에, 본래의 田主가 이를 훼방하지 못하도록 함으로써 진정한 소유권자의 권리보호보다는 해당 토지의 이용을 최대한 효율적으로 하는 정책을 추구하였다. 그리고 山林川澤 등에 대해서는 개인의 사유를 허가하지 아니하여 사사로운 출입을 금지하였으나, 별다른 실효를 거두지는 못한 것으로 보인다.

일곱째, 소비대차에 관한 기록이나 법규정은 임대차에 비해서 비교적 풍부한 편이다. 성문법규정은 대체로 공채와 그것의 징수에 관한 것이지만, 私債에 준용하는 경우도 있었다. 그러나 성종 때에 사채를 징수할 수 있는 기한을 1년으로 한정하여 1년 이내에 告官하지 않은 사채는 청리하지 않도록 하였다. 이 수교는 경국대전에 입법화된다. 이 규정은 사채를 관청의 힘을 빌려 징수할 수 있는 기한을 1년으로 한정함으로써 화폐의 유통을 저해하는 결과를 초래하였다. 이러한 폐단을 고치기 위하여 연산군 때에 잠시 경국대전의 규정에도 불구하고 1년이 넘은 사채를 관에서 징수하도록 한 예외가 있다. 그리고 소비대차에 관한 기록에는 이율, 이자의 징수기한, 소멸시효 등에 관한 것들이 비교적 자세하게 나타나고 있다. 소비대차에 있어서 이자를 一本一利만 받도록 하고 그에 대한 이율은 10분의 1이 보통이었다. 다만 왕실의 私事費用을 조달하던 內需司의 長利는 최고 5할에까지 이르러 많은 폐단을 일으켰기 때문에 조선 초기부터 혁파하자는 주장이 끊이지 않았으나 조선 후기까지 존속하였다. 그리고 징채의 이자는 3년을 한도로 한다는 이른바 子母停息法을 적용하였으며, 시효에 있어서는 공채는 15년, 사채는 20년을 한도로 하고 이것 역시 당사자가 사망한 경우에는 모든 채권이 소멸하는 것으로 보았다.

여덟째, 사용대차는 조선 초기에는 무상이 원칙이었던 것으로 보이나, 후기에 이르러서는 유상으로 대차하는 경우도 있었던 것으로 보인다. 여기에 관한 자료가 많지 않기 때문에 실록의 기사만으로는 분명하지 않다.

아홉째, 증여의 대상에는 제한이 없었던 것으로 보인다. 따라서 증여의 내용은 보통의 물건에서부터 사람인 노비에 이르기까지 매우 다양하였다. 그리고 그 한도에 대해서도 명문의 규정이 없는 것으로 보아, 일정한 제한은 없었던 것으로 생각된다. 다만 공천의 경우 증여에 대한 제한이 다양하였다. 이러한 증여에는 무상인 경우와 유상인 경우가 공존하였던 것으로 보인다. 유상증여의 경우 매매나 교환과 그 구별이 모호하기는 하나, 반드시 같은 것은 아니었던 것으로 판단된다. 또 일정한 조건을 붙인 증여도 있었다. 증여가 일단 성립하더라도 불효와 같은 사유가 있으면 증여자에 의한 일방적인 취소가 가능하였으며, 그리고 증여자는 일정한 경우 증여에 대한 담보책임을 부담하였다.

열번째, 고용관계는 개인과 개인뿐만이 아니라 개인과 국가기관 사이, 국가기관끼리에서도 이루어진 것으로 보인다. 특히 遺棄兒의 收養과 관련하여서는 여러 차례 입법이 진행되다가, 영조 28년에 이르러, 유기아를 10세 이후에 사들인 경우에는 고용으로 간주하려는 시도가 있었다. 그리고 조선 후기에 이르면서 공천의 경우 사회적 신분이나 지위가 향상되면서 소유관계에서 고용관계로, 신분관계에서 계약관계로 발전하게 된다.

조선왕조실록에 나타난 기사를 중심으로 조선시대의 재산법규범을 연구한 결과 이상과 같은 분석 결과를 얻을 수 있었다. 앞에서 언급하였듯이 이 연구의 목적은 어느 특정한 구체적인 법률관계를 집중적으로 다루기 위한 것이 아니라, 우리 법학자에게 관심을 얻지 못하고 뒷전으로 밀려나 있는, 과거 우리의 전통적인 법규범이 어떠한 것이 있는가를 발굴·분석하고, 그 결과가 현행법에 어떻게 연결될 수 있는 가능성이 있는가를 확인하는 데 중점을 두었다. 현대적 이론에 의한 논의는 그 다음의 일이다.

제 1 장

財産法總論

제1절 一般的 考察

1. 法의 效力範圍

일반적으로 법의 형식적 효력범위는 크게 時·人 및 場所를 매개로 하여 논의되고 있다. 이 세 가지 사항에 관한 실록의 직접적인 기사는 많지 않다.

옛 法諺에 「法(刑)은 大夫에게 미치지 아니하고, 禮는 庶人에게 미치지 아니한다」는 말이 있다. 이것은 前近代的 東洋法에 있어서 일반적으로 통하는 말이었다. 그런데 이러한 법적 논의가 모든 법에 적합한 것은 아니었고 대체로 刑事法을 중심으로 한 公法的인 영역에 있어서 해당하는 것으로서 그 시대의 사회적 신분에 따라 刑事關係法의 適用 또는 運用이 달랐던 것이다. 따라서 民事를 비롯한 私法의 영역에서는 그 타당성이 희박하다고 하겠다.

조선시대에 있어서 일반적으로 법률의 효력이 미치는 人的 範圍에 관하여 직접적으로 다루고 있는 법규정이나 記事는 발견하지 못하였다.[1] 다만 왕조실록에는 向化人[2] 혹은 外國人이 국내에서 가지는 법적 지위에 관한 記事는 비교적 풍부한 편이다. 아래에서는 野人과 倭人 그리고 中國人(明人)의 경우로 나누어 이들 기사의 구체적인 내용을 살펴보도록 하며, 그에

1) 다만 刑事法의 對人的 適用에 관하여는, 「凡化外人犯罪者, 並依律擬斷」(『大明律直解』 1권 名例律 化外人有犯條)이라고 규정하고 있다. 즉 「무릇 化外人이 범죄한 자는 모두 依律處斷한다」고 함으로써 원칙적으로는 化外人을 國內人과 같이 다루었으나, 실제로 법을 운용하는 데 있어서는 그들에게 특전을 주는 경우가 많았다. 그리고 外國人 상호간의 범죄에 대해서는 아무런 언급이 없다.

2) 이 化外人을 왕조실록에서는 向化人으로 표현하였다. 여기서 이들 向化人이 內國人으로서의 법적 신분을 취득하였는가? 필자가 조사한 실록의 기사만으로는 분명하게 알 수가 없다. 다만 이들이 어느 정도의 법적 의무를 부담하였다는 기사는 더러 보일 뿐이다. 필자의 사견으로는, 향화인은 원칙적으로 내국인과는 달리 취급되었으며 예외적인 경우 벼슬을 하기도 하고 군인이 되는 등 내국인과 같은 권리와 의무의 주체가 되었던 것으로 보인다.

앞서 朝鮮의 對外政策에 대해서 간략하게 언급한다.

주지하다시피 조선의 外交政策은 흔히 事大[3]交隣[4]으로 불려진다. 즉 중국에 대해서는 전통적으로 朝貢을 통한 관례적인 외교정책을 취하였고, 野人과 倭人에 대해서는 일종의 懷柔政策으로서 朝貢을 거꾸로 대체하는 정책을 취하였으며, 이러한 정책을 기조로 한 이들 삼자와의 교섭 속에서 物物交換과 文化의 授受가 이루어졌던 것이다. 이와 같은 외교정책상의 차이는 이들의 법적인 취급에서도 그대로 반영되었다. 즉 明人에 대해서는 野人이나 倭人에 비하여 상대적으로 융숭한 대우를 하였던 것이다.

먼저 野人에 대한 것으로 『정종 1권 원년(1399) 6월 15일 갑인』을 보면, 「刑曹都官上言, 請成公私奴婢之籍, 其言曰, 公私奴婢成籍革弊之法, 國家重事, 其奸詐之人, 或有將奴婢名字齒歲傳來宗派, 變易施行者, 或有以負債良人, 異土人口, 典當奴婢, 他人奴婢爲自己奴婢, 汎濫載錄者, 本司秩卑, 難於科斷, 願依給田司例, 司與刑曹判事臺省各一員, 僉議施行. 上納之. 然事意不行」이라고 하였다. 즉 이것은 본래 辛卯年(태종 11년, 1411년)에 歸化한 야인들에게 밭을 주고 이들에게는 모두 조세를 면제하는 배려를 하였는데, 정종 원년에 이르러 향화인들을 노비로 삼는 일이 빈번하자 이를 엄격하게 단속하고자 하였으나 제대로 시행되지 않았다는 내용이다. 이 기사의 내용으로 미루어 보아 국내에 들어온 향화인들이 모두 특별한 예우를 받은 것은 아니고, 그들 가운데 일부는 불행하게도 奴婢로 전락하기도 하였음을 알 수 있다. 그렇지만 실록 기사의 내용만으로 볼 때, 대부분의 향화인들은 전토나 가옥 또는 노비를 하사받는 등 비교적 좋은 대우를 받은 것만은 분명하다고 하겠다.[5] 또 『세종 80권 20년(1438) 1월 28일

---

3) 고려 말에 親明派의 도움으로 건국한 李成桂는 그의 대외적인 노선이 親明일 수밖에 없었다. 태조는 즉위 후 趙胖을 明에 보내 主權承認을 요구하여 權知高麗國事를 받았고, 韓尙質을 보내 朝鮮이라는 國號의 제정을 승인받았으나 朝鮮國王의 金印과 誥命은 받지 못하였다. 그러다가 비로소 태종에 이르러 이를 받게 됨으로써 정상적인 對明關係가 성립되었다.

4) 野人이나 倭人을 회유·포섭하기 위하여 그들의 酋長이나 民族에게 관직을 주기도 하고 투화하여 살도록 하고, 한편으로는 貿易所를 설치하여 交易을 허용하기도 하였다.

5) 야인에 관한 내용의 기사로는 『세종 24권 6년 4월 12일 정사』: 「命賜自願侍衛幹, 朶

계축』에서는 「議政府據禮曹呈啓向化女直時家老也叱大等, 給衣服笠靴粮料家舍家財鞍馬奴婢, 仍令娶公私婢嫁良夫所生女爲妻, 今後向化人有娶妻者, 例給嫁良夫所生女, 永爲恒式. 從之」라고 하여 歸化한 女眞人에게 家舍·家財 및 奴婢 등을 주고, 公私婢嫁良所生女를 아내로 삼도록 하였으며, 또한 이후로는 歸化人으로서 장가들 자가 있으면 으레 良夫에게 公私婢嫁良所生女를 주도록 하는 것을 영구히 恒式으로 삼도록 함으로써 향화인과 국내인 사이의 혼인을 장려하기도 하였다. 그러나 『세종 120권 30년(1448) 6월 13일 병자』를 보면, 향화인들의 수는 많아지고 사급할 노비는 부족한 지경에 이르고 말았다. 이에 형조에서는 典農寺에 소속된 노비로써 사급할 것을 건의하게 된다. 그리고 倭人에 대한 것으로는 『세종 63권 16년 3월 16일 계사』에서 「傳旨兵曹, 各年逃來倭人, 曾於所在守令, 給衣食土田, 常加完恤, 勿使飢寒, …」이라고 하여, 조선으로 도망해 온 왜인들에게 의복과 식량을 제공하고 땅과 밭을 제공하였음을 알 수 있다. 또한 『인조 11권 4년(1626) 1월 9일 계축』을 보면 「摠戎請啓曰, 本請別抄軍, 抄出團束, 意非偶然, 而但官給粮餉, 實是難繼之道, 如無給保之規, 勢難長久, 依正兵例, 給一保一丁, 以爲自食之地, 其中私奴砲手則公私兩役, 尤難支保, 加給一丁, 以資身役, 向化則令以自中代盡者給保, 似爲便當, 請令兵曹, 覆啓施行. 從之」라고 하여, 향화인이 別抄軍에 차출된 때에는 그들 가운데서 代盡한 사람을 保人으로 題給하였음을 알 수 있다.

그런데 이들 향화인에게 下賜한 토지나 노비에 대한 소유권의 성질은 어떤 것이었을까? 이 문제에 관하여 세종조에 이르러 논의가 있었다. 즉 향화인의 자손인 李雨 등이 상소하기를, 「아비의 전토를 물려받아 생활을 하

里李都乙赤衣服笠靴鞍馬家舍奴婢, 令娶妻」라는 기록이 보인다. 그 밖에도 비슷한 내용의 사례로는 『세종 39권 10년 2월 15일 기사』 참조. 또한 이후에도 향화인들을 한 곳에 完聚시키고 집과 田土를 준 기록이 있는데, 『세종 68권 17년 6월 5일 을사』; 『동 71권 18년 2월 23일 기미』의 기사에 나타나는 향화인 金吾未의 事例(「金吾未, 本國人也, 年十餘被虜於野人, 取野人女爲妻, 居于彼境, 其所居密邇我境, 其母居吉州咫尺之地, 一不來見, 曩者邊將權令投化而來, 問其志則欲還彼境, 不願在此, 故議于政府, 置公州爲官奴, 今以公州近地, 易以逃歸, 故更令移屬羅州官奴, 又令其母完聚, 量給田土, 以安其生」)의 사례가 그 한 예이다.

는데, 工曹에서 공로가 없다고 하여 아울러 모두 거두어들이고 있다」고 하소연하기에 이르렀다. 이에 세종이 이 문제를 대신들에게 의논토록 한 결과, 향화인에게 준 전토는 제 몸에 한하도록 하며 그가 죽은 뒤에는 도로 屬公하도록 함으로써 향화인이 취득한 소유권은 그 당대에 한정되는 期限附所有權이라는 유권해석을 내렸다. 또 『세종 120권 30년 5월 10일 갑오』에서는 「議政府據禮曹呈申, 投化野人等, 受賜奴婢·交易奴婢·妻家奴婢, 率歸本土, 甚爲未便, 痛行禁止. 從之」라고 하였는데, 이것은 이 때에 이르러 投化한 야인들이 하사받은 奴婢·交易한 노비·妻家의 노비를 거느리고 본토로 돌아가는 일이 생겨나자, 조정에서는 이를 일체 금지하도록 한 것이다. 이러한 기사로 미루어 볼 때 향화인이 취득한 소유권은 국내에서 거주할 것을 조건으로 하는 제한적인 것이었던 것으로 보인다. 그리고 『문종 7권 원년(1451) 4월 12일 경진』은, 官給한 向化人의 집은 예조와 한성부에서 장부를 만들어 함부로 매매하지 못하게 하고, 이를 어길 경우에는 그 집을 몰수하는 조치를 취하였는데, 이것으로 볼 때 향화인의 소유권은 다만 자기 자신만이 권리를 가지는 제한적인 것으로서 매매가 금지됨으로써 사용·수익할 권한만이 있었음을 알 수 있다. 그러나 그 뒤에 이 문제에 대해서 경국대전에서는 「凡向化來者, 本曹議其根脚·居處·功勞·材幹, 啓聞, 置簿, 移文該曹, 除職·給料·給奴婢有差. 向化人每月六次(初一日·初五日·十一日·十五日·二十一日·二十五日), 會本曹署名簿. … 官給家舍, 勿許擅賣, 傳至子孫許賣」(『經國大典』 禮典 待使客條)라고 규정하게 된다. 즉 하사한 전지가 자손에게 이른 경우에는 타인에게 매매할 수 있도록 함으로써 期限附(또는 條件附)所有權의 불완전한 것에서 자손대대로 상속되는 영구적인 所有權으로 그 법적 효력을 강화한다는 것을 명문화한 것이다. 그리고 『성종 277권 24년(1493) 5월 22일 을유』를 보면, 성종조에 이르러서는 투화해 오는 野人들에게 歸化에 대한 許可를 제한하는 정책을 취하였음을 알 수가 있다.

한편 국내에 거주하는 향화인 또는 외국인의 의무와 관련해서는, 『세종 75권 19년(1437) 3월 1일 신묘』에서는, 향화인들에게도 다른 戶의 예에 따라 田租를 바치도록 하였는데, 향화인들이 종전대로 감면해 줄 것을 하소연하자 다시 전과 같이 모두 면제해 주도록 하였으며, 『성종 287권 25년(1494) 2월 26일 을유』는, 三浦에 사는 왜인이 경작하는 전지에 대하여 禮曹와 戶曹에 의논토록 하였는데, 該曹에서는 「삼포에 거주하는 왜인이 우리 땅을 빌려 경작하고 있으니 우리 평민과 다름이 없다. 전지가 있으면 세금이 있는 것은 고금을 통하여 바꿀 수 없는 법칙이다. 그러므로 종전처럼 세금을 거두고, 이를 영구히 法式으로 삼고, 또 왜인에게 전지를 放賣하고 몰래 이름을 등록한 자는 처벌」할 것을 주장하였다. 그러나 李克培·柳輊는, 왜인이 세금을 내지 않은 지 오래 되었고 또 그들이 경작하는 전지가 많지 않으니 세금을 받지 않더라도 국가에 큰 손실이 없으므로 아직은 종전대로 하고, 만일 꼭 세금을 거두려면 島主에게 通諭한 후에 시행하는 것이 좋다고 하였다. 성종은 후자의 의견을 좇아 면세토록 하였다. 또한 『숙종 34권 26년(1800) 10월 12일 신미』는 「且曰, 所謂向化人者, 古昔華人之源到我地, 因爲我民者也, 入我地作我民, 不知幾百年, 而每稱向化, 水業者, 農作者, 並無身役, 宜使其所居官, 考其帳籍」라고 하였다. 그 내용인즉, 辛卯年(선조 24년, 1591년)에 承傳한 「向化人의 曾孫 이하에게 役事를 정한 일」에 의거하여 覆奏하고 거듭 밝히기를 청하자, 禮曹에서는, 本朝에서 향화인으로서 갯가에 사는 자에게 船稅를 예대로 거두어서 일체의 용도에 이바지하고 있고 그렇게 해 온 지가 이미 오래 되었으니 지금 다른 역으로 옮겨 정할 수는 없다는 입장을 보였다. 이에 숙종은 예조의 계청을 윤허한 것이다.

또한 외국인의 권리능력과 관련하여, 『문종 3권 즉위년(1450) 8월 7일 무인』에서 「命右副承旨金文起, 問安于兩使臣, 尹鳳曰, 昨日感受奴婢文券, 又喜聞爲我治第, 但恐煩民之力, 願買一小家以給, 鳳善, 性皆貪婪, 求索無厭, 諷館伴, 請奴婢家舍. 上, 議于大臣, 僉議曰, 今若一開其端, 後日本國入朝宦官, 奉使而來, 援例請之, 則其弊不小, 宜勿許. 上, 不聽, 皆賜奴婢家舍」라고 한 것으로 보아, 중국의 사신 역시 국내에 있는 家舍와 奴婢를 소유할 수 있었으며,[6] 심지어 사신의 母에게까지 노비를 하사하기도 하

6) 이것과 유사한 것으로는 『단종 14권 3년 윤6월 6일 경술』 참조.

였다.[7] 중국 사신에게 하사하는 노비는 都官이 文案을 결정해 주고 아울러 그 所生까지 기록하였으며,[8] 특히 앞에서 본 일반적인 향화인들과는 달리, 본국인 중국에 가지고 가서 자손에게 相傳토록 하는 등 매우 특별한 권리를 부여하기도 하였다.[9] 명의 사신에 대한 이와 같은 特典은 조선 초부터 지속되어 온 외교상의 事大交隣政策의 당연한 결과라 하겠다.

그리고 向化人이나 外國人의 公法上 권리와 관련해서는, 『중종 21권 10년(1515) 2월 28일 병진』을 보면 최고 堂上官까지 승진할 수 있었음을 알 수가 있다. 그 밖에도 『영조 114권 46년(1770) 5월 21일 정유』에서는, 明人의 자손을 불러 쌀을 하사하고 軍門에 임용하였으며, 『정조 41권 18년(1794) 9월 12일 병신』에서는 「琉球漂人, 將至京. 敎曰, 濟州子弟上來者, 亦有承旨宣諭之擧, 況異國漂人之生還者乎, 至於琉球國人, 昔有供職於我國者, 而特授摠管, 以寶劍差備近侍, 此不過二百年前事, 今來漂人, 其在懷柔之意, 別示顧恤, 於義爲可, 承旨一員, 待其住接館所, 往至畿營, 與道臣 眼同慰問, 饋以酒食, 優給庇身之物」라고 하여, 유구국에서 표류해 온 자들에게 摠管[10]의 벼슬을 주어 寶劍職[11]과 差備職으로 근시하도록 한 것이 이미 16세기 무렵부터 당시에 이르도록 행해지고 있었음을 보여준다.

法의 효력 가운데 場所的 範圍와 관련해서는, 『중종 7권 4년(1509) 2월 23일 을유』에서는 「掌令尹希仁曰, 慶尙道沿邊民田, 賣於倭奴者, 前者張順孫爲監司時, 推刷啓聞, 崔命同爲釜山浦萬戶, 語倭奴曰, 爾居率土, 當從我法, 民田賣於爾等者, 當給其直, 爾亦還其田可也, 以此或有還之者, 令宜令檢擧, 盡還其田 …」, 즉 倭人과의 民田賣買를 취소하면서 왜인들에

---

7) 『단종 4권 즉위년 11월 16일 갑술』: 「傳旨刑曹, 曰給使臣金宥母婢一口, 限宥母身」.

8) 『문종 3권 즉위년 9월 28일 기사』: 「左承旨鄭而漢, 問安于兩使臣, 尹鳳曰, 前達奴婢, 須於都官, 決給文案, 幷錄所生, 鄭善曰, 平壤接老和尙, 予得於收養, 予之將入朝也, 爲勢强者所訟見奪, 龍仁人金倫, 及其子可理, 賣奴婢四口于養母, 放賣文契, 父子同着名署, 而反訟於官, 奸惡莫甚, 願逮予未還, 拿問尹及可理速決, 而漢回啓, 乃命拿來問之」.

9) 『문종 4권 즉위년 10월 23일 계사』 참조.

10) 조선조 때 五衛都摠府의 都摠管과 副摠管을 말한다. 總管이라고도 쓴다.

11) 寶劍을 들고 侍衛하는 臨時職을 말한다.

게 우리 국토 안에 살면 마땅히 우리 법을 따라야 한다고 하여 屬地主義 원칙을 천명하였으며, 또한 『중종 59권 22년(1527) 11월 7일 신사』에서, 왜인들이 官司를 경유하지 않고 庫直·商人들과 짜고 몰래 물건을 팔았는데 상인들이 그 매매대금을 지불하지 않자 왜인들이 진정을 하였다. 대신들은 私賣買에 대해서는 정부가 報償해 줄 수 없다는 주장을 하였다. 중종은 처음에는 한성부로 하여금 상인들로부터 값을 징수하여 왜인에게 지불하도록 하였다가, 三公의 의견을 듣고서 몰래 매매한 물건은 국가가 알 바 아니니 징수해 줄 수 없다는 뜻을 전하도록 하였다.

법률의 時間的 效力範圍와 관련해, 조선시대에 있어서 法律은 그 효력이 장래에 향하여만 발생하는 것이었는가? 조선 초기부터 500년에 걸쳐 줄곧 형사법의 기본법으로서 의용되었던 『大明律』에는 「範律自頒降日爲始, 若犯在已前者, 並依新律擬斷」(『大明律直解』 名例律 斷罪依新頒律條), 즉 「모든 법률은 공포한 날로부터 시행한다. 만약 범죄행위가 법률의 공포 이전에 있는 자는 모두 새법에 의하여 처벌한다」고 하여, 형법의 遡及適用을 인정한 듯하다. 그러나 법을 운용하는 실제에 있어서는 新法이 制定되면 상당한 猶豫期間을 주었고, 또한 舊法이 시행되던 때의 행위에 대하여는 가혹한 신법을 적용하지 아니하기도 하였다.[12] 『大明律』이 비록 刑事法典이긴 하지만 그 속에는 民事에 관한 규정도 내포하고 있기 때문에 민사법률관계에 있어서도 참고할 필요가 있다고 생각된다. 법률불소급의 원칙을 중시한 사례로, 『세종 48권 12년 5월 25일 갑자』은 「刑曹啓, 前此傳給收養奴婢, 本孫, 如將祖考, 勿給孫外, 遺書爭之, 今從遺書決給, 其立法前, 已決給孫外者, 處之如何, 命政府諸曹同議, 僉曰, 受敎前已決者, 更改未便, 命下詳定所」라고 하여, 遺棄兒의 수양 문제와 관련해, 이미 수양자에게 전해 준 노비를 本孫이 그 祖父의 「本孫 외에는 주지 말라」는 遺書를 가지고 다투면 유서에 따라 결정해 주도록 하고, 다만 그 법을 세우기 전에 이미 본손 외의 사람에게 決給한 것은 고치지 말도록 하여 소급효를 부인하였다.[13]

---

12) 『세종 109권 27년 7월 5일 정축』 참조.

13) 刑事에 관한 것으로는, 『세종 72권 18년(1427) 5월 12일 무인』을 보면, 무당을 금지·

2. 法의 解釋과 適用

일반적으로 「법의 解釋」이란, 그 법규가 가지는 의미나 내용을 명백하게 확정하는 것을 말한다. 이러한 법의 해석은 그 법을 적용하는 데 있어서 전제가 되는 것이다. 그리고 「법의 적용」이란 추상적인 법규범을 대전제로 하고, 구체적인 생활관계를 소전제로 하여, 삼단논법에 의한 推論 또는 斷案으로서 法的 價値判斷을 내리는 것이다. 이러한 법의 적용은 실질적으로는 누구든지 항상 의식적 또는 무의식적으로 할 수가 있으며 또한 실제로 하고 있다. 그러나 오늘날의 법치주의 국가에서는 가장 명백하게 또한 의식적으로 실효성 있는 법의 적용을 하는 경우는 법원의 재판에 의한 것이라 하겠다.

조선시대에 있어서의 법률의 해석은 왕과 신하들에 의해 자의적으로 이루어질 수밖에 없었을 것이다. 그렇지만 조선시대에도 이미 법의 해석에 관하여 다양한 논의가 이루어졌다. 즉 왕조실록에는 구체적인 법률관계에 해결 과정이 상세하게 기록된 것이 많은데, 이 해결 과정에서 임금과 신하들 사이에서 법해석을 둘러싸고 많은 의견들이 제시되고 있다. 이를테면 成宗朝에 『經國大典』 戶典 田宅條의 해석과 관련하여 오늘날의 文理解釋이나 合目的的 解釋 등과 같은 여러 가지의 다양한 解釋論이 시도된 것으로 보아 당시에 법의 해석이나 그 적용과 관련하여 대단히 활발한 시도가 이루어졌던 것으로 짐작된다. 이것에 관하여 상세한 것은 제3·4장에서 다루는 구체적인 사례에서 나타난다.[14] 또 『중종 16권 7년(1512) 5월 19일 임진』은,

---

처벌하자는 논의가 있었는데, 禁防을 세우기 전에 있었던 것은 처벌이 불가하다는 주장을 받아들여 遡及適用을 인정하지 아니하였다.

14) 조선시대에는 채무를 집행하기 위한 수단으로서 家僮을 囚禁하는 法이 있었는데, 『중종 12권 5년 11월 5일 정사』를 보면 개인의 채무를 집행하는 경우에도 적용되었음을 알 수가 있다. 그런데 당시에 『經國大典』과 『大典續錄』의 규정을 해석하는 데 있어서 그 집행방법이 人丁을 가두게 하는 것인지 아니면 그 대가를 징수하는 것인지에 대하여 해석이 나뉘어져 논의가 있었다. 결국 이 문제는 영의정 김수동의 주장에 따라, 빚 받는 것을 일체 금하고 반드시 인정을 가둔다면 인정이 없는 자는 사람을 고용하게 되

도성의 산 밑을 파고 집을 짓는 자가 더러 있었는데, 담당 관청이 평소에는 태만하여 단속하지 않다가 집을 지은 뒤에야 강제로 철거하게 하면 일이 매우 시끄럽게 되므로 한성부로 하여금 미리 금하도록 한 것으로서, 이것으로 보아 비록 집을 지을 수 없는 건축금지구역이라 하더라도 이미 지은 집은 강제로 철거하기가 쉽지 않았음을 알 수 있다. 이것은 무릇 집을 지을 때는 반드시 관청에 신고하여 집터를 떼어 받았기 때문이었다. 즉 일단 관청에서 허가한 사항에 대해서는 거기에 어느 정도의 하자가 있더라도 쉽게 번복하지 못하게 함으로써 일반 백성의 권리보호에 치중하여 백성들에게 정부의 信義를 보였음을 알 수 있다. 즉 실정법의 문리적인 자구해석에 치중하지 않고 백성의 실질적인 권리관계를 보호함으로써 국가의 공공행위에 대한 국민의 信賴를 보호한 것이라 하겠다. 또한 대명률의 규정을 해석하는 데 있어서는 더러 중국의 禮部에 자문을 구하기도 하였던 것[15]으로 보아, 당시의 법의 해석이 마냥 왕과 신하의 독단적인 것이었다고 단정할 수는 없으며, 법해석이 비록 일부 지도층에 의해 자의적으로 이루어지기는 하였지만, 법적 안정과 구체적 타당성을 조화시킴으로써 그 나름대로의 解釋方法을 추구하였던 것으로 생각된다. 이러한 것은 어떤 사건을 해결하는 데 있어서 매번 先祖의 法과 그 당시의 判例를 모두 철저하게 조사한 뒤에야 비로소 최종 판결을 내렸던 사실에서 보더라도 알 수가 있다. 왕조실록의 수많은 사건기록을 보면서, 한 마디로 조선시대는 성문법과 불문법(특히 기왕의 판례)이 적절한 조화를 이룬 시기였다고 필자는 확신할 수 있었다.

어 폐해가 도리어 대가를 거두는 것보다 무겁게 되니 전례대로 그들 자신의 편의에 따라 대가를 징수하거나 가동을 수금하도록 하였다. 이 결과는 家僮囚禁法의 입법목적에 충실한 해석이었다.

15) 『大明律』 戶律 私借官車船條는 「凡監任主守, 將係官車船 · 店舍 · 碾磨之類, 私自借用, 或轉借與人及借之者, 各笞五十, 驗日追雇賃錢入官, 若計雇賃錢重者, 各坐贓論加一等」, 즉 무릇 자기가 맡아서 감독하거나 지키는 官의 車船 · 店屋 · 연자매 등을 사사로이 빌려 쓰거나 타인에게 轉貸하여 준 자와 이를 빌린 자는 처벌하고, 그 빌린 日數를 계산하여 雇賃錢을 추징하도록 규정하였다. 그런데 그 뒤 성종 24년에 朴元宗 등이 船隻을 借用한 일과 관련하여 이 규정의 해석에 관한 논의가 있게 되었는데, 그 결과 우선 본래 조율한 대로 시행하고, 赴京하는 편에 부쳐 보내 질문하기로 하였다 (『성종 284권 24년 11월 3일 갑오』 참조).

3. 小 結

조선시대에 있어서 성문·불문의 법규범이 時間的·人的 및 場所的 효력 범위와 관련해서 어떠한 입장을 취하고 있었는지를 명확하게 규명하기는 어렵다. 그것은 이러한 개념들이 적어도 서구에서 근대적인 법제도가 정비되면서 그 부산물로서 생겨난 것들이기 때문에 이러한 시각을 가지고서, 전혀 법체계나 법이념을 달리하였던 조선시대의 법규범을 대상으로 하여 이를 고찰한다는 것은 상당히 무리가 따를 것임은 부인할 수 없다. 여기에서는 가능한 한 유사한 법규범이나 그 형태가 혹시 있지 않았을까 하는 기대를 가지고서 최소한의 연결고리를 찾고자 노력한 것에 불과하다. 이러한 노력을 통하여 알아낸 것은 국내인이 아닌 向化人 또는 외국인에 대해서는 여러 가지 법적인 특권을 주었으며, 그리고 倭人에 대한 법적용에 있어서 오늘날의 屬地主義의 원칙과 유사한 내용을 천명하였고, 또한 구체적인 사례의 해결에 있어서 遡及效禁止의 원칙이나 新法優先의 원칙과 같은 근대적인 법률사고와 유사한 점이 있었음을 보았다. 그리고 법의 해석과 적용에 있어서도 文理解釋이나 合目的的 解釋 등의 다양한 법해석 기술이 활용되고 있었음을 확인할 수 있었다.

제2절 權利의 主體와 客體

1. 社會的 身分과 法的 地位

인간의 사회생활은 다양한 모습을 띠고 있다. 이에 따라 이들을 규율하는 社會規範 역시 법에 한정되지 않고 종교·도덕·관습 등 여러 가지가 존재하게 된다. 그 가운데 법에 의하여 규율되는 생활관계를 우리는 「法律

關係」라고 부른다. 현대 법치국가에 살고 있는 우리의 생활관계 대부분은 법의 규율을 받을 수밖에 없다. 즉 오늘날 대부분의 생활관계가 바로 법률관계인 것이다. 이러한 법률관계는 법에 의하여 보호받는 자, 그리고 법에 의하여 구속되는 자의 관계로 구성된다. 우리는 앞의 지위를 「權利」라고 부르고, 뒤의 것을 「義務」라고 한다. 權利는 법률관계의 기본구성요소로서 없어서는 아니 되는 관념이라고 할 수 있겠다. 그리고 이러한 권리의 本質이 무엇이냐에 대해서는 지금까지 다양한 논의들이 거듭되어 오고 있다. 그러나 이 책에서는 이러한 관념적인 주제는 다루지 않는다.

일반적으로 법질서에 의하여 일정한 이익을 누릴 수 있는 법적 힘을 부여받은 자를 「權利의 主體」라고 한다. 모든 권리에는 그 주체가 있으며, 주체 없는 권리는 있을 수가 없는 것이다. 이것은 義務의 경우에도 마찬가지이다. 民法學에서는 이와 같은 權利·義務의 귀속주체를 「法的 人格」 또는 「法人格」이라고 부르고 있다. 그리고 이러한 권리의 주체가 될 수 있는 지위나 자격을 「權利能力」이라고 부르는 것이다.[16] 우리의 현행 민법상 권리능력자로 될 수 있는 것은 自然人인 모든 살아 있는 사람과, 法人인 일정한 사람의 집단(社團) 및 일정한 목적을 가진 재산의 집단(財團) 뿐이다.

오늘날의 모든 문화국가에 있어서 모든 사람은 법률상의 인격자로서 性別·年齡·階級에 관계없이 평등하게 취급된다. 이러한 萬人平等의 權利能力이 실현된 것은 서구에 있어서 개인의 尊嚴을 바탕으로 하는 17·8세기의 自然法思想의 영향을 받아 그 후 프랑스 혁명을 전기로 하여 近代社會가 확립되면서부터이다. 모든 自然人에게 權利能力을 인정하고 또한 권리능력의 範圍를 한정하지 않는 것은 近代法에 있어서의 기본적인 요청이다. 그러나 모든 사람에게 평등하게 권리능력이 인정되는 것은 法에 의한 경우라야 하는 것이지, 사람이기 때문에 당연히 권리능력을 가지는 것은 아님을 명심해야 한다. 우리의 현행 憲法도 이러한 사상의 맥을 이어받아 제11조 제1항에서 「모든 國民은 法 앞에 平等하다. 누구든지 性別·宗敎 또는 社會的 身分에 의하여 政治的·經濟的·社會的·文化的 생활의 모든

16) 그렇지만 權利能力 자체가 바로 權利는 아니다. 권리능력은 어디까지나 권리의 주체가 될 수 있는 抽象的·潛在的인 법률상의 지위에 불과한 것이다.

領域에 있어서 차별을 받지 아니한다」고 천명하고 있으며, 또한 현행 민법 역시 제3조에서 「사람은 生存한 동안 權利와 義務의 主體가 된다」고 명시하고 있다.

대체로 지금까지의 견해는 古代의 大家族制度 아래에서는 家長만이 완전한 권리능력을 가졌을 뿐이고, 妻子를 비롯한 그 밖의 家族은 家長의 權力에 복종하여 권리능력이 크게 制限되었다는 것이 일반적이다. 더욱이 노예의 경우 法的 人格이 전혀 인정되지 않았으며 物件과 같은 所有權의 客體일 따름이었다고 한다. 그러나 필자의 생각은 다르다. 필자는 직접 왕조실록을 탐구하면서 적어도 우리나라의 奴婢와 서양의 奴隷는 그 法的 地位에 있어서 상당히 큰 차이가 있음을 느낄 수 있었다. 그것이 구체적으로 어떠한 것인가에 대해서는 보다 자세한 연구가 필요할 것이다. 이 책에서는 다만 이러한 대전제를 기본으로 하여 이하에서 조선시대에 있어서의 「社會的 身分과 法的 地位」의 相關關係를 고찰하고자 한다.

신분사회에 있어서의 법적 지위 내지 법적 능력에 관한 사항은 두 가지로 나누어 볼 수 있다. 첫째는 가족법상의 신분과 법적 능력에 관해서이다. 전근대사회는 대체로 가부장적 대가족제도를 유지하였다. 이러한 가족제도하에 있어서는 동일 가족구성원이라 하더라도 그 법적 지위 내지 능력은 다르게 취급될 수밖에 없었다. 로마의 경우 權利能力의 문제는 특정한 사람이 法上 가지는 지위의 개념과 관련하여 고찰되었다. 같은 사람이라도 노예는 권리능력이 없었으며, 권리능력을 취득하려는 사람은 먼저 自由의 身分을 가져야 했다. 또 自由人이라도 로마市民 이외의 사람은 市民法上 권리능력이 없었다. 따라서 사람은 시민이라 하더라도 家長權에 복종하는 자, 즉 他權者는 완전한 권리능력을 가지지 못하였고, 오로지 家長 그 밖에 그 家에서 어느 누구의 권력에도 복종하지 않는 자, 즉 自權者만이 완전한 권리능력을 가졌다. 그러므로 시민의 완전한 권리능력의 유무는 시민이 그가 속하는 家에서 차지하는 地位에 따라 결정되었다.[17)] 로마法上 로마市民인 남자는 公法上으로는 家에서 어떠한 地位를 차지하는가에 따라 그 인격에 차이

17) 玄勝鍾, 『로마法』(一潮閣, 1982. 5), 53면 참조.

를 두지 않았으나, 私法上으로는 로마市民이라도 이른바 自權者만이 완전한 권리능력을 가졌고, 家長의 권력에 복종하는 他權者는 古로마時代에는 전연 權利能力이 없다가 후대에 내려오면서 점차로 인정되었다.[18] 그리고 게르만法은 自然人의 身分과 名譽, 宗教가 權利能力附與의 기준이었다. 게르만法上 권리능력을 취득하기 위해서는 自由人인 母에게서 건강하게 출생하고[19] 家族과 氏族成員[20]으로 수용되어야 했다.[21] 한편 동양의 傳統法制에서는 父系的 家族制度의 특성상 이른바 家長權이 다른 가족구성원의 권리에 비하여 상대적으로 강대하였음은 주지의 사실이다.

가족 구성원 사이의 재산소유관계는 相續規定을 통하여 규명할 수 있다. 조선시대의 재산상속법은 그 實定法源이 있기 때문에 추론에 의하지 않고도 확실한 내용을 분석할 수 있다.[22] 대체로 부모는 家長權에 기하여 家政을 임의로 결정할 수 있었으며 遺言을 통하여 상속재산에 관하여 어떠한 처분도 할 수 있을 만큼 강한 지위를 차지하였다. 그러나 家長權에 의하더라도 法定의 相續順位를 변경한다든가 상속권 자체를 박탈하는 유언은 할 수가 없었다. 그것은 이른바 祖業觀念이 유언의 전제가 되었기 때문이다.

18) 玄勝鍾, 『로마法』, 61면.

19) 古代法은 일반적으로 嬰兒의 遺棄를 인정하여 早産兒·奇型不具兒·虛弱兒를 유기할 수 있었으며, 건강한 출생의 證據로서 新生兒가 눈을 뜨고 벽이나 천정을 바라보았다든가 또는 밖에 있는 4인의 성인남자가 울음소리를 들었다든가 하는 사실을 요구했다〔玄勝鍾 (曺圭昌 增補), 『게르만法』(박영사, 1989), 125면〕.

20) 家族收容은 父가 신생아를 들어 올린다든가 먹을 것을 준다든가 또는 팔로 안아주는 등의 상징적인 養護行爲로 이루어졌고 수용 후에는 유기할 수 없었다. 家族收容 후에 氏族收容이 행해지면 新生兒는 비로소 완전한 權利能力을 취득하였다. 氏族收容은 출생 후 9일 밤 이내에 신생아의 命名과 洗禮로 이루어졌고 死者가 신생아로 환생한다는 관념에 따라 신생아에게 이미 사망한 씨족원의 이름을 붙여주는 것이었다. 氏族收容으로 출생자는 완전한 自由人으로서 몸값과 相續能力을 취득하였다. 그러다가 기독교 시대에 이르러 嬰兒遺棄가 금지되고 收容行爲가 소멸함으로써 중세에는 적법한 혼인관계에서 출생한 모든 자유인에게 당연히 권리능력이 인정되게 되었다〔玄勝鍾 (曺圭昌 增補), 『게르만法』, 125면 참조〕.

21) 玄勝鍾 (曺圭昌 增補), 『게르만法』(博英社, 1989), 124면.

22) 이 문제에 관하여 상세한 것은 申榮鎬, 『共同相續論』 (도서출판 나남, 1987), 185면 이하 참조.

그리고 부부 사이의 재산소유관계는 현행 민법상의 夫婦別産制와 유사한 구조를 가진 듯한데, 이러한 사실은 제3장에서 文記에 관한 논의 중에서 밝혀진다.

사회적 신분은 법적 지위와 필연적인 관계를 갖는다. 사회적 신분은 그 기준에 따라 여러 가지로 분류될 수 있다. 이 책에서는 男性과 女性, 良人과 賤人, 嫡妻와 妾, 嫡子와 庶子 등 신분상의 지위에 따른 법적 능력을 고찰하고, 이들 신분에 따라 법률상으로 어떠한 차이가 있는가를 검토한다. 그리고 이러한 신분관계는 평생 고정적인 불변의 것이 아니라 신축적으로 변화할 수 있는 것들이다. 특히 賤人인 奴婢의 신분은 재산에 있어서 권리의 주체이자 객체로 다루어지는 특이한 것이다. 이와 같이 신분법상으로 완전한 능력을 가지지 못하는 것으로서 僧侶·醫官·宦官·白丁 등의 계급이 있었는데, 이들에 법적 지위에 관해서는 해당되는 곳에서 상세하게 고찰한다.

조선시대에 있어서 婦女에 대해서는 法的으로 특별한 保護·配慮를 하였다. 예컨대 『성종 10권 2년 5월 25일 정유』에서는 부녀가 법을 어겨 죄를 범한 경우에 직접 그 당사자를 과죄하지 않고 가장을 논죄하였으며, 가장이 없으면 長子를, 장자가 없으면 次子를, 차자가 없으면 長孫을, 장손이 없으면 次孫을 아울러 율에 의하여 과죄하되, 만일 가장과 자손이 없으면 本婦를 과죄하도록 하였다. 또한 訴訟法上으로도 특별한 대우를 하였는데, 세종 12년에 법관(刑憲官)이 양반의 부녀자를 公廳에 불러서 취조하거나 부녀자가 스스로 법정에 나가서 송사에 변명하는 것은 매우 온당치 못하니. 지금부터는 양반의 부녀자로서 법정에 자진하여 나오는 자는 일체 금지하며, 법관도 불러다가 취조하지 말고, 다만 書面으로써 覈問하는 것이 옳다고 하고, 詳定所로 하여금 의논토록 하였고,[23] 『문종 5권 즉위년 12월 8일 무인』의 이건직의 사례에서는 억지로 빼앗은 물건을 이건직이 죽은 뒤에 그 아내에게 돌려주도록 하였다. 이것으로 볼 때 거래행위에 있어서 거래당사자의 자격(매매목적물반환청구권)이 그 아내에게 이전되었음을 알 수 있다.

---

23) 『세종 48권 12년 6월 20일 기축』: 「傳旨兵曹, 功臣嫡室及良妾無子者, 賤妾長子外, 衆子勿屬忠義衛」.

(1) 奴婢[24]의 法的 地位

奴婢에 대한 취급과 관련하여, 세종조 이전에는 工匠이나 雜技를 가진 賤人으로서 공로가 있는 자에게 상으로 西班의 軍職을 제수하여 朝班에 참여하게 한 적이 있었는데, 나중에 이것이 온당하지 못하다는 주장에 따라 臨時的인 賞職은 朝班에 참여하지 못하도록 하였다. 그 후 세종 26년에 이르러 良賤의 區別을 엄격하게 하자는 의정부의 청에 따라 工匠과 雜技를 가진 자를 上林園에 예속시키고 그들에게 除授할 수 있는 職品과 그 數를 제한하였다.[25] 그리고 곧 이어 『세종 109권 27년 8월 2일 계묘』에서 上林園에 소속된 私賤이 받을 수 있는 직책은 정 9품으로 한정하였다. 그 이유는 私賤으로서 司正이나 司直의 벼슬을 얻을 경우 도리어 그 본주인보다 높은 지위에 오르게 되는 불합리한 점이 있었기 때문이다. 그렇지만 그 후 『세종 123권 31년 1월 10일 신묘』를 보면, 시간이 흐름에 따라 차츰 特旨나 功勞로 인하여 부득이 司正이나 司直의 벼슬을 제수해야 할 자가 생겨남에 따라 세종이 私賤에게 반드시 9品까지 한정할 것은 아니라는 뜻을 비추자 마침내 이 제한을 완화하게 되었다.[26]

또 성종 때의 奉保夫人 白氏의 事例를 보면, 白씨는 본래 천인의 신분이었으나 성종의 유모가 되면서 신분이 급상승하여 수많은 노비와 전토를 뇌물로 받아 소유하였으며, 양민으로서 종으로 의탁하는 자가 많아 家財가 鋸萬에 이르렀고, 사망한 후에도 4等 祿俸을 받았다. 그의 夫 姜善도 본래

24) 奴婢에 대한 연구로는 池承鍾, 『朝鮮前期 奴婢身分硏究』(一潮閣, 1995. 9. 10)가 있다. 이 책은 모두 3장으로 구성되었는데, 제1장에서는 奴婢化의 方式, 제2장에서는 奴婢의 類型 그리고 제3장에서는 主奴關係와 奴婢統制에 관하여 자세히 기술하고 있다. 그리고 노비에 대한 연구는 지금까지 사회학을 비롯한 다른 영역에서 많이 연구가 되었기 때문에 이 책에서는 법률적으로 고려할 만한 것에 대해서만 살펴보도록 하겠다.

25) 『세종 105권 26년 윤7월 5일 임오』: 「議政府據刑曹呈啓, 今年農事不稔, 救荒之物, 不可不備, 中外人民, 各拘雜事, 儲備失時, 生理可慮, 從賤人訴良情理迫切, 理宜分別, 其餘多年避役, 訴良情狀不緊者與夫辭證之人, 亦皆裹糧對訟以致廢法, 尤爲未便, 請限乙丑年秋, 毋得受理. 從之」.

26) 다만 司直은 管事로, 副司直은 副管事로, 司正은 典事로, 그리고 副司正은 副典事로 그 이름을 바꾸었다 (『세종 123권 31년 1월 10일 신묘』 참조).

천인이었으나 벼슬이 堂上에 이르렀다 (『성종 248권 21년 12월 14일 신유』: 「奉保夫人白氏卒, 夫人本賤人, 上之乳媼也. 上眷遇甚篤賜與優厚, 趨附者盈門, 或賂以奴婢土, 田良民亦多托爲奴, 家財鉅萬, 常出入宮掖騶從滿路, 其夫姜善, 亦賤人也, 位至堂上, 交結權貴, 多行不義, 弘文館疎啓云, 夫人卒至富貴, 此足酬其勞矣, 大開門第多所接引, 無恥之徒, 趨附者衆, 豈無所利而然哉」; 『성종 248권 21년 12월 15일 임술』: 「御書問承政院曰, 考經國大典喪葬條, 嬪貴人以一品禮葬之, 奉保夫人無禮葬之文, 奉保職秩, 亦一品禮葬何如度, 承旨申從濩啓曰, 嬪貴人有禮葬, 獨於奉保婦人無禮葬, 誠闕典也, 禮葬何如. 傳曰, 其以從一品宗宰例, 禮葬」). 이 사례로 미루어 보아 조선조가 비록 엄격한 신분계급사회임에도 불구하고, 신분상승의 길이 비록 좁기는 하였지만 매우 다양하였음을 알 수 있다.

노비가 비록 물건으로서 취급되기는 하였지만 그 역시 사람으로서 한편으로는 법적으로 보호받을 자격이 있는 것이다. 그런데 그 주인이 노비를 관청에 고소하지 않고 함부로 私刑을 가하여 打殺에 이르게 하는 사건이 빈번하자, 형조에서는 비록 죄가 있는 노비라 할지라도 반드시 법에 따라 처벌하도록 함으로써 노비에 대한 본주의 私刑을 원칙적으로 금지하였다. 만일 이를 위반하여 개인이 제 마음대로 그릇되게 형벌을 가하는 자가 있는 경우에는 三切隣과 五家長이 즉시 모여 금지하도록 하고 아울러 관청에 고하도록 하였다.[27] 또 이 때 노비가 타살된 사실을 알면서도 숨겨준 경우 은닉자와 그 삼절린 및 색장을 추고하여 중죄로 다스렸다.

한편 公賤에 대해서는『經國大典』刑典 公賤條에서 상세히 규정하고 있다. 그리고 공천에 관한 실록의 자료 역시 매우 많이 있는데, 아래에서 주제별로 고찰한다.

---

27) 그렇지만 노비들이 三切隣과 色掌을 사주하여 고발하도록 한 경우에는 奴婢告家長罪에 의하여 처벌하였다. 「세종 64권 16년 6월 27일 임신」: 「刑曹啓, 殘暴之徒, 一於奴婢不得告訴, 擅自歐殺, 今後雖有罪奴婢, 如有不依法決罰, 任情往刑者, 則三切隣及五家之長, 隨卽聚會禁之, 若往刑致殺, 則三切隣五家長奔告官領, 外方則告監考正長, 檢驗傳報, 推劾科罪, 則三切隣管領正長等, 不用心考察, 歐殺後知情容隱之狀現露, 則當身及三切隣色掌, 推覈重論, 其奴婢等陰嗾, 三切隣及色掌告言者, 一依奴婢告家長例施行. 從之」.

공천에 대해서는 父子가 함께 모여 살도록 하는 법적 조치가 조선 초기부터 행해졌다.[28] 이러한 完聚法에 관해서는, 『세종 28권 7년(1425) 5월 1일 경오』에서 「刑曹據全羅道監司關啓, 私賤人, 限後嫁良妻所生則當於都官奴婢續案載錄, 公賤人, 限後嫁良妻所生, 均是屬公, 請各於其父所在之司續案載錄, 使其父子不得相離, 良妻則離異歸宗. 從之」, 즉 세종조에 전라도 감사의 공문과 刑曹의 계청에 따라, 私賤은 後嫁한 良妻의 所生에 한하여 마땅히 都官 奴婢續案에 등록하고, 公賤은 後嫁한 良妻의 所生에 한하여 골고루 公에 예속시키되 각기 그 父가 소속되어 있는 관청의 續案에 등록하여 父子가 서로 떠나 있게 하지 말고 良妻는 離婚시켜서 본집으로 돌아가게 하였다. 그 뒤 세종 13년(1431)에 各司의 奴婢로서 兩司의 案籍에 거듭 기록된 자는 역에 종사하고 있는 관청의 文籍에 기록할 때에 父母를 따라 기록하게 하여 서로 떨어지지 않도록 하였으며,[29] 또 동 15년에 이르러 병조에서 평안도 찰방의 各館 弊瘼條件에 의거하여 아뢴 바를 보면, 轉運奴子에 대해서 안흥 이북의 各館에서는 妻子를 함께 붙여서 서로 떨어지지 못하게 하였으나, 안흥 이남의 各館에서는 奴子만 정하고 妻子는 諸司에 분속시킴으로써 남편은 館에서 공역하고 아내는 本司에서 납공하게 되었다. 이로 말미암아 夫妻가 역이 다르게 되어 생활이 날로 곤란해지자, 그 처자가 비록 定數 밖에 있을지라도 함께 모여 살게 하여 館路를 충실하게 하자는 주장이 제기되었다. 이 문제에 대하여 세종은 병조의 견해를 그대로 따랐다.[30]

일반 公賤을 모여 살게 한 受敎는 成宗朝에도 있었다. 이것은 그 조부

---

28) 이것은 戶籍과 관련된 문제로서, 이에 대해서는 崔達坤, 「朝鮮前期의 戶籍法」[『法學論集』 第25輯 (高麗大學校 法學硏究所, 1987), 165면 이하]이 있다.

29) 『세종 52권 13년 5월 8일 신미』: 「刑曹啓, 各司奴婢疊錄兩司案籍者, 請於時役司之籍, 隨父母錄之, 使不相離. 從之」.

30) 『세종 59권 15년 2월 8일 임진』: 「兵曹據平安道察訪各館弊瘼條件以啓, 一. 轉運奴子, 安興以北各館則幷屬妻子, 不使分離, 安興以南各館則只定奴子而妻子分屬於諸司, 夫則供役於館, 妻則納貢於本司, 夫妻異役, 生理日艱, 館路無由阜盛, 其妻子雖在數外, 竝令完聚, 以實館路, 一. 人馬位田及館夫轉運奴等口分田, 許本主耕種而只令收稅, 與他道站驛之例不同, 依他道例, 使館軍館夫及轉運奴, 任意占耕, … 從之」.

모・부모가 본래 내수사에 속하였는데 자손이 잘못 다른 관청에 속한 자는 모두 모여 살도록 한 것이었다.[31)] 특히 軍籍을 작성할 때에 父子完聚法을 행하였는데[32)], 『성종 216권 19년 5월 25일 무자』를 보면, 성종조에 이르러

---

31) 『연산군 21권 3년 1월 6일 무신』: 「臺諫合辭書啓, 臣等伏見昨日內降宣頭案內掌隷院受教, 一般公賤完聚云者, 其祖父母父母, 本屬內需司而子孫誤屬他司者, 則完聚云爾, 今興守季孫等, 利於受賞, 昌濫陳告, 百般誑誘, 使京外公賤, 多變其祖父母父母名字, 假托內需司久遠奴婢, 以謂此內需司奴婢子孫也, 掌隷院官吏爲興, 守愚弄, 不分是非, 竝錄宣頭案, 今孝江黨興守, 附會一般公賤之文, 僞立新法, 然與掌隷院受教, 文同而意則大相乖反, 其瞞朝廷蔽聖聰甚矣, 且金潔擅啓之奸, 當時朝廷臺諫, 偶未及知耳, 若知之, 豈不防微杜漸, 以啓今日之謀也, 請依律罪之. 權悰愼繼源愼敦義等, 請須改正. 前日論啓內需司穀物取息徵納之弊, 教云不指摘其人作弊, 臣等豈無所據而啓乎, 公州居民, 連名狀告于本府, 方移文推閱矣, 遂進其狀, 公州李萬同等十一人狀云, 所糶本宮穀物, 其年秋畢納, 而不削文券後年更徵, 痛悶. 傳曰, 孝江依, 成宗朝受教而申明之, 成宗朝受教, 其不可用乎, 內需司徵納之弊, 果如所言則當罪之矣, 餘不聽. 臺諫更啓, 殿下卽位以來不喜御經筵, 不接賢士大夫, 私於戚屬, 不問賢否而爵之, 昵於宦寺, 不問奸贓而貸之, 祖宗成憲, 從此而壞矣, 朝廷公議, 亦不得行矣, 臣等恐善政善教, 不可復見, 仍論孝江事曰, 假使, 成宗朝受教完聚之法爲是, 亦當報該曹, 由政院轉啓, 況成宗刪定續錄之時, 凡受教不宜擧行者, 一切削去不錄, 今不可拔引也, 請須依律斷罪. 悰繼源郭義等, 亦不可不改正, 傳曰, 孝江所引受教, 果不可用也, 卿等所啓, 予或從之, 故卿等如此强言之也, 且卿等云不喜經筵, 予因未寧小御爾, 雖未寧, 强御之乎, 如此慢上之言, 非臺諫所當發也. 臺諫更啓, 教云孝江所引受教, 果不可用也, 臣等無任欣賀, 然其罪不可不治也, 請御經筵, 欲聖學高照, 超出百王之上, 此實愛君之誠, 豈有慢上之心乎, 殿下若觀尙書傳說論學之辭, 則可知矣. 權悰繼源等事, 不可以私恩, 廢公義. 不聽」.

32) 『성종 210권 18년 12월 3일 무진』: 「司憲府執義韓斯文等上疏曰 … 大典京外給保條甲士給二保, 騎正兵水軍給一保一丁. 兩同居子婿若弟姪雖過保數. 二丁毋定他役使父子兄弟皆得兩完聚, 國家養兵之意, 可謂優矣. 今之成籍, 只據乙未之簿, 充其故闕, 而餘皆不動. 故軍籍事目, 雖有父子完聚之文, 然以年弱未付乙未之籍者, 雖欲同籍, 例皆不得改焉, 由是雖父子兄弟之親, 一切分配衣食於甲者之家, 而轉隷於乙未之籍, 分門割戶. 各役其役其與古者一家從軍, 十家奉之之意, 何如耶. 臣等以謂, 諸色軍士之中, 水卒正兵, 最爲勞苦, 其父兄子弟, 願爲完聚者, 不拘乙未之籍, 從願施行爲使. 且老除者, 考其戶籍與軍案, 而一從年少施行. 此亦防奸之術, 不得不爾但奸詐之徒, 暗通色吏, 預於籍案, 增記其年, 愚惑之輩, 減年於籍, 而曾莫之知. 由是有年滿, 而仍役者, 有年少而規免者, 如有一人之齒, 於戶籍軍簿, 互有增減, 處之難斷者, 監司兵使於巡行之時, 親自點檢, 兼視其形貌之衰壯, 而處置之, 則庶使老者得安, 而壯者不得苟免矣 …」; 『성종 216권 19년 5월 25일 무자』: 「掌令權景禧啓曰, 軍籍時, 雖有父子完聚之法, 而吏不擧行, 以此軍籍多錯誤, 一家之內, 父子相離, 不得其所, 民怨不貲, 請改正, 上顧問左右,

관리들이 이 법을 지키지 않음으로써 父子가 서로 떨어져 살게 되는 일이 생기자 법을 改正하자는 주장이 제기되었다. 그러나 성종은 이미 成籍하였기 때문에 개정이 곤란하다고 하며 병조에 의논하게 하였다. 다음날인 『성종 216권 19년 5월 26일 기축』에서 「傳于司憲府曰, 諸道軍士父子不得完聚者, 可指言某某人歟. 掌令金楣啓曰, 臣爲守令時, 所嘗悉知, 假有一人, 乙未年軍籍內, 保數已充, 而給其子年滿, 顧無其父完聚, 守令必曰軍籍已成, 不可擅改, 有故軍丁充定之人, 諸色每歲, 抄報節度使啓聞, 故守令亦不敢擅便聽理, 以此不得完聚者, 不可勝數, 臣未能指爲某某人也, 若下問于軍士等則可知矣」라고 하였는데, 그 내용인즉 성종은 이 문제를 司憲府에 의논토록 하였다. 이에 대하여 사헌부에서는 乙未年(성종6년, 1475)에 軍籍을 작성하면서 정해진 保人의 수를 맞추어 놓게 되면, 그 뒤에 자식이 軍役義務를 부담하게 되는 年齡에 도달하여 完聚를 주장하더라도 그것은 불가능하기 때문이라고 대답하였으며, 이 문제는 그 다음날 또 논의되어, 개정할 수 없다는 것으로 일단 결론지어졌다.[33] 그러나 그 뒤 결국에는 『성종 217권 19년 6월 24일 병진』에서 「軍籍廳堂上廣陵府院君李克培來啓曰, 今修軍籍, 令父子完聚, 但舊案各現者, 亦改之爲完聚乎. 傳曰, 自今案爲之. 克培啓曰, 父子完聚, 誠爲善法, 臣意以謂, 父子令雖同居, 男婚女嫁, 旋郎異居, 且如父爲正兵, 而子爲船軍, 則改欲避重就輕, 欲爲完聚之計, 請囑奸吏, 不無冒錄之弊. 請勿行完聚之法, 今軍案幾成冊, 成冊亦是難事. 傳曰, 軍籍成冊, 雖云難事, 父子完聚, 亦是重事, 不可廢也」라고 하여, 父

特進官李克均對曰, 臣在外亦見此事, 民之怨咨甚矣. 上曰, 今已成籍, 若又改之, 其弊不細. 景禧曰, 今若不改, 後難改也. 上曰, 當議于兵曹」.

33) 『성종 216권 19년 5월 27일 경인』: 「持平李祿崇啓曰, 兵曹改軍籍時, 已承父子完聚之命, 未能奉行, 而啓以已書完聚, 掌令金楣所啓觀之, 他道可以類推, 請改正. 上顧問左右, 領事尹弼商對曰, 父子完聚, 曾已受敎, 何以不遵乎. 軍籍不可改也. 特進官李淑琦啓曰, 臣爲慶尙節度使, 凡軍保父子, 皆已完聚, 打倒則未可知也. 大抵軍籍, 雖欲詳盡, 而流亡物故相繼, 半爲虛文, 故不得已以續案點檢, 行之已久, 軍籍固不可改也. 上曰, 軍籍已畢, 果不可更改也. 且金楣所啓, 非的指某道某郡也, 以大槩之弊言之, 今聞持平所啓, 則欲盡取軍籍而改正, 是不可行也. 舊軍案, 本不更改, 只改乙未年以後軍案耳. 敬差官等, 若不遵事目, 使父子相離, 不得完聚則推覈可也 …」.

子完聚로 軍籍을 改正하게 된다. 이리하여 군적을 작성하면서 給保法을 적용하여 家內의 餘丁이 없게 되더라도, 그 뒤에 자식이 장성하게 되면 父子完聚法에 의하여 軍戶編成을 다시 하게 됨으로써 餘丁이 생겨날 가능성이 많아지게 되었다.[34)]

결국 父子完聚法에 의하여 軍戶의 編成이 다시 自然家戶 중심으로 편성되었고, 이에 따라서 軍役의 편제가 실질적으로는 종래의 것으로 복귀하게 된 것이다. 이것이 兩班富豪에게 유리한 내용의 法制임은 물론이고, 이로 말미암아 軍役은 빈한한 良人들에게만 가중된 부담으로 돌아가는 결과를 낳게 되었다.[35)]

또한 公賤에게는 徭役 및 軍役을 위해 마련된 이른바 編戶法[36)]에 따른 給田權이 인정되었다. 즉 轉運奴婢 및 急走奴婢에 대해서는 三丁으로 1戶를 삼아서[37)] 轉運奴婢에게는 口分田 50卜을 주고, 急走奴婢에게는 1結을 주었다. 그러나 이것은 그 戶首가 경작하기에도 오히려 부족한 정도였다. 이로 말미암아 노비들이 도망하고 흩어져 날로 잔폐해졌다. 兵曹에서 아뢰기를, 각 개인의 農舍를 제외한 각역의 立馬田과 口分田, 역에서 가까운 科田·軍資田 중에서 적당히 나누어 주어 두 노비의 편리를 도모하자고 하였다. 이에 세종은 논의하여 시행토록 하였다.[38)] 그 밖에 공천의 지위와

---

34) 父子完聚의 문제는 『성종 293권 25년 8월 4일 경신』에서 軍籍作成과 관련하여 논의된다. 「兵曹啓, 軍籍已改, 今未成案, 以可行之條, 列于後, 一. 軍士同居兄弟子婿完聚. 一, 父子完聚時, 父爲陸軍, 子爲水軍, 而居所官, 有水軍餘丁則完聚, 無水軍餘丁則不得完聚, 例也, 然元非水軍, 則請許令完聚, 以加年壯人充定 …」.

35) 崔達坤, 「朝鮮前期의 戶籍法」, 219면 참조.

36) 編戶法의 발생과 전개과정 및 그것의 구체적인 내용에 관해서는 崔達坤, 「朝鮮前期의 戶籍法」, 204면 이하에서 상세하게 기술하고 있다.

37) 이것은 高麗朝 이래 조선 초기에 이르기까지의 기본적인 編戶法이었다, 이것에 관하여 자세한 것은 崔達坤, 「朝鮮前期의 戶籍法」, 209면 이하 참조.

38) 『세종 27권 7년 2월 25일 을축』: 「兵曹啓, 將京畿忠淸道程驛察訪李吉培興利除害條件, 曹與政府諸曹同議以聞, 一. 轉運奴婢急走奴婢, 已令三丁爲一戶, 給轉運奴婢口分田五十卜, 急走奴婢一結, 然其戶首所耕, 尙且不足, 況其奉足乎, 無田可食而辛勤立役, 豈得安心, 因此續續逃散, 日就殘亡, 驛屬公須之田, 旣曰驛田, 而外人專占耕作未便, 請其中所耕多者, 量宜除出, 分給上項, 奉足奴婢, 使之耕作, 資生, 以供其役, 一. 各驛立馬口分之田, 或受於本驛隔遠之地, 役事煩重, 未暇親耕, 或與人幷耕, 或只受其

관련해서, 『숙종 36권 28년(1802) 2월 2일 갑인』을 보면, 公賤인 노비들이 科場에 들어가서 試驗監督을 하기도 하였다.

다음으로 私賤의 法的 地位에 관한 것으로는 다음과 같은 내용의 기사가 있다.[39] 즉 婢의 夫와 奴의 妻[40]의 법적 지위와 관련해서, 노비가 주인을 고발하는 경우 계집종의 남편과 사내종의 아내 역시 노비의 例에 있지만, 노비와는 차이가 있기 때문에 법적 취급을 달리하였으며, 또 『세종 15권 4년 2월 3일 경인』[41]을 보면, 형조에서는 여자종의 남편과 남자종의 아내는 순수한 노비와는 달리 취급하여 雇工人과 같이 논죄하여 노비에 비하여 1등을 감할 것을 주장하고 있다. 이러한 주장은 결국 세종에 의하여 받아들여지게 되고, 그 후 남자종의 아내와 여자종의 남편은 순수한 노비에 비하여 보다 나은 법적 지위를 인정받게 된다. 이러한 기사의 내용을 볼 때 같은 노비라 하더라도 법적인 취급에 있어서 차등을 두는 경우가 있었음을 알 수가 있다.

租, 生利日益艱難, 誠爲可愍, 以近驛之田, 勿論科田軍資, 除各人農舍外, 量宜換給, 以便農業, 一. 轉運急走助役奴婢多小, 當初分大中路定體, 其後逃亡物故侍丁年老篤廢疾等雜故甚多, 其餘强存者, 無限苦役, 不勝支當, 將盡逃散, 前項雜故奴婢, 以革去寺社及法孫奴婢, 充數立役, 一. 各驛奴屬父子兄弟以至夫婦, 分屬典農, 或屬都官, 一家分役兩處頗多, 驛役雖苦而父子兄弟夫婦不忍相離, 有自願完聚爲驛役者, 其情可憐, 請於前項雜故奴婢空闕, 從願充定, 使之完聚, 一. 各驛公須口分立馬田, 其數有限, 因打量年久, 或反爲川, 或圯於水, 久荒不耕者頗多, 有名無實, 實爲未便, 請改量, 以革去寺社田, 換各驛近處之田充給, 一. 靑郊猨猊兩驛, 本不給公須田, 令留後司支給廩料, 驛吏, 先供過客而後受之, 秋冬猶可也, 春夏新舊不周之時, 貧窮驛吏, 稱貸供給, 其弊不小, 請依他驛例, 以革寺之田, 換兩驛近處軍資科田, 給公須田, 令無所耕轉運助役奴婢耕作以厚其生, 且收稅供給, 以除稱貸之弊, 公私兩便. 命依議得施行」.

39) 私賤의 類型에 관하여 상세한 것은, 池承鍾, 『朝鮮前期 奴婢身分研究』, 162면 이하 참조.

40) 당시 형조의 해석에 의하면 奴는 藏이라 하고 婢는 獲이라 한다고 하고, 일설에서는 여자종의 남편을 藏이라 하고 남자종의 아내를 獲이라 하고 있다.

41) 형조에서 계한 것을 보면, 『영락 18년 9월 예조의 受敎節解』의 당나라 태종의 말에 따라 구분하여 처리할 것을 주장하고 있다.

(2) 僧侶의 法的 地位

조선시대에는 僧侶 역시 특수한 지위를 차지하였던 부류의 하나였다. 조선 왕조는 초기부터 불교를 억압하여 田丁을 삭제하는 등 僧徒들에 대한 여러 가지 禁令을 법전에다 성문화하였다. 이어 세종조에는 6개 종파로 나뉘어 있던 불교계를 2개 종파로 하고 토지와 노비는 모두 公家로 귀속시켰으며,[42] 『세종 77권 19년 5월 18일 정미』를 보면, 이후 禪宗이나 敎宗의 종파가 아닌 各司의 營繕僧人은 서울에 들어와 시장에서 매매하는 것을 금지함으로써 승려들의 법률행위를 제한하였음을 알 수 있다.

또 『세종 31권 8년 2월 29일 계사』를 보면, 화재로 집을 잃은 사람들을 위하여 別窯를 설치하고 구운 기와를 싼 값으로 나누어 주도록 하였다. 이 때 이 별요에서 일한 중들에게 노동일수와 근무성적에 따라 관직을 상으로 주었고, 『經濟六典』·『經濟續六典』[43] 및 『經濟續錄』[44]에서 「중이 되

---

42) 『세종 82권 20년 7월 9일 신묘』: 「司諫院上疏曰, 臣等, 竊惟僧徒之政, 古無其制, 而非所以治天下國家之道也, 高麗太祖統一之初, 以術士壓勝之道, 山水背處, 營建寺社, 納田與奴, 安佛迎僧, 乃立共議之政, 而嘗謂功臣崔凝曰, 新羅之季, 佛氏之道, 入人骨髓, 今三韓甫一, 人心未安, 若遽去佛, 必致驚駭, 乃作訓曰, 宜鑑新羅之好佛, 以底於亡, 又禁後代君王, 私作裨補願刹以此觀之, 則其所以營寺社設僧政者, 不越乎壓勝鎭腹, 收合人心之術而已, 降及後世, 崇神佛道, 僧選僧職之法, 盛行于世, 而貪名慕利之徒, 爭望諸寺住持土田之租, 奴婢之貢, 以爲私用, 恣行不義, 其來久矣, 惟我盛朝, 聖聖相承, 漸次除治, 旣減寺社, 又削田丁, 僧徒禁令, 載在令甲, 逮我殿下, 適追先志, 合六宗爲二宗, 革私刹爲學堂, 土田臧獲, 悉屬公家, 其所以芟荑剪除之者, 眞曠古所未聞也, 獨於僧選之擧, 僧政之法, 尙循舊習, 僧職署經臺諫髣髴乎朝官之例, 又於子午卯酉, 例擧僧選, 侔擬乎取士之規, 豈非前朝之弊法, 未盡革於今日者乎, 臣等以爲有君臣之分, 然後有爵名之加, 官爵, 人君所以待臣下之名器, 不容濫施於異類, 惟彼緇徒, 辭親出家, 則割父子之恩, 納錢免丁, 則絶君臣之義, 違天理外人倫者也, 豈宜比諸朝列, 選其才而授以爵命, 以異端之徒, 雜於銓注之間乎, 無補於國家, 有累於治道, 莫此若也, 而況此輩, 背其師說, 惟利是求, 希望奔走, 患得患失, 甚於俗流, 其於淸淨寡欲之敎, 離世絶俗之意, 何如哉, 間有持戒之僧, 視此指爲名利而賤之也, 然則僧徒有職, 非惟有累於明時之盛典, 抑亦有違於佛氏之敎也, 伏望殿下, 鑑三代設官之正典, 戒前朝濫觴之積弊, 革罷僧選僧職之法其於京外諸寺, 擇年高者以爲一寺之長, 俾幹一寺之事, 不允」.

43) 經濟續六典은 經濟六典을 편찬한 후 나온 受敎, 條例 등을 새로 편찬하기 위하여, 定宗 元年(1399년) 10월에 착수하여 태종 13년(1413년) 2월에 완성되어 반포된 것으로서

어 부모를 떠난 자는 俗人과 같지 않으므로 부모의 물건이라 하더라도 나누어 주지 못한다」고 규정하였다. 그런데 이 규정이 成宗朝에 『經國大典』을 勘校하면서 삭제된 후에 중의 신분인 盧懷愼의 妾子가 집과 재물을 다투는 告狀을 司憲府에 내게 되면서 논의가 일게 되었다. 즉 『성종 259권 22년(1491) 11월 29일 신축』에서 掌令 李琚가 마침 『經國大典』을 勘校하는 중이니 「중이 된 자식에게는 부모의 재물을 주지 않는다」는 것을 기재해 넣자는 의견을 내었고, 성종이 이를 수용하였다. 여기에다 特進官 朴崇質이 도첩이 없는 중과 절을 새로 짓는 것을 매우 징계하는 입법을 주장함으로써 이 후로는 중의 권리가 한층 더 제한되었다. 다만 承旨들은 이 경우에 처벌받는 것은 良人과 公賤인 경우에 한할 뿐, 私賤이 度牒을 받지 않고 本主의 情願에 따라 특별히 중이 된 경우에는 국가에서 관여를 하지 않고 본주의 의사를 존중하여 처벌하지 말자는 해석을 하였다.[45] 그것은 度牒이 없는 중을 처벌한 이유가 국가의 軍額을 넉넉히 하는 데 있었기 때문이다. 성종 역시 처음에는 이 해석을 따랐으나, 다음날 承政院에서 「私賤을 처벌대상에서 제외할 경우 이들이 기꺼이 그 본주에게 丁錢을 바치지 않으

『經濟六典續典』이라고도 한다. 이 속전 역시 非傳되나 왕조실록의 기사에 의하여 그 내용의 일부를 엿볼 수는 있다. 原典과 續典의 내용이 서로 부딪히는 경우에는, 원전의 조문에 위배되는 受教·條例 및 속전의 조문은 전부 삭제하고, 그 가운데 부득이한 조문은 본 조문 밑에 소문자로 각주하여 法文統一의 방식을 정하였다. 이러한 방식은 조선시대에 있어서 후세의 법전을 편찬하는 데 하나의 準則이 된다.

44) 六典續錄을 말한다. 新撰六典은, ① 원전과 속전에 수록되지 못한 受教와 條例를 세종 8년 (1426) 12월에 李稷 등이 수찬한 것이다. 그러나 이 新撰六典에도 역시 결함이 적지 않아, 누차 검토한 끝에 黃喜 등이 所修한 新撰(經濟)六典을 刊印하였다. ② 經濟續六典, 新訟六典, 新撰經濟六典의 세 종류의 續典을 經國大典이 편찬되기까지는 續典이라 통칭하고, 거기에 일시적인 受教를 集錄한 것을 謄錄이라 하였다. 實錄이나 上疏 중 經濟六典의 原·續典 내지 經濟六典謄錄을 단지 「經濟六典」이라 지칭하는 경우가 있다. ③ 經濟六典, 經濟續六典 및 新續六典은 非傳이다.

45) 『성종 262권 23년 2월 14일 을묘』: 「月山大君夫人朴氏, 上言曰, 老僧守齋庵憲府, 以無度牒, 將治罪, 若私賤則非良人與公賤之比, 從本主處分乞勿治罪. 傳于承政院曰, 禁人爲僧, 以軍額不敷也, 若私賤則, 雖不爲僧, 無與於國, 雖無度牒何妨. 承旨等對曰, 大典云, 從本主情願者, 特不禁爲僧耳, 非謂私賤不受度牒而自爲僧也. 上曰, 私賤區處在本主, 雖無度牒, 何害其勿鞫之」.

려 할 것이고 또한 度牒制를 시행한 의미가 없어지며, 이렇게 되면 經國大典의 규정을 유명무실화하는 결과를 초래한다」는 지적을 하자, 논의의 발단이 되었던 月山大君의 奴僧에게만 특별히 예외적으로 처벌을 면하도록 하는 쪽으로 입장을 바꾸었다.[46]

이들 승려 계급의 지위는 연산군이 즉위한 후에도 불교가 여전히 배척을 받았기 때문에 이들의 지위 역시 개선될 기미는 보이지 아니하였다. 특히 연산군은 즉위 2년 만에 불교를 배척하는 뜻을 적은 手札을 太學生들에게 내릴 정도로 적극적인 배불정책을 취하였다. 그러나 즉위 3년째 되던 해에 재앙이 잇따르자 이를 두려워한 나머지 度僧을 허락하고자 논의를 제기하게 된다. 그러나 이 문제에 대하여 弘文館 直提學 洪翰 등이 上箚하여 극구 반대의 뜻을 주장하자 그만두고 말았다.[47]

연산군 때에 이르러서는 중이 간통을 하여 자식을 낳는 경우 그 자식의 身分分別에 대해서 논의가 있게 된다. 判決事 閔泮이 중이 간통하여 낳은 자녀의 신분에 대해서 아뢰기를, 「辛巳年(세조 7년, 1461) 이전에 중이 간통하여 낳은 자는 賤人으로 하지 말도록 하였다. 중이 간통하여 낳은 자는 양민이라 하더라도 역시 賤人으로 되도록 규정한 경국대전이 반포된 후부터, 반포되기 전의 소생은 수교에 의하여 양민으로 판결하는 것이 옳다. 前判決事 尹俶이 受敎 內容이 續錄에 기록되지 않았다는 이유로 수교 후에 팔동에 공문을 보내어 辛巳年 이전의 소생도 모두 천인으로 하도록 하였다. 이로 말미암아 여러 세대 동안 양민으로 행세하던 자가 모두 천인으로 되어 원통함을 호소하니 어떻게 처리하여야 하는가?」 하였다. 연산군은 정승들에게 의논하도록 한 후 柳洵의 견해를 좇아, 입법 이전의 소생들은 천인으로 하지 못하도록 하되 다만 현재 正案에 기록된 것은 변경하지 말고 그대로

46) 『성종 262권 23년 2월 15일 병진』: 「承政院啓曰, 私賤爲僧無度牒者, 命勿治之然, 則凡私賤爲僧者, 例皆不受度牒, 大典之法毁矣. 上曰, 度牒之禁, 爲軍額不敷也, 若私賤則無與於國, 何用度牒, 且此事豈至毁法乎.承政院又啓曰, 若不罪私賤無度牒者, 則私賤之爲僧者, 誰肯納丁錢誦經而受度牒乎. 傳曰, 然則只勿罪大君老僧可也」.

47) 『연산군 25권 3년 7월 2일 신축』: 「李拱妾子李稱壽上言, 請赴雜科. 命議于政丞, 尹弼商議, 雜科, 非文武科生員進士之比, 許赴無妨. 盧思愼魚世謙韓致亨, 亦以許赴爲可. 惟愼承善鄭文炯之議, 以爲不可. 從弼商議」.

賤人으로 두도록 하였다.[48] 그 뒤 중종조에 이르러 軍役이 부족하게 되자 이들의 자손에 대한 논의가 다시 제기되었다. 즉 『중종 22권 10년(1515) 5월 5일 신묘』에서 평안도 병사 柳繼宗이 狀啓하기를, 「양계의 경우 인민의 수가 적으며, 중으로서 군에 복무하는 자가 많기 때문에 그들의 소생을 모두 노비로 삼는다면 군액이 매우 적어질 것이다. 그러므로 중의 姦通子를 모두 노비로 삼는 것은 옳지 못하다. 그러나 경국대전의 법규정을 가볍게 고칠 수는 없다」는 것이었다. 이에 대하여 柳洵이, 「만일 중의 이름이 軍籍에 예속된 경우라면 그 자식을 「중의 姦通子」라고 할 수 없다. 그러므로 이미 노비로 결정된 자는 제외하고 군인의 수가 많아질 때까지는 병역에 差定된 前後의 소생을 불문하고 모두 병역에 정하여야 한다」고 의논하자, 중종은 이를 따르도록 하였다. 동 23년에 정부가 이 문제에 대하여 이의를 제기하였다. 즉 「중과 간음하여 출생한 자식을 從賤하는 일은 오로지 평안도를 위하여 그렇게 한 것이었다. 평안도는 土俗이 중들도 으레 모두 군역을 부담하기 때문에 만일 從賤法을 시행한다면 軍丁이 날로 줄어들 것이다. 따라서 이 시점에서는 더욱 시행할 수 없다. 지난 乙亥年(중종 10년, 1515)에 從良法을 세운 후 從賤法이 있음을 들어보지 못했는데 그 후에 장례원이 흐리멍텅하게 계청하고서 從賤하게 한 것이다. 이는 추문하여 죄를 다스려야 한다」고 하자, 중종은, 「중과 간음하여 출생한 사람을 從賤하는 일은, 더러는 종천하게 하고 더러는 종량하도록 하여 한결같지 못하였다. 평안도의 경우 중의 姦通子들을 만일 從賤하게 한다면 軍額이 반드시 줄어들게

---

48) 『연산군 50권 9년 6월 26일 신유』: 「成俊議, 僧人犯奸, 法當治罪, 安可良其所生乎, 己酉年受敎之意, 未悉其由, 今觀掌隷院啓目, 其辭似當. 李克均議, 律門內, 僧人娶妻, 法有當禁, 律有正條, 而己酉四月十八日承傳本意, 臣未詳知, 然受敎如彼, 且辛巳年, 去今幾五十年則父子相承良役已久, 未可輕易從賤, 但己亥年正案, 付人從良, 於法有碍, 正案恐未可改也, 今尹僩所啓大典內僧人所生, 雖良役從賤辭緣, 考之大典, 則文意不指大典前所生言, 而僧人娶良女所生, 從賤云也, 臣意辛巳以前僧奸所生內, 正案付不付人, 依己酉年承傳施行, 其後所生, 依大典施行. 柳洵議, 凡新立法條, 並從立法後施行, 此通例也, 僧奸所生, 雖良役從賤, 辛巳大典時, 未定也, 大典以前僧奸所生, 勿從賤事, 該曹兩度受敎, 掌隷院一於續錄內, 不錄其立法前所生, 並欲從賤, 甚未便, 但正案現付者, 不得移易, 亦大法也, 其已付正案, 仍從賤勿動何如. 從柳洵議」.

될 것이니 종량토록 하는 것이 가하다. 從良法이 이전부터 있는데도 불구하고 장례원이 흐리멍텅하게 계청하여 종천하게 했으니 추고하여야 한다」고 전교하였다.[49)]

그리고 女僧의 還俗과 관련하여서는, 연산군 때에 20세 이하인 여승에 대해서는 모두 환속하도록 조치하고 이들을 고발하는 자가 있으면 상을 주도록 하였다. 이에 대하여 慈壽宮의 尙宮인 崔씨가, 「이와 같이 한다면 신의 여종으로서 賤籍에 붙인 자는 그 연령을 상고할 수 있으나, 그 소생인 종은 비록 20세가 지난 자라도 奸人이 모두 장차 고발할 것이니 변명할 길이 없다」고 상언하자, 연산군은 이 법이 너무 과하지 않은지를 묻게 되고, 그 결과 承旨들이 「이미 立法한 것을 최씨 한 사람의 말 때문에 변경하는 것은 불가하다」고 하여 반대함으로써 還俗法이 그대로 시행되게 되었다.[50)]

그 밖에도 승려의 법적 지위와 관련된 것으로는, 연산군 때에 奉先寺를 비롯한 外方의 중들을 잡아 名簿를 작성하고 쓸 만한 자들은 강제로 장가를 들게 하여 밭을 갈아 먹게 하고 사냥할 때에 役事를 시킨 기록이 있다.[51)]

또 僧侶의 신분에 있던 자가 노비로 되는 경우가 있었는데, 이 때에도 이들에 대한 소유권을 누가 가지느냐에 대한 기사가 왕조실록에 나타나고 있다. 본래 淨業院은 土地와 奴婢를 많이 가지고 있어 머리를 깎고 신앙을 지키는 寡婦로서 의지할 데 없는 자들을 공양하던 곳이었다. 세종조에 禮曹

---

49) 『중종 61권 23년 6월 14일 갑인』: 「政府議啓曰, 前日下問僧奸所生從賤事, 前亦反覆計之, 不得已爲公事, 使之從良矣, 此專爲平安道而然也, 此公事, 雖於他道不當, 而平安道, 則其土俗, 僧人, 例皆有役, 若行從賤之法, 則軍丁日至於減損, 反覆計之, 在今時, 尤不可行也, 往在乙亥年從良法立之後, 未聞有從賤之法矣, 其後掌隷院朦朧啓請, 而使之從賤 …」.

50) 『연산군 12권 2년 1월 11일 경인』: 「近者尼僧二十歲以下, 皆令還俗, 有告者給賞, 如此則臣之婢付賤籍者, 可考其年歲矣, 其所生婢子, 雖過二十歲者, 奸人皆將告之, 而不得卞明矣. 傳曰, 此法無乃太過乎, 承旨等啓, 法已立矣, 不可以一人言而紛更之, 且其侍奉婢子, 不必削髮而後, 可以率去也」.

51) 『연산군 61권 12년 3월 23일 계축』: 「傳曰, 奉先寺御容, 擇日移安, 僧人等推刷成案, 可留者, 令娶妻, 許耕標內田, 打圍時役使, 其餘, 屬標內內需司奴家, 如有逃者, 許接戶首, 置重典, 知而不告者, 並治罪, 外方僧, 亦令監司守令推刷, 可留者留之, 其餘, 並屬標內奴家, 以供役使, 且淨業院尼僧, 可留者留之, 其餘及各處尼僧, 並屬聯芳院房婢」.

의 呈文에 의하여 의정부가 아뢴 바는, 여승의 수는 수천 명에 달하였으나 정업원에서 기르는 것은 수십 명에 불과하여 폐단이 일자 혁파하게 하였다.[52] 이보다 조금 앞선 『세종 116권 29년 6월 9일 경오』에서는 「上命世子, 引見六承旨傳旨曰, 淨業院之設久矣, 且其住持, 是予親屬, 似不可革, 然寡婦群聚, 屬有干邦憲者, 今欲革之, 但皆是無恃賴者, 全仰院之奴婢土田, 若遽革之, 則此背必皆失所, 因循不革, 弊復如前, 卽將革之乎, 待秋而革乎, 若之何而可. 左副承旨李宜洽曰, 宜當待秋革之, 都承旨黃守身等曰, 旣知不可, 當速罷之, 何待後日, 且此院之尼, 盡是士族有田民者, 豈皆院之奴婢土田, 是仰哉. 世子曰, 吾將此意以啓」, 즉 세종 29년에 淨業院을 혁파하고자 6승지를 불러 「정업원에 과부들이 모여 자주 법을 어기는 자가 있어 혁파하고자 한다. 다만 이들이 순전히 院의 노비와 토지에 의지해서 살아가는데 갑자기 혁파하면 갈 곳이 없을 것이고, 그대로 두면 폐단이 도로 전과 같을 것이니, 장차 곧 혁파할 것인지 가을을 기다려 혁파할 것인지」를 물었다. 이에 대하여 좌승지 李宜洽은 가을을 기다려서 혁파하자는 쪽이었고, 반면에 도승지 黃守身은 이미 좋지 않음을 알았으면 마땅히 속히 혁파해야 하며, 또 정업원에 있는 여승들은 모두 士族으로서 전답과 노비가 있는 자들이니 院의 노비와 토지만을 바라고 산다고 할 수도 없다고 주장하였다. 이 문제는 世子가 바로 결정을 못내리고 세종에게 아뢰겠다는 데서 그쳤다.

僧侶를 노비로 삼는 경우 그 소유자는 법적으로 오늘날의 원시취득과 같은 것이었다. 이러한 사례로는 연산군 12년에 奉先寺와 外方의 중들을 찾아내어 禁標 내의 종의 집에 붙여 役事하게 하고, 淨業院과 각처의 여승은 연방원의 房婢로 붙이도록 한 受敎가 있으며,[53] 『성종 118권 11년 6월 16일 을축』에서 「掌令李仁錫啓, 淨業院奴婢甚多, 臣於前日, 請分屬各司, 迄

52) 『세종 115권 29년 6월 23일 갑신』 참조.

53) 『연산군 61권 12년 3월 23일 계축』: 「傳曰, 奉先寺御容, 擇日移安, 僧人等推刷成案, 可留者, 令娶妻, 許耕標內田, 打圍時役使, 其餘, 屬標內內需司奴家, 如有逃者, 許接戶首, 置重典, 知而不告者, 並治罪, 外方僧, 亦令監司守令推刷, 可留者留之, 其餘, 並屬標內奴家, 以供役使, 且淨業院尼僧, 可留者留之, 其餘及各處尼僧, 並屬聯芳院房婢」.

今未蒙兪音, 今推刷乘畢願命量數分屬. 上曰, 祖宗之所與, 豈可奪乎. 仁錫曰, 祖宗朝賜給數外, 其子枝可分屬各司. 上曰, 凡與奴婢並子枝與之, 若奪其子枝, 不如盡奪之也. 仁錫曰, 雖盡奪之, 何害於國家, 今者淨業院奴婢, 幾至二百, 如分屬各司, 非徒有益於國家, 聖德傳聞於千載矣」, 즉 성종 11년에 掌令 李仁錫이 정업원의 노비가 매우 많으니 각 관사에 나누어 붙이기를 아뢰자 성종은 조종께서 주신 것을 빼앗을 수 없다고 하였다. 이에 이인석이, 「조종조께서 내려 주신 숫자 외에 그 자손은 각 관사에 나누어 붙일 수 있습니다」 하니, 「무릇 노비를 주는 것은 자손까지 아울러 주는 것이다. 만일 그 자손을 빼앗는다면 다 빼앗는 것만 못하다」 하였다.

(3) 醫官의 法的 地位

醫官은 조선 초기부터 그 직업의 중요성이 인정되었음에도 불구하고 점차 그들의 사회적 지위는 낮아지는 경향이었다. 이들의 法的 地位에 대해서 살펴보면, 조선시대에 있어서 醫術은 朝鮮朝 이전부터 醫官을 두고 직책을 분담시켜 정밀히 연구하게 하였다. 朝鮮朝가 들어서고 太祖 이래 의술을 소중히 여겨 과거를 보여 권장하고 높은 관직을 주어 격려함으로써 많은 명의가 배출되었다. 그런데 『經國大典』이 반포되면서 「2품관 이상의 妾子孫에게 許屬시키다」는 규정에 의하여 賤出의 자손들이 많이 모여듦으로써 尊卑貴賤이 혼동되어버리자 뜻이 있는 자들은 모두 의술을 등지게 되었다. 이로 말미암아 의술에 능통한 자는 드물게 되어 국가에서 장려한 의미가 상실되고 말았다. 이에 上護軍 宋欽이 그 폐단을 지적하는 상소를 올리자, 承政院에서는 宋欽의 말과 같은 폐단이 일어나게 된 것은 입법의 잘못이 아니라 법해석상의 잘못임을 지적하였다. 즉 "『辛卯大典』의 여러 科條에는 「庶孽의 子孫은 科擧보는 것을 許하지 아니한다」고 하였고, 현행법인 『乙巳大典』에서는 「科擧를 보는 것을 許하지 아니한다」고 하고 그 註에 「文科·生員·進士」 등의 글자를 덧붙였으며, 雜科는 거론하지 않았다. 그러므로 議者가 본문에 기록된 문구를 잘못 보고서 雜科에 대해서는 妾子도 시험을 볼 수 있다고 해석한 것이다. 雜科는 鄕試가 없고, 文·武科와 生員·進

士는 鄕試가 있기 때문에 분별해서 말한 것이며, 妾子에게 雜科에 應試하는 것을 허락한 것은 아니다"는 것이었다. 연산군은 일단 승정원의 해석을 따라 현행법의 규정을 舊法과 같이 고치자는 입장을 취하였다.[54] 그러나 며칠 뒤에 이 문제에 대하여 대신들 사이에 큰 논의가 벌어지고 그 의견은 크게 네 갈래로 나뉘게 된다. ① 尹弼商 등은 승정원의 해석과 뜻을 같이 하였고, ② 魚世謙 등은 개정을 반대하였고, ③ 盧公弼 등은 應試를 許諾하자는 쪽이었고, ④ 朴楗 등은 立法纂定者의 의견을 들은 뒤에 다시 의논하자는 입장이었다.[55]

결국 盧公弼 등의 견해를 받아들였다. 즉 「辛卯大典에 '庶孽의 子孫은 赴試를 許하지 아니한다'고 한 것은 사실은 文武 양과를 두고 한 말인데,

54) 『연산군 25권 3년 7월 26일 을축』: 「自降大典以後, 許屬二品以上妾子孫之法一立, 賤出子孫叢臻投屬焉, 尊卑貴賤, 混爲一道, 雖有志於此者, 擧爲唾棄而背馳, 由是成才者甚寡, 殊失國家奬勸之意也, 今李拱妾子稱壽, 僭分越例, 乞赴醫科, 特蒙允許, 此, 祖宗朝所無之事, 如稱壽之微者, 而復加以科名高秩, 則其陵轢簪纓, 蔑視正嫡, 甚違大典之法, 伏願一從大典之法, 不改, 先王之制, 以副臣等之望, 命示政丞等, 政院啓, 辛卯年大典諸科條云, 庶孽子孫勿許赴, 而新大典勿令許赴, 下添文科生員進士字, 而不擧論雜科, 故議者連上文誤見, 以爲雜科則妾子可得試, 臣等意, 雜科無鄕試, 而文武雜生員進士則有之, 故別言之, 非以謂妾子許赴雜科也, 以前大典勿許赴之文觀之, 則不得赴擧明矣, 並以大典之文, 收議何如. 從之」.

55) 이들 주장 내용에 관하여 상세한 것은 『연산군 26권 3년 8월 5일 갑술』: 「尹弼商愼承善韓致亨成俊柳輕朴安性申浚金悌臣趙益貞成世明議舊大典云, 庶孽子孫勿許赴, 明白載錄, 不可許赴. 魚世謙李克墩尹孝孫李世佐安琛金敬祖朴崇質李陸李克圭議, 庶孽子孫, 勿許赴文武科生員進士云者, 乃尊別正科, 欲不與雜科相混, 更立前典所無之一法, 此損抑雜類, 崇科第之美意, 醫官恥與庶孽同科, 自稱出身科第, 欲文武抗衡, 是眞尊卑貴賤,, 混爲一途, 醫官非出身者, 勿授主簿以上職, 一時勸勵良妾子限三品, 賤妾子限五品, 此法旣立, 不可輕改, 豈可不許赴試, 使有美材精術者, 長爲參外之職乎, 前旣許赴, 不宜曲法紛更. 盧公弼許琛李淑瑊議, 謹按, 大典勿許赴文科生員進士試, 連爲句斷, 於文義爲順, 自古醫工之賤, 不齒士類久矣, 豈得與文武兩科比, 而有疵累者, 皆不取乎, 臣等意, 辛卯年大典庶孽子孫等勿許赴者, 實?兩科設, 而文義欠缺, 故甲午大典添文科生員進士試七字以分別, 而使之易曉耳, 況旣令庶孽, 屬於醫司, 則豈有不赴其科之理乎. 朴楗李季男鄭錫堅議, 醫員申輔宗李繼山等, 以庶孽, 在祖宗朝, 入屬醫司, 而未赴醫科, 至成宗朝, 二品以上妾子孫, 許屬司譯院典醫監觀象監等司, 而其時亦無赴雜科者, 今以大典文勢觀之, 則一曰勿許赴文科生員進士試, 二曰勿許赴鄕試, 則有痕咎者, 於雜科似若許赴, 然其時纂定之臣, 必取稟質問後, 更議何如. 從公弼等議」.

文義가 결흠된 까닭으로 甲午大典에 '文科生員進士試'라는 일곱자를 첨입하여 알기 쉽게 구분한 것이었다. 하물며 서얼로 하여금 이미 醫司에 속하게 하였으니 과거를 보지 못할 이유가 없다」는 유권해석을 내렸다.

그리고 醫女가 남의 첩이 된 경우에 있어서 『중종 32권 13년 4월 28일 병신』을 보면, 『經國大典』에 「첩으로 된 醫女가 첩으로 들어오기 전에 낳은 아들은 양인이 됨을 허락하지 않는다」는 규정에 따라 왕족으로서 賤役에 종사하는 자가 나오는데, 중종조 조광조가 이를 가련하게 여겨 개정할 것을 주장하였으나 중종은 명문의 규정을 들어 반대하였다.[56]

(4) 宦官의 法的 地位

宦官 역시 법적으로 완전한 능력자로 취급되지는 못하였다. 이들의 法的 地位에 대해서는 『단종 9권 원년 11월 18일 경오』에 환관이라 하더라도 공을 세운 때에는 2품 이상으로 봉한 기록이 있다. 이에 대하여 신하들이 宦官封君을 정지할 것을 계청하였다. 이 계청에 대하여 단종이 다시는 入啓하지 못하도록 명하였다는 기록이 있다. 며칠 후에 柳誠源 등이 宦官의 封君을 금지할 것을 다시 아뢰자 단종은 직접적인 대답을 하지 않았다.[57]

그리고 환관이 西班職에 除授되기도 하였는데 그 유래는 『예종 6권 원년 7월 3일 갑신』에 기록되어 있는바, 睿宗朝에 환관인 柳漢을 中樞府 同知事 星山君 奉朝賀[58]로 삼은 것에서부터 비롯되었다고 한다. 또한 무릇

---

56) 그 밖에 月山大君家의 事例가 있는데, 덕종의 장자인 월산대군의 집은 조종조로부터 대대로 대군들에게만 주고 차자나 서손에게는 주지 않다가, 중종 때에 옹주에게 주자, 「적서의 구분을 문란시키고 참람하게 하는 단서를 열어 놓는 것」이라 하여 弘文館 副提學 徐厚가 상소한 기록이 보인다 (『중종 44권 17년 5월 17일 임술』).

57) 『단종 9권 원년 12월 2일 갑신』: 「傳旨戶曹, 曰亂臣金宗瑞家, 曾給靑城尉沈安義, 今以宗瑞及承珪家, 賜忠勳司, 以閔伸家賜安義, 又以瑢大家, 賜文宗後宮, 李穰家賜敬淑翁主, 趙石岡家賜愼嬪黃貴存家賜惠嬪, 趙遂良家賜侍女春月, 趙克寬家賜侍女小斤尹處恭家賜侍女忠介, 安完慶家賜內侍卜禬, 許詡家賜咸貴, 尹渭家賜朴貴同, 池和家賜壽山, 又直家賜桂水, 李承胤家賜軍子, 李保仁家賜莫同, 河石家賜衆伊, 朴以寧家賜趙得琳皇甫仁新家, 賜林於乙云, 李賢老家賜明通寺, 瑢妾對御香家賜禁火都監, 以皇甫仁家, 爲壽康宮移接所」.

사대부의 경우 벼슬이 2품에 오르면 그 부모를 追贈하도록 하였으며 연산군 때에 이르러 사대부뿐만 아니라 宦官도 職秩이 높은 자는 그 부모를 추증하도록 하였다.[59)]

宦官의 婚姻에 대해서 『연산군 54권 10년 7월 11일 기해』에서는 무릇 내관이 妻를 맞을 때는 入啓하여야 한다고 했다. 그러다가 중종조에 이르러서는 「환관은 남자도 아니요 여자도 아닌데 그들에게 혼가를 허락하는 것은 잘못」이라는 상소가 있었다. 또한 「환관 가운데 독자로서 형제가 없고 어버이가 늙어서 살기 어려운 자는 자원에 따라 솔정의 수를 제한하여 주어서 대신 그 어버이를 봉양하게 하고, 그 나머지 솔정은 보솔에 들림이 없다 하더라도 모두 군적에 기록하여 絶戶에 충당하고 때때로 賦斂을 적게 하여 환관으로 말미암아 일어나는 여러 가지 폐단을 없애자」고 하였다. 鄭光弼은 역시 이 상소에 찬성하여 「宦侍의 부부에 관한 일은 마땅히 금지하여야 하나, 명문으로 금하는 법규정이 없는 것은 이로 인하여 그들을 먹고 살게 해 주기 위한 것이니, 당장에 일체 금지하는 것은 불가하다」는 입장이었다.

환관들은 법적으로 애매한 처지에 놓여 있긴 하였지만 財產上으로는 상당한 부를 누리기도 하였다. 『세종 126권 31년 12월 23일 신미』에서 동궁의 侍藥에 환관의 노고가 많자, 이에 세종은 3등급으로 나누어 이들에게 전토를 주고자 하였다. 하연·정갑손 등은, 환관은 본래 科田을 받은 자이므로 전토는 무방하다는 주장이었고, 황보인·정인지 등은, 환관은 단지 환관의 과전을 遞受할 수 있을 뿐이고 다른 전토를 받을 수는 없으며, 또 賞賜에는 옷이나 말이 마땅하지 전토를 줄 필요는 없다고 하였다. 세종은 전자의 견해를 좇았다.

또 『문종 4권 즉위년 10월 22일 임진』을 보면, 문종조에 중국에 입조한 환관 10인에게는 노비 10구씩을 주었으며, 『연산군 50권 9년 6월 13일

---

58) 奉朝賀란 睿宗朝에 공신으로서 맡은 직무를 감당하지 못하는 자를 제수한 데서부터 비롯되었다 (『예종 6권 원년 7월 3일 갑신』).

59) 『연산군 57권 11년 2월 28일 갑신』. 이 受教에 의하여 환관뿐만이 아니라 淑儀·淑容·淑媛 등도 그 爵次의 高低에 따라, 그 부모가 살았으면 爵을 주고 죽었으면 추증하도록 하였다. 또한 이 후부터는 夫人을 封爵·追贈할 때에는 아울러 姓名을 쓰도록 하였다.

무신』에서는, 죽은 宦官 田畇의 노비 중 1백 9명은 內需司에 주고 나머지 20명은 本主에게 돌려 준 기록이 보이는데, 다만 이것은 처음 하사할 때에 賜牌에 「영세토록 전한다」는 말이 없었기 때문이었다. 그렇다고 하더라도 이 사실은 당시 환관으로서 제법 상당한 富를 누렸음을 알 수 있다.

(5) 白丁의 法的 地位

白丁 또는 新白丁에 대해서는 『세종 10권 2년 11월 7일 기사』를 보면, 조선시대에는 白丁 및 新白丁이라는 신분 집단이 있었는데, 己亥年(세종 원년, 1419) 의정부 受判에, 화척이나 재인들이 농업에는 종사하지 않고 활쏘고 말타는 것을 일삼아서 양민과는 혼인도 하지 않고 무리를 지어 떠돌며 소나 말을 도살하여 양민에게 손해를 끼치자, 이들을 각 지방에 나누어 평민과 혼인하게 하여 직업에 안착하여 살도록 하였다. 『세종 69권 17년 8월 27일 병인』을 보면 대신이 의견을 올리기를, 『續典』에 才人과 禾尺을 白丁으로 고쳐 부르게 하고 토지를 적당히 주도록 하여 한결같이 平民의 戶籍登錄에 의거하게 하였으나, 그들 중에 農業을 일삼지 않고 떠돌아 옮기는 자는 죄주도록 했으니 엄격히 금지하도록 할 것을 청하였다. 이에 세종은 이것의 편리 여부를 의논토록 하였으며,[60] 또 『세종 84권 21년 2월 16일 을축』에서는 前吏曹判書 朴信이, 우리 국가에서는 新白丁이 없는 곳이 없어 소를 잡는 것으로 農事를 대신하여 빈들빈들 놀고먹는 까닭으로, 개국 이래로 여러 번 條令을 내려 소 잡는 것을 금하고 농사를 짓게 하였으나 改悛하지 않고 있으니, 이제부터는 10년을 한하여 新白丁이 農事를 실제로 하는가 여부를 殿最[61]할 것을 상언하였다. 이에 세종은 의정부에 내

---

60) 『세종 69권 17년 8월 27일 병인』: 「傳旨兵曹大臣獻議, 續典才人禾尺改稱白丁, 量授土田, 一依平民錄籍, 其不事農業彼此流移者罪之, 乞申明曉諭痛行禁止, 如有不悛子, 盡行推刷, 幷其妻孥, 徙入閭延等處, 以實邊圉, 實爲良法, 其抄刷便否, 擬議以聞」.

61) 관찰사가 각 고을 수령의 실적을 조사하여 중앙에 보고하던 것을 말한다. 성적을 고사할 때 上을 最, 下를 殿이라고 하여 매년 6월 15일과 12월 15일 두 차례에 걸쳐 시행하였다. 殿最는 京官에게도 적용되었지만, 지방이 對民關係上 중요하므로 「殿最」하면 대체로 地方官의 경우를 말하는 것으로 되었다.

려 의논토록 하였다. 의정부에서는, 「박신의 말이 매우 事意에 합당하다. 條章을 상고하면, 신백정은 식구를 계산해 토지를 주고, 향리에 錄籍을 주어 평민과 섞여 살면서 서로 혼인하게 하였고, 立法이 상세하여 빠짐이 없었는데, 수령이 다 봉행하지 못하였다. 지금부터는 봉행하지 못한 수령은 율에 따라 처벌하고, 그 백정들이 생업에 안심하고 농사에 힘쓰는지의 여부를 상고하여 殿最하는 데 憑據가 되게 할 것」을 아뢰니 그대로 따랐다.

또한 세종조에 각도관찰사와 開城府留守에게 한 傳旨를 보면, 六典에 의거하여 일찍이 白丁[62]에게 田地를 주어서 평민들과 섞여 살면서 서로 혼인하게 하였는데, 세종 24년에 이르러 관리와 인민들이 이들을 이르기를 新白丁이라고 부르면서 평민들과 비교하여 차별을 두며 수령들이 사냥 등 여러 가지 일에 부려 먹고 柳器를 공공연히 거두어 가는 일이 있자, 세종은 신백정에게 시키는 雜役의 상황을 갖춰 기록하여 계문하도록 하였다. 이 기사의 내용으로 보아 新白丁이라 불렀던 자들이 법적으로 良人보다 못한 지위에 있었음을 추단할 수 있다.[63] 그리고 『성종 69권 7년 7월 18일 기미』를 보면, 才人이나 白丁은 본래 모두 異類였는데, 농업에 종사하지 않고 사람이 살지 않는 곳에 모여서 도둑질만 일삼자 이들을 분산시켜 섞여 살게 함으로써 점차 양민이 되게 하고자 하였으나 각 지방의 수령들이 이들에 대한 검찰을 태만하여 양민들이 피해를 입게 되었다. 이러한 폐해를 없애고자 成宗朝에 諸道의 觀察使에게 엄하게 규찰하라는 下書를 내리기도 하였다.

또 『성종 222권 19년 11월 11일 경오』에서 慶尙道觀察使 成俶이 폐단을 진술하였는데, 그 가운데에 白丁의 婚姻에 관한 내용이 있다. 즉 이전의 刑曹의 受教 가운데 하나가, 제1조 「白丁이 스스로 서로 婚嫁하는 것

---

62) 才人이나 禾尺 등이 외딴 곳에 모여 살면서 농업을 하지 않고 오로지 柳器나 皮物 등으로 生業을 살던 자를 일컬었다 (『세종 97권 24년 8월 6일 계사』).

63) 『세종 97권 24년 8월 6일 계사』: 「傳旨各道觀察使及開城府留守, 才人禾尺等, 屯聚幽居, 不事農業, 專以柳器皮物資生, 故曾改稱白丁, 給土田, 與平民雜處, 相爲婚姻之法, 載在六典, 今聞官吏人民等, 因以新白丁爲號, 視與平民區別, 所在官守令, 役於田獵等雜事, 以至柳器公然收斂者或有之, 其具雜役之狀以聞」.

을 금지한다」, 제2조 「그 자원에 따라 적당함을 헤아려서 혼가하게 한다」, 제3조 「백정이 스스로 혼가하는 것이 드러나면 切隣·色掌·受領은 중하게 논죄하며 赦前을 가리지 아니한다」고 하였다가 제1조와 제2조는 시행하고 제3조의 「赦前을 가리지 아니한다」를 삭제하게 되었다. 이렇게 되자 백정은 스스로 혼인할 수도 없게 되고, 또한 자원으로 혼인할 수도 없게 되는 모순이 있으니 이를 개정하여 前例대로 백정이 평민과 서로 혼인하도록 허락하자는 것이었다. 성종은 이를 받아들여 이후로 才人과 白丁의 혼인길을 넓혀 주었다. 이 문제는 한 걸음 더 나아가 『성종 235권 20년(1489) 12월 9일 임진』에서 大司諫 李枰은, 「백정이 양인과 혼인하는 것을 허락한 것은 참으로 아름다운 법이나, 고을에서 다른 종류로 취급하여 양민에 끼이지 못하게 하기 때문에 才人이나 白丁이 産業을 일삼지 아니하고 도적이 되는 폐단이 끊이지 않고 있다. 이 폐단을 구제하기 위하여는 才人·白丁이라는 이름을 모두 없애고 일체의 부역을 양민과 같게 하면 수십 년 후에는 모두 양민으로 변하여 도적을 예방할 수 있을 것」이라고 하였다. 이에 대하여 盧思愼은 「양민과 혼인하기를 허락했음에도 오히려 모여서 도적이 되는데 이름을 없앤다고 무슨 이익이 있겠는가?」라고 하며 부정적인 태도를 취하였다. 성종은 이 문제를 널리 대신들에게 의논하도록 하였다. 이 의논의 결과에 대한 기사는 발견하지 못하였기 때문에 그 뒤를 알 수 없다.

(6) 其他 身分과 法的 地位

조선시대에는 良賤 못지 않게 嫡庶의 分別을 중시하였음은 주지의 사실이다. 이러한 신분상의 차별에 따라 그들의 법적 지위 역시 제한을 받았음은 물론이다. 이러한 사실은 賤妾所生子에 대해서 그대로 나타나고 있다. 『세종 41권 10년 9월 24일 계유』를 보면, 「傳旨兵曹, 三品以下賤妾子及雜色補充軍, 去官爲隊長隊副者, 並取才, 限品, 叙用」이라고 하여, 3품 이하의 賤妾의 자식과 雜色補充軍으로서 去官하여 隊長·隊副가 된 자는 모두 취재하되, 관품을 한정하여 서용하도록 하였으며,[64] 또 『단종 3권 즉위년 9월 28일 정사』를 보면, 단종조 이전에 일찍이 敎旨에 의하여 2품 이상의 賤妾子로서 承重[65]하는 자는 司律院 등 여러 司에 入屬시켜 從仕케 함으로써 비로소 천첩의 아들로서 승중하는 입법이 있었음을 알 수 있다.

또 再嫁한 여자의 子孫에 대해서도 법적으로 일정한 차별을 하였는데, 이와 관련하여 『經國大典』에는 「再嫁한 女子의 子孫은 東班職과 西班職에 敍用하지 않는다」고 명문으로 규정되었다. 그런데 이 규정에 遡及效를 인정하여 입법 전의 사례에까지 적용할 것인가에 대해서 대신들 사이에 의견이 나뉘어졌었다. 그 가운데 鄭昌孫은 입법 이전에 재가한 여자에 대해서도 적용할 것을 주장하였으나, 韓明澮를 비롯한 대부분의 대신은 소급효를 인정하지 말자는 입장을 취하였다. 성종은 후자의 견해를 좇아, 장래에 향해서만 적용토록 하였다.[66]

그리고 贓吏의 子孫에 대해서도 『중종 9권 4년 윤9월 5일 갑자』에서, 『經國大典』 吏典 京官職條에 「장리의 아들과 손자에게는 수령 등의 관직을 제수하지 말라」고 하였고, 그 주에 「수령은 내외의 四祖 및 그 자신의 欠節이 있는지 여부를 고찰하여 서경한다」고 하였다. 아들과 손자라고만 했기 때문에 曾祖와 外祖는 비록 장리일지라도 그의 증손자나 외손자는 서경을 받지 못한 자가 없었다. 그런데 『大典續錄』[67]에는 「아울러 아내의 四祖까지 고찰한다」는 법문 때문에 해석상 의문이 제기되었다. 즉 장인의 장오죄를 이유로 사위의 서경을 하지 않을 수 있는가 하는 것이었다. 대체로 사

---

64) 原文에는 干支가 乙卯로 되어 있으나, 순서상으로는 癸酉가 맞다.

65) 長孫으로서 父・祖父를 이어서 조상의 제사를 받드는 것 또는 그 지위를 말한다.

66) 『성종 190권 17년 4월 26일 신축』: 「大典云, 再嫁女子孫, 勿叙東西班職, 新授監察鄭銀同, 兼春秋館記注官朴始行之母, 皆嫁二夫, 當依大典改正, 但其再嫁, 在大典頒降前, 請稟旨. 傳曰, 議于大臣及承政院, 鄭昌孫議, 再嫁女子孫, 不敍東西班之法, 似乎太峻, 不可行也, 若失節者則雖其所犯, 在大典前, 其子孫, 不可敍於東西班. 韓明澮沈澮尹弼商洪應尹壕成建李朝陽尹殷老朴崇質安處良邊處寧議, 再嫁女子孫勿敍東西班, 請從大典立法後施行. 從明澮議等」.

67) 經國大典 이후에 발하여진 教令을 찬집수록해서 성종 23년(1492) 7월에 반포한 법전이다. 경국대전 제정 이후 사회정세의 변화에 따라 이에 적응하기 위하여 대전에 없는 것은 새로이 教旨, 條例를 발포하여 시행하였다. 그러나 이들은 첫째, 일시적인 편의로 행해진 것, 둘째, 항구적 법규의 성질을 갖는 것, 셋째, 대전과 저촉되는 것이 혼재하여 적용에 어려움이 발생하였다.

위는 증손자나 외손자에 비할 만큼 골육지친이 아니기 때문에 비록 아내의 사조에 끼이기는 하지만 妻父의 贓汚에는 연좌시키지 말고 전례에 따라 수령의 서경을 해 주는 것으로 해석하였고, 또 『大典續錄』 署經條에는, 「사헌부·사간원·정부·정조·홍문관·춘추관 등 청선의 직은, 비록 내외족척에 흠절이 없는 사람일지라도, 그의 인물이 만약 조금이라도 합당하지 못한 데가 있으면 반드시 임명될 수 없다. 장례원·종부시·외도사·수령 같은 것은 사헌부 등의 직과 같지 않다」하였다. 이 규정의 법문에 충실할 경우 장리의 사위는 비록 수령에는 서경이 가능하지만 대성·정조에는 서경할 수 없다는 해석이 가능하게 되었다. 신하들에게 의논한 결과 「人法具用」이라는 옛사람의 말에 따라 참작하여 서용하도록 하였다.68)

(7) 小　結

서구에 있어서 근대법상으로 萬人平等의 權利能力이 인정된 것은 불과 2, 3세기 전에 自然法思想의 영향을 받은 결과이다. 사실 法學이라는 學問分野가 채 조성되지 못하였던 조선시대를 대상으로 하여 權利能力 云云하는 것은 대단히 공허한 논의일 수도 있다. 이러한 우려에도 불구하고 여기에서 굳이 法的 能力을 다룬 것은 조선사회에 대한 기본적인 이해를 돕기 위해서였다. 왜냐하면 이러한 기초적인 이해가 없는 다른 논의는 객관성·보편성을 갖추지 못한 피상적인 논의에 그칠 우려가 높기 때문이다.

조선사회가 사회적 신분에 따라 어떻게 법적으로 차별 대우를 하였는가를 구체적인 신분상의 지위에 따라 고찰한 결과, 이러한 신분에 따른 법적 제약은 대체로 특히 公法的인 영역에 있어서 매우 세부적으로 이루어졌음을 알 수 있었다.

노비의 신분에 놓여 있거나 승려·의관 등의 신분을 가진 자들은 대체로 일반 양인에 비하여 사회적으로나 법적으로 차별 대우를 받았고, 婦女에 대해서는 법적 보호를 두텁게 하였으며, 良賤을 막론하고 연령에 따라 公法

---

68) 『중종 9권 4년 윤9월 18일 정축』.

또는 형사법상으로 다양한 취급을 받았고, 또 법적으로 온전한 능력을 가진 사람도 범죄와 형벌에 연좌되는 경우에는 그 법적 권리나 지위가 박탈되는 모습도 보았다.

그리고 私法 특히 財産上의 能力에 있어서 법적으로 능력의 제한을 받던 계급에 속하는 부류라 하더라도, 일부이기는 하지만 경제적인 면에서 볼 때 상대적인 신분상의 우위에 있던 계급과 거의 대등할 수도 있었음을 보았다. 특히 천인이라고 하여 꼭 양인보다 경제적 생활정도가 낮았다고 볼 수도 없었다. 그것은 조선사회가 신분상의 우월에 상응하는 반대급부(役)를 양인에게 부과하였기 때문이기도 하다. 그리고 僧侶나 醫官, 白丁 등에 대한 신분상의 차별 역시 영구불변의 것은 아니었으며, 변화하는 사회·정치적 정책에 따라 이들의 법적 지위도 변동을 겪을 수밖에 없음을 알 수 있다.

2. 社會的 身分의 變動

신분사회인 조선시대에 있어서는 그 신분에 따라 법적 지위가 달랐으며, 이러한 지위는 영구적인 것이 아니라 自意 또는 他意에 의하여 얼마든지 변경이 가능한 것이었다. 먼저 良人의 身分을 취득하는 방법은 出生이나 從良·贖良에 의해 良人으로 되는 것이었다. 반면에 권리의 주체인 사람으로 태어나 동시에 권리의 객체인 물건으로 취급되는 奴婢化의 방식은 대체로 출생에 의한 신분을 세습하는 경우가 가장 많았고, 범죄에 대한 신분적 형벌의 부과·壓良爲賤 또는 投託 등이 주된 모습이었으며, 그 밖에도 채무불이행이나 인신매매로 인한 노비화 그리고 遺棄兒로서 수양된 경우 등 여러 가지가 있었다.

(1) 出生과 社會的 身分

현행 민법은 제3조에서 「사람은 生存한 동안 權利와 義務의 主體가 된다」고 하여 권리능력에 관한 규정을 두고 있다. 이 규정에 의하면 모든 사람은 출생한 때로부터 권리능력을 취득한다. 그렇지만 아직 출생하지 않은 胎兒에게는 권리능력을 인정하지 않고 있다.[69] 이러한 까닭으로 출생한 사람과 태아의 구별에 있어서 출생하는 시점이 중요한 요소로 된다. 우리 민법학계에서는, 태아가 모체로부터 全部露出된 때를 出生으로 보는 것이 通說임은 주지의 사실이다. 그렇다면 조선시대에 있어서는 출생의 시기를 언제로 보았을까? 여기에 대해서 직접적으로 다루고 있는 記事는 발견하지 못하였다.[70]

신분제도를 유지하는 사회에 있어서의 사회적 신분은 出生에 의하여 선천적으로 결정된다. 또 신분질서를 유지하고 특권을 보유하기 위하여 호적제도를 마련하는 등의 여러 조치를 취하기 마련이다. 階級的 內婚制도 그 가운데 하나이다. 따라서 조선시대에 있어서도 良賤不婚과 같은 혼인장애사유를 법제화하였던 것이다. 이것은 곧 법률상의 부부로 되기 위해서는 부부가 같은 사회적 신분에 속하여야 하며, 그렇지 아니한 혼인관계는 取消婚에 해당되어 離異되었다. 결국 사회적 신분이 다를 경우에는 부부관계가 아니라 夫妾關係의 성립만이 가능할 뿐이었다. 이는 당시의 혼인법제가 一夫一妻多妾制였기 때문에 처 있는 자가 다시 처를 취할 수는 없었고 첩을 취하는 것만이 가능하였던 데서 비롯된 것이다. 부첩관계는 첩의 신분이 양인인가 아니면 천인인가에 따라 구분되고, 그 소생자녀도 양첩자녀와 천첩자녀로서의 신분을 취득하게 되었으며, 그에 따른 법적 지위 내지 법적 능력에

---

69) 다만 우리 민법에서는 태아에 대해서도 일정한 경우에는 이미 출생한 것으로 보아 예외적으로 권리능력을 인정하고 있다. 예컨대 불법행위에 기한 손해배상의 청구(제762조), 재산상속(제1000조 제3항), 대습상속(제1001조), 유증(제1064조), 사인증여(562조) 등의 경우이다.

70) 다만 숙종 13년의 補充隊와 관련한 논의 가운데「… 조부의 婢의 첩의 소산에 대하여는 脫胎하는 날이 곧 양인…」이라는 구절이 나온다. 이것은 良賤이 分別에 있어서 탈태하는 날이 곧 양인의 신분을 취득하는 때라고 해석한 것이다. 이 記事의 내용으로만 본다면,「脫胎한 때」에 출생한 것, 즉 권리능력자인 사람으로 된다는 의미로서, 이것은 바로 오늘날의 사람의 출생시기에 관한 露出說과 그 맥락을 같이하는 것이라 생각된다. 그렇지만 안타깝게도 왕조실록에는 출생시기에 관한 기사가 많지 않기 때문에 한 마디로 그 始期를 단정할 수는 없다. 앞으로의 다른 문헌에 관한 탐구를 통해 규명되어야 할 부분이다. 조선시대에 있어서 태아의 법적 지위에 관해서는 졸고,「조선시대 태아의 법적 지위」,『안암법학』제14호(2002), 247～260면 참조.

있어서도 차별을 받게 되었던 것이다.

그러나 실제에 있어서는 良賤不婚의 법규범에 위반하는 경우도 많았기 때문에 그 소생자녀의 사회적 신분을 어떻게 결정할 것인가는 매우 커다란 법적 관심사일 수밖에 없었다. 이에 대한 해결책으로서 논의된 것이 바로 이른바 從父法과 從母法[71]이다. 종부법이 문제되는 것은 父의 신분이 母의 신분보다 높은 경우이고, 종모법은 그 반대의 경우이다. 구체적으로는 양인이 婢를 처로 한 경우(양반·사족의 경우는 처로 할 수 없다) 그 소생자녀의 신분이 부의 신분을 좇아 양인으로 되는가 아니면 모의 신분을 좇아 천인인 노비로 되는가에 관한 문제가 그 하나이고, 다른 하나는 奴가 양인의 여자를 맞아 처로 한 경우 그 소생자녀의 신분이 어떻게 되는가에 관한 문제이다. 아울러 이와 같은 문제는 父가 양반·사족이고 母는 양인으로서 부의 첩인 경우 또는 비(천인)첩인 경우에도 발생하였다. 이 從母法과 從父法은 특히 성종·중종·명종조에 많은 논의가 이루어지는데, 특히 補充軍 및 補充隊의 구성원으로 되던 賤妾子女의 신분 결정과 관련해서는 태조 때부터 벌써 많은 논란이 제기되었던 부분이다.[72]

여기서 문제로 될 수 있는 것은, 從父法에 따른 所生子女(이하에서는 「婢嫁良所生」이라 칭한다)의 출생시의 신분이다. 즉 출생시부터 양반 또는 양인의 신분을 갖는가, 아니면 보충대에 입속하여 역을 마친 다음에 비로소 중인으로 관직에 나아가는가? 결론적으로 말하자면, 從父法에 따를 경우 이들은 처음부터 良人의 신분을 취득하는 것으로 취급되었다. 반면에 이들에게

---

71) 從母法이 맨처음 시행된 것은 태종 때로서, 『문종 7권 원년(1451) 5월 19일 병진』을 보면, 丙戌年(太宗 6年, 1406年) 이전에 奴가 良妻에게 장가들어 낳은 자식은 아비의 本主人에게 속하도록 하였다. 이에 따라 丙戌年(태종 6년, 1406) 1월 1일부터 公·私賤이 良人의 여자에게 장가드는 것은 일체 금단되었으며, 己酉年(세종 11年, 1429) 8月에 「公私婢子는 본래 일정한 남편이 없는 것이니, 여러 번 그 남편을 바꾸어 良民이나 賤人과 서로 通姦하여 出生한 자를 良人이라고 訴請하는 것은 受理하지」 말도록 受敎를 내렸다. 그리고 甲午年(태종 14年) 6월 이후의 公·私奴婢 사이의 출생자는 그 母를 따르도록 하였던 것이다.

72) 이 문제에 관하여 상세한 것은 池承鍾, 『朝鮮前期 奴婢身分硏究』, 2-60면에 잘 기술되어 있다.

종모법이 적용되는 경우는 당연히 賤人으로 될 수밖에 없었다. 이 문제에 관한 구체적인 내용은 다음에서 고찰한다.

1) 從父法에 따른 所生子女의 身分

왕조실록에 나타난 婢嫁良所生에 대한 최초의 입법은 『태종 27권 14년(1414) 6월 28일 무진』의 것이다. 이것은 태종의 親政立法으로서 이에 따라 태종 14년 6월 28일 이후의 婢嫁良所生은 良人의 신분을 취득하게 되었다. 이 입법의 주된 목적은 良人 인구의 증대에 있었다.[73] 즉 노비로 될 자를 양인으로 바꾸어 놓은 것으로서 강력한 개혁의 의지를 나타낸 것이라 하겠다. 결과적으로 이 개혁은 양인의 증대라는 점에서는 국가적으로 이익을 가져왔다. 그렇지만 노비소유자의 입장에서 볼 때는 불이익을 초래하게 되었기 때문에 從父法을 폐지하려는 시도가 있기도 하였다.[74] 이러한 계속

---

73) 『태종 27권 14년 6월 28일 무진』: 「命公私婢嫁良夫所生, 從父爲良. 禮曹判書黃喜啓曰, 賤妾蘇生放役之法, 別無他議, 父良者子良, 從父則可矣. 上曰, 卿言甚然, 如此則雖無放役之法, 自然無役矣, 以宰相骨肉, 從母役使, 甚爲未便. 下旨曰, 天地生民本無賤口, 前朝奴婢之法, 良賤相婚, 深賤爲先, 賤者隨母, 故賤口日增, 良民日減, 自永樂十二年六月二十八日以後, 公私婢子嫁良夫所生, 並皆從父爲良, 依前朝判定百姓例, 屬籍施行, 從政府之議也」. 여기서 「永樂十二年」은 태종 14년(1414)이다.

74) 『세종 45권 11년(1429) 7월 25일 기사』: 「右議政孟思誠啓, 公私賤, 娶良女, 則已有定法, 獨公私賤嫁良夫, 則未有定限, 由是公私婢, 欲良其子, 皆指其奸夫之良者曰, 此人實此兒之父也, 以他人之父, 爲己之父, 他人之子爲己之子, 名實逆亂, 彝倫以斁, 況私賤則其主猶禁之, 若公賤則雖能禁之, 以此皆求良人而嫁之, 異其子之爲良也, 如此則不出十年, 公賤盡爲良人, 而未有孑遺矣, 公賤不可無也, 若皆免賤爲良則必復求良人而役之, 將來之弊, 其可不圖乎, 且決訟之官, 不勝其煩者, 專以良賤之事耳, 若無定限之法, 則後日詞訟之繁, 將不勝斷決矣, 請自今, 定年限, 使良夫, 不得娶賤女, 庶爲便益, 大司憲金孝孫亦曰, 前朝, 亦有賤者, 隨母之法, 此其可矣, 上曰, 祖宗立法之意, 欲令良人日增也, 若立此法則與, 祖宗立法之意, 相遠, 是故, 祖宗之法也, 與其立此法, 寧復賤者, 隨母之法也」; 『세종 45권 11년 8월 26일 경자』: 「刑曹啓 … 且公私婢一月之內, 屢更其夫, 良賤人互相交嫁, 故聽訟官吏, 眩於處決, 非徒良賤混淆, 不父其父者, 亦有之」; 『세종 51권 13년 1월 5일 경오』: 「議政府據漢城府呈啓, 甲午六月二十八日已後嫁良夫公私婢子, 限後所生, 今庚戌年秋爲始, 每三年一次推刷成籍, 然私賤則本主欲從賤稱爲限前交嫁, 其良夫及婢子則欲從良, 稱爲限後交嫁, 互相告訴, 甚者至於不夫其夫, 以賤夫所生, 變稱良夫所生. 本主則良夫所生, 及稱賤夫所生. 競務飾詐, 以易父子. 非

된 폐지 주장에 의하여 결국 종부법은 세종 14년에 이르러 폐지되고 말았다. 다만 예외적인 경우에는 그대로 양인의 신분을 유지하는 경과조치를 취하기는 하였다.[75] 어쨌든 從父法의 폐지에 따라 婢嫁良所生에 대해서 從母法이 적용됨으로써 이들은 양인에서 천인으로 그 사회적 신분이 하락되고 말았다. 그 구체적인 과정을 살펴보면 다음과 같다. 즉 『세종 50권 12년(1430) 12월 29일 을미』는 「刑曹啓, 各司婢子甲午年六月二十八日以後嫁良夫所生, 除已付丁酉年正案者外, 戊戌年以後續案付所生, 請曉諭中外, 分辨從良. 從之」라고 하여, 각 관청의 婢子로서 甲午年(태종 14년, 1414) 6월 28일 이후에 양인인 남편에게 시집가서 출생한 자는, 이미 丁酉年(태종 17년)의 正案에 오른 자 이외에, 戊戌年(태종 18년) 이후에 續案에 올려서 출생한 자는, 중앙과 지방에 알려서 구별하여 양인이 되도록 하였다. 이어서 『세종 51권 13년 1월 5일 경오』는 「議政府據漢城府呈啓, 甲午六月二十八日以後嫁良夫公私婢子, 限後所生, 今庚戌年秋爲始, 每三年一次推刷成籍, 然私賤則本主欲從賤稱爲限前交嫁, 其良夫及婢子則欲從良, 稱爲限後交嫁, 互相告訴, 甚者至於不夫其夫, 以賤夫所生, 變稱良夫所生. 本主則良夫所生, 及稱賤夫所生. 競務飾詐, 以易父子. 非徒情爲難知, 傷倫毁俗, 莫此爲甚. 自今有似此告訴者, 移送主掌都官, 分辨後成籍, 又移攸司, 痛懲鑑後. 從之」라고 하여, 「甲午年 6월 28일 이후에 양인 남편에게 시집간 公私婢子들의 그 期限 이후의 소생들은, 이제 경술년 가을부터 비롯하여 3년마다[76] 한 차례씩 조사하여 帳籍을 이루고 있다. 그러나 私賤인 경우 그들의

徒情爲難知, 傷倫毁俗, 莫此爲甚. 自今有似此告訴者, 移送主掌都官, 分辨後成籍, 又移攸司, 痛懲鑑後. 從之」. 그 밖의 기사로는 『세종 55권 14년 3월 4일 계축』 참조.

75) 『세종 55권 14년 4월 6일 을유』: 「詳定所啓 … 自宣德七年七月初一日以後, 公私婢嫁良夫者, 一禁. 如有犯令者, 依律論罪, 犯法所生男女, 不可從父爲良, 各還官主, 其一品以下東西流品, 文武科出身人・生員・成衆官・有蔭子孫, 公私婢子作妾, 及民年至四十而無子, 娶公私婢子者, 不在此限, 永樂十二年六月二十八日以後, 宣德七年六月晦日以前, 公私婢子嫁良夫所生, 亦不在此限」. 여기서 「宣德七年」은 세종 14년(1432)이다. 그 뒤 세조 14년(1468)에 從父法의 부활이 잠시 입법되었다가 곧 다시 폐지되었던 것으로 추정되고 있다. 여기에 관하여 자세한 것은 池承鍾, 『朝鮮前期 奴婢身分硏究』, 20-24면 참조.

76) 그러나 가뭄이 들거나 한 때에는 명년 가을을 기한하여 奴婢續案의 작성을 정지하기도 하였다. 『단종 4권 즉위년 10월 2일 경인』: 「議政府據刑曹呈啓, 平安道久旱, 年穀

주인이 賤人으로 만들려고 期限 전에 시집갔다고 주장하고, 그 양인 남편과 婢子들은 양인이 되려고 기한 후에 시집갔다고 주장하여 서로 고소하고 있으며, 심한 자는 그의 남편을 남편으로 하지 않고, 賤夫에게서 난 것을 良夫所生이라고 고쳐 이르는가 하면, 그 본래의 주인은 良夫의 所生까지도 도리어 賤夫의 所生이라고 일컬으며, 서로 父子를 바꾸고 있어 풍속을 해침이 심하다. 이제부터는 이와 같은 고소가 있으면, 이를 主掌하는 都官에게 보내어 명백히 분별한 뒤에 帳籍을 이루도록 하자」고 하자, 세종은 이를 그대로 따랐다.

그 뒤 이 문제는 세종 15년에 다시 크게 논의된다. 『세종 55권 14년 3월 15일 갑자』를 보면, 세종은 즉위 후 祖宗의 법을 존중하여 부득이한 경우 외에는 법을 改正하지 아니하였다. 그런데 노비에 대한 법만은 줄곧 한 번도 고치질 않았다. 이 때에 와서 비로소 공사비가 자주 그 남편을 바꾸어 양민과 천민을 뒤섞기 때문에 어느 남편의 자식인지 가려내기가 어려운 경우가 있음을 이유로 公私婢가 양민에게 시집가서 낳은 자녀를 양민으로 정하는 법, 즉 從父法에 스스로 이의를 제기하고 나선 것이다. 여러 대신들의 의견을 들은 세종은, 양민과 천민이 관계하는 것을 일절 금지시키고, 이를 범하여 낳은 자녀는 모두 屬公하자는 의견을 내세웠다. 그러나 孟思誠 등은 속공하는 것보다는 각각의 주인에게 돌려주기를 주장하였다. 이 문제를 詳定所에서 考證한 결과, 조선의 법에 奴가 양민인 아내에게 장가드는 것을 금지하는 규정이 있으나, 婢가 양민인 남편에게 시집가는 것을 금지하는 규정이 없어서, 남녀가 禁止法令이 다른 것은 진실로 타당하지 못하다. 『唐律疎議』에는 「사람은 각각 짝이 있으니 종류가 모름지기 서로 같아야 한다」고 하였고, 『大明律』에는 「양민과 천인이 서로 혼인한 자는 논죄하고 强制離婚시켜서 바로 잡는다」고 하였다. 그러므로 이 규정에 따라 壬子年(세종 14년, 1432) 7월 1일 이후에 公私婢로서 양민인 남편에게 시집가는 것은 일절 금지하고, 違反者의 所生子는 그 父를 따라 良民으로 할 수 없다. 따라서 각기 本官 또는 本主에게 돌려주게 하였다. 그리고 甲午年(태종 14년) 6

不登, 請限明年秋, 停奴婢續案成籍, 及私債推徵. 從之」.

월 28일 이후 壬子年 6월 그믐날 이전의 公私婢嫁良所生子 역시 제외하였다.[77] 마침내 종부법에서 종모법으로 입장이 전환된 것이다.

2) 從母法과 卑妾(賤妾)所生子女의 身分

다음에서는 從母法의 적용을 받는 신분의 유형에 따라 분류하여 고찰한다.

먼저, 父가 양반·사족 또는 관료인 경우를 들 수 있는데, 이것은 다시 그 品階에 따라 달리 취급을 하였다. 즉『중종 40권 15년 윤8월 5일 경인』에는『經國大典』忠義衛條의「공신의 첩자손 중에서 승중한 자는 충의위에 소속되는 것을 허가할 수 있다」는 규정에 따라 賤妾子도 嫡長이 되는 것을 허락하였으며, 父가 1품 이상인 경우에 대해서는『세종 48권 12년 6월 20일 기축』에서「傳旨兵曹, 功臣嫡室及良妾無子者, 賤妾長子外, 衆子勿屬忠義衛」라고 하여, 공신의 嫡室과 良妾에게 아들이 없는 사람은, 賤妾의 長子 외에 衆子는 忠義衛에 소속시키지 말도록 병조에 傳旨하였고, 또한『세종 47권 12년 2월 14일 병술』에서 우사간 卞季孫이「功臣의 私賤이 낳은 아들은 忠義衛에 소속」시키지 말 것을 아뢰었다. 이에 세종은「비록 명문의 규정은 없으나 이 법은 태종 때에 정하여졌으며, 더구나 公賤의 所生子는 이미 忠義衛의 班列에 들어가게 되었으니 私賤과 公賤에 무슨 분간이 있겠는가? 公私賤을 구별하지 말고 모두 충의위에 소속시키는 것이 옳다」고 대답하여 반대의 뜻을 나타내었다. 다시 卞季孫이,「만일 私賤이 그 主人과 함께 같은 곳에 入直하게 될 경우 실로 불편」하다고 하였으나,

---

77)『세종 55권 14년 3월 26일 을해』.『세종 63권 16년 3월 16일 계사』:「禮曹啓, 舞童以各司有限之奴充定, 弊將不勝, 今後依前此樂工定屬之例, 婢妾産子孫內, 限學生限白丁稱充軍及勿問是非身良水軍稱干稱尺等各色補充軍子孫, 甲午六月二十八日以後, 女妓嫁良夫所生, 宣德七年七月初一以後, 女妓嫁東西班流品七品以下文武科出身人生員成衆官有蔭子孫所生丁吏同服子枝一族中, 音律傳習可當人, 公私婢子, 甲午六月以後壬子七月以前, 嫁良夫七品以下人所生, 巫女經師子孫等, 年八歲以上, 推刷給奉足二名完恤本家屬于舞童, 及其年壯, 移屬樂工, 幷計前仕去官且經師巫女公私賤, 嫁良夫所生及各色補充軍所生, 令五部官吏推刷, 已會立法, 而全不用心推刷, 今後令漢城府官吏, 專掌推刷, 隨其現推, 雖一二名, 每月依式定送. 從之」.

세종은, 「1품의 私賤이 낳은 아들은 5품에 한하여 관직을 주는 것은 이미 작정된 법전이 있으니, 비록 같이 충의위가 되지 않더라도 그 관직을 받은 것은 일반」이라고 하면서 公私賤을 한결같이 하였다. 그리고 며칠 뒤에 대사헌 李繩直・좌사간 申包翅 등이 같은 일로 상소하여, 族屬의 分別을 엄하게 하여 尊貴와 貴賤을 명백히 할 것을 아뢰었으나 윤허하지 아니하였다.[78] 그리고 父가 2품 이상인 경우에 대해서는 『세종 42권 10년 10월 10일 무자』를 보면, 태종 14년에 「2품 이상의 婢妾의 아들은 영구히 良民으로 허락하여 5품을 한도로 벼슬을 주되, 비록 큰 공이 있더라도 錢・帛・田土・奴婢로 상을 주고, 그 品階는 이를 초과하지 못한다」는 受敎를 내렸다. 그리고 그 다음해에 「3품관의 所生은 6품을 한도로 하고, 4품의 소생은 7품을, 5, 6품의 소생은 8품을, 7, 8품의 소생은 9품을 한도로 하며, 9품 權務의 소생은 學生을 한도로 하며, 庶人의 소생은 白丁을 한도로 한다」는 수교를 내렸으며, 또한 『세종 55권 14년 3월 15일 갑자』를 보면, 다만 그 가운데 1품관 이하 동・서반의 품관과 문・무과 출신자와, 생원・成衆官・有蔭子孫인 자가 공사비를 첩으로 삼은 것과, 백성으로서 나이가 40세에 이르도록 아들이 없어서 공사비에게 장가든 자는 포함하지 않도록 하였다. 그 밖에 父가 官員인 경우에 대해서는 『세종 57권 14년 9월 1일 병진』을 보면, 甲午年 6月 28日 이후의 公私婢嫁官所生子는 各品의 천첩자손의 예에 의하여 보충군역을 서게 하고, 관품을 제한해서 관직을 받도록 하자는 병조의 주장이 보인다.

---

78) 『세종 47권 12년 2월 17일 경인』: 「上謂大司憲李繩直, 正言楊繼元曰, 近日臺諫蚖請之言, 予意以爲, 固執矣, 自甲午年, 二品賤妾之子, 永許爲良, 限品受職, 且自, 太宗時功臣公賤所生, 已屬忠義衛, 獨於私賤所生而, 不屬, 可乎, 且公賤或爲私賤, 私賤或爲公賤, 則公賤私賤, 又何分也, 雖平民娶賤口所生, 猶且從父爲良, 況以功臣而無後, 其祀將絶, 幸有賤妾之子, 必屬忠義衛然後, 其爲功臣之後, 益以明白矣, 臺諫不察此意, 但謂今日新立此法, 繩直對曰, 臣等, 專未知公賤所産, 曾屬忠義衛也, 上又曰, 卿等, 若欲此輩, 不屬忠義衛, 則先正限品受職之法, 可也, 獨至此而欲正之, 抑末矣, 又諫院上蚖, 以本主反居私賤之下, 爲不可, 此則官爵然也, 旣有限品受職之法, 故雖本主, 若秩卑則必居其下矣, 徒以官爵而論之, 則或以父而反居其子之下, 何怪乎以本主, 而居私賤之下乎, 在位故也」. 『세종 47권 12년 2월 18일 신묘』 참조.

또 鄕吏 등의 自己婢 所生女에 대해서도 논의가 있었다. 『중종 13권 6년 4월 1일 경진』을 보면, 향리·역리·鹽干·牧子에게 시집간 自己婢가 낳은 딸은 從良할 것인가, 아니면 從賤할 것인가? 대신들의 의견은 여러 가지였으나 중종은 盧公弼의 의견에 따랐다. 노공필은, 「經國大典 중에 '文武官員과 生員·進士·錄事·蔭子孫으로서 公·私婢를 취하여 妻·妾을 삼은 자녀는 그 父가 장례원에 고하여 錄案을 刻實한다'고 하였으니, 모든 無蔭의 일반 평민이 천인을 취하여 낳은 자녀는 양민이 되지 못하고, 천인이 된 지 오래였다. … 또 '향리·역리·鹽干·牧子 등이 夫를 취하여 얻은 것은 父의 역처에 定役하고 벼슬길에 통하지 못한다'고 하였다. 이 입법의 본의는, 향리 등의 무리를 문무관의 유음자손에 비하여 우대한 것이 아니라, 향리·역리·鹽干·牧子는 그 역이 가장 중하여 궐원이 있더라도 평민으로 충역할 수 없기 때문에 특별히 규정하여 그 자손을 번성하게 하여 역에 결핍이 없도록 한 것이다. 그 所生女는 본래 그 父의 역처에 정역할 이치가 없기 때문에 經國大典의 '所生의 父'란 아들에 대해서만 말하고 딸에 대해서는 언급하지 않았음이 분명하다. 그러므로 그 딸은 평민이 천인을 취하여 낳은 준례에 따라 천인」으로 할 것을 주장하였다. 그리고 명종 4년(『受教輯錄』 刑典 公賤條 819항)에는 「鄕吏가 公賤에게 장가들어 낳은 자녀는 양인으로 허락하는 것으로 후일 子女의 地處를 도모하기 위하여 공천에게 장가들어서 향역을 면하는 것을 좋아하지 않는 자가 없게 되었다. 향리의 자손으로서 본역을 계승한 자가 십중에 7, 8도 없으며 公家의 賤口도 또한 점점 줄어들어 가는 형태이니, 지금 이후부터는 향리로서 공천에 출가하여 양인으로 되는 자와 일찍이 양인으로 된 자를 모두 父役에 纘繼」토록 하였다.

그리고 驛吏의 良妻所生子에 대해서는, 『인조 49권 26년 8월 13일 을사』를 보면, 「命驛吏良妻所生女子, 勿錄驛案, 甲申秋, 高山察訪, 啓請於驛吏案九戶姓名之下, 其所生, 勿論男女, 竝皆懸錄, 兵曹遂行會各道, 各驛一體施行, 至是京畿洪淸全南慶尙四道凡十九驛驛吏等以爲, 高山爲驛, 本無元來驛吏, 故丙午年間, 除出各司公賤, 以爲驛吏, 而其所生子女, 竝皆錄案, 少無良賤之別, 於事勢法例, 俱爲當然, 若洪淸等四道諸驛, 則自初卽有驛吏驛子之別, 驛吏則世世良族, 許通仕路, 與鄕吏同, 而今乃以其

良妻所生子女, 錄在驛案, 與驛奴婢同數, 百年良人子孫, 一朝將爲賤人之歸, 逐相率入京, 擊錚陳訴, 請依古規, 其良妻子女, 勿錄案從良. 上, 令刑曹, 詳察處置, 俾無寃枉, 刑曹行會諸道, 使之査啓, 皆以爲驛吏良妻所生子女錄案, 無前例. 上, 更令問于大臣, 領相金自點以爲, 驛吏非驛率之比, 乃良人, 而有許通仕路之法, 以良人娶良女, 其子女便當從良, 左相李景奭以爲, 宜勿許. 上, 從自點議」, 즉 甲申年(인조 22년, 1644) 가을 高山察訪이 驛吏案의 元戶의 성명 아래에 그들의 소생은 남녀를 막론하고 모두 懸錄하게 할 것을 계청하였다. 이에 따라 兵曹에서는 각도에 행회하여 각역에서 똑같이 시행하도록 하였다. 이 때에 이르러 京畿·洪淸·全南·慶尙 4도 19역의 역리들이 모두 말하기를, 「고산역은 본래 역리가 없었기 때문에 丙午年(宣祖 39年, 1606年)에 각사의 公賤을 덜어내어 역리로 삼았다. 따라서 그들의 소생자녀는 모두 다 錄案하여도 조금도 良賤의 區別이 없는 것이어서 사세나 법에 있어 모두 합당하다. 그러나 洪淸 등 4도의 여러 역의 경우는 처음부터 驛吏와 驛子의 구별이 있어서 驛吏는 대대로 良族으로서 仕路에 許通된 것이 鄕吏와 같았다. 그런데 지금 良妻의 所生인 자녀들을 驛案에 懸錄하기를 驛奴婢와 같게 하여 수백 년 동안 전해 온 良民의 자식이 하루아침에 賤人이 되었다」면서, 서울로 올라와 擊錚하면서 옛규례에 의거하여 良妻의 子女는 錄案하지 말고 從良하도록 해 줄 것을 진소하였다. 이에 형조에서 조사한 바, 驛吏의 良妻 所生인 자녀는 錄案한 前例가 없다고 하였다. 인조가 다시 대신에게 하문한 결과, 김자점은 「驛吏는 驛卒에 견줄 수 없는 良人으로서 仕路하는 법이 있다. 良人으로서 良女를 아내로 삼았으니 그 자녀는 당연히 從良되어야 한다」고 하였고, 반면에 이경석은 「허락하지 말아야 마땅하다」는 입장이었다. 결국 인조는 김자점의 의견에 따라 인조 26년 8월에 驛吏의 良妻 所生子女들은 驛案에 기록하지 말도록 하였다.

그 뒤 『續大典』에서는 「驛卒의 良人 妻에게서 출생한 男子들에 대해서만 自願에 따라 施行한다」고 하였다. 그런데 각 역참에서 「從願」이란 두 글자의 해석에 있어, 양인이 되도록 허락한다는 것이 아니라 곧 아전으로 올려 주는 것으로 생각하였다. 이에 따라 辛亥年(영조 7년)에 이 법을 처음 만들 때부터 단지 자원에 따라 아전으로 올려 주었던 것이다. 그러다가 정조 15년에 이르러 동북지역 각역의 良人妻所生 역졸들이 모두 역을 버리고 양인이 되겠다고 호소하고 나섰다. 이에 좌의정 蔡齊恭의 계청에 따라 「從願」이란 말을 단지 아전으로 올라가는 경우에만 적용하도록 하여 역졸들이 도피를 꾀하는 것을 방지하고자 하였다.[79)]

두 번째의 경우로 父가 일반 良人인 경우가 있다.

조선 초기에는 公·私婢의 혼인을 제한하는 정책을 취하였는데, 乙巳年(세종 7年, 1425年)에, 「이제부터 公·私婢로서 良人에게 시집가는 자는 公婢인 경우 서울은 각 官司에, 외방은 각 고을에, 私婢인 경우는 本主에게 고한 후에야 비로소 서로 婚姻하는 것을 許諾한다」고 전지하였다. 그 뒤 세종 12년에 이르러 이들이 서로 서울과 지방에 흩어져 살고 있기 때문에 私婢가 혼인할 때에 그 주인에게 알렸는지의 진위여부를 열람하기가 사실상 어렵게 되었다. 刑曹에서 황해도 감사의 牒呈에 의해 아뢰기를, 「이제부터 公·私婢로서 양인 남편에게 시집가서 낳은 자식들은 그 아비의 良籍이 명백한 자는 文案에 기록하고, 양적이 없는 자는 이웃마을과 친족들이 살고 있는 곳에 가서 그 근본을 고찰하여 시행하고, 근본을 모르는 자는 우선 문안에 그 사유를 상세히 쓰게 하기를 바랍니다」 하니, 세종은 그대로 시행하도록 하였다. 다만 良人 남편에게 시집갈 때 本司와 本主에게 신고여부를 분별하는 것은 시행치 말도록 하였다.[80)]

---

79) 『정조 32권 15년 4월 30일 갑술』: 「左議政蔡齊恭啓言, 辛亥以公私賤良妾所生, 並皆許良, 而續大典, 獨於驛卒良妻所生男, 以從願施行, 載錄, 各驛以爲從願云者, 非從良, 卽指陞吏, 故自辛亥立法之初, 只從自願陞吏而已, 今聞東北各驛驛卒良出者, 以從願二字, 爲執言, 擧欲反驛投良, 呼訴紛紜, 安可創開前日所不行之例, 以致驛路轉益凋殘乎, 請自今以後, 從願二字, 使之只用於陞吏, 俾無更事逃避之患從之」.

80) 『세종 49권 12년 8월 22일 경인』: 「刑曹, 據黃海道監司牒呈啓, 洪熙元年八月十八日敎旨, 今後公私婢, 嫁良夫者, 公處婢則京中各司, 外方各官, 私處婢則告告于本主然後, 方許交嫁, 今觀道內各官嫁良夫私婢之主, 散居京及他道, 故告主眞僞閱實, 爲難, 乞移文京中及各道閱實然後, 載諸刑止案, 且不考良籍, 只從所告載籍, 則公私之奴, 逃亡散在, 妄稱良人, 聚公私婢所生免賤者, 容或有之, 乞自今, 公私婢嫁良夫生子者, 其父良籍明白者, 則錄於文案, 無良籍者, 於隣里及族人處, 考其根脚施行, 其不知根脚者, 姑於文案, 詳書其故, 命依所啓, 但嫁良夫時, 告本司本主與否分辨條, 勿擧行」.

公私賤嫁良所生子의 신분과 관련해서, 세종 초까지는 종부법을 적용하였음을 앞에서 보았다. 이 경우에 소생자녀의 법적 지위에 대해서는, 『세종 63권 16년 2월 20일 무진』에서 「詳定所啓, 公私婢子, 宣德七年六月二十九日以前, 嫁平民所生, 屬司宰監, 年滿二十定役. 從之」라고 하여, 公私婢嫁良所生子로서 1432년 6월 29일 이전의 것은 司宰監에 붙여 두고 나이 20세가 차면 勞役을 정하도록 하였으며, 또 『세종 72권 18년 6월 23일 무오』에서는, 刑曹에서 「公賤이나 私賤에게 장가든 경우 婢가 낳은 자식이라 하더라도 本妻의 자식과 형제가 되는 것이니, 賤役으로 부리는 것은 옳지 않다. 본처에게 다른 남편의 자식이 있으면 이를 주게 하고, 없으면 아내의 본주에게 주게 하며, 그 아내가 양인이면 남편의 본주에게 주도록 할 것」을 아뢰자, 그대로 따랐다. 그 뒤 『세종 77권 19년 6월 20일 무인』에서는 「兵曹啓, 續六典補充, 軍條, 凡公私婢嫁平民所生, 依高麗判定百姓例差役,[81] 今嫁良夫所生則男定屬本曹役使, 但女無定役, 今後上項平民所生之女, 差定闕內之任. 從之」라고 하여, 이후부터는 평민이 낳은 여자는 궐내의 소임에 差定하게 하도록 하였다.

한편 『세종 57권 14년 9월 1일 병진』을 보면, 兵曹에서, 甲午年 6月 28日 이후 평민에게 시집가서 낳은 아들은 前朝의 판정된 백성의 예에 의거하여 부역시키고, 벼슬하고 관직을 받지 말게 하여 부역하는 곳을 말하지 못하게 하며, 公私婢嫁良所生子는 續白丁이라 일컬어, 正奉足을 정하여 4番으로 나누어 보충군의 예에 의거하여 輪番으로 서울에서 立役하게 하고, 나이 60세가 차면 역을 면제하여, 그 자손과 여손은 매양 3년마다 名籍을 만들게 하기를 아뢰었다. 詳定所와 함께 의논하게 하니, 甲午年 6月 28日 이후부터 壬子年 6月 29日 이전까지의 公私婢嫁良所生子들은 한정이 있고 서로 계속 낳은 것이 아니며, 또 모두 빈한하니, 公私婢嫁官所生子의 예에 의거하여 입역하게 하고, 관품을 제한해서 관직을 받게 한 것은 이미 일찍이 教旨를 받았으며, 평민에게 시집가서 낳은 아들로서 외방에 사는 사람은 津尺·倉庫直·牧子干·急唱 등의 역으로 정하고, 서울에 사는 사람

81) 국가에서 賦課하는 勞役이다. 송나라 때 비롯된 제도로서 貧富를 9등으로 나누어 4등 이상에게만 公用의 일부를 징발하고 5등 이하는 면제시켰다.

은 賓人이 있으면 대궐 안의 差備로 정할 것을 일찍이 교지로 받았다. 그 나머지 사람들은 繕工監의 營繕干으로 정하여 名籍에 기재하여 白丁이라 일컫고, 女孫들은 모두 기록하지 말며, 그 立役한 사람에게는 正役 1명에 奉足 2명을 주고, 나이 16세에 비로소 역을 하여 60세에 이르러 역을 명제하게 하되, 한결같이 보충군의 예에 의거할 것을 청하였다. 세종은 도로 兵曹에 내려 보냈다.

끝으로, 父는 奴이고 母는 양인인 경우가 있다.

숙종 10년 함경감사의 장계를 보면, 「公賤·私賤이 良妻를 얻어 낳은 자녀는 그 母를 따라 從良하도록 허락하고, 입법한 지 백일 안에 立案을 내도록 하였으나, 먼 지방의 小民은 입안을 낸 자가 없다」고 하였다. 이에 우의정 南九萬이, 「만일 모두 還賤한다면 장차 종량할 사람이 없을 것이니 이미 立案을 낸 자는 백일 안팎을 물론하고 모두 종량하도록 허락하고, 입안이 없는 자와 원래 入籍하지 아니한 자만 뽑아서 환천하는 것이 오히려 더 좋을 것이다. 良女의 所生은 스스로 양인이 되도록」 할 것을 아뢰었다. 이에 대하여 숙종은, 입안이 있고 없음을 물론하고 호적을 빙고하여 母를 따라 종량하도록 하였다.[82] 다시 숙종 15년(1689)에 從母法에 대한 논의가 있었다. 본래 종모법은 私奴婢에게만 시행하고 良民에게는 시행하지 않았는데, 양민이 날마다 줄어들자, 宋時烈이 건의하여 양민도 그 母의 신분을 따르도록 하였다. 그러나 좌의정 睦來善이 이것을 없애는 것이 마땅하다고 거듭 주장하자, 숙종은 마침내 없애도록 하명하였다.[83] 또 「己酉年(현종 10년,

---

82) 『숙종 15권 10년 10월 23일 을묘』: 「右議政南九萬曰, 頃者咸鏡監司狀啓, 以爲公私賤娶良妻所生從母許良, 立法百日內, 使出立案, 而遐方小民, 出立案者絶無, 今若幷爲還賤, 則將無從良之人, 莫若令已出立案者, 無論百日內外, 率許從良, 帖其無立案及元不入籍者, 因爲還賤, 己酉立案之令, 所以防奸杜詐者, 亦密矣然法意非不善, 而夤緣弊生, 有力不足者·有勢不能者·有故避者·無立案者, 若幷還賤, 則將無從良之人矣, 不立籍者, 當以其罪罪之, 良女所生, 自爲良人, 一開還賤之路, 必不勝其紛紜, 宜更定式, 須布中外. 領議政沈壽恒戶曺判書鄭載嵩禮曺叅判徐文重 皆以九萬言爲是, 吏曺判書呂聖齊曰, 立案之法, 意在防姦, 一準此法, 庶無虛僞, 否則臣空其不便矣. 刑曹判書朴信圭曰, 只考己酉以後戶口, 果是良産, 當許從良, 以此爲準, 使不得撓改可矣. 上曰, 無論立安有無, 憑考戶籍, 使得從勿許良之意, 布告可也」.

83) 『숙종 21권 15년 12월 13일 을해』: 「初國典從母之法, 只行於私奴婢而不行於良民,

1669)에 공사천이 양녀에게 장가들어 낳은 자녀는 모두 母役에 따라 양인으로 된다고 한 수교가 있은즉, 사천과 공천 사이에 별다른 것이 없으니 일일이 전후제도에 정한 바에 따라 시행」토록 하였다.[84] 그 뒤 영조 7년(『新補受敎輯錄』 刑典 贖良條 1349항)에는 「公私賤을 막론하고 良妻에게 장가든 자에 대하여는 辛亥年(영조 7년) 1월 1일 子時로부터 이후에 소생된 것이면 모두 母役을 좇고 속량」을 허락하였으며, 동 25년에 김재로가, 「옛날에는 公賤・私賤으로서 良人인 妻를 맞은 자의 所生은 그 父의 身役을 따랐으나 庚戌年(영조 6년, 1730)의 새로운 定式에는 그 母의 신분에 따라 良人이 되도록 하였는데도 작년에 掌隷院에서 諸道에 영을 내려 양인이 된 자를 책으로 만들고 보고하여 양인이 되는 것을 허락하되 補充隊의 贖錢을 역시 독촉해 받아 올려 보내라고 하였다. 보충대란 贖良한 자의 이름이다. 奴와 良人 妻와의 所生은 나라에서 이미 母의 신분을 따라 양인으로 삼으라고 명령했으니 땅에 떨어질 때부터 양인이 되었으므로 애당초 보충대의 의리가 없다. 贖錢은 諸道로 하여금 徵收를 免除하는 것이 마땅하다」고 주장하자, 영조는 그대로 시행토록 하였다.

(2) 身分變動의 原因

사회적 신분변동의 원인은 두 가지 경우로 나누어 살펴보아야 한다. 하나는 출생에 의한 신분이 노비와 같은 천인이었는데, 그 후 양인의 신분으로 바뀌게 되는 경우로서 이에는 贖良 또는 免賤 두 가지가 있다.[85] 다른

良民日損. 宋時烈建議定制, 良民亦從母. 左議政睦來善, 嘗言其當罷. 議者互異, 不能決, 至是, 來善復白. 上曰, 自有此法, 奴與主相訟, 昔者宣廟, 欲廣募軍丁, 贖許私賤自. 大臣鄭琢曰, 箕子設敎, 奴主猶君臣也, 豈有叛主忠國也, 其議遂寢, 則今不可不罷此法. 大運言, 此法固有言當罷者, 然十年之間, 朝今屢變 恐有紛紜. 金德遠以來善言爲是, 上遂明罷之」.

84) 『受敎輯錄』 刑典 贖良條 897항.

85) 이에 관한 구체적인 내용이나 事例는 이미 『受敎輯錄』 刑典 贖良條・公賤條, 『新補受敎輯錄』 刑典 公賤條・私賤條 등에 자세히 잘 정리되어 있으므로 이 글에서는 필자가 왕조실록에서 찾아낸 記事만을 다루도록 한다. 물론 이 두 가지 자료가 서로 중

하나는 출생에 의한 신분은 양반·사족 또는 양인이었으나 일정한 사유에 의해 노비화되는 경우이다. 각 사유별로 검토하면 다음과 같다.

1) 身分의 上昇과 그 原因

조선시대에 있어서 신분 상승의 원인으로는 贖良制度를 들 수가 있다.

贖良이란 公賤 및 私賤이 代價를 관이나 본주에게 바치거나 代役을 세우고 노비의 신분을 면제받음으로써 良民이 되는 것으로서 贖身이라고도 하였다. 그리고 이 때 贖良된 자를 贖良者라 하였으며, 贖良의 代償으로 급부하는 노비를 贖給奴婢라고 하였다.[86] 예컨대 2품 이상인 官員의, 자녀가 있는 賤妾은 掌隷院에 申告하여 자기의 婢를 대신 立役시키고 속량할 수가 있었다. 그리고 『續大典』 刑典 補充隊條에서 「公私賤贖良後, 補充隊圖出於他道他邑者, 勿施」라고 규정한 것으로 미루어 볼 때, 비록 賤人인 자가 本主로부터 贖良되었다고 하더라도 곧바로 良人으로 되었던 것은 아니었고, 일단 補充隊에 소속되었다가 나중에 良役에 종사하였던 것으로 보인다. 이러한 사실은 『인조 46권 23년(1645) 9월 25일 계유』[87]에 의해서도 뒷받침되고 있다.

『세조 25권 7년 7월 9일 정미』를 보면, 『經國大典』을 반포하기에 앞서 경과조치를 내렸는데, 甲午年(태종 14년, 1414) 6월 28일 이전의 東西班 賤妾의 자손은 자기의 노비로써 나이가 서로 비슷한 자는 贖身할 수 있도록 하였으며, 또한 辛巳年(세조 7년, 1461) 2월 26일 이전 東西班 및 文科·武科, 生員·進士, 成衆官과 有蔭子孫이 公私婢를 취하여 첩으로 삼은 자의 자녀는 다시 贖身하지 못하도록 하고, 공사비가 良人의 남편에게 시집가서 낳은 자녀로 이날 이전에 이미 從良한 자는 보충군에 소속시켰다.

『經國大典』에는 良妾 및 賤妾의 소생에 대하여 명백하게 한계를 정해 놓았으며, 첩의 아들은 16세가 차면 고하도록 하였다. 만일 고하지 않을 때

복되는 것도 있음은 당연하다.

86) 여기서 「贖」은 본래 贖錢의 준말로서 죄를 면제받는 代價로 금품을 바치던 것을 말한다. 『典律通補』 刑典 用刑條: 「婦人決杖者, 姦罪去衣, 犯徒流者決杖百, 餘罪收贖」.

87) 「備局啓曰 … 且免賤從良者, 必補充隊去官而後 … 上命行之」.

에는 사람들로 하여금 陳告하도록 허락하였다. 그것은, 첩의 아들로 하여금 成丁이 되기를 기다렸다가 곧 入屬하게 하는 것일 뿐 16세가 넘으면 비록 스스로 고하는 자가 있더라도 영구히 입속하는 것을 허락하지 않고 사람들로 하여금 진고하게 하는 것을 뜻하는 것은 아니었다. 그런데 성종 23년 該司에서 입법의 본의를 究明하지 않고, 16세가 넘으면 비록 入屬을 원하는 자가 있더라도 으레 모두 들어주지 않고 妾子로 하여금 陳告하기를 앉아서 기다리게 하였다. 이에 성종은 전지를 내려 曉諭하겠다고 답하였다. 이어 刑曹에 전지하기를, 『經國大典』 刑典 賤妾子女條에 「大小人員으로서 公私婢를 妻妾으로 삼은 자의 자녀는 그 父가 掌隷院에 고하여 覈實하여 錄案하고, 兵曹에 移文하여 補充隊에 속하게 하며, 나이 16세가 찼는데도 고하지 않는 자, 告訴한 지 3년이 넘도록 立案을 받지 못한 자, 付案한 뒤에 立役되지 못한 자는 타인이 陳告하도록 허락하여 도로 賤人으로 만든다」고 하였는데, 이것은 妾子로 하여금 成丁이 된 뒤에 곧 보충대에 입속시켜 從良의 길을 넓힌 것이지, 나이 16세가 찬 자는 일체 입속을 허락하지 않는 것을 뜻하지는 않는다. 지금 妾子로서 16세가 넘은 자를 장례원에서 모두 입속을 허락하지 않는 것은 大典의 立法理由에 어긋나니, 이제부터 대소인원과 양인으로서 公私賤에게 장가들어 낳은 자식은 비록 나이가 16세가 넘었다 하더라도 아울러 補充隊에 소속시키는 것을 허락하도록 하였다.[88] 그러나 『중종 70권 25년 12월 9일 을축』을 보면 중종조에 이르러서는 이 법을 따르지 않은 지가 오래 되었음을 알 수 있다.

이후 『秋官志』 掌隷部 公隷 奴婢査定 奴婢辨正에서 「肅宗元年申定公私賤娶他婢所生已贖者, 從良法」이라고 한 내용으로 볼 때, 숙종 원년에

88) 『성종 262권 23년 2월 8일 기유』: 「承政院啓曰, 大典妾子年滿十六而不告者, 許人陳告之法, 使妾子待其成丁, 卽令入屬耳, 非謂年過十六歲, 則雖有自告者, 永不許屬而使人陳告也, 今該司不究立法本意, 過十六歲則雖有願屬者例, 皆不聽使妾子坐待陳告, 此該司用法之失也. 傳曰, 其下傳旨曉之. 傳旨刑曹曰, 大典大小人員, 娶公私婢爲妻妾者之子女, 其父告掌隷院覈實錄案, 移文兵曹, 屬補充隊, 有年滿十六不告者, 告狀後過三年不受立案, 付案後不立役者, 許人陳告還賤, 欲令妾子成丁後, 卽屬補充隊, 以廣從良之路, 非謂年滿十六者, 一切不許屬也, 今者妾子年過十六, 掌隷院, 並勿許屬, 有乖大典之意, 自今大小人員及良人, 娶公私賤所生, 雖年過十六, 並許屬補充隊」.

이르러 贖良立法이 있었음을 알 수 있다. 한편 그 뒤의 成文法典인『續大典』刑典 贖良條에서는 속량의 구체적인 방법을 명문으로 규정하고 있다. 이 규정에 따르면, 公賤인 경우에는 年齡이 相當한 자로 그 수를 계산하여 奴는 奴로 대신하고, 婢는 婢로 대신하도록 하였으며, 寺奴가 私賤을 취하여 그 所生을 처의 上典에게 속량하는 자와 사천의 자녀로서 母의 上典에게 속량하는 자도 모두 양민으로 되는 것을 허용하였다. 그러나 이 경우에도 贖良者가 기한 이내에 立案을 받지 아니한 때에는 掌隷院에 속공한다고 명시하였다. 그리고 대개 賤口로서 비록 자손을 아울러 영구히 양민이 되는 것을 허락받은 자라 하더라도 천구에게 嫁娶하여 所生한 경우에는 免賤을 허용하지 아니하였다.[89] 또한 工匠代給奴의 贖良價를 최고 錢文 100냥으로 한정하고 이를 초과하는 자는 논죄하였으며, 이러한 제한은 사노비를 속량하는 경우에도 마찬가지로 적용되었다.[90]

『經國大典』刑典 贖身條에는,「二品以上, 有子女公私賤妾, 許以自己奴婢告掌隷院, 贖身. 私賤則從本主情願. ○凡贖身, 須用年歲相准奴婢, 若逃亡者, 本身生存, 則充立, 不得充立者, 還賤」, 즉「2品 이상 官吏의 첩으로서 자녀가 있는 공천이나 사천은 自己의 奴婢로써 掌隷院에 신고하여 대신 입역시키고 노비의 신분을 면제받는 것을 허한다. 사천은 본주의 원하는 바에 좇는다. 무릇, 속신에는 贖身하는 자와 나이가 비슷한 노비를 사용하여야 하며 대신 바친 노비가 도망한 것은 속신한 자가 생존하고 있으면 다른 자기 비로 보충입역시키고 보충시키지 못하면 본인이 천인으로 되돌아간다」고 하였고, 그 註解에는,「此指公賤而言也, 公賤物故者檢屍立案, 無檢屍立案, 則並以逃亡論, 故使之充立, 不得充立者還賤矣, 私賤物故者, 無檢屍立案之法, 則物故與逃亡難辨故不得與公賤同也. 宗親緦麻以上, 外姓小功以上親, 賤妾子女, 並從良無贖身立役. 親功臣賤妾子女同」, 즉「이

89) 『續大典』刑典 贖良條:「… 以年歲相當者計口, 以奴代奴, 以婢代婢. … ○寺奴娶私賤所生贖良於妻上典者, 私賤子女之贖良於母上典者, 並許良. … (贖良者限內不受立案則屬公掌隷院) ○凡賤口雖幷子孫永許爲良者, 嫁娶賤口所生則勿許免賤」.

90) 『續大典』刑典 贖良條:「工匠代給奴贖良價, 毋過錢文百兩. 濫徵者以詐不以實律論. (私奴婢贖良價同)」.

것은 관노비를 지적하여 한 말이다. 관노비가 사망하면 사체를 檢視하여 證明書를 받으며, 이 검시증명서가 없으면 모두 도망한 것으로 간주하였기 때문에 다른 奴婢로 보충입역시키며, 보충입역시키지 못하면 본인이 천인으로 되돌아가는 것이다. 私奴婢가 사망한 것은 검시하고 증명서를 받는 규정이 없어서 사망과 도망을 가려내기 어렵다. 그러므로 관노비와 같이 처리될 수 없는 것이다」고 하여 公私奴婢를 각기 달리 취급하였으며, 또 「宗親인 緦麻 이상의 친족과 外姓인 小功 이상의 친척의 賤妾子女는 모두 양인으로 하되 贖身의 절차나 立役이 없다. 친공신의 천첩자녀도 같다」고 하였고, 또한 「娼妓女醫, 家畜者所生外, 物許爲良.(大小員人同)」라고 하여, 娼妓・女醫를 작첩한 자는 한 집안에 같이 살고 있는 축첩의 소생 외에는 양민이 되는 것을 허락하지 못하도록 하여 同一家內에 同居할 것을 조건부로 속량을 제한하였다. 이것은 大小員人에 대해서도 마찬가지였다.

이에 관하여 『大典續錄』에는, 「勿許爲良之法, 以成化戊戌年受敎爲始行用. 大小員人, 文武官・生員・進士・錄事・有蔭子孫及, 無嫡子孫者之, 妾子孫, 承重者, 娶公私婢爲妻妾者之女子, 其父告掌隷院覈實錄案. 無父則嫡母, 無嫡母則同生, 無同生則, 祖父母告」, 즉 「양인이 되는 것을 허하지 아니하는 법은 戊戌年(성종 9년, 1478년)의 受敎에서부터 시행한다」고 하고, 「大小員人(文武官・生員・進士・錄事・有蔭子孫 및 嫡子孫)이 공천이나 사천에게 장가들어 처나 첩으로 삼은 자의 자녀는 그 父가 掌隷院에 신고하면 사실을 조사하여 문안에 기록하고, 부가 없으면 嫡母가, 적모가 없으면 同生이, 동생이 없으면 祖父母가 신고한다」고 하였고, 「自己婢・妻婢所生外, 皆贖身, 以無病年歲相當者贖, 本主若不聽者告官. ○鄕吏・驛吏・鹽干・牧者等, 嫁自己婢所生, 於父役處定役, 不通仕路」, 즉 「자기의 婢나 처의 婢의 소생 이외에는 모두 속신하되, 병이 없고 나이가 속신하는 자와 비슷한 자를 속으로 바친다. 私婢로서 본주가 만약 속신을 청허하지 아니하면 관에 신고하여 속신한다. 향리・역리・鹽干・牧者 등에게 출가한 자기비의 소생은 부의 服務處에 입역하도록 정하고 벼슬길에 나가지 못하도록」 하였으며, 이에 관하여 『大典後續錄』에는 「女子從母役」, 즉 「여자는 母의 定役에 좇는다」고 하였고, 그 註解에는 「大小員人, 無娶公私婢爲妻之理,

疑指妾子孫承重者以言, 或因舊大典及良人之文而不削」, 즉 「대소원인이 관노비나 사노비에게 장기들어 처로 삼을 까닭이 없으므로 첩으로 삼은 자의 자손 가운데 승중한 자를 가르켜 말한 것이거나 혹은 구대전이나 양인에 관한 문자를 삭제하지 아니한 데 기인한 것이 아닌가 의심스럽다」고 하고, 또 註解에 「本主雖不聽, 許告官贖身者, 重士族之後也, 與賤妾從本主情願不同」, 즉 「본주인이 비록 듣지 않더라도 관에 신고하여 속신하게 하는 것은 사족의 자손을 존중하는 것으로서 천처의 속신을 본주인이 원하는 대로 좇는 것과는 같지 아니하다」고 하였다. 그런 뒤에 「移文兵曹屬補充隊, 年滿十六不告者・告狀後三年不受立案者, 付案後不立役者, 許人陳告還賤. 女無役. ○告者, 依陳告奴婢例論賞(四ㅁ一ㅁ). 有服之親, 毋得陳告」, 즉 「병조에 이첩하여 보충역에 편입한다. 나이가 16세가 되도록 신고하지 아니한 자, 정례원에 신고장을 낸 뒤 3년이 되도록 증명서를 받아가지 아니한 자, 녹안된 뒤에도 보충역에 복무하지 아니한 자는 타인이 고발하는 것을 허용하며 본인은 천인의 신분으로 되돌린다. 여자는 보충역에 복무할 필요가 없다. 고발한 자는 도망하거나 누락된 노비를 고발한 예에 의하여 논상을 한다. 유복친인 자는 고발하지 못한다」고 하고, 또 「他人奴婢, 則贖身後補充隊錄案立役者, 已曾去官者, 勿許陳告」, 즉 「공천이 아닌 타인의 노비이면 속신 후에 보충역에 녹안한다. 입역한 자와 이미 일찍이 거관한 자는 고발을 허하지 아니한다」고 하였는데, 이것에 관한 註解는 「民丁十六歲, 當服國役, 故屬補充隊者須於十六歲以前贖身, 十六歲後告狀, 則不許贖身者, 以其當丁壯年, 不服國役, 而終爲良也, 不受立案及不立役者, 皆托於爲良, 而逃役者也, 故並許人陳告還賤」, 즉 「민정이 16세가 되면 당연히 국역에 복무해야 한다. 그러므로 보충역에 소속될 자는 마당히 16세 이전에 속신하여야 한다. 16세를 지난 후에 신고장을 낸 것은 속신을 허하지 아니한다는 것은, 그가 적령의 나이를 당하여 국역에 복무하지 아니하고 마침내 양민이 되기 때문이다. 녹안증명서를 받지 아니한 자와 복무하지 아니한 자는 모두 양민이 되었다고 칭탁하고 국역을 도피한 자이다. 그런 까닭에 모두 타인이 고발하는 것을 허용하고 본인을 천인으로 환원」시킨다고 하였다. 그러나 「他人奴婢則役於其主, 非無身役者, 雖十六歲以後告官贖身, 而補充

隊已錄案立役者, 已去官者, 勿許陳告. 宗親賤妾子女家畜所生與否, 公賤則其司官員, 私賤則本主, 三切隣閱實後方許爲良, 官吏·本主·三切隣等, 虛事符同者後現科罪」, 즉 「공천이 아닌 타인의 노비는 자기의 주인에게 사역하고 있는 것이니 신역이 없는 자가 아니므로 16세 이후에라도 관에 신고하여 속신한다. 그리하여 보충대에 이미 녹안하고 입역하는 자와 이미 보충대의 복무를 마치고 거관한 자에 대하여는 그가 비록 그 전에 만 16세가 되어도 신고하지 않았거나 告狀 후 3년동안 證明書를 받지 않았거나 보충대 녹안 후에 복무하지 아니한 일이 있었던 자일지라도 한 집에 같이 살고 있는 축첩의 소생인가 아닌가를 가려내는 데는 관노비이면 그 관사의 관원에게, 사노비이면 본주인과 三切隣에게 사실을 조사한 뒤에 비로소 양인이 되는 것을 허한다. 관리나 본주인이나 이웃 등이 사실이 아닌 것을 짜고서 거짓으로 증언하였다가 뒤에 탄로되면 처벌」하도록 하고, 또 「宗親及大小員人, 娶倡流·女醫爲妾除仕無出入者, 以家畜論」, 즉 「종친 및 대소원인이 창류나 여의를 장가들어 첩으로 삼고 창류나 여의의 出仕를 사면하고 출입하지 않는 자는 한 집안에 살고 있는 천첩」으로 보았으며, 「大小員人之下, 及良人, 三字添入行用, 成化丙午年六月初四日削去. ◯官吏相應違法冒贖者, 贖身後, 詐稱代奴婢物故, 冒受立案者, 幷勿受理重論. ◯娶妾婢所生, 依大典妻妾所生例無贖身從良. ◯他人婢作妾所生, 冒爲已奴者, 依自己婢妾産例, 屬補充隊. 凡賤口幷子孫永許爲良者, 嫁娶賤口所生勿免賤」, 즉 「대소원인의 다음에 급양인 3자를 더 넣어서 시행하던 것은 성종 17년 6월 4일 삭제한다(중종 10년 3월 10일에 도로 더 넣고 중종 21년 11월 15일에 도로 삭제하고 중종 34년 9월 17일에 도로 더 넣어서 시행한다). 관리와 상통하여 속여서 속신한 자와 속신 후에 대노비가 사망하였다고 사칭하여 속여서 증명서를 받은 자의 신고는 모두 수리하지 아니하고 줄 벌로써 다스린다. 첩의 비에게 장가들어 낳은 자식은 경국대전의 처의 비의 소생에 대한 규정의 예에 따라 속신의 절차 없이 양민이 된다. 타인의 비를 작첩하고 그의 소생을 원주인으로부터 買入하여 자기의 노로 삼은 자는 자기의 비첩의 소생에 대한 예에 따라 보충대에 편입한다. 모든 노비가 그 자손과 아울러 영구히 양민이 되는 것이 허용되는 자가 노비에게 장가들거나 시집가서 낳은 자식은 천인의 신분을 면제하지 아니한다」고 하였다.

婢妾子孫이 嫡子孫과 더불어 소송하는 자가 있게 되어 從叔姪 사이에 使喚하게 하는 것이 가능한가에 대한 논의가 숙종 6년 7월에 있었다. 숙종은 이 문제를 대신들에게 의논하도록 하였으나 견해가 일치되지 않았다. 영의정 金壽恒은, 「이른바 자기의 婢妾子를 贖身하여 從良하게 할 수 없다는 것은, 대개 贖券도 없이 곧바로 종량하는 것과 타인의 천첩자를 代價를 받고 문서를 만들어 속량하는 것을 허가하는 것과는 차이가 있기 때문이다. 보충대에 소속시켜 立案을 받고 종량을 허가하는 법은, 마땅히 타인의 천첩자와 더불어 한결같이 하여야 하며, 속신할 만한 이유가 없는데 곧바로 종량을 허가하는 것은 부당하다. 비록 곧바로 종량을 허가할 수 없을지라도, 5촌부터 사역하게 하는 법은 인정과 사리에 비추어 의심스럽다. 지금부터 속량한 뒤에 보충대에 소속되지 않고 還賤되는 자는, 일반 妾子인 경우에는 本主人에게 환속시키고, 자기의 婢妾子라면 公賤에 속하게 하는 것이 변통의 방법」이라고 하였고, 領中樞 金壽興은 金壽恒의 견해에 이의를 제기하면서, 「일반 妾子로서 本主人에게 환속되는 자는 곧 私賤이 되어 오히려 贖良될 길이 있지만, 자기의 婢妾子는 贖身의 等類도 없고, 단지 보충대에 소속되지 않았기 때문에 영원히 公賤으로 삼는다면, 도리어 일반 첩의 소생만도 같지 못하다. 그러므로 一般妾子와 自己婢所生을 구별하지 말고 모두 本主人에게 환속시켜 그들의 변통 처리에 맡겨 두는 것이 마땅하다」고 하였다. 한편 우의정 閔鼎重은, 「법전의 贖身案을 상고해 보면, 「대소인원이 공·사비에게 장가가서 처나 첩으로 삼은 자의 자녀는 그 夫가 掌隸院에 고하여 錄案을 劾實하고 병조로 이문하여 보충대에 소속시키며, 나이 16세가 되었는데도 신고하지 아니한 자와 신고한 후 3년이 지난 뒤에도 立案을 받지 아니한 자, 녹안에 오른 뒤에 立役하지 아니한 자는 모두 다른 사람으로 하여금 陳告하게 하여 還賤하게 함을 허락한다」고 되어 있다. 또 그 註에는 「妾의 婢의 所生도 妻의 婢의 소생의 예에 따라 보충대에 소속시킨다」고 하였다. 이 규정상으로 볼 때, 자기의 婢나 처의 婢, 첩의 婢의 소생을 모두 속신하여 종량할 수 없는 것은, 대개 부자 사이의 情理가 마땅히 이와 같아서 반드시 관청에 신고하여 보충대에 소속되기를 기다린 후에야 비로소

良人으로 시행할 수 있기 때문이며, 만일 보충대에 소속되지 아니한 자가 있다면 다른 사람으로 하여금 陳告하도록 허락하고 그 賤役으로 환속시키게 한 것이다. 또한 中宗 19年(1524年)의 受教를 보면, 「骨肉이 相殘되니 使喚할 수 없다」는 글이 본래의 법전에 기재되어 있지 않아서 소송을 판결할 때마다 언제나 속공하는 것은 심히 미편하다. 그러나 同生·四寸이 서로 使喚이 되는 것은 진실로 인륜에 방해가 되나, 그 몸이 아직도 賤籍에 있는데 同生·四寸이 使喚이 될 수 없다는 이유로 갑자기 免賤하여 贖良시킬 수는 없다. 다만 『經濟六典續集』에 이르기를, 「祖父의 婢妾所生은 원래 동기간이므로 오로지 노비의 예로 使喚할 수는 없다」고 하였다. 따라서 동생·사촌은 비록 사환할 수는 없을지라도 5, 6촌에 이르게 되면 親屬이 점점 멀어져 사환하는 것이 불가할 것도 없다. 관리들이 相殘이라는 그릇된 말에 현혹되어 언제나 屬公하는 것은 첫째, 남의 노비를 빼앗는 것이며, 둘째, 천인을 양인으로 만드는 것으로 모두 옳지 못하다. 노비를 放役하는 예에 따라 5촌부터 使喚하게 하는 것이 마땅하다고 되어 있다. 이러한 受教의 내용으로 볼 때 자기의 婢妾所生으로 보충대에 소속되지 않은 자를 5, 6촌부터 조정에서 그 사역을 허락하는 것은 분명하다. 따라서 이 受教를 遵行하는 것이 가장 타당하다. 다만 종전에 보충대 帖文을 제출하지 못한 자는 반드시 금년 내로 모두 관청에 제출하도록 하고, 명년 정월 초하루 이후부터 이 문제로 서로 소송하는 자가 있으면 한결같이 수교에 따라 환천하게 하여 그 原主人의 使喚에 맡겨 둔다면 폐단을 구제할 수 있을 것이다」고 하였다. 숙종은 여러 의견 가운데 閔鼎重의 견해를 따랐다. 다만 금년 내로 한정하면 너무 급박하므로 명년을 기한하여 전부 받도록 하고, 기한을 지나 서로 소송하는 자는 그 本役으로 돌려서 뒤의 폐단을 방지토록 하였다.[91] 그리고 면

---

91) 『숙종 9권 6년 7월 3일 경신』: 「從前未出補充隊帖文者, 必定限施行, 上曰, 參酌定限似好矣, 先是, 有自已婢妾子孫, 與嫡子孫相, 訟者, 至於擊錚訟寃. 上, 命大臣議啓, 權大運閔熙吳始壽等所議 一 至是領議政金壽恒以爲, 所謂自已婢妾子, 無贖身從良云者, 蓋以無贖券, 而直許從良, 與他賤妾子之待價成文贖良者, 有異故也, 至於屬補充隊, 受立案許良之法, 卽當與他賤妾, 爲一例, 恐不當以無贖身之故, 直許從良矣, 雖不可直許從良, 而自五寸役使之法, 論以人情事理, 實涉可疑, 自今贖良後不屬補充隊而還賤者, 凡妾子卽還屬本主, 自已婢妾子卽屬之公賤庶合變通之道, 領中樞金壽興以爲, 不

천하고 종량한 자를 곧바로 良役에 소속시키는 폐단을 바로 잡아, 반드시 補充隊에 編入되었다가 去官된 다음에 비로소 良役을 허락하는 옛법을 따르도록 하였다.92)

숙종 13년(『新補受教輯錄』 刑典 私賤條 1300항)에 婢의 所生과 관련해서, 「經國大典 賤妾子女條의 註에 자기의 婢 또는 妻의 비의 소생을 제외하고는 모두 贖身할 수 있도록 되어 있다. 이에 근거하면 자기의 비의 첩의 소생에 대하여는 속신할 수 없도록 되어 있으므로 이에서 태생되는 것은 양인이라 할 수 있다. 甲寅年(명종 9년, 1554)의 수교에 골육이 相殘으로 사환을 얻지 못하는 법은 본래 법전에 기재되지 않았는데, 무릇 결송에 즈음하여 매양 속공하고 심하면 편안치 않게 한다. 그러나 동생·4촌 상호간에 사

屬補充隊而還賤者, 凡妾子還屬本主, 自已婢妾子屬之公賤, 亦不無可疑者, 凡妾子之還屬本主者, 卽爲私賤, 猶有再贖之路, 自已婢所産, 無贖身之類, 只以不屬補充隊之故, 而永爲公賤, 則反不如凡妾所生, 不無寃抑之端, 勿論凡妾子與自已婢所産, 竝還本主, 任其區處爲宜, 右議政閔鼎重以爲, 取考法典贖身案, 則大小人員公私婢, 爲妻妾者之子女, 其父告掌隷院, 覈實錄案, 移文兵曺, 屬補充隊, 年滿十六不告者, 告狀後過三年不受立案者, 付案後不立役者, 竝許人陳告還賤, 其註又曰, 自已婢 妻婢所生外, 皆贖身, 又曰, 娶妾婢所生, 依妻婢所生例, 屬補充隊, 以此觀之, 則自已婢妻婢妻婢所生, 皆得無贖身從良者, 蓋以父子之間, 情理當如是, 而必待告官補充隊, 然後方可以良人施行, 故其或有不屬補充隊者, 則乃許人陳告, 還其賤役, 法意所在, 可謂嚴且, 蕃矣, 又按嘉靖三年三月十七日受教有曰, 骨肉相殘不得使喚之文, 本不載於法典, 凡決訟之際, 每爲屬公, 甚爲未便, 然同生四寸, 相爲使喚, 固妨人倫, 而其身尙在賤籍, 則不可以同生四寸之不能使喚, 遽爲免賤爲良, 但経濟六典續集曰, 祖父婢妾所生, 本是同氣, 不可專以奴婢例役使云, 同生四寸, 雖不可使喚, 至於五六寸則親屬漸遠, 使喚固無不可, 而官吏眩於相殘之訛, 言每爲屬公, 一則奪人奴婢, 一則以賤爲良, 皆爲不可依放役奴婢例, 自五寸役使爲當, 以此觀之, 自已婢妾所産, 不屬補充隊者, 自五六寸以後, 朝家許其役使, 明有受教, 遵行之外, 更無容議, 而第念遐遠愚氓不知法文, 徒知無贖身, 從良之例, 投入良役, 往往冒赴科場, 雖惑有陳告起訟者, 而爲官吏者, 亦不明知法制輒, 論以骨肉相殘, 非但負訟 惑置之重罪, 非法意也, 如使無案之類, 從今一切依法還賤, 則已往呈訟見屈者, 必有紛紜 更起之弊, 亦不可不慮, 臣之愚見, 更宜申明法意, 曉諭八方, 從前未出補充隊帖文者, 必趁今年內, 盡爲呈官受出, 自明年正月初一日以後, 如有以此相訟者, 一從受教, 輒令還賤, 任其本主之役使, 則廢法復行, 爭端可息, 救弊之道, 無出於此者. 上命從鼎重議, 但今年內定限太迫限明年盡爲受出, 而過限後相訟者, 還其本役, 以杜後弊」.

92) 『인조 46권 23년 9월 25일 계유』 참조.

환을 함은 진실로 인륜을 방해하는 것이며, 그 당사자가 아직까지도 천적에 있으면 동생・4촌으로서 사환이 능치 못하다 하여 급히 사천을 면하고 양인이 되려고 하는 것은 옳지 않고, 다만 경제육전의 속집에 말하기를 '조부의 비첩에서 생산된 것은 전혀 奴婢例로써 사역하는 것은 옳지 못하다' 하였고, 동생 사촌은 비록 사환은 옳지 않다 할지라도 5, 6촌에 이르면 친속이 점점 멀어지고 使喚은 진실로 옳지 않음이 없으니, 放役奴婢例에 의하여 5촌부터 역사하는 것은 곧 당연한 것 같다. 이에 근거하면 조부의 婢의 첩에서 생산되는 것은 양인으로 할 수는 없으며, 그 屬이 疎遠하여지는 때를 기다려 다시 사환하는 것이 옳을 것이다. 오직 2개의 條文이 抵觸됨으로 인하여 무지한 소민이 쟁송으로 紛紜하여 이에 관한 결송에 있어서 또한 경국대전을 위주로 할 수도 있다. 受教를 위주로 하여 다시 定法이 없기 때문에 지난해에 조정에서 이런 폐단이 있음을 알고 자못 변통을 가하고, 또 補充隊면 그 족속을 사환으로 허용할 수 없으므로 이는 끊어 버려야 한다. 그러므로 대저 대전에 기재된 바는 조문이 간단하고 뜻이 그러함으로 의심할 것이 없지만, 수교의 말은 진실로 깊이 밝힐 수 없는 것이 있다. 조부의 婢의 첩의 소산에 대하여는 脫胎하는 날이 곧 양인이라 할 수 있고, 이른바 아직까지도 천적에 있는 자가 있으나 다만 放役例에 의하여 사환으로 하지 않고 그 자손에 이르러서는 다시 노비라고 이르는 것이 옳겠으나, 嫡庶는 비록 귀천이 있다 하더라도 균일한 이는 혈족의 후계이니 비록 자못 소원하다 하더라도 오히려 服制가 있으니 奴主의 명목을 무엇으로 그 사이에 다시 용납될 수 있겠는가? … 어찌 사람이 그 친속을 노비로 사역하여 생민으로서 대륜을 무너뜨려 어지럽힐 수 있겠는가?」하여 親屬 사이의 使喚을 금하였으며, 또한 「自己婢의 妾子에 대하여 수교에서는 '4촌은 비록 使喚이 옳지 못하다 하더라도 5촌에 이르러서는 사환이 옳다'고 하나 만일 情理로써 이를 말한다면 5촌이라도 有服親族이면 서로 奴主라고 하는 것은 마땅하다 할 수 없으므로 이 뒤로는 비첩의 소생으로 보충대에 소속되지 않은 것이 발현되는 경우에는 이를 公賤으로 정하고 본주의 노비로는 삼을 수 없도록」하였다(『新補受教輯錄』 刑典 私賤條 1301항).

앞에서 『續大典』에서 「贖良者限內不受立案則屬公掌隷院」이라고 규정

한 것을 보았는데, 이 입법 이전의 贖良文券의 작성과 관련해서는, 『세종 79권 19년 11월 4일 경인』은, 남편이 부인으로 하여금 그의 첩과 딸들에게 속량하는 문권을 주어 노역으로부터 방면한 것으로서, 만일 남편의 사후에 부인이 贖良文券을 도로 빼앗고자 한 경우에는 부모의 敎令을 어긴 죄로 처벌하였다. 이 기사의 내용을 볼 때 남편이 생전에 작성한 문권에 대해서는 그 부인이 남편의 사후에 개정할 수 없었음을 알 수 있다.

또 補充隊와 관련해서는, 庚子年(성종 11년, 1480년)의 법에, 전에 보충대에서 거관한 자가 賤人이었을 때에 낳은 자식은 보충대에 소속시키지 말도록 하였다. 그런데 이 규정의 해석상 몇 가지 문제가 생겨났다. ① 경자년 전에 보충대에 속하였다가 거관하지 않은 자의 소생은 어떻게 처리하여야 하는가? ② 보충대에 입역하지 않은 자는 陳告하도록 허락하였는데, 이 경우 그 자매도 從賤하여야 하는가? ③ 중이 간통하여 낳은 자도 진고하도록 하여 천민에 소속시켰다. 이 경우 度牒이 없는 자는 중으로 논할 수 없는데, 그 소생도 종천하여야 하는가? 이들 문제에 관하여 『經國大典』 妾子女贖身條에는, 本主人이 만일 들어주지 않으면 관청에 고하도록 규정되어 있다. 그런데 관청에 고하여도 본주인이 들어주지 않으면 어떻게 할 것인가?

성종은 이 문제들을 대신들에게 명하여 의논하도록 하였다.[93] 이에 대하여 대신들의 의견은 여러 갈래로 나뉘었는데, 대체로 첫째는 세 가지 문제점에 대하여 모두 新法을 그대로 적용하자는 新法適用說,[94] 둘째는 신법의 규정을 변경하여 모두 祖宗成憲에 의하여 판단하자는 舊法適用說,[95] 셋

93) 『성종 188권 17년 2월 11일 정해』: 「判決事李世佑來啓曰, 庚子年法前去官補充隊, 爲賤時所生之子, 勿屬補充隊, 其去官子之所生子, 則法當如是, 庚子年前屬補充隊, 而其未去官所生, 何以處之, 補充隊未立役者, 許人陳告, 其姉妹亦從賤乎, 且僧奸所生, 亦聽人陳告屬賤, 其無度牒者, 不可以僧人論也, 其所生, 亦從賤歟, 大典妾子女贖身條, 本主若不聽, 則告官, 若告官而本主不聽, 則罪之乎. 命議于大臣」.

94) 이 說을 주장한 대신은 洪應, 盧思愼, 盧公弼 · 李瓊仝, 李季南 · 奉元孝 · 崔灌, 許葟 · 黃璘 등이었다.

95) 이 說을 주장한 대신은 鄭昌孫, 徐巨正, 李克均, 權攢 · 鄭蘭宗 · 李德良 · 洪貴達 · 金升卿 · 權健 · 吳純 · 權仲麟, 金訢 · 鄭誠謹 · 李昌臣 · 申從濩 · 閔師騫 · 李承健 · 閔祥安 · 閔輔翼 · 朴增榮 · 許輯 · 成希顔 등이었다.

째는 세 가지 문제점을 구체적으로 분석・판단하여 각각에 합당한 法을 적용하자는 具體的 適用說이다.

먼저 韓明澮 등 많은 대신들은, 만일 良人이 公・私婢를 娶하여 낳은 자를 보충대에 소속시킨다면, 雇工[96)]・皂隷[97)] 및 賤口・新良者의 자손도 으레 모두 양인이 되어야 하니, 다만 尊卑가 분별이 없을 뿐 아니라 風敎에도 관련이 있다. 祖宗朝에는 문무관의 生員・進士・錄事・有蔭子孫 및 無嫡子孫인 자의 妾子孫으로서 承重[98)]한 자와 公・私婢를 娶하여 妻妾을 삼은 자의 자손은 다만 보충대에 소속될 것을 허락하였으니, 깊이 뜻이 있었던 것으로 평가하고 祖宗의 법에 의할 것을 청하였다. 그리고 보충대가 천인이었을 때에 낳은 자녀를 으레 보충대에 소속시켜 良人이 되게 하는 것 역시 옳지 않은 일이며, 대저 賤口는 비록 양인이 될 수 있어도 그 때의 소생은 양인이 될 수 없다는 주장을 폈다. 이에 성종은 대신들을 불러 다시 의논하도록 하였다.

新法適用說은, 이미 법이 정해졌으므로 큰 해가 없다면 삼가고 지켜야지 가볍게 변경할 수는 없다고 하였고(洪應), 舊法適用說은 ① 문무관의 생원・진사・녹사・유음자손 및 무적자손인 첩자손으로서 승중한 자와 공・사비를 취하여 첩을 삼은 자의 자손을 보충대에 소속시키는 데에는 긍정적이지만 대소원인 및 양인이 공・사비를 취하여 첩을 삼은 자의 자녀를 모두 보충대에 소속시키는 刑典의 법은 너무 疎闊하며, 보충대가 천인이었을 때에 낳은 자녀를 보충대에 소속시키도록 허락하는 것 역시 적당하지 않은 바, 이리하여 이 규정을 先王의 법에 의하여 삭제할 것을 청하였고(鄭昌孫), ② 인정에 합하지 않는 법은 좋은 법이 아니라고 하였다(徐巨正).

그리고 영조 25년에 이르러 公私奴嫁良所生子女의 신분과 관련하여 『영조 69권 25년(1749) 1월 28일 정축』에서 김재로가, 「옛날에는 公賤・私賤으로서 良人인 妻를 맞은 자의 所生은 그 父의 身役을 따랐으나 庚戌年

96) 머슴을 말한다.

97) 賤役에 종사하던 관노이다.

98) 長孫으로서 父가 사망한 후에 조부모의 喪事를 당했을 때 父를 대신하여 喪制(居喪中에 있는 자)노릇을 하는 것을 말한다.

(영조 6년, 1730)의 새로운 定式에는 그 母의 신분에 따라 良人이 되도록 하였는데도 작년에 掌隸院에서 諸道에 영을 내려 양인이 된 자를 책으로 만들고 보고하여 양인이 되는 것을 허락하되 補充隊의 贖錢을 역시 독촉해 받아 올려 보내라고 하였다. 보충대란 贖良한 자의 이름이다. 奴와 良人 妻와의 所生은 나라에서 이미 母의 신분을 따라 양인으로 삼으라고 명령했으니 땅에 떨어질 때부터 양인이 되었으므로 애당초 보충대의 의리가 없다. 贖錢은 諸道로 하여금 徵收를 免除하는 것이 마땅하다」고 하였다. 이에 영조는 그대로 시행토록 하였다.

私賤의 贖良에 관해서는, 『성종 169권 15년 8월 4일 무오』를 보면, 『經國大典』의 「良夫에게 시집가서 낳은 자식은 本主의 뜻에 따라 贖身하고 良人이 된다」는 규정을 고집할 경우 본주가 허락하지 않을 폐단이 있게 되고, 그렇다고 이 규정을 없애게 되면 본주를 경멸할 걱정이 있다는 내용이다. 이에 대하여 盧思愼은, 본래 양인을 만들거나 천인을 만드는 것은 국가의 권한이었다. 그런데 그 아비인 자가 나이가 서로 걸맞는 노비를 주고 서로 교환하고자 하여도 본주가 허락하지 않고 수십 口까지 받아도 만족하게 여기지 않으며, 嫡實에 後嗣가 없는 자는 재산을 죄다 기울이더라도 아깝게 여기지 않고 반드시 종량하려 들 것이고, 이렇게 되면 양인을 만드는 권한이 조정에 있지 않고 私家에 있게 됨을 염려하였다. 반면 李坡는, 노사신의 말은 마땅한 듯하나, 본주의 뜻에 따른다는 법이 없으면 첩에게서 난 자가 법에 따라 종량될 것이라고 생각하여 본주를 경멸할 것이니, 이 폐단을 커지게 할 수 없고, 부득이 한 경우에는 「본주의 뜻에 따른다」 본문 아래에 「나이가 걸맞는 자를 주어도 허락하지 않는 본주는 논죄한다」는 문구를 덧붙여 넣자는 의견을 내었다. 다시 盧思愼은, 본주의 뜻에 따른다는 법은 본래 그 첩을 속신하기 위한 것으로서 그 자식은 양인이 되는 것을 허가해야 마땅한데 담당 관리가 잘못 적용한 것이라 아뢰었다. 이에 성종은 첩을 뜻하는 것이 아니라 그 자식을 뜻하는 것이라는 해석을 내렸다. 그리고 숙종 6년의 수교(『受教輯錄』 刑典 贖良條 899항)에서 「함경도의 사천을 다른 도로부터 옮겨 오게 한 경우에는 절대로 속량함을 허락하지 아니하고 元居民으로서 贖身을 원하는 경우에는 자기가 그 본주에게 나아가서 속량」시켰다.

다음으로 公賤의 贖良에 관해서는, 『효종 21권 10년 3월 18일 기유』를 보면, 전남도 감사 徐必遠의 청원에 따라 公賤에게 贖을 바치고 良民이 되는 것을 허락한 일이 보이는데, 이러한 조치가 내려진 이유는 전남도에 심한 흉년이 들어 굶주린 백성들이 농사에 부리는 소를 죄다 팔아 버렸기 때문에 정작 농사짓는 시기에 이르러서는 농민들이 모두 속수무책으로 있었기 때문이다. 이에 전남도 감사 徐必遠이 公賤으로 하여금 소를 바치고 양민이 되는 것을 허락해 주기를 청원하였던 것이다.

이러한 贖良의 效果에 대해서는, 『세종 51권 13년 1월 10일 을해』에서 「刑曹據慶尙道監司官啓, 各官娼妓所生, 請依公私婢子, 屢更其夫, 良賤互相潛奸, 例勿許聽理, 甲午六月以後公私奴子嫁公私婢子所生. 其父後雖從良, 其賤時交嫁所生, 從母施行. 命下政府諸曹同議, 僉曰可. 從之」, 즉 각 고을의 娼妓所生子女에 대해서 형조에서 청하기를, 公私의 婢子가 여러 차례 그 남편을 바꾸고, 良人과 賤人들이 서로 간통하는 경우에 그들의 소원에 따라 처리하지 않고, 甲午年(태종 14년, 1414) 6월 이후에 공사의 奴子가 공사의 비자에게 장가가서 낳은 자녀는 그 아비가 뒤에 비록 양인으로 되더라도 어미의 신분을 좇도록 하였다. 그러나 그 뒤 『세종 59권 15년 2월 14일 무술』에서 「刑曹啓, 前所頒錢文數少, 民間買賣及犯罪收贖, 各司奴婢之貢, 不能周足, 乞以司贍署所儲錢文一萬貫, 和賣金銀布帛可充國用之物. 從之」, 즉 한성부의 청에 따라, 서울 안의 女妓는 외방의 여기와 구별하여 첩을 삼아 낳은 자녀는 敎旨에 의하여 아비를 따라 良人으로 삼도록 하였다. 다시 그 뒤 『세종 50권 12년(1430) 12월 19일 을유』에서 「刑曹啓, 各官娼妓, 隨處置使萬戶千戶等, 無出入同居所生, 則當以有定夫例, 論其本官供役時所生, 請依宣德四年八月日受教公私婢子本無定夫, 屢更其夫, 互奸良賤人所生訴良者, 勿受理例施行, 甲午六月以後公私奴婢並産者, 其夫今雖從良, 其賤時所生, 則從母施行, 命與政府諸曹同議」, 즉 형조에서, 각 고을의 娼妓가 處置使・萬戶・千戶 등과 같이 거주하면서 다른 곳으로 옮겨다닌 일 없이 출생한 아이는 마땅히 일정한 남편이 있는 예로 다루고, 그들이 본 지방 관청에서 시중을 들고 있는 동안에 출생한 아이에 대해서는 앞의 受敎의 예에 의하여 처리할 것을 아뢰었다. 세종은 이를 정부와 여러 曹에서 함께 의논하도록 하였고, 또 『세종 77권 19년 5월 9일 무술』에서 「議政府啓大小邊將, 率官妓赴任者, 其妓往來本家, 必有屢更其夫, 而例論定夫, 許所生從良未便, 乞諸道節制使, 處置使萬戶千戶及軍官伴人掌務錄事隣官守令監牧官, 鹽場官, 驛丞流配大小人妓產, 已曾從良者, 竝令從賤, 各官時役女妓嫁良夫所生, 亦勿許從良, 從之. 是後京中妓妾產, 依外方例, 亦令從賤」, 즉 의정부의 청에 따라, 官妓의 所生子女는 良人으로 허락하지 않고, 혹 양인으로 된 자일지라도 모두 賤人으로 만들게 하였다. 또한 各官에서 현재 부리고 있는 女妓가 양인인 남자에게 시집가서 낳은 자 역시 양인임을 허락하지 아니하였다. 이 후부터는 京中의 妓妾所生 역시 外方의 예에 따라 모두 천인으로 만들게 함으로써 세종 15년의 受敎를 개정하였다. 그리고 개인의 私賤을 종량시킨 경우에는 公處奴婢로써 충당해 줌으로써 개인의 재산권을 보호해 주는 배려를 하였다.[99]

일단 속량이 된 자에 대해서는 계속적인 보호 조치를 하였는데, 영조 6년(『新補受教輯錄』 刑典 贖良條 1350항)의 왕명으로 「閭閻 사이에 속량한 지 이미 여러 代가 지난 뒤에 일컫기를 舊上典이라 하고 面目을 바꾸고 來侵하는 자가 있으면 代數·年數·贖良의 遠近을 막론하고 직접 壓良爲賤의 律을 적용한다」고 하였으며, 영조 7년(『新補受教輯錄』 刑典 贖良條 1348항)에는 「석방된 양인이 成文한 뒤에 만약 贖責이 있는 경우에는 직접 壓良爲賤의 律로써 논죄」토록 하였고, 그 뒤 숙종조에 이르러 원년(『受教輯錄』 刑典 贖良條 896항)에 「私賤이 私賤에게 장가들어 낳은 자녀가 모의 상전으로부터 속신된 경우에는 공천이 사비에 장가들어 낳은 者는 그 父役에 따르지 않는다는 예에 준」하도록 하였고, 또 같은 해의 왕명(『受教輯錄』 刑典 贖良條 897항)으로 「공·사천으로서 다른 곳에 장가들어 낳은 자녀를 모의 상전으로부터 속신한 경우에는 良人으로 시행하고, 그 母가 상전으로부터 속신한 후의 소생자도 '良女가 공천에게 출가하여 낳은 자녀는 父役에 따라 공천으로 된다'고 한 법조에 따르게 되어 있다. 이것은 효종 6년에 노비를 추쇄할 때에 定奪이 논란이 되었으며, 또 현종 16년에 공사천이 양

99) 『단종 13권 3년 2월 20일 병신』 참조.

녀에게 장가들어 낳은 자녀는 모두 母役에 따라 양인으로 된다고 한 수교가 있은즉, 사천과 공천 사이에 별다른 것이 없으니 일일이 전후제도에 정한 바에 따라 시행토록」 하였다. 동 3년(『受教輯錄』 刑典 贖良條 898항)에는 「을미년에 추쇄할 때에 私婢가 사천에게 시집가서 낳은 자녀를 그 처의 상전으로부터 속신시킨 것은 사천을 면하고자 하는 의도였는데 부역에 따라 공천에 환속시킨다는 것은 실로 가능한 일이고, 전후의 사노로서 사천에 시집가서 낳은 자녀가 속신하여 양인으로 된 자는 모두 공천으로 환속시키지 말라는 특별교지가 있으니, 그 뒤의 공천과 사천에 대하여 일체로 시행하라. 이미 교지가 있는 것을 고의로 訟事를 이르켜 紛紜하는 것은 다시 式을 정하여 시행하되 乙未年의 수교 이후부터 정하도록」 하였다.

한편 免賤은 贖良의 結果로 이루어질 수도 있었다. 따라서 그 실질적인 내용은 贖良과 큰 차이가 없었다. 다만 贖良에서와 같은 代償을 반드시 제공할 필요는 없었다는 점에서 차이가 있다. 그 구체적인 사례를 사유별로 살펴보면 다음과 같다.

숙종 37년(『新補受教輯錄』 刑典 賤妻妾子女條 1250항)에 大王의 姓孫의 신분을 정하는 것에 대해서 「6대 이상에 대하여는 직접 從良으로 하고, 7대 이하 9대까지는 代口로 免賤」하였는데, 그 뒤 영조 18년에 이르러 査正廳 堂上 徐宗玉이, 「숙종조에 忠義衛에 소속된 자들은 대왕의 자손과 더불어 일체 9대로 한정했다가 그 뒤에 5대로 고쳤는데 어느 것을 따라야 하는가?」 하였다. 이에 대하여 영의정 金在魯가, 「士夫는 비록 百代가 지나도 군역의 염려가 없지만, 훈신의 후예로 몇 대 동안 몰락하여 거의 常賤이 된 자는 어찌 반드시 9대로 한정할 것이 있겠는가?」 하니, 영조는, 「일이란 마땅히 후한 쪽을 따라야 하는 법이다. 9대를 정식으로 삼는 것이 옳다」고 하였다.[100] 그 뒤 영조 31년에 綾昌君 橚이 다시 이 문제를 아뢰자, 『영조

100) 『영조 56권 18년 11월 23일 무인』: 「査正堂上徐宗玉言, 忠義衛, 皆是勳臣嫡長口傳者, 在肅廟朝, 收議于延臣及儒賢與大王子孫, 一體定爲九代矣, 其後又改以五代矣, 將何適從乎. 上, 問于大臣, 領議政金在魯曰, 士夫則雖百代無軍役之慮, 而勳臣後之累代凌替, 幾爲常賤者, 何必以九代爲定限, 宜從近規矣. 上曰, 近來宗班, 幾乎無付職者, 不覺惻然, 豈不思所以保其零替之道, 而且今諸臣之後, 亦安知不免軍役乎, 事當從厚,

84권 31년 4월 28일 신미』에서 「敎曰, 大王嫡孫, 勿限代, 庶孫限九代, 外孫限七代, 勿論公私賤, 限內直爲免賤例也, 而今聞北道, 四王孫, 名爲公私賤者多云, 以此推之, 四王以後, 可知, 噫勝國子孫, 若在賤役而登聞, 則其猶許免, 況璿派乎, 此不可使聞於隣國, 爲道臣守令者, 其若尋常看過, 豈食祿靑丘之義哉, 申飭諸道, 査報于宗簿寺, 依法典擧行」이라고 하였는데, 그 내용인즉 「대왕의 嫡孫은 代數를 한정하지 말고, 庶孫은 9대를 한정하고, 외손은 7대를 한정으로 하여 公賤·私賤을 물론하고 그 한도 내에서 곧바로 免賤」하도록 하였다. 이 문제와 관련하여 왕조실록에는 具體的 適用事例들이 다음과 같이 많이 나타나고 있다.

『세종 62권 15년 11월 21일 경자』에서는 병조의 청에 따라, 公私奴婢로서 함길도와 평안도, 특히 경원부와 영북진으로 자원해서 들어가 거주하는 자 중에서 일정한 연한이 찬 때에는 賤人의 신분을 면하여 영구히 良人이 되도록 하였다. 그 후 앞의 수교가 실효를 거두지 못하자 『세종 96권 24년 5월 13일 임신』에서 다시 권장 격려하고 있다. 이 徙民節目은 성종조에 이르러 크게 논의된다. 『성종 162권 15년 1월 4일 임진』을 보면, 먼저 同副承旨 成健이, 첫째, 州縣에서는 오로지 鄕吏로써 유지하는데 鄕役이 매우 고달파서 이를 면제받고자 변경으로 옮길 것을 자원하는 자가 많아져서 未便하고, 둘째, 공천으로서 지원하는 자 역시 從良하게 함으로써 공천과 평민의 구별이 없게 되어 국가재정이 흔들리게 되어 未便하고, 셋째, 죄인을 면제하여 변경에 옮기게 하면 죄가 중한 자는 모두 죄를 면하게 됨으로써 죄가 가벼운 자들이 불만을 가지게 됨을 주장하였다. 이에 대하여 성종은 첫째의 것은 成健의 주장대로 하고, 나머지 것에 대해서는 領敦寧 이상에게 의논하도록 하였다. 이에 鄭昌孫 등은 의논하기를, 公賤으로서 邊境으로 옮기기를 自願하는 자에게 從良하게 하는 것은 거행할 수 없고, 死刑을 면한 자와 徒刑 및 流刑의 죄인은 평안도와 함경도의 富實한 자로 한정하되, 들여보내는 節目을 해당 관사로 하여금 의논해 아뢰게 하도록 하였다. 그리고 이 때 만일 徙民으로서 도망한 자가 있을 경우 그 처자는 殘驛

勳臣後裔, 依先朝講定, 以九代定式可也」.

에 奴婢로 붙이고, 사로잡으면 戶首는 斬하였다(『經國大典』 刑典 逃亡條: 「徙民逃亡者, 妻子屬殘驛奴婢, 捕獲則戶首斬, 自現則還元徙邊, 妻子放). 또한 『성종 292권 25년 7월 29일 을묘』에서는 全家徙邊하여 도망한 자의 경우에도 아울러 徙民逃亡으로 논죄하였다.

奴婢 가운데 특별한 공로가 있거나 임금의 特旨가 있는 경우에는 免賤을 해 주어 良人이 되도록 하였다. 『세종 95권 24년 2월 8일 기해』를 보면, 함길도에 '새마을'이 있다는 말이 나돌자 이를 찾아서 신고한 公私賤은 면천하여 양민으로 하고, 만일 그 노비가 私賤으로서 公處奴婢가 되어 있는 경우는 本主人에게 充給하도록 하였다. 그 밖에 역시 나라에서 정한 특별한 공로가 있는 公·私賤은 영영 방면하여 양민이 되도록 허락하기도 하였다.[101] 예컨대 端宗朝에 단지 奉保夫人의 親姻戚이라는 이유로 왕의 特旨를 받아 從良한 예가 있다.[102]

노비진고에 의한 면천과 관련해서는, 숙종 4년 9월에 許積의 의논에 따라 各司의 노비를 陳告하여 免賤할 자는 內司奴婢의 예에 의하여 30口로 한정하고, 官奴婢의 免賤은 영구히 허락하지 말 것을 恒式」으로 삼도록 하였으며,[103] 또한 영조조에 이르러서는, 『영조 16권 4년 3월 26일 병자』에서는 公賤·私賤으로서 역적을 잡은 자에게는 그의 부모와 처자를 從良하였으며, 그 뒤 『영조 125권 51년 8월 7일 임오』에서는 壽進洞·於義洞·明禮洞·龍洞에 딸린 노비의 자식 가운데 72세가 된 자는 모두 免賤시키기도 하

---

101) 이에 관한 기사로는 『세종 109권 27년 8월 17일 무신』; 『연산군 46권 8년 9월 12일 신사』.

102) 『단종 13권 3년 2월 20일 병신』; 『연산군 13권 2년 3월 2일 경진』: 「命許良放役奉保夫人遠近族親六十二人, 皆公私賤 而私賤居多. 承旨等啓, 大典賤妾子女條云, 外姓小功親賤妾子女從良, 無俗身立役, 以此觀之, 大妃同生之子外, 自中宮之族, 皆不與焉, 今奉保夫人, 雖曰有功, 旣身爲一品, 又追爵其夫, 推恩至矣, 又安可濫施法外之私恩乎, 成宗但許良奉保夫人同生二人, 今奉保夫人, 敢以六七寸踈族請之, 甚不可. 傳曰, 其考督宗奉保夫人例以啓」.

103) 『숙종 7권 4년 9월 13일 신해』: 「各司奴婢陳告免賤者, 依內司奴婢例, 以三十口爲限, 官奴婢免賤, 永爲勿許事定式. 從許積之議也, 以忠翊府, 仍屬兵曹忠翊府, 自萬曆丙辰以後, 屬於忠勳府, 盖爲接待功臣之意也, 至是, 朝家以勳府無親功臣, 而忠翊之納布, 徒歸濫費, 議屬兵曹, 綏平君具鎰, 上疏, 請仍屬勳府. 上, 命依其言」.

였다. 그 밖에도 免賤에 의해 천인에서 양인으로 되는 경우는 많이 있었다.

또 官奴의 釋放과 관련하여 『단종 13권 3년 3월 9일 갑인』을 보면, 죄를 얻어서 告身을 삭탈당했던 자가 석방되어 고신을 돌려받으면 다시 良人이 되도록 하였으며, 『성종 73권 7년 11월 18일 무오』는 임금의 특지를 받아 석방된 사례이다.104)

한편 『중종 12권 5년 9월 7일 경신』에서는, 王后 등의 族親에 대해서도 특별한 배려를 하였는데, 중종조에 왕후의 족친으로서 公私賤이 된 자들이 양민이 되기를 원하는 자가 많았다. 법규정상 同姓緦麻以上親과 外姓의 小功以上親 이외에는 모두 양민이 되는 것을 허가하지 아니하였다. 따라서 이들의 소원을 다 들어줄 경우 公賤이 줄어드는 폐해의 우려가 있었기 때문에 조종조의 격식에 의거하여 그 중에서 특히 親切한 자만을 선택하여 예외적으로 양인이 되도록 허가하였다. 그런데 실제로는 왕후의 족친만이 아니라 保母인 尙宮의 족친에게까지 종량을 허용하였다. 그리고 며칠 뒤인 『중종 12권 5년 9월 14일 정묘』에서 연산군 때와 중종 때의 왕후 족친 등이 상언하여 종량한 자 중에서 동성 6촌과 이성 5촌으로 전례대로 종량한 자를 제외하고, 나머지는 모두 환천토록 하였으며, 두 달 후에 중종은 다시 『중종 12권 5년 11월 8일 경신』에서 폐조와 당대에 법에 따라 종량한 자를 제외하고 모두 환천시키도록 하였다. 그 후에 이 문제에 대하여 다시 『중종 12권 5년 11월 6일 무오』에서 檢詳 柳雲이, 「족친의 양천은 이미 그 한계가 있으니 한계를 넘어서 종량할 수는 없다」고 아뢰었으나, 중종은 윤허하지 않았다. 다음날인 『중종 12권 5년 11월 8일 경신』에서 大司諫 崔淑生 등이 다시 아뢰자, 연산군 때와 당대에 있어서 법에 따라 종량한 자를 제외하고 모두 환천하도록 하였다. 그리고 『중종 13권 6년 4월 25일 갑진』에서는 尙宮의 족친 중에서 사천은 천역에서 면제하지 않도록 하였다.

또, 도둑을 잡거나 신고하는 자에게 勞役을 면제하여 방면하는 절목도 마련되기도 하였다. 이러한 사례로 『세종 69권 17년(1435) 9월 29일 정유』

104) 「司憲府據忠義衛李禎上言啓. 李禎, 雖以異母兄李萌, 爲其父, 原祐妾子, 欲奪爲嫡, 然去戊辰年, 定平府相訟時, 旣論李萌以原祐先妻子, 又忠勳府以李萌, 爲嫡長錄案, 位至從二品封君, 仍舊施行何如. 從之」.

를 보면, 세종 15년(1433년) 6월에, 도적을 잡은 公賤 중 1등은 公牌를 주어 補充軍이 되는 것을 허락하였고, 그들이 자원해서 군대에 편입되기를 원하면 들어 주었으며, 2등은 자기 몸의 역을 면제해 주고, 3등은 3년 동안 한정하여 역을 면제해 주기로 하였다. 다시 세종 17년 9월 29일부터는 公賤 중 1등은 전과 같이 하고, 2등은 면포 10필을 주고, 3등은 면포 5필을 주도록 하되, 본래 私賤으로 살던 자에 대해서는 公處에 옮겨 소속시키고, 下三道의 公處奴婢로써 바꾸어 주도록 하였다. 또한 함길도에 거주하고자 하는 노비를 應募할 때에 本主가 까닭없이 노비를 잃게 되는 경우가 있으므로 私賤은 모집하지 말도록 하였다. 또『세종 69권 17년 9월 10일 무인』은, 도적을 잡거나 고발한 자에게 그 수에 따라 포상하였는데 賤口는 役事를 면제하고, 私賤은 都官·典農寺의 노비로 바꾸어 주고, 모두 범인의 家産을 주었으며,『세종 81권 20년 4월 18일 신미』에서는「傳旨禮曹, 溫水治諸疾有效, 第以隔遠於京, 治病者難於往來, 其令更訪京畿溫水在處, 告者優賞, 仍陞本邑之號, 所告溫水, 最有神效, 則元有職者超三等賞職, 白身賞七品職鄕吏免役, 仍賞八品職, 驛子及公私賤口免役.仍限己身復戶, 如有欲受賞物者, 給緜布白匹或米白石, 其次溫水則元有職者超二等, 白身八品, 鄕吏免役, 仍賞九品職, 驛子及公私賤口免役, 欲受賞物者, 給緜布七十匹或米七十石, 若告溫水者, 被本邑侵逼, 不能安接, 願徙他鄕者, 擇給膏田, 復役完護, 備細曉諭」라고 하여, 온천을 신고한 驛子 또는 公私賤은 立役을 면제하고, 그 자신에 한하여 戶稅를 면제하며, 타향으로 이주를 원하는 자는 비옥한 전토를 주고, 부역을 면제하여 완전보호한다고 諭告하였다. 그 뒤『단종 13권 3년(1455) 1월 19일 을축』을 보면, 捕盜者 중에서 遞兒職을 원하는 자에게는 세종 17년(1435)·21년 및 29년의 受教에 따라, 도적을 잡거나 신고한 경우 免役·褒賞 등의 논상을 하고, 비록 仕到가 차지 못한 경우라도 체아직[105]을 주어 도적 잡는 것을 권장하였다. 이러한 입법 태도

105) 遞兒職이란 原祿遞兒職과 軍銜遞兒職의 합칭으로서 현직을 떠난 문·무관을 예우하여 계속 녹봉을 지급하기 위하여 만든 벼슬자리이다. 이 제도는 재정의 뒷받침이 고려되어야 하므로 전자는 五衛의 軍制를 폐지하고, 그 군직에 책정되어 있는 재원을 전용하여 그 일부는 실무 없는 각급 문무관을 해당 품계의 군직에 부하여 일정한 녹봉을

는 성종조에서도 계속되어 『성종 203권 18년(1487) 5월 7일 병오』는 「刑曹啓, 今承傳敎中外, 盜賊興行黨類, 是繁許令, 自中首告而給賞則必私相疑畏, 自離其黨盜賊息矣, 其議以啓臣等, 參詳窩主同黨自相首告者, 依律免罪, 又依大典, 給賞仍給犯人財産, 其獷猂成黨而自相告者, 給付犯人妻子, 鄕吏驛吏賤口, 從願免役, 若事狀明白而固諱不服者, 用圓杖得情, 其中再犯竊盜及減死人, 並於黃海平安道全家永屬, 以除民害. 命示領敦寧以上, 韓明澮議, 依所啓施行, 但切隣知而不告者, 並論何如. 尹弼商洪應盧思愼議, 依所啓施行, 但用圓杖之法, 至爲慘酷殞命者, 多前日以此還革. 沈澮李克培尹壕議, 依所啓施行. 從弼商等議」라고 하여, 도적의 무리 중에서 자수하는 자에게는 상과 범인의 재산을 주도록 하고, 또한 그 무리의 사나운 정상이 심한 경우에는 범인의 처자를 주고, 鄕吏·驛吏 및 賤口는 자원에 따라 免役해 주기도 하였다. 그 뒤 『중종 39권 15년(1520) 4월 26일 계미』에는 搜捕節目을 마련하였다는 기사가 있는데, 도적을 포고한 자 중에서 향리·역리·공천은 당자에 한하여 身役을 면제하였다. 그러나 봉상시의 노비에 대해서는 숙종 9년(『受敎輯錄』 刑典 公賤條 875항)에 「奉常寺의 노비는 면천에 해당하나 다른 상으로 논하고 면천은 허락」할 수 없도록 하였다.

위와 같은 사례에서 이루어진 免賤의 效果는 과연 어떠한 것일까? 이 문제에 대해서 『인조 2권 원년 7월 17일 을사』는 「特進官李曙曰, 光海時各司奴婢免賤者甚多, 若還給其價而還賤, 則幾至二千五百兩之銀, 且免賤後生産必多, 此則當爲良民乎. 上曰, 免賤後所生, 當爲良民矣, 此輩限年免役, 與給價還賤便否問于大臣. 右相尹昉以爲, 納價免賤者, 宜限年免役. 上從之」, 즉 還賤者의 所生子에 대한 것이 있는데, 광해군 때에 各司의 노비를 면천한 것이 매우 많았었다. 그 뒤 인조가 즉위하면서 이들을 모두 값을 주고서 환천시키도록 하였는데, 그 몸값의 총액이 거의 銀 2,500냥에 이르렀다. 그런데 각사의 노비들이 면천한 뒤에 낳은 자녀의 신분을 양민으로

받도록 한 것이고, 후자는 각 관청에 정원은 적고 사무는 많은 경우에 이를 정리하기 위하여 임시로 증원된 사람을 각급 군적에 부하여 그 녹봉을 받으면서 소속관청의 사무를 정리하게 한 것이다. 이러한 체아직으로 규정된 직종은 오위의 군직 중 上護軍·太護軍·護軍·副護軍·司直·司果·司正·司登·司勇 등이었다.

보아야 할지 아니면 천인으로 보아야 할지 문제가 되었다. 인조는, 「면천한 뒤에 낳은 자녀는 마땅히 양민」이 되는 것으로 결론을 짓고, 또한 그 중에서 몸값을 바치고 면천된 자는 마땅히 연한을 정하여 면역시키도록 하였다.

2) 身分의 下落과 그 原因

良人으로 출생하였다가도 그 良人의 身分을 喪失하여 賤人으로 地位가 하락하는 경우로는 채무불이행 또는 인신매매로 인한 노비화 그리고 遺棄兒로서 수양된 경우 등이 있었다. 그리고 본래는 천인이었으나 출생한 뒤에 免賤되어 양인으로 되었다가 다시 還賤되는 경우도 많이 있었다.

㈎ 債務不履行

먼저 債務를 이행하지 못함으로써 노비로 되는 경우가 있었는데, 이것은 그렇게 흔하지는 아니하였다. 다만 조선시대에 있어서 長利와 같은 사적인 金錢의 消費貸借가 성행하였던 기록으로 볼 때, 현실적으로 이러한 일이 많았을 것으로 여겨진다.

왕조실록에서 債務不履行奴婢에 관한 최초의 법적 조치는 태조 원년 11월에 있었다. 『태조 2권 원년 11월 17일 갑오』에 都評議使司에서, 「우리나라 양천의 법은 매우 엄하다. 양인으로서 부채를 갚지 못한 자를 영구히 노비로 삼는 것은 매우 도리에 어긋나는 것이다. 지금 이후부터는 부채를 갚지 못한 것은 그 공여한 錢·穀의 액수를 노비의 役價額數와 비교하여 부채의 액수가 다한 자는 면제하여 풀어주고, 一本一利가 역가에 넘치지 못하도록 하여 이것을 恒式으로 삼고, 만일 어기는 자는 壓良爲賤」의 죄로 다스릴 것을 아뢰었다.

당시의 役價가 구체적으로 얼마인가는 태조 7년(1398)의 기록에 나온다. 즉 『태조 14권 7년 6월 18일 임술』에 「刑曹都官上言, 凡奴婢價, 多不過五升布一百五十匹, 馬價則至四五百匹, 是重畜輕人, 於理不順, 願自今, 凡奴婢價, 勿論男女, 年十五以上四十以下者, 四百匹, 十四以下四十以上者, 三百匹, 論定買賣, 永爲恒法, 其在逃役價則每一名, 日朔五升布三匹, 年月雖多, 不過其直. 上允之」라고 하여, 태조 7년 6월 이후부터는 한 달에

五升布 3필로 하도록 정하였으며, 이 때 당시의 노비의 값은 최고 五升布[106] 1백 50필에 지나지 않았다.

그 뒤 『성종 57권 6년 7월 4일 신해』를 보면, 당시에 가난한 백성들이 전지 1결로써 아울러 세력가의 7결의 역에 공여하여, 農月에 업을 폐하므로 가을에 거둘 것이 없어서 이리저리 稱貸하여 살다가, 이듬해 봄에 이르러서는 전택을 다 팔아서 갚게 되어 부호한 집안에 붙어 살다가 끝내는 노비가 되는 지경에 이르렀다고 한다.

또 조선 후기의 수교(『受教輯錄』 戶典 徵債條 254항)를 보면, 「무릇 公債 6백냥 이상을 지고 변상하지 아니한 경우에는 양인·공사천·상인을 물론하고 納物을 하되, 堂上官·嘉善大夫라고 칭하는 자를 물론하고 모두 그 妻子를 沒收하여 대출한 公家의 노비를 삼고 그 채권을 蕩滌한다. 채무자가 雜職堂上이거나 가선대부이면 본인을 정배하고 처자는 몰수하여 노비를 삼는다. 沒官한 후에 본인이나 자손 중에서 채무액을 追納하면 각각 본역으로 돌려보내도록 하였는데, 이 수교를 통해 조선시대에 있어서 양민이 그 채무를 갚지 못함으로써 노비로 전락하는 일이 적지 아니하였음을 알 수 있다.

(나) 壓良爲賤

壓良爲賤이란 良人을 노비로 삼는 것으로서 크게 두 가지로 대별되었다. 첫째는 타의에 의하여 강제적으로 천인이 되는 경우이고, 둘째는 자의에 의하여 권문세가에 투탁해 온 양인을 받아들여 노비로 삼는 경우가 있었다. 양인이 천인으로 된다는 점에 있어서는 양자가 모두 불법적인 것이었다. 다만 전자의 경우 强壓이라는 것이 가해짐으로써 형사법상으로 처벌받을 가능성이 매우 높았다는 점에서 차이가 있었을 뿐이다.[107] 그리고 실제에 있어서는 강압에 의한 경우보다는 投託에 의한 경우가 더욱 문제시되고, 그 비중 역시 컸던 것으로 보인다.[108] 이 책에서 다루어지는 것도 주로 둘째의 경우이다.

---

106) 中等品의 닷새 베를 말한다. 升은 삼베의 곱고 거친 정도를 표시하는 단위이다.

107) 『大典後續錄』 刑典 雜令條: 「壓良爲賤者 … 並於兩界及黃海道, 全家徙邊」.

108) 이 문제에 관하여 자세한 것은 池承鍾, 『朝鮮前期 奴婢身分硏究』, 101-145면 참조.

투탁에 의한 압량위천의 가장 주된 動機는, 양인들이 과중한 良役을 견디지 못하고 이를 회피하기 위한 것이었다. 즉 투탁에 의한 압량위천은 바로 避役을 전제로 하고 있는 것이었다.109) 당시에 이와 같은 避役을 낳게 한 주요 원인은 첫째, 일부 양인층의 土地所有로부터의 배제, 둘째, 양인에 대한 일부 노비층의 生活機會의 상대적인 우위였다고 볼 수 있다.110)

투탁해 온 양인을 노비로 삼는 경우 수탁자에게 있어서 가장 중요한 것은 그에 대한 所有權을 확보하는 것이었다. 이를 위하여 수탁자는 압량위천을 한 후에 곧바로 文券을 작성함으로써 證據를 미리 확보해 둘 필요가 있었던 것이다. 따라서 이러한 증거능력 있는 문권을 작성해 두지 못한 경우에는 압량위천이 아닌 단순한 容隱役使의 정도에 머무를 수밖에 없었던 것으로 보인다.111)

이 문제에 관한 왕조실록의 기사는 대단히 많지만 몇 가지만 예시한다.112) 먼저 『성종 206권 18년 8월 6일 계유』는 당시에 제주에서는 양민들이 세력가에게 소속되어 노비가 되는 자가 자못 많았음을 보여준다. 또 중종조에 이르러서는 『중종 9권 4년 9월 29일 무오』에, 양민 가운데 무거운 역사를 견디지 못하여 재력자에게 의탁하여 私賤이 되려고 하는 자가 많아지고, 이로 인하여 양민은 점차로 줄어들게 되었고, 『중종 75권 28년 7월 14일 을묘』는 양민의 신역이 무거워진 까닭에 지방에 있는 양민의 딸은 다른 사내종을 따라가 아내가 되고, 양인은 계집종의 남편이라 핑계대므로 人丁이 날로 줄어들었고, 심지어는 스스로 투탁하여 자력가의 노비가 되려는 자도 많아졌다는 내용이다. 이러한 사실은 당시 권예의 주장에서 알 수가 있다. 『중종 75권 28년 7월 14일 을묘』에서 권예는, 「良賤從母法이 설립된 지 이미 오래이다. 그런데도 옛날에 양민이 많았던 것은 그 역이 수월했기

109) 그렇지만 避役한 양인이 모두 투탁하여 노비로 되었다고 볼 수는 없을 것이다. 즉 단순한 도망자이거나 佃戶·雇工 또는 奴妻·婢夫 등의 형태로 容隱하는 경우도 있었을 것으로 추측된다.

110) 池承鍾, 『朝鮮前期 奴婢身分硏究』, 108-115면 참조.

111) 池承鍾, 『朝鮮前期 奴婢身分硏究』, 116면 참조.

112) 이들 사례에 대해서는 池承鍾, 上揭書, 101면 이하 참조.

때문에 천인을 따르기를 부끄러워했던 탓이다. 지금은 양민이 몹시 시달리기 때문에 도리어 천인이 되기를 즐거워한다. 비록 壓良爲賤法을 중하게 해도 사람들이 모두 스스로 의탁하기 때문에 그 법을 적용할 수가 없다」고 하였다. 이에 중종은 관리들이 법을 잘 봉행한다면 자연히 폐단이 없어질 것이라는 전망을 하였고, 정광필은 법을 봉행할 수 없는 것이 아니라 법을 봉행하지 않는 것이라고 하여 관리들의 태도를 비판하고 있다.

㈐ 人身賣買

실록에는 인신의 매매에 관한 기록 역시 많지는 않다.[113] 더욱이 내국인 사이에서의 매매는 거의 없으며, 다만 왜인이나 야인과의 매매에 관한 것들이 있을 뿐이다.[114]

『성종 152권 14년 3월 27일 기미』는 당시에 趙智山을 壓良爲賤罪로 논죄하였는데, 그 때 전라도에서는 양인과 다른 사람의 노비를 은폐하였다가 略賣하는 풍속이 있었다는 것이다. 이 기록으로 볼 때, 당시 전라도에서 인신매매가 직접적으로 이루어지지는 않고, 投託과 유사한 모습으로 이루어졌을 것으로 짐작된다. 그리고 인신매매와 관련된 법규정으로는 『續大典』 刑典 禁制條에서는 「自賣其身者, 以賣妻律論. 買者同罪」라고 하여, 자기 스스로 자신을 매매한 때에는 그 처를 매매한 죄로 다스리며, 또한 이를 산 자도 마찬가지로 처벌하도록 규정하여 인신매매 당사자 모두를 처벌하였다. 그 밖에도 『大明律直解』 刑律 盜賊 略人略賣人條에서는 사람을 매매한 경우 그 정상에 따라 처벌을 달리 규정하였으며, 매수인에 대해서도 악의인 경우에는 같은 죄로 다루도록 하였다.

㈑ 遺棄兒의 收養

조선 초기에는 어린아이를 길에서 주워다 기른 경우에 그 收養子를 친자식과 마찬가지로 보는 것이 입법의 태도였다.[115] 이러한 사실은 수양자녀

---

113) 여기서 말하는 매매의 대상은 당연히 良人의 신분을 가진 자를 말한다.

114) 이것에 관한 실록기사로는 『태종 19권 10년 4월 8일 갑진』; 『중종 38권 15년 3월 20일 무신』 등.

의 재산상속상의 지위에 관한 입법에서 나타난다. 즉 乙酉年(태종 5년, 1405년) 受判에서는 「자식 없는 사람이 오로지 子孫相續을 위하여 3세 이전의 아이 또는 遺棄兒를 거두어 기른 것은 곧 자기의 자식과 같아서, 비록 遺傳의 계통이 없더라도 奴婢를 모두 준다」고 하였었다. 수양자녀의 재산상속상의 지위에 관한 조선 초기의 입법은 경국대전으로 집약되어 조종의 성헌으로 된다.

유기아의 수양에 대해서 『세종 69권 17년 9월 2일 경오』는, 세종 17년 9월 2일 이후부터는 유기아를 얻은 자가 있으면 즉시 濟生院으로 보내 기르도록 하고, 아이를 잃은 사람에게서 銅錢 3관을 징수하여 아이를 주운 사람에게 상으로 주도록 하였으며, 『세종 69권 17년 8월 14일 계축』을 보면, 당시 서울에서는 친자식이 아닌 어린아이를 유기하는 일이 많았는데, 고발인에게는 유기자의 재산을 충당해 주도록 하고, 유기자는 『대명률』의 조부모·부모가 고의로 자손을 죽인 조문에 의거하여 처벌하였으며, 그 뒤 『성종 133권 12년 9월 11일 임오』에서는 「中外人民, 迫於飢寒, 不能保養兒息, 棄置離散者, 想必有之, 其收恤人, 論賞節目, 商議以啓, 臣等參詳恤養二口者, 勿論良賤, 從自願 一口許爲其奴, 一口則父母族親及本主中, 衣料價培納後還給, 若不償納, 許養育人役使, 公賤限三年復戶, 何如. 從之」, 즉 성종 12년에 흉년이 들자 遺棄兒가 많이 생길 것을 대비하여, 유기아의 恤養에 대한 節目을 마련하기도 하였다. 이 절목에 따라, 버려진 아이 2명을 휼양한 자에 대해서는 양천을 물론하고 자원에 따라 그 가운데 1명을 노비로 삼게 하고, 다른 1명은 부모나 족친 또는 본주가 衣料費를 2배로 보상할 경우에는 환급하도록 하였다. 그러다가 명종 2년(『受敎輯錄』 禮典 惠恤條 349항)에 이르러, 유기아를 양육한 경우에 3달이 경과하면 수양한 사람에게 유기아를 노비로 소유할 수 있도록 하였다. 다만 본주나 부모·친족이 3달 안에 찾아와서 추심하는 경우에는 아이를 기르는 데 들었던 곡식을 2배로 갚으면 환급하도록 하였다. 그러나 價物을 배상하지 않거나 3달 후에

115) 그러나 어린아이를 誘拐하여 노비로 삼는 행위는 조선 초기부터 『大明律』 刑律 盜賊略人略賣人條에 의하여 처벌되었다. 이에 관한 기사로는 『세종 25권 6년 9월 6일 기묘』 참조.

추심하는 때에는 영구히 양육인에게 주어 사역할 수 있도록 하였으며, 『인조 15권 5년 3월 26일 계사』는 「備局請依金起宗狀啓, 兵亂時十歲以下失母之兒, 許人收養, 仍爲已奴婢, 如有父母族屬中推尋者, 則給價還償, 使其爲父母者, 不失其兒, 而收養者, 不失其本. 從之」, 즉 병란 때에 부모를 잃은 10세 이하의 아이들을 남이 데려다 길러서 노비로 삼게 하였다. 만일 부모나 친척 중에서 찾는 사람이 있으면 값을 치르고 찾아가게 하여 그 부모로 하여금 아이를 잃지 않도록 하고 아이로 하여금 그 근본을 잃지 않도록 하였다.

병자호란을 겪은 뒤에는 遺棄兒에 대한 返還請求權을 제한하는 조치를 취하였다. 즉 『인조 34권 15년 2월 12일 임오』에서 「漢城府啓曰, 遺棄兒收養者, 卽同己子, 載在法典, 況此兵亂之餘乎, 請榜示中外, 勿令本主及其父母還推違令者, 重究勿貸. 從之」라고 하여, 本主 및 그 父母로 하여금 도로 찾아가지 못하도록 개정하였다. 그 뒤 인조 21년의 수교(『受敎輯錄』 禮典 惠恤條 351항)에서는, 3세 전의 유기아를 거두어 기를 경우 관에서 立案을 만들어 주고, 아이의 의복에 押印을 하여 장성한 후에 자기의 자식이나 노비로 삼도록 하고, 이를 항상 법례로 삼도록 하였다. 이 수교에 의하여 유기아의 신분이 양인으로 되느냐 천인으로 되느냐 하는 문제는 오로지 養育者의 의사에 따라 결정되게 되었다.

그리고 『현종 7권 4년 12월 3일 병신』에서는 유기아를 노비로 삼는 것을 허락하되 그 有效期限을 제한하기도 하였다. 즉 「鼎重曰, 頃者遺棄兒收養者, 許其爲奴婢, 而只令限己身使喚, 至其子孫則還屬其初役, 似便矣. 上從之」, 즉 遺棄兒를 거두어 기르는 자에게는 그 아이를 노비로 삼도록 허락하였다. 다만 그 당사자에만 한하여 부리도록 하고 그의 자손은 도로 初役으로 귀속시키게 하였다. 이 때 반드시 관가에 고하여 文書를 만들어 뒷날 상고할 바탕을 삼도록 하였다. 이듬해에는 함경감사 閔鼎重의 계본에 따라, 3세 전의 유기아를 거두어 기른 경우는 當代에 한하여 그 奴婢로 삼도록 허락하되 반드시 관에 고하여 文書를 만들어 뒷날 상고할 바탕으로 삼게 하였다.[116]

그리고 公私賤이 遺棄兒를 養育한 경우 이들을 免賤하여 양인으로 삼은 사례도 보인다. 즉「공천과 사천 중 奴와 婢가 서로 交嫁를 하여 遺棄兒를 收養한 경우에는 良人」으로 취급하도록 하는 현종 5년의 受教(『受教輯錄』刑典 贖良條 895항)가 있다.

그 뒤『숙종 29권 21년 12월 19일 정미』에서는 유기아의 나이를 제한하는 조치를 내렸다. 즉「因賑恤廳啓辭, 定遺棄兒收養法, 須布八路, 年歲則二十二歲以下爲限, 月日則丙子正月初一日至五月三十日爲限, 其不知來歷者, 使呈官成立案」이라고 하여, 遺棄兒의 收養法을 정하여 전국 각도에 반포하였는데, 나이는 12세 이하로 한정하고 月日은 丙子年(숙종 22年, 1696年) 정월 초하루에서 5월 30일에 이르기까지를 期限으로 하였으며, 그 내력을 알지 못하는 자는 官衙에 呈告하여 立案을 받도록 하였으며, 유기아의 나이 제한에 대해서는 영조 28년 판결사 尹彬이, 유기아를 거두어 기른 경우 賑政이 바야흐로 한창 진행되고 있을 때 賑廳의 立案을 받은 경우 외에, 10세 이후에 사들인 경우에는 진정이 끝난 뒤에 관에 呈狀하여 모두 雇傭으로 시행할 것을 청하자, 당시 영조를 대리하던 왕세자는 묘당으로 하여금 품처토록 한 일이 있다.[117)]

---

116)『현종 9권 5년 12월 30일 정해』:「… 又啓曰, 閔鼎重二度狀啓中所陳大小官役皆用民結事, 則宜依狀啓施行, 而勿令侵及軍兵, 至於城池修築及關係邊防之事, 則宜使啓用兵丁, 保人私賣之事, 則非但保人不可私賣, 雇工亦不當, 令本道嚴加禁斷, 一家之內, 二人軍役則亦宜蠲減一人之貢, 第每年軍額, 代邑百名, 中邑五十名, 小邑二十名, 旣已定限, 而至於本道, 則已因金壽恒書啓, 竝減半矣, 鎭堡土卒, 勿編軍伍事, 則鎭堡土卒, 雖編軍伍, 臨急則不可分爲兩處之用, 當減其本邑軍伍, 專屬本堡, 各堡土卒則道臣與兵使相議, 先看鎭堡, 關防緊歇, 而募入之類, 可減其身役, 各鎭堡軍器久遠無用之物, 亦當蕩滌. 又啓曰, 咸興都連浦洪原馬郎島牧馬, 移設於端川永興文川三場事則武將皆以爲不可, 李浣曰, 臣再爲南兵使, 素聞良馬多産於此浦, 罷之不可. 又啓曰, 金壽恒疎中, 北兵使請以文臣差送, 若連送文臣, 則不無武備疎虞之患, 此後則文武極擇交差, 北虞亦當以可合閫帥者差送. 又啓曰, 壽恒疎中所陳武士試才, 或賜第或差邊將事, 令監司巡歷北邊, 時與兵使, 會同試取, 俾無濫雜之弊, 徙邊罪人盡送北路, 以存實邊之意, 令該曺依此施行, 節行表著者則令該曺分等褒勸, 內奴身貢細布, 已自該曺變通, 大臣主管北邊事則依此施行. 上皆從之」.

117)『영조 77권 28년 8월 27일 을묘』:「判決事尹彬上書略曰, 臣待罪本職, 今四箇月, 而民訴之最可矜惻者, 卽良人之願賣其身也, 或爲父死不葬, 或爲母飢垂死也, 京城如此, 則外方可知, 噫如傷之化, 雖洽於一世濡穗之利, 猶阻於伊寡, 致令可哀之民, 爲奴爲

(마) 還 賤

보충대의 환천과 관련하여 중종조에 정광필은, 「첩의 자녀가 보충대에서 누락된 것은 비록 개인이 가진 文案이 없더라도 該司 및 장례원의 문안에 이름이 있거나 2대를 연달아 양역에 종사한 자는 陳告하여 還賤시키는 것을 허락하지 않아야 한다」고 하였다. 이에 대하여 김안국은, 「자기 비첩 자녀의 소생으로 이미 종량하여 양역에 들어간 자는 비록 종량한 문안을 가지지 않았더라도 서울이나 외방 중에 약간이라도 종량한 것을 증빙할 만한 官文書가 있는 경우에는 진고를 허락하지 않는 것이 마땅하다」고 하였고, 김극핍・홍경림 등은, 「군역을 피하여 숨어서 빠진 자나 상고할 만한 자 이외에 이미 양역에 종사하여 세대가 오래되어 상고할 만한 문적이 없는 자는 다 진고하여 환천하는 것을 허락하지 않아야 한다」고 하였다.[118] 이 논의의 결과에 대해서는 관련 기사를 발견하지 못하였다.

인조가 즉위하면서 광해군 때에 남발된 免賤에 대해서 取消하는 조치를 취하였다. 다만 도로 환천되는 경우 그 代價를 지급하도록 하였는데, 『인조 2권 원년 7월 17일 을사』를 보면, 「特進官李曙曰, 光海時各司奴婢免賤者甚多, 若還給其價而還賤, 則幾至二千五百兩之銀」라고 하여, 환천의 대가가 최고 銀 2천 5백 냥에 이르렀음을 알 수가 있다.

또 애초 속량할 때에 제공한 贖良奴婢에 대해 하자가 있는 때에도 환

婢, 顧今秋成已屆, 蕩柝之民, 庶有安集之望, 而至若賣身者, 受人羈絆, 不得自由, 買取者, 亦不可公然見失, 自今一依雇工例, 姑爲服役, 十年後則許其除本價, 自退宜矣, 辛亥大殺後良民之自鬻者, 其直不過五六斗米三四貫錢, 而生子生女支屬繁殖之後, 雖納倍價, 乞退不得, 國家法意, 寧有是理, 臣謂道路遺棄兒呈官收養者及賑政方張時, 受賑廳立案者外, 十歲後買得者, 畢賑後呈官, 幷以雇傭施行爲宜, 至於奴良妻所生, 自辛亥從母爲良事定式, 而猶有恣意侵暴者, 亦宜隨現重繩焉. 王世子答曰, 令廟堂稟處」.

118) 『중종 34권 13년 11월 8일 갑진』: 「又議凡設奴婢, 非獨親戚而已, 一應爭訟者, 時立訟外, 事在三十年以前, 而不告狀者, 勿聽理, 皆以告狀年月, 始計其應, 勿限年者, 令該曹磨鍊啓定何如, 安國議, 親戚之間, 一源分得, 使用奴婢, 奸詐之徒, 謀欲奪取, 巧飾萬端, 以相爭訟, 傷風敗俗, 莫此爲甚, 臣意今後親戚中一源, 奴婢相訟者, 自告狀日始啓, 事在二十年以前者, 勿許聽理, 與充人相訟, 自依舊法, 施行似當, 安國又議, 自丁酉立大限後, 年代已久, 奸僞日滋, 詞訟紛紜, 風俗人心日毀, 今依丁酉年大限例, 量立大限, 以息奸嚚之風似便」.

천하는 조치를 내린 기록이 있다. 즉 명종 8년의 수교(『詞訟類聚』 贖身條, 明宗 8년 6월 21일 受教)에서 「凡用術之人與守令同謀, 贖身之後, 未滿數月即出代身物故立案, 以滅其跡, 各官痰弊, 實由於此, 自今以後, 公賤贖身代納奴婢, 十年內物故者還賤」, 즉 「무릇 술책을 잘 쓰는 사람이 지방관장과 공모하여 속신한 뒤 몇 달이 못되어 곧 代奴婢가 사망하였다는 증명서를 교부받아 그 종적을 감추어 버리니 각관사가 피폐하여지는 것은 진실로 여기에 유래한 것이다. 지금 이후부터는 관노비가 속신하는 대신으로 바친 노비가 10년 내에 사망한 것은 속량된 原奴婢를 도로 천인의 신분으로 환원한다」고 하였는데, 이 수교는 贖良奴婢의 보증기간을 10년으로 한정하였음을 보여주는 것이다.

公賤이 아닌 자가 공천이라고 속이고 贖良으로 양인이 된 경우에 대해서 선조 20년 受教(『受教輯錄』 刑典 贖良條 905항)는 그 본인을 환천토록 하였다. 그리고 관노비의 면천과 관련해서는, 숙종 4년의 受教(『受教輯錄』 刑典 公賤條 842항)에서 「관노비로서 여러 해 동안 은피하여 자녀를 多産한 것과 같은 따위를 진고하게 하되 그 부모가 官案에 載錄하지 아니하고 타관에 은닉한 경우에 30구 이상을 진고하면 內奴婢陳告의 경우와 같이 일체로 贖身을 허락하나 그 뒤에 그 사실이 없음이 드러난 경우에는 그 당시의 수령을 중형에 따라 과죄하고 진고한 본인은 刑推하고 還賤」시키도록 하였고, 또 숙종 25년 수교(『新補受教輯錄』 刑典 公賤條 1253항)로 「외방의 관노비의 면역하는 것과 같은 것에 대해서는 일일이 쇄환한다. 이 뒤에는 면천은 일절 금단」하였고, 또 같은 해의 수교(『新補受教輯錄』 刑典 公賤條 1252항)에서 「乙亥年(숙종 21년, 1695) 이후에 西道 또는 北道의 公賤으로 도내의 관원에게 속량한 경우에는 논죄하고 환천토록」 하였다.

『숙종 39권 30년(1804) 5월 17일 을묘』에는 己卯年(숙종 25년, 1699)과 庚辰年(숙종 26년) 사이에 臺啓로 인하여 새로 事目을 반포한 후 免賤·免役한 무리도 역시 적발하여 모두 환천시킨 기록이 나온다. 그 뒤 『영조 29권 7년(1731) 6월 16일 정미』는 「又命內司之勒買本道民田者, 令還給其主, 平安道己酉陳告而免賤者, 並令還賤, 仍禁陳告之弊, 以妨奸計」라고 하여, 陳告하는 데 폐단이 생기자, 己酉年(영조 5년)에 陳告하여 면천한 자에 대해서는 아울러 還賤하고, 이로 인하여 진고하는 폐단을 금하도록 하였다.

(3) 身分의 分別要目

1) 良賤의 分別[119)]

신분사회였던 조선시대에 있어서 양천의 여부가 분명하지 아니한 경우에는 부득이 소송에 의할 수밖에 없었다. 이 문제와 관련하여 『세종 41권 10년(1428) 7월 7일 정사』를 보면, 형조에서 「公私賤으로서 訴良하는 자는, 경외의 관리들이 그 根脚을 분변하여, 천인이 된 뒤에는 그 역에 마음을 써서 종사하지 않고, 문득 잘못 관결하였다는 訴狀을 올리기를 두세 차례에 이르도록 하여 오래도록 지체하는 일이 있다. 私賤은 그 本主가 날마다 결판나기를 기다리지만, 公賤은 힘써 對辦하는 자가 없기 때문에, 訴良하는 자가 誤決하였다고 呈狀을 하게 되면, 그것을 힘써 辨訟하지 아니하여, 아주 오래도록 賤役을 면하게 되니 진실로 미편하다. 이후로는 公奴婢의 訴良은 일을 잘 아는 자 2, 3명으로 분별하게 하고, 나머지는 노비의 일로써 서로 송사할 때의 판결하는 예에 따라 다시 고쳐 판결하게 하여, 良民의 判決이 내릴 때까지는 그 관사로 하여금 役使」하도록 청하였다. 이에 세종은 신하들과 의논 후 형조의 주장을 그대로 따랐다.[120)]

그 뒤에 효종 6년(1655)에 이르러 推刷都監을 설치한 연유와 良賤分別의 기준을 밝혔다. 즉 도감으로 하여금 祖父부터 급제하였거나 생원・진사가 되어 그 아들이나 손자가 법을 어겨 양인이 된 자는 특별히 탕척하여 그대로 양인이 되는 것을 허가한다. 父부터 비로소 급제하였거나 생원・진

---

119) 刑戮・父子分辨・良賤分辨 등의 소송에 관하여 終審에 불복한 자가 제출하는 소장을 사헌부에서 취조하고 수리한 후에 印을 찍어서 出給하는 것이 있었는데 이를 退狀이라 하였다 (『세종 42권 11년 10월 11일 기축』; 『중종 73권 28년 2월 2일 신사』 참조).

120) 「刑曹據都官呈啓, 公私賤訴良者, 京外官吏, 辨其根脚, 從賤之後訴良者, 甘心閑役, 輒呈誤決, 或至再三淹延歲月, 私賤, 則其本主, 日訟待決, 若公賤, 則無用力對辦者, 故訴良者, 一呈誤決, 不勤辨訟, 長年閑遊, 因此永免賤役, 誠爲未便, 今後公處奴婢訴良, 則使曉事者, 二三人, 辨明, 餘依相訟奴婢時得決例, 改決, 從良之間, 令其司役使. 命政府諸曹同議. 僉曰可. 從之」.

사가 되어 그 아들이 그대로 법을 어겨 양인으로 있는 자, 父와 祖父가 숨기고 빠뜨려서 법을 어겨 양인이 되었더라도 미처 급제하지 못하고 그 孫子가 비로소 출신하였거나 생원·진사가 된 자는 모두 代贖하도록 허가한다. 여자도 남자와 같이 한다. 그 외는 논하지 말고 법대로 하되, 3대 이전에 급제한 자일지라도 반드시 자수한 뒤에야 위와 같이 시행하고, 자수하지 않고 陳告나 推覈으로 드러난 경우는 모두 도로 賤籍에 붙여 천인으로 삼도록 하였다.[121] 그리고 각도의 어사는, 농사를 해칠 염려가 있으니 우선 정지하였다가 초가을이 되거든 보내도록 하여 期限을 넉넉하게 하도록 하였다.[122] 또 효종조에 大司憲 채유후 등의 차자를 올렸는데, 그 대략적인 내용은 다음과 같다. 「효종 5년에 시행한 奴卑推刷의 法은 대개 예로부터 내려오는 법을 밝히고 장부에서 빠진 것을 정돈하고자 하는 것이었다. 그런데 3년 동안 시행한 결과 독촉하는 것이 너무 엄격하여 노비문서에 오른 자가 전체 백성의 반이나 되었으며, 이들을 찾아내느라 온 나라가 소란스럽게 되었다. 맨 처음 이 법을 하교할 때에는 조부 때부터 과거에 합격하여 생원이나 진사가 된 자들은 특별히 탕척해 주어 계속 양민으로 남도록 허락하였고, 조부나 부가 멋대로 양인이 된 자로서 그 자신이 처음 출신하여 생원·진사가 된 자들도 또한 代贖할 수 있도록 허락하였다.[123] 이럼에도 불구하고 그 자신에서 비로소 출신한 자들은 효종 8년에 이르기까지도 贖良이 되지 못하고 있었다. 또한 『經國大典』 刑典을 보면, 文武官·生員·進士·有蔭子孫 및 嫡統의 後孫이 없어 첩의 자손으로서 重統을 계승한 자가 公私婢를 맞이하여 처첩으로 삼아 낳은 자녀는, 그 父가 掌隷院에 通告하면 錄案을 조사하여 兵曹로 公文을 보내 補充隊에 소속하도록 하였다. 이것은 선비를 후하게 대접하고 끊어진 혈통을 이어주는 義理에서 비롯된 것이었다. 그러나 아직까지도 법규정에 따른 명백한 처분이 뒤따르지 않자 원통함

---

121) 『효종 14권 6년 2월 18일 계유』.

122) 『효종 14권 6년 2월 19일 갑술』.

123) 당시에 조정에서 이 문제에 대하여 얼마나 열의를 보였는지는 「차라리 국가의 공천을 잃어버리는 일이 있더라도 차마 우리 백성들로 하여금 떠돌고 근심하는 고통을 받게 하지는 못하겠다」는 효종의 말을 통해서 알 수가 있다. 『효종 18권 8년 1월 26일 기사』 참조.

을 부르짖는 자들이 생겨 나라가 시끄럽게 되었다. 형편이 이러하니 맨 처음 하교할 때의 약속과 法典에 규정된 대로 모두 代贖하게 하면 公賤은 그대로 있으면서 양민은 많아질 것이다」.[124]

또한 숙종 2년에 이르러서는 兵曹에서 良丁查覈節目 10조를 계달하자, 그대로 시행토록 하였으며,[125] 그 뒤 영조 26년에도 良役節目을 마련한 일이 있다.[126]

2) 嫡庶의 分別

신분과 계급을 중시한 조선시대에 있어서 그 가운데서도 엄격하게 유지하고자 한 것은 바로 嫡庶의 구분이었다.

---

124) 『효종 18권 8년 1월 26일 기사』 참조.

125) 이 節目의 구체적 내용은 「兵曺啓, 良丁查覈節目十條. 一. 諸色冒錄及閑丁中, 年未滿十五世者, 似不當定役, 而闕額數多, 閑丁不足, 不得已以十一歲, 以上定役. 一. 自五十五歲至五十七八歲者, 與丁壯有間, 不須定役, 限年收布二疋. 一. 自五歲至十歲之類 別錄成冊, 待其年限, 次次隨闕定役. 一. 出身子枝及中庶子枝有蔭子孫, 幷當以有廳軍士, 口傳施行, 其功蔭有無, 自本道查覈上送, 以爲口傳之地. 一. 各衙門冒錄生徒軍官及武學業武, 各營在家軍官官軍官稱號之類, 幷爲忠壯衛口傳, 以爲兼帶隨行之地. 一. 未口傳忠義衛族親衛稱號之類, 今本道, 覈其世系, 考其錄券, 成冊上送, 以爲口傳之地. 一. 各邑校生則本道既已馳啓, 方下備局, 待覆啓處置, 而他官案付冒錄校生之類則爲先一倂定役. 一. 各邑各邑匠人無役之類, 今若並爲定役則各邑將不成貌樣, 就其中참酌除出, 成冊以送, 依元餘丁例, 各限年收布二疋. 一. 本曺所屬諸色軍兵逃故闕額之類, 盡數充定後, 不待歲抄, 別爲趁卽啓聞以爲軍案付標之地, 餘數則別件成冊上送, 未定役前, 姑爲收布上送, 本曺軍兵中, 隨闕定役. 一. 各項節目, 遵奉擧行, 而如有人吏, 符同受賂, 用奸瞞報, 自此現露, 則一依事目科罪. 上, 命依此施行, 盖隣族侵徵之弊, 罔有紀極, 良民嗷嗷, 如在水火, 都案廳之設, 欲爲查得閑丁, 充定闕額, 以解倒懸之急, 則其意固未嘗不義, 而不能酌量時勢, 從便善處, 乃窮搜遍括, 一時幷擧, 造端既大, 作事無漸, 悉聚中外人姓名, 查出其有無役, 無役者不問貧實病健, 一切逐名定役, 故廢疾流丐, 無不入於其籍, 紛紜呼訴, 終不得免, 以是名數雖多, 實得無幾, 且古者士夫無蔭者, 一體無別, 而今則只取中庶之無蔭者, 不施校生考講之規, 而直爲定役, 被閑遊已久, 熟習見聞, 自以爲當然者, 一朝遽爾成冊, 人人自爲不免, 怨䜛朋興騷屑日沸, 大失民情, 莫可收拾, 雖朝廷施以此爲慮, 或中輟不行, 而其聚怨於民則無餘地矣」(『숙종 5권 2년 6월 15일 병인』).

126) 이에 관하여 상세한 것은 『영조 71권 26년 7월 2일 임인』 참조.

功臣私賤所生子의 身分判別과 관련해서는, 앞에서 본 『세종 47권 12년 2월 14일 병술』의 趙得林의 事例가 있다. 이 문제는 성종조에 이르러서까지 계속 논의가 되었다. 즉 巴山君 趙得林의 前妻 소생인 趙成과 趙巑이 忠義衛[127]에 소속되면서 논란이 일었던 것이다. 사헌부에서는 趙의 두 아들이 본래 천인 소생이므로 충의위에 소속하도록 하는 데에 미편함이 있음을 지적하자, 趙가 朴從愚의 첩의 衆子[128]의 경우를 예로 들어 상언을 하였다. 이에 대하여 忠勳府는, 「맨 처음 趙得林이 천인일 때에 趙成의 母에게 장가들었는데 같은 천인이어서 본래 尊卑의 구분이 없었기 때문에 嫡妾을 논할 수가 없었다. 그 뒤 조득림이 尹씨에게 다시 장가들었는데, 윤씨는 士族의 부녀자였기 때문에 적첩의 구분이 정해지게 되었다. 이리하여 趙巑은 첩의 중자로 인정되어 충의위에 소속할 수가 없으며, 박종우의 사례는 한때의 특별한 恩典이므로 準例로 삼을 수 없다」는 입장을 취하였다. 이 견해에 대하여 鄭昌孫 등은 찬성의 뜻을 비추었으나, 韓明澮는, 世祖朝·睿宗朝에는 이미 모두 許通[129]하였으니, 성종의 재량에 의할 것을 주장하였다. 沈澮는, 무릇 공신은 嫡妻에게 後嗣가 없고 첩의 아들만 있으면 承襲을 중히 여기기 때문에 충의위에 소속하도록 한 전례가 있지만, 중자의 경우에는 전례가 없으므로 반대 의견을 표하였다. 洪應은, 朝와 그의 전처는 본래 천인이지만, 뒤에 윤씨에게 장가들었으되, 윤씨는 사족의 딸이어서 둘 다 嫡妻로 할 수 없었기 때문에 전처의 소생에게는 허통하지 않은 것이고, 지금은 윤씨를 버렸으므로 趙成 등에게 과거를 보지 못하도록 한 것은 마땅하지만 충의위에 소속하게 하는 것은 가하다는 입장이었다.

결국 성종은 홍응의 주장을 좇아 趙成 등의 충의위 소속을 허락하였으며,[130] 게다가 趙成을 과거에 나아가도록 허용하였다.[131] 다음날에 사헌부

---

127) 조선조에 공신의 자손을 우대하기 위하여 세종 때에 조직한 군대이다. 忠佐衛에 속하였고, 공신의 嫡實子孫과 承重한 妾子孫으로 구성되었다. 조선조에는 적첩의 구분이 엄격하여 첩의 자식은 충의위에 소속될 수가 없었다.

128) 맏아들 이외의 여러 아들을 말한다.

129) 벼슬길이 막힌 자에게 벼슬길에 나오도록 허락하여 주던 것이다.

130) 『성종 170권 15년 9월 10일 갑오』: 「司憲府以巴山君趙得琳前妻子趙成趙巑, 本是賤人, 許屬忠義衛未便, 得琳援引朴從愚妾衆子許屬忠義衛例上言, 忠勳府據此啓, 得琳初

持平 李克圭가 아뢰기를, 贓吏의 자손은 허통할 수 없다고 『經國大典』에 규정되어 있는데 趙成의 경우에 허통하게 함으로써 법이 무너질 것을 염려하였으나 성종은 받아들이지 않았다.132) 그 다음날 다시 여러 대신이 잇따라 상언하자 마침내 趙成이 과거에 나아가는 것을 허용하지 말도록 명하였다.133)

그리고 조선사회가 비록 多妾制度를 인정하기는 하였지만 一夫一妻制를 유지하기 위하여 애쓴 내용이 『세조 25권 7년 7월 9일 정미』에 나온다. 즉 당시에 經國大典 刑典을 반포(세조 7년 7월 15일 계축)하기에 앞서 예조에 전지한 것을 보면, 癸巳年(태종 13년, 1413) 3월 11일 이후에 아내가 있

爲賤時, 娶趙成母爲妻, 同是賤口, 本無尊卑之分, 不可以嫡妾論矣, 後娶尹氏爲妻, 尹氏則士族婦女, 於是嫡妾之分定矣, 趙嶙是妾之衆子, 無忠義衛入屬之例, 朴從愚衆子許屬忠義衛, 亦一時特恩, 不可以爲例. 命議于領敦寧以上. 鄭昌孫尹弼商尹壕議, 依所啓施行. 韓明澮議, 世祖睿宗朝, 皆已許通, 上裁. 沈澮議, 凡功臣, 於嫡無後而有妾子, 則重其承襲, 故屬忠義衛, 有前例矣, 衆子則無前例, 一開其路, 則援例希望者必多, 且尊卑混淆, 恐傷大體. 洪應議, 趙得琳與妻, 元是賤人, 後娶尹氏, 尹氏士族之女, 不可二嫡, 故前之所生, 不許通,,今者已棄尹氏, 趙成等不令赴試則宜矣, 屬忠義衛, 無乃可乎, 況先王已通仕路乎. 從洪應議」.

131) 『성종 180권 16년 6월 9일 무자』: 「司憲府大司憲李世佐等上箚子曰, 竊惟罪有輕重, 法有可恕, 情出可矜, 則罪雖重, 法可恕也, 情出故爲, 則罪雖輕, 不可恕也, 贓吏之輩, 論其情則無可矜, 議其法則無可恕, 國家重贓吏之罪, 錮及子孫, 使爲惡者知戒而一朝許通, 臣等恐貪風不戢, 士習從此而益卑矣, 且國家設科取士 ,必視門地, 非徒重科目, 所以嚴貴賤之分也, 今以得琳賤妻之子成, 許赴科擧, 臣恐貴賤之分, 從此紊矣, 伏願亟收成命. 不聽」.

132) 『성종 180권 16년 6월 7일 병술』: 「司憲府持平李克圭來啓曰, 贓吏之子不得許通, 載在大典, 今乃分揀許通, 臣恐法壞, 且或有許通者, 或不許通, 其不得者, 必蜂起訴寃, 希望上恩, 而且不得, 則其寃抑反益深矣. 傳曰, 爾謂以此爲壞大典歟, 然自今以後, 贓吏子孫, 遇旱必令許通, 則雖曰壞法, 可矣, 今則不然, 憂慮旱災, 特一時許通, 豈爲例也. 且議其罪之輕重, 輕者許通, 重者則否, 豈有舍寃者乎」.

133) 『성종 180권 16년 6월 12일 신묘』: 「又啓, 贓吏及申瀞之子, 不宜許通, 趙得琳之子, 不宜赴試. 上顧問左右, 僉曰, 上遇奕軫慮, 無所不至, 慮有寃枉未伸者, 下議臣等, 臣等分揀輕重, 使其子孫許通耳. 上曰, 趙得琳與柳子光, 有以異乎, 僉曰, 子光本以宰相妾子, 娶鄕吏之女爲妻, 鄕吏之子, 無所不通, 得琳本以賤口, 又娶賤口之女, 其與子光大相間矣. 弼商曰, 賤口赴試, 不可開端. 上曰, 公論所在, 予何不從, 得琳之子, 勿許赴」.

는데도 또 아내를 얻은 자는 엄하게 징계하여 離異하게 하고, 즉시 발각되지 아니하여 자신이 죽은 뒤에 자손이 嫡子를 다투는 자가 있으면 먼저 태어난 사람을 적자로 삼도록 하였다.134) 이 기사의 내용으로 볼 때, 嫡庶의 分辨이 애매한 경우에는 출생시기가 嫡庶를 판단하는 결정적인 근거로 되었음을 알 수가 있다.

이러한 嫡庶에 관한 판단은 일단 성립되면 다시 번복하기가 어려웠다. 『성종 73권 7년 11월 18일 무오』 및 『성종 126권 12년 2월 20일 갑자』는, 일단 그 父가 이미 妾子라고 文券을 만든 때에는 嫡子라고 번복할 수가 없었음을 보여주는 기사이다.

3) 嫡妾의 分別

嫡庶의 分別 못지 않게 嫡妾의 分別에 관하여 소송을 제기한 사례 역시 왕조실록에 많이 실려 있다.135)

---

134) 『經國大典』 吏典 限品敍用條 참조.

135) 『문종 7권 원년 5월 6일 계묘』의 李蓁의 事例: 「中樞院副使, 李蔡妻崔氏上言, 家翁李蔡, 以先妻金氏, 於其嫡祖母, 昌槍宅主鄭氏, 奴婢文券, 稱金氏母爲妾女, 故出之, 遂以女爲妻, 受爵牒, 去丁卯年親試, 以家翁竝畜二妻, 不許女壻元矩赴試, 家翁陳訴, 命憲府辨之, 以金氏之爲妾產, 無文可考, 論以有妻娶妻, 命還離異, 收爵牒, 後乃復合, 伏望還給爵牒, 上, 不允」; 『예종 8권 원년 10월 26일 병자』 黃守身 事例: 「司憲府啓, 卒領議政黃守身妾李氏, 稱後妻, 狀告, 黃愼父卒三四日內, 擅分鞍馬布貨雜物, 下逮賤妾子, 而獨不給女之所生, 愼葬父後, 稱病不祭, 又家翁同居家正堂外, 其餘間閣, 皆幷財造成, 又愼又歿後, 糧料器皿, 封閉不給, 然家翁使其兄致身, 成婚書爲婚, 及丁亥三月, 稱黃生, 爲後室之子, 告于忠勳府, 又狀告吏曹, 欲受爵牒, 女之爲嫡明甚, 府擧此劾之, 守身妾仍邑加云, 愼給李馬一匹, 鞍子一, 醫員宋欽徐仲誠云, 愼病時, 欽承傳胗候, 仲誠救愼病, 奴終金云, 領政議沈澮, 啓愼病, 注書承傳勸肉, 愼非稱病不祭明矣, 李之所謂幷財造成家則守身傳得於父, 樓舍行廊, 以舊材改造, 而別造一家以給李, 庫則非愼封閉, 眷妻及李繼重崔漢良妻, 與李封之, 守身天順三年正月, 受贊成之職, 而景泰七年十一月婚書, 以贊成結御, 其爲追述顯然, 守身妾仍邑加等云, 守身稱李爲咸陽加氏, 仲非水口門加氏, 李之婢思郎亦云, 李累年隨居, 而不以命婦詣闕, 但以經都官奴婢文券內, 守身妾子黃心著名, 稱李爲嫡母, 李據此爲證, 心云, 李氏出示文券, 令我署名, 我於父生前形言非嫡爲難, 不獲已署名, 我國之俗, 婚姻之際, 男歸女第, 守身娶李時, 李在八九日程, 而使奴僕率來, 且守身手書庚辰年日記冊, 書李曰咸陽加氏, 李之母曰咸陽加氏母, 李之爲妾明甚, 守身以李之子生, 爲後妻之子, 而告忠勳府, 是則溺愛, 欲貴

먼저, 洪允成 事例[136]를 들 수가 있다. 高麗朝의 말엽에는 政教가 점차로 해이해져 두 사람의 妻를 데리고 사는 자가 있었으나, 朝鮮朝에서는 그러한 폐단을 개혁하여 癸巳年(太宗 13년, 1413) 이후부터 두 사람의 처를 데리고 사는 자는 그 중에서 뒤에 맞이한 처를 첩으로 삼는다는 일정한 제도가 마련되어, 처가 있으면서 다시 장가들어 즉시 발각되지 않았다가 본인이 죽은 뒤에 그의 자손들이 嫡을 다투는 경우 先娶를 嫡으로 삼도록 하여 성종조에 이르도록 준수 시행되었다.[137] 그러다가 성종 7년에 洪允成 事例에서 이 제도는 변경된다. 이 사건은 이미 죽은 洪允成의 後娶인 金氏[138]가 嫡妻냐 妾이냐의 分別에 대하여 논란이 일게 되면서 시작되었다. 이 문제를 먼저 들고 나온 사람은 司諫 朴崇質이었다. 朴은 綱常을 바르게 하기 위하여 김씨의 嫡·妾을 명백히 할 것을 아뢰었다. 이에 대하여 성종의 처음 태도는 이미 홍윤성이 사망하였기 때문에 불가하다는 쪽이었다. 朴은, 애초에 홍윤성이 생존하였을 때에는 약간의 事端도 없었기 때문에 분별할 필요가 없었음을 이유로 들고, 洪이 본처인 南씨를 嫡妻로 삼아 노비와 家舍를 모두 주었기 때문에 이를 빼앗을 수는 없지만 綱常을 바로잡을 것을 다시 아뢰자, 성종은 대신들의 의견을 묻는데, 두 견해가 대립되었다. 첫째는

其子, 不足信也, 致身追成禮書, 以亂嫡妾之罪, 已經赦宥, 未得追論, 爲人子者, 父母所愛, 至於犬馬, 亦當愛之, 況李雖妾, 父所鍾愛, 且有子, 而愼父死未幾, 薄待, 俾不得安住, 又本府因李狀告劾問時, 愼給穀, 詐稱云, 前此給之, 而李不受, 其爲不直甚矣, 請愼按律治罪, 以李爲妾. 從之」.

136) 『성종 66권 7년 4월 4일 정축』, 『성종 69권 7년 7월 8일 기유』 및 『성종 69권 7년 7월 17일 무오』에 그 사건 내용이 자세히 기록되어 있다.

137) 『성종 69권 7년 7월 17일 무오』 참조. 그렇지만 특별한 경우 예외적으로 두 妻를 인정하기도 하였다 (『文宗 3권 즉위년 9월 27일 무진』 李蓁의 사례 참조).

138) 홍윤성의 農莊이 鴻山에 있었는데, 근방에 大族 金生이란 자가 있어 홍윤성과 본래 서로 사이좋게 지내었다. 김생에게는 나이 장성한 딸이 있었는데, 집안이 매우 가난하여 시집을 보낼 수가 없었다. 홍윤성이 그 딸이 美色임을 듣고 김생을 속여 말하기를, 「듣건대, 그대에게 나이 장성한 처녀가 있다 하니, 내가 사위를 고르려고 한다. 혼수는 내가 마땅히 마련하겠다」고 하며 많은 布帛과 米穀을 실어 보내고, 또 글을 지어 보내기를, 「그대는 이미 좋은 사위를 얻게 되었다」고 속이니, 김생이 이를 믿고 약속과 같이 때를 기다렸는데, 홍윤성이 스스로 장가를 드니, 곧 김씨였다 (『성종 66권 7년 4월 4일 정축』).

司憲府의 견해로서 김씨를 妾으로 논하자는 것, 둘째는 鄭麟趾·韓明澮·曺錫文·金國光의 견해로서 後妻로 논함이 마땅하다는 것이었다. 사헌부의 논거는, ① 홍윤성이 本妻인 南氏를 버리지 않고서 김씨를 맞이하였으며, 더구나 김씨를 맞이할 때에 納采만 하였을 뿐 정식으로 婚禮를 올리지 않았다는 것,[139] ② 둘째는 홍윤성이 김씨에게 장가든 이유가 남씨가 아들을 낳지 못하였기 때문이고 이로 인하여 김씨를 妻라고 지목했다는 것, ③ 洪이 奔喪할 때에 남씨가 그를 따랐다는 사실이다. 그러므로 김씨를 마땅히 첩으로 논하여야 한다는 것이다. 이에 대하여 鄭麟趾는, ① 남씨가 아들이 없기 때문에 법률에 의거하여 마땅히 내쫓아야 하며, 洪의 父인 洪濟年의 축출명령까지 있었던 것으로 보아 남씨는 버림을 받은 것으로 보아야 한다. ② 김씨에게 장가들 때에 혼례는 갖추지 않았으나, 이것은 조그마한 절차이니 지나치게 책망할 수는 없다. 洪이 늙어서 改娶하는 것을 부끄러워하여 간략하게 한 것이다. ③ 남씨가 洪이 분상할 때에 따른 것은 비록 버림을 받았더라도 그와의 사이에 딸이 있었기 때문에 居喪하는 것이 도리상 당연하였기 때문이다. 따라서 김씨를 後妻로 논함이 마땅하다고 하였다. 그리고 ① 남씨와 김씨의 가문이 서로 대등하기 때문에 洪이 남씨를 버리지 않고 김씨에게 장가들었다는 것은 이치에 맞지 않고, ② 김씨가 命婦[140]가 된 지 이미 오래 되었기 때문에 後室이 된 것은 의심할 여지가 없다는 주장을 하였다. 또 曺錫文·金國光은, 洪이 김씨에게 장가들 때에 예의에 적합하지 않은 일들이 많기는 하였지만 이미 命婦가 되었기 때문에 첩으로 논할 수는 없다고 주장하였다. 결국 이 문제에 대하여『성종 69권 7년 7월 8일 기유』에서는 鄭麟趾 등의 견해를 받아들여 김씨를 後妻로 논정하도록 명하였다. 며칠 뒤에『성종 69권 7년 7월 18일 기미』에서 司諫 尹慜이 김씨를

139) 司憲府 掌令 李淑文은 상소문에서,『禮記』의「혼인의 예절을 정식으로 갖추면 처가 되고, 정식으로 갖추지 않으면 첩이 된다」는 규정을 근거로 들었다. 이에 관하여 상세한 것은『성종 69권 7년 7월 19일 경신』참조.

140) 封號를 받은 부인의 통칭. 女官으로서 품위 있는 자, 宗親의 妻와 딸, 문무관의 처 등이 원칙이고, 특별한 경우 私婢인 命婦(『성종 69권 7년 7월 21일 임술』)도 있었다. 내명부와 외명부의 구별이 있었다.

後妻로 논할 수 없음을 아뢰었으나, 성종은 남씨와 김씨 모두 士族이므로 첩으로 논할 수 없으며 또한 洪이 남씨와의 인연을 끊지 않은 것은 김씨의 잘못이 아니라고 하여 반대하였다.

다음으로, 金汝興의 사례를 들 수가 있는데, 성종 16년에 司導寺 僉正 金潤宗이 첩의 소생인 金汝興을 嫡子로 삼고자 상소하였다. 金潤宗은, 壬申年(文宗 2년, 1453년)에 처 李씨를 버린 후에 汝興의 母에게 장가들었다고 주장하였다. 그러나 사헌부에서 조사한 바로는, 계유년(단종 원년, 1453년)과 정유년(성종 8년, 1477년)의 호적에 이씨로 衙眷[141]을 삼은 公證이 명백하고, 또한 이씨가 있는 곳에 세 번이나 서신을 보내면서 家翁이라 일컬으며 이름을 쓴 사실로 미루어 볼 때, 金潤宗이 본처인 이씨를 내쫓지 않은 채 汝興의 母에게 장가든 것이 분명하였기 때문에 첩으로 판별하였다.[142]

끝으로, 朴慶基의 事例는 『정조 26권 12년 7월 11일 신미』에 나오는 것인데, 정조 12년에 掖隷 박경기가 妻가 있으면서 또 妻를 얻기 위하여 崔씨 성을 가진 여자에게 采緞을 보내 사건이다. 壯勇營에서 처결하기를 청하였다. 이에 정조는, 「妻가 있으면서 또 妻를 얻는 것은 법으로 금하고 있다. 첩이 되기를 원하지 않는 것은 인정으로 보아 당연한 것이다. 만약 시집을 가지 않고 처녀로 늙게 된다면 和氣를 해치기에 충분하니, 崔女로 하여금 본인의 원에 따라 다른 곳으로 시집가게」 하도록 전교하였다. 그러자 장용영에서 「최녀가 비록 醮禮는 하지 않았으나 몸은 이미 허락하였으니, 차라리 박가의 종이 될지언정 다른 사람의 아내가 되기를 원하지 않는다」고 아뢰었다. 마침내 정조는 그 정절에 탐복하여 최녀를 후처로 정하여 박경기에게 주도록 하였다.

---

141) 守令의 內衙에 있는 眷屬을 말한다.

142) 『성종 182권 16년 8월 28일 병오』: 「司導寺僉正金潤宗上疏, 欲以妾產汝興, 爲嫡子, 令司憲府辨明, 至是, 憲府啓, 潤宗雖曰, 壬申年, 棄妻李氏, 後娶汝興之母, 然癸酉丁酉年戶籍, 皆以李氏爲衙眷, 公證明白, 而且李氏處三度通書, 稱家翁著名, 不黜李氏而娶汝興母明甚, 況汝興母, 世係微賤, 不可論以嫡妻. 命議于領敦寧以上. 僉曰, 依憲府所啓. 從之」.

(4) 小 結

조선시대에 있어서는 사회적 신분에 따라 법적 지위가 매우 다양하게 주어졌으며, 때로는 제한되기도 하고, 때로는 제한되는 가운데서도 특별히 은택을 입어 법률상으로 보다 나은 법적 지위를 가질 수가 있었다. 그렇지만 사회적 신분에 따른 어떠한 법적 지위가 어떠하였다는 식의 획일적인 판단을 내리기에는 무리가 있다. 이를테면 공법과 사법, 민사와 형사 등과 같은 법학상의 분류나 평가는 한 마디로 단정할 수가 없다. 조선사회는 법학의 세분화·체계화가 이루어지지 않은 상태였기 때문에 그 곳에서 헌법이니 민법이니 형법이니 혹은 민사니 형사니 하는 것은 명확하게 구분되지 않고 있었다. 어쨌든 이들 노비들의 법적 지위는 법적인 관점에서 볼 때 매우 다양하고 복잡한 관계를 내포하고 있는 것만은 분명하다.

또 앞에서 보았듯이, 조선시대의 사회적 신분이라는 것이 일단 결정되면 영원불변의 확고부동한 것은 결코 아니었다. 그것은 시대적 상황의 변화에 따라 사회적 신분에 대한 변동이 일어나면서 그들의 법적 지위도 함께 상승하거나 하락하는 경우가 매우 빈번했던 탓이라 하겠다.

권리의 주체이면서 물건으로서 다루어지게 되는 奴婢化의 方式은 대체로 출생에 의한 신분의 세습, 범죄에 대한 신분적 형벌의 부과, 壓良爲賤 또는 投託 등에 의한 경우가 주된 모습이었고, 그 밖에도 채무불이행 또는 인신매매에 의한 경우 등이 있었으며, 드물게는 향화인들이 노비화하기도 하였음을 보았다. 특히 채무의 불이행이나 인신의 매매에 의한 경우와 투탁에 의한 노비화는, 한 사람의 법적 지위가 그 자신의 사회적 신분의 포기에 의해서 쉽게 이루어졌음을 보여 주는 것이다. 또 압량위천이나 투탁에 의한 노비화가 성행하였다는 사실은, 당시의 사회적 신분이라는 것이 명백한 법규정의 적용에 의해서 결정되기보다는 법제도화되지 않았거나 불법적인 방법을 통하여 이루어졌음을 보여주고 있고, 또한 양인이라는 신분이 반드시 노비의 그것보다 양호하였다고 단정하기 어렵게 만들고 있다. 즉 양인의 신분을 가진 자가 그것을 버리고 스스로 노비로 되기를 자원했다는 사실은, 상대적으로 노비의 실질적 생활 사정이 일반 양인의 그것에 결코 못하지 않았음을 보여 주는 것이라 하겠다. 이러한 사실은 결국 조선 중기 이후 사회질서가 붕괴되기 시작하면서 그와 함께 천인과 양인의 실질적인 사회적 사정이나 지위의 격차가 좁아지고, 최종적으로는 노비의 해방을 맞으면서 사회적 신분에 따른 법적인 차별을 완화 내지 철폐하는 계기가 되었음을 분명하게 보여 주는 것이다. 신분의 향상에 관한 것은 다음 항목에서 고찰한다.

3. 法的 能力의 制限

(1) 奴婢의 法的 能力

노비라 하더라도 일정한 재산에 대한 독자적인 財産權을 가졌으며, 자유로이 그것을 행사할 수 있었음을 알 수 있다. 그 구체적인 범위가 어느 정도였는지는 정확히 규명할 수 없지만, 『세종 18권 4년 12월 4일 정해』에서는 사노인 경우 말을 소유하거나 타인과 매매 또는 교환할 수 있는 권한이 인정되었다. 그리고 『세종 11권 3년 2월 5일 무술』에서 戶曹가 「절과 사당의 노비들은 모두 典農寺에 소속되어 있어 토지가 있는 자는 쌀로 身貢을 받고, 토지가 없는 자는 포목으로 身貢을 받는데, 각 아문의 노비의 신공은 정한 법이 없으니, 전농시 노비의 예에 따라, 경작하는 토지가 3결 이상 되는 자에게는 쌀로 신공을 받게 하소서」라고 한 기록으로 보더라도 공천인 자가 토지를 소유할 수 있었음을 알 수가 있다.

노비가 노비를 소유하기도 하였는데,[143] 『세종 48권 12년 4월 5일 을

---

143) 『세종 42권 10년 11월 14일 임술』: 「漢城府啓, 凡私奴婢無後者, 以其家産, 旣許他人, 其本主, 又爭之, 今考永樂十二年七月十二日, 刑曹受敎, 奴婢無後身死者, 如有所使奴婢, 許本主使喚, 有文契者, 不在此限, 請幷家舍貲産, 依奴婢例, 決給, 從之」; 『세종 49권 12년 8월 21일 기축』; 『문종 4권 즉위년 11월 4일 갑진』: 「河緯地啓曰, 律寬大慈幹事僧, 因代納貢物, 橫行州郡, 作弊多端, 忠淸道尤甚, 且以造報恩福泉寺, 擧道受弊, 請禁之. 上曰, 此是細碎之事, 政府憲府, 極論其弊, 然此寺造成, 予亦知之, 其不禁之故, 已曾言之矣. 緯地又啓曰, 都承旨李季甸, 以監掌佛事, 特賜御衣, 左承旨鄭

해』에는 賤人이 奴婢 1백여 명을 소유할 수 있었다는 기록이 있다. 또『단종 13권 3년 윤6월 6일 경술』은 都官 소속인 長命이라는 婢가 다른 사람과 노비의 소유권을 다투어 승소한 기록이다. 이로 미루어 볼 때 公賤의 경우 소송능력은 물론 노비로서 다른 노비를 소유할 수 있었음을 짐작할 수 있다.

公賤은 告訴權과 家舍에 대한 所有權도 가졌던 것으로 보인다.[144] 또한 기록으로 보아 일정한 범위의 家産을 독립하여 소유하였음을 추단할 수 있다.[145] 성종조의 私奴인 林福이나 家同이 미곡 2천석 이상의 상당한 재산을 가졌고,[146] 연산군 때 尙衣院에서 私奴 石乙同으로부터 진주를 사들였다는 기록[147]으로부터 알 수 있다. 그리고 효종조에도 公賤에게 소를 바치고 良民이 되는 것을 허락한 기록[148]이 있음을 미루어 볼 때 朝鮮朝의

而漢, 以監掌佛事之勞, 賜科田, 實爲不可, 上曰, 賜而漢科田者, 特隨例耳, 凡臆度之言, 恒多不中, 大抵君子之心, 以君子之心度之, 小人之心, 以小人之心度之可也, 右正言金孝給啓曰, 前日本院, 疏上六事, 未得蒙允, 竊有憾焉. 上曰, 何事也, 孝給條陳之. 仍啓曰, 求買油蜜, 實大君之事也. 上曰, 大君誰耶, 疏中之事, 予皆聽之, 唯油蜜事不聽耳. 左參贊鄭甲孫啓曰, 益寧君與金革, 爭家舍土田, 未決而據奪, 請依法畢決爲限, 姑給金革. 上曰, 宗親之事, 不可如此. 甲孫曰, 宗親不畏法令, 而據奪, 則後日之弊, 不可勝言, 近者漢南君之事, 亦可鑑矣. 上曰, 漢南君年少愚痴人也, 必有操弄之者, 故已令承政院推之. 甲孫曰, 此必件人等所爲, 宜當痛懲. 上曰, 然非特此輩, 亦有宦寺主張之者, 若有成法則依法斷之, 無則姑勿還奪, 以待官決可矣」.

144)『성종 125권 12년 1월 5일 경진』:「高川君申瀞啓曰, 臣聞昨日內資寺婢仲今, 訴臣奪取其家, 仲今, 臣之妻父厚寧君孽四寸妹也, 其三寸叔母孝道, 以奴婢家舍, 傳係于臣之妻母, 而經署漢城府後, 孝道乃死, 其時仲今, 略無一言, 至昨日, 持漢城府牌字, 到臣家, 妻母, 令奴子, 持經官傳係文記, 往漢城府 仲今, 乃謂臣結縛歐打, 臣於昨日, 以行忌祭, 往在正因寺, 故實未知此事. 傳曰, 高川君必不如此, 然不可聽一人之言而辨決也. 史臣曰, 瀞性本貪饕, 久秉政要, 受人財産臧獲, 又奪人財物, 相與爭訟者多」.

145)『성종 168권 15년 7월 22일 병오』;『연산군 58권 11년 6월 11일 갑자』참조.

146)『성종 181권 16년 7월 24일 임신』:「鎭川居私努林福今爲賑民, 納粟二千碩, 其心可嘉, 今當阻飢, 有識之人, 且不肯納, 以賤隷而爲之, 免賤以賞何如. 承旨等啓曰, 此人本欲免賤爲良, 雖於國家有功, 以其主視之, 則橫逆之奴也, 且從良重事, 不可容易開端」.

147)『연산군 54권 10년 7월 11일 기해』참조.

148)『효종 21권 10년 3월 18일 기유』:「許令公賤, 納牛贖身, 全南道凶荒, 飢民盡賣農牛而食之, 及其農節, 民皆束手, 監司徐必遠, 請令公賤納牛許贖. 從之」.

私奴 중에는 양인보다 더 상당한 財力을 가지고서 行勢한 자가 있었음을 추측할 수 있다.[149]

그리고 이들이 자식이 없이 사망한 경우에 대해서는, 현종 6년의 수교(『受敎輯錄』 刑典 公賤條 863항)를 보면, 그 노비와 그 소유물을 본인의 본관과 본주인에게 급여하도록 하고, 노비 본인이 사망한 지가 오래된 때에는 거론하지 말도록 하여 紛紜을 방지토록 하였으며, 또 본인 생존시에 放賣한 筆證이 있거나 收養子로 한 것이 續案에 등재된 것은 그대로 傳係된 것으로 인정하고 혼동하여 몰입할 수 없도록 하였다.

奴婢의 代理權과 관련해서는, 私奴가 그 주인을 대리하여 말을 매매하기도 하였으며,[150] 또 『성종 133권 12년(1481) 9월 19일 경인』을 보면, 성종 때의 황효원이 종으로 하여금 직접 집을 사서 고쳐 다시 팔게 함으로써 이득을 취하여 비난을 받은 기록으로 보아, 사천인 경우 그 주인을 대신하여 상당한 범위에서 재산상의 권리를 대신하였음을 알 수 있다. 또한 비록 노비의 신분에 놓여 있는 자라 하더라도 訴訟能力과 타인을 위한 訴訟代理權이 있었던 것으로 보인다. 『세종 85권 21년 4월 16일 계사』에서 「判內贍寺事卞孝文與私奴長守, 訟奴婢於都官, 一日孝文, 到知刑曹事李孟常家, 長守從傍密伺, 出見孝文詰之曰, 胡爲請託如是, 奪孝文鞍籠馬勒, 且謂孟常曰, 何爲接待訟者耶, 遂罵辱孝文, 憲司劾之曰, 長守以賤隷, 罵三品朝官, 不唯慢上陵尊, 且罵辱本管長官, 亦有其罪, 請依律決, 杖一百. 從之」라고 한 것으로 보아, 私奴는 조정의 고관과 더불어 그 주인을 代理하여 노비에 대한 송사를 할 수 있었음을 알 수 있다.[151] 또 『중종 5권 3년 4월 17일 갑신』에서는 연산군 때에 연창부원군 金勘이 沈濟의 집을 강제로 빼앗은 것을 중종이 즉위한 후 심인의 처 이씨의 종이 관청에 소장을 제출

149) 『연산군 54권 10년 7월 11일 기해』 참조.

150) 『성종 26권 4년 1월 6일 정유』: 「司諫院正言金悌臣來啓曰, 幸柱, 奪宋碩孫之馬, 不宜在朝列, 請罷職. 又栗元君徐, 往鄭徽家, 洗改文券, 徽豈不知乎, 請改經筵官. 傳曰. 碩孫之馬, 其奴賣與, 軍士轉賣於幸柱耳. 徐之事, 徽所不知, 此皆疑似之事, 豈可罪之也」.

151) 유사한 사례로는 『연산군 43권 8년 3월 11일 계미』; 『중종 5권 3년 4월 17일 갑신』 참조.

하자, 돌려주도록 하였고, 『영조 117권 47년 12월 24일 경인』에는 李命宿의 종이 신문고를 친 일이 있었는데, 이에 대하여 영의정 金致仁은, 종으로서 주인을 위하여 송사하는 것은 사리에 당연하다고 하였다.[152)]

이뿐만 아니라 노비는 직접 본인을 위한 소송도 할 수 있었는데, 『세종 6권 원년 12월 18일』을 보면, 노비 스스로가 본인을 위한 소송을 제기하고 수행할 능력도 인정되었음을 알 수가 있다. 그리고 『성종 103권 10년 4월 22일 무신』에는 私婢로서 宰相과 더불어 家舍를 다툰 내용도 있다. 이것으로 볼 때, 노비가 주인에 대하여 刑事的으로는 법적 제한이 있었으나, 民事的 관계에서는 법적으로 대등할 수도 있었음을 추측할 수 있다.

그렇지만 노비가 주인을 고소하는 것은 허락하지 아니하였다. 이것은 「국가의 宗社에 관한 큰 일이 아니면 서로 용납하여 숨기는 법을 훼손해서는 안 된다」는 法理에 입각한 것이었다(『중종 10권 5년 2월 7일 계사』). 『大明律』에는 노비와 품팔이하는 사람은 謀叛·大逆 외에는 자기 주인의 일을 고발하지 못하게 규정되어 있다.[153)]

노비의 奉祀權과 관련해서는, 후손이 없는 전혀 경우에는 노비로 하여금 그 주인의 제사를 받들게 할 수 있었으며, 왕조실록에 나오는 노비봉사에 관한 최초의 사례는 『성종 81권 8년 6월 18일 계축』의 신안선의 경우이다. 이 사례에서는 「比長又啓曰, 申安善奉祀, 今, 命從文記施行, 臣等議, 庶人, 只祭考妣, 安善, 豈可使永永享祀, 以虧大法. 上曰, 仁政必先鰥寡孤獨, 安善無後, 以奴婢奉祀, 其情可哀, 凡財主之願, 自家之法, 國家, 不可一切不從也, 且祭代等殺, 乃士大夫之禮也, 何足議於安善. 升卿曰, 上教允當, 然恐此法一立, 效之者多, 將或至於賤人, 變爲良人矣. 上曰, 此法, 關係大體, 不可輕易定奪, 明日, 當更召大臣議之. 先是, 司憲府啓, 申安善, 放役婢永春, 請限其身, 率其所生奉祀, 永春事後, 其所生, 依法區處, 命議諸政丞, 又命禮曹·刑曹·司諫院·承政院議之, 皆言不可永永奉祀,

---

152) 이 사건이 있은 뒤 영조는, 신문고를 설치한 후 오래된 일에 대해서도 대부분 擊鼓할 마음을 먹고 한갓 濫雜한 일만 아뢴다 하여 이를 철거하도록 명하였다가, 곧 다시 설치하도록 하였다.

153) 『大明律』 刑律 訴訟 干名犯義條 참조.

又命政丞更議, 俱如前議, 唯昌寧府院君曹錫文, 以爲依財主願意, 亦無妨, 命憲府, 依財主願意, 故臺諫論之」라고 하였는데, 그 내용인즉 ① 다수설로서 財主의 뜻에 따라 노비로 하여금 영구히 봉사하도록 해야 한다는 주장(成宗의 견해)과, ② 위탁받은 노비 자신에 한하고 그 후에는 노비를 법에 따라 區處해야 한다는 주장(司憲府의 견해)이 대립되었다. 이 문제는 다음날 계속 논의되었다. 즉 『성종 81권 8년 6월 19일 갑인』에서는 「傳旨禮曹曰, 凡士大夫, 無子女, 欲以奴婢, 爲墓直, 永世主祭者, 具由告官, 其奴婢, 士四 大夫六, 以爲定制, 從財主願意, 署其文券, 使奉其祭, 以及無窮, 若有數外所生, 分給使孫, 無使孫則屬公」이라고 하여, 사대부로서 후손이 없는 자가 노비에게 墓直과 奉祀를 시키려고 하는 자는 관에 고하는 것을 허락하고, 財主의 소원에 따라 관에서 文券에 署押하여 그 口數[154]에 한해서 永世토록 奉祭하게 하되, 그 노비의 소생이 數外로 넘는 자는 使孫[155]에게 나누어 주고, 사손이 없으면 屬公토록 하였다. 그 뒤 이 노비봉사제도는 『經國大典』 禮典 奉祀條 旁親之無後者祔祭의 註에 「士大夫無子女, 欲以奴婢, 墓直主祭者, 從財主之意, 署文記, 使奉其祀大夫六口, 士以下四口」라고 명문화되었다.

그 밖의 노비의 권리로서 언급할 만한 것으로는 공천이 첩을 둘 수 있느냐와 관련해서는, 영조 7년의 수교(『新補受教輯錄』 刑典 公賤條 1270항)에서 「公賤이 他婢를 作妾하여 자손이 있어서 자기물건을 위법으로 이미 올린 경우에는 制違의 律로써 시행한다」고 한 것으로 볼 때, 공천인 자도 첩을 둘 수 있었음을 알 수 있다.

奴婢의 供饋에 관한 것으로서, 특정한 주인에게 소속된 노비의 경우 매월 糧料를 받았을 뿐만 아니라 그 주인과 함께 서울을 왕래하는 경우 아울러 供饋를 받은 기록으로 볼 때 같은 노비라 하더라도 그 주인의 신분에

---

154) 士는 4명, 大夫는 6명.

155) 유산을 승계할 수 있는 일정한 범위 내의 친족(조카·從孫·삼촌·사촌 등)을 말한다. 이것을 도표로 표시한 것이 사손도이다. 死者에게 자녀가 없을 때에는 그 유산인 노비는 1차로 형제자매에게, 다음에 姪과 姪女에게, 다음에 從孫과 從孫女에게, 다음에 伯叔父 및 姑에게 승계하고, 이러한 자가 모두 없을 때에는 속공하였다.

따라 각각의 법적 대우에 차이가 많았음을 짐작할 수 있다.[156]

위와 같은 여러 가지 권리를 인정받은 노비 계급은 그들 신분에 따르는 의무 또한 부담하였는데 이를 身貢이라 하였다. 이와 관련하여 『영조 29권 7년 3월 25일 무자』에서는 公私賤 가운데 남자는 父役을 따르고, 여자는 母役을 따르는 것으로 법을 정하도록 하는 이른바 男父女母法을 마련하기도 하였다.

먼저 공천인 여러 관사의 노비는 법에 정해진 身貢을 바쳐야 했다. 이들의 신공에 대한 최초의 기사는 『태종 13권 7년(1407) 1월 정묘』에 나타난 革去寺社奴婢의 身貢式例이다. 즉 16세 이상 60세 이하의 노비에 대해서 米・布를 병용하여 신공을 정하였다. 그 뒤 세종 14년 戶曹에서, 각 관사의 노비신공을 돈으로 수납하자고 하였다. 이에 대하여 세종은, 「노비는 많고 銅錢은 적다. 없는 것을 바치라고 독촉하기는 또한 어렵다」고 하여 다시 의논토록 하였다.[157] 일반적으로 各司의 奴婢는 각각 1필의 貢木 외에 또 楮貨를 더 바쳐야 했다. 연산군 때에는 奴는 1명에 20장, 婢는 1명에 10장을 해마다 司贍寺에 상납하였다. 그런데 사섬시의 楮貨는 各司의 무명값 이외에는 쓸 곳이 전혀 없었기 때문에 민간의 저화는 2배를 주고도 사기가 어려울 정도에 이르러 그 폐단이 아주 많았다.

공천의 신공과 관련한 성문법규정을 보면, 外居奴婢에 대해서는 『經國大典』 戶典 徭賦條에서 「外居奴婢, 除選上・雜故外, 年十六以上六十以下並收貢, 皆納司贍寺」, 즉 選上과 雜故(잡다한 사고)를 제외한 16세 이상 60세 이하의 노비는 모두 신공을 거두어서 사섬시에 납부하도록 하였고, 京・外의 立役奴婢에 대해서는 『經國大典』 刑典 公賤條에서 「京外立役奴婢, 免貢, 給奉足二口」라고 하여 신공을 면제하였다. 이들 규정에 해당하는 이외의 노비는 모두 納貢奴婢였던 것으로 생각된다. 그리고 노비의 신공에 대해서 『經國大典』 戶典 徭賦條[158] 및 『大典續錄』 戶典 雜令條[159]에

---

156) 『세조 2권 원년 8월 13일 병진』: 「諭京畿觀察使曰, 鄭悰, 敬惠公主及帶率奴婢月給糧料, 隨宜給與酒肉饌具, 公主若欲往來京中, 並奴婢供饋」.

157) 『세종 56권 14년 6월 5일 임진』. 『세종 115권 29년 1월 10일 계유』 참조.

158) 「奴, 綿布一匹, 楮貨二十張, 婢, 綿布一匹, 楮貨一十張, 或以綿紬正布, 代納者, 聽」.

명문으로 규정하였다.

현종조에는 奴에게서는 1필을 더 거두고, 婢에게서는 반필을 더 거두었기 때문에 이를 견디지 못하고 도망하는 자들이 나날이 늘어났다. 이에 현종은, 奴婢貢木을 각각 반필을 감해 주고, 楮貨價 역시 특별히 감해 주되, 이를 法式으로 삼아 시행하도록 하였다.[160] 그 뒤 영조 8년에 官奴婢의 貢木을 남자는 1필 반으로, 여자는 1필로 개정하였다.[161] 그리고 內需司奴婢에 대하여 給代한 수는 『영조 83권 31년 2월 6일 경술』에서 庚午年(英祖 26年, 1750年)의 조목이 가장 많은 것으로 표준을 삼아 한필이나 반필 외에는 비록 1백 口를 얻었다 하더라도 다시 묻지 말도록 하였다. 아울러 諸宮에서도 마찬가지로 시행토록 하였다.

노비의 신공과 관련하여, 효종 8년에 「각사의 노비 6구가 實役을 하는 경우에 그 부모가 모두 공천이면 법전에 의하여 시행하고, 3구가 실역을 하는 경우에는 부모에게는 身貢을 면제하고, 비록 부모가 모두 사망한 후일지라도 동생인 실역자가 5인이면 1인은 신공을 면제하고, 10인이면 2인에게 신공을 면제토록 하고(『受敎輯錄』 刑典 公賤條 855항), 또 「내수사의 노비・양인・私賤의 父母에게 신공을 면제하는 따위는 구례에 의하여 만 3년마다 입안을 개정하여 憑考」하게 하였다(『受敎輯錄』 刑典 公賤條 856항).

또한, 選上奴子[162]에 대해서도 특별한 보호를 하였는데, 세종 18년에 刑

---

159) 「公私行用綿布, 升數則五升, 長則三十五尺, 廣則七寸以上, 楮注紙則長一尺六寸廣一尺四寸, 楮常紙則長一尺一寸廣一尺以上, 許令行用」.

160) 『현종 13권 8년 5월 6일 기유』: 「鄭致和曰, 各司奴婢貢木各一匹之外, 又有楮貨加捧之規, 而卽今奴則加捧一匹, 婢則加捧半匹故不能支保, 逃避日滋, 似當參酌蠲減, 以施實惠矣. 上曰, 奴婢貢木各減半匹, 楮貨價亦令特減, 定式施行」.

161) 『영조 32권 8년 9월 5일 기축』: 「至是趙文命, 覆啓判下, 其一, 館奴婢推刷時, 受賂用奸者, 該官禁錮, 書吏典僕, 依掩匿公私賤罪, 分輕重照律也, 其一, 每歲館奴婢貢未收居末之守令, 草記拿問也, 其一, 陳告奴婢, 無實而得賞者, 限十年並令還屬, 此後則勿以舊案奴婢施賞也, 其一, 功臣賜牌中, 館奴婢, 一一還屬也, 其一, 館奴婢貢木, 依舊典以男一疋半, 女一疋, 改定式也」.

162) 各司의 서울에 있는 奴子의 수효가 적어서 능히 그 역을 혼자 당할 수가 없게 되자, 각 도에 흩어져 살고 있는 奴子를 選上이라 일컬어 장정 세 사람을 1戶로 삼고, 6개월마다 서로 번갈아 番上하게 하였던 것이다. 이것은 대개 서울과 지방의 노비로 하여금 서로

曹의 牒呈에 의거하여 의정부가 아뢴 바에 의하면, 選上奴子가 그 역의 괴로움을 견디지 못하여 삯을 주고 사람을 사서 역을 대신 치르게 하였는데, 6개월의 값이 綿布 15필에 달하였다. 노자들은 훗날 파산될 걱정을 하지 않고 휴식하는 방책으로써 소·말·토지·산업 등을 抵當잡히거나 팔아 버리기까지 하여 마침내는 직업을 잃고 도망하여 서울과 지방의 노비가 점점 피폐하게 되는 폐단을 가져왔다. 이에 의정부에서, 지금부터는 各司의 選上奴子는 대신 세우는 것을 허가하지 말고 모두 本身으로 역을 치르게 하고, 서울에 거주하는 노자는 모두 3번으로 나누어, 일이 많지 않을 때는 번을 합하지 말게 하고, 매양 2번씩으로 역을 하게 하며, 1번은 교대로 휴식하게 하여 부자와 형제가 한집에서 같이 거주하게 하고, 4인 이상이 역을 하는 자는 1인을 奉足으로 삼도록 청하자, 그대로 따랐다.[163] 또한 『단종 12권 2년 12월 3일 기묘』는 「議政府啓, 諸司奴子, 居外方者, 每年輪次選上, 寄食京中, 艱苦倍他, 率皆雇人代立, 其代立者, 往所居鄕, 督徵其價, 貧者, 盡賣家產償之, 因此失業流亡, 公賤日減, 且諸司奴子, 多則或三四年, 或五六年相遞選上, 少則或每年, 或隔一年相遞, 踈數不同, 納貢奴婢, 則一年, 只納正布一匹,

---

교대로 휴식하게 하여 番드는 역을 너그럽게 해 주고자 함이었다. 『세종 74권 18년 9월 23일 을묘』: 「議政府, 據刑曹呈啓, 各司居京奴子數少, 不能獨當其役, 故以各道散住奴子, 稱爲選上三丁爲一戶, 六朔相遞番上, 蓋欲使京外奴婢, 更相休息, 以寬力役也, 今既立選上之法, 而居京奴婢之苦役, 猶故選上之奴, 則官吏尤不用心存恤故亦不堪其苦, 雇人代役六朔之價, 緜布十五匹, 無知奴子, 不顧後日破產之患, 徒以目前息肩之計, 至典賣牛馬田產, 終至失業逃散, 京外奴婢, 轉相凋弊, 實爲可慮, 今後各司選上奴子, 勿許代立, 竝令本身當役仍使官吏, 常加存恤, 其居京奴子, 竝分三番, 非遇多事, 則勿令合番, 每使二番立役, 一番輪流休息, 其父子兄弟, 同居一戶, 而四人以上立役者, 以一人爲奉足何如. 從之」.

163) 『세종 74권 18년 9월 23일 을묘』: 「議政府, 據刑曹呈啓, 各司居京奴子數少, 不能獨當其役, 故以各道散住奴子, 稱爲選上三丁爲一戶, 六朔相遞番上, 蓋欲使京外奴婢, 更相休息, 以寬力役也, 今既立選上之法, 而居京奴婢之苦役, 猶故選上之奴, 則官吏尤不用心存恤故亦不堪其苦, 雇人代役六朔之價, 綿布十五匹, 無知奴子, 不顧後日破產之患, 徒以目前息肩之計, 至典賣牛馬田產, 終至失業逃散, 京外奴婢, 轉相凋弊, 實爲可慮, 今後各司選上奴子, 勿許代立, 竝令本身當役仍使官吏, 常加存恤, 其居京奴子, 竝分三番, 非遇多事, 則勿令合番, 每使二番立役, 一番輪流休息, 其父子兄弟, 同居一戶, 而四人以上立役者, 以一人爲奉足何如. 從之」.

而選上之苦, 十倍於貢, 諸司京居奴婢, 及選上奴子, 多寡不同, 苦歇不均, 以忠淸全羅, 慶尙黃海, 江原等道, 所居奴元額, 分壯弱, 於京中諸司, 均一定上, 使五年相遞, 其元定數, 及加減數, 移文諸道」, 즉 諸司의 奴子로서 경중에 사는 노비와 외방에 거주하는 노비의 役에 차이가 심하게 되자, 이들을 보호하기 위하여 충청도·전라도·경상도·황해도 및 강원도의 選上奴子는 5년에 한 번씩 교대하도록 하고, 경기도는 6년에 한 번씩 교대하도록 정하였고, 이를 어길 경우 大明律 및 續刑典의 규정에 의하여 처벌토록 하였다.

그리고 관리로서 공납을 잘 처리하지 못한 경우 형사적인 처벌을 가하기도 하였는데, 선조 37년의 受敎(『受敎輯錄』 刑典 公賤條 857항)에서는 「실공하는 노비 3구 이상을 落漏한 경우에는 人情을 쓴 色吏는 장 1백, 도 3년형에 처하고 수령은 추고하며, 5구 이상을 낙루한 경우에는 색리는 장 1백형에 전가사변하고 수령은 파직하며, 年歲를 減等한 雜岐者가 5구 이상 있으면 색리는 장 1백, 徒 3년형으로 하고 수령은 추고하며, 7구 이상 있으면 색리는 장 1백형에 전가사변하고 수령은 추고·파출하고, 10구 이상 낙루한 경우에는 색리는 장 1백, 도 3년형으로 하고 수령은 추고」하였으며, 현종 6년(『受敎輯錄』 刑典 公賤條 859항)에는 「노비를 會集하여 現員을 점검할 경우에 대리점검을 받거나 頉(事故)이 있다고 칭하고 출현하지 아니하거나 하는 경우에는 본인과 색리·수노는 형추하고, 도망하였다고 칭하고 領來하지 아니하는 경우에는 당해 관원을 파면하고 입계하여 과죄」하였고, 또 영조 24년(『受敎輯錄』 刑典 公賤條 846항)에는 「각사의 노비가 본역을 싫어하여 고생을 피하고 안일을 기도한 자와 그 청탁을 받고 자의로 那移[164]를 한 관리」 역시 모두 치죄토록 하였다.

본래 各司의 노비들은 필요에 따라 斜付[165]되는 것이 원칙이었다. 다만 成均館·四學·奉常寺의 노비는 사부를 제한하였다.[166] 그 이유는 祭享과

---

164) 돈이나 물건을 유용하는 일을 말하며, 挪移라고도 한다.

165) 노비들을 본래 소속된 곳에서 빼내어 다른 데로 소속시키는 것을 말한다.

166) 『중종 77권 29년 4월 9일 을사』: 「傳于政院曰, 各司奴婢斜付事, 非自今而始也, 自祖宗朝, 成均館四學奉常寺奴婢外, 他各司奴婢, 皆得斜付也」; 『중종 61권 23년 4월 2일 계묘』.

學校를 중히 여겼기 때문이었다. 그러나 『중종 53권 20년(1525) 3월 6일 을축』은 이러한 斜付制限도 중종 20년 무렵부터 차츰 무너지게 되었음을 보여주고 있다. 특히 學宮에 노비가 있게 된 것은 고려말에 文成侯 安裕가 그 世業과 臧獲을 國學에 시납하면서부터이다. 조선초 이래 이들 노비들은 오로지 文廟에 祭享과 師生의 供養만을 맡고 다른 것은 일체 취역하지 않게 하였으며, 학궁의 공터에 집을 짓도록 허가하여 복역을 편리하도록 하였다. 그러다가 『중종 7권 4년(1509) 1월 29일 임술』을 보면, 중종조에 이르러 학궁의 노비가 公·私婢에게 장가들어 妻를 삼기 때문에 그 자손은 날로 번성하였으나, 학궁의 노비는 날로 더욱 감축되었다. 또한 이들은 학궁의 땅을 그들의 소유물로 생각하여 상속하거나 매매하기까지 하였다. 이로 말미암아 학궁의 땅은 외부인의 소유가 되고 학궁의 노비들은 살 만한 땅이 없어져서 먼 곳으로 흩어져 살게 되었다. 이에 太學生 元胤宗의 상소에 따라 현재 學舍 곁에 타인이 점유한 것은 모두 還收하고, 학궁의 종으로서 公私賤에게 장가들어 낳은 자식은 모두 학궁에 소속하도록 하였다. 이처럼 公賤은 원칙적으로 斜付가 허용되었지만 점차 많은 폐단을 낳게 되었다. 본래 각 色掌 및 匠人은 조종조로부터 가감이 없었다. 그러나 斜付하게 되면 각사의 提調들이 자기 官司에 노비들을 두려고 政院에 와서 계달함으로써 매우 시끄러워졌다. 그 중에서도 특히 尙衣院·司醞署 및 廣興倉에서 노비의 사부문제로 물의를 빚었는데, 노비 중에서는 스스로 연줄을 대어 공공연히 청탁하여 소속되고자 하는 자가 자못 많았기 때문에 그 폐단이 더욱 심하였다. 그 이유는 이 곳에서의 일이란 것이 본래 소속된 本司에서 하던 일보다 훨씬 수월했기 때문이었다. 이에 중종은, 각사의 직접적인 계달을 일체 금지하고 앞으로는 각각의 상급관청에 말한 후에 바로 정부에 보고하고서 입계하도록 하였다.[167)]

끝으로, 寺·祠堂 및 各衙門의 奴婢에 대해서는 『세종 11권 3년 2월 5일 무술』을 보면, 戶曹에서 계하기를, 「절과 사당의 노비들은 모두 典農

167) 『중종 77권 29년 4월 9일 을사』 참조. 이러한 폐단의 실례로는 현종조에 安州의 校生 梁繼璋이 그의 노비가 尙衣院의 公賤이 되었다고 司憲府에 억울함을 하소연한 사례가 있다(『현종 20권 13년 2월 27일 계묘』).

寺에 소속되어 있어 토지가 있는 자는 쌀로 身貢을 받고, 토지가 없는 자는 포목으로 身貢을 받는데, 각 아문의 노비의 신공은 정한 법이 없으니, 전농시 노비의 예에 따라, 경작하는 토지가 3결 이상 되는 자에게는 쌀로 신공을 받게 하소서」 하니 그대로 따랐다. 그리고 寺奴婢에 대해서는 『영조 83권 31년 3월 27일 경자』에서 奴는 한필을 감해 주고, 婢는 반필을 감해 주도록 하는 절목을 만들 것을 講確하였다.

(2) 年齡과 法的 能力

1) 未成年者의 法的 地位

조선시대 성년연령은 몇 살이었을까? 실록에 나타난 기록으로 미루어 볼 때, 몇 살이라고 획일적으로 말할 수는 없을 듯하다. 그 이유는 구체적인 사례에 따라 각기 기준연령을 달리하였기 때문이다.

우선 형벌의 집행과 관련해서 볼 때 형사상 책임능력은 16세였던 것으로 보인다. 그러나 이것 역시 일정한 것은 아니었고 죄명에 따라 신축적으로 적용하였다. 즉 죄를 범하거나 죄에 연좌되어 官奴婢로 영속시키거나 귀양보내는 경우 바로 집행하지 않고 성인이 될 때까지 기다렸다가 나이가 만 16세가 되면 비로소 처벌하였다는 기사가 있다.[168] 또 『세종 45권 11년 7월 11일 을묘』를 보면, 세종 2년 9월 受敎에, 나이가 70세 이상과 15세 이하 및 廢疾者로서 流罪 이하의 죄를 범한 자는 收贖하도록 하였다. 그런데 15세 미만인 자가 남의 물건을 절취한 경우 杖刑에 해당하지 않아 처벌하는 법조문이 없기 때문에 논란이 되었다. 1설(許稠)은, 죄가 의심스러우면 가볍게 처리하라는 원칙에 따라 불문에 붙일 것을, 2설(申商)은, 장래의 재범방지를 위하여 刺字[169]할 것을 주장한다. 이 문제에 대하여 세종은 許稠의 견해를 따른다. 이어 세종 11년에 이후부터 나이 70세 이상과 15세 이

168) 『단종 11권 2년 5월 15일 을축』; 『단종 12권 2년 8월 15일 갑오』; 『단종 12권 2년 9월 9일 정사』: 「緣坐人, 請並依律文施行奉敎, 父母子未嫁女, 妻妾祖孫兄弟未嫁姊妹及子之妻妾, 永屬遠方官奴婢, 伯叔父兄弟之子, 安置遠方, 年未滿十六歲者, 待年滿依上施行」.

169) 刺字에 처하자면 먼저 杖刑을 하여야 한다.

하로서 流罪 이하의 죄를 범하면 律文에 따라 시행하고, 수군 충당에 해당하는 자는, 부인에 있어서 3년 동안 한하여 徒를 贖바치게 하는 예에 따라 收贖하게 하였다. 그러자 형조에서 형이 너무 가볍다 하여, 등수를 더하여 과죄하였다.[170] 또한 『세종 45권 11년 7월 11일 을묘』에서 반대 의견이 없지는 않았으나 13세인 경우 법률상 절도죄에 연좌하였고, 18세인 경우 형벌을 1등급 감하였으며, 단종 원년에는 반역자의 친자로서 16세 이상은 絞刑에 처하고, 15세 이하는 그 母를 따라 자라게 하여 成年이 된 뒤에 官奴로 永續시키고, 斬刑과 絞刑에 처한 자들에게 연좌된 자 중에 男夫는 나이 80세와 篤疾者·婦人은 나이 60세와 폐질자는 연좌를 면하고, 딸로서 혼인을 허락하여 이미 그 남편에게 돌아가기로 정해졌거나 養子를 한 자 및 約婚을 하고 아직 成婚을 하지 않은 자는 追坐하지 말며, 또 동거하는 자가 아니면 그 재산을 沒官하지 말도록 하였다.[171] 그 뒤 『성종 138권 13년 2월 5일 갑진』에서는 미성년자가 亂臣賊子에 緣坐된 경우 바로 형을 집행하지 않고 족친들에게 보내어, 후에 비로소 성년이 되면 해당 郡邑에 예속시켜 노비로 삼았다. 그러다가 연산군 12년에 이르러 범죄자가 13세 이상이면 모두 決罪하라는 受敎를 내렸다.[172]

『인조 7권 2년 11월 26일 병자』에서는 鞫廳이 계사에 따라 「어린아이는 나이를 한정하지 말라」는 전교를 하였다. 이에 따라 禁府가 상고한 『大明律』에는, 10세 이하로서 반역죄를 범해 사형에 해당하되는 자는 적용할 율문을 의논해 奏聞하여 임금의 결재를 받고, 7세 이하는 죽을 죄가 있더라도 형벌을 가하지 않는데, 반역죄에 연좌되어 유배에 해당되는 자에게는 이

170) 『세종 46권 11년 10월 27일 경자』: 「刑曹啓今考謄錄, 乙酉年, 永爲遵守受敎內, 迷劣人奴婢奪占者, 壓良爲賤者, 文字僞造者, 決後奴婢, 仍執者, 未分奴婢, 及漏落奴婢, 容隱合執者, 分執奴婢, 據執者, 典當奴婢, 永執者, 妄稱誤決, 訴訟者等, 飾辭强辨, 亂法瞞官, 則收其職牒, 決杖八十, 身充水軍」.

171) 『단종 9권 원년 11월 11일 계해』: 「親子年十六以上處絞, 十五以下, 隨母長養, 成丁後, 巨濟濟州·南海珍島, 官奴永屬, 其斬絞人等, 緣坐內, 男夫年八十及篤疾, 婦人年六十及廢疾者, 免緣坐, 女許嫁已定歸其夫, 過房與人, 及聘妻未成者, 勿追坐」.

172) 『연산군 63권 12년 8월 23일 경오』. 『중종 44권 17년 3월 19일 병인』에는 「율문에 나이 80세 이상과 14세 이하에게는 형벌을 가하지 말도록 의논되어 있다」는 기록이 보인다.

율문을 적용하지 않는다고 규정되어 있었다. 따라서 이 규정의 해석상으로는 유아라 하더라도 반역과 관계된 일로 연좌되어 정배되는 경우에는 고치기가 어려웠다. 그러나 그 중에는 1-2세 짜리 젖먹이도 있는데 똑같이 멀리 정배할 경우 도중에서 죽게 될 염려가 있었다. 이것은 율문의 「경중을 분간하여 사형을 용서한다」는 뜻에 부합하지 않는 것이었다. 인조는 2-3세 된 아이들은 정배하지 말도록 답하였다.

인조 22년 판의금부사 李德泂 등이 아뢰기를, 「첫째, 『大明律』에 의하면 역적의 아들로서 15세 이하인 자와 母女·妻妾·祖孫·형제·자매 및 아들의 처첩은 모두 공신의 집에 넘겨주어 종으로 삼도록 되어 있어서 조종조 때부터 이를 定規로 삼았었는데, 근래에 와서는 노비로 연좌시켜야 할 무리를 모두 定配하게 하여 법규정이 서로 저촉된다. 둘째, 역적에 연좌된 어린아이는 우선 현재 살고 있는 곳에 놓아 두어 장성할 때까지 기다릴 것인가?」 하니 대신들에게 논의하게 한 바, 첫째의 것에 대해서는 여러 대신이 한결같이 「大明律은 천하가 공통으로 시행하는 大法인데, 己丑年[173] 이후부터는 정배하거나 정속하기도 하였으니, 이는 후환을 염려하는 깊은 뜻에서 나온 것이다. 그러므로 그때그때 상황에 따라 적절한 법을 만드는 것도 한 시대 왕조의 법이다」고 하여 인조의 재량에 맡겼다. 둘째의 것에 대해서는, 「大明律의 규정[174]이 7세 이하라고만 하고 더 이상 연좌율에 2-3세의 어린아이에게 차등을 둔다는 율문이 없는 것으로 볼 때 7세 이하는 모두 똑같이 율을 적용한다는 것은 의심의 여지가 없다. 戊辰年(仁祖 6年, 1628年)에 2-3세 어린아이는 정배하지 말게 한 것은 특별히 한때의 恩命에서 나온 것으로서 앞으로 장구히 준용할 규례는 아닌 듯하다」고 하였다. 그러나 인조는 戊辰年의 規例에 따라 2-3세의 어린아이는 정배하지 말도록 하였다.[175]

---

173) 干支의 차례로 보아 宣祖 22年(1589年)을 말하는 듯하나, 자세히 알 수 없다.

174) 「7세 이하는 死罪라도 형을 가하지 않으며 반역죄에 연좌되어 응당 配役될 자는 이 율을 적용하지 않는다」.

175) 『인조 45권 22년 4월 10일 정묘』: 「判義禁府事李德泂等啓曰, 取考大明律, 則逆賊子年十五以下及母女妻妾祖孫兄弟姉妹若子之妻妾, 給付功臣家爲奴云, 故自祖宗, 朝以爲定規, 而今以應坐奴婢之類, 悉令定配, 已成近例, 臣等莫適所從, 請議于大臣. 上從之. 諸大臣皆以爲逆賊親屬, 給付功臣, 作爲奴婢, 載在大明律, 乃是天下通行之大法,

다음으로 軍役과 관련해서 볼 때, 그 적령 역시 형사책임연령과 같은 16세였던 것으로 보인다. 그러나 이 기준 역시 실제로는 제대로 준수되지 아니하였음이 실록의 기사에 나타나고 있다. 이에 관한 기사를 보면, 인조조에 나이가 차지 않은 아동도 군역으로 충정하라는 뜻을 입계하여 행회하였다. 그런데 『인조 14권 4년(1626) 11월 21일 경인』의 전라도 감사의 첩보를 보면 壬戌年(광해군 14년, 1622)과 癸亥年(광해군 15년, 1623) 이후 새로 군역에 충정된 자 중에는 부모가 안거나 업고 온 유아도 있었다. 군안에는 모두 20세 이상으로 기재되어 있었지만 실제로는 모두 10세 이하였다.[176] 이에 대하여 호패청에서 「나이가 10세에 가까운 자는 경솔하게 면제시킬 수는 없지만, 4-5세 된 아동을 그대로 군안에 소속시키는 것은 차마 할 수가 없다. 그러므로 5세 이하의 아동은 作戶하지 말고 별건으로 성책하여 어사가 가서 다시 조사하여 처리할 것에 대비하고, 이후로는 나이가 차지 않은 아동은 절대 억지로 군역으로 정하지 말도록 할 것」을 아뢰자, 인조는 이를 받아들여 그대로 팔도에 시행하도록 하였다. 다만 나이가 차지 않았더라도 그대로 정속되기를 원하는 자가 있으면 우선 그대로 두도록 하였다. 그 뒤에 『인조 21권 7년 10월 5일 병진』에서 수원부사 張紳이 「8-9세의 아이를 충정하지 못하도록 하자」는 상소를 하자, 인조는 여기에다가 年限의 規定까지 고려하여, 연령미만인 자는 비록 10세가 넘었더라도 충정하지 못하도록 하였다. 이 문제는 숙종 7년에 다시 논의된다.[177] 경상도 관찰사 李秀彦이

而自己丑以後, 或定配或定屬, 蓋出於慮患之深意也, 因時制宜, 亦一王之法,, 伏侯睿裁. 上, 從之. 李德洞等, 又以逆賊緣坐九歲以下童稚, 姑留於所居處, 以待年壯與否. 議于大臣, 則諸大臣議曰, 大明律七歲以下, 雖死罪不加刑, 犯叛逆緣坐應配役者, 不用此律云, 只言七歲以下, 而更無緣坐律, 二三歲差等之文, 則七歲以下, 幷皆一樣用律之意, 斷無可疑, 而戊辰年二三歲小兒, 勿令定配者, 特出於一時恩命, 似非日後永遵之規, 臣等於律文外, 不容他議. 上曰, 依戊辰例, 二三歲小兒, 勿令定配」.

176) 10세가 6명, 9세가 3명, 7세가 1명, 5세가 3명, 4세가 2명, 3세가 1명이었다(『인조 14권 4년 11월 21일 경인』).

177) 『숙종 12권 7년 11월 11일 경신』: 「慶尙道觀察使李秀彦, 狀陳良丁絶少, 軍額難充之弊, 仍請給保驛吏, 定其額數, 各營匠人中良民接屬者, 抄定軍役, 我弱軍兵, 以七歲定限, 備局覆奏言, 驛吏給雇工之規, 乃是法典所謂保人, 便是雇工之換稱者, 不當一幷移定於軍役, 至於各驛驛吏無定數者, 自其幼稚時, 皆給二保, 戶首身死後猶且不罷良民之

군액을 보충하기 위하여 兒弱軍兵은 7세를 한계로 하자는 장계를 올렸다. 그러나 備局에서는 15세 이전에는 給保를 허락하지 말고, 45세에 구실을 면제받은 뒤에는 그 保人을 없애어 군역에 옮겨 보충하는 일을 거듭 밝혀서 법으로 정하여 여러 도에 시행하도록 하고, 지금 兒弱에게 布를 거두는 한계를 11세로 정한 것도 참작하고 변통한 것이므로 다시 7세로 개정하는 것은 명령의 신의를 잃는 것이라는 이유로 개정을 반대하였다. 이 의견에 숙종은 그대로 따랐다.[178]

2) 婚姻適齡

조선조에는 일찍이 남자는 16세 이상, 여자는 14세 이상인 경우에만 혼인을 許可하도록 원칙[179]을 정하고, 다만 처녀총각 중에서 부모의 나이가 50세가 넘어 사정상 혼인시키기를 원하는 경우는 남녀 모두 12세 이상이면 관에 고하고 成婚을 시킨다는 受敎가 있었다. 그러나 세종조에 이르러서, 남녀 양측 모두의 부모의 나이가 50세를 넘은 경우에 한정하여 혼인을 허가할 경우 사정에 따라 혼인을 하지 못하는 자가 있을 것을 염려하여, 世宗 25年 1月 7日 이후부터는 12세 이상의 남녀로서 그들의 부모 중 어느 한 사람만이라도 50세를 넘은 경우에는 혼인할 수 있도록 改正하였다.[180]

避役接入者, 作一淵數, 自今以後, 令本道, 一後各驛大小酌定驛吏額數, 然後額外驛吏之保人, 幷令充定軍役, 十五歲以前勿許給保, 四十五歲除役之後, 罷其保人, 移充軍役事宜, 申明定式, 使諸道, 一體施行, 匠人中有根着良民, 使抄出定役, 而嚴飭各營, 毋得如前私護兒弱收布, 以十一歲定限, 亦出於參酌變通, 今又以七歲改定, 則命令未免失信, 有難撓改. 上從之」.

178) 幼兒의 군역에 관한 受敎를 위반하여 처벌한 사례가 『영조 116권 47년 4월 7일 정축』에 있다.

179) 이 규정을 어기고 15세인 아들을 婚書를 교환하여 定婚까지 한 경우인데도 成婚을 허락하지 않은 기사가 있다(『세종 118권 29년 12월 4일 임술』). 婚姻適齡에 관하여는 『중종 44권 17년 5월 17일 임술』 참조.

180) 『세종 99권 25년 1월 7일 계해』: 「傳旨禮曹曰, 男年十六以上, 女年十四以上, 方許婚嫁, 其中父母年過五十, 情願議婚者, 男女十二以上, 亦許告官成婚, 已曾受敎今男女父母, 俱過五十者, 乃許議婚, 未遂情願者有之, 今後男女父母中一人, 年滿五十, 則男女年十二以上, 許令婚嫁」.

또 혼인의 당사자 사이에 연령의 격차가 심한 경우에도 혼인의 자유를 제한하였다. 世祖 이전의 舊法制에는 종친이 혼인하는 경우 남녀의 나이차가 6세가 나면 서로 혼인하는 것을 불허하였다. 그러자 종친과의 혼인을 싫어하는 자들이 그 자녀의 나이를 속이는 폐단이 생겨났다. 이렇게 되자 종친이 일찍 그 부인을 여읜 때에는 새로 장가들기가 어렵게 되어 絶祀의 우려가 있을 뿐만 아니라 더구나 그 당시의 士庶人의 사이에서는 서로의 나이가 10여 세가 차이나더라도 혼인을 하는 것이 관행이었다. 宗簿寺에서 이러한 舊法制를 폐지하자고 아뢰자, 세조는 예조의 의견을 물은 후 마침내 구법제를 폐지하였다.[181] 그러나 이 법은 뒤에 다시 등장하였다.

『성종 168권 15년 7월 8일 임진』을 보면, 『經國大典』을 勘校하면서 다시 이 규정을 실게 되자 德源君을 비롯한 여러 종친들은, 대개 朝官들은 종친과 서로 혼인하기를 꺼리기 때문에 그 자녀의 나이를 帳籍에 등록하지 않고, 종친이 望呈[182]하여도 마음에 맞지 않으면 반드시 6세 이상 나이차가 난다고 하며 거절하는데, 나이를 상고하려고 해도 상고할 만한 문서가 없어서, 만일 이 不許規定을 그대로 둔다면 종친이 혼인하는 길이 막힐 우려가 있으니, 앞으로는 그 자녀의 나이를 장적에 등록하지 않은 자는 나이를 묻지 말고 모두 혼인하게 하도록 하고, 또한 종친과 이미 혼인을 약속하고도 몰래 다른 데에 혼인한 자는 離異시킬 것을 청하였다. 이 문제에 대하여 성종은, 법을 고칠 경우 포대기에 싸인 아이에게 혼인하려고 꾀하는 자가 생길 우려가 있기 때문에 개정은 불가하며, 또한 이미 부부가 되었는데 離異를 시키는 것도 불가하다는 입장을 보였다. 다만 조관의 자녀를 장적에 등록하는 법은 勘校廳을 시켜 상세히 정하도록 傳旨하였다.

早婚과 관련하여 중종조 正言 任權은 「우리나라의 男女는 일찍이 婚姻하므로, 夫婦의 禮를 모르고서 이미 자녀를 낳고, 혹은 일찍이 지아비를

181) 『세조 41권 13년 3월 19일 갑신』: 「宗簿寺啓, 舊制, 宗親婚嫁男女年相長六歲者, 不許相婚, 或有厭與宗親婚者, 輒減其子女年歲以避之, 且宗親或喪室改娶, 安得處女年過三十者爲配, 若厭卒老於鰥, 終必絶祀, 凡士庶人, 雖相長十餘歲者, 亦相婚嫁, 請勿用舊制, 命下禮曹議之, 禮曹請如宗簿寺所啓. 從之」.

182) 혼인 후보자에 대한 추천서를 올리는 것을 말한다.

잃거나 아내를 잃기도 한다. 예전에는 婚嫁하는 나이를 규정한 법이 있었는데 지금은 그 법을 쓰지 않으니, 금세에 젊어서 죽는 일이 많은 것은 반드시 여기에서 연유하지 않았다고 할 수 없다. 宗室·巨族에는 어린이를 혼인시키는 자까지 있으니 이것이 어찌 옳겠는가? 바로잡아서 中道에 맞게 하여야 한다」고 하자, 중종은, 「婚嫁에 반드시 시기가 있게 한 것도 『經國大典』의 법이다. 혼기가 너무 이른 것은 과연 백성의 풍속이 偸薄한 데서 말미암은 것」이라는 주장을 한 일이 있다.

3) 代加 및 東班職敍用年齡

성종조에 吏曹에서 資窮[183]한 자의 代加[184]를 어린 자에게도 주는 것은 마땅하지 않으므로 15세 이상에게만 허용하자는 의견을 올렸다. 성종은 領敦寧 이상에게 의논하도록 하였다. 鄭昌孫은, 대가가 비록 사무를 맡기는 것은 아니지만, 20세가 된 자라야 벼슬하여 출근할 수 있다는 법을 들어, 『經國大典』에 의거하여 나이 20세에 찬 연후에 除授하는 것이 타당하다고 하였고, 沈澮·尹弼商 등은, 대가는 곧 散官이고 사무를 보는 관직이 아니기 때문에 少長의 구별이 없은 지 그 유래가 오래 되었으므로 비록 나이 어린 자에게 제수하더라도 해로울 것이 없다는 입장을 취하였다. 이에 대하여 성종은 후자의 견해를 좇았다. 다만 손자를 한도로 하여 증손자에게까지는 代加하지 못하도록 하였다.[185]

또 東班職의 敍用과 관련해서는, 『經國大典』에는 나이가 20세 미만인 자는 東班職에 서용하지 못하도록 규정하였는데, 간혹 해당 관원들이 이를 간과하여 동반직에 除授된 경우에도 나중에 사실이 드러나면 除授한 것을

---

183) 堂下官의 품계가 다시 더 올라갈 자리가 없게 되는 것을 말한다.

184) 품계를 올려줄 사람을 대신하여 그 子·婿·弟·姪에게 품계를 올려주는 것이다.

185) 『성종 180권 16년 6월 6일 을유』: 「吏曹啓曰, 資窮代加, 幼少者亦援未便, 年十五歲以上, 方許代加何如. 命議于領敦寧以上. 鄭昌孫議, 代加誰非任事, 然年二十者許入仕有法, 豈可使在襁褓者, 率得代加乎, 依大典, 年滿二十後除援爲便. 沈澮尹弼商洪應李克培尹壕議, 代加是蔽官, 非治事之職也, 無別少長其來已久, 雖援幼少何害. 從澮等議. 仍傳曰, 子之子乃孫也, 代加宜矣, 曾孫亦可援乎, 其問吏曹以啓. 吏曹啓曰, 曾孫亦是直派也, 代加亦無妨. 命議于領敦寧以上. 弼商議, 代加限孫而止, 曾孫則不可開端. 從之」.

改正하고, 吏曹의 해당 관원은 鞫問하였다.[186)]

4) 補充隊編入年齡

『성종 259권 22년 11월 9일 신사』를 보면, 『經國大典』 補充隊條 「大小人員娶公賤所生, 屬補充隊」의 조문에다가 「及良人」 세 글자를 추가하도록 함으로써 賤人들이 從良하는 길이 한층 넓어지게 되었다. 다만 「나이가 16세에 차서도 文案에 붙이지 않는 자는 남이 陳告하는 것을 許可한다」고 되어 있는 법규정에 비추어, 대개 진고의 한계는 16세이므로 16세가 넘어도 진고하는 자가 없으면 보충대에 속하는 것을 허가하는 법이다. 그런데 실제로는 掌隸院의 受教에는 「16세를 補充隊의 限界로 삼는다」고 하였기 때문에 16세가 넘으면 진고하는 자가 없더라도 보충대에 속하는 것을 허가하지 않고 있었다. 이로 인하여 천인이 많아지고 양인이 적게 되어 軍額이 넉넉하지 않은 결과를 초래하였다. 이러한 폐단이 있자, 同副承旨 曺偉는 「掌隸院의 受教를 쓰지 말고 前例대로 16세가 넘은 자라도 보충대에 속하도록 허가하자」는 상언을 하였고, 성종이 이를 받아들임으로써 이 문제는 일단락된 듯하다.

(3) 法的 平等의 追求와 그 展開過程

1) 奴婢의 地位向上과 身分解放

17・8세기에 이르러 조선사회는 사회계층의 변화를 겪게 된다. 앞에서 보았듯이 조선의 노비정책은 건국 이래 노비안을 작성하여 국가적으로 통제하는 동시에 從母法을 실시하여 노비의 수를 꾸준히 증가시켜 왔다. 그런데 이러한 정책은 상대적으로 양인의 감소와 국가재정의 위축을 초래하였고 노비에 대한 차별정책은 그들의 불평을 고조시키게 되었다. 그러나 임진왜란 이후에는 노비안의 소실・노비의 도망 등으로 인하여 노비의 수는 격감하였

---

186) 『성종 257권 22년 9월 20일 계사』: 「掌令李琚來啓曰, 年未滿二十者, 勿敍東班職大典之法也, 盧燦曾與帶方夫人, 訟家舍考其供招, 今年乃十九歲也, 除授參奉未便, 請改正. 傳曰, 年未二十者, 敍用不可, 當鞫吏曹. 琚啓曰, 請先改正而後鞫. 傳曰, 可」.

고, 반면에 納粟·贖良 및 束伍軍의 편성 등의 요인에 의하여 노비의 지위는 향상되었으며, 이에 따라 종래의 노비제도는 파탄에 이르게 되었다. 더욱이 영조가 奴婢貢減法을 실시하면서 노비의 부담은 반감되었으며, 동시에 전통적인 신분질서는 동요되었고, 이에 따라 노비계층이 使令이나 書記 등의 良役에 종사하게 됨으로써 良賤의 分別이 모호해졌다. 이러한 노비제도의 파탄은 우선 純祖 1년(1801)의 公私婢解放令으로 나타났고, 이어서 高宗 23년(1886)에 드디어 노비의 세습제가 폐지되었으며, 1894년 갑오개혁에 의하여 노비제는 法的으로 소멸되고 말았다. 이와 같은 신분질서의 붕괴는 조선사회가 近代社會로 발전하는 커다란 계기가 되었다. 다음에서는 왕조실록의 기사를 중심으로 하여 身分秩序의 변동과정을 고찰한다.

중종조(16세기 초)에 鄭光弼이, 함경도의 경우 군사상 목적에 의하여 사천을 없애자는 주장을 제기하였다. 문기가 분명한 자는 공천으로 代給하고, 문기가 분명하지 않은 자는 모두 속공하자는 주장을 한 적이 있다.[187] 그 뒤 정조조(18세기 말)에도 內奴婢와 寺奴婢를 혁파하고자 하였으나 결실을 맺지는 못하였다. 그 뒤 즉위한 순조는 정조의 뜻을 이어, 즉위 3년 만에 이들을 혁파하고자 하였다. 이에 따라 마침내 內司와 각 宮房 및 각 官司의 奴婢案을 敦化門 밖에서 불태우게 된다.[188]

2) 庶孽의 許通과 그 展開過程

조선사회가 비록 신분과 계급을 중시하기는 하였지만, 『經國大典』 吏典 限品敍用條에서는 賤妾의 子孫을 서용하는 명문의 규정을 두었다. 이

187) 그러나 그 결과에 관련된 기사를 발견하지 못했다 (『중종 25권 11년 7월 7일 병술』).

188) 이 때 內需司의 各道의 노비와 營에 소속된 노비 및 毓祥宮·宣禧宮·明禮宮·壽進宮·於義宮·龍洞宮·寧嬪房에 소속된 各道의 노비는 모두 36,974口였으며, 奴婢案의 책수는 160권이었다. 그리고 宗廟署·社稷署·景慕宮·耆老所·宗親府·議政府·儀賓府·敦寧府·忠勳府·尙衣院·吏曹·戶曹·禮曹·刑曹·義禁府·都摠府·左巡廳·右巡廳·壯勇營·內侍府·掌隷院·司諫院·成均館·弘文館·藝文館·宗簿寺·內贍寺·司饔院·侍講院·翊衛司·司圃署·中學·東學·南學·西學에 소속된 各道의 노비는 모두 29,093口였고, 奴婢案의 책수는 1,209권이었다 (『순조 2권 원년 1월 28일 을사』).

외에도 특별한 경우에는 첩의 자손이라 하더라도 許通하는 사례[189]가 없지는 않았다.

서자로서 동반직에 제수된 자는 睿宗朝에 姜壽의 庶子인 姜帶生을 通禮院 引儀로 삼은 것이 처음이다. 이에 대하여 사헌부에서 반대의견이 내었으나 예종은 특별한 경우임을 들어 예외를 인정하였다.[190] 이 때문에 庶孼은 士族에 들 수가 없었고, 贓吏는 그 累가 자손에게까지 미쳤다. 그러나 이러한 사회적 분위기 속에서도 庶孼·贓吏의 子孫이라 할지라도 그 중에서 취할 만한 재주가 있는 자는 科擧試驗인 生員의 赴試를 허락하고 及第까지 허락한 기록[191]으로 미루어 볼 때, 서얼 출신이라 하여 반드시 벼슬길이 막혔던

189)『성종 69권 7년 6월 17일 무자』의 兼司僕 沈末同의 事例.

190)『예종 6권 원년 7월 6일 정해』:「御慶會樓下視事, 大司憲吳百昌啓曰, 以姜帶生, 爲通禮院引儀, 帶生, 故參判姜壽妾子也, 以妾子, 授東班職, 自古無之, 非但有凌嫡之風, 如朝廷大體何, 上曰, 帶生, 予所特用, 伯昌曰, 若軍功擢拔者, 有大勳勞者, 不計族派, 用之可也, 如帶生者, 授西班職, 足矣. 上曰, 然. 伯昌又曰, 宦官柳漢, 爲中樞府同知事奉朝賀, 宦官授西班職, 古無其例, 臣恐兵曹誤授. 上曰, 漢, 功臣, 故特拜, 伯昌曰, 宦官得拜西班, 漸不可長, 自有分內職事, 請准同知授宦官職. 上顧問上洛君金礩, 旣而, 傳于承旨等曰, 大司憲, 請改柳漢中樞之職, 漢, 功臣也, 其封君稱號, 亦削之乎, 且考妾子徐職之例以啓, 承旨等啓曰, 以資級實職, 稱封君奉朝賀, 例也, 非實職中樞, 而稱同知奉朝賀, 虛御也, 兵曹, 亦不知官制本意而誤下, 當改正. 從之. 司憲府啓, 前行司勇裵碩亨, 誣告繼母廉氏爲父妾, 請依律杖一百, 廉氏, 論以後妻. 從之」.

191)『세종 120권 30년 5월 20일 갑진』:「大司憲尹炯等上疏曰, 分莫嚴於嫡庶, 惡莫大於贓汚, 故庶孼不齒於士族, 贓吏累及於子孫, 所以重名分勵廉恥, 誠古今之大防也, 主上殿下, 以寬仁之德, 包容之度, 庶孼贓吏之後, 如有可取, 亦或收用, 至許赴擧, 其所以善善長惡惡短, 恩之至也, 然未嘗以通顯之職, 輕許除拜, 河福生河久良妾所出, 贓吏金晉之外甥, 別無才德, 只以勳臣之裔, 久玷東班, 分固過矣, 今又拜軍資判事, 夫小司之長, 猶云不稱, 而況判事, 御門之高也, 僚佐之多也, 尤不可以此輩而處之也, 大抵俯仰無愧自反不縮, 乃可以非人之非, 而人亦敬畏, 福生一身, 兼有兩咎, 已爲士林之所卑矣, 將何面目, 摠治同僚, 以尊體統, 以副人望也哉, 今使福生, 靦然就職, 長于一司, 與門閥士族, 略無區別, 則聖朝所以嚴族屬之別, 重贓吏之罪, 勵士風之義, 恐自今日而始毁矣, 豈特卑以陵尊, 賤以防貴之弊而已哉, 將見士夫爲子孫守廉介, 欲垂令名於後世者, 亦變前日之所守矣, 末流之弊, 誠可慮也, 臣等職在風憲, 不敢含默, 再瀆天聰, 未蒙兪允, 非徒臣等缺望, 實惟物議之未浮, 伏望改授他官, 以正名分, 以勵廉恥, 上曰, 贓吏之後, 旣許赴生員及第矣, 判事雖尊, 何加於此, 況福生他功臣之裔, 雖其庶孼, 能繼其家, 足爲國家之喜也, 宜當掩護其咎, 以繼先業, 裹等之言固善矣, 予不能從. 諫院亦諍之不得」.

것은 아니었음을 알 수 있다. 그리고 『중종 70권 25년 12월 9일 을축』을 보면, 중종조에 이르러서는 賤蘖들이 과거에 많이 응시하였음을 알 수 있다.

庶孼許通과 그 程度 및 範圍와 관련하여서는, 『인조 10권 3년 11월 1일 병오』를 보면, 일찍이 태종조 때 급사중 徐選의 논의에 따라 처음으로 庶孼에게 顯官을 除授하지 못하게 하는 법을 마련했으나 전적으로 금고한 것은 아니었다. 그러다가 성종조에 『經國大典』을 頒降하면서 또 서얼의 자손에게 文武科・生員進士科 등의 과거를 허락하지 않는 법을 두었다. 그러나 曾孫에 대해서는 禁令이 없었다. 이러한 연유로 인조조에 이르러 閭巷사이에 「代數가 다한 庶孼」이라는 말이 나돌게 되었던 것이다. 그런데 후에 『인조 10권 3년 11월 13일 무오』는 「… 收議庶孼許通事, 令廟堂酌處, 備邊司覆啓曰, 此事係是莫大, 變通必須群議, 僉同然後, 乃可斷而行之, 而諸臣獻議, 可否不一, 今姑置之何如. 上曰, 禁錮庶孼, 天下所無, 抱手空老, 王政所惜, 一番變通, 似不可已也, 雖緣廷議不一, 猝變爲難, 旣議旋置, 亦涉兒戲, 且子子孫孫之說, 必有立法本意, 今姑限其代數, 以爲變通張本如何, 更議施行. 備邊司又啓曰, 曾在太宗朝, 因給事中徐選之論, 始有庶孼勿敍顯官之法, 而未嘗全然禁錮矣, 及成廟朝大典頒降時, 又有庶孼子孫勿許文武生進等科之法, 而曾孫則無禁, 故至今閭巷間, 有代盡庶孼之言者, 盖以此也, 其後大典註解時, 添子子孫孫之語, 自此爲永世禁錮之人, 王者之政, 必不如此, 當玆新化之日, 不可無變通之擧, 而緣廷臣論議不一, 敢請姑待他日矣, 及承聖敎, 其惜才疏寃之盛心, 溢於言表, 其在瞻聆, 孰不感激, 議者或以爲, 良出限孫, 賤出限曾孫之規, 施行爲當, 或以爲, 勿論良賤, 竝至曾孫乃許爲當云, 從前之說則所許者遠在玄孫, 殊無變通之意, 從後之說則亦無良賤分等之意, 俱似未穩, 竊見大典限品敍用條, 良妾賤妾所生, 等級甚明, 盖良女未曾經人而爲妾者, 實與娼妾有間, 今宜就此參商, 良出至孫而許, 賤出至曾孫而許, 始似得中, 且旣已許科之後, 棄而不用, 則又與初不許科無異, 今後隨材授職, 俾無虛老之歎, 雖未代盡, 而已曾許通者及日後因他路許通者, 竝一體施行似當, 大抵嫡孼之分, 極爲嚴截, 我朝令甲所載, 迨三百年, 今雖有所變通, 而嫡庶名分, 不可紊亂, 如或以許通之故, 有欺侮弱嫡, 以乖定分者, 則自朝廷, 隨聞摘發治罪, 一依大典, 還

爲禁錮爲宜, 令該曹覆啓施行. 從之」, 즉 『經國大典』을 주해할 적에 子子孫孫이라는 말이 첨가됨으로써 영원히 禁錮를 당하는 사람이 생겨나게 되었다. 인조 3년 11월에 대신 및 2품 이상을 불러 서얼을 허통하는 일을 收議하고 의정부로 하여금 참작하여 조처하도록 하였다. 여러 신하들의 의논은 한결같지가 않았다. 인조는 「庶孼을 禁錮하는 것은 천하에 없는 일이다. 한 번 변통하는 것은 그만둘 수 없을 듯하다. 자자손손이라고 한 말은 반드시 법률을 만든 본뜻이 있을 것이나 지금은 우선 그 代數를 한정하여 변통하는 張本으로 삼는 것이 어떠한가?」 물었다. 이 문제에 대한 대신들의 견해는 한결같지가 않았는데, ① 良出은 孫子로 한정하고 賤出은 曾孫으로 한정하는 것이 마땅하다. ② 良賤을 막론하고 모두 曾孫에 이른 뒤에 허락하는 것이 마땅하다 등의 주장이 나왔다. 그러나 비변사의 입장은, 「①의 주장에 의하면 허락받는 자가 먼 玄孫이 되기 때문에 특별히 변통하는 의의가 별로 없고, 그리고 ②의 주장에 따르면 역시 良賤을 分等하는 의의가 없게 되므로 양자는 모두 온당하지 못하다. 왜냐하면 『經國大典』의 限品敍用條를 보면, 양첩과 천첩 소생의 등급이 매우 분명하기 때문에 良女로 되지 않고서 바로 妾이 된 자는 娼妾과는 차이가 있었던 까닭이다. 그러므로 양출은 손자에 이르러 허락하고, 천출은 증손에 이르러 허락하는 것이 알맞게 된다. 비록 지금 이렇게 변통한다 하더라도 嫡庶의 名分이 문란해지는 것은 아니며, 또 허통이 되었다고 하여 잔약한 嫡出을 속이고 업신여겨 정해진 分義를 무너뜨리는 자가 있을 경우에는 적발하여 치죄하고, 한결같이 법에 의거하여 도로 금고에 처하는 것이 마땅하다」는 것이었다. 인조는 비변사의 주장을 따라 그대로 시행토록 하였다. 그러나 인조 23년에 이르러서는 庶孼은 許通이 되지 않으면 과거에 응시하거나 벼슬할 수 없다는 엄격한 國法에도 불구하고 기강이 무너져서 서얼이 제멋대로 과거에 응시하게 되자, 備局의 청에 따라 지금부터는 법령을 거듭 밝혀 해조로 하여금 許通의 帖文을 대조하여 살펴보고 나서 四館에 붙인 후에 비로소 錄名을 허락하고, 만일 帖文도 없이 응시한 자나 위조한 자가 있으면 모두 본율로 처단하며, 사적으로 녹명을 허락해 준 관리도 모두 죄를 과하도록 하였다.

일찍이 선조 때에 李珥가 서얼을 허통시키자는 주장을 하였으나, 풍속을 갑자기 바꾸기 어려웠기 때문에 값을 받고 허통시키는 길을 열어 놓게 되었다. 그 뒤 숙종 2년에 이르러 尹鑴가 이 법례에 따라 허통하는 값을 정하자고 하였다. 그러나 許積의 반대로 실행되지 못하였다.[192] 그 뒤 『숙종 30권 22년 8월 3일 병술』에서 이조판서 崔錫鼎이 차자를 올려 곡식을 바친 서얼이 벼슬길에 통하게 할 것을 주장하였으나, 우의정 尹趾善의 반대로 이 조항을 삭제하게 되었다.

영조 즉위년 정진교의 상소를 보면 庶孽許通에 관한 論議過程이 상세하게 언급되어 있다.

① 태종조에 右代言 徐選이 비로소 의논을 주창하여 서얼의 자손을 顯職에 서용하지 못하게 하였다.

② 姜希孟이 『經國大典』을 纂次할 때 入仕·赴擧하는 길까지 아울러 錮塞하였다.

③ 성종이 즉위 후에 更張하고자 하였으나 시행하지 못하였다.

④ 선조 초에 申濆 등 1천여 명이 원통함을 하소연하였다.

⑤ 선조 16년(1583년)에 李珥가 옛날처럼 通用하자고 제안하였다. 이리하여 먼저 許通·赴擧의 길이 처음 열렸다.

⑥ 을축년(인조 3년, 1625년)에 崔鳴吉·張維·李元翼 등의 상소에 따라 여러 대신들에게 의논하게 한 결과 거의 모든 대신들의 의견이 通用하자는 것이었다. 이에 따라 「庶孽이 등과한 뒤에는 要職[193]에 통용하는 것은 허락하고, 淸職은 허락하지 않는다」는 수교를 내렸고, 유자광 이후로는 通淸을 허락하지 않았다.

그러나 乙丑年의 受敎에 따라 擬望된 서얼은 약간명에 불과하였고, 그마저 4-50년 후인 숙종 때에 李礩이 戶曹의 郎廳에 제수되었을 때에 여러 대신들이 떼를 지어 배척함으로써 마침내 呈遞[194]하였고, 영조가 즉위하였

192) 『숙종 5권 2년 2월 8일 경신』: 「尹鑴曰, 庶孽納價後許通例也, 今番武科未許通者, 多冒參有難一一查出拔去. 宜酌定捧價. 許積曰, 防塞庶孽, 乃我國謬習, 宣廟朝名臣李珥. 欲通仕路, 而俗難遽變, 故爲捧價許通之事矣, 許通一事, 今難猝議, 而冒參武科者, 捧價之言是也, 上從之」.

193) 여기서 要職이란 戶曹·刑曹·工曹의 郎廳 및 各司의 長官을 말하는 것이었다.

다(『영조 2권 즉위년 12월 17일 병술』).

⑦ 壬辰年(영조 48년, 1772년)에 문신은 兩司에 통하게 하였고, 무신은 선전관에게 注擬하게 하였다.

⑧ 丁酉年(正祖 元年, 1777년)에 許通節目을 만들어 『大典通編』 限品敍用條에 실었다.

한편 『정조 3권 원년 3월 21일 정해』에서 정조는 서얼을 허통시킬 수 있는 방법과 권장 발탁할 수 있는 방법을 특별히 강구하도록 하였다. 그리고 문관·음관·무관이 어느 정도까지 이를 수 있는지 그 階梯를 작성하여 等威를 보존할 수 있도록 그 절목을 상세히 마련하여 仕路를 넓히도록 兩銓에 하교하였다.

이에 따라 吏曹에서 節目을 올렸는데, 그 주요한 내용은 다음과 같다.

① 文官의 分館과 武官의 始薦은 전과 같이 校書館이나 守部薦에 의하여 시행한다.

② 要職의 許通: 文官의 參上인 것으로 戶曹·刑曹·工曹를 말한다. 蔭官·武官은 논할 것이 없다.

③ 文官·武官의 堂下官은 府使를 상한선으로 한정하고, 堂上官은 牧使로 한정한다.

④ 文臣의 分館은 芸閣으로 한정하되 直講 이하의 자리는 無妨하다.

⑤ 武臣으로 都摠府와 訓練院 副正으로 임용하는 것은 불허한다. 中樞府는 無妨하다.

⑥ 五衛將은 文官·武官·蔭官의 堂上은 無妨하며, 武臣은 虞侯로 임용하는 것을 허한다.

그런데 節目의 이들 조항의 다음에 「지금 여기에 條列한 것은 常例와 恒規에 의거하는 것을 말한 것이다. 그 가운데 文識과 行誼가 뛰어난 자와 才器와 政績이 드러난 자는 의당 상례에서 벗어나 기용하는 방도가 있어야 한다」고 하여, 허통의 범위가 위 조항에서 규정한 것보다 훨씬 더 넓게 하고자 했음을 알 수 있다.

끝으로, 『순조 26권 23년 9월 9일 갑술』을 보면, 순조 23년에 庶孫의

---

194) 遞差하기를 청하는 서면을 제출하는 것이다.

벼슬길을 터주는 사안에 대하여 의논을 備局에서 수렴하였다. 그 결과 신하들의 의견은 모두 서얼의 벼슬길을 터주는 것이 옳다는 것이었다. 이에 순조는 하루라도 빨리 節目을 정하여 시행하도록 하였다.

순조 23년 11월에 드디어 庶類疏通節目이 정해졌다.[195] 節目의 구체적인 주요 내용은 다음과 같다.

1. 우리나라에서 庶孫의 벼슬길을 막는 것은 古今天下에 由來가 없는 일이다. 나라에서 사람을 쓰는 도리는 어진 이를 登用할 때 制限이 없고 오직 才能이 있는 사람만 취해서 써야 한다. … 그러나 몇 백 년 동안 나라의 風俗이 되다시피 하여 갑자기 고치기에는 어려움이 있었다. 世宗朝의 品階를 制限하여 受容하는 법과 仁祖朝의 啓下節目과 우리 先王朝 때의 丁酉定式이 끝내 간격이 없이 수용하였다고 말할 수는 없으나, 이 역시 대체로 신중히 하려는 가운데 구애된 사단이 있었기 때문이었다. … 대체로 品階의 制限은 『大典通編』의 原典에 따르고 淸賢職의 選拔을 許容하지 않은 것은 또한 原典과 丁酉定式에 따라 追述하고 增加하였으니, 이는 국가에서 처음으로 벼슬길을 터주는 것이라고 하겠다. … 삼가 吏曹·兵曹의 判書와 相議하고 강정하여 아래와 같이 條目別로 열거하였다.

1. 文官의 分館과 武官의 처음 推薦을 丁酉年 節目에 따라 從前의 校書館과 守部薦대로 施行한다.

1. 문관은 종2품으로 限定하여 左·右允 및 戶曹·刑曹·工曹의 參義만 許容하고 外職은 牧使로 限定하며, 通淸은 英祖朝의 예대로 臺諫만 許容하고, 이 밖에 通選하지 않고 薦圈이 없는 각 該司는 無妨하다.

1. 假注書는 만일 三望이 없으면 典籍·奉常主簿·直講의 예대로 成均 參下만 通擬한다.

1. 蔭官은 牧使로 限定되어 初仕로 副都事·監役·守奉官 등은 모두 無妨하고, 廟·社·陵·殿·宮의 職 및 桂坊의 敎官 등의 官職은 삼가 丁酉年 節目에 따라 不許한다.

1. 武臣은 종2품의 兵使로 限定되어, 訓練都監의 正·不正 등 通望하

195) 『순조 26권 23년 12월 12일 경오』.

는 職은 不許한다.

1. 문무관을 막론하고 摠管과 西北 兵營의 亞將은 모두 不許한다.

1. 다같은 庶孫이라 하더라도 각자의 門閥에 따라 差等을 둔다.

1. 文識과 行誼가 탁월한 자와 才能과 治績이 현저한 자는 常規에 따르지 않고 예외로 발탁하는 도리가 있어야 하겠으나, 반드시 일세의 公論이 인정한 뒤에 廟堂과 銓曹에서 품지하고 시행한다.

1. 지금부터는 각도의 道薦에 庶孫의 자리 하나를 더 마련한다.

1. 外邑의 鄕校과 書院의 儒鄕과 鄕任을 감사와 수령에게 붙이니 특별히 울분을 푸는 政事에 유념하고 首任으로 通用하는 고을에서는 역시 定限을 두되, 疏通에 힘써 慰悅시키는 도리를 다하게 하고, 만일 이로 인하여 紛爭을 일으키거나 騷擾를 일으키는 事端이 있으면 丁酉年 節目에 따라 무겁게 다스린다.

1. 지금 벼슬길을 疏通한 뒤에 嫡派가 殘弱하다 하여 名分을 壞亂시키는 行爲가 있으면 丁酉年 節目의 「庶孫으로써 嫡統을 凌蔑한 律文」으로 다스린다.

등이다.

(4) 小　結

이상에서 奴婢를 비롯해 약자의 입장에 처했던 신분계층의 법적 지위가 어떠한지, 또한 그 연령에 따라 어떠한 법적 취급을 받았는지를 살펴보았다.

노비는 권리의 객체이면서 동시에 권리의 주체였기 때문에 일정한 경우에 있어서는 양인과 큰 차이가 없었다. 즉 자신의 권리를 주장하기 위한 訴訟上의 能力을 가졌으며, 또한 그 주인을 위하여 代理로 소송을 수행할 수도 있었다. 그러나 노비가 그 주인을 고소하는 것은 원칙적으로 금지되었다. 그것은 조선사회가 신분과 계급을 중시하여 대명률에서 이를 명문으로 금지하였기 때문이다.

또한 소유권의 행사와 관련해서도 자유로운 소유권을 보유하였을 뿐만 아니라 자신의 소유물을 직접 타인과 매매하거나 교환할 수도 있었다. 그리고 타인의 소유물로 된 노비가 가진 독자적인 재산에 대한 소유권은 그 주인에게 있지 않고, 노비 자신에게 있음이 실록의 기사를 통해 확인되었다. 또한 노비는 無後家로 된 그 주인의 奉祀를 할 수 있었으며, 그 주인의 신분에 따라 노비마다 법적 취급이 달랐다.

노비에게도 자기 자신의 고유한 所有權이 있었으며, 이러한 소유권은 그 本主의 지배를 받지 않는 독립된 것이었다. 즉 노비의 주인은 노비 자체는 소유할 수 있었지만, 노비의 소유물에 대해서는 소유권이 없었다. 이것은 노비의 자손이 그 본주의 소유권에 당연히 귀속되는 것과 비교하여 볼 때 매우 특이한 것이라 하겠다.

婚姻과 관련하여 조선 초기에는 公私婢의 혼인을 제한하는 정책을 취하였으며, 원칙적으로 남자 16세 이상, 여자 14세 이상인 경우에만 혼인을 허가하는 등 상당히 적극적인 규제를 하였으나, 중종조의 기사를 보면 당시에 이르러서는 이러한 규정들이 제대로 지켜지지 않았음을 알았다.

이와 같이 그 사회적 신분이나 직업 또는 연령에 따라 다양하게 차별대우를 받던 신분에 놓인 자들이 법적으로 지위가 향상되고, 또한 그들의 법적 능력을 제한하고 있던 신분이라는 껍질을 벗게 되기까지는 수많은 논의가 이루어졌으며, 결국 조선 후기에 이르러서야 신분제도의 철폐가 본격적으로 진행될 수 있었다.

4. 權利의 客體

일반적으로 동서고금을 막론하고 당시에 私有財産의 대상으로 취급되었던 것은 토지나 가옥 등의 부동산, 소·말 등의 가축류, 그리고 금·은 등의 보석 따위였고, 그 가운데 土地는 삼국시대에 이르기까지는 여전히 강력한 共同體的 性格을 띠고 있었으며, 이러한 토지가 財産權的 性格이 뚜렷해진 것은 삼국시대부터였던 것으로 추측되고 있다. 토지에 대한 지배관계가 가족 내지 개인관계로 파악됨으로써 토지의 私有財産權的 性格이 뚜렷해지고 동시에 統治의 經濟的 基盤을 마련하기 위하여 많은 규제를 받았던 것이다. 그리고 권리의 주체였던 사람이 동시에 권리의 객체로서 취급되었음은 주지의 사실이다.

노비는 개인이나 국가의 소유로 되기도 하였으나 또한 서로 소유자나 소속이 바뀌면서 노비끼리 交換 또는 補償되기도 하였다.

『성종 52권 6년(1475) 2월 8일 정해』를 보면, 癸丑年(세종 15년, 1433) 受教에 「함길도 嶺北 여러 고을 노비의 수가 적어서 供役하기가 어려우므로 원래 있는 노비를 모두 계산하여 백 戶를 한 비율로 해서 먼저 본도에 사는 公賤을 옮겨서 정하고, 부족하면 私賤을 아울러 수를 채워 쓰고 다른 도의 公賤으로써 그 주인에게 수에 준하여 보상하도록」 하였다. 이 수교에 근거하여 성종 6년에 영안북도의 여러 고을과 영진에 일반 백성의 노비를 소속시켰는데, 本主가 陳訴하여 보상을 받고자 하였다. 즉 이들은 처음에 소속시킨 노비와 뒤에 낳은 아들을 아울러 인원수에 준하여 보상을 받게 해줄 것을 청하였다. 이에 掌隷院에서 아뢰기를, 뒤에 낳은 아들은 보상해 주기가 어렵고, 처음에 소속시킨 노비는 癸丑年의 受教에 따라 보상하는 것이 가한데, 만일 正案에 붙인 노비를 주면 公賤이 날로 줄어들 뿐만 아니라 정안을 어지럽게 고치는 것도 불가하다고 하였다. 결국 公賤 및 補充隊로 도망해서 빠진 자와 僧과 간통하여 낳은 자녀를 남이 고하여 이미 草案에 기록된 자로써 준하여 보상하고, 이미 訴狀을 접수한 것을 제외하고 뒤에 보상을 구하는 것은 들어주지 않도록 하였다. 이것은 노비가 물건으로서 취급되었음은 물론 그들에게서 태어난 자녀 역시 물건으로 취급되어 마치 오늘날의 果實 가운데 天然果實과 같은 모습을 보여주고 있다.

또한 『문종 7권 원년 5월 19일 병진』에서 노비는 권리의 주체인 사람이면서도 역시 물건으로 보았기 때문에 그 자손은 천연과실로 취급되어 丙戌年(태종 6년, 1406) 이전에 奴가 良妻에게 장가들어 낳은 자식은 아비의 本主人에게 속하도록 하였다. 세종 17년에 죽은 教授官 林樓筠의 처 배씨가 노비 6명을 바치면서 말하기를, 「祖父인 낭장 배신주가 종 1명을 桓王께 바쳤는데, 그 종이 도망하여 살면서 출생한 자녀가 70여 명에 달하므로, 중간에 이 사실을 都官에게 고하여 本宮에 결속시킨 바 있는데, 이제 이 노비를 바치려고 하는 것은 전할 만한 자손도 없고, 또 이 노비가 조부가 바친 노비와 동일한 근원이기 때문」이라는 기록이 있다.[196] 문종 즉위년, 李彬의 적몰된 종 4명을 그 아내 구씨에게 돌려주고 그 자신만 역사하도록 하고, 또 구씨의 적몰된 노비 27명을 돌려주게 했는데, 그 후에 구씨가 앞의 노비 27명을 가지고 그 宗族에게 나누어 주었더니, 이 때에 와서 그 낳은 자녀까지 모두 尹鳳에게 하사하였다.[197]

또 노비에 대해서는 일정한 기간마다 노비의 현황을 조사하고 그 帳簿인 奴婢續案을 작성하여 그들의 관리와 사용에 편의를 도모하고 소유관계를 분명히 함으로써 노비에 관한 분쟁을 줄이고자 하였다. 다만 특별한 사유가 있는 때에는 이러한 작업을 일시 정지하기도 하였다. 예컨대, 단종 즉위년 평안도에 가뭄이 들자, 명년 가을을 기한하여 奴婢續案의 작성을 정지하였다.[198] 단종 원년 9월에 그 동안 정지하였던 奴婢續案을 형조로 하여금 마감하여 시행토록 하였다.[199] 단종 2년에도 함길도가 失農하자, 당해년도의 노비속안을 정지하고 익년 가을까지 기다려 成籍하도록 하였다.[200]

---

196) 『세종 67권 17년 2월 28일 경오』: 「上議于大臣, 故教授官林棲筠妻裵氏, 欲進奴婢六口曰, 女祖郎將裵臣桂, 進奴一口於桓王, 其奴逃隱春川, 產至七十餘口, 間者告于都官, 決屬本宮, 今欲進此奴婢者, 女年已老, 且無子孫可傳者, 又此奴婢與祖父所進之奴同一根也, 予以謂在朝官則他人所贈奴婢, 不可公然受之, 若君父則非如朝官之例也, 且此嫗欲以此資衣食也, 可受乎否. 戶曹判書安純等曰, 一根奴婢, 已屬本宮且此嫗年已八十餘, 無他所望, 但慕上德耳, 受之可也. 皇甫仁獨曰, 此嫗之望報與否, 不敢論也, 拒之而勿受可也. 從安純等議」.

197) 『문종 3권 즉위년 8월 5일 병자』: 「初命還給李彬籍沒奴四口于其妻具氏, 止其身役使, 又還給具氏籍沒奴婢二十七口, 其後具氏將上項二十七口, 分給其族, 至是幷其所生, 皆賜尹鳳」.

198) 『단종 4권 즉위년 10월 2일 경인』: 「議政府據刑曹呈啓, 平安道久旱, 年穀不登, 請限明年秋, 停奴婢續案成籍, 及私債推徵. 從之」.

199) 『단종 7권 원년 9월 12일 을축』: 「平安道觀察使啓曰, 道內諸邑銃筒箭造作事, 軍案及奴婢續案成籍事, 山城倉庫修築, 軍資米豆漸次移輸事, 已並受教行移, 然今救荒甚急, 若一時並擧, 則必致騷擾, 請皆停寢. 啓下兵曹. 兵曹報議政府以啓曰, 山城倉庫, 則令工曹, 奴婢續案, 則令刑曹, 磨勘施行, 銃筒箭, 則依他道失農諸邑例, 爲半造作, 軍案則自辛未年以來, 皆因失農停寢, 今又停之, 則必有脫漏之弊, 請令成籍. 從之」.

200) 『단종 12권 2년 8월 18일 정유』: 「議政府據刑曹呈啓, 咸吉道失農, 姑停今年諸司奴婢續案, 待來秋成籍. 從之」.

『세종 58권 14년 12월 13일 무술』을 보면, 노비는 물건으로서도 취급되었기 때문에 범죄행위에 있어서 그 범죄의 목적이나 대상이 된 때에는 臟物로 인정하여 일반 물건과 똑같이 그 액수를 계산하여 과죄하였다. 세종 14년 12월 趙末生 事例를 보면, 趙가 단지 노비를 받았을 뿐인데 사헌부에서는 그가 받았던 사람까지도 아울러 장물로 계산하였다.

조선시대[201]에 있어서 노비의 구체적인 財産的 價値는, 太祖 7년 당시 奴婢 1人은 五升布 50필이고 말 1필은 400~500필, 奴婢 15세 이상, 40세 이하는 400필, 奴婢 14세 이하, 41세 이상은 300필에 해당하였고,[202] 『세종 65권 16년 7월 22일 정유』는 「刑曹啓, 奴婢買賣者多而價錢之數不同, 其價錢依續六典徵役價例施行. 從之」, 즉 당시에 노비를 매매하는 자가 많았는데 값이 일정하지 않아, 그 값을 續六典의 徵役價의 예에 의하여 시행하도록 하였으며, 그리고 『經國大典』 刑典 私賤條에는 「凡買賣奴婢告官, 私和買賣者, 其奴婢及價物並沒官 (年十六以上五十以下價, 楮貨四千張, 十五以下五十一以上, 三千張). 若盜賣, 則價物徵於盜賣者 (田宅同)」, 즉 「모든 노비의 매매는 관에 신고하여야 한다. 사사로이 協議賣買한 자는 그 노비의 代價를 모두 관에 몰수한다. 노비의 나이가 16세 이상, 50세 이하인 자의 값은 楮貨 4,000장이고 15세 이하와 51세 이상은 3,000장이다. 만약 盜賣한 것이면 대가는 도매한 자에게서 징수한다. 田地와 家屋도 같다」고 하였는데, 이 때의 물가는 대개 쌀 20석이 말 1필에 해당하였다.

그리고 錢貨의 유통과 관련하여, 인조 13년에 이르러 錢貨에 관한 법이 백성들로부터 믿음을 받지 못하게 되자 常平廳에서 錢貨의 通用을 위한 條目을 만들었는데, 이를 그대로 포고하였다. 그 중 다섯째는, 나라에서 매일 매매하는 것으로는 牛馬만한 것이 없으니 도성에서 소를 매매할 때 그

---

201) 고려 초기에는 15세 이상, 60세 이하 奴는 布 100필, 15세 이하, 60세 이상 奴는 布 50필, 15세 이상, 50세 이하 婢는 布 120필, 15세 이하, 50세 이상 婢는 布 60필이었고, 고려 말에는 奴婢 2-3人과 말 1필의 재산적 가치가 같았다.

202) 『태조 14권 7년 6월 18일 임술』: 「刑曹都官上言, 凡奴婢價, 多不過五升布一百五十匹, 馬價則至四五百匹, 是重畜輕人, 於理不順, 願自今, 凡奴婢價, 勿論男女, 年十五以上四十以下者, 四百匹, 十四以下四十一以上者, 三百匹, 論定買賣, 永爲恒法, 其在逃役價則每一名, 日朔五升布三匹, 年月雖多, 不過其直. 上允之」.

값은 절대로 다른 물건을 쓰지 말고 오로지 돈만을 쓰게 한다. 만일 사사로이 다른 물건으로 값을 따지는 자는 常平廳에서 때때로 禁令을 내어 적발하며, 법을 어기는 자는 돈으로 徵贖한다는 것이었다.[203] 그 뒤 영조 7년의 수교(『新補受教輯錄』 刑典 公賤條 1269항)에서는 「노비를 막론하고 속량 1구에 대한 값은 많아도 백 냥의 돈에 지나지 않는다」고 하였다.

이상의 논의에서, 조선시대에 있어서 권리의 객체로 되는 것은 사람을 비롯하여 田土·家舍 등의 不動産, 牛馬와 같은 家畜 그리고 기타의 動産에 해당하는 것이었고, 이들이 서로 매매 또는 교환되는 경우 그 경제적 가치가 구체적으로 어느 정도인가를 보았다. 그러나 아직까지는 物件에 대한 관념이 정립되지 못하였던 탓에 動産과 不動産, 種類物과 特定物, 主物과 從物 등에 대한 세부적인 논의는 이루어지지 못하였다. 다만 노비의 자손에 대한 소유권의 귀속 문제와 관련해서는, 현행 민법상의 元物과 果實에 대한 것과 유사한 법적 사고가 있었음을 확인하였다. 그렇지만 이것 역시 일부의 실록 기사를 통해 밝혀진 것이기 때문에 그 객관성을 담보하기에는 미약하다.

---

203) 『인조 31권 13년 7월 14일 임술』: 「常平廳啓曰, 用錢乃天下萬古通行之法, 而本國二百年所無之事, 故人情不慣於耳目, 且從前國法, 不能見信於民, 如大同號牌等事, 旋設旋罷, 故雖有心知用錢之利者, 亦慮其終必不行, 疑信相半, 以此愚下之民, 不卽趨令, 麗朝所以告宗廟者, 實示民以信之義也, 今當堅定力行, 以示必可行之勢, 如有沮閣之浮議, 斷以亂法之律, 然後庶可行矣, 臣等敢以應行若干條, 開錄于左, 請布告中外. 上從之, 其條有六. 一曰, 凡物貨, 有根本之地然後, 易可通行, 市井人中, 聽其自願, 別設錢市. 二曰, 各司各衙門徵贖作紙之處, 當初必以錢文捧徵事, 啓下已久, 而絶不擧行, 民不信法, 必由於此, 自今更令箸實擧行. 三曰, 用錢必自市上徵物爲始, 若柴炭蔬菜等物, 必令以錢換貿, 五部平市等處, 箸實分付. 四曰, 都城及外方私設鋪子者, 聽其自願. 五曰, 國中日日貿易, 莫如牛馬, 都城牛隻換貿之價, 絶勿用他物, 專用錢文, 而如有私以他物論價者, 請自本廳, 時出禁令, 摘發冒法者, 徵贖錢文. 六曰, 自京城至八道直路各官, 必設鋪子, 以爲用錢之地, 而守令視之尋常, 不卽着實擧行, 使愚民不信國法, 事甚非矣, 此後無得玩愒, 着實擧行」.

제3절 權利의 變動

1. 法律行爲

(1) 法律行爲 一般論

1) 法律行爲의 變動

권리관계의 변동은 發生·消滅 및 變更의 모습으로 이루어진다. 권리의 발생은 어떠한 권리가 특정인에게 새롭게 발생하는 경우와, 타인의 권리에 기인하여 특정인에게 승계적으로 발생하는 경우가 있다. 강학상 전자를 原始取得이라 부르고, 후자를 承繼取得이라고 하고 있다. 반면에 권리의 소멸은 권리가 권리의 주체로부터 이탈하는 것으로서, 권리 자체가 소멸하는 절대적·객관적 소멸과, 권리 자체는 소멸하지 않고 권리의 주체만 변경되는 상대적·주관적 소멸이 있다. 그리고 권리의 변경은 권리의 주체·내용 또는 작용이 변하는 것을 말한다. 이와 같은 권리변동의 주된 원인은 法律要件과 法律事實이다. 전자는 준법률행위·불법행위 및 부당이득 등이 해당되며, 후자는 법률요건을 구성하는 개별적인 사실을 지칭한다.

그러나 필자는 왕조실록에서 위와 같은 권리변동에 부합하는 직접적인 관련기사를 발견하지 못하였다. 이러한 관념들은 대체로 근대법 이후의 산물이기 때문에 조선시대의 법률에 그대로 적용하기에는 난점이 있었던 까닭이다.

2) 法律行爲의 種類

현대 법학에 있어서 법률행위는 그 기준에 따라 매우 다양하게 분류되고 있다. 그 가운데 법률행위의 요소인 의사표시가 서면 또는 일정한 방식에 의할 경우에만 효력이 부여되는 것을 要式行爲라고 한다. 이러한 요식행위는 당사자로 하여금 신중하게 법률행위를 하도록 하거나 법률행위의 존재와 범위를 명료하게 하기 위하여 또는 외관을 신뢰하고 신속하고 안전하게 거래를 할 수 있도록 하기 위하여 요구되는 것이다. 조선시대에도 要式行爲가 있었다. 그 대표적인 것이 文記라는 것이다. 文記는 매매나 상속 등으로 인한 소유권의 이전에 있어서 그 권리의 이전이 합법적이고 진실한 것임을 증명하는 방법이었다. 또 일반 개인 사이에 작성된 문기를 告官하여 그 관청의 公證을 받는 것을 立案이라고 하였으며, 이 立案節次를 거친 문기를 官署文記라고 하고 그렇지 않은 것을 白文文記라고 하였다. 그리고 상속재산의 분할에 관한 문기를 和會文記라고 하였다.

(2) 法律行爲

1) 不公正한 法律行爲

현행 민법 제104조는 「當事者의 窮迫, 輕率 또는 無經驗으로 인하여 顯著하게 公正을 잃은 法律行爲는 無效로 한다」고 규정하고 있다. 이것은 독일 민법 제138조 제2항을 본받은 것으로서 暴利行爲를 금지하고 있다. 현행 민법상 폭리행위가 성립하기 위해서는 객관적 요건과 주관적 요건이 필요하다. 전자는 급부와 반대급부 사이에 顯著한 不均衡을 말하고, 후자는 피해자의 窮迫·輕率 또는 無經驗을 이용하는 것으로서 폭리자의 惡意를 뜻한다. 조선시대에 이와 같이 복잡한 법률구조를 생각하였을 것인가에 대해서는 쉽게 수긍이 가지 않는다. 다만 유사한 모습을 보이는 사례가 있는 정도이다.

현행 민법상의 이른바 「窮迫한 상태」로 볼 수 있는 내용으로, 受敎定例 20項을 보면 부당하게 값이 비싸거나 헐하지 않은 가격의 매매행위를 本價和賣라고 하였는데, 이러한 本價和賣가 아닌 매매는 공정하지 못한 것으로서 취급되었다. 또 「暴利行爲」와 관련한 것으로, 숙종 43년에 내린 수교(『新補受教輯錄』 戶典 徵債條 405항)에서 「鄕中에 殖穀하는 자가 春窮期를 이용하여 곡물을 대여하고 錢으로써 가격을 折價하거나 추수기에 곡물로써 징봉하는 것은 반년 동안에 앉아서 수배의 이를 획득하는 경우에는 백성에게 고발」을 하도록 하여 폭리행위를 형사적으로 논죄하고 그 거래에 사용된 財貨는 公有로 귀속시키도록 하였다. 그러나 私法的인 처리에 대해서는 알 수가 없다. 이것은 아직까지 거래행위로 인한 손해배상에 대한 법적 사고가 싹트기 전이었기 때문에 당사자 사이의 거래관계 역시 세밀하지 못하였던 탓이라고 생각된다. 또한 모든 국토와 국민이 모두 왕의 것이라는 王土思想의 영향도 없지 않았을 것으로 추측된다. 또 窮迫으로 볼 만한 것으로, 정조 20년에 戊申年(정조 12년, 1788)과 己酉年의 큰 水災로 인하여 北路의 백성들이 還上과 身布를 견디지 못하고 祭田이나 토지를 헐값에 매매함으로써, 民田이 모두 부유한 민호에게 속하게 되었다. 정조는 특별히 윤음을 내려 모든 역을 탕척해 주고 흩어진 사람들을 다시 모이게 하였으나, 이미 부호의 손으로 들어간 莊土를 물릴 수 없었다. 이에 掌令 朱重翁이 상소하여, 무술년(정조 2년, 1778))부터 경술년(정조 14년, 1790) 가을 전까지 매매한 전답은 본래 가격으로 물려주기를 청한 일이 있다.204)

2) 瑕疵 있는 意思表示

현행 민법은 제110조 제1항에서 「詐欺나 强迫에 의한 意思表示는 取消할 수 있다」고 규정하고 있다. 의사표시가 완전하지 못한 경우로는 詐欺나 강박에 의한 경우가 있다. 조선시대에 있어서도 이러한 사기 또는 강박의 개념이 적용되었던 것으로 보인다.

조선시대에 있어서 성문법상 사기나 강박에 해당하는 규정은 아직 발견하지 못하였다. 왕조실록의 기사 가운데 그 법률행위의 내용상 詐欺로 볼 만한 것으로, 『세종 75권 18년 10월 11일 계유』에서 崔松鶴 등이 양인과 公·私賤을 유인하여 奴婢라 사칭하여 팔고는 곧 불러 돌아오게 하고 이내 또 팔고 하였다. 팔린 자들은 매매대금을 나누어 쓰는 것에 만족하게 여겨 속은 줄도 모르고, 양인은 자손에 이르기까지 영구히 천인이 되는 지경에

---

204) 『정조 45권 20년 8월 29일 신축』: 「北路戊申己酉之懷襄大災, 實是挽近所無, 屢千蒼生, 流離四方之除, 還上身布, 責捧無路, 不論癸田己土, 或自官勒賣, 或自已斥賣, 本價十金之物, 僅捧一二兩, 可捧百金之土, 只捧數緡, 窮民産業, 盡歸於富民饒戶, 我殿下特下絲綸, 蕩滌諸役, 還集各散, 孰不欲樂生興業, 然些少庄土, 已入於富民之手, 欲爲還退則饒戶富民, 或稱移賣, 或託相換, 無一還退者, 唉此貧民, 何以爲命, 凡年所賣, 臣以爲自戊申至庚戌麥秋前所賣田畓, 以本價退給事, 更下飭敎, 使還集民人, 勿復渙散. 批曰, 閔致愼事, 誠如風傳, 自有當律, 爲先拿問取招, 一邊行査, 該道附陳兩件事, 係是戍務民情, 分付該道道帥臣, 使之具意見狀聞」.

빠진 기록이 있다. 이에 형조에서, 崔 등이 팔았던 노비를 찾아서 公·私賤은 각기 관청과 본주에게 돌려주고, 양인은 놓아 보내 양인으로 삼고, 崔 등은 함길도의 먼 변방으로 귀양보내자고 청하자, 그대로 따른 일이 있다.

그리고 强迫으로 인한 매매와 관련해, 『문종 6권 원년 2월 23일 임진』을 보면, 각도의 절도사·감사·수령 등이 말을 갖추도록 독촉하여 강제로 토지·노비 및 농우 등을 팔게 하였는데, 비록 赦宥를 지나 논죄하지는 않았으나, 그 매매한 노비·토지·농우 등은 자원에 따라 모두 본주인에게 돌려주도록 하였다.[205] 그리고 『문종 5권 즉위년(1450) 12월 8일 무인』에서는 强迫의 정도에 대해서 본인의 허락이 있으면 강박이 아닌 것으로 보았으며, 내용상 强迫으로 본 것으로, 『문종 5권 즉위년 12월 8일』의 이건직의 사례에서 억지로 빼앗은 물건을 그 아내에게 돌려주도록 하였다.

그리고 『성종 283권 24년(1493) 10월 11일 임신』에서 옹주를 위하여 민가를 구입하고자 하자, 만일 주인이 원하지 않으면 억지로 살 수 없다고 하는데, 여기서 오늘날의 매매의 성립에 있어서 請約에 대한 承諾과 유사한 모습을 찾을 수도 있겠다.

숙종 17년에는 감사·수령이 백성의 토지를 억지로 사는 것을 엄히 금하고 定式으로 삼아, 이를 어긴 자는 논죄하였으며,[206] 또 숙종 31년(『新補受敎輯錄』 戶典 賣買限條 394항)에 「모든 上司 또는 모든 宮家가 先上[207]으로 강제로 매수하는 것은 금단」하였고, 그 뒤 영조 7년에 內需司에서 강제로 사들인 평안도의 民田을 본주인에게 돌려주도록 하였다.[208] 또 『정조 51

---

205) 『문종 6권 원년 2월 23일 임진』: 「兵曹啓曰, 各道節制使, 監司守令等, 軍士甲兵馬匹, 曾不措置檢擧, 近當治兵之時, 謀免罪責, 差人督促, 勒賣奴婢土田農牛, 怨咨者或有之, 雖已經赦宥, 不可論罪, 然其所賣, 土田奴婢農牛, 許從自願還本主」.

206) 『숙종 23권 17년 7월 16일 기해』: 「上曰, 近來監司守令, 卜山於本道本邑, 而若其地師所贊, 則或抑買田宅, 或勒毁民舍, 或先受文卷, 遷延不買以爲漸取之計者有之, 或在官營窆, 仍置家舍, 以爲日後居息之所者有之, 監司旣自犯禁, 則守令益無忌憚, 聽聞所及, 豈不寒心, 請自今嚴禁定式施行. 上是之」.

207) 優先하여 賣買하는 것을 말한다.

208) 『영조 29권 7년 6월 16일 정미』: 「又命內司之勒買本道民田者, 令還給其主, 平安道己酉陳告而免賤者, 並令還賤, 仍禁陳告之弊, 以妨奸計」.

권 23년 5월 27일 갑신』을 보면, 明禮宮 · 壽進宮 · 於義宮 · 龍洞宮의 무역하는 종들이 猪廛에서 강제로 매매를 하여 폐단을 일으킨 일이 있다. 당시 소고기를 강제로 사들이는 폐단을 엄금하고 있던 차에 이러한 사건이 일어나자, 정조는 대로하여, 「수량이나 횟수의 많고 적음을 막론하고 금법을 한번이라도 범한 자는 일반 백성보다 몇 배의 죄를 더 주어야 한다」고 하였다.

그리고 연산군 때에 일반 백성의 家舍를 강제로 매입하였는데, 중종 원년에, 甲子年(연산군 10년, 1504) 이후에 사들인 집을 사헌부에서 분간하여 强制로 사들인 것은 모두 취소하도록 하였으며,[209] 또 『숙종 35권 27년 9월 17일 신축』에서 憲納 朴泰恒이, 궁가에서 民田을 함부로 빼앗고 바다의 漁場을 절수해 들어가는 폐단을 지적하여 혁파하기를 청하면서 백성들이 불이익을 당하는 것보다는 오히려 公家에서 손해를 보는 것이 옳은 도리임을 말하였다. 그 뒤 영조 30년에 京兆(漢城府)에 신칙하여 여염집을 빼앗아 들어가는 禁令을 더욱 엄하게 하였으며, 또한 民家를 매매하여 사들인 士人을 영구히 淸職 · 顯官이 되지 못하도록 함으로써 공법상의 자격을 제한하였다.[210] 『영조 82권 30년(1754) 7월 16일 계사』는 「敎曰, 予聞貢物衙門官之侵徵貢人者, 甚多, 或使備納章脈, 或使變通癸官, 又或有取用市產, 而終不給直者, 此奚異於盜取也, 此後如有犯者, 勿論官職高下, 禁錮終身, 至於圖免癸官者, 限三代勿許淸顯, 且予自在潛邸時, 稔知中官輩徵求於闕內所屬, 其令隨現刊名內侍府. 御營大將洪鳳漢白, 上曰, 閭家奪入之禁, 卽聖上三十年恤民之大政, 今此賣買幷禁之敎, 亦有以仰認, 聖意, 而前此買入者, 一兩日內, 幷令還退, 則殊涉搔優, 其中幸而不入於摘奸者, 亦皆狼顧, 不敢安堵, 士大夫亦, 殿下之民也, 宜有軫念之道, 今若自甲戌七月以後, 禁其賣買, 不入於摘奸者, 亦幷蕩滌, 恐宜矣. 上曰, 不入摘奸者蕩滌, 其餘限今年還退, 歲末更令京兆摘奸, 如有犯者, 朝官二年禁錮, 士子六年停擧」, 그 내용인즉 영조 30년 7월 이후에 매매를 금한 후부터 적간에 들지 않은 자는 탕척하고 그 나머지는 그 해 안으로 도로 물리도록 하였다.

---

209) 『중종 1권 원년 12월 25일 기사』; 『중종 2권 2년 윤1월 19일 계해』 참조.

210) 『영조 81권 30년 6월 27일 을해』: 「飭京兆, 申嚴閭家奪入之禁, 犯禁者, 爲二十餘人, 並定配」.

이들 기사를 통해서 볼 때, 비록 왕실이 매매의 당사자로 된 경우에도 그것이 강제성을 띤 경우에는 모두 취소하는 등의 사실에서 당시 조정에서 백성들의 소유권을 보호하기 위하여 얼마나 적극적인 자세를 보였는가를 알 수 있다.

3) 無效와 取消

조선시대에도 역시, 오늘날과 마찬가지로 하자 있는 법률행위를 무효로 하거나 취소하는 것이 법적으로 인정되었다. 이에 관하여 자세한 것은 「契約」에서 다룬다.

2. 代 理

대리란 사적 자치의 영역을 보충하거나 확장하는 기능을 가지는 제도이다.

대리관계라고 볼 수 있는 조선시대의 기록을 보면, 『세종 10권 2년 11월 5일 정묘』에서 사대부들이 노복을 시켜 장사하는 것을 조사・적발하여 금하도록 하였으며, 또 민사소송에 있어서는 당사자 사이의 약속에 따라 소송을 대리하기도 하였으며,[211] 이것은 노비도 예외가 아니었음은 앞에서 이미 보았다.

그리고 『영조 36권 9년 12월 30일 정축』에서, 현종조에 海西伯이 된 金宇亨이 그 친구인 李端相이 飢寒을 면치 못한다는 사실을 듣고서 그 집 종에게 몰래 還穀을 꾸어 주고는 防納의 예로써 利潤을 취하되 李端相에게 말하지 말도록 하였는데, 종이 그 말대로 하여 다른 말로 핑계를 대고 그 주인에게 갖다 바쳤다. 뒤에 李端相이 사실을 알고는 빨리 그 곡식을 돌려보내게 한 일이 있었다. 이것으로 미루어 볼 때, 私賤은 일정한 범위 안에서는 그 주인을 대신할 수 있었음을 알 수 있고, 또한 사천이 그 주인에게 사실관계를 알리지 않은 때에는 뒤에 그 주인이 사천의 행위를 취소할

211) 『영조 33권 9년 3월 21일 임인』의 李濟東 사례.

수 있었음을 추단할 수 있다. 이것은 바로 오늘날의 表見代理의 모습과 거의 흡사한 것이라 하겠다.

奴婢의 代理能力에 관해서는 앞에서 언급한 「奴婢의 法的 能力」 부분과 중복되므로 여기에서는 생략한다.

3. 法律行爲의 附款

현행 민법은 법률행위의 부관으로서 조건과 기한에 관한 규정을 두고 있다. 그런데 양자의 구별은 분명하지 않은 경우가 많다. 이것은 조선시대에 있어서도 마찬가지였다고 하겠다. 양자의 구별이 모호한 경우에 해당하는 표현으로는 「한 몸에게만 한하게」,[212] 「당자에 한하여」,[213] 「살아 있는 동안」,[214] 「본인에 한하여」[215] 등이 보이는데, 이러한 것들이 조건인지 기한인지 그 법률관계를 분명하게 파악할 수가 없다.

條件은 법률상의 의사표시를 하면서 「永世토록」 등의 표현을 사용하였는데, 연산군 9년, 죽은 宦官 田畇의 노비 중 1백 9명은 內需司에 주고, 나머지 20명은 本主에게 돌려주도록 하였다. 이것은 처음 하사할 때에 賜牌에 「영세토록 전한다」는 말이 없었기 때문이었다.[216] 이것은 일종의 解除條件으로서 不特定期限과의 구별이 명확하지 않고 애매하다.

조선시대에 있어서 오늘날의 期限을 나타내는 표현으로는 여러 가지가 사용되었으며, 기한에는 特定한 終時를 정한 것과 정하지 않은 것이 있었다. 特定期限을 나타내는 것으로는 금년 8월 또는 익년 정월,[217] 10일,[218] 30일・40일・60일,[219] 3개월,[220] 10년,[221] 5年.[222] 7년,[223] 3년,[224] 60년・

212)『단종 4권 즉위년 11월 15일 계유』.
213)『중종 39권 15년 4월 26일 계미』.
214)『세종 41권 10년 9월 24일 계유』.
215)『受教輯錄』 刑典 公賤條 835항.
216)『연산군 50권 9년 6월 13일 무신』.
217)『세종 78권 19년 7월 10일 기축』.
218)『영조 122권 50년 1월 2일 병진』.

30년 · 40년,[225] 20년,[226] 13년[227] 등의 표현이 있고, 不特定期限을 나타낸 것으로는 「當代에 한하여」, 「영구히」·「영세토록」, 「돈이 두루 넉넉하게 될 때까지」[228], 「내년 봄까지」,[229] 「내년 가을까지」,[230] 「명년 가을을 기한하여」,[231] 「보리가 익을 때까지」,[232] 「이른 곡식이 성숙할 때까지」,[233] 「某某해 以前」[234] 등의 표현이 있다.

期限의 始期와 終期는 언제이며, 기한이 到來한 경우 期限附法律行爲의 效力은 어떻게 될 것인가? 이 문제에 대해서 실록의 기사만으로는 분명하지 않다.

---

219) 『영조 64권 22년 9월 18일 신해』.
220) 『영조 97권 37년 4월 16일 을유』.
221) 『숙종 30권 22년 8월 3일 병술』; 『숙종 31권 23년 4월 13일 임술』; 『영조 33권 9년 2월 20일 임신』; 『정조 19권 9년 1월 13일 계해』; 『정조 52권 23년 12월 21일 갑진』 등의 기사 참조.
222) 『숙종 29권 21년 8월 3일 임진』; 『숙종 31권 23년 4월 13일 임술』; 『숙종 48권 36년 2월 16일 신해』; 『영조 33권 9년 2월 20일 임신』; 『영조 60권 20년 10월 30일 계유』; 『영조 98권 37년 8월 22일 무자』; 『정조 18권 8년 11월 12일 계해』 등의 기사 참조.
223) 『영조 98권 37년 8월 22일 무자』.
224) 『숙종 37권 28년 7월 12일 신유』; 『영조 33권 9년 2월 20일 임신』; 『영조 66권 23년 10월 3일 경신』; 『영조 97권 37년 4월 12일 신사』; 『영조 98권 37년 8월 22일 무자』; 『정조 30권 14년 5월 17일 정유』 등의 기사 참조.
225) 『중종 56권 21년 3월 20일 계묘』; 『숙종 6권 3년 7월 13일 무자』 참조.
226) 『정조 10권 4년 8월 9일 을묘』.
227) 『정조 17권 8년 4월 22일 병오』.
228) 『세종 30권 7년 12월 11일 병자』.
229) 『영조 60권 20년 11월 1일 갑술』.
230) 『정조 41권 18년 11월 3일 정해』.
231) 『단종 3권 즉위년 윤9월 23일 임오』; 『단종 4권 즉위년 10월 2일 경인』; 『영조 98권 37년 8월 22일 무자』 등의 기사 참조.
232) 『단종 10권 2년 2월 8일 기축』; 『영조 84권 31년 5월 28일 신축』 참조.
233) 『단종 10권 2년 2월 9일 경인』.
234) 『숙종 35권 중 27년 9월 17일 신축』.

4. 期間과 그 計算

『중종 34권 13년 11월 8일 갑진』에서 金安國이 친척 가운데 같은 조상의 노비를 서로 쟁송하는 자는 告狀을 낸 날로부터 계산하여 20년 이전의 일은 청리를 허락하지 말자」는 주장을 하였는데, 이것으로 볼 때, 日 단위로 기간을 계산하는 경우 초일을 산입하였음을 알 수가 있다.[235)]

5. 時效制度

현행 민법상 일반적으로 시효에는 취득시효와 소멸시효가 있다. 이것은 예나 지금이나 마찬가지였던 것으로 보인다. 조선시대에 있어서 시효에 관련한 기사를 보면 다음과 같은 것이 있다.

먼저 取得時效에 관한 것으로는, 연산군 8년, 列山正 李偕와 加恩君 李份이 그 父 원천군의 노비를 20여 년이나 모두 차지했으나 소유권을 인정하지 않고, 부당하다는 이유로 전부 가두고 분간토록 하였다.[236)]

또한 『숙종 39권 30년 6월 1일 기사』에서 洪州 사람 李世亨 등이 소장을 제출하였는데, 그 사연인즉 先祖 利城君은 성종의 제9왕자로 그 職田을 위해 泰安의 大小山과 舊牧場을 望呈하여 折受받은 지 이미 2백 년이나 되었다. 그런데 이제와서 간사한 자가 太僕寺에 誣告하여, 단지 「舊牧

---

235) 「又議凡設奴婢, 非獨親戚而已, 一應爭訟者, 時立訟外, 事在三十年以前, 而不告狀者, 勿聽理, 皆以告狀年月, 始計其應, 勿限年者, 令該曹磨鍊啓定何如, 安國議, 親戚之間, 一源分得, 使用奴婢, 奸詐之徒, 謀欲奪取, 巧飾萬端, 以相爭訟, 傷風敗俗, 莫此爲甚, 臣意今後親戚中一源, 奴婢相訟者, 自告狀日始啓, 事在二十年以前者, 勿許聽理, 與充人相訟, 自依舊法, 施行似當, 安國又議, 自丁酉立大限後, 年代已久, 奸僞日滋, 詞訟紛紜, 風俗人心日毁, 今依丁酉年大限例, 量立大限, 以息奸嚚之風似便」.

236) 『연산군 43권 8년 3월 26일 무술』: 「傳于漢城府曰, 府本以發奸摘伏, 聽訟伸免爲職, 而近來富商徵債, 亦并聽斷, 緣此訟事煩擾, 外方則私家長利, 雖不時還債, 不聽, 告官徵督, 今復私債徵納, 勿聽理」.

場」이라는 세 글자에 의거하여 함부로 빼앗아 屯을 설치하였으므로, 太僕寺에 呈訴하였으나 끝내 받아들여지지 않아 法部에 伸訴한다고 하였다. 이에 사헌부에서는, 그 절수한 立案을 조사한 결과, 중종 8년(1513년)에 馬場이 묵고 황폐하여 특별히 절수하게 하고 측량한 結數를 분명히 상고할 수가 있었다. 설령 이 땅이 舊牧場이라 하더라도, 선왕조에서 친왕자에게 賜牌한 땅으로 折受한 것을 2백 년이 지난 지금 太僕寺에서 折入한 것은 부당하다는 法理를 주장하였다. 사헌부에서는 또 백성들이 매매하여 대대로 경작해 오던 땅을 공공연하게 빼앗아 太僕寺에 속하게 하는 것도 중지할 것을 청하였으나 숙종은 끝내 이 의견들을 수용하지 않았다.

그리고 時效取得과 관련해서, 숙종 5년(『新補受教輯錄』 刑典 聽理條 1353항)에 「驛奴婢 또는 內奴婢로 연속하여 30년을 錄案에 들어 있는 경우에는 이를 청리하지 않는다」고 하였고, 동 28년(『新補受教輯錄』 刑典 聽理條 1354항)에는 「內奴婢 또는 驛奴婢로 명백히 叛主가 投驛한 경우에는 정하기를 30년을 한도로 함을 가장 가까운 것으로 한다. 역안에 투속된 뒤에 발각되어 서로 소송하여 결송을 듣되, 도피한 지 30년이 지났으면 논하기를 30년을 한도로써 하는 것은 옳지 않고 일체 凡訟에 의하여 60년으로써 한도를 정하도록」 하였으며, 동 43년(『新補受教輯錄』 刑典 聽理條 1355항)에는 「內奴婢가 宣頭案에 들었거나 驛奴婢가 形止案에 든 경우에는 연속하여 10년씩을 事故가 없으면 비록 本主라 하더라도 接訟을 허용하여서는 안 되는 것으로 遵行한 지가 이미 장구하기 때문에, 지금 또 이를 변경하면 다만 더욱 어지럽게 될 뿐이며 奉行하기 어려울 것이므로 30년을 정식으로 하고 전례에 의하여 시행」하도록 하였다. 이들 기사의 내용으로 볼 때 당시 노비에 대한 소유권의 시효취득기간이 10년이었음을 알 수 있다. 현행법상 동산에 대한 시효취득기간이 10년으로 되어 있는 것과 비교할 때, 기간의 장단에 있어서는 비슷한 모습을 보이고 있다. 그렇다고 해서 이 10년이란 기간을 오늘날의 동산의 시효취득기간과 바로 연결지을 수는 없을 것이다. 옛말에 '10년이면 강산도 변한다'는 속담이 있듯이 당시의 10년이란 「매우 긴 시간」을 뜻하는 것으로 추측된다. 그렇지만 소송기한을 30년 혹은 60년까지 인정한 당시의 입법 태도에 비추어 볼 때는 결코 긴 시간은 아니었다. 그러므로 이 10년이라고 한정한 데는 당시의 사정에 의한 현실적인 이유가 있었을 것으로 보이나, 실록의 기사만으로는 자세히 알 수가 없다.

그리고 消滅時效에 관해서는『經國大典』戶典 徵債條에 규정이 있는데, 私債인 경우에는 1년 이내에 告官하지 않으면 그 채권에 관한 소송을 수리하지 아니하도록 규정하였다.[237] 그리고 영조 12년(『新補受敎輯錄』戶典 徵債條 404항)에「公債의 時效는 15년을 한도로 하고, 私債의 시효는 20년을 한도로 하되 당사자가 현존하지 아니한 경우에는 채권은 모두 소멸한다」는 기록으로 보아, 당시의 消滅時效期間이 상당히 장기간이었으며 당사자의 死亡이 조건이었음을 알 수 있다.

6. 小　結

이 항목에서는 오늘날의 法律行爲 전반에 관련된다고 생각되는 것들을 고찰하였다.

그 결과 현행 민법에서와 같은 다양한 법률적 논점을 발견하여 다루지는 못하였다. 그러나 法律行爲 내지 意思表示와 관련하여, 현행 민법에서 규정하고 있는 不公正한 法律行爲, 詐欺·强迫에 의한 瑕疵 있는 법률행위의 한 모습을 보았다. 그 밖에도 극히 일부부이긴 하지만 代理를 비롯한 條件·期限의 관념이 이미 법률상으로 적용되고 있었으며, 또한 期間을 계산하는 방법에 대해서도 그 법규범에 맞는 起算點을 정하고 있었음을 보았다. 그럼에도 불구하고 이러한 법률상의 논의에 관한 실록의 기사가 많지 않기 때문에 당시의 법관념이나 법적 사고가 어떠하였다고 단언하기에는 무리가 있다. 이 부분에 관한 연구는 앞으로 개별적인 거래관계를 다룬 文記와 같은 개개의 사례를 통하여 귀납적인 연구가 이어져야 할 것이다.

---

237)「凡負私債有俱證筆文記者許徵, 過一年不告官者勿聽」.

제 2 장

物 權 法

제1절 一般的 考察

物權關係란 사람이 널리 財産에 대하여 支配하는 관계라고 정의할 수 있다. 그러므로 物權은 바로 권리를 가진 자가 물건을 직접 지배해서 이익을 얻는 배타적 권리이다. 그리고 이러한 관계를 규율하는 것이 바로 物權法이다. 현행 민법에서는 所有權과 占有權, 用益物權인 地上權・地域權・傳貰權 및 擔保物權인 留置權・質權・抵當權 등 8가지만이 物權으로서 法定되어 인정되고 있다. 그리고 物件을 직접 지배하지는 않으나 물건을 專屬的으로 취득할 수 있는 권리를 準物權이라고 하여 物權에 준하도록 하고 있다.[1] 이러한 물권은 이른바 直接性・絶對性・特定性 및 讓渡性을 가지는 것으로서 相對的 請求權에 불과한 債權과 구별된다. 물권관계를 규율하는 物權法의 指導原則으로서 중요한 것으로는 物權法定主義, 公示의 原則 및 公信의 原則을 들 수 있다.

이 章에서는 王朝實錄의 記事에 나타난 조선시대의 物權關係에 관한 法規範으로는 어떠한 것이 있었으며, 또 그 내용이 무엇이었는가를 고찰한다. 그런데 법과 기타 사회규범의 분화가 아직 이루어지지 못하였고, 그 구별이 모호하였던 당시의 사회상황이나 사법제도의 발달 정도로 미루어 볼 때, 당장에 바로 오늘날과 같은 추상적 또는 섬세한 내용의 법규범을 기대하기는 어렵다. 현재 우리가 할 수 있는 것은 지금까지 축적된 서구 근・현대법의 법사학적 방법론을 통하여 당시의 사회규범을 투시함으로써, 간접적으로 그 법사상이나 법관념을 추출하여 규명하는 것이리라.

어쨌든 조선시대에도 物權關係라는 것이 이름만 없었을 뿐 실제 생활 속에서 얼마든지 발생가능하였음은 부인할 수 없는 사실이다. 그 법규범의 규율대상은 여러 가지가 있었겠지만 그 당시에 가장 중요한 재산적 가치를 지녔던 것은 역시 田宅과 奴婢였으므로 이 책에서는 이들을 중심으로 논의

---

1) 예컨대 鑛業權(鑛業法 제5조・제12조), 漁業權(水産業法 제2조) 등이 그것이다.

를 전개하며, 관련 기사가 있는 경우에는 그 밖의 것에 대해서도 함께 고찰하기로 한다. 논의의 진행 순서는, 먼저 占有에 관해서 간략하게 살펴본 후 所有權을 비교적 상세하게 다루고, 끝으로 擔保制度에 관해서 고찰하고자 한다.

1. 占有制度

(1) 占有의 意義

현행 민법상 占有 또는 占有權이란 무엇인가? 이 문제에 대해서 현행 민법은 그 定義를 규정하고 있지 아니하다. 다만 제192조 제1항에서 「物件을 事實上 支配하는 者는 占有權이 있다」고 규정하고 있다. 이 규정으로부터 점유권의 정의를 도출하면, 占有權이란 물건을 사실상 지배하는 법적 지위를 말한다. 이러한 점유권에 기하여 占有保護請求權(제204조에서 제210조)이 발생하고, 또한 점유자가 점유물에 대하여 행사하는 권리는 適法하게 보유한 것으로 推定된다(제200조). 이와 같이 事實上의 支配가 정당한 것인가를 묻지 않고서 그 지배를 일단 보호하고자 하는 것이 바로 占有制度이다.[2)]

이러한 점유가 성립하기 위해서는 事實上의 支配가 있어야 하며, 또한 일정한 점유의사를 필요로 하지는 않으나 적어도 사실적 지배관계를 가지고자 하는 意思, 즉 이른바 占有設定意思가 필요하다는 것이 우리나라 通說의 입장이다. 그리고 점유권의 性質이 權利이냐 事實이냐에 대해서도 통설은, 일종의 物權으로서 파악하고 있다.[3)]

---

2) 민법학에 있어서 사실상의 지배를 정당화할 수 있는 권리를 本權이라고 부른다. 그러므로 점유권은 본권의 유무를 묻지 않고 성립하는 권리이다.

3) 이러한 점유권을 인정하는 법적 근거가 무엇인가에 대해서, 우리나라의 다수설(平和說: 方順元 · 張庚鶴 · 崔栻 등)은, 社會平和와 秩序維持라는 公益을 보호하는 데 그 사명이 있다고 한다. 즉 사람의 물건에 대한 사실상의 지배를 있는 그대로, 本權의 유무를

조선시대에는 점유제도를 고찰하기 위해서는 먼저 占有와 所有에 대한 명확한 개념상의 정의가 필요하다.[4)]

조선시대에 있어서 所有를 의미하는 用語로 여러 가지가 섞여 사용되었다. 자기소유의 물건에 대해서는 「有」·「私有」·「己有」 등의 용어를 사용하였고, 소유권에 관계없이 實力에 의하여 不法不當하게 支配하고 있는 경우에는 「占」이라는 표현을 많이 사용하였다. 그리고 실제의 문서상으로는 「執持」·「執」 등을 주로 使用하였다. 「執持」 또는 「執」이라는 표현은 所有者의 경우만 사용하고, 小作人이나 비소유자에 대해서는 사용하지 않았다. 그것은 所有者로서의 排他的 支配可能性을 뜻하는 法律上의 占有로서의 事實的·具體的 要素가 강하였기 때문이다. 또한 不動產에 대해서는, 모름지기 자기 마음대로 할 수 있도록 단단히 쥐고 있다는 의미인 「專制在己」라고 표현하였는데, 이것은 주로 토지나 가옥 및 노비 등에 사용하였다. 그리고 動產에 대해서는, 휴대한다는 의미로 「持」라는 용어를 썼다.

한편 조선 후기부터는 「次知」라는 표현이 많이 사용되었는데, 이것은 고유한 우리말을 한문자로 표시한 것으로서 고려말에도 사용되었으며, 더 거슬러 올라가서는 신라시대부터 사용된 것으로 짐작되고 있다. 이 용어는 원래는 官用語로서 「맡는다」·「담당한다」·「주관한다」는 뜻이며,[5)] 또 그 담당관청을 「次知官司」라고 하였다. 이 「次知」는 所有權者의 경우에만 사용되었고, 부동산·동산 등의 구별없이 모든 物件에 대해서 사용하였다. 이

묻지 아니하고, 보호하고 自力救濟를 금지하는 것이 사회의 평화와 질서 유지를 위해 필요하다는 것이다. 반면에 소수설 가운데 利益說(郭潤直)은, 개인의 생활가치의 유지라는 私益을 보호하는 데 점유권의 사명이 있다고 하고, 또 多元說(金容漢)은, 사회적 평화의 유지(權利推定·占有保護請求權 등이 여기에 속한다고 한다), 점유자의 개인적 이익의 존중(果實取得·自力救濟 등), 거래안전의 보호(善意取得·權利推定 등) 및 동산물권의 공시방법(제188조 제1항)이 점유제도의 존재 이유라고 한다.

4) 이 문제에 대해서는 이미 朴秉濠, 『韓國法制史攷』, 195-218면에서 상세하게 밝히고 있다.

5) 次知란 죄인의 친척을 일컫는 것으로서 남편 대신 아내를 가두고 아들이나 동생 대신 아비나 형을 가두는 것이다. 이것으로 인하여 폐단이 있게 되자, 이를 금하는 법조문이 『續典』에 규정이 되었으나, 제대로 지켜지지 아니하였다. 그 뒤 정조 12년에 이르러 各司에서 次知를 가두는 폐단을 신칙하게 된다(『정조 26권 12년 7월 11일 신미』).

러한 「次知」가 「物件의 支配狀態」로 사용하게 된 유래는, 관리가 어떤 직책이나 임무를 차지하고 있다는 것은 넓은 의미에 있어서의 支配로서 이것이 변이되어 물건에 대한 지배에도 사용되었던 것이다. 이에 따라 소유권에 관한 표현도 「執持」에서 「次知」로 변화되었다.

執持와 次知 두 용어를 비교하면, 執持가 매우 現實的인 표현임에 비하여 次知는 매우 抽象的 표현이다. 이와 같이 執持를 대신하여 次知를 사용하게 된 것은 관료·귀족·토호들의 대토지소유의 확대와 地主-小作人關係의 普遍化 그리고 典當·權賣 등 활기 띤 토지거래의 증대에 따라 토지의 價値化가 점차 추진되었고, 이에 따라 토지소유권이 觀念化現象을 띠게 되는 17세기 말의 사회·경제적 변화 때문이었다. 부득이한 경우 외에는 토지를 처분하지 않고 단단히 쥐고 있어야만 하는 사회·경제적 조건 하에서는 執持가 필요하였던 것이다. 그러나 이제는 그것이 부적당하게 되었고 추상적이고 포괄적인 개념을 필요로 하였다. 이에 따라 본래 합법적인 권한에 의한 직책의 管掌 내지 支配의 뜻이 있었던, 包括的·抽象的 개념인 次知가 현실에 적합하게 되었던 것이다. 이러한 執持에서 次知로의 變化過程 속에서 「利用에서 價値」로의 전환의 싹이 트게 되고, 近代的 所有權의 법률적 개념이 도입되었으며, 次知 중에서 所有와 占有가 완전히 분리된다.

(2) 國有地의 占有

조선시대에는 국유지에 대하여 일반 백성들이 耕作하거나 하여 그 토지를 점유하는 것을 허용하였다.

국유지의 점유와 관련하여, 『세종 53권 13년(1431) 7월 27일 기축』을 보면, 경상도 감사가 아뢰기를, ① 거제도 바깥쪽 栗浦의 田土는 河淸 加耳瑟浦에 사는 사람에게 예전대로 경작하도록 허락하고, 玉浦·永登浦萬戶에게 보살펴 수호하도록 할 것, ② 河山島의 전토는 병선이 머무는 곳에서 멀리 떨어져 있고, 또 뱃길이 2息程이 되는데, 농민들이 작은 배를 타고 나들면 해를 당할까 염려되니, 지금부터는 내왕하면서 경작하는 것을 금하게 할 것, ③ 彌勒山 북편 바깥쪽 海平의 전토는 별망을 두어 수호하게 하고, 농민들에게 내왕하면서 경작하게 하고, 常住는 못하게 할 것, ④ 興善島 동편 바깥쪽 걸망포(巨乙亡浦) 바깥쪽 장곶에는 백성들의 거주 및 경작을 금하고, 걸망포 안쪽의 전토는 인민들을 내면으로 옮겨 살도록 하여, 赤梁 근처에 별망을 두어 수호하고 내왕하면서 경작하게 할 것, ⑤ 南海島 동편 바깥쪽 蘭浦의 거민들을 本島 안쪽에 옮겨 살게 하고, 그 전토를 적량만호로 하여금 보살펴 수호하게 하여 내왕하면서 경작할게 할 것, ⑥ 南海島 남쪽의 바깥쪽 加火浦·古乙浦에 사는 백성들이 경작하는 牛峴 안쪽 平山營田의 한 곳의 전토를, 평산만호에게 수호하게 하여 내왕하면서 경작하게 하고, 그 牛峴 바깥쪽 大洋邊의 전토는 백성들이 개간하여 경작함을 금하도록 하자, 그대로 따랐다.

그런데 『성종 72권 7년 10월 1일 신미』에서는 「兵曹據泉南驛吏金尙元等上言啓, 諸驛馬位田, 給付立馬人耕食, 乃國家立法本意也. 近來驛田, 私相轉買, 因此, 驛路彫弊, 甚不可, 請禁之, 在前轉買案付田, 並令還給立馬人, 且驛吏之役, 艱苦倍他, 蠲減貢賦外雜役, 何如. 從之」, 즉 경작하라고 준 여러 驛의 馬位田을 사사로이 서로 불법으로 轉賣함으로써 驛路가 彫弊하게 되었다. 이 때문에 성종 7년에 馬位田의 轉賣를 금지하고, 종전에 전매한 문서에 기재된 땅은 立馬人에게 돌려 주도록 하였다. 이 기사는 매매에 하자가 있는 경우 국가에서 개입하여 취소 또는 해제할 수 있었음을 보여주는 것이기도 하다.

중종 12년 5월, 대간이 아뢴 바에 의하면, 壺串牧場 안의 묵혀야 할 田地가 거의 30결인데 그 안에 인가가 10여 호나 되었다. 이에 司僕寺에서는 오래된 여부를 막론하고 모두 철거하고자 하였다. 이에 司憲府에서는, 馬政도 큰일이지만 인가를 毁撤하고 전지를 황폐하게 하는 것도 중요한 일이라고 하며 중단할 것을 아뢰었다. 중종은 이를 議政府에 묻게 하였고, 政府에서는, 祖宗朝로부터 그 땅을 경작하여 安居해 온 사람들을 하루아침에 모두 철거해 버리면 民怨이 있을 것이므로, 오래된 집과 오래되지 않은 집을 가려서 철거하게 하고, 지금부터는 금지조항을 엄격히 세워서 몰래 경작하거나 함부로 점유하지 못하게 하는 것이 가하다고 아뢰었다. 이에 중종은

모두 아뢴 대로 하도록 전교하였다.[6]

2. 所有權에 관한 一般的 考察

(1) 朝鮮時代의 土地制度와 土地所有權

한국의 경우, 씨족 및 부족법시대에는 토지를 백성에게 나누어 주거나 토지의 소유를 균등하게 하는 이른바 均田制는 존재하지 않았던 것으로 알려지고 있다. 때문에 토지제도 내지 토지법제는 원칙적으로 소유자가 현실적으로 소유하고 있는 토지를 기반으로 시행되었고, 여기에다가 소유자의 국가에 대한 租稅納付制度와 그 運用에 중점을 두었다. 또 이러한 상황하에서의 토지정책은 租稅制度에 重點을 두었기 때문에 토지의 財産的 性格은 분명하지 못하였다. 그것은 식생활을 해결하기 위한 最小限의 토지만을 경작하는 것이 고작이었기 때문이었다.

그 뒤 三國時代에 접어들어서도 토지는 아직 본격적으로 國家財政의 테두리 안으로 편입되지 못하고 王室·귀족·사원·농민이 소유하는 데 그쳤다. 食邑制度[7]는 바로 이러한 사실을 잘 말해주는 것이다. 그 가운데 官僚田이나 祿邑은 통일신라 때 문무관료에게 지급하던 것으로서 토지 그 자체를 주는 것이 아니라 국가의 收租權만을 주었다.

또 중국의 균전제와 유사한 것으로서 丁田制가 있었는데, 이것은 聖德王 21년(722) 8월에 실시하여 백성들에게 丁을 分給하였다는 정도만 전해지고, 그 詳細한 내용은 분명하지 않다. 단지 일반적·보편적 토지분배는 아니었고 租[8]를 받아들이기 위한 것으로 추측할 뿐이다.

---

6) 『중종 28권 12년 5월 6일 경진』; 『동 6월 7일 신사』의 기사 참조.

7) 食邑이란 귀족이나 공신에게 일정한 고을을 봉하여 당해 고을에서 국가에 납부할 조세를 받게 하거나 국가가 소유하는 토지를 특별히 주는 賜田制度이다.

8) 租庸調의 조세제도 가운데 租는 田에 부과한 稅이고, 庸은 勞役 대신 무명이나 베로 내는 稅 그리고 調는 1戶를 대상으로 각 지방의 특산물을 바치던 것으로서 均田制의

앞의 사실로 볼 때 왕실, 귀족, 농민들의 私有地가 있었고, 동시에 국가는 이들 사유지로부터 租를 받거나 필요에 따라 그 租를 관료나 귀족이 직접 받도록 하였던 것이다. 그 뒤 권세있는 자들이 이러한 收租權을 기반으로 하여 大土地所有者로 등장하게 된다.

高麗時代에는 田柴科라는 제도가 시행되었다.[9] 田柴科制度는 始定田柴科, 改正田柴科[10] 그리고 更正田柴科[11]로 변형 시행되었다.[12] 고려의 토지제도는 이러한 田柴科를 根幹으로 하여 지배층 중심으로 토지가 분배

배경으로서 人・戶 단위로 시행되었다.

9) 田柴科制度는 文武百官으로부터 府兵・閑人에 이르기까지 모든 국가 관직자에게 지위에 따라 田土와 柴地를 差等있게 分配하던 것이다. 그것의 구체적인 분배는 4대왕인 光宗 11년(960)에 정한 4색 公服을 기준으로 문반・무반・雜業으로 나뉜 8개의 표에 의하여 이루어졌다. 여기에는 官品 외에 人品도 고려되었다고 하는데 자세한 것은 알 수 없다.

10) 고려 穆宗 때의 改定田柴科는 官職高下에 따라 1科에서 18科까지 差等 있게 分給하였으며, 본래 田柴科가 人品을 기준으로 삼던 것을 지양하였다. 또 散官은 현직자에 비해 몇 과 낮추어 급여함으로써 現職을 우대하였으며, 文官이 武官보다 우대받은 文臣貴族社會의 제도라 하겠다. 최고인 제1과는 田 100結・柴 70結을, 최하 등급인 제18과에게는 田 20結을 분급하였다. 그리고 限外科는 단지 田 17結만을 주었다. 여기서 1結은 100負, 1負는 10束, 1束은 10把, 1把는 1平方尺 (6등급 중 1等田의 量田尺 = 4尺 7寸 5釐인데, 下等일수록 量尺이 길어졌다)에 해당하였다.

11) 文宗 때의 更正田柴科는, 전시과제도의 最終的인 것으로서 高麗土地制度의 完成을 의미하는 것이었다. 18科의 分給은 如前하였으나 限外科는 消滅하였다. 또한 土地支給額數가 全體的으로 減少하여 제1과는 田 100結・柴 50結, 제18과는 田 17結을 분급하였으나, 散은 지급대상에서 完全除外되고, 武官을 差別待遇하던 것이 시정되었다. 또한 문종 때에는 功蔭田柴科라는 것이 있었다. 이것은 본래 국가에 대한 功勳이 있는 공신에게만 支給하던 것이었으나 문종 때에 이르러 5품 이상의 모든 관리에게 지급하고, 기타 국가에 봉사하는 모든 자에게 反對給付로써 土地를 分給하였다. 예를 들면 6품 이하의 官吏에게는 閑人田을 지급하고, 無子孫下級官吏・軍人遺家族에게는 口分田을, 鄕吏에게는 外役田을; 軍人에게는 軍人田을, 그리고 樂工・工匠에게도 각각 분급하였다. 그 밖에 王室에서는 內莊田을 소유하였고, 中央・地方官衙는 公廨田을, 寺院은 寺院田을 각각 소유함으로써 각자의 經費를 충당하였다. 이것은 田柴科에 비해 私的 支配性이 濃厚한 것으로서 子孫에게 世襲이 許容됨으로써 高麗貴族의 經濟的 基盤이 되었다.

12) 景宗 元年(975)에 제정되었다가, 穆宗 元年(998)에 改定田柴科, 文宗 30년(1076)에 更正田柴科로 변형된다.

되었다. 그러나 고려가 「田柴科體制를 근간으로 한다」는 말은 관인층에 대한 토지분급의 입장에서 말한 것일 뿐, 실제 고려시대에도 일반농민이 소유한 토지인 民田이 광범하게 존재하였다. 민전은 고려의 농민(白丁)이 조상대대로 물려받은 토지로 농민은 이를 耕作하여 生計를 유지하였다. 이 토지는 私有地로 自由롭게 賣買가 가능하였으며, 전국토지의 大部分을 차지하였다. 그러나 고려왕조는 이를 公田으로 보아, 土地國有의 原則이라는 美名아래 국가는 收穫의 10분의 1을 租로 徵收하고 그 반대급부로서 농민은 국가로부터 토지소유권에 대한 法制的인 公認을 받았다. 이러한 租와 農民의 役이 바로 高麗經濟의 基盤이 되어 국가를 유지하는 원동력이 되었다. 그러나 그 후 귀족들에게 兼倂되어 農莊化되면서 農民層의 分解를 초래하고 이러한 농민의 流民化는 국가수입의 기반을 붕괴시킴으로써 결국 高麗末에 科田法에 의한 田制의 改革이 뒤따르게 된다.

조선초기에는 科田法과 職田法이 토지제도의 중심을 이루었다.

科田法의 기본골격은 고려 초기의 田柴科制度와 동일한 것으로서, 옛 귀족이나 관료의 收租權 또는 土地를 일단 沒收하여 그들의 소유관계를 무효화하였다. 그런 다음 官僚에게는 科田을, 功臣에게는 功臣田 또는 別賜田을 지급하고, 이를 私田이라 하여 京畿道에 한정하였다. 이러한 과전법에 의한 토지의 분배는 대체로 그 토지에 대한 收租權만을 지급하는 것이 원칙이었고, 다만 특별한 경우에는 토지 그 자체를 주기도 하였다.

이러한 토지들은 원칙적으로 功臣田만이 상속이 가능한 것이었으나, 실제로는 결국 科田이나 別賜田마저도 국가에 반환하지 않고 상속하는 것이 관행이 되었다. 이로 말미암아 私田京畿原則이 붕괴되게 되고, 따라서 科田法 역시 붕괴하고 말았다. 이러한 와중에서 기반이 약한 토지소유자는 收租權者의 苛斂誅求를 견디지 못하여 헐값에 토지를 매매하게 되고, 결국에는 小作人이 되거나 고향을 떠나 다른 곳으로 이사를 할 수밖에 없는 형편으로 전락하고 말았다. 그리고 公田에 대한 收租는 전국에 있는 대다수의 土地에 대해서 그 소유자로 하여금 직접 국가나 국가기관에 納租를 하게 하였다. 즉 公田은 국가가 직접 소유하는 國有地인 公田과 個人土地所有者로부터 租만 받는 公田으로 구분되었다.

그 뒤 과전법이 붕괴된 후에는 새로이 職田法이 시행되었다. 이 제도는 세조 12년(1467)에 시행된 것으로, 사람은 많고 나누어 줄 토지는 적자, 토지를 지급하는 대상을 현직관으로 한정하였다. 그 뒤 성종이 즉위하면서 다시 科田法으로 회복하고자 하여 院相에게 물었는데, 院相 具致寬 등은, 「과전을 회복하는 것은 朝官에게 매우 유익하지만, 만일 전일에 守信田·恤養田을 빼앗긴 자를 상고하여 다시 준다면 반드시 직책 있는 사람의 전지를 빼앗아 직책 없는 사람에게 주어야 하므로 행하기 어렵다」는 주장을 하였다. 이에 성종 역시 억지로 시행할 생각은 아니라고 하여, 이 문제는 일단 보류되었다.[13)]

성종조에 朝士의 職田은 그 田稅를 관에서 거두어들이고 관에서 지급하도록 하여 지나치게 징수하는 폐단을 막도록 하였다. 그러나 寺社의 전세만은 스스로 납부하도록 하였다. 성종 22년 장령 李秀彦이 아뢰기를, 僧徒들이 거둬들이는 것이 너무 지나치니 職田의 예에 따라 관에서 거두어들이고 지급하게 하자고 하였다. 이에 성종은, 이러한 폐단을 인정하고, 該曹로 하여금 節目을 詳定하도록 하였다.[14)]

그 뒤에 執義 李禮堅이, 공신전은 혁파할 수 없으나, 朝士는 祿俸이 있으니 職田을 줄 필요가 없다고 하며, 寺社田과 함께 모두 혁파할 것을 주장하였으나, 들어주지 않았다.[15)]

---

13) 『성종 4권 원년 4월 23일 신미』: 「傳曰, 予欲革職田, 復科田, 其問院相. 院相具致寬等啓曰, 復科田, 甚有益朝官, 然若考前日守信恤養田見奪者, 而復給, 則必奪, 任事者之田, 而與無職之人, 恐難行也. 傳曰, 非予强欲如是, 但陳言者, 多言職田有弊耳」.

14) 『성종 251권 22년 3월 14일 경인』: 「掌令李粹彦啓曰, 今朝士職田, 令官收官給, 以杜濫徵之弊, 獨寺社田稅, 使自納之, 僧徒徵斂太過, 請依職田例, 官收給之. 上曰, 信有此弊, 當使該曹, 詳定節目」.

15) 『성종 261권 23년 1월 22일 계사』: 「同知事李克墩啓曰, 今因金礪石之啓, 以年歉功臣田爲半官收職田寺社田, 則全數官收節目, 下本曹議啓職田, 則古無其法, 祖宗朝大小朝臣, 歲抄錄啓受点給之命曰, 科田若身死, 而及於其妻則謂之守信田, 夫妻皆歿而及其子則謂之恤養田, 其子若授職則仍給其田, 而亦謂之科田, 國家以守信田恤養田, 爲無事而食給受田牌, 俾直警守里門等處, 世祖革此制, 給從仕人員, 謂之職田, 江原忠淸慶尙三道, 今年收稅豆則其數, 不減於前而米, 則比舊猶多, 惟全羅道稅入, 減於前歲, 今功臣田, 自今月十七日, 始給職田, 自二十日, 始給已受出者多, 或給或不給似難. 上曰,

그리고 직전법 이후에는 성종 때에 官收官給制가 시행되었는데, 이 제도는 명종 때에 이르러 유명무실화되었다가 임진왜란 이후에는 완전히 소멸하고 말았다. 이에 따라 양반 관료들은 祿俸을 받게 되고, 여기에다가 私的所有地의 집중을 도모하게 된다.

한편 『세종 2권 즉위년 9월 14일 신유』에서는 「…且科田, 旣永永賜與, 則其損檢踏, 委之田主, 可謂萬歲之法, 如不已, 則凶年委敬差官, 豊年委田主, 可矣, 今歲, 王穀頗熟, 宜令田主檢踏. 上曰, 公田私田, 均是國用, 損失檢踏, 不當有罪…」, 즉 王穀이라는 표현과 함께 公田과 私田이 모두 國用이라고 하여 王土思想을 내비쳤다. 그러나 이 때는 이미 私田인 科田은 영구히 사여된 것이며, 풍년이 든 해의 수확량에 대한 조사도 田主에 맡기는 것이 옳다는 주장이 제기된 것으로 보아 土地에 대한 私有意識이 강력히 표면화되었음을 알 수 있다. 이 기사는 科田의 私有化를 뒷받침해 주는 중요한 것이다.

그리고 순조 3년에는 井邑에 있는 貞徽翁主房의 면세전을 타량하였는데, 그것이 절수한 땅이 된다는 것은 근거할 바가 없지 않았으나, 처음에는 潛賣로 인하고 마침내 轉賣를 이루게 되었으며, 자손에게 전하여 자기 물건으로 인정해 온 지가 1백여 년 정도로 오래되었다. 그런데 이것을 이제와서 그 근원을 밝혀 추징한다면 명백한 憑據도 없고, 그렇다고 盜賣로 논죄하는 것도 불가하였다. 이에 대하여 좌의정 徐龍輔는 불문에 부치자고 하였으며, 대왕대비는 賭地나 賣買를 물론하고 民田이 된 지 오래된 것은 아뢴 대로 조치하도록 하였다.[16)]

今年非大歉, 且職田, 先王之制, 不可遽改. 領事洪應曰, 國家, 若至空乏, 雖常俸亦當入官, 今年不至大歉, 要當酌量事體施行. 克墩又啓曰, 命軍器寺別造錯箭, 二萬部其造箭, 匠人一朔之料, 幾至百石計四年乃得畢造則其料至一千二百石, 虛費實多, 本寺有錯箭多, 又有月課, 請加其數, 勿別打造. 特進官金升卿曰, 造箭匠, 皆市人, 以此廢其生業是, 亦可悶. 上曰, 事在不得已, 豈可以此輩生業爲嫌, 今兩界有事不可, 不別造然年歉, 可停也. 執義李禮堅曰, 功臣田, 不可革也, 若朝士有祿俸, 不必給職田, 請與寺社田, 並革之. 不聽」.

16) 『순조 5권 3년 윤2월 20일 을유』: 「又啓言, 井邑所在貞微翁主房免稅田打量時, 民弊有無, 見道臣査報, 則其爲折受之地, 不無所據, 而始因潛賣, 遂成轉買, 傳子傳孫, 認

또한『중종 32권 13년 2월 21일 경인』을 보면, 토지를 제한하여 고르게 분배하는 법은 三代 이후의 좋은 법이라 하여 井田制를 시행하자는 주장이 제기되기도 하였다. 그러나 16세기 이후 해이해져 오던 田政은 임진·병자 양란을 거치면서 결정적으로 무너져버렸고, 이에 따라 조정에서는 조세제도를 개편할 수밖에 없게 되었다. 18세기에 발생한 실학자들은 地主-佃戶制의 모순을 개혁하기 위하여 토지제도의 개편을 주장하는 重農主義 실학자[17]들이 등장하게 되었다.

(2) 所有權의 法的 性質과 效力

주택의 소유와 관련해서는『광해군 112권 9년 2월 3일 무술』에서 광해군 9년 2월 4일 이후부터는, 조관들이 內人이나 여염집을 빼앗아 점유하는

作已物, 已至百餘年之久, 今若溯源推徵, 則堦梯屢換, 憑覈無路, 又欲律之以盜買之法, 則許多小民, 失哺騷擾, 尤屬可悶, 請依道啓, 許令勿問, 而無論宮房衙門, 京外無賴之輩, 或稱無主曠土, 或稱年久廢庄, 競來瞞告, 及其行關打量之際, 民情所擾, 無所不至, 故曾在先朝, 梁軫此弊, 各宮房各衙門似此陳告之類, 必令嚴刑遠配, 痛懲其習, 曲察民隱之聖德, 孰不欽仰, 請此後或有稱以曠土廢庄, 憑籍陳告, 以致民邑之弊, 這卽執捉, 一依先朝受敎, 一邊狀聞, 一邊刑配之意, 申筋諸道道臣. 大王大妃曰, 無論賭地與賣買, 爲民田已久遠云爾, 則雖是當初賜牌之地, 至今豈可擾民而還推乎, 依奏爲之. 右議政金觀桂啓言, 目今至大至急之務, 莫如勉進聖學, 而林下諸人, 屢勤敦召, 尙無幡然之意, 誠甚可悶, 此當至聖招徠, 期於必致, 而大凡文學雅筋, 可堪侍講者, 不必專在玉署之臣, 蔭官中亦不無可合之人, 其在聖朝收人材廣資益之道, 豈可使此等人, 局於蔭途, 無路自伸其效忠納誨之心乎, 臣意, 蔭仕中可堪侍講者, 不必多求, 務極精抄, 使之輪回入參講筵, 仕好矣. 上, 詢左相, 左相曰, 蔭官中抄選經筵官者, 卽此意, 而經筵抄選, 爲任至重, 故被選者, 謙不自居, 出膺者絶少, 未免有名無實, 今若不以抄選爲名, 則可啓進身之路矣, 從之. 觀桂又啓言, 生民休戚, 固係於監司守令, 而若論切近親民之官, 則無如守令也, 然則守宰之選, 固當十分加意, 無得其人, 臣意, 分付吏曹, 凡守令之入於繡衣褒啓再度以上及十考達上以上人, 抄出成錄, 又其入於繡衣貶啓一度以上人及十考內一入下考以上, 亦抄出成錄, 又其褒貶之辭, 撮要懸註於逐人名下, 右兩件案, 置之臥內, 頻加考閱, 以廣聰明, 凡大小政守令擬入之時, 聖上親閱兩案, 如或有貶案中名字, 入於排望者, 當該銓官, 各別論堪, 如此則聖鑑漸熟於區別賢否, 而該曹亦必有愓擧行之實效, 從之」.

17) 柳馨遠, 李瀷, 丁若鏞으로 이어지는 經世致用學派를 말한다.

것을 엄금하였으며, 이러한 내용은 『영조 1권 즉위년 9월 24일 갑자』와 『정조 2권 즉위년 8월 24일 계해』에서도 나오는데, 사대부들이 백성들의 집을 함부로 점유하는 것을 거듭 금지하였다.[18] 즉 영조 30년에 다시, 한성부에 신칙하여 여염집을 빼앗아 들어간 것에 대한 禁令을 더욱 엄하게 하였는데,[19] 그 다음날 『영조 81권 30년 6월 29일 정축』에서 「敎曰, 買入民家士人, 永錮淸職顯官」라고 하여, 민가를 사들인 士人은 영구히 淸職·顯官이 되는 것을 금하고, 大科·小科의 參榜도 빼버리도록 하였다.

그 뒤 『정조 8권 3년 11월 28일 무신』에서 「敎曰, 從古法禁稍久, 則必至懈弛, 況近日紀綱頹弛之時乎, 士大夫之閭家奪入借入貰入, 白文賣買, 科文賣買之禁, 卽先大王在宥時, 常所痛防也, 年前, 予亦敢述聖敎, 有査覈之命, 而所惟者甚多, 此屬令前, 未及按法抵罪, 而所抄文書, 尙此留中, 以寓三令之意焉, 朝廷尙寬之政雖如此, 伊後爲有司者, 安保其修擧乎, 方欲復命査櫛, 而今則係是令後, 現發者之斷法, 決不容饒貸, 則設有犯者, 先期容旋, 無或不可, 況當窮冬, 歲翻不遠, 宜有闊狹之道, 限以明年二月晦嫡奸別單, 日次五條犯禁, 日日錄啓以爲勘處之地」라고 하여, 정조 3년에 이르러 위반하는 자가 여전히 많이 있자, 그에 대한 적발을 강화하고 그에 대한 처벌을 구체화하도록 하였다.

그리고 소유권의 효력과 그 보호와 관련해서는, 『성종 176권 16년 3월 6일 정해』를 보면, 국가에서 家垈를 쓰는 경우 반드시 백성에게 그 값을 주고 나서 취하였음을 알 수 있다. 이러한 補償原則은 국정이 문란했던 연산군 때에도 거의 지켜졌다. 즉 『연산군 49권 9년 3월 6일 계유』를 보면, 정부에서 필요에 의해 개인 소유인 토지나 가옥을 수용하는 경우가 더러 있었는데, 이 때에는 그 시가에 따라 금전으로 보상해 주거나 다른 토지나 가

18) 『영조 1권 즉위년 9월 24일 갑자』: 「申禁士大夫橫占民舍, 先是, 士大夫, 或以輕價, 勒買民舍, 或僦入民舍, 久不還之, 肅宗, 稔知其弊, 痛加禁遏, 令漢城府, 以時啓其奪閭家與否, 至是漢城府啓言, 無有也. 上, 判曰, 實無則可, 不然深邃九重, 何知都民之抑鬱乎」; 『정조 2권 즉위년 8월 24일 계해』: 「申明閭家借奪之禁, 飭籍法」.

19) 『영조 81권 30년 6월 27일 을해』: 「飭京兆, 申嚴閭家奪入之禁, 犯禁者, 爲二十餘人, 並定配」.

옥으로 교환해 주는 것이 상례였다. 이를테면 殿閣을 짓거나 鎭을 設置, 陵墓·碑閣 築造의 경우에 그 땅값을 보상하거나 다른 곳의 토지로써 교환해 준 기록이 왕조실록에 많이 나온다. 예컨대 연산군 9년에 徽順公主의 새 집 근방에 있는 민가를 해당 관사에서 값을 주고 철거하도록 하였다. 또 숙종 2년에 하교하기를, 사대부의 墓山 안에 靑龍·白虎의 안으로 산을 가꾸는 곳은 다른 사람이 묘를 쓰는 것을 허락하지 말고, 바깥 청룡·백호로부터 그 밖의 곳은 비록 가꾼 산이라 하더라도 마음대로 널리 점령하지 못하도록 하여 소유권자의 권리를 보호하였다.[20]

또 사천의 본주에게는 推奴權을 인정함으로써 노비가 소유주의 거주지를 이탈하여 외지에 가서 살았을 때에 그 본주가 이를 찾아가서 그 主奴關係를 밝히고 이탈한 노비 본인 또는 그 후손들로부터 貢布나 몸값을 징수할 수 있었다.[21] 이것은 당시에 있어서의 소유권의 추급권을 말해 주는 기사로서 일시적으로 점유를 상실하더라도 소유권은 그대로 존속하였음을 알 수가 있다.

그 뒤 영조 11년의 수교(『新補受教輯錄』 刑典 私賤條 1299항)에서 「북도의 추노와 같은 것에 대하여는 반드시 먼저 관에 呈訴하고 수령이 문서를 몸소 조사하여 그 추노가 당연히 노비인 사실을 안 연후에야 비로소 이를 추급하되, 정식에 의하여 6金 또는 4금으로써 贖良에 관한 饍物[22]은 일절 이를 폐지하고, 다만 여러 되의 糧資로써 備給한다. 관에 정소하지 아니하고 사사로이 侵虐한 경우에는 각별히 嚴飭하고 구축」하도록 하였다.

또한 경종 4년(1724)의 수교(『新補受教輯錄』 刑典 私賤條 1298항)에서는 「良役을 謀避한 경우에는 賤籍을 정리하여 존치 또는 삭제할 즈음에 또한 그 전연 폐단이 없음을 보증하기 어렵다. 사천이 3대를 양역에 환천함을 허용하지 않은 일이 60년간 있었고 前例가 이를 청리를 허용하지 않는 법이

---

20) 『숙종 5권 2년 3월 4일 병술』.

21) 숙종 21년에 흉년이 들었는데, 좌의정 柳尙運이 京外의 推奴와 徵債를 모두 정지할 것을 청하였고, 숙종이 이를 그대로 따름으로써 推奴制度는 일시적으로 정지되었다(『숙종 29권 21년 8월 3일 임진』).

22) 饍需라는 말이며, 副食物의 材料를 뜻한다.

므로 노비를 轉賣하는 경우에는 발각되는 대로 嚴刑 定罪하며, 전매된 사천에 대하여는 직접 양역」에 좇도록 하였다.

(3) 所有權의 制限 및 限界

조선시대에 있어서 물건에 대한 所有權은 반드시 소유권자의 의사에 의해서 이전된 것만은 아니었다. 즉 경우에 따라서는 소유자의 의사와 무관하게 강제로 이전되기도 하였던 것이다. 물론 이 경우에 그에 대한 적절한 보상을 고려해 주었다. 당시에는 公用收用을 위하여 또는 공을 세운 사람들을 포상하기 위하여 매우 다양한 방법으로 개인소유권에 대한 강제적인 조치를 취하였다.

태종 9년에 처음으로 國民·國財 등의 표현이 사용되었다. 즉『태종 18권 9년 7월 기축』에서 「…當時, 以豊年儉素營造, 以厚民生, 況於私家, 不計凶年, 競爲華麗, 起怨傷和, 其營造之資, 雖曰, 出於私財私奴, 然私奴乃國民也, 私財乃國財也, 公私瓦窯土木之役, 乞限豊年, 一禁」이라고 하였다. 즉 사치한 건물의 축조를 금지함으로써 소유권을 제한하고자 한 것이다.

세종 10년 禁火都監에서 도로를 개통하기 위하여 인가를 많이 헐었다. 세종은 이를 헐지 못하도록 하였는데, 이것은 반드시 소송하는 자가 있을 것으로 생각하여 10월까지 기다린 후에 헐도록 한 것이다.[23] 또 단종 원년에 역적으로 몰린 안평대군·김종서·김승규 등의 집을 다른 사람에게 내려 주었고,[24] 또『단종 14권 3년 4월 9일 갑신』에서도 호조에 전지하여,

---

23)『세종 40권 10년 윤4월 24일 을사』. 세종이 이와 같이 명한 이유는, 태종조에「도성의 西門을 개통하는 것이 좋겠다」고 啓하는 사람이 있었는데, 땅의 형세로 본다면 李叔蕃의 집 앞으로 나는 것이 매우 좋았으나, 그 때의 관리들이 숙번을 두려워하여, 恭靖王의 殿前을 경유하여 개통한 일이 있었기 때문이다.

24)『단종 9권 원년 12월 2일 갑신』 참조.『단종 9권 원년 12월 10일 임진』:「傳旨戶曹 曰瑢麻浦家 賜權專妻崔氏」;『단종 9권 원년 12월 14일 병신』:「傳旨戶曹, 曰瑢小家, 曾賜惠嬪, 今賜肅嬪趙克寬池淨家, 金末生家, 曾賜侍女小斤, 今賜惠嬪, 黃貴存家, 曾賜惠嬪, 今賜侍女小斤, 又以金尙忠家, 賜司膳車氏, 金宗瑞妾鄭非家, 賜侍女虫介」;『단종 9권

역적으로 논죄된 사람들의 집을 몰수하여 공을 세운 사람들에게 나누어 주도록 하였으며, 또 『중종 7권 3년 10월 10일 갑술』에서는, 이혼하였던 具文璟 부부를 다시 합하도록 하면서, 反正 때 모두 관에 몰수하였던 家舍를 대신하여 빈 집을 賜給토톡 하였다. 다만 만일 빈 집이 없으면 그 값을 면포로 계산하여 주도록 하였고, 또 『단종 14권 3년 6월 6일 계해』에서는, 惠嬪이 壽春君 李玹의 葬地를 양주 대방동에 잡았는데, 마을사람들이 와서 상언하기를, 「우리는 父祖가 相傳하던 安巖洞의 전토가 지난 辛丑年(세종3년, 1421)과 壬寅年(세종 4년)에 分典農·沈藏庫의 各司에 소속된 뒤로 이곳으로 옮겨와, 부친과 처를 모두 이 산에 장사지냈다. 지금 만일 수춘군을 이곳에 장사지내면 우리 일족 11家는 모두 살 곳을 잃게 되고, 무덤을 옮겨야 하니 痛憫함을 이길 수 없다」고 하였다. 이에 의정부에 논의한 결과, 수춘군의 장사를 허락하지 않았다. 그 뒤 연산군 2년에 이르러 廣平大君의 처의 토지가 宣陵의 標內로 많이 들어가자 廣州의 屯田의 절반을 대신 주고자 승정원에 전교하였다. 承旨들은, 광주가 殘邑이라는 것과 公田을 민간인에게 떼어주는 것이 부당하다는 이유로 반대하자, 이를 따랐으며,[25)]『성종 125권 12년 1월 27일 임인』을 보면, 풍수지리설에서 말하는 犯忌한 가옥을 모두 철거시키도록 하였으며, 세조 때에도 이와 같이 가옥을 철거시킨 일이 있었고, 『중종 26권 11년 8월 25일 갑술』에서는 10여 년 전에 公廨 근처와 도로를 멋대로 점거하여 집을 지은 자들에게 일시에 모두 철거하도록 하였다.

또 寺社의 所有權 역시 제한을 받았는데, 조선시대에는 유교를 숭상하

원년 12월 22일 갑진』: 「傳旨戶曹, 曰尹處恭家, 賜熙寧君, 於李義山家, 賜朴莫同, 趙克寬妾現伊家, 賜南部, 閔仲妾家, 賜東部, 大丁家賜駙馬府, 金承碧家, 賜司憲府」; 『단종 14권 3년 4월 9일 갑신』 참조.

25) 『연산군 12권 2년 1월 8일 정해』: 「廣平大君妻田地, 多入宣陵標內, 故欲以廣州屯田, 折半償之爾, 承旨等啓, 廣州, 畿甸殘邑, 而陵寢在境內者非一, 三路來倭, 皆由州治, 供頓浩繁, 今又折屯田之半以與人, 則恐益疲弊, 且廣平妻, 素富贍, 雖不償之, 固足生活, 借使貧乏, 無以自存, 不宜折公田以給, 且今田地入標內如廣平妻者甚多, 國家不能盡償, 況此田, 成宗償賜王子, 旋屬廣州, 亦必料此弊而然也, 大低諸邑屯田, 不宜與人 … 傳曰, 可」.

고 불교를 배척하였기 때문에 백성들이 불교에 빠지지 않도록 하기 위하여 寺社의 田地와 奴婢를 혁파하였다. 그러나 완전히 다 없애버리지는 못하여서 불교적인 옛 풍속과 습관이 세종조까지는 여전히 잔존하고 있었다.[26]

조상 대대로 내려오는 家產은 자손에게 상속하는 것이 국법이었는데, 『세조 25권 7년 7월 9일 정미』를 보면, 『經國大典』의 반포에 앞서 내린 경과조치로서, 조상 때부터 전해 오는 노비는 일체 遺書에 따라 결급하도록 하였으며, 丙午年(세종 8년, 1426) 1월 이전에 이미 일찍이 결절된 노비와 丁酉年 9월 1일 이전에 傳得·時執한 노비에 대해서는 고쳐 판결하는 것을 허락하지 아니하였다. 그렇지만 실제로 토지나 노비를 寺社에 기부하여 비난을 받은 사례도 있다. 즉 『성종 11권 2년 9월 12일 계미』에서 「… 田民, 申氏之私有也, 非國家所知, 則禁止訟奴婢田宅者, 亦皆私家事也, 然國家必須設官, 聽其訟, 國家法禁, 豈可限其公私, 況普天率土, 莫非王土王臣, 申氏田民, 獨非國家有乎…」, 즉 성종 2년에 廣平大君의 부인 신씨가 토지와 노비를 절에 시납하였다가 규탄을 받았다. 그 근거로서 「토지와 노비는 신씨의 私有로서 국가가 관여할 바는 아니며, 노비나 전택에 관한 소송도 모두 私家의 일이라고 할지 모르겠으나, 국청을 설치하여 소송을 처결하는 것은 국가이며, 여기에 적용되는 法禁에는 公私의 구별이 있을 수 없는 것인데 신씨의 토지와 노비만이 국가의 소유가 아닐 수 있겠는가」라고 대답하였다.

이와 같은 내용은 뒤에 『經國大典』 刑典 禁制條에 「私奴婢·田地施納寺社·巫覡者, 論罪後, 其奴婢·田地屬公」이라고 명문화된다.

그리고 때에 따라 私賤을 徵發함으로써 그 주인의 소유권이 제한을 받기도 하였다. 『세종 62권 15년 11월 21일 경자』를 보면, 세종 15년에 경원부와 영북진의 공천을 보충해 주면서 두 곳의 진에 필요한 노비는 원래부터

---

26) 『세종 55권 14년 1월 4일 갑자』: 「… 侍講官偰循啓讀, 至於此, 可知當時惑佛之深, 僧徒聖人所斥, 宜亟闢之, 本朝革寺社田民, 其不惑於佛氏至矣, 然尙未盡去者無他, 以其來已久而習俗已成, 不可遽革, 以至今日, 臣意以謂, 上以除忌晨齋之法, 下以禁僧齋之風, 則佛法不勞自息矣. 上, 嘉納曰, 以國君而爲祖宗設齋, 盛設作法何難, 然禁暫設齋僧, 此亦因循舊習而不革者也. 循反覆力言, 上然之」.

소속되어 있던 노비를 합하여 한 진에 1백 명씩 주기로 하고, 도내에 살고 있는 公處奴婢로써 충원시켜 주었다. 또한 公賤만으로 수가 부족한 경우에는 私賤으로써 보충하여 주고, 그 本主에 대하여는 下道의 公賤으로 보충하여 주었으며, 癸丑年(세종 15년, 1433) 受敎에 「함길도 嶺北 여러 고을 노비의 수가 적어서 供役하기가 어려우므로 원래 있는 노비를 모두 계산하여 백 戶를 한 비율로 해서 먼저 본도에 사는 公賤을 옮겨서 정하고, 부족하면 私賤을 아울러 수를 채워 쓰고 다른 도의 公賤으로써 그 주인에게 수에 준하여 보상한다」고 하였다. 이 수교에 근거하여 성종 6년, 영안북도의 여러 고을과 영진에 일반 백성의 노비를 소속시켰는데, 本主가 陳訴하여 보상을 받고자 하였다. 이들은 처음에 소속시킨 노비와 뒤에 낳은 아들을 아울러 인원수에 준하여 보상을 받게 해 줄 것을 청하였다. 이에 掌隷院에서 아뢰기를, 뒤에 낳은 아들은 보상해 주기가 어렵고, 처음에 소속시킨 노비는 癸丑年의 受敎에 따라 보상하는 것이 가한데, 만일 正案에 붙인 노비를 주면 公賤이 날로 줄어들 뿐만 아니라 정안을 어지럽게 고치는 것도 불가하다고 하였다. 결국 公賤 및 補充隊로 도망해서 빠진 자와 僧과 간통하여 낳은 자녀를 남이 고하여 이미 草案에 기록된 자로써 준하여 보상하고, 이미 訴狀을 접수한 것을 제외하고 뒤에 보상을 구하는 것은 들어주지 않도록 하였다.[27)]

그 밖에 垈地에 대한 私用制限으로서 세종 13년 1월 12일부터 경기지방 안에 남향으로 된 크게 유리한 대지는 개인의 사용을 금지하기도 하였다.[28)] 또 사대부의 墳山은 그 먼저 入葬한 자의 관품에 따라 제한은 步數

---

27) 『성종 52권 6년 2월 8일 정해』: 「掌隷院啓, 前日, 永安北道諸邑及營鎭, 奪屬奴婢, 本主紛紜陳訴, 欲受償. 臣等, 參考宣德八年受敎, 節該咸吉道, 嶺北諸邑奴婢, 數少, 難以供後, 元居奴婢, 幷計以百戶爲率, 先以本道居公賤, 移定不足, 則幷私賤充數而用, 他道公賤, 准償其主, 今也本主等, 皆曰祖業奴婢, 奪屬邊鎭, 已久, 至長子支而猶未受償.請初屬奴婢, 及後産子支, 幷准口受償, 然其後産子支, 難以給償, 其初屬奴婢則可依前敎償之, 而若以正案, 付奴婢給之, 則非徒公賤, 日蹙, 紛更正案, 亦爲不可. 請以公賤及補充隊之逃漏者, 與僧奸所生子女, 爲人所告而已錄草案者, 准償之, 除已接狀者外, 隨後求償者, 勿聽. 從之」.

28) 『세종 51권 13년 1월 12일 정축』.

로써 하고 密邇處를 제외하고는 모두 다 다른 사람이 묘를 쓰는 것을 허용하였다(『新補受教輯錄』 禮典 山訟條 509항).

과전 역시 일정한 제한을 받았는데, 세종 20년 이전의 관례에 비록 여러 세대를 耕作하던 땅이라도, 만일 驛의 位田에 속하게 되면 驛吏가 으레 빼앗아 경작하였다. 이것은 역리가 말을 대비하기가 어려웠기 때문이었다. 그러나 평민의 입장에서는 먹고 살던 땅을 하루아침에 빼앗기게 되어 이로써 生業을 잃게 되는 문제가 생겼다. 세종 19년(1437)에 이르러 역리들이 말을 대비하는 것이 아니면서 함부로 백성의 토지를 빼앗는 것을 금하였고, 그 菜·麻 및 兩麥을 심는 밭은 빼앗아 경작하지 못하도록 하였다. 세종 20년에 다시 이 문제를 의논토록 하였다. 『세종 83권 20년 10월 26일 정축』에서 「舊例, 雖累代耕作之田, 若屬各驛位田, 則驛吏例奪而耕之, 以驛吏艱於備馬故也, 然平民仝今仰食之田, 一朝見奪, 因而失業, 亦爲可憐, 故至丁巳年, 禁驛吏之非, 因備馬濫奪民田者, 其菜麻兩麥之田, 則不許奪耕, 驛吏欲依前例奪耕, 訟之不已, 至是, 上, 令政府議之. 領議政黃喜等議曰, 民惟邦本, 本固邦寧, 若從驛吏之願, 則邦本騷擾, 將至於失業, 驛吏平民, 不可偏重, 且凡立法, 隨立隨毁, 何以示信, 乞依前日受教. 右議政許租等議曰, 平民雖或失業, 各有依歸, 可遂生業, 若使各驛彫弊, 則軍國傳命重事, 難以平民代之, 宜令驛吏, 任意區處, 左贊成申개等議, 各驛位田, 驛吏任意區處, 初無成法, 若許奪耕, 則侵奪不遺一畝, 民將苦之, 不許則驛吏亦艱於備馬, 互有妨碍, 難立經常可久之法, 驛吏之奪其位田而備馬, 其來已久, 平民被奪而告爭官吏臨時區處, 亦已久矣, 如有告爭者, 依前例, 令監司守令, 察其精理, 從宜辨訴. 從許稠等議」라고 하였는데, 그 내용인즉 첫째, 영의정 黃喜 등은, 법을 세웠다가 바로 없애는 것은 백성의 믿음을 잃는 것이니, 예전대로 할 것을 주장하였고, 둘째, 우의정 許稠 등은, 평민은 혹시 失業하더라도 각기 돌아가 의지하고 生業을 이룰 수 있지만, 만일 驛이 凋殘하고 피폐된다면 軍國의 命令을 전달하는 중대한 일은 평민으로써 대체하기는 어려운 것이니, 마땅히 역리로 하여금 任意로 處分하게 할 것을 주장하였다. 셋째, 좌찬성 申槩 등은, 역리가 위전을 빼앗아서 말을 대비하는 것도 그 유래가 오래 되었고, 평민이 빼앗기고 고소하여 관리가 일시적으로 區處하던 것도 역시 오래 되었으니, 만일 고소하여 다투는 자가 있으면 前例에 의하여 감사나 수령으로 하여금 그 실정과 사리를 살펴 해결할 것을 주장하였다. 세종은 둘째 의견을 따랐다.

이듬해에 또 船軍 李守 등의 상언으로써 정부와 六曹에 의논하게 하였으나, 전년과 같은 의견의 대립이 있어 결말이 나지 아니하였다.[29)]

奴婢에 대한 所有權에는 限界나 制限이 있었다. 즉 한 개인이 노비를 몇 명까지 소유할 수 있었는지에 관한 명문의 규정은 찾을 수 없다. 연산군 때의 기사에는 남천군 李崝이 노비를 1만 명이나 소유했다는 기록이 있다.[30)]

토지의 이용과 관련해서는 현행법의 相隣關係와 같은 법리가 나타나고 있다. 예컨대 성종 16년에 대사간 柳允謙이 그의 아들 惠仝의 집 북쪽에 있는 빈 땅에 집을 새로 짓고, 이웃의 울타리 담을 헐어서 길을 트려고 漢城府에 呈訟한 기록에서 소유권의 내용인 당시의 相隣關係의 일부를 추단할 수 있기도 하다.[31)]

(4) 所有權의 紛爭과 그 解決

1) 奴婢訴訟

조선시대에 있어서 노비소송의 관할은 태조 때에 奴婢辨定都監을 설치한 것을 시작으로 이후 都監, 刑曹에서 차례로 맡았다가 인조조에 이르러 일체 掌隷院에서 관장하게 되었다.[32)] 그러나 이러한 관할 분담이 실제로 제

---

29) 『세종 116권 29년 5월 5일 을미』.

30) 『연산군 44권 8년 6월 28일 무진』: 「傳于政丞曰, 鄭眉壽加資事, 臺諫論啓不已, 意謂不當言之事, 眉壽爲監司, 果若不謹, 當於其時及, 初遞來時, 何不啓之, 今乃敢言如是耶, 雖外奴婢, 雖加一二口, 其違法則一也, 而獨罪眉壽, 亦不可也, 況眉壽, 文宗外孫, 非他宰相例也. 致亨等啓, 臺諫素聞眉壽不謹, 今適加資, 故啓之如是, 臺諫之言, 豈爲不可, 但奴婢加率事, 今之守令, 雖守小邑, 不加率者必無一二, 況帶眷監司乎, 文宗子孫存者惟眉壽而已, 待之宜厚, 上敎允當」.

31) 『성종 176권 16년 3월 5일 병술』; 『성종 176권 16년 3월 6일 정해』 참조.

32) 『인조 4권 2년 1월 14일 기사』 참조.

대로 지켜졌는가에 대해서는 의문이다.[33)]

『정종 4권 1년 4월 6일 신축』을 보면 「門下府上疏, 請除臺諫刑曹決訟, 疏曰, 設官分職所以代天工, 各有所職, 不可紊也, 須者殿下, 慮辨定都監誤決, 寃滯未伸, 令憲司納, 狀分付各司本府及憲司刑曹, 以辨邪正, 竊謂諫官, 內廷侍臣, 憲司, 彈糾百官, 刑曹, 專掌刑決, 各有所職, 而奴婢詞訟, 專是都官之任, 如有誤決, 憲司察之, 至於詞訟煩多, 主掌官或未能速決, 則別立都監以決定之, 今以奴婢辨正之事, 分付臺省刑曹, 實有乖於設官分職之義, 願殿下命設都監, 將其所呈, 六百六十六道, 速令改決, 以伸寃抑, 幸甚, 上只令憲司刑曹決正門下府則如其所啓, 謂大司憲權近曰, 奴婢決正事, 何以一定, 昨日門下府上言, 臣等職掌諫諍, 未聞諫官聽訟決事, 其言甚是, 予卽允許, 初我太上王, 深慮奴婢爭訟之不息, 特設都監, 簡拔良士, 限月決正, 然謂誤決之徒, 非一二也, 夫人之情欲無窮, 雖自知非, 强言誤決, 如此之徒, 有司嚴加考察, 誤決事跡, 未見則痛懲, 昭示中外, 自今以後, 奴婢爭訟, 一歸主掌都官, 近對曰, 上教誠然」이라는 기사를 보면, 태조조에 노비의 쟁송이 끊이지 않자, 특별히 奴婢辨定都監을 설치하고 훌륭한 인사를 발탁해서, 달수를 한정하여 결정하게 하였다. 그러나 誤決이라고 말하는 무리가 끊이지 않자, 定宗은 대사헌 權近에게 일러, 그 오결한 所志를 받아서 刑曹와 都官에게 나누어 판결하게 하고, 이후부터는 노비의 소송을 일체 都官에게 되돌려서 主掌하게 하였다.[34)]

이어 『태종 1권 원년 3월 28일 정해』에서는 「司憲府上疏曰, 京外誤決奴婢事, 府已限日納狀, 辨定都監所決, 移于都官, 外方各官所決移于其道都官, 員少事多, 必不能敢, 乞加置兼議郎正郎佐郎各二員, 擇事簡各司淸

---

33) 『영조 79권 29년 2월 5일 신묘』 참조.

34) 『정종 4권 2년 6월 2일 을미』: 「又曰, 方今四方鉅弊, 獨奴婢一事, 太上王深知其弊, 設奴婢辨定都監, 盡令平決, 以絶爭訟, 今殿下, 又令司憲府, 受辨定都監誤決所志, 分付刑曹及都官決之臣等以爲如此, 則雖至二三年, 不能盡決, 寃抑未伸, 恐傷和氣, 又曰, 古之王者, 每當災異, 必減膳徹樂, 恐懼修省, 願殿下, 於燕安之時, 起居之際, 必加戒愼, 或怠忽, 以答天意, 上拱手斂容曰, 卿等敎我之道, 愛我之誠至矣, 戒愼之事, 寡人氣質本懶, 不能勉强, 以應天心, 然卿等以赤心警予, 予豈敢不勉, 若誤決奴婢決絶事, 更議申聞」.

廉幹事者兼之, 限年畢決, 永絶爭訟, 從之」, 즉 사헌부에서 경외의 노비에 대한 誤決 가운데 날짜를 한정하여, 辨定都監에서 판결하던 것은 都官에게 옮기고, 외방의 各官에서 판결하던 것은 그 道로 옮기게 하였다. 그런데 都官의 인원은 적고 일은 많아서 감당하기가 어렵게 되었다. 태종이 즉위하면서 사헌부의 청에 따라 兼議郎·正郎·佐郎 각 2인씩을 더 두고, 일이 간단한 各司에서 청렴하고 일을 잘 할 수 있는 사람을 택하여 이를 겸하게 하였다.

그러나 이러한 조치에도 불구하고 오결이라고 주장하는 자들이 여전히 많았다. 즉 太祖가 奴婢辨定都監을 세워 노비의 소송을 변정하게 하였는데, 여기서 勝訴하지 못한 자들이 誤決이라 칭하면 定宗이 주장하는 都官에게 명하여 改正하게 하였고, 또 오결이라고 말하는 자가 있으면, 太宗이 또 관리를 添差하여 改正하게 하였다. 이렇게 되자 노비의 송사가 끝이 없게 되었다. 이에 태종은 미결인 것은 바른 대로 판결하되, 오결이라고 칭하는 자는 일절 금단하고, 또한 노비를 推決하는 條畫이 너무 많다는 지적에 따라 태조 때의 立法을 따르도록 하였다.[35)]

노비소송 및 심리절차와 관련해서는, 『단종 10권 2년 3월 15일 병인』을 보면, 의정부에서 刑曹都官의 奴婢訴訟文案을 상고한 결과 미결한 것이 4천 8백 48명에 이르러 송사가 매우 정체되어 있었다. 이에 의정부에서, 甲戌年(단종 2년, 1454년) 12월 그믐날을 期限으로 하여, 소송을 주장하는 도관으로 하여금 文簿를 비치하여 소송을 제기한 사람의 署名을 받게 하여, 그 기한 내에 決訟을 들으러 오지 않는 자는 소송을 聽理하지 말게 할 것을 주장하자, 단종은 이 의견을 그대로 따랐다.

『세종 33권 8년 4월 5일 무인』을 보면, 형조에서, 노비소송에 관한 受敎가 번다하고, 刑獄 또한 煩劇하기 때문에 노비송사의 판결에만 마음을 專一할 수가 없으니, 이후로는 형조의 郎廳 6員 중에서 都官司·正郎·佐郎은 형벌의 판결을 하지 말고, 노비소송의 판결만 전적으로 분간하도록 하

35) 『태종 2권 원년 9월 9일 을미』: 「司憲府大司憲李原等上疏, 疏曰, 大小人員訟奴婢者, 修飾萬端, 相殘骨肉, 以傷和氣, 臣等竊謂去丁丑年辨定都監呈誤決所志者, 若不推決則寃抑莫伸, 故上王令本府限日決絶不得者, 又呈誤決, 令都官決之, 去庚辰年辨定各 …」.

기를 청하자, 세종은 그대로 따랐다. 또 『세종 70권 17년 11월 2일 기사』에서는, 主掌都官이 相避한 것을 제외하고는 訴良과 서로 송사하는 奴婢는 모두 都官으로 하여금 심리하도록 하였다.

『성종 226권 20년 3월 19일 정축』에서는, 소송의 신속을 위하여 설치하였던 兼判決事가 2중으로 고하여 청리하게 됨으로써 오히려 소송이 지체되는 결과를 가져오자 이를 혁파하였다.

그 뒤에 인조 2년에 이르러서는 『인조 4권 2년 1월 14일 기사』를 보면, 본래 모든 노비의 決訟은 掌隷院이 주관하는 것인데, 근래 內需司에서 따로 詞訟衙門을 만들어 임의로 처결하고 곧바로 入啓함으로써 폐단이 일었다. 사헌부의 청에 따라, 이후부터는 오로지 掌隷院이 담당하게 하고 내수사는 간여하지 못하도록 하였으며, 그 이후 노비의 소송은 전적으로 장례원에서 관장하였는데, 영조 4년(『新補受教輯錄』 刑典 公賤條 1258항)에도 「성균관의 노비에 관한 소송사건에 대해서는 형조 또는 장례원에서 직결하지 못하게 하고 본관에 이송하여 사실에 좇아 조사하여 처결」하도록 하였다. 그 뒤 『영조 79권 29년 2월 5일 신묘』를 보면, 「李天輔曰, 說官分職, 各有所掌, 掌隷院專管奴婢, 而近年奴婢詞訟, 皆就訟於秋曹, 京兆隷院, 卽一冗官, 此後奴婢訟之不經本院, 而先訟於秋曹京兆者, 請一切勿施. 從之」, 즉 영조 29년 무렵에 이르러서는 秋曹・京曹로 나아가 소송을 하였기 때문에 장례원은 冗官으로 되고 말았다. 이에 좌의정 李天輔의 청에 따라, 이후로는 노비에 관한 송사를 장례원을 거치지 않고, 먼저 추조・경조로 나아가 제소하는 것을 일절 금지시켰다.

그 밖에 收養子의 奴婢訴訟과 관련해서는, 수양자들이 노비 또는 전택 문제로 서로 소송을 할 때에는 決訟官은 반드시 禮曹로 하여금 수양의 진위부터 먼저 판별하게 한 다음에 그 소송사건을 판결하도록 하였다.[36] 이것은 중종조보다 아주 오래 전부터 관례로 성립된 것이었다. 이럴 경우 예조가 聽訟官의 입장과 같게 되므로, 이러한 판단은 掌隷院에서 분간케 하자는 司憲府의 주장이 있었다. 그러나 중종은, 「단지 수양의 진위만 분변하고

---

36) 현행 민사소송법에도 中間確認의 訴라는 것이 있다.

그 뒤에 노비문제는 主掌官에게 판별하게 한다면 노비나 전택문제를 분간하는 데 각각 주관하는 곳이 있게 되므로 상하의 소견이 다를 것이 없다」는 부정적인 입장을 취하면서 대신들로 하여금 의논토록 하였다.

노비소송의 진행과 관련해서는, 『단종 12권 2년 12월 20일 병신』을 보면, 단종 2년 의정부에서, 노비소송을 諸司에 分送하고, 전례에 따라 오결한 자를 狀告하게 하여, 반드시 판결한 관리의 遞代를 기다려 청리하게 되면, 송사가 잇달아 일어나고, 관사를 나누어 聽斷하는 뜻에 어긋나니, 사헌부로 하여금 告狀을 받으면 즉시 상호 이송토록 하여 그 시비를 다시 覈實하게 할 것을 아뢰자, 그대로 따랐다.

그리고 세조 25년에 經國大典 刑典을 반포[37]하기에 앞서 예조에 경과조치를 전지하였는데, 그 주요 내용은 다음과 같다.[38]

1. 壬申年(태조 원년, 1392) 이전에 도망한 私賤은 推問하기를 허락하지 말며, 그 가운데 현재 부리는 노비 안에 同腹 3, 4촌이 현재 있는 자 및 비록 同腹 3, 4촌이 없을지라도 자신이 현재 있고, 사역이 명백한 자는 추문하기를 허락하되, 辛丑年(세종 3년, 1421) 전에 도망한 자는 추문하지 못하게 한다.

1. 癸巳年(태종 13년, 1413) 3월 11일 이후에 아내가 있는데도 또 아내를 얻은 자는 엄하게 징계하여 離異하게 하고, 즉시 발각되지 아니하여 자신이 죽은 뒤에 자손이 嫡子를 다투는 자가 있으면 먼저 태어난 사람을 적자로 삼는다.

1. 丙戌年(태종 6년, 1406) 1월 1일 이후에 私奴가 良人의 아내에게 장가들어 낳은 소생은, 비록 이미 속공되어 문서에 기록되었을지라도 만일 正案·續案에 붙이지 아니하였으면 그 父를 따르는 것으로 판결해 준다.

1. 甲午年(태종 14년, 1414) 6월 28일 이전의 東西班 賤妾의 자손은 자기의 노비로써 나이가 서로 비슷한 자는 贖身한다.

1. 丁酉年 9월 1일 이전에 告狀으로 婢妾이 낳은 것과, 公私에 良人임을 호소하여 마치지 않아서 보충군에 속한 자의 姉妹와 딸이 公私奴에게 시집가서 낳은 소생은 일체 相訟奴婢時執의 예에 의거하여 전에 사용하던 어미의 본 衙門이나 本主에게 결급하고, 그 기한 뒤의 소생과 기한 전에 원래 사역하지 아니하고 양인임을 호소하여

37) 세조 7년(1461년) 7월 15일에 반포하였다.

38) 『세조 25권 7년 7월 9일 정미』: 「傳旨禮曹曰, 今頒行經國大典刑典, … 一. 正統壬戌年八月二十八日以後, 大典頒降以前, 祖父母父母許與及同腹自中分執記外, 不稅契文券, 勿許受理. 衆所共知收養侍養, 及同姓親異姓親並限四寸外, 贈給奴婢, 亦勿受理」.

마치지 않아서 보충군에 속한 자의 자매와 딸들의 소생은 아울러 모두 아비를 따르기로 결절한다.

1. 丙戌年 1월 1일 이전에 奴가 良人인 아내를 얻어서 낳은 노비는 辛未年(문종 1년, 1451) 5월 29일 이전의 告狀으로 분간한 자 외에, '도망한 계집종(逃婢)'으로 일컫는 소생의 새로 소송을 올리는 것은 수리하지 아니한다.

1. 丁酉年 9월 1일 이전의 相訟奴婢의 일은 告狀을 못하게 하고, 이미 고장한 상송노비는 당시의 판결을 얻은 자에게 준다. 비록 부모・조부모가 나누어 주지 아니한 노비일지라도 위의 期限日에 각각 차지한 자를 거론하지 못한다. 이 날 이전에 판결을 얻은 노비를 다른 사람이 그대로 부리고 기한 뒤에 告狀하는 것은 수리하는 것을 허락하지 아니한다. 다른 사람의 노비로 15세 이하의 어린이를 부모를 따라 키워서 기른 것은 年限 전후를 논하지 말고 明文에 따라 결급한다. 甲午年 奴婢辨定 때에 낳지 아니한 소생의 執籌者에게 허락해 주는 것을 기록한 것은 역시 財主에 따르도록 허락해 준다.

1. 壬戌年(세종24년, 1442) 8월 28일 이후 經國大典이 반포되기 이전에 조부모・부모가 허여해 준 것과 同腹의 自中分執記 외에 不稅契文券은 수리하는 것을 허락하지 아니한다. 여러 사람이 함께 아는 收養이나 侍養 및 同姓親・異姓親은 아울러 四寸을 한도로 하고 그 밖에 준 노비는 역시 수리하지 못한다.

1. 壬戌年 7월 16일 이전에 자식이 없는 前母의 노비를 그의 本孫에게 돌려준 것은 承重義子에게 주지 못한다.

1. 조상 때부터 전해 오는 노비는 일체 遺書에 따라 결급한다. 丙午年(세종 8년, 1426) 1월 이전에 이미 일찍이 결절된 노비와 丁酉年 9월 1일 이전에 傳得・時執한 노비는 고쳐 판결하는 것을 허락하지 아니한다.

1. 乙亥年(단종 3년, 1455) 1월 1일을 비롯하여 奴婢訴訟者는 原告・被告 중에 현시에 소송을 하는 사람의 假給을 분간하여 판결한다.

1. 辛巳年(세조 7년, 1461) 2월 26일 이전 東西班 및 文科・武科, 生員・進士, 成衆官과 有蔭子孫이 公私婢를 취하여 첩으로 삼은 자의 자녀는 종량하는 예에 해당되는 자이므로 다시 贖身하지 말 것이며, 공사비가 良人의 남편에게 시집가서 낳은 자녀로 이날 이전에 이미 從良한 자는 보충군에 속한다.

그 밖에 『중종 45권 17년 7월 27일 신미』는 원고와 피고의 지위가 서로 같지 않으면 이관하는 것이 보통이었다.

노비에 관한 소송은 사실관계가 분명하지 않은 경우가 많았기 때문에 정부의 입장에서는 가능하면 신속하게 사건을 종결하고자 하였다. 이러한 방침에 따라 노비소송에 대해서 提訴定限을 정하자는 주장이 끊임없이 제기되었다. 다음에서는 斷訟에 대한 논의를 중심으로 하여 노비소송의 限界를 고찰한다.

서로 송사하는 노비의 定限에 대해서는 조선 초기부터 논의가 있었다. 즉 태종 6년(1406)·14년(1414)과 17년(1417) 등 여러 차례에 걸쳐 정해졌다. 그러나 기한을 정한 후에도 여전히 폐단이 끊이질 아니하자 奴婢의 定限에 대하여 다시 논란이 일어났다. 성종때의 처음 논의는 기한을 정하지 말라는 것으로 결론이 나기는 하였지만,[39] 곧 다시 재론되었다. 鄭麟趾 등 대부분의 신하들은「단송의 한계를 정한 것은 祖宗朝에 丁酉年(태종 17년)·甲午年(태종 14년)의 두 번으로 節目이 매우 자세하다. 그러므로 該曹로 하여금 그 節目 및『元六典』·『續六典』의 기록을 상고하여 아뢰게 한 뒤에, 다시 의논하여 확실하게 시행하도록 하자」고 주장하였다.[40] 성종은 이 주장을 좇아 禮曹와 刑曹에다가,『大典續錄』의 定限 제10조에, 壬戌年(세종 24년, 1442) 8월 28일부터 辛巳年(세조 7년, 1461) 7월 15일 이전까지, 조부모와 부모가 許與한 것과 同腹이 자기들끼리 分執한 기록 외에, 관에서 서명하지 않은 文記는 수리하지 못하게 하고, 제12조에, 丙戌年(세조 12년, 1466) 7월 9일 이후부터 己丑年(예종 원년, 1469) 6월 26일 이전까지 무릇 奴婢의 文記는 비록 관에서 署名하지 않았더라도 聽理하게 하였다. 그러면 그 사이의 辛巳年 7월 16일부터 병술년 7월 8일 이전까지에 成置한 文記는 어느 것을 따라야 할지 알 수가 없으니, 그것은『辛巳大典』의 奴婢傳給條를 상고하여 添錄하도록 전지함으로써 일단락되는 듯하였다.[41]

그러나 며칠 뒤에 이 문제는 다시 논의된다. 즉『성종 57권 6년 7월 21일 무진』에 의하면「議相訟奴婢定限節目. 鄭麟趾鄭昌孫韓明澮金礩尹子雲議, 奴婢定限, 雖若斷訟, 然, 甲午丁酉定限之後, 獘復如前. 且奴婢, 此得彼失, 非適異國, 均是吾民, 然我國之俗, 有奴婢 然後別尊卑, 立門戶,

---

39)『성종 55권 6년 5월 21일 기사』참조.

40)『성종 56권 6년 6월 27일 갑진』:「議奴婢斷訟立限節目, 麟趾昌孫, 明澮允成錫文礩子雲國光思愼弼商居正克培克增孝常嶠承召崇元議, 斷訟立限, 在祖宗廟, 丁酉甲午兩年, 皆有之, 節目甚詳, 令該曹, 考其節目及員續六典錄啓後, 更商確施行何如, 從之」.

41)『성종 57권 6년 7월 4일 신해』.

此風不可改也. 且近來, 或因號牌, 或因軍籍, 民間騷擾, 良民爲賊者有之, 今若定限, 則終無訴良之由, 甚不可也. 且公私賤相訟, 則公賤無主, 故必不勝, 請勿定限. 曹錫文金國光議, 丁酉甲午定限已久, 改定限斷訟爲便, 大抵奴婢之訟, 自家私事, 而國家騷擾, 甚不可. 孫舜孝議, 天道有限, 或五十年, 或三十年, 定爲常限何如. 傳曰, 今雖不定限, 已投屬之人, 無復出之理, 在祖宗廟, 亦不獲已定限, 今亦定限, 何如. 明澮曰 不得已而定限, 則訴良者, 訟公賤者, 父母, 未分奴婢外, 相訟奴婢, 一皆定限, 或父母具歿而長子合執, 數十年不分者, 亦或有之, 其寃不細. 昌孫曰, 奴婢相訟, 寃抑, 最甚, 强弱, 不同, 則遷延未決, 論以限前, 竟爲强者所得, 則其寃不細矣. 金礩曰, 臣聞丙戌大限, 因麗季紛擾, 爲斷訟設也, 其後丁酉之限, 河崙建白而定之, 崙得不當得之奴婢, 故力請立限, 至今譏之, 夫奴婢相訟, 遷延未決者, 必强弱不同所致也, 强者據執, 而今以限前仍執, 則其弱者之寃, 可勝言哉, 臣意以爲, 自有刑曹掌隷院聽理, 何必立限斷訟. 傳曰, 初行定限, 因卿等言, 詳聞其獘, 其勿立限」이라 하여 기한을 정하자는 쪽과 정하지 말자는 쪽으로 의견이 크게 양분되었다.

먼저 定限否定說은 ① 노비의 定限은 비록 訟事가 끝난 것 같지만, 두 차례에 걸쳐 기한을 정한 후에도 폐단이 끊이질 않고 있다. ② 이쪽이 얻게 되면 저쪽에서는 잃게되므로 다른 나라에 가는 것이 아니라 똑같이 우리 백성이 되는 것이다. ③ 만약 기한을 정하게 되면 양민으로서 천인이 된 사람은 마침내 訴良할 이유가 없게 되어 부당하다. ④ 公賤과 私賤이 서로 송사를 하면 공천은 主人이 없기 때문에 반드시 송사를 이기지 못할 것이라고 하였다(이상 鄭麟趾·鄭昌孫·韓明澮 등).

반면 定限肯定說은 ① 丁酉年과 甲午年에 이미 기한을 정한 것이 이미 오래되었으니, 정한을 고쳐 송사를 결단하는 것이 편리하다. ② 무릇 노비의 송사는 자기 집의 私事인데도 국가에 소란을 일으키는 것은 옳지 못하다(이상 曺錫文·金國光). ③ 天道가 한정이 있으니 50년이든 30년이든 일정한 기한을 정하는 것이 좋다(孫舜孝)고 하였다.

이에 다시 定限否定說은 ① 부득이 기한을 정하게 되면 양민이 되기를 호소하는 자와 公賤問題로 송사하는 자 또는 부모가 나누어 주지 않은 노비 이외의 서로 송사하는 노비도 일체 모두 기한을 정해야 하는데, 부모가 모두 별세한 후 長子가 당연히 가져야 할 것을 수십 년 동안이나 나누지 못한 것도 있을 것이니 그 원통함이 적지 않을 것이다(韓明澮). ② 노비가 서로 송사하는 것은 원통하고 억울함이 가장 심한데, 强弱이 같지 않으면 시일을 지체하면서 결단이 나지 않으니, 期限前으로써 論定하여 마침내 强者의 차지가 된다면 그 원통함이 적지 않을 것이다(鄭昌孫). ③ 노비송사에 있어 시일을 지체하며 결단이 나지 않는 것은 반드시 强弱이 같지 않은 데서 초래된 것이다.[42] 스스로 刑曹의 掌隷院에서 사건을 처리할 수가 있으므로 기한을 정하여 송사를 결단할 필요는 없다(金礩)고 반박하였다.

결국 성종은 期限을 정하지 말도록 하였다. 그러나 그 뒤 『經國大典』 刑典 公賤條에서 「奴婢誤決은 3년이 지나면 청송하지 않는다」고 명문으로 규정되었다.

審理 및 提訴期限에 관하여도 많은 논의가 있었다. 먼저 『성종 125권 12년 1월 25일 경자』에서, 소송의 신속을 위하여 소송하는 모든 사람은 농사지으러 가는 것을 허락하지 말도록 하였다. 이 결정에 대해서 신하들이 이의를 제기하자, 마침내 蔡壽의 의견에 좇아, 모두 訴訟期限을 정하지 말도록 하였다.[43]

提訴期限을 限定하자는 주장은 이후에도 계속 제기되었다. 『성종 228권 20년 5월 15일 임신』을 보면, 「大司諫金敬祖啓曰, 臣嘗爲判決事, 凡奴婢相訟者, 其父母分給奴婢于諸子, 而不成文券諸子, 各執使用, 傳至子孫姦猾者, 稱祖父母未分奴婢, 爭訟者, 比比有之請父母已分奴婢則, 雖無文券至孫爭訟者, 勿聽理事立法何如. 上顧問左右, 領事尹壕同知事李世佐啓

42) 金礩은, 丁酉年에 기한을 정한 것은 河崙의 의견으로 정한 것인데, 당시 하윤은 부당한 노비를 얻게 되었으므로 애써 청하여 기한을 정했다고 한다.

43) 『성종 125권 12년 1월 25일 경자』: 「啓曰, 今因京畿監司之啓, 凡訟者, 並勿許歸農, 農桑, 生民所賴, 苟失其時, 豈望西成, 且業農者, 爲數口奴婢, 終至於飢, 無乃不可乎. 上曰, 訟亦自己寃抑, 欲使無滯, 故如此耳, 仍問左右, 領事李克培對曰, 京中則可畢於限內, 外方則雖勿聽歸農, 斷訟未可必也, 且今欲親耕, 又欲親蠶, 是重農桑而示勤於民. 上曰然. 謂左副承旨蔡壽曰, 其更下書諭之. 蔡壽曰, 京畿監司金升卿來言, 所上啓本, 有妨農事 然已立期限, 不獲已也, 然則並勿定限何如. 上曰然」.

曰, 此言至當. 都承旨韓堰啓曰, 此言似是, 而非强暴之人合執奴婢者, 亦多有之至孫, 勿聽理則寃, 抑不小, 但在聽訟官裁斷, 如何耳. 上曰. 法不可輕立, 聽訟官明辨之可也. 何必立法乎」, 즉 성종 20년에 부모가 여러 아들에게 노비를 分給하였으나 文券을 만들지 않아, 여러 아들이 각각 따로 부리다가 자손들에게 전해 줄 때는, 조부모가 분급하지 않은 노비라 칭하고 송사하는 일들이 자주 있었다. 이에 판결사를 맡았던 대사헌 金敬祖가, 부모가 이미 분급한 노비는 비록 文券이 없다고 하더라도 손자대에 와서 송사하는 자들은 청리하지 않는다는 立法案을 내었다. 도승지 韓堰은, 강포한 자가 노비를 가지고 있는 경우도 또한 많으니, 손자대에 와서 청리해 주지 않는다면 억울한 일이 적지 않을 것이므로, 단지 聽訟官이 결단해 처결하기에 달렸을 뿐이라는 반론을 제기하였다. 이에 대하여 성종은 법은 가볍게 만들 수 없다고 하여 후자의 견해를 좇았다. 또 『성종 237권 21년 3월 8일 경신』에서 지평 李仲賢이 아뢰기를, 조부 때에는 소송의 단서가 없다가 자손에 이르러 소송이 일어나 그치지 않으니, 期限을 정하자고 하였다. 동지사 李瓊仝이 이에 동의하면서도, 嫡長子가 合執하면 그 同腹이 비록 소송하고자 하더라도 증거로 삼을 문서가 없어서 長子孫에 이르러서야 소송을 제기하는 것인데, 기한을 정한다면 억울함이 있을 것이라 하였다. 성종은 이 경동의 의견을 따라 기한을 정하지 않았다. 그 뒤 『중종 34권 13년 11월 8일 갑진』에서도, 무릇 노비를 소송하는 데는 친척뿐만 아니라, 현재 소송을 제기하여 쟁송하는 모든 사람 이외에, 30년 이전의 일로써 告狀을 내지 않은 것은 聽理하지 말도록 하였다.[44]

당시에 노비에 관한 소송은 중종조에 이르러 가까운 것은 10년, 먼 것은 30-40년 동안 지속되는 폐단이 있었다. 이러한 폐단의 구제를 위하여 60

---

44) 『중종 34권 13년 11월 8일 갑진』: 「議減軍額事, 祖宗朝, 各年軍額增減數稅考後, 更議, 武學, 京則訓鍊院, 又令文臣分受敎訓, 不須別設, 若於外方幷設, 則徒爲避軍役者之淵藪, 無益有損, 定虜衛, 是新設之軍, 甲士亦於元額外, 多數加定, 諸軍額未充, 皆由於此, 今以定虜衛入, 啓甲士之數, 而汰甲士之才劣者, 或於騎正兵諸保卒, 充定甚爲便益, 若步兵, 勿定於役, 處事則彭排隊卒數, 本不敷, 且多未充, 勢難施行, 廢朝時, 役苦賣田者, 並令還退, 實是美意, 然還奪, 亦流亡之一端, 但事在十年前, 一切還退, 不無騷擾, 恐難施行」.

년 전에 도망한 노비라고 일컫는 소송은 聽理를 불허하였으며, 일부에서는 그 기한을 10년으로 하여 수십 년간의 쟁송을 일시에 없애자는 주장도 나왔다.[45] 또 중종조의 鄭光弼은, 「50, 60년은 너무 길어서 奴로서 주인을 배반하는 자가 있을지 모르니 40년을 기한으로 하여 이 기간이 지난 후에는 本主가 차지하지 못하도록 하자」는 주장을 하였다.[46]

한편 金安國은 『중종 34권 13년 11월 8일 갑진』에서, 「又議凡設奴婢, 非獨親戚而已, 一應爭訟者, 時立訟外, 事在三十年以前, 而不告狀者, 勿聽理, 皆以告狀年月, 始計其應, 勿限年者, 令該曹磨鍊啓定何如, 安國議, 親戚之間, 一源分得, 使用奴婢, 奸詐之徒, 謀欲奪取, 巧飾萬端, 以相爭訟, 傷風敗俗, 莫此爲甚, 臣意今後親戚中一源, 奴婢相訟者, 自告狀日始啓, 事在二十年以前者, 勿許聽理, 與充人相訟, 自依舊法, 施行似當, 安國又議, 自丁酉立大限後, 年代已久, 奸僞日滋, 詞訟紛紜, 風俗人心日毁, 今依丁酉年大限例, 量立大限, 以息奸嚚之風似便」, 그 내용인즉 친척 가운데 같은 조상의 노비를 가지고 서로 쟁송하는 자는 告狀을 낸 날로부터 계산하여 20년 이전의 일은 청리를 허락하지 말자는 주장을 제기한 바 있다.

노비와 전토에 대한 송사에 관해서는, 성종 21년 형조에서, 辛亥年(성종 22년, 1491) 1월 1일부터 일체 丁酉年(성종 8년)의 定限에 의해서 시행하자고 하였다. 그러나 성종은 定限法을 만들지 말도록 명하였다.[47]

---

45) 『중종 22권 10년 6월 23일 무인』에는 「丁酉年」에 이러한 前例가 있었다고 하는데 해당기사를 발견하지 못하여 그것이 정확하게 어느 때인지를 알 수 없다.

46) 『중종 25권 11년 6월 1일 신해』 참조.

47) 『성종 247권 21년 11월 11일 기축』: 「刑曹據咸繼霖陳言啓, 臧獲田土之訟, 來辛亥年正月初一日爲始, 一依丁酉定限施行. 命示領敦寧以上. 沈澮尹弼商李克培議, 丁酉年定限乃國初權宜斷訟之法, 其時建議者, 至今非之, 豈可踵已往之, 非復立限也, 起怨咨傷和氣莫甚於此. 洪應尹壕議, 定限之法乃時執者之利, 非公平正大之法, 不可施行. 盧思愼議, 前朝之末, 法禁湯然, 權勢之家, 奪人田民, 我朝開國以後, 爭起訴訟其時, 一二權勢大臣, 多占人奴婢, 恐異日不利於己立, 此一切之法, 至今謗議, 不絶及至當代, 亦有如此, 建白立限者, 廣議於. 朝皆曰, 不可而止者再矣此法之立, 權勢豪富之所願, 而貧窮勢弱者, 必寃徹于天, 豈可不問曲直·不論·是非, 以其時執而立限乎. 傳曰, 勿定限」.

노비소송의 관할과 관련해서, 중종 11년 정광필·사헌부 등이 奴婢의 訴訟에 期限을 정하고, 부득이하면 斷訟都監을 새로 설치하자고 하였다. 중종은 빨리 결단하면 誤決이 많다고 하여 반대하였다.[48] 그 뒤 『중종 56권 21년 3월 14일 정유』에서는 「傳于政院曰, 近來人心風俗, 所以薄惡, 而骨肉親戚之間, 反目如仇讎者, 未必不有於好爲爭訟而然也, 本源厚然後, 風俗可從而變, 大抵父母祖父母養父母生前, 已給於子孫之奴婢田宅, 死後欲爲爭訟, 風俗之悖逆, 莫甚於此, 況斷訟無限, 至於三十年以前之事, 相爭不已, 予嘗痛疾, 欲變此風, 令典所載, 過五年, 及三度得伸, 勿更聽理之法, 雖不可改之, 凡爭訟者, 十年之間, 可以爭訟奴婢田宅, 父母祖父母養父母傳係的實文記, 及同生和會, 凡許與買賣, 一應有文記者, 過十年之事, 通前後, 一切勿許聽理, 如有敢爲爭訟者, 以非理好訟論之, 則非特聽訟之事省簡, 使民風變薄歸厚, 不亦可乎, 其以是, 招政府郎官, 收議于合坐時可也」, 즉 중종 21년에 이르러서도 골육 및 친척 사이에도 반목하여, 무릇 부모나 조부모와 양부모가 살았을 적에 이미 자손에게 준 노비와 전장을 사망한 뒤에 송사하는 풍속이 되었다. 이에 政院에 전지하기를, 5년이 지난 것과 세 차례 승소한 것은 다시 심리하지 않는다는 법규정[49]을 비록 고칠 수는 없지만, 무릇 송사하는 자들이 10년 동안은 노비와 전장의 송사를 할 수 있는 것이니, 부모·조부모·양부모가 전수한 適實한 文書 및 同氣 사이에 和會한 것과, 무릇 매매를 허락한 일체의 文書가 있는 것으로서 10년이 지난 일은 전후의 것을 일체 심리하지 말자는 주장을 제기하자, 이를 의논토록 하였다. 또 『중종 56권 21년 3월 20일 계묘』에서는 「政院啓曰, 今之人心狡詐, 臣等亦爲痛念, 不知何如而變薄歸厚, 平日念慮, 長在于此, 今聞傳教, 正合臣等之心, 今者骨肉之親, 以爭訟, 變爲仇敵, 人心狡詐, 職此之由, 前有六十年, 三十年之限, 官吏若善用此兩法, 則訟事亦可省簡矣, 大抵變薄歸厚, 不但以法爲之也, 且十年之內, 雖理直者, 以事故未呈, 二十年之外, 勿爲聽理, 則怨悶不少矣, 如此則不得已, 又立法而救之矣, 此法, 似未可行也. 傳曰, 人心之狡詐, 慮爲爭訟之所致, 故令議啓矣, 來啓之

48) 『중종 26권 11년 10월 20일 무진』 참조.

49) 『經國大典』 戶典 田宅條; 『經國大典』 刑典 私賤條 참조.

意, 知道」, 즉 정원에서 아뢰기를, 전에도 60년과 30년의 시한이 있었으니, 만일 관원들이 이 두 가지 법을 잘 적용한다면 송사가 줄어들 것이다. 무릇 법으로만 야박한 인심을 순화시킬 수는 없다. 또한 비록 사리가 바른 것일지라도 연고 때문에 10년 이내에 呈訴하지 못하는 수가 있는데, 10년 이후라고 심리하지 않는다면 원망과 답답함이 적지 않게 될 것이고, 그러면 부득이 또 입법하여 구제해야 할 것이니, 이번 법은 시행할 수 없다고 하였다. 이에 중종은 알았다고만 대답하였다.

또한 濫訴의 防止와 提訴制限에 관한 것으로는 다음과 같은 기사가 보인다.

『세종 21권 5년 8월 5일 계축』을 보면, 「刑曹啓, 奴婢決折條畫 … 一. 丁酉九月初一日以前未告狀事, 僥倖主掌官聽理, 冒稱有前決, 亂雜呈訴, 斷訟無日得決, 雖在限前, 其奴婢他人, 仍舊使用, 而限前不告, 仍據執者, 勿許受理 … 從之」라고 하여, 세종 5년에 형조에서 노비소송의 判決에 관한 條目을 계달하였는데, 그 하나로 丁酉年 9월 1일 이전에 提訴하지 않았던 일을 요행히 주장관이 듣고 처리하였는데, 함부로 그 전의 판결이 있다고 하여 난잡하게 訴狀을 바쳐서 訟事가 그칠 날이 없으니, 판결 얻은 것이 비록 期限前이라도, 그 노비는 타인이 그 전대로 사용하는데도 기한 전에 알리지 않고 고집한 자는 수리하지 말도록 할 것이라 하자, 세종은 이 조목을 그대로 따랐다. 그 뒤 『세종 72권 18년 5월 15일 신사』에서, 이후부터는 노비관계로 친척 사이에 화목하지 못한 자는 율문에 따라 논죄하여 송사를 다투는 풍습을 방지할 것을 명하였다.

성종조에 『大典續錄』을 반포하면서 「같은 형제·삼촌숙질·사촌형제 사이에 까닭 없이 쟁단을 일으켜 간사한 짓이 현저한 사람은 계문하여 논죄한다」고 하였다. 그러다가 중종조에 이르러서도 송사를 청단하는 관사에서 제대로 시행하지 않았기 때문에 『중종 5권 3년 1월 30일 무진』에서 다시 명령하여 시행토록 하였다. 그러나 중종 11년에 이르도록 여전히 至親끼리 노비를 다투는 자가 많아지자, 『중종 26권 11년 10월 15일 계해』에서, 10월 15일 이후로는 촌수를 제한하여 삼촌 및 동생도 노비를 사용하지 못하도록 하고, 官署文記든 白文文記든 물론하고 封印해서 도로 그 주인에게 주도록 하여, 문기를 고쳐서 송사를 일삼는 것을 방지토록 하였다.

한편 內需司의 奴婢訴訟과 관련해서는, 『성종 230권 20년 7월 17일 계유』를 보면, 내수사의 노비에 대한 소송은, 송사당한 노비가 한번 宣頭案에 적혔으면 송사한 자의 노비인 줄 알더라도 다시 고칠 수 없었기 때문에 사실관계가 애매한 것은 송사를 허가하였었다. 이로 말미암아 30년 전의 일로 송사하는 자까지 있게 됨으로써 소송이 지체되는 폐단이 있었다. 이에 성종 20년, 승정원에 전교하여, 『經國大典』 公賤條에 「3년마다 續案을 만들고 20년 만에 正案을 고친다. 정안에 기록된 노비를 서로 송사하는 것은 수리하지 말라」고 한 규정을 유추하여, 宣頭案의 正案에 붙인 노비는 송사하는 것을 허가하지 않도록 하였다.

성종 23년에 特進官 李則이 아뢴 바에 따라 鄭佸이, 私賤이 그 노역을 이기지 못하여 內需司에 많이 투속하고 있는데, 한번 正案에 기록되면 그 本主가 고하여 다툴 수 없기 때문에 억울한 자가 많으니, 開通하는 법을 세울 것을 청하였다. 성종은, 간사한 무리가 비록 內需司에 투속하더라도 만일 續案을 고칠 수 있도록 허락한다면 開通할 수 있을 것이라고 하였다. 다시 李則이, 현재 各司의 奴婢는 20년 만에 正案을 작성하고, 3년 만에 續案을 작성하는데, 3년 안에는 단지 生産한 것과 物故한 것만을 推刷하고, 20년에 이르러서야 續案을 상고해서 正案을 작성하고 있다. 그런데 지금 內需司에서는 그렇게 하지 않고 3년마다 推刷하기를 正案의 예에 의거하니, 그것이 옳은가를 아뢰었다. 이에 성종은, 비록 宣頭案에 실려 있다 하더라도 고하여 다툴 수 있다는 대답을 하였다.[50)]

또 母子 사이의 奴婢訴訟에 대해서는 『성종 180권 16년 6월 3일 임

---

50) 『성종 262권 23년 2월 7일 무신』: 特進官鄭佸曰, 家舍高壯則必不經遠王子王孫, 猶可持守至于後世則持守, 亦難. 特進官李則曰. 內需司奴婢本甘露寺奴婢也, 屬內需司已久至今, 豈有漏丁乎, 但內需司無雜役故, 公私賤苦其役重投屬, 者頗多, 佸曰, 誠如則所啓, 私賤苦其役, 重多投屬內需司, 一錄正案, 其主不得告爭, 抱寃者, 多請立開通之法. 應曰, 錄正案者, 不得告爭已有立法, 臣意若與官吏符同, 投屬明著者, 則許人告爭可也. 上曰, 奸詐之徒, 雖投屬內需司, 若許改續案則可以開通矣, 則曰, 各司奴婢, 二十年成正案, 三年成續案, 三年內只推刷生產物, 故至二十年, 考續案乃成正案, 今內需司不然, 每三年推刷, 依正案例可乎. 上曰, 雖已載宜頭案, 何不可告爭之有」.

오』에서 「載陽副正侃, 與其母爭訟奴婢, 若聽理而毋直, 則子當受罪矣, 母若不直, 何以處之. 傳曰, 示議政府. 尹弼商洪應議, 母子相訟, 綱常大變, 據兩邊文記分揀, 則與相訟何別, 傷風敗俗, 恐由此起, 勿問是非, 從母敎施行, 以正大綱. 李克培金謙光議, 母子及辭證人, 進來推問, 則是爲母子相訟, 大體不可, 只據兩邊文記相考, 則是非在其中, 從文記施行何如. 從克培等議」, 즉 성종 16년에 載陽副正 李侃이 그 어머니와 노비를 가지고 송사를 하여 그 처리결과가 논의되었다. 尹弼商・洪應은, 모자가 서로 송사를 다투는 것은 綱常의 큰 변이다. 양쪽의 文書記錄에 의거하여 分揀하게 된다면, 서로 송사를 벌이는 것과 다를 게 없으므로, 시비를 묻지 말고 어머니의 敎示에 따라 시행하게 하여 紀綱을 바로잡을 것을 주장하였고, 李克培・金謙光은, 양쪽의 文書記錄에 의거하여 상고하게 되면, 시비가 가려질 것이니, 문서기록에 따라 시행하자고 하였다. 성종은 후자의 견해를 좇아, 證據에 의해 재판하도록 하였다.

다음으로, 訴訟의 停止에 관한 것으로는 다음과 같은 것들이 있다.

세종 6년에는 사헌부의 계청에 따라, 2월 10일 이후 農務가 바쁠 때에는 奴婢訴訟을 정지하도록 하였으며,[51] 단종 즉위년에도 강원도의 실농으로 인하여 雜訟을 모두 명년 가을을 한하여 정지하게 한 적이 있다. 그러나 변경을 수어하다 도망하여 추포당한 노비, 남의 노비・전지를 據執[52]하여 남을 침해한 경우에는 정지 대상에서 제외하였다.[53]

그리고 지방의 소송에 대해서는, 「務停後 務開前에는 (춘분날을 무정으로 하고 추분날을 무개로 한다) 十惡과 간음죄와 도적의 죄와 살인죄와 도망한 노비를 포획하여 관에 인치한 사건과 사역하다가 그대로 남의 노비를 허

---

51) 『세종 23권 6년 2월 7일 계축』: 「司憲府啓, 敎旨殺人强盜鬪歐殺傷人, 他人奴婢, 據執逃奴婢, 執捉付官外, 雜訟令二月初十日爲始停寢然奸事竊盜及常行禁令, 以至關係風俗懲戒之事, 亦不受理, 則於治道大體未便, 惟私處雜物推懲奴婢相訟等雜訟, 農務間停寢, 從之」.

52) 허위로 문서를 꾸며 남의 노비나 전지를 강제로 차지하고 돌려주지 않는 것을 말하다.

53) 『단종 3권 즉위년 윤9월 23일 임오』: 「議政府據刑曹呈啓, 江原道今年失農, 請殺人强竊盜奸事, 守禦邊境追捕逃奴婢, 據執他人奴婢田地, 侵損於人, 關係風俗事外, 其餘雜訟, 並限明年秋停寢. 從之」.

위문서로 침탈한 사건 등 모든 풍속에 관계되고 타인을 침손하는 사건을 제외한 잡건소송은 모두 처리하지 아니한다. 서울에서는 무정후 무개전이라도 오직 지방에 거주하는 자의 소송의 심리만을 정지하고 집에 돌아가 농사짓게 한다. 그러나 판결이 임박하여 형세를 보아 자기에게 불리하면 책략으로 귀농하기를 원하는 자에게는 귀농을 허락하지 아니한다」고 하였다.[54]

끝으로, 訴訟의 終了에 관해서 고찰한다.

노비소송에 관한 재판부의 구성은, 都官에서 무릇 文案을 판결해 줄 때에는 반드시 三員이 갖추어져야만 서명하게 되었다. 그렇기 때문에 郞廳 1인만 缺員되면 契券에 서명하지를 않았다. 그런데 이로 말미암아 소송이 지체되는 폐단이 있었다. 이에 『문종 3권 즉위년 9월 1일 임인』에서는, 문종 즉위년 9월 1일부터는 知曹事와 아울러 三員을 갖추어 서명하도록 하였으며, 『단종 14권 3년 윤6월 6일 경술』에서는, 무릇 大小訟事는 의정부와 三司(刑曹・司憲府・漢城府)에서 議決하면 비록 誤決하였다 하더라도 모두 수리하지 않는 것이 일찍이 법으로 정해져 있었기 때문에 그대로 판결이 확정되었다. 또 『단종 12권 2년 12월 20일 병신』에서는, 소송을 제기한 자가 그 소송을 계속하기 위하여 바르게 판결한 것을 誤決이라고 한 때에는 영원히 聽訟하지 말도록 하였다.

『성종 10권 2년 5월 18일 경인』에서 「自貞啓曰, 新大典內, 凡奴婢訴訟, 二度得決, 勿更聽理, 此雖斷訟之法, 然聽訟官吏, 眩於是非, 容或有誤, 況任情不公者乎, 今若不問是非, 一從前決, 不得更訴, 則終無伸枉之理, 其冤莫甚, 請今後雖再得決, 許令更訴他司辨正, 且世宗朝百官朝服公服, 令濟用監製給, 公服則藏於私家, 故今無傳焉, 朝服則藏於其司, 至今用之, 然歲久陋敝, 殊無朝彩, 請貿絹於中朝改造, 凡迎詔及正至誕日, 則用新製者, 拜衣及常行賀禮時, 用舊件何如, 命院相議之. 鄭麟趾洪允成金國光議, 二度得伸勿聽更訴之法, 民必有冤, 恐難行, 廣議爲便. 申叔舟韓明澮崔恒議, 朝服改造, 請依所啓. 皆從之」라고 한 것으로 보아, 성종 원년의 이른바 『辛卯大典』에서는, 모든 노비의 소송은 두 차례의 판결을 받으

54) 『詞訟類聚』 停訟條 참조.

면 다시 聽理하지 말도록 규정하였음을 알 수가 있다.

이 규정은 본래 『六典』에 실려 있었는데 세조가 처음 『經國大典』을 상정할 때에, 啓聞한 판결은 誤決이라도 청리하지 않는 것이 例事이며, 비록 『經國大典』에 기록하지 않더라도 이미 事例가 있다고 하여 특별히 削除하였었다. 그러다가 다시 이 법을 폐지하고 啓聞한 判決事件도 誤決인 경우는 呈訴하도록 개정함으로써 소송이 그치질 않게 되었던 것이다. 또한 斷訟都監에서 한 번 판결한 것을 변경할 수 없는 文案으로 만들고 誤決된 것을 정소하여 단송하지 못하도록 하였다. 그런데 이 규정은 관리들이 오결된 것도 呈訴하지 못한다는 것을 미리 알고, 그른 것을 오결하는 것으로 악용될 여지를 안고 있어 논의가 있었다. 이에 대하여 성종은, 비록 계문한 판결사건이라 하더라도 사실을 알아내기에는 만족스럽지 않다고 답했을 뿐이다.[55)]

조선시대에 判決을 통해 소송을 종료시키는 한 방법으로서 親着制度라는 것이 있었다. 『세종 21권 5년 7월 7일 을유』를 보면, 노비소송을 하는 자가 誤決訴狀을 司憲府에 제출하고도 여러 달이 지나도록 나타나지 않는 경우, 만 50일이 된 것은 受理하지 못하게 하고, 소장의 뒷면에 기한 내에 나타나지 않은 사연을 써서 被告人에게 주어 訟事를 금하도록 할 것을 사헌부에서 아뢰었다. 이에 세종은 30일을 期限으로 하도록 하였다.

---

55) 『성종 125권 12년 1월 27일 임인』: 「啓曰, 斷訟都監, 以一度得決, 爲不易之文, 無得呈誤決斷訟, 欲民之無寃抑也, 官吏, 預知其不得呈誤決, 而知非誤決, 則反有民寃矣. 上曰, 議者或以爲一廳誤決, 移二廳, 二廳誤決, 移三廳, 三廳誤決, 又移一廳, 以二度得決, 爲不易之文, 予意以爲不可也, 如此則訟者無時而息矣, 精選賢良, 別立都監, 何至於知非誤決. 碩輔曰, 雖不爲知非誤決, 然若誤爲計料而決之, 則以一度不易未便. 上問左右, 洪應曰, 誠如. 上敎, 若呈誤決, 則訟者亦如前日, 而且無斷訟之日矣, 方今國家無事, 上言者, 皆田民相訟事也, 今若以一度爲不易, 則自然斷訟矣. 知事姜希孟曰, 太宗朝, 限丁酉年, 不分是非, 而斷訟, 今雖以一度之決, 爲不易之文, 亦不妨矣, 都承旨金季昌曰, 都監決折事, 若許呈誤決, 則斷訟無期, 前者判決事閔貞啓啓聞, 決折訟事, 勿聽誤決, 此言誠可用也. 洪應曰, 啓聞決折事, 勿聽誤決, 初載六典及詳定大典時, 世祖以爲啓聞決折, 勿聽誤決, 例事也, 雖不錄大典, 而已有例也, 特削之, 因循而用此法, 久矣, 中間而廢之, 啓聞決折事, 亦許呈誤決, 故訟者不息也. 上曰, 若管理知情爲之, 則取招時, 已傾心偏聽矣, 雖啓聞決折事, 亦不足取實也.

『經國大典』 刑典 私賤條에는 「相訟奴婢, 元告被論中, 自知理屈, 累月不現, 再囚家僮後, 滿三十日不現者(註解: 此指初不就訟者而言), 始訟後五十日內, 無故不就訟過三十日者, 並給就訟者(註解: 此指始訟後, 不就訟者而言也)」, 즉 「서로 노비를 쟁송하는 원고나 피고 중에서 스스로 조리가 바르지 못한 것을 알고 여러 달 동안 訟庭에 출석하지 않으므로 두 번씩이나 그 집 노복을 구금한 뒤에도 만 30일이 되도록 나타나지 않은 자와 처음 송정에 나와 소송을 시작하여 놓은 뒤 50일 내에 까닭 없이 송정에 나오지 않고 30일을 경과한 자는(註解: 이것은 소송을 시작하여 놓고 그 뒤로는 송정에 나오지 않는 자를 지적하여 말한 것이다) 모두 송정에 나온 자에게 승소의 판결을 내린다」고 하고, 기한의 계산과 관련된 受敎(『詞訟類聚』 親着條에 수록되어 있는 명종 9년 7월 24일 임술의 敎命)에는 「安玹議, 滿者淨盡而無間也, 過者相間而過也」, 즉 「安玹의 의논에 의하면, 滿이라고 한 것은 期限이 깨끗이 다되어 간격이 없는 것이요, 過라고 한 것은 기한과 서로 간격이 벌어져서 지나간 것이다」라고 하였다. 또한 「以就訟庭, 親着名字爲驗, 雖呈誤決, 勿許聽理, 唯親着時有奸僞者, 許更理」, 즉 「송정에 나와서 친히 서명한 것으로써 증거를 삼는다. 비록 오판이라고 하여 제소하더라도 접수 처리하지 아니한다. 다만 송정에서 친히 서명할 때에 작위가 있은 것은 다시 심리하기를 허용한다」고 하였다.

後續錄에는 「相訟奴婢, 始訟後五十日內, 不就訟過三十日者, 給就訟者之法, 不須滿五十日後可決, 假如甲者過三十日不就訟, 則乙者就訟, 雖未滿三十日, 給乙者, 田宅財産同」, 「官員不坐日, 不在五十日之限」, 「甲乙相訟, 甲者理屈退避, 乙者就訟, 將近二十一日, 則不可以甲者一二日出現, 旋棄乙者親着, 今後勿用出沒間着」, 즉 「노비로 쟁송하는 소송사건에 있어서 소송을 시작한 뒤 50일 내에 송정에 나오지 아니하고 30일을 경과한 것은 송정에 나온 자에게 준다는 법은 반드시 만 50일 된 뒤라야 결정할 수 있다는 것이 아니다. 가령 甲이란 자가 30일이 넘도록 송정에 나오지 않으면 乙이란 자가 송정에 나온 것이 비록 30일이 못되더라도 쟁송노비는 乙에게 준다, 田地와 家屋도 같다. 관원이 坐起하지 아니한 날은 50일의 기한에 산입하지 않는다. 甲과 乙이 서로 爭訟中에 갑이 사리가 바르지 못하여 송정에 나오는 것을 회피하고 乙은 송정에 나온 것이 장차 21일에 가까워진 것은 甲이 1, 2일 송정에 나타났다고 하여서 乙의 出廷親署한 것을 기각할 수는 없다. 금후로는 나타났다, 숨었다 하면서 간혹 서명하는 일은 하지 못하게 한다」고 하였고, 이에 대한 해석에 관한 명종 9년의 受教(『詞訟類聚』 親着條)에서는 「乙은 송정에 나와 스스로 서명함이 21일이 되고 甲은 송정에 나오지 아니함이 또한 21일이 되는 경우에는 원고와 피고가 모두 출석하지 아니한 일수를 함께 계산하여 취송하지 아니한 9일에 충당하여 30일로 한다」고 하였고, 동 8년의 수교(『詞訟類聚』 親着條에 수록된 명종 8년 4월 12일 병술의 教命)에는 「무릇 소송하는 자가 소송의 형세가 자기에게 불리한 것을 보고 한편인 여러 사람이 동시에 출석하지 아니하고 엇바꾸어 출입하여 한꺼번에 대질심문을 할 수 없게 하며 또한 원고·피고가 함께 서명할 수 없게 하여 사건심리를 연대시키는 술책을 수행함으로써 판결을 내릴 기한조차 없게 된다. 지금 이후부터는 같은 편 사람이 비록 모두 나오지 않았다고 하여도 그 때에 출정한 사람은 서명하게 하고 한편인 다른 사람의 공술에 따라 심리한다. 그 중 이유 없이 송정에 나오지 아니한 사람은 그 친서해야 할 기한이 만료되는 일자를 따지어 축출하고 함께 소송에 참여」하는 것을 금지하고, 또 명종 8년에는 「귀농을 위하여 소송을 정지한 뒤에 원고나 피고 중 그 정당함을 판결받고자 길이 송정에 출석하였으나 오랫동안 뜻을 펴지 못한 채 간혹 3, 4년이나 송사가 정체되므로 이런 것은 그 사람의 친서로서 판결을 내리고자 하나 법에 예가 없어서 원고·피고가 동봉작성한 문서를 함부로 개폐할 수가 없기 때문에 소송을 결말지을 기한이 없어 도리어 간교한 술책에 빠지게 된다. 지금 이후부터는 정송중에 있는 사람들은 務開後에 즉시 송정에 출석하지 아니하는 자는 務開日부터 起算하여 그 주거지의 원근을 따져 도중 소요일수를 제외하고 출석할 수 있을 만한 때에 원고나 피고 중에 송정에 나온 사람에게 闕席判決의 예에 따라 문서에 親署시키고 승소판결[56]을 내리도록」 하였다.

그 뒤에 다시 성종조에, 都監에 제소한 자가 15일 동안 現身하지 않으

---

56) 『명종 8년 9월 21일 경술』의 教命. 『詞訟類聚』 親着條 참조.

면 소송중인 노비를 속공하도록 하였다. 그러나 이 기한이 너무 촉박하다는 지적이 있었다. 도승지 金季昌은, 맨 처음 摘奸할 때에는 呈訴할 따름인데, 정해진 期限을 아는 자가 15일이 경과하도록 현신하지 않으면 屬公하는 것이 마땅하나, 정소한 후 15일의 기한을 모르고서 현신하지 않은 자도 속공하는 것은 옳지 못하다고 아뢰었다. 성종은 후자의 경우 15일의 기한에 구애받지 않도록 하였다.57)

그러나 연산군 때의 소송관련 기사를 보면, 실제 재판에서는 사리가 바른 사람은 홀로 재판정에 나가 30일이나 50일 동안 거의 다 署名을 하는데, 사리가 굽은 자는 숨고 피하여 기회를 노리다가 28-9일쯤 되어서야 갑자기 나타나 다시 소송을 시작하게 함으로써 期限을 피하였기 때문에 소송이 길어질 수밖에 없었다. 이에 연산군 2년 장례원에서 아뢰기를, 앞으로는 소송을 시작한 뒤에 元隻이 나타나지 않아 家奴 10명 이상을 가둔 때에는 오래 재판정에 섰던 자가 친히 서명하고, 起算을 다시 하지 말고 前後 만 50일을 통계하여 大典에 의해 처결하여 허급하도록 하며, 비록 誤決을 제소하더라도 本條를 적용하여 聽理를 허락하지 말 것을 청하였다. 또한 田宅條 註의 규정을 악용하여 分辨이 끝날 무렵에 회피하였다가 1년에 1번 또는 2-3년에 1번씩 숨어서 제출하는 자들도 있었는데, 이에 대해서도 앞으로는 비록 잇달아 告狀을 내더라도 元隻이 모두 나타나는 것을 證據로 삼으며, 또 원척 중에 주거를 자주 옮기거나 사고를 핑계대고 나타나지 않는 자는 잡아오라는 公文이 오고간 것을 증거로 삼도록 청하였다. 연산군은 이 문제를 원상 및 정부에 의논토록 하였다.58)

---

57) 『성종 125권 12년 1월 27일 임인』: 「啓曰 … 任曰, 都監訟者, 十五日不現者, 許令屬公, 期限甚迫, 亦爲未便. 季昌曰, 當初摘奸時呈訴而已, 知定限者, 過十五日不現, 則屬公宜矣, 其隨後呈訴, 不知十五日之限而未現者, 亦屬公未便. 上曰, 後訴者, 不拘十五日之限可也」.

58) 『연산군 14권 2년 윤3월 17일 갑자』: 「掌隷院啓, 大典私賤條, 相訟奴婢, 元告被論中, 自知理屈, 累月不現, 再囚家童後, 滿三十日不現者, 始訟後五十日內, 無故不就訟, 過三十日者, 竝給就訟者之法, 則奸詐之徒, 或奪人奴婢, 或被告於人, 利於時執, 雖曲直分明, 而僥倖萬一, 旋卽回避, 別立條格, 以杜奸猾而近來理直人則獨立訟庭, 幾滿三十日五十日着名, 而理屈人則隱避伺候, 幾盡三十日, 至於二十八九日間, 卒然自現以爲

그 뒤 『연산군 43권 8년 3월 11일 계미』를 보면, 연산군 8년에 다시 논의가 되어 결국에는 韓致亨 등의 의견을 따라 해석하였는데, 즉 「송사를 시작한 뒤 50일 안에 이유 없이 송사에 나오지 않은 날이 30일이 지났을 경우 송사에 나온 사람에게 준다」는 규정의 의미를, 예를 들어 甲과 乙이 서로 송사할 때 50일 안에 甲이 30일이 지나도록 송사에 나오지 않고, 乙이 송사에 나온 날이, 비록 30일이 못되더라도, 만일 21일이 지났으면 마땅히 乙에게 주어야 하며, 甲과 乙이 소송에 나온 날과 안 나온 날이 모두 30일이 된 뒤에 승부를 판결할 필요는 없다. 또 원고와 피고가 나오지 않은 날을 계산해서 공제하는 것이 비록 법조문에는 없지만 限定日數를 이미 官員이 坐起한 날로 계산한 때에는 원고와 피고가 모두 나오지 않은 날도 역시 계산해서 공제하도록 결정하였다.

다음에서는 위와 같은 절차를 거쳐 내려진 判決의 效力에 대해서 고찰한다.

旣判力의 人的 範圍에 대해 『태종 1권 원년 윤3월 23일 임자』를 보면, 태종 원년에 사헌부에서, 서로 노비를 송사할 때 더불어 소송에 참여하지 않는 자에게는 노비를 주지 않는 것이 이미 법으로 정해졌으니, 비록 辛丑年(세종 3년, 1421) 이전의 일이라도 또한 이 예에 의할 것을 아뢰자, 그대로 윤허하여 앞으로 서로 함께 소송하지 않은 자에게는 노비를 주지 않도록 함으로써 기판력이 소송에 직접 참가한 당사자에게만 미치도록 하는 立法을 하였다.

태종조에는 형조에서 상소에 따라, 노비를 仍執[59]하거나 據執[60]하는

更端, 以避日限, 因此連延歲月, 斷訟無期, 今後元隻始訟後, 自知理屈, 窺避不現囚家童十名以上, 則其長立訟庭者, 親著名字, 勿更始, 通計前後滿五十日, 依大典決給, 雖呈誤決, 亦依本條, 勿許聽理, 且田宅條註云, 告狀而不立訟過, 五年者, 亦勿聽奴婢同之, 法亦爲巧黠之輩, 臨決之際, 互相規避, 淹延歲月者而立, 近來奸黠之徒, 時方分辨垂畢, 而回避不現, 或一年一度, 或二三年一度, 隱然伸狀, 至爲奸黠, 且違大曲本意, 今後雖連告狀, 須以元隻俱現爲驗, 且元隻中, 散接托故不現者, 亦以推捉公文往復爲驗, 以絶奸狡年持久之弊何如, 命議于院相及政府」.

59) 판결이 난 뒤에 남에게 돌려주어야 할 것을 그대로 차지하고 있는 것을 말한다.

60) 남의 것을 강제로 점거하고 있는 것을 말한다.

자를 징계하도록 하였다. 형조에서 상소한 내용은 다음과 같다. 사헌부에서 辛巳年(태종 원년 1401년) 8월 28일에 受判한 내용 가운데 「금일 이전에 노비의 판결을 얻은 것과 현대에 판결을 얻은 것은 이를 지급한다」고 한 까닭에 판결을 얻어 立案하고 該曹에 納한 자가 많았다. 그런데 강제로 차지하는 자는 그 노예를 가두니, 이것은 강제로 차지한 노비를 놓도록 독촉하려는 것일 뿐 아무 것도 징계하는 바가 없다. 이로 말미암아 관과 법을 두려워하지 아니하고 잘못을 꾸며 은닉하게 되어 쟁송이 날로 번거로우니, 금후로는 잘못을 알고 자수한 자 외에, 잘못을 알고도 보고하지 않는 자와, 그대로 고집하거나 강제로 차지하는 자는, 判旨(敎旨)를 좇지 않은 律로 다스리자는 것이었다.[61]

2) 田宅訴訟

전택의 소송과 관련하여 『經國大典』 戶典 田宅條[62]에는, 「모든 田土에 관한 소송은 5년이 경과하면 聽訟하지 않는다」고 하여 그 年限을 명문으로 규정하였다.[63] 그러나 타인의 전택을 盜賣한 자, 소송을 제기하여 아직 판결을 받지 못한 자, 부모의 전택을 合執한 자, 幷耕[64]으로 인하여 永執하게 된 자, 賃居하다가 永執하게 된 자에 관한 소송에는 期限을 두지 않았다.

성종 때에 이 단서규정을 악용하여, 종으로서 주인의 전지를 받았다고 하면서 盜賣하기도 하고, 분배하지 않은 전지를 合執하여 盜賣하기도 하면

61) 『태종 3권 2년 3월 14일 정유』: 「命懲奴婢, 仍執據執者, 刑曹上疏, 略曰, 司憲府於建文三年八月二十八日受判內, 今日以前奴婢得決者, 時得決者給之, 故得決立案, 納曹者多矣, 其據執者, 囚其奴隷, 督出其據執奴婢而已, 無所懲戒, 由是不畏官法, 飾非隱匿, 爭訟日煩, 非殿下垂法絶訟之意也, 今後知非自首外, 知非不報, 仍執據執, 奸僞深重者以不從判旨鑑後, 從之」.

62) 『經國大典』 戶典 田宅條: 「凡訟田宅, 過五年則勿聽. (盜賣者, 相訟未決者, 父母田宅合執者, 因幷耕永執者, 賃居永執者, 不限年. 告狀而不立訟過五年者, 亦勿聽. 奴婢同)」.

63) 事例로는 『성종 235권 20년 12월 13일 병신』 참조.

64) 당사자의 일방은 地代의 대부분을 부담하고 타방은 그 일부만을 부담하는 외에 경작을 맡아 하며, 수확을 반반으로 나누는 계약을 말한다.

서 관청에 송사하는 자들이 있었다. 이로 말미암아 50여 년 동안이나 期限을 계속하여 사서 경작한 田地조차 빼앗아서 돌려주게 되는 폐단이 생겼다. 성종 10년 대사헌 金良璥이, 大典은 경솔하게 고칠 수 없으니 節目을 별도로 제정할 것을 아뢰었다. 그러자 우승지 蔡壽가, 지금 서로 송사하는 전지는 屯田에 임시로 소속시키는 법이 있기 때문에, 서로 틈이 있는 사람이 비록 송사를 이길 가망이 없더라도 상대를 해치려고 조작하여 고발하면, 비록 田案에 명백히 기재되어 여러 해 동안 경작해 오던 田地라 하더라도 判決되기 전에는 屯田에 임시로 소속시킨 것이 많다고 하였다. 이에 성종은, 이 법은 강자가 약자의 전지를 억지로 빼앗는 것을 막기 위하여 설치한 것으로 春分 전에 미처 裁決하지 못한다면 秋分 후에는 마땅히 즉시 결정될 것인데, 어찌 둔전에 오랫동안 소속되겠는가 하고, 송사를 결단하는 일과 둔전에 임시로 소속시키는 일을 의논토록 하였다. 여러 대신들의 의논 결과 성종은, 전자의 것은 鄭昌孫의 의견을 따라 악의로 함부로 호소하는 것은 保留시키든지 혹은 申訴가 不誠實하다고 하여 논죄하도록 하고, 그 나머지 情理가 급박한 것은 해당 관사에 회부하여 분간하도록 하였다. 그리고 후자의 것은 孫舜孝의 의견을 따라, 지금부터는 춘분 후에 판결이 나지 않아서 屯田에 임시로 소속시킨 것은 辭緣을 갖추어 관찰사에게 보고하고, 호조에 관문을 보내어 둔전에 임시로 소속시킨 것이 적당한가를 검사하되, 만일 그것이 적당하지 못하면 논죄하고, 둔전에 임시로 소속시킨 것은 일체 가난한 백성에게 竝作을 허가하여 그 일부분의 곡식을 軍資에 소속시키도록 하였다.[65]

그런데 『經國大典』 戶典 田宅條는 田宅訴訟에 대해서만 5년의 기한

---

65) 『성종 111권 10년 11월 11일 임진』; 『성종 111권 10년 11월 12일 계사』; 『성종 111권 10년 11월 16일 정유』: 「命承旨等, 議斷訟及假屬屯田等事以啓. 金升慶金季昌蔡壽盧公弼李季同議 … 假屬屯田本意, 豪强者據執弱者之田, 淹廻不就訟, 故待春分, 從白根仍耕, 今年如是, 明年又如是, 弱者得決無日, 故權立假屬之法, 令强者及期就訟, 該司得以畢決, 此抑强扶弱之美意也, 今者官吏, 以屬公自用爲利, 不分强弱, 不問從來是非, 一屬屯田之後, 淹延不決, 因此奸詐之徒, 以他人久遠耕田, 誣飾告爭, 故令屬公, 是則非但不得抑强扶弱, 反陷於奸人術中, 又滋官吏貪欲也, 自今一依, 祖宗朝白根之法, 申嚴淹廻不決之罪何如, 斷訟事, 從昌孫議, 假屬屯田事. 從舜孝議」.

을 정하였고, 그 밖의 財產에 대해서는 期限을 정하지 않아서 간교한 자들이 송사를 일으키자, 漢城府에서는 田宅에 의거하여 기한을 정하자고 하였다. 이에 대하여 盧公弼 등은, 家財는 가벼운 것이어서 기한을 정하지 않은 것이므로 새로운 입법을 할 필요가 없다고 하여 의견을 달리하였다. 그러나 金升卿 등은, 노공필 등의 주장에 일부 동의하지만, 관리 중에 법에 어두운 자도 더러 있을 것이니, 한성부의 啓目에 따라 시행할 것을 주장하였다. 성종은 후자의 견해를 좇았다.[66]

3) 山 訟

山에 대한 訴訟 및 그 處決과 관련해서도 기록이 있다. 다음에서는 산송의 유형과 그 심리절차를 고찰한다.

우선 使用上의 制限에 관한 것으로서, 비록 1인의 家舍라 하더라도 무덤에서 1백보의 거리이면 묘를 쓰지 못하도록 하고(『新補受教輯錄』 禮典 山訟條 503항), 만약 타인이 墳山에 이르는 근거리의 지역 및 大村의 중앙을 독점함으로써 송사를 일으키는 폐단이 있는 경우에 이를 지시한 地官과 主喪人에 대하여는 법에 의하여 논죄하였다(『新補受教輯錄』 禮典 山訟條 504항).

또 주인이 있는 산이나 인가의 근처에 盜葬하는 것을 금단하였으며(『新補受教輯錄』 禮典 山訟條 508항), 사대부의 墳山은 그 먼저 入葬한 자의 관품에 따라 제한은 步數로써 하고 密邇處를 제외하고는 모두 다른 사람이 묘를 쓰는 것을 허용하였다(『新補受教輯錄』 禮典 山訟條 509항).

그리고 부녀를 인솔하고 산상에서 作挐한 家長이 있는 경우에는 가장을 과죄하고 가장이 없어도 率者가 있으면 그 자를 과죄하고 모두 정배하

---

66) 『성종 273권 24년 1월 13일 기묘』: 「漢城府啓, 大典, 凡訟田宅者, 過五年則勿聽, 而獨於財產, 不定限, 奸詐之徒, 紛紜, 爭訟請依田宅, 亦定限. 命議于領敦寧以上及議政府, 皆議云, 依啓目施行, 命召六曹及臺諫等示之, 鄭崇祖李封申從濩金克忸朴元宗議, 依啓目施行. 盧公弼李淑瑊議, 家財細碎之物比田宅爲輕, 故初不定限, 若因一弊輒立一法, 則法不可勝立矣, 好立法而不能守當今之患也, 臣等議, 不必定限. 金升卿安瑚權俱朴時行許輯崔自霑李瑞權景祐議, 家產比於田宅, 田宅重而家產輕過限則重者, 猶不聽理, 況輕者乎, 但官吏昧於用法者, 亦或有之依啓目施行. 傳曰, 依漢城府所啓」.

도록 하고(『新補受教輯錄』 禮典 山訟條 494항), 또 法理로 응당 금지되는 땅에 用山하고 落訟한 자나 법리로 금지하는 것이 부당한 땅에 禁葬을 하고 낙송한 자 또는 금지하는 땅에 占穴하고 이로써 송단을 일으킨 자에 대하여는 그 전직을 불문하고 고식적으로 먼저 형추하였으며(『新補受教輯錄』 禮典 山訟條 496항), 理曲으로 관에서 적간하는 데 있어서 법대로 좇을 것을 수긍하지 아니한 자에 대하여는 만 30일 不就訟의 예에 의하여 몸소 着席人에게 결급토록 하였다(『新補受教輯錄』 禮典 山訟條 497항).

사대부의 勒葬, 誘葬이나 盜葬하는 것과 같은 것은 각별히 痛禁하였는데, 이를 위반한 경우에는 闖家奪入의 律에 의하여 논죄하고(『新補受教輯錄』 禮典 山訟條 511항), 또한 감사나 수령이 경내에서 卜山하는 경우에는 구속신문하고 정죄하였다(『新補受教輯錄』 禮典 山訟條 506항).

이러한 산송의 심리는 다른 소송사건과 더불어 일체로 訟體를 갖추어 시행하되 盜葬한 경우에는 100일 안에 偸葬者가 출현하지 아니하면 山主에게 관에 고발하게 하고 계문한 뒤에 관에서 파서 옮기고 과죄하였다(『新補受教輯錄』 禮典 山訟條 510항). 또 度數를 계산하였다(『新補受教輯錄』 禮典 山訟條 505항). 그리고 또 관리가 산송을 오결하여 법리를 위반한 때에는 논죄하고 영원히 서용하지 못하도록 제한하였다(『新補受教輯錄』 禮典 山訟條 501항).

(5) 小　結

본래 토지에 대한 王土思想은 中國 古代의 政治思想으로서 그 문헌적 연원은 四書三經의 하나인 『詩經』 4권 小雅 北山之什 가운데 「北山」 2章의 「普天之下, 莫非王土, 率土之濱, 莫非王臣, 大夫不均, 我從事獨賢」라는 구절을 들고 있는데,[67] 이것이 종래 土地國有說 또는 公有說의 근거

67) 이것과 유사한 기사로는 『숙종 5권 2년 2월 3일 을묘』: 「下教曰, 普天之下莫非王土, 率士之濱莫非王臣, 八道飢荒, 振古所無, 其中關西海西畿甸, 尤爲特甚, 非民無以爲國, 非食無以保民, 今者兩度勅使, 兩度使臣, 冠盖結轍於道, 西路貧民, 無以聊生, 興言及此, 骨驚心寒, 備局與版曺, 遵予此意, 晝思夜度, 別樣救荒, 一以爲保存飢民之地,

로 풀이되기도 하였다. 그러나 왕토사상은 왕권이 확립되어 왕이 토지를 규제할 수 있다는 政治的 思想의 표현이지, 결코 모든 토지가 왕의 소유임을 의미하는 것은 아니었다. 이러한 왕토사상은 통치권력의 근원으로서의 王權을 표시할 필요가 있게 될 경우 비로소 필요하였던 것으로 보인다. 다만 토지소유권이 불법부당하게 남용된다든가, 그 남용이 국가적 손실을 가져오는 경우에만 그 행위를 규탄하기 위해 사용되었다. 그러므로 왕토사상은 私有權의 背景理念으로 존재하던 것으로서, 일단 표면화되면 領土主權으로, 더 강한 경우에는 所有權을 制約하는 사상으로 발현되기도 하였다. 그렇지만 이와 같은 왕토사상이 있었다고 해서 개개인의 所有權이 부정된 것은 아니었으며, 土地所有權은 그 배후에 왕토사상을 전제로 하면서 존재하는 이른바 「國法의 適用을 받는 土地」를 의미하였다. 또한 소유권자가 스스로 이용하지 않고 버려두는 토지를 국가가 몰수하여 耕作할 者에게 분배하는 것과 같은 적극적인 토지정책을 펴지 못했다는 사실은, 그만큼 백성들의 소유권에 대한 의식이 성장하게 됨으로써 국가의 힘으로도 이를 마음대로 처리하기가 어려웠음을 보여주는 것이라 하겠다.

결국 조선시대에 있어서 토지에 대한 소유권은, 단순히 有期的인 權利였다기보다는 자손대대로 상속이 가능한 영구적인 것이었다. 따라서 일정기간 동안 또는 일생 동안의 소유권은 법률상 존재하지 않았다고 볼 수 있다. 그리고 소유권이 아닌 단순히 상속이 가능한 收租權은 所有權으로 상승할 가능성을 지녔을 뿐 그것이 바로 소유권은 아니었다.[68] 그리고 조선시대에 있어서도 기본적으로는 토지에 대한 소유권의 범위가 토지의 上下에까지 미쳤을 것으로 생각되나, 왕조실록에는 이를 다룬 직접적인 자료를 발견하지 못하였다.

조선시대에 있어서 개인이 관리·사용·수익 또는 소유하는 토지나 가옥에 대한 권리는 국가에 의하여 많은 제약을 받았다. 또한 개인과의 관계에 있어서도 소유권을 행사하는 데 일정한 경우 제약이 있었음을 알 수 있었다. 당시 개인의 소유권 인정은 개인의 권리를 보호한다는 측면보다는 오

一以示國家顧念之意」.

68) 이 문제에 관하여 자세한 것은, 朴秉濠, 韓國法制史攷, 124면 이하 참조.

히려 국가의 재정확보와 통치상의 필요에 의하여 이루어졌던 것으로 보인다. 그리고 토지의 이용관계에 있어서 오늘날의 地域權이나 相隣關係에 관한 법리와 유사한 것들이 논의되고 있음을 확인하였다. 이러한 사실은 실제로 현행 민법에서 상린관계의 법률관계를 상당 부분 관습법에 맡기고 있는 것과 무관하지 않은 것으로 보인다.

소유권과 관련해서는, 노비를 둘러싼 분쟁과 그에 대한 해결 과정을 살펴본 결과 다음과 같은 결론을 얻었다. 즉 당시에는 민사소송과 형사소송이 명확하게 분리되지 않은 채 소송이 이루어졌기 때문에 다소 복잡한 느낌은 있지만, 기본적으로는 소송의 신속한 진행과 경제적인 목적 달성을 위하여 많은 배려를 한 것으로 판단된다. 또한 소유권의 분쟁에 있어서 판결을 내릴 때 信義則에 따른 해결을 시도하기도 하였다. 그러나 아직까지 實體的 眞實의 發見이나 去來安全의 保護 같은 문제와는 거리가 멀었음은 부인할 수 없다.

소유권의 분쟁해결에 있어서 정부의 입장은 가능하면 분쟁 없는 사회를 유지하기 위하여 신속한 결말을 내려고 하였으며, 이러한 방침에 따라 소송에 대한 定限을 정하자는 논의가 끊임없이 이루어졌다. 또 의미 없는 소송을 남발하거나 소송이 진행되는 가운데 성실하지 못한 태도를 보이는 소송당사자에게는 그에 상당한 패소의 위험을 부과하였을 뿐만 아니라 철저하게 證據에 의한 재판을 추구하였다. 이것은 당시의 분쟁에 대한 판결에 있어서 文書인 證據를 가진 쪽이나 현재 점유하고 있는 당사자에게 승소의 가능성을 더 많이 주었다는 사실에서 알 수 있고, 그것은 결국 당시의 매매를 비롯한 모든 거래행위가 書面에 의한 要式行爲로 이루어지도록 간접적으로 강제하는 역할을 담당하였던 것으로 판단된다. 그리고 특별한 경우 국가에서 스스로 裁判을 정지함으로써 당사자의 편의를 도모하는 배려도 잊지 아니하였다. 그리고 판결의 효력에 대해서도 소송에 직접 참가한 당사자에게만 미치도록 하는, 오늘날의 旣判力 개념이 싹트고 있던 것도 확인하였다. 요컨대 조선시대 이미 재판의 성립과 진행 및 종료, 그리고 정지에 이르기까지 상세한 법규범을 갖추고 있었던 것으로 평가할 수 있다.

제2절 所有權의 變動

여기에서는 소유권의 취득과 그 방법 및 유형, 그리고 소유권을 상실하는 경우 및 상실한 후에 회복하는 경우 등의 주제에 관하여 고찰한다.

1. 所有權의 取得

(1) 推刷 및 陳告에 의한 所有權取得

먼저, 노비에 대한 소유권의 취득에 관하여 고찰한다.

조선시대에는 죄를 지은 자나 불법한 물건을 관에 고발하는 것으로서 진고한 자에게는 상으로써 죄인의 家産이나 田地 또는 노비를 일정한 범위 안에서 영세토록 지급하던 제도가 있었는데 이를 推刷라고 하였다.

국가의 公處奴婢는 관계되는 바가 중하였기 때문에 丁酉年(태종 17년, 1417년)에 태종은 刷卷色을 두고 柳廷顯 등에게 명하여 提調로 삼아 엄하게 다스리도록 하고, 正案을 만들어 후세에 전하도록 하였으며, 또 遵守憲章 10여 條件을 만들어 모두 六典에 싣도록 하였다. 그러나 그 뒤 세종 21년에 이르도록 중앙과 지방의 관리들이 직무를 태만하여, 출생과 사망이 명백하지 못한 것, 도망하고 이사한 것을 찾지 못한 것, 당자의 몸의 역을 서고 서지 않는 것, 신공을 바치고 안바친 것 등을 정밀하게 살피지 못하였다.[69] 이에 세종은 各司의 奴婢 推刷色에게 명하였고, 드디어 丁酉年의 正案을 근본으로 삼고 각 年의 續案을 참고로 하여 修正正案을 만들었다.[70]

---

69) 이 당시 典農寺의 노비수는 1만 명 정도 되었다고 한다. 『세종 85권 21년 5월 12일 기미』 참조.

70) 이 때 찾아낸 수는 1백 24司에 21만 수천여 口였고, 찾지 못한 노비가 2만 수천여 口였다.

그리고 세종은 施行에 합당한 條件을 채택하였는데, 그 가운데 하나가, 지금 己未年(세종21년, 1439년) 正案에 실린 노비는 訴良하여 서로 소송하는 것을 엄금하는 것과, 자기 몸의 名字가 見付한 이외에 투속하기를 진고하는 것을 금하는 법과, 容隱해서 사용하는 사람을 논죄하는 법은 일체 丁酉年 正案의 예에 의하여 시행할 것이었는데, 그대로 따랐다.71)

『세종 85권 21년 5월 9일 병진』은 「議政府啓, 參詳續刑典丁酉年正案及逃亡未推案已身見付外, 稱父母祖父母同服三四寸, 見付陳告投屬, 一皆禁斷, 其下一條繼書公處奴婢逃亡漏落避役者, 許人陳告, 竊謂前一條, 禁人陳告投屬, 後一條, 許人陳告賞給, 前後似相矛盾, 故稽諸刑典本文, 前條爲私處奴婢, 欲就輕避重, 因緣公賤, 冒稱父母祖父母同服之名, 通同援引及雖元係公賤, 若丁酉年案不付已曾仰投私家人陳告, 投屬者禁斷之法也, 後條爲公處奴婢逃漏避役者, 許人陳告之法也, 續典修撰之時, 只擧大略而書之, 故其文勢未瑩, 難於奉行, 請自今其投屬陳告禁斷之法及許人陳告, 依刑典本文施行. 從之」, 즉 세종 21년에 의정부에서 아뢰기를, 「續刑典 丁酉年正案 및 逃亡未推案을 상고하면, '자기 몸이 見付하는 이외에 부모·조부모·동복삼사촌을 칭하고 見付해서 투속하기를 陳告하는 것을 일절 금단한다'고 규정하고, 그 아래 條文에 '公處奴婢가 도망해 누락되어 避役한 자를 남이 陳告함을 허락한다'고 하였다. 그런데 전자의 조문은 남이 투속하기를 진고하는 것을 금단한 것이고, 후자의 조문은 남이 진고함을 허락하여 상을 주는 것이니, 전후의 조문이 서로 모순되는 듯하다.

---

71) 『세종 85권 21년 5월 12일 기미』: 「各司奴婢推刷色啓, 國家公處誠獲, 所係甚重, 在永樂十五年丁酉, 我太宗恭定大王, 置刷卷色, 命領議政府事柳廷顯等, 提調其事, 嚴加究治, 勒成正案, 以貽後來, 且立遵守憲章十餘條件, 具載六典, 班班可考, 然自丁酉之歲, 到于今二十餘年, 而中外官吏, 陵夷其職, 生産物故之未明也, 逃亡移徙之未推也, 當身之役不役, 身貢之納不納, 皆未能精察, 都官典農寺奴婢, 以萬計, 而當該官吏牽引他務, 受不加省, 於是, 殿下乃命臣等, 推刷各司奴婢, 遂以丁酉正案爲本, 參考各年續案, 隱漏者推之, 告爭者辨之, 修成正案, 凡一百二十四司, 見推奴婢二十一萬數千餘口, 未推奴婢二萬數千餘口, 其合行事件, 條列于後, 伏惟聖鑑裁擇 … 一, 今己未年正案付奴婢訴良相訟痛禁及已身名字見付外, 陳告投屬禁斷之法, 與容隱使用人論罪之法, 一依丁酉年正案例施行 … 從之」.

刑典의 本文을 상고한 즉, 전자는 私處의 奴婢가 일이 가벼운 것을 취하고 무거운 것을 피하여서, 公賤을 인연해 보고자 하여 부모·조부모·동복 삼사촌의 이름을 칭하고 내통 공모하여 끌어들인 것과, 원래는 공천에 속하였을지라도 丁酉年案에 자기 몸이 붙지 못하여, 전에 役살던 私家의 사람이 투속한 자를 진고하는 일을 금하는 법이며, 후자는 公處奴婢가 도망쳐 누락되어 避役한 것을 남이 진고하는 일을 허락하는 법이다. 續典을 편찬할 때에 그 대략만 들어 쓴 까닭으로, 그 글이 명백하지 못하여 받들어 행하기가 어려웠다. 이제부터 그 투속하기를 진고하기를 금하는 법과, 남이 진고하는 것을 허락하는 법을 刑典의 本文에 의하여 시행」할 것을 청하자, 그대로 따랐다.

『문종 4권 즉위년 10월 10일 경진』을 보면, 문종 즉위년에 慶尙左道萬戶 金雄虎의 상서에 따르면, 역이 있는 양민과 주인이 있는 노비가 그 역을 다하지 아니하고 그 주인을 섬기지 아니하고, 도리어 諸君·大君에게 役使하여 궁궐의 奴屬의 집으로 된 자가 상당히 많았다. 內需所로 하여금 이들을 推刷하도록 하였다.

단종 2년에 경기 녹양 등 여러 驛의 轉運奴婢[72]의 수가 적자, 형조로 하여금 亂臣의 奴婢로서 역 가까운 곳에 사는 자를 추쇄하여 주도록 하였다.[73]

『세조 25권 7년 7월 9일 정미』에서, 세조 25년에 經國大典 刑典을 반포[74]하기에 앞서 예조에 전지한 것을 보면, 壬申年(태조 원년, 1392) 이전에 도망한 私賤은 推問하기를 허락하지 말며, 그 가운데 현재 부리는 노비 안에 同腹 3, 4촌이 현재 있는 자 및 비록 同腹 3, 4촌이 없을지라도 자신이 현재 있고, 사역이 명백한 자는 추문하기를 허락하되, 辛丑年(세종 3년, 1421) 전에 도망한 자는 추문하지 못하도록 하였다.

성종 때에 이르러 이 제도의 폐단이 크게 되자 『성종 129권 12년 5월 20일 갑오』에서, 副提學 李孟賢이 陳告하는 법을 햇수를 한정하여 정지할

---

72) 各驛에 소속되어 물건을 수송하는 일을 맡아 보던 노비를 말한다.

73) 『단종 10권 2년 1월 3일 을묘』: 「京畿綠楊等, 諸驛轉運奴婢數少, 請令刑曹, 刷給亂臣奴婢, 居驛傍者, 皆從之」.

74) 세조 7년(1462) 7월 15일에 반포하였다.

것을 아뢰었고, 이에 성종은 여러 대신들에게 논의하도록 하였다. 논의의 입장은 두 가지로 대립되었는데, 첫째는 진고된 노비에 대한 소유권을 진고자 당대에 그치게 하자는 것(改正說)이요, 둘째는 예전처럼 영구토록 소유권을 인정하자는 입장(改正不可說)이었다.

改正說은 당시의 법의 폐단을 크게 세 가지로 지적하였는데, 첫째 가령 노비 8口를 진고할 경우에 陳告人이 좋은 놈을 골라서 2口를 영구히 執據하게 되고, 이로 인하여 중한 벌을 피하여 가벼운 벌을 받으려는 자와 진고인이 서로 內應하여 고의로 賞으로 충당되기 때문에 公賤 가운데 몸이 튼튼한 자가 줄어드는 폐단, 둘째 良賤이 불분명한 경우에는 단지 文籍이 없다는 이유만으로 일일이 從賤시키는 것은 온당치 못하며, 이로 말미암아 良人이 적게 되어 軍額이 줄어들어 국방이 허술해지는 폐단, 마지막으로 보충군은 본래 賤人으로서 良人이 되고자 한 것인데, 지금은 무식한 무리들이 숨어서 그 役을 끝마치지 않으면 단지 家長 한 사람만이 천인으로 되는 데 緣坐되어 그 나머지 형제와 그 자손들이 다시 그 役을 끝마치게 하는 것은 좋지만, 지금은 일체 從賤시키는 것이 세 번째였다. 이 세 가지 이유를 들어 改正說은, 『經國大典』 陳告條에 「4口에 1口를 支給한다」는 규정이 있으나, 영구히 지급한다는 明文이 없으므로 陳告人 당대에 그치게 하는 것이 타당하다는 것이었다.

改正不可說의 尹弼商이 주장한 것은, 공처에서 도망 나온 노비를 진고하는 법은 推刷都監과 掌隷院에서 受教한 것이 상세하므로 꼭 新法을 다시 세울 필요가 없으며, 또한 진고를 허락하지 않을 경우 추쇄하여 찾아낼 길이 없게 되어 公賤이 날로 줄어들게 될 것이기 때문에 진고의 법은 폐지가 불가하며, 옛날 그대로 하는 것이 타당하다는 것이다.

이 문제는 그 뒤 성종 15년에 韓明澮의 上言으로 다시 논의된다. 즉 『성종 170권 15년 9월 18일 임인』을 보면, 당시에 도망하여 누락된 노비의 推刷가 원활하게 진행되지 못하자, 추쇄의 편리를 위하여 三切隣과 色掌을 徙邊케 하자는 한명회의 주장에 대하여 성종은 적극적인 태도를 보이지 않았다. 반면에 李坡는, 한명회의 주장이 그럴듯하기는 하지만, 이것은 秦나라의 收司連坐[75]와 다를 바 없는 참혹하고 각박한 법이라 하여 입법에 반대하였다. 결국 성종은 李坡의 의견을 좇아 立法을 하지 않은 채, 노비추쇄에 대하여 領敦寧 이상과 勘校廳에 의논토록 하였다. 그 결과 대신들의 주된 의견은, 三切隣을 全家徙邊하는 입법은 불가하다는 입장이었다. 다만 陳告를 진작시키기 위하여 진고인에게 상으로 주는 것을 단지 그의 당대에 한정하던 것을 다시 고쳐서 그 전처럼 영구히 주도록 하였다.

그러나 『영조 32권 8년 9월 5일 기축』은 「至是趙文命, 覆啓判下, 其一, 館奴婢推刷時, 受賂用奸者, 該官禁錮, 書吏典僕, 依掩匿公私賤罪, 分輕重照律也, 其一, 每歲館奴婢貢未收居末之守令, 草記拿問也, 其一, 陳告奴婢, 無實而得賞者, 限十年並令還屬, 此後則勿以舊案奴婢施賞也, 其一, 功臣賜牌中, 館奴婢, 一一還屬也, 其一, 館奴婢貢木, 依舊典以男一疋半, 女一疋, 改定式也」라고 하였는데, 그 내용인즉 영조 8년에 이르러 노비를 진고한 실상이 없는데도 상을 받은 경우는 10년을 한정하여 모두 환속시키게 하고 이후로는 舊案의 奴婢로 인하여 施賞하지 않도록 한 것이다.

노비의 추쇄와 관련해서는, 『정조 5권 2년 2월 6일 정유』를 보면, 정조가 즉위하던 해에 推刷官을 혁파하고, 이어서 비변사에서 推刷官革罷節目을 올렸다. 그러나 노비의 身貢에 대한 폐단은 완전히 혁파하지 못하였다. 그러다가 마침내 『정조 20권 9년 7월 1일 무신』에서, 노비를 추쇄한 자에게 4명에 1명씩 지급하던 것을 인용하여 전토에 대해 고발하는 자에게도 상으로 4분의 1을 지급하던 법을 혁파하였다.

陳告와 관련한 보다 구체적인 사례로는 다음과 같은 것들이 있다.

먼저, 倡妓·女醫의 所生 및 有服親의 陳告와 관련해 성종조에 倡妓·女醫의 所生 및 유복친을 진고하는 것의 便否를 領敦寧 이상에게 의논하도록 하였다. 이 문제에 대하여 ① 鄭昌孫·韓明澮 등은, 「經國大典의 규정에 따라 집에서 데리고 산 자 외에는 종량을 허락하지 않도록 하고, 유복친은 진고할 수 없다」는 입장이었다. ② 李克培의 견해는, 「父가 비록 복이 있다 하더라도 그 아들이 나에게 복이 없다면 『經國大典』에 의거하여 진고하는 것이 가하다. 父가 유복친이라 하여 그 소생자를 진고할 수 없는

75) 10家를 1組로 하여 그 중의 한 집이 죄가 있을 경우 다른 아홉 집이 고발하게 하여 연대책임을 지우던 법이다. 만일 糾擧치 못할 때에는 10家를 모두 연좌시켰다.

것과 같은 경우는 『經國大典』에서 행하지 않는 것이니, 倡妓·女醫로서 집에서 데리고 산 자의 소생자 외에는 종량을 허락하지 말도록 하는 일은 立法 이후에 行用하는 데 따르는 것이 좋겠다」는 것이었고, ③ 盧思愼의 생각은, 「倡妓·女醫로서 집에서 데리고 살지 아니한 자의 소생은 입법 이전에서는 舊例에 의거하여 모두 종량을 허락하였었고, 또한 『經國大典』에 이르기를, '有服親이 陳告할 수 없으면, 비록 6촌이 된다 하더라도 服이 없을 때에는 法에 마땅히 陳告한다'고 하였다. 그러나 유복친이 현재 있는데 그 자손을 고관하여 종이 되게 하는 것은 情理에 합당하지 아니하므로 스스로 유복친을 고하는 것과 다를 바가 없다. 따라서 유복친이 현재 있는 자는 그 자손을 고하지 말게 하는 것이 좋다」는 주장을 하였다.76)

또 內需司의 奴婢陳告에 관한 것으로는, 『연산군 54권 10년 6월 14일 계유』에서, 李克均이 제거되면서 그가 세웠던, 內需司의 奴婢는 陳告하지 못한다는 법도 함께 폐지되었다.

『중종 8권 4년 4월 29일 경인』을 보면, 臺諫이 아뢰기를, 「大典續錄의 '宣頭案에 붙은 奴婢는 쟁송을 허가하지 않는다. 陳告人은 들어주지 않는다'는 규정이 있다. 연산군 때에 公私賤 및 良民·驛子가 괴로운 역사를 싫어하여 내수사에 투속하였는데, 司奴 興守 등이 甘露寺의 노비라 하여 모두 宣頭案에 붙여 공물을 거두었다. 反正 이후 아직도 고치지 않은 것은, 만일 文記가 분명하면 본주에게 도로 주도록 하고, 나머지 公賤·양민·驛子도 많으니 모두 쇄출하여 군액에 충당」할 것을 청하였다. 이에 중종은,

---

76) 『성종 183권 16년 9월 8일 병진』: 「命議, 倡妓女醫所生及有服之親陳告, 便否于領敦寧以上. 鄭昌孫韓明澮尹弼商洪應尹壕議, 倡妓女醫所生, 從大典, 家畜者外, 勿許從良爲便有服之親, 則不可陳告. 沈澮議, 倡妓女醫所生, 法前衆所共知爲某子女者, 從良爲便, 未定其父, 有疑者從賤, 且陳告漏落, 欲其從賤也, 雖非有服之親, 遠近族親並毋得陳告何如. 李克培議, 假令父雖有服, 其子無服於我, 則依大典陳告可也, 若以父爲有服之親, 而其所生子不得陳告, 則大典不行, 倡妓女醫家畜者所生外, 勿許爲良事, 從立法以後行用, 何如. 盧思愼議, 倡妓女醫, 非家畜者所生, 在立法以前, 則依舊例皆許爲良, 且大典云, 有服之親, 毋得陳告, 則雖爲六寸, 無服則法當陳告, 然有服之親現在, 而告其子孫爲奴, 不合情理, 與自告有服親何異, 有服親現在者, 則毋得告其子孫, 爲便」. 그런데 이 문제가 어떻게 결론지어졌는지는 그 기록을 발견하지 못해 알 수가 없다.

양민과 역자는 추쇄토록 하였다. 또 甲子年(연산군 10년)・癸亥年(연산군 9년) 사이에 투속하였던 공사천과 양민은 모두 이미 쇄출하였고 文記도 찾아내어 불살랐지만, 계속 추쇄하도록 하였다.

이와 같은 陳告의 내용 및 그에 의해 소유권을 취득하는 경우 그 효력에 대해서 『經國大典』 刑典에서는 「陳告逃漏奴婢者, 每四口, 賞給一口, 三口以下, 則追徵各年公布及楮貨給賞」, 즉 도망한 노비와 명부에 탈루된 노비를 고발한 자에게는 고발된 노비 매 4명에 1명을 상으로 주고, 만일 3명 이하이면 노비가 바쳤어야 할 各年의 貢布와 楮貨를 추징하여 고발된 자에게 상으로 주도록 규정하고, 또 「容隱役使者, 論罪後徵役價每一口一日, 楮貨六張倍本價而止, 逃亡或身死者, 徵役價後, 以其奴婢徵賞, 私賤同. 名在正續案者, 過五年內許陳告, 年四歲以下, 六十歲以上人, 不在許口論賞之例」, 즉 「도망하거나 탈루된 노비를 숨겨두고 사역한 자는 처벌한 위에 품삯으로 1명당 1일에 저화 6장씩 징수하되 노비 본가격의 배액에서 그친다. 숨겨두고 부리던 노비가 도망하였거나 또는 사망하였으면 사역한 품삯을 추징한 뒤에 자기의 노비를 대신 바쳐 배상한다. 私奴婢의 경우도 같다. 이름이 노비의 正案이나 續案에 등록되어 있는 자는 5년이 경과한 뒤라야 도망한 노비로 타인이 고발하는 것을 허락한다. 나이 4세 이하인 자와 60세 이상의 자는 인명 수를 따져 상을 주는 계산에 넣지 아니한다」고 규정하였다.

『大典續錄』에는 「逃漏公賤三口以下陳告者, 每一口官給賞綿布十匹, 追徵貢布, 則入官五口以上, 陳告, 驛吏・公賤, 則限已身免役, 凡人或從願限年復戶」, 즉 「도망하였거나 탈루된 官奴婢 3명 이하를 고발한 자에게는 매 1명에 官에서 상으로 면포 10필을 준다. 그러나 추징한 공포는 관에 수납한다. 5명 이상을 고발한 자가 역리나 공천이면 그 자신에 한하여 천역을 면제한다. 일반인은 상품 대신에 혹은 원하는 바에 따라 연한을 정하여 복호한다」고 하고, 또한 「凡公賤漏落及僧奸所生陳告者, 勿論呈所志先後, 立訟人給賞」이라고 하여, 모든 官奴婢의 탈루된 자와 僧人이 간음하여 낳은 자녀를 고발한 것은 訴狀提出의 先後를 물론하고 訟庭에 출석한 자에게 賞給하도록 규정하고 있다.

그 뒤에 나온 『大典後續錄』에는 「妾子女補充隊漏落者, 雖無私持立案, 該司與掌隸院案名存人, 及連二代良役者, 勿許陳告還賤」, 즉 「妾子女로 補充隊에 탈루된 자는 비록 자기가 가지고 있는 證明書가 없더라도 당사 관사와 掌隸院의 문안에 이름이 등록된 사람과 연속 2代 良役에 종사한 자는 타인이 진고하여 賤人에 還元시키는 것을 不許」하였다.

또 현종 6년에 수교(『受教輯錄』 刑典 公賤條 861항)를 내려 「진고한 사람이 6구에 달하는 경우에는 노비 1구를 주고, 5구 이하이면 상으로 면포를 주고, 10인 이상이면 면천을 하고, 정을 알고 隱避를 용인한 경우에는 구수의 다소를 물론하고 허접한 자와 본인을 모두 梟示하고 현출된 후 다시 은닉한 것을 진고한 사람에게는 3구에 상 1구를 주고, 2구이면 면포 50필을 주고, 1구이면 면포 30필을 주고, 5구 이상이면 당상관으로 陞格시키고 천인에게는 면포를 상주는 외에 원에 따라 重賞을 주도록」 하였다.

다음으로, 土地에 대한 所有權의 取得에 관하여 고찰한다.

토지에 대한 진고의 효력과 관련해서는 『續大典』 戶典 田宅條에서 「凡開曠處, 以起耕者爲主. 其或預出立案, 不自起耕而憑籍據奪者, 及以其立案私相買賣者, 依侵占田宅律論. ○過三年陳田許人告耕, 在大典. 而非謂永給, 待本主還推間, 姑許耕食」, 즉 「모든 황무지는 起耕한 자를 田主로 삼는다. 혹은 미리 기경을 입안 제출하고 스스로 기경하지는 않고서 입안을 빙자하고 남의 기경한 전지를 점탈하거나 또는 입안 제출만으로 이를 서로 매매하는 자는 侵占田宅律에 의하여 논죄한다. 3년 이상 경작하지 않고 황폐시킨 전지를 다른 사람이 관에 진고하면 경작을 허가한다는 것은 경국대전에 기록되어 있으나, 이것은 그 토지를 아주 지급한다는 뜻은 아니며, 본주가 복귀하여 추심함을 기다리는 사이에 잠시 경식을 허가함을 말하는 것이다」라고 하여, 경작에 대해서는 영구적인 소유권을 인정하지 않고 일시적인 사용·수익권만을 인정한다. 반면 입안을 받아 놓은 본주는 직접 경작하지 않음으로써 일시적으로 사용·수익권을 잃을 뿐 결코 소유권 자체를 상실하는 것은 아니었음을 보여주고 있다. 그 밖에 海澤(간척지)은 10년 동안 개간하지 않은 때에는 다른 사람에게 주었다.[77]

또 현종 4년에 우의정 李止淵이 田政의 폐단을 지적하면서, 「여러 해를 묵힌 채 개간하지 않고 있는 것과 영구히 川反浦落[78]이 된 것은, 비록 기름져서 경작할 만한 곳이 있다고 하더라도 田主가 스스로 辦備하지 못하면 타인은 침범하여 점유할 수 없으며, 또 묵은 것을 개간한 뒤에 곧 세금과 賦役을 징수할 것을 염려하여 마침내 곡식을 생산할 수 있는 땅을 잡초나는 전지로 만들고 있다. 우리 國典에는, 송 나라 仁宗의 예[79]를 본받아, 3년이 지난 陳田은 다른 사람이 경작을 고할 경우 허락한다는 조문이 있으며, 또 增補해 註解하기를, 陳田을 관에 고하여 起耕한 자는 3년 뒤에 비로소 세금을 내도록 하고, 田主가 와서 다투면 경작하는 전지의 3분의 1을 전주에게 주고 3분의 2를 기경자에게 주어서 경작한 지 10년이 된 뒤에야 비로소 균등하게 분배하도록 하였다. 마땅히 이 舊規를 거듭 밝혀야 한다」고 하자, 대왕대비가 그대로 따랐다.[80]

(2) 下賜 또는 褒賞에 의한 取得

『세종 57권 14년 8월 8일 갑오』를 보면, 세종 14년에 前吏曹判書 朴信에게 전지 65결을 내려 영구히 자손에게 상속할 수 있도록 하였다. 또 河崙에게 전지 1백결과 노비 10명을 준 예에 따라, 惠寧君 李祉에게는 전

---

77) 『성종 274권 24년 2월 5일 경자』: 「持平辛鍵启曰, 韓健鄭眉壽李引錫事. 命議諸宰相臣, 以爲不必議也, 海澤十年不墾後, 給他人, 此則其主隨築隨耕健之, 請囑眉壽之, 知非誤決, 明甚李伯常先妻李氏無子, 娶裵氏甲子年前已生子, 裵氏若嫡則其所生之子, 豈不載於其年帳籍乎, 伯常守黃州在丁卯年, 守密陽在庚午年, 其云出外而不錄甲子年帳者詐也, 況癸酉年帳, 內引錮丁巳年生則甲子年生已八年矣, 今稱庚午生者, 亦詐也, 請從群議論以孽子. 上曰, 眉壽聽請形迹, 未箸而永不敍用可乎, 引錫, 先王朝已許爲嫡」.

78) 냇물이 터져 떨어져 나간 논밭을 말한다.

79) 宋 나라 인종 때에는 백성들에게 조서를 내려 10년 동안 버려둔 경우 그 전지를 다른 사람이 경작하는 것을 들어주고, 3년 뒤에 賦稅를 징수하였다.

80) 『헌종 5권 4년 11월 20일 무오』: 「仍作汙萊之田, 宋太宗時, 命州縣曠土, 許民佃爲永業, 仍蠲三歲祖, 而悉書守令勸懲之類, 爲之旋賞, 仁宗時, 設民流積十年者, 其田聽人耕, 三年後收賦, 國典有過三年陳田許人告耕之文, 又增註曰, 陳田告及起耕者, 三年後始令納稅, 或田主來爭, 則以所耕三分一 給田主, 二給起墾者, 耕食十年, 始許均分此皆出於務農勸民之至意, 或恐尺寸之有荒廢也, 今宜申明舊規. 大王大妃, 從之」.

지 50결과 노비 5명, 權踶에게는 30결과 노비 3명, 書狀官 李世衡 등 從事官 3품 이상에게는 10결을 하사하였다.[81] 이와 같은 일은 단종·예종 때의 靖難功臣에게도 있었다.[82] 참고로 실록에 나오는 기록 중에 1회 최다의 노비하사는 단종조에 수양대군에게 하사한 6백 구이다.[83]

『연산군 41권 7년 8월 8일 계축』을 보면, 정승 등이, 자녀가 없는 대군이나 공주의 養子에게는 대군의 예에 의하여 노비 1백 구를 주고, 왕자군과 옹주의 養子에게는 노비 70구를 주도록 하고, 또 奉仕者도 3대가 다하면 그에게 준 노비를 모두 회수하여 內需司에 소속시키되, 만일 첩의 자녀가 있어 奉祀를 위해 얻은 노비와 토지는 『經國大典』에 의거하여 분급하고, 諸宅과 전답 역시 代가 다하면 회수하도록 하였다.[84]

그 밖에 조선시대에는 공신에게 租稅의 全量을 받아쓰도록 民戶를 나누어 주는 것과 같이, 소유권 자체가 아닌 그 토지에 대한 收租權만을 하사하기도 하였는데, 『단종 13권 3년 1월 24일 경오』에 단종 때에 공신으로 책봉된 수양대군에게 食邑一千戶[85]·食實封五百戶[86] 및 歲別俸[87]을 하사한 기록이 있다.

下賜의 所有權的 效力과 관련해, 문종 즉위년에 북경에 가서 王世子의 冕服을 주청하여 받아 가지고 온 평안도 감사 趙瑞安과 刑曹參判 安完慶 등에게 노비와 전지를 하사하였는데, 노비 3명과 전지 30결을 영구한 세대까지 전하도록 하였다.[88]

---

81) 『세종 54권 14년 5월 22일 을사』; 『문종 5권 원년 1월 24일 갑자』 참조.

82) 『단종 9권 원년 11월 4일 병진』; 『단종 13권 3년 1월 24일』; 『예종 5권 원년 5월 20일 계묘』.

83) 『단종 13권 3년 1월 24일 경오』 참조.

84) 『연산군 41권 7년 8월 8일 계축』: 「政丞等啓, 無子女大君公主繼後, 依大君例, 給一百口, 王子君翁主繼後, 給七十口, 餘皆還屬內需司, 奉祀者三代旣盡, 則其所給奴婢, 並還屬, 妾及諸處贈與奴婢, 亦皆還屬, 若有妾子女者, 以奉祀所得奴婢田地, 依大典分數給之, 第宅代盡則亦還屬, 田畓並令推刷. 傳曰, 依所啓」.

85) 공신에게 조세의 전량을 받아쓰도록 주던 民戶 1천 호를 말한다.

86) 공신에게 조세의 전량을 받아쓰고, 아울러 傭役까지 부과할 수 있도록 지급하던 民戶 5백 호를 말한다.

87) 공신에게 해마다 특별히 하사하는 俸祿을 말한다.

이 기록들로 볼 때 下賜에 의한 경우 당연히 영구적인 완전한 所有權을 취득하는 것은 아니었음을 알 수 있다. 즉 특별히 영구적으로 하사한다는 文言이 없는 경우는 장래에 필요한 때에는 하사하였던 것에 대한 소유권을 되찾을 수 있다는 默示的 條件附贈與였던 것으로 보인다.

『세종 23권 6년 3월 24일 경자』를 보면, 조선 초기에는 서울 안에서는 주택을 건축할 基地와 菜田은 방매를 허가하였으나, 외방에 있는 전지의 매매는 금하였다. 그런데 그 이전의 수교인 『세종 20권 5년 4월 21일 신미』를 보면, 서울 안에 있는 대소인원의 집터는 매매 또는 교환하였거나, 오래 되어도 집을 짓지 못한 것은 陳告한 사람에게 나누어주고, 이미 한성부의 審檢을 치렀는데도 불구하고, 그 주인이 비밀히 집을 지은 자는 그 집을 헐게 하여 신고한 사람에게 주고, 만일 과수원으로서 비록 科外라 하더라도 타인의 진고는 허락하지 말 것 등을 한성부에서 주장한 일이 있는데, 이에 세종은 아뢴 대로 시행하라고 명하고, 매매나 교환하였거나 집을 짓지 못한 자는 내년부터 진고하도록 하고, 과외인 평지 과수원도 타인의 진고에 따라 허락해 주도록 하였다. 이것은 이른바 「권리 위에 잠자는 자를 보호하지 않는다」는 서양의 法諺과 그 사상이 일치하는 것이라 하겠다.

한편 『經國大典』 戶典 給造家地條에는, 서울 안에 있는 가옥의 건축지는 한성부에서 신청인의 신청을 받아 空地 및 만 2년이 되어도 가옥을 건축하지 아니한 垈地로써 折給하였다. 다만 사신으로서 외지에 나가 있거나 지방에 부임되었거나 또는 초상을 당하여 아직 가옥을 건축하지 못한 경우에는 그 垈地는 타인에게 지급하지 아니하도록 규정하였다. 그 뒤 『大典通編』 같은 조에는, 空垈地나 圃田을 물론하고 백성에게 가옥의 건축을 허가한 때에, 본래의 田主가 이를 훼방하는 경우에는 制書有違律로써 논죄하도록 하고, 양반이 이로 인하여 백성의 田地를 占奪할 것을 도모하여 貨賂를 討索하며 賃借料를 지불하지 않은 자는 侵占田宅律로써 논죄하도록 하

88) 『문종 3권 즉위년 9월 21일 임술』: 「賜平安道監司趙瑞安, 刑曹參判安完慶等, 奴婢及田, 其賜牌曰, 王世子冕服, 曾已奏請, 未得蒙賜, 卿等, 承先王之命, 赴京奏請, 得蒙兪允, 賫奉勅諭及冕服以還, 予嘉乃功, 今將奴婢竝三口田三十結, 賜卿等以賞之, 可傳永世」.

였다.

(3) 公賣와 國有地分讓

국유지의 분양은 주로 宮家에 대한 折受를 통하여 이루어졌다. 여기서 宮家란 大君·王子君·公主·翁主의 집을 뜻하는 것으로서 宮 또는 宮房이라고도 불렀다. 그리고 折受란 임금으로부터 土地 대신에 結稅를 割給받는 것으로서 영구히 주는 것이 아니라 臨時的인 편의에 의하여 일시적으로 주던 것이다. 그러므로 宮家折受가 곧 소유권의 취득은 아니며, 해당 토지에 대한 收租權만을 취득하였을 뿐이다. 그러나 실제에 있어서는 한 번 절수받은 것을 계속적으로 보유함으로써 결과적으로는 無償贈與와 같은 모습을 띠었다.

이것에 관해서는『숙종 14권 9년 1월 16일 무오』에서 대간 申懷이 상소하여, 각 아문의 屯田을 여러 궁가에서 절수하는 폐단을 말하고, 궁가의 山澤은 일제히 혁파하기를 청하였다. 이에 의정부로 하여금 稟處하게 하니, 壬子年(현종 13년, 1672) 이후에 새로 각 아문의 둔전을 절수한 것은 모두 혁파하라는 명이 있었고, 그 이후에 새로 冒占한 것은 다시 금단하자고 하여 숙종은 이를 윤허하였고,『숙종 19권 14년 12월 24일 계해』에서는, 仁嬪의 제사를 돌려가면서 시행하던 것을, 선조가 대원군의 집에 내려주었던 옛 規例에 의하여, 특별히 토지 1백 결과 노비 1백 50口를 奉祀하는 사람에게 하사하고, 그 동안 돌려가면서 봉사하던 규례는 폐지하여 折受를 하지 말도록 하고, 원하는 바에 따라 여러 곳의 屯田 가운데서 분급하도록 하였으며,『숙종 20권 15년 4월 13일 기묘』에서는, 崇善君 李澂에게 折受한 田地가 격식에 맞지 않자, 그 대신 銀 2천 3백 냥을 주었다. 이에 대하여 호조판서 등이 經費上의 이유를 들어 이의를 제기하였으나, 그 후로는 허락하지 말도록 하였다.

그리고『영조 35권 9년 9월 5일 계미』를 보면, 영조 9년에 寧嬪房에서 절수한 곳을 戶曹에 소속되어 籍沒해 들인 田土와 바꾸어 주도록 한 일이 있었는데, 이에 대하여 여러 대신들이 극구 반대하였으나, 영조는 끝내 주장을 굽히지 않았다.

(4) 無主地의 取得

『세종 10권 2년 11월 7일 기사』는 「凡有可耕陳地, 豪富强占, 徒受立案, 累年不墾, 雖有欲墾者, 以爲已受立案之地, 公然奪耕, 民畏其勢, 不敢告爭, 自今雖受立案, 不自開墾者, 許民開墾, 違者痛治」라고 하였는데, 그 내용인즉 경작이 가능한 주인이 없는 토지에 대해서는 새로이 처음으로 입안을 받는 자에게 소유권을 인정하도록 한 것이다. 그러나 입안을 받은 자가 직접 경작을 하지 않고 그 토지를 방치하는 경우에는 다른 사람에게 개간을 허용함으로써 立案의 효력을 상대적으로 약화시키고 있다. 즉 무주지에 대한 立案의 成給은, 賣買 또는 相續 등과 같은 경우에 官署文記가 절대적인 효력을 부여받았던 것에 비하여, 경작할 것을 조건으로 하는 다소 불완전한 것이었던 것으로 보인다.

이와 같이 토지소유권이 법에 의하여 확고하게 보호를 받은 것은, 토지가 어떤 형태로든 利用되어 국가에 대하여 稅金을 납부하는 것을 조건으로 하기 때문이었다. 즉 토지는 國家存立의 經濟的 기둥이었으며, 國家財政과 밀접한 불가분의 관계를 가지고 있기 때문에 항상 토지의 남김 없는 이용에 관한 법적 규제가 강력하게 작용하였던 것이다. 토지의 이용과 관련하여 『經國大典』 戶典 田宅條에는 다음과 같은 내용이 규정되어 있다.

첫째, 「過三年陳田, 許人告耕. 海澤則限十年」, 즉 3년이 지나도록 토지를 경작하지 않고 방치하여 묵은 땅에 대해서는 다른 사람이 관청에 신고한 후 경작할 수 있도록 하고, 干潟地인 경우에는 그 기한을 10년으로 하였다. 그러나 이 경우에도 소유자가 국가에 납세를 하거나 그 토지의 일부라도 경작하는 때에는 다른 사람의 경작신고를 허가하지 아니하였다. 또한 타인이 신고하여 경작하는 경우라 하더라도 본래의 소유자가 반환을 요구하면, 해당 토지를 명도하도록 한 것으로 보았는바, 이것은 소유권의 발달 내지는 소유의식의 신장에 있어서 중요한 계기가 되었다고 볼 수 있다. 이러한 원칙은 조선 후기에 이르러 국가에서 개간을 장려하고, 적극적인 수세정책을 펴면서 더욱 엄격하게 적용되어, 陳田을 耕作하는 자는 3년 후에야 비로소 납세를 하도록 하고, 만일 이 때 본래의 소유자가 나타나 다투게 되면 해당 토지의 收穫 가운데 3분의 1을 소유자에게 주고, 10년이 지나면 그 수확을 각각 반씩 나누도록 하였다. 이것은 결국 경작자에게 일종의 小作權을 인정해 준 셈이 되었다.

둘째, 「無主田, 移給他人. 有軍役者死亡·移徙則遞立者, 無役人則給田少者. 移徙者五年內還則還給, 永耕者元無田則還給三分之二」, 즉 주인이 없는 전지에 대해서는 일정한 사람에게 소유권을 옮겨 주도록 하였다.

셋째, 원래는 耕作地인데 현재 소유자가 없거나 알 수 없어서 경작하지 않고 있는 토지 역시 다른 사람에게 소유권을 인정하여 주었다. 또 소유자가 없는 荒蕪地인 경우에는 관청에 開墾許可申請書를 제출하게 하여 立案을 받은 자를 소유자로 인정하였다. 그러나 실제로는 立案만 받아 놓고 경작하지 않는 세력가들이 늘어나자, 영조 3년(1727년)부터는 荒蕪地를 손수 경작한 자를 소유자로 인정하고, 미리 立案을 받았더라도 실제로 경작하지 않는 자는 소유자로 인정하지 않도록 하였다.

經國大典 戶典 田宅條에서는 「過三年陳田, 許人告耕. 海澤則限十年. ○無主田, 移給他人. 有軍役者死亡·移徙則遞立者. 無役人則給田少者. 移徙者五年內還則還給, 永耕者元無田則還給三分之二」라고 하여, 주인이 없는 田은 다른 사람에게 옮겨 주도록 하였음은 앞에서 살펴보았다.

그렇다고 입안을 성급받지 않고서 경작하는 것만으로는 그 토지에 대한 완전한 소유권을 얻을 수 있는 것은 아니었던 것 같다. 대항력이 있는 소유권을 확보하기 위해서는 결국에는 입안이라는 절차를 최종적으로 거쳐야 했을 것으로 보인다. 이처럼 입안과 경작의 관계는 어느 것이 우선적 효력을 가지는 것인지, 왕조실록의 기록은 일정하지 않다.

『인조 46권 23년 10월 29일 정미』에서는 「上曰, 凡事皆有法例, 無主之地立案成文, 則爲己物, 不必以一時耕食之故, 而遽爲還給也」라고 하여, 주인이 없는 토지에 대해 입안을 성급받은 경우 자기의 물건으로 인정하고, 일시적으로 耕食하는 때에는 반드시 己物로 인정해 주지 아니하였다.

그리고 『인조 46권 23년 10월 29일 정미』를 보면, 인조조에 屯田을 널리 설치하였는데 점차 민간의 전지를 잠식하고, 또 역을 피하는 자들을 받아들여 고질적인 폐단이 되었다. 인조 23년, 경상도 金海 지방의 백성들이 호소하기를, 孝明翁主의 전장이 여기 이 고을에 있는데, 量田 때 주인 없는 토지를 백성들에게 경작하도록 허락하여 주고 나서 여러 해 동안 조세까지 수납한 것을 모두 불법으로 차지하였다고 하였다. 이를 조사한 경상도 관찰사 兪櫶이 치계하기를, 量案에 주인이 없는 것으로 적혀 있다 하더라도, 그 때의 事目에 주인이 없는 묵밭은 일구는 자가 주인이 된다는 조문이 있었으니, 이미 먼저 개간하여 조세까지 수납하던 것은 당연히 그 백성에게 돌려주어야 한다고 하였다. 備局 또한, 이 일은 이미 事目에 들어 있고 민간에게 布告한 것이므로 이제 와서 마음대로 차지해서는 안 되며, 모두 돌려주어 불법으로 점령하는 폐단을 막을 것을 아뢰었다. 그러나 인조는, 事目이라는 것이 너무 부실하고 또 法例가 아니라고 하며, 量案에 이름이 없는 것은 돌려주지 말도록 하였다. 다음날인『인조 46권 23년 10월 30일 무신』에서 우의정 이경석이 거듭 유철이 치계한 것을 따르기를 아뢰었으나, 인조는, 모든 일은 다 법례가 있어 주인 없는 전지는 文書를 작성하여 立案하면 자기의 所有가 되니, 일시 경작을 하였다는 이유로 갑자기 되돌려 줄 필요는 없다고 하였다.89)

또는『현종 11권 7년 1월 28일 정미』에는「道內民田及量案無主及量外可耕處, 盡爲被奪於諸宮家折, 凡聽訟之道, 爭田土者, 一則曾受立案, 一則渠自開墾, 斥退立案, 決給開墾者, 乃是法例, 若於宮家, 不計開墾之久, 惟以無主爲證, 並爲奪占, 則不但民怨可矜, 抑恐國體不當, 請令該曹

89) 유사한 기사로『숙종 39권 30년 6월 1일 기사』참조: 숙종 30년, 洪州 사람 李世亨 등이 소장을 제출하였는데, 先祖 利城君은 성종의 제9왕자로 그 職田을 위해 泰安의 大小山과 舊牧場을 望呈하여 折受받은 지 이미 2백 년이나 되었다. 그런데 이제 와서 간사한 자가 太僕寺에 誣告하여, 단지 '舊牧場'이라는 세 글자에 의거하여 함부로 빼앗아 屯을 설치하였으므로, 太僕寺에 呈訴하였으나 끝내 받아들여지지 않아 法部에 伸訴한다고 하였다. 이에 사헌부에서는, 그 절수한 立案을 조사한 결과, 중종 8년(1513년)에 馬場이 묵고 황폐하여 특별히 절수하게 하고 측량한 結數를 분명히 상고할 수가 있었다. 설령 이 땅이 舊牧場이라 하더라도, 선왕조에서 친왕자에게 賜牌한 땅으로 折受한 것을 2백 년이 지난 지금 太僕寺에서 折入한 것은 부당하다는 法理를 주장하였다. 사헌부에서는 또 백성들이 매매하여 대대로 경작해 오던 땅을 공공연하게 빼앗아 太僕寺에 속하게 하는 것도 중지할 것을 청하였다. 그러나 숙종은 끝내 이 의견들을 수용하지 않았다.

稟處. 戶曹回啓, 折受前耕食者, 雖無文券, 請並令還給」, 즉 현종 7년 전라감사 閔維重이 장계를 올리기를, 「도내의 민전과 양안에 주인이 없는 것과 양안에 기재된 이외에 加耕한 곳이 모두 여러 궁가의 절수받은 전지로 빼앗겨 버렸다. 대저 송사를 청리하는 방법은 전토를 다투는 것일 경우 하나는 일찍이 입안을 받았고, 하나는 그 자신이 스스로 개간하였다면 입안받은 자를 척퇴시키고 개간한 자에게 결급하는 것이 바로 법례인 것이다. 만일 궁가에 대해 개간한 것의 오래 됨은 계산하지 않고 오직 주인이 없다는 것을 증거로 삼아 아울러 빼앗아 점유하게 한다면 백성들의 원통함이 딱할 뿐만 아니라 국체에 있어서도 부당할 것 같으니, 해조로 하여금 품처하게」 할 것을 주장하였다. 이에 호조에서 회계하기를, 「절수받기 전에 경작하고 있던 것은 문권이 없다고 하더라도 아울러 환급하게」 할 것을 주장하였다. 이것은 입안보다는 직접 개간한 사람에게 우선권을 주는 것이 법례이므로, 입안을 성급받은 후의 경작자는 입안한 사람에게 우선할 수는 없지만, 입안을 받기 전에 이미 先占하여 경작하고 있던 사람에 대해서는 입안만 가지고서는 대항할 수 없도록 하자는 것이었다. 그러나 현종은 「雖不在量案中, 有文券則出給, 無文券則不可出給, 一從文券有無決之」, 즉 「양안에 들어 있지 않더라도 문권이 있으면 내어 주고, 문권이 없으면 내어 줄 수 없다. 일절 문권의 유무에 따라 결정하라」고 하여, 경작보다는 입안에 우선적인 효력을 인정하는 입장을 취하였다.

그러나 그 뒤 현종 12년에 내린 수교(『新補受教輯錄』 戶典 諸田條 259항)에서는 「경 또는 향인이 전지를 점득하고 미리 입안을 내되 다른 사람의 노력과 비용으로 개간한 뒤에 다만 한 장의 宮印을 찍은 종이를 탈취하고 또 입안으로써 사사로이 서로 매매하거나 사실상의 근거 없이 간섭하는 것은 사실관계를 상세히 상진하고 변명함을 엄단」토록 하였다.

또 『숙종 8권 5년 12월 7일 무진』에서는, 양안에 등록되어 있지만 현재는 주인이 없는 토지를 입안을 성급받지 않고서 경작한 사람은 입안을 받더라도 양안에 이미 주인으로 등록되어 있는 자에게 대항할 수 없다고 하였다. 그러나 양안에 주인이 없는 것으로 등록된 토지에 대해서는 입안을 받음으로써 소유권을 인정해 주었다.[90] 이와 같이 실제의 경작자보다 형식적인 입안을 가진 자를 우선하는 정책은 결국 여러 궁가들이 그들의 농장을 확대하는 것을 법적으로 인정하는 결과를 가져오게 된다.

다시 영조 5년(『新補受教輯錄』 戶典 諸田條 260항)에 「산간지대의 閑曠한 곳에 인력과 비용을 들여 전지를 만든 뒤에 한 장의 입안으로써 근거를 잡는 것은 극히 근거가 없는 것으로 된다. 지금 이후로는 기경한 것을 주로 하되, 만일 스스로 경작하지 않고서 입안만 가지고서 민전으로 수세하는 경우에는 대명률의 侵田宅者에 의하여」 처벌하도록 하였는데, 이것은 단순히 형식적인 입안보다는 실제로 경작한 것을 우선적으로 보호하고자 한 것이다. 이 수교는 그대로 『續大典』 戶典 田宅條에 실린다.

『續大典』 戶典 田宅條에서는 「凡閒曠處, 以起耕者爲主. 其或預出立案, 不自起耕而憑籍據奪者, 及以其立案私相買賣者, 依侵占田宅律論. ○ 過三年陳田許人告耕, 在大典. 而非謂永給, 待本主還推間, 姑許耕食」, 즉 「모든 황무지는 起耕한 자를 田主로 삼는다. 혹은 미리 기경을 입안 제출하고 스스로 기경하지는 않고서 입안을 빙자하고 남의 기경한 전지를 점탈하거나 또는 입안 제출만으로 이를 서로 매매하는 자는 侵占田宅律에 의하여 논죄한다. 3년 이상 경작하지 않고 황폐시킨 전지를 다른 사람이 관에 진고하면 경작을 허가한다는 것은 경국대전에 기록되어 있으나, 이것은 그 토지를 아주 지급한다는 뜻은 아니며, 본주가 복귀하여 추심함을 기다리는 사이에 잠시 경식을 허가함을 말하는 것이다」라고 하였는데, 이것은 한 장의 입안보다 실제의 경작을 우선함을 명문으로 규정한 것이다. 그러나 경작으로 인하여 취득한 권리에 대해서, 매매나 상속과 같은, 영구적인 소유권을 인정한 것은 아니었다. 다만 일시적인 사용·수익권만을 인정하였을 뿐이다. 반면에 입안을 받아 놓은 본주의 입장에서는 자신이 직접 경작하지 않음으로써 일시적으로 사용·수익권을 잃을 뿐 결코 소유권 자체를 상실하는 것은 아니었음을 보여주는 것이다.

---

90) 『新補受教輯錄』 戶典 量田條 229항 참조.

(5) 遺失物의 拾得과 埋藏物의 發見

遺失物의 取得과 관련해서는, 『세종 32권 8년 4월 7일 경오』를 보면, 세종조에 私奴 朴莫同·樂工 崔大平·百姓 金宥 등이 결당하여, 鑞鐵로 조각을 만들어 가지고 일부러 길 가운데 버려 길가는 사람에게 줍도록 하고는, 뒤따라가면서 말하기를, 「값비싼 은조각을 우연히 길 가운데서 잃었는데, 만일 이것을 주운 사람이 있으면 적당한 값으로 계산해주겠다」고 하고, 주운 사람이 내보이면 반가운 척하면서 말하기를, 「이것이 바로 내가 잃어버린 것이다. 그러나 보답할 물건이 없다」고 하며, 당황하면서 답답해하는 표정을 지으면, 무리 중 하나가 곁에서 말하기를, 「당신의 중한 보물은 이미 길에서 잃어버려 당신의 소유가 아니고 곧 다른 사람의 보물인 것이다. 비록 반값을 받고라도 이를 주는 것이 옳다」고 하였다. 拾得者는 이 말을 믿고 가졌던 의복과 잡물을 다 주고 이를 교환하게 되는데, 이런 일을 여러 번 하였다. 이들은 일이 발각되어 의금부에서 논죄되었다.

遺失物의 拾得과 관련하여 『大明律』 戶律 錢債 得遺失物條에서는, 유실물을 습득한 때에는 5일 내에 고관하도록 하였다. 그 처리에 대해서는 유실물이 官物이면 관에 반납하고, 私物이면 주인이 와서 확인하게 한 다음 그 가운데 반을 습득한 사람에게 주도록 규정하고 있다. 만일 30일 내에 확인하는 사람이 없는 때에는 습득자에게 전부를 주었다. 또한 『大明律』은 埋藏物의 發見에 대해서도 규정을 두었다. 즉 만일 官·私地 내에서 埋藏物을 발견한 경우에는 모두 발견자가 취득하도록 하였다. 그러나 古器·鍾鼎·符印과 같은 이상한 물건에 대해서는 30일 내에 관에 제출하도록 하였다.

(6) 相續에 의한 所有權取得

먼저, 養女와 良妾承重子의 未分給奴婢에 대한 상속 문제와 관련해서는, 세종 25년에 仁壽府尹 姜籌의 收養女婿 李禋과 강주의 良妾 寶背 사이에 노비송사가 일어났다. 처음에 강주가 함녕군 이인의 처 최씨를 養女로 삼았는데, 뒤에 良女 寶背를 첩으로 삼아 아들 帶生과 洗生을 낳았다. 강주가 최씨에게 노비 1백 50구, 보배에게 2백 구, 대생에게 2백 구, 세생에게 1백 50구를 주었다. 그리고 강주의 嫡妻 이씨는 강주에게 노비 20구를 주고, 최씨에게 18구를 주었다. 강주가 죽자, 未分給한 노비 80구와 이씨가 강주에게 준 노비 및 강주의 자산과 미곡을 이인이 독차지하여 보배에게는 주지 않았다. 그리고 노비 50구의 이름을 적어 보배에게 보내 이르기를, 「네가 따로 내게 이 노비를 주면 네 자산을 돌려주겠다」고 하였다. 이에 보배가 20구를 주었는데, 세종 25년에 이르러 보배가 이를 고소하였던 것이다. 都官은, 「보배가 이인에게 준 노비는 그가 먼저 점하고 侵逼하여 취한 것이니, 보배의 진심이 아니고, 이씨가 강주에게 준 노비의 文券에도 '자손이 전하여 가지라' 하였으니, 이인이 收養女婿로서 다투어 빼앗을 수는 없는 것이다. 강주가 미분급한 노비는 이미 두 아들을 낳았고, 이인에게도 노비 1백 50구를 이미 주었으니 미분급노비를 다툴 수가 없다. 續刑典을 보면 '嫡室에 자식이 없으면 良妾의 자식으로 하여금 공평하게 나누게 하고, 승중한 자는 10분의 1을 더 준다'고 하였으니, 소송이 된 노비를 모두 보배에게 주어서 두 아들에게 전하게 할 것」을 아뢰었다. 이에 세종은 都官의 判決에 대해 그 시비를 대신들에게 물었다. 그 결과 세 가지의 주장이 제기되었다. 첫째, 전적으로 도관의 판결에 따르자는 쪽, 둘째, 강주가 나누어주지 않은 노비와 이씨의 노비는 도관의 판결에 의하고, 보배가 준 20구의 노비는 그대로 이인에게 주자는 것, 셋째, 최씨는 곧 강주의 嫡室의 딸이니, 첩의 자식이 독점할 수는 없으므로, 六典에 의하여 차등 있게 나누어 주자는 의견이었다. 세종은 都官의 판결에 따랐다.91)

---

91) 『세종 102권 25년 11월 24일 을해』: 「仁壽府尹姜籌, 姜誠寧君裀妻崔氏爲女, 後以良女寶背爲妾, 生子帶生洗生, 籌給裀妻奴婢百五十口, 寶背二百口, 帶生二百口洗生百五十口, 又籌嫡妻李氏, 贈籌奴婢二十口, 給裀妻十八口, 及籌卒, 籌之遺漏未分奴婢八十口, 及李之贈籌奴婢, 裀竝皆據奪, 裀又專籌之貲産米穀, 不與寶背, 仍占奴婢五十口, 列名於紙, 使女婿尹塢, 謂寶背曰, 爾別贈我此奴婢, 則當還爾貲産, 寶背乃贈二十口, 至是, 寶背訴之, 都官覈啓, 寶背贈裀之奴婢, 則裀先占侵逼以取, 則實非寶背之意, 李之贈籌奴婢, 則其於文券書曰, 子孫傳持, 則裀以收養女婿, 不宜爭奪, 籌之遺漏奴婢, 則籌旣生二子, 已給裀奴婢百五十口, 則遺漏奴婢, 亦不當爭也, 按續刑典云, 嫡室

『성종 56권 6년 6월 27일 갑진』을 보면 「議大典私賤條, 未分奴婢, 勿論子女存歿, 分給事, 麟趾昌孫明澮子雲思愼克培居正議, 勿論子女存歿, 分給云者, 爲前朝風俗, 以先亡者爲不孝, 而不給奴婢者設也, 非爲無子息女子身死者言也, 況汎言勿論子女存歿, 而不言無子息之女, 故, 妻亡數十年之後, 稱爲妻父母, 未分奴婢, 爭訟分得, 不合情理, 且壻, 更娶後妻有子, 則稱爲奉祀而分得, 猶可說也, 吳只有女子而分得, 尤爲無理, 今後, 無子息亡妻, 奴婢勿分給何如, 錫文礩允成國光, 克增孝常嶠承召議, 婚嫁時, 必有新奴婢, 此父母親給奴婢也, 雖不加給, 不可無奉祀奴婢也, 李崇元議, 後妻之子, 前母奉祀奴婢, 依大典, 分數給之何如, 從麟趾等及崇元議」라고 하였는데, 그 내용인즉『經國大典』刑典 私賤條에「父母가 아직 分給하지 않은 奴婢는 子女의 存歿을 논하지 않고 分給해 준다」고 하였는데, 성종은 이 규정의 해석과 관련해서 규정이 갖는 의미를 대신들로 하여금 의논토록 하였다. 이에 鄭麟趾·鄭昌孫 등은, 「'자녀의 존몰을 논하지 않고 분급한다'는 것은, 고려의 풍속에 먼저 죽은 자는 不孝라고 여기고 奴婢를 주지 않았기 때문에 설치한 것이지, 子息이 없는 딸로서 죽은 자를 위하여 말한 것이 아니다. 하물며 대범하게 자녀의 존몰을 논하지 말라고 하면서 자식이 없는 딸은 말하지 않은 것이겠는가? 그렇기 때문에 아내가 죽은 지 수십 년 뒤에 妻父母라고 하면서, 아직 分給하지 않은 노비를 訟事하는 것은 情理에 합당하지 않다. 또한 사위가 다시 後妻를 취하여 아들을 두면 奉祀를 한다고 칭하고서 分給받는 것은 오히려 가하겠으나, 만일 딸만 있는데 분급받는 것은 더욱 이치가 없는 것이다. 금후로는 자식이 없이 죽은 아내는 노비를 분급하지 말게 하자」고 하였고, 曺錫文 등은, 「婚嫁할 때에 반드시 새로 온 노비가 있을 것이니, 이것도 부모가 친히 주는 노비이다. 비록 더

無子, 則許令良妾子平分, 其承重者, 加十分之一, 請以此奴婢, 盡給寶背, 使之傳給二子. 於是, 裍上言曰, 臣妻生弟七日, 籌之夫妻, 收而養之, 以臣作婿, 久爲同居, 及籌作妾生子之後, 暫不衰薄, 待之如初, 故及籌之死喪葬追薦, 一依親父母之例, 生前死後, 恩義兼盡, 大抵奴婢財物, 是一家之物, 故雖於嫡室有子之人, 若收養者有恩義, 則亦皆傳得之, 世俗皆然, 況臣妻之養父母, 則於嫡室無子, 今都官, 欲盡給妾子, 其於他例何如, 且無子人, 曾作收養, 而得妾生子 …」.

주지 않는다고 하더라도 奉祀할 奴婢가 없다고는 할 수 없을 것」이라고 하였다. 또 李崇元은, 「後妻의 아들이 前母를 奉祀할 奴婢는 大典에 의하여 數대로 나누어 주자」는 입장이었다. 성종은 첫째와 셋째 의견을 따랐다.

이어 성종은 『성종 57권 6년 7월 1일 무신』에서 「傳旨刑曹曰, 大典私賤條, 父母未分奴婢, 勿論子女存歿, 分給, 本意, 盖爲前朝風俗, 先亡子女所出, 則稱不孝, 減給而設也, 非爲無子息女子, 先父母身死者而言也, 間有不察此意, 無子息亡妻之父母, 未分奴婢, 一般分給, 殊失立法本意, 其未分奴婢, 勿許分給, 前母奉祀奴婢, 則醫大典, 分數分給」, 즉 刑曹에 전지하기를, 자식이 없이 사망한 아내의 부모가 분급하지 않은 노비를 일반적으로 분급하는 것은 전혀 大典 私賤條의 입법한 본뜻을 잃은 것이니, 그 분급하지 않은 노비는 분급하지 못하도록 하고, 前母를 奉祀하는 奴婢는 大典에 의거하여 數爻를 나누어 분급하도록 하였다.

그 뒤 『續大典』 刑典 文記條에서도 부모의 未分給奴婢에 관한 규정을 두었는데, 「부모의 노비를 和會하는 문기는 1인이라도 着名하지 아니하였으면 勿施한다. 즉 부모가 분배하지 못한 노비는 그의 자녀들이 골고루 화회하여 분배하고 草文記를 작성하여 藏置하되 혹 1인이라도 有故하여 着名하지 못하고 각각 自意로 가지고 영구토록 사용하였으면 未成된 文記로 논할 수 없으니 그대로 급여하고 고치지 못하도록 하였다.

또 繼母의 未分給奴婢와 관련해서는 『세종 68권 17년 5월 16일 정해』에서 「詳定所啓, 繼母未分奴婢, 以元數分半, 一分給義子, 一分依六典, 限四寸分給, 其有奴婢, 只一口者給義子, 從之」, 즉 詳定所의 청에 따라, 繼母가 나누지 않은 奴婢를 元數의 반을 나누어, 一分은 義子에게 주고, 一分은 六典에 의하여 四寸에 한하여 나누어 주되, 노비가 1명만 있는 사람은 義子에게 주도록 하였다.

『續刑典』에는, 「조상으로부터 내려오는 奴婢를 그 자손이 祖上의 遺書를 돌아보지 않고, 임의로 남에게 주는 것은 온당치 않으니, 이는 한결같이 遺書에 따라 決斷해 주어야 한다」고 하였다. 또 乙卯年(세종 17년, 1435년)의 敎旨에는, 「後嗣가 없는 부인의 노비는 절반을 나누어서 그 祭祀를 받드는 義子에게 주어야 한다」고 하였다. 그런데 관리들이 이 立法의 本旨를 몰라 결단에 혼란이 있었다. 이에 대해서 의정부에서는, 출가한 여자는 이미 本宗에서 떠나 남편의 집을 더 중하게 알고 義子를 자기 아들로 삼는 까닭에, 자기가 소득한 노비의 절반을 나누어서 그 의자에게 주는 것이 의리에 배치되지도 않고, 마음대로 남에게 주는 데 비할 바도 아니므로 마땅히 乙卯年 敎旨에 따라 절반을 분급하고, 그 義子마저 없는 자는 마땅히 六典에 의하여 遺書를 좇아 결단해 주며, 또 繼嗣할 사람이 없는 자가 이미 同宗의 次子를 세워 後嗣로 삼고 모든 家舍를 다 자기 아들같이 하고 있으되, 그 노비와 재산을 遺書에 구애되어, 후사로 삼은 자에게 전하지 못하고 동족에게 전하게 되면 더욱 의리에 어긋나므로 한결같이 친아들과 다름 없이 결단해 주자고 하니, 그대로 따랐다.[92] 그 뒤 『續大典』 刑典 文記條에서는 「繼母의 傳係한 문기는 官署한 것을 사용」하도록 명문화된다.[93]

그 밖에 후손이 없는 公私奴婢의 家産과 관련해서는 『세종 42권 10년 11월 14일 임술』에서 「漢城府啓, 凡私奴婢無後者, 以其家産, 旣許他人, 其本主, 又爭之, 今考永樂十二年七月十二日, 刑曹受敎, 奴婢無後身死者, 如有所使奴婢, 許本主使喚, 有文契者, 不在此限, 請幷家舍資産, 依奴婢例, 決給. 從之」, 즉 세종 10년 무릇 사노비로서 後嗣가 없는 자가 그 家産을 이미 타인에게 허락하여 준 것을 그 本主도 다투는 경우가 있었다. 甲午年(태종 14년) 7월 12일 刑曹의 受敎에는, 「노비가 뒤가 없이 죽은 자로서 만일에 그가 부리던 노비가 있어 本主의 使喚으로 허락하고, 文契가 있는 자는 此限에 不在한다」고 하였는데, 한성부에서 이 수교에 의거하여, 家舍와 資産을 아울러 노비의 예에 따라 결단하여 줄 것을 계하자, 그대로 따랐다. 그 뒤 현종 6년의 수교(『受敎輯錄』 刑典 公賤條 863항)에서는 「자녀

---

92) 『세종 82권 20년 9월 12일 계사』: 「議政府啓, 續刑典節該, 祖業奴婢, 其子孫不顧祖上遺書, 擅自與他未便, 一從遺書決給, 乙卯年敎旨節該, 無後婦人奴婢, 分半給其奉祀義子, 今官吏等, 不知立法之意, 眩於處決, 然出家女子, 履去本宗, 以夫家爲重, 以義子爲己子, 其自己所得奴婢, 分半給其義子, 不背於義, 非擅自與他之比, 當依乙卯年敎旨, 分半決給, 其無義子者, 當依六典, 從遺書決給, 且無繼嗣者, 旣以同宗支子, 立以爲後, 一應家事, 皆如己子, 其奴婢財産, 泥於遺書, 不傳於爲後者, 而傳於族人, 則尤乖於義, 一如親子決給爲便. 從之」.

93) 이 규정은 嫡母와 庶母에 대해서도 마찬가지로 적용되었다.

가 없는 노비와 그 소유물은 본인의 본관과 본주인에게 급여한다는 법문에 의하여 시행하고, 본인이 사망한 지 오래 되었으면 거론하지 말아서 紛紜의 문제를 단절시킨다. 본인 생존시에 放賣한 筆證이 있거나 收養子로 한 것이 續案에 등재된 것은 그대로 傳係된 것으로 인정하고 혼동하여 몰입」할 수 없다고 하였다. 영조 10년에 내린 수교(『新補受教輯錄』 刑典 公賤條 1287항)에서는 「각 읍의 後繼가 없는 奴婢田民들의 물건을 용은하고 고발하지 않는 수령에 대해서는 입계하여 논죄」토록 하였다.

또 자녀들이 부모가 남긴 奴婢를 균등하게 분급하지 않은 경우에는 『세종 49권 12년 9월 18일 병진』은 「摠制鄭招啓, 父母於子, 或因一時愛憎, 不均分家財奴婢者, 官家均給之法, 曾命勿錄六典, 臣意以爲, 若無此法, 則一父之子, 一苦一樂, 父不父, 子不子矣, 須有此法然後, 父子兄弟, 相與和睦, 而兄合於天理矣, 況官吏, 治民之私, 古有其法也. 上曰, 此是程子之言, 古人云, 從其治命, 不從其亂命, 雖君上之命, 若不出於正, 則不可從也, 況以官吏而治民之私, 有何不可, 然如此則, 是輕改父命也, 招對曰, 其一苦之子, 終必爲百姓矣, 倘使已死父母, 可作而問之, 則父母之情, 必不忍至是也, 且爲子者, 自非大舜, 雖不揚言父母之過, 於其心, 豈不潛有所憾乎, 均之爲子, 而一苦一樂, 其可乎. 上曰, 卿言然矣, 然如此則雖非父母者, 病所爲而托辭訴訟, 將有如前朝之意決矣, 官吏奉行之際, 無乃有礙乎, 對曰, 群下獻策, 上必審其可行而行之, 然今見此教旨, 百曰我今思之. 又曰, 痛心, 太宗之教, 豈偶然乎, 願與大臣, 廣議而行. 上曰然仍, 命皇甫仁曰, 與政府六曹, 詳議之」, 즉 세종조에, 부모가 아들에게 일시적인 愛憎으로 인하여 家財와 奴婢를 균등하게 분배하지 않은 것은, 관에서 이를 고르게 주게 하였다. 그러나 세종은 이 법을 六典에 올리지 못하도록 하였다.

이와 같이 상속된 전지나 노비를 合執하고 형제들에게 나누어 주지 않은 때에는 나라에서 개입하여 강제로 나누어 주도록 하였다.[94] 예컨대 성종

---

94) 『단종 4권 즉위년 11월 16일 갑술』 金湄의 事例: 「傳旨刑曹, 曰給使臣金宥母婢一口, 限宥母身, 又傳旨吏曹, 曰罷高靈縣監柳孝川. ○司憲府據忠淸道觀察使呈啓曰, 文義縣人金湄, 父歿與母同居, 合執田地奴婢, 不分與同産, 造家一區, 一百九間, 其庫廩, 以彌增盈滿益億萬添, 八字分額, 稱珍庫, 中置高樓稱珍樓, 兩旁作幽房, 分置婢妾妓

조에 慶綿이란 사람이 奉祀할 집이 없다고 하여 그 父祖의 未分奴婢를 집값에 준하여 더 주게 한 일이 있었다. 본래 慶綿의 조부 慶餘는 아들이 많아 生前에 나누어 준 것이 매우 均平하지 않아서 혹은 10구를, 혹은 5, 6구를 주어 未分給奴婢는 단지 40구뿐이었다. 성종은 조부의 未分奴婢를 사당의 값에 기준하여 주는 것이 옳은가를 물었다. 持平 洪興은, 사대부가 아들에게 집을 傳할 수 있는 자는 거의 없으니, 만일 한 번 그 단서가 열리면, 사당을 세우지 못한 자가 모두 핑계를 대어 奴婢로써 그 값을 채우려고 할 터이고, 송사의 단서가 끊이지 않을 것이라 하여 반대하였다. 영사 李克培·동지사 李承召는, 우리나라 사람 가운데 노비를 가지고 집값만큼 더 주는 자는 많으므로 진실로 미분노비가 있다면 불가할 것이 없다는 입장이었다. 또 홍응이 아뢰기를, 『慶餘의 後妻는 집이 있다. 그러나 次子에게 전하여 준다는 명확한 文籍이 있으니 동요할 수 없다. 慶由亨의 처는 이미 있던 집을 다른 아들에게 전해 주고, 또 노비를 얻어서 長子에게 주려고 하니, 姦狡함이 막심하다』 하고, 이승소는, 『후처도 사당에 들어가니, 그 집은 長子에게 전함이 마땅하다』고 하고, 다시 홍응은, 『노비를 가지고 奉祀하는 집에 더 주게 하는 단서를 열어 줌은 옳지 않다』고 거듭 아뢰었다. 그러나 성종은 들어주지 않았다.[95]

女, 恣行情慾, 妻張氏及女子, 別置浴室, 女子及季弟濬, 皆年長, 不爲婚嫁, 父死十三年, 始立祠堂, 然猶不厝安神主, 以供祭祀, 及母死氣未絶, 畏陰陽拘忌, 出避外廊, 不親斂襲, 且母未葬, 國喪卒哭前, 與孽妓楚兒, 常同寢處, 傷倫敗俗, 莫此爲甚, 若以赦前, 不治其罪, 則頑惡之徒, 無所懲戒, 請移置兩界極邊, 以戒後來, 其財物, 請令觀察使, 均給同產, 家舍破取沒官, 從之. 湄常晨起坐廳事, 書員若干人, 羅拜於庭, 又設門於洞口橋上, 書額曰, 非崇飮者, 不得入此門, 又教婢子六七人, 管絃歌舞, 靚粧姣服, 預辦殽饌, 客至則輒設酌, 張樂極歡, 若有宿者, 令婢子薦枕, 其浮夸淫侈, 不可殫記, 其妹夫, 淸州教授官郭珣, 忌之, 錄罪過十餘條, 陰嗾掌令元孝然康晉, 乃移文忠淸道鞫之, 至是政府, 疑有陰嗾, 啓召臺員問之, 果珣所爲也, 幷珣罷黜, 珣亦剛愎不肖, 爲士林所鄙」. 비슷한 것으로는 『예종 2권 즉위년 12월 10일 병신』 趙武英의 事例가 있다.

95) 『성종 107권 10년 8월 30일 계축』: 「持平洪興啓曰, 以慶綿無奉祀家舍, 其父祖未分奴婢, 准家加給事, 曾已, 傳教, 然綿之祖慶餘, 多子, 生前分給甚不均平, 或十口, 或五六口, 其未分者, 只四十口, 以此均給, 猶不能足, 且士大夫, 能有家舍傳子者, 無幾, 若一開其端, 則無立廟家者, 皆籍口爭欲, 以奴婢充其直, 訟端不絶矣. 上, 謂左右曰, 此言何如, 以祖父未分奴婢, 准立廟家價給之, 無乃可乎. 領事李克培對曰, 我國人, 以

『성종 240권 21년 5월 26일 정축』은 「傳于承政院曰, 盧物載遺書內有奴婢, 勿給妾子之語, 若從父意則懷愼妾子盧植等, 不在分得之例矣, 今依義禁府所啓而分給乎, 抑從父命乎. 其議于領敦寧以上及議政府, 尹弼商洪應議, 臣意父祖遺書子孫所當遵守, 但此奴婢, 非盧氏家所傳, 依義禁府所啓, 爲便. 尹壕議, 從父願何如孫, 舜孝議, 凡祖業田民, 唯傳得者主之主者, 或傳於甲或傳於乙, 惟意所在公家, 不得而奪之, 金氏以巳田民, 給其夫盧懷愼則是乃懷愼已物嫡子妾子收養侍養, 自當依法分得, 唯盧物載所傳, 田民可從遺書區處. 傳曰, 依義禁府所啓, 分給」, 즉 성종 21년에 盧物載란 자가 「첩의 자식에게는 자기의 재산인 노비를 分給하지 말라」는 유서를 하였는데, 이 때 유언자의 뜻에 의할 것인지, 아니면 규정에 따라 分給할 것인지가 문제되었다. 의금부와 윤필상·홍응 등은, 分給을 해 주자는 쪽이었고, 尹壕·孫舜孝 등은, 遺言을 尊重하자는 쪽이었다. 결국 성종은, 의금부에서 아뢴 바에 따라 나누어 주도록 하였다.

또 『중종 10권 5년 2월 5일 신묘』에서는, 寶城君 李峇이 자식들에게 고르게 분급하지 않아 嫡庶子 사이에 분쟁이 일었다. 중종은, 부모의 文券을 가볍게 고칠 수 없다 하여 정승들에게 收議토록 하였다. 그 결과 박원종의 견해에 따라, 관이 財主가 되어 고르게 나누어 주도록 하였다. 이러한 기사들의 내용으로 볼 때 조선시대에 있어서 상속문제는 단순히 어느 한 가정 내의 문제에 그친 것이 아니라, 오늘날에 비해서, 국가가 보다 깊게 관여하였음을 알 수 있다.

그리고 乳母와 新奴婢를 얻은 후의 所生子에 대해서는, 『중종 13권 6년 2월 21일 임인』을 보면, 유모와 신노비를 얻은 뒤에 그들이 낳은 자식은 형제에게 분배하여 주지 말도록 하는 「乳母新奴婢得後所生勿分給」의 규정에 의거하여, 이 법의 시행 전과 시행 후를 상고하여 분간해 주기를 청하며 번거롭게 소장을 올렸다. 사헌부는 이 규정이 매우 미편하다고 하여, 시행하지 말

奴婢充家價加給者, 亦多矣, 況給未分奴婢, 何不可之有. 同知事李承召啓曰, 苟有未分奴婢, 則准家加給, 庸何傷乎. 興啓曰, 慶餘後妻有家, 然傳與次子, 明有文籍, 不可動搖, 慶由亨之妻, 旣有其家, 傳之他子, 又欲得奴婢, 以與長子, 姦狡莫甚. 承召啓曰, 後妻亦入祀堂, 其家, 當傳於長子. 興啓曰, 以奴婢, 准奉祀家加給, 不可開端. 不聽」.

것을 아뢰었다. 그러나 중종은 祖宗成憲임을 이유로 개정을 반대하였다. 그 뒤 『중종 13권 6년 3월 1일 신해』를 보면, 의견의 대세는 이 규정의 적용을 부정하는 쪽이었다. 결국 金壽童의 의견에 따라, 得後所生을 일체 아울러 분급하도록 하였다. 또 妾의 婚姻中取得財産의 귀속문제에 대해서도 논의가 이루어졌다. 『성종 130권 12년 6월 19일 임술』에서 「左副承旨李世佐啓 尹遇妻金氏與金鉉訟家舍事. 上曰, 鉉雖妾産而承重者也, 金氏旣得一家, 又欲奪有祠堂家, 操弄老祖母, 數鉉不孝之罪, 爲計甚奸, 其家舍, 給鉉可也. 又啓, 金崙與尹之峻爭玉梅家舍財産事. 上顧問左右. 吏曹判書韓致禮·同知事李克基·禮曹參議金自貞曰, 崙雖曰玉梅三歲前收養, 而不服其喪, 其家舍財産, 何可爭也. 戶曹參判李瓊仝曰, 玉梅初爲崙祖金攸妾, 攸死, 尹岑娶以爲妾, 岑死後, 玉梅成文券, 傳家財於崙, 今問玉梅一族及婢子, 則曰, 玉梅家産, 皆爲攸妾時所備, 故傳之崙耳, 臣意以爲, 給崙爲是. 左議政洪應曰, 金攸與尹岑, 素有交分, 相來往, 岑見玉梅居計富贍, 悅之, 乘攸死, 乃娶爲妾, 言之可醜, 玉梅旣改嫁, 雖與金義絶, 其家財乃攸之物, 宜給金崙」라고 판정하였는데, 그 내용인즉 남의 첩이 되었다가 그가 죽은 뒤에, 다른 사람의 첩이 된 경우, 이 첩의 재산은 누구에게 속하여야 할 것인가에 관한 것으로, 성종 12년 玉梅의 事例이다. 이 때 호조참판 李瓊仝은, 前夫의 첩이었을 때 장만한 재산은 그 자손에게 주어야 한다는 주장을 하였다.

환관은 본래 자손이 없으므로 宦者로서 아들을 삼았다. 비록 세살 전에 수양한 자가 아니라 할지라도 평소에는 孝養하고 사망하게 되면 喪服을 입는 등 恩義의 두터움이 親父子와 다를 바 없었다. 이것은 마치 僧徒의 師弟 사이에서 法孫奴婢를 전하는 것과 마찬가지였다. 이러한 법손노비는 속인에게는 相傳하여 주지 않았는데, 기록상으로는 戊戌(태종 18년)·己亥(세종 원년)·庚子年(세종 2년) 사이에 속인에게 전해 준 것이 자못 많았다. 이것은 辛丑年(세종 3년)의 屬公令이 나온 뒤에 僧人들이 노비를 부릴 수 없게 될 것을 두려워하여, 俗人과 짜고 年月을 遡及해서 기입하여 계약문서를 작성한 자취가 현저하였다. 또 계약문서를 立案하는 법은, 그 주인이 소재지의 관에 문서로 신청하면, 관에서는 財主와 證人과 證書의 執筆者의 供述을 받은 뒤에 立案을 내주는 것인데, 유독 法孫奴婢만은 모두 다른 도와 다른 고을에서 立案을 받으며, 또 한 道內의 고을마다 입안을 만들어 주는 것이 아니고, 두어 고을에 국한되어 있기 때문에, 반드시 그 財主와 증인 및 증서집필자들은 공술할 말을 미리 맞춰 두기도 하고, 혹은 잘 아는 수령에게서 僞造하여 문서를 작성하기도 하니, 그 證迹이 더욱 뚜렷하다. 그러므로 法孫奴婢 가운데 丁酉年 이전의 契約文書로써 전득하여 부린 일이 명백한 것과 戊戌年의 公文으로 노비의 명단이 陳省에 기록되어 있는 것은 들춰내어 논의하지 말게 하고, 戊戌年 이후부터 辛丑年 8월 15일 이전에 전득한 京外의 관에서 立案한 文契 등에 대하여는 血肉을 나눈 法孫과 아울러 바른 것에 좇아 처결하도록 하였다.96)

세종 3년 師弟 사이에 분쟁이 일자, 法孫奴婢는 전부 관에 속공하도록 하고, 그들이 낳은 자녀는 형편에 따라 각기 그 宗都會所에 분배하여 주어서 여러 승려들로 하여금 소송하거나 형벌에 빠지는 일이 없도록 하였다.97)

---

96) 『세종 45권 11년 8월 12일 병술』: 「刑曹啓, 法孫奴婢, 舊不與俗人相傳, 至戊戌己亥庚子年間, 傳給俗人者頗多, 是必辛丑年屬公令出後, 僧人等, 恐不得役使, 與俗人相應, 追記年月, 以成文契其迹見著, 且凡文, 契立案之法, 其主狀告所在官, 官取財主及證筆供辭然後, 給之, 獨法孫奴婢, 皆就他道, 及他官受立案, 又非一道內每邑成給, 其所就受, 不過數邑, 則必其財主證筆供辭, 或預取, 或僞造於所知守令, 相應成文, 其迹尤著, 冒法瞞官, 姦惡莫甚, 請將法孫奴婢內, 丁酉年以前文契, 傳得役使明白, 戊戌年公文單字陳省載錄者, 勿令擧論, 其戊戌年以後, 辛丑年八月十日以前, 傳得京外官立案文契等, 並分肉法孫, 從正決絶. 從之」.

97) 『세종 13권 3년 8월 5일 을미』: 「刑曹判書許遲等上疏曰, 竊惟佛氏之敎, 以淸淨慈惠爲宗, 故釋迦, 苦行乞食以成其道, 六祖, 身親舂杵, 遂承祖派, 俱以勤修寡欲爲道, 而未聞以臧獲奉養者, 歲在丙戌, 道澄雪然, 奸其寺婢, 自毁其道, 在於戊戌, 可休省珠, 恣行淫欲, 以干邦憲, 國家固當盡革僧徒奴婢, 使盡其道可也, 第以積年之弊, 不可遽更, 只革寺社奴婢, 使其徒, 不陷於淫慾, 僧徒之至幸也, 然法孫奴婢一事, 尙循舊轍, 懷詐奔馳, 立訟官門, 勝於俗人, 或以師弟, 反唇相詰, 恬不爲愧, 其師淸淨之道掃地, 今曹溪僧圓穆淸敏等, 疾其金奉訴良, 私繫亂刑, 縛囚櫃內, 致隕其命, 何其慘酷, 其師慈惠之義安在, 向之道澄省珠之徒, 恣行己慾, 但毁其道, 害不及人, 圓穆淸敏之惡, 毒及人命, 其徒之持戒向道者, 亦必腐心切齒矣, 爲僧之道, 辭親割愛, 離世入山, 雖父母奴婢, 不宜使用, 況法孫奴婢乎, 願法孫奴婢, 並皆屬公, 其奴子則各其宗都會所, 量宜給之, 俾諸僧徒, 無訴訟陷刑之累, 有淸淨慈惠之美, 僧道幸甚. 上令政府六曹議之, 皆曰, 請依刑曹所啓, 從之初. 興福寺僧圖穆淸敏戒正海珠等, 怒法孫奴金奉訴良, 以鐵椎毆之, 囚於櫃中, 奉縊死. 上, 命刑曹杖之, 皆充邊遠軍, 故刑曹有是啓」.

그러나 이러한 受教에도 불구하고 대신 중에는 속공에 반대하는 자가 있었으며,[98] 동 19년에 의정부의 청에 따라, 丁巳年(세종 19년) 6월 이후부터 환자들이 서로 전하는 노비는 전부 侍養子에게 주도록 하였다. 그 밖에 祖父의 노비나 연고를 따라 취득한 노비는 侍養과 同腹嗣孫에게 나누어 주라는 續典의 예에 따라 시행하되, 다만 그 傳係文券을 가진 자는 제외하도록 하였다. 그 뒤 『연산군 50권 9년 6월 13일 무신』에서는, 죽은 宦官 田畇의 노비 중 1백 9명은 內需司에 주고, 나머지 20명은 本主에게 돌려주도록 하였다. 이것은 처음 하사할 때에 賜牌에 「영세토록 전한다」는 말이 없었기 때문이었다.

祀典에 실려 있는 각도의 山川·城隍의 神祀位田을 中祀는 2결, 小祀는 1결 50負를 급여하되, 평양의 檀君·箕子 등의 中祀位田은 각각 3결을 급여하고, 麻田縣에 있는 高麗의 始祖 이하 4位의 位田도 역시 三國始祖의 예에 따라 1位마다 3결을 급여하고, 그 나머지 전답은 모두 軍資田에 귀속시키도록 戶曹에서 아뢰자, 그대로 따랐다.[99]

科田을 守信田으로 전환해 주는 경우도 있었다. 세종 16년 尹達誠 事例를 계기로, 공죄를 범하여 職牒을 삭탈당했던 자로서, 그가 죽은 뒤에 직첩을 도로 돌려주게 되면, 그 科田 또한 그 遺妻에게 주어 守信田으로 삼게 하였다.[100] 그런데 이 수신전과 恤養田을 그 嫡子가 他民이든가, 成丁하여 혼인한 뒤에도 몰래 숨겨 收租하거나 부모가 사망한 뒤에도 바꾸지 않고 그대로 收租하는 자가 간혹 있었다. 『大典』 科田遞受條에는 「조부모·부모나 夫가 사망하면 그 과전을 아들·사위·손자나 처가 喪을 마친 다음해 안으로 호조에 고하고, 호조는 전지에 관계된 爵牒을 상고하여 체급한다. 만일 기한이 미쳐서도 관에 고하지 아니하고 몰래 隱諱하여 수조하는 자는, 햇수를 헤아려서 追徵하고 그 田地는 屬公시킨다. 자손이 없거나 처가 없이 당자가 죽은 전지와, 수신전을 받은 뒤에 다른 사람에게 시집간 자, 처부모의 전지를 바꾸어 받은 뒤에 그 처를 버린 자는, 족친이 관에 고

98) 『세종 13권 3년 10월 30일 기미』 참조.
99) 『세종 51권 13년 3월 6일 경오』.
100) 『세종 64권 16년 5월 8일 신사』.

하는 것을 허락하여 속공하고, 고하지 않는 자는 논죄한다」고 하였다. 이에 세조 8년 호조에서, 우선 추징이나 논죄를 하지 말고 期限을 정하여 고하는 것을 허락하고, 그 수신전 · 휼양전을 받는 데 해당하는 자는 京中은 호조에 고하고, 外方은 受領이 그 진위를 상고하여 傳報하되, 만일 고하지 않는 자가 있으면 사람들에게 陳告하는 것을 허락하여, 『經國大典』에 의하여 논죄하여 그 전지를 고한 자에게 주고, 그 전지 받은 것을 마감하지 못한 자는 米豆를 追徵하여 논상하기를 청하였다. 그대로 따랐다.[101] 그 뒤에 科田法을 폐지하고 職田法을 시행하게 되면서 妻子로서 父나 夫를 잃게 되면 家業이 零落하게 되었다. 이에 성종 12년 李晏이 상소를 올려, 職田을 폐지하고 守信田 · 恤養田을 다시 둘 것을 아뢰었다.[102]

入養으로 인한 상속 문제에 관해서는, 공신이 죽은 뒤에 후사가 없어 입양을 하는 경우 양친이 될 자의 家財와 奴婢가 이미 다른 사람에게 승계된 때에는 이를 회복할 수 없었다. 대신 나라에서 본래 정한 功臣田과 노비의 수효에 준하여 嫡長의 예에 따라 사당을 세워 제사를 주장하도록 하였다.[103]

無後家의 奴婢에 대한 상속에 관해서는, 세종 24년에 金德生이 佐命功臣으로서 後嗣가 없이 일찍 죽자, 그의 조카 金仲明으로 하여금 뒤를 잇게 하였다가, 단종 2년에 이르러 전토와 노비를 주고 常例에 따라 충의위에 소속시켰다.[104] 그 뒤 연산군 9년에는 監察 朴永昌이, 지금 내수사의 노비가 적다 하여 無後한 대군 · 공주의 노비 1백 명, 왕자군과 옹주의 노비 70명을 繼後者에게 전하여 봉사하게 하다가 曾孫 대에 가서는 관청에 속하게 하니, 後孫이 없이 죽은 자의 奴婢는 비록 傳係가 없다 하더라도 入繼한 자가 아들이 되어 친아들과 같으므로, 남김 없이 전계하여 영구히 전하게 한 『經國大典』의 입법 본의에 어긋나는 것이다. 이것은 상하가 서로 해치

---

101) 『세조 28권 8년 5월 27일 기묘』.

102) 『성종 130권 12년 6월 9일 임자』.

103) 『세종 80권 20년 3월 15일 기해』.

104) 『단종 10권 2년 2월 10일 신묘』: 「議政府據兵曹呈啓, 金德生, 以佐命功臣, 早歿無嗣, 去壬戌年以姪仲明繼後, 請賜田土臧獲, 例屬忠義衛. 從之」.

게 되어 풍속을 어지럽힐 폐단을 낳는 것이니, 宗親의 繼後한 집의 노비를 원래 액수를 정하되, 大典의 본의에 의하여 관청에 속하지 말도록 할 것을 아뢰었다. 이에 대하여 연산군은 대답하지 아니하였다.105)

遺産을 承繼할 수 있는 일정한 범위 내의 친족을 使孫이라고 하였는데, 決訟類聚使孫圖에 의하면 死者에게 자녀가 없을 때에는 그 遺産인 奴婢는 1차로 父系에 속한 兄弟姉妹에게, 이러한 자가 없을 때에는 兄弟의 子인 姪과 姪女에게, 이러한 자가 없을 때에는 兄弟의 孫인 從孫 및 從孫女에게, 이러한 자가 없을 때에는 祖父系에 속하는 伯叔父 및 姑에게 승계하도록 하고, 이러한 자가 모두 없을 때에는 그 노비는 屬公하도록 하였다.

『세종 95권 24년 2월 28일 기미』를 보면, 성효원이 계모 최씨가 죽은 뒤에 衰服을 백일만 입고 탈상하였다. 이에 사헌부에서 논죄하려고 하자, 그의 아비인 成溥가, 최씨는 첩으로 길러 왔으며, 효원이 복을 입은 것은 최씨로부터 蒼赤을 받았기 때문임을 아뢰었다. 의리상 효원의 죄는 마땅히 용서해야 할 것이나 문제는 최씨의 노비를 효원이 使喚하도록 한다는 것은 의리에 합당하지 않다는 것이었다. 대신들은, 최씨를 효원의 계모로 논하는 것은 옳지 못하다는 쪽이었다. 본래 노비를 전해 준다는 것은, 노비가 本主와의 恩義가 엷어지더라도 도로 빼앗아가는 것이 常例였다. 최씨가 효원에게 노비를 증여한 것은 그 의리가 母子와 같으므로 장차 祭祀라도 받들게

---

105) 『연산군 49권 9년 3월 8일 을해』: 「監察黃從愼曰, 兵卒之設, 爲侍衛禦侮也, 今內佛堂, 亦有把直軍士, 殊非設兵本意, 雖有守直之物, 自有僧徒, 不必軍卒也, 臣願自今母定把直軍士. 監察朴永昌曰, 臣謹按大典, 無後身死者奴婢, 雖無傳係, 爲之後者, 爲之子, 卽同己子, 故無有傳係, 永傳子孫, 此不易之常法, 令以內需司奴婢數少, 無後太君公主則奴婢一百口, 王子君翁主則七十口, 傳諸繼後, 以爲奉祀, 而至曾孫方許屬公, 有乖祖宗立法本意, 凡私賤, 爲其主奔走服役, 以代其勞者, 奴主分定故也, 邇來人心不古, 雖祖業世傳奴婢, 尙有不順, 況此限代役使者, 知今日之主一朝代盡, 則我當爲公賤, 役使之際, 少有不協, 則必有橫逆者矣, 爲其主者, 非我可傳永世奴婢, 限代已盡, 則將爲公賤, 不無侵虐之弊, 上下交相賊, 則傷風敗俗, 莫此爲甚, 臣謂宗親繼後奴婢, 酌定元額, 依大典本意, 勿許屬公何如. 監察金鏐曰, 量田後, 田畓或爲水損, 不得耕食, 而止減其稅, 貢物徭役則仍舊, 民無升斗, 而貢役不蠲, 請令各道監司, 詳審以啓, 俱減貢役, 以安民生」.

하려는 계획이었다. 그러나 성부가 최씨를 절대로 本妻로 삼지 않았으므로 효원과 그녀와의 의리는 끊어진 것이다. 그러므로 그녀의 노비를 효원이 사환하는 것은 이치에 합당하지 못하다고 보았다. 결국 최씨의 노비는 그녀의 本宗에 돌려주도록 하고, 만일 本孫이 없으면 六典에 의하여 屬公하도록 하였다.

또 無子亡妻의 奴婢에 대한 所有權과 관련해서는 『세종 97권 24년 7월 16일 갑술』에서 「議政府據刑曹呈啓, 今世俗無子息亡妻奴婢, 其夫因仍使喚, 及改娶他妻, 則其奴婢卽還本宗, 竊惟夫之亡妻, 雖改娶, 非婦人改嫁之比, 無義絶之理, 而還奴婢于本宗未便, 且無子息, 無傳繼繼母奴婢, 於奉祀義子, 分半許給, 已有定法, 獨前母奴婢, 奉祀義子不得役之, 亦爲未便, 又賤妾子, 若於嫡室無子, 則承重奉祀, 曾有定制, 而無子息嫡母及前嫡母繼嫡母之奴婢, 全不許給, 有違承重之義, 竝不合情理, 請自今無子息亡妻奴婢, 其夫使喚, 及其身死於後妻所生承重長子給三分之一, 若無嫡子, 則承重良妾子, 給五分之一, 賤妾子七分之一, 其餘奴婢, 竝還本宗, 其無子息嫡母及繼嫡母奴婢, 承重良妾子, 給三分之一, 賤妾子, 給五分之一, 其餘奴婢, 依已行格例施行, 且三歲前收養, 雖曰, 卽同己子, 然於收養父母, 旣不得承重, 而爲本親, 無降服之例, 宜論以孫外, 若爲後之子則降本親之服, 爲爲後者親屬, 依本親例行服, 不可論以非本孫, 況承重義子, 情義尤重, 論以非本孫, 萬無是理, 雖於祖上遺書有曰, 非本孫, 毋得與他之言, 請依正統三年九月受教勿論遺書有無, 一依前項條件施行. 從之」, 즉 자식 없이 죽은 아내의 노비는 그 남편이 그대로 부리다가, 다른 아내를 다시 맞이하게 되면 그 노비를 즉시 죽은 아내의 친정에 돌려주는 것이 당시의 風俗이었다. 이에 의정부가 형조의 牒呈에 의거하여, 亡妻는 남편이 비록 다시 장가를 가더라도 부인이 개가한 것과는 달라서 義絶하지 않는다. 그런데 亡妻의 노비를 그의 친정에 돌려주는 것은 온당하지 못하다. 또 자식이 없어서 傳繼할 데 없는 繼母의 노비는 奉祭祀하는 義子에게 반을 나누어 주는 법이 이미 있는데, 오직 前母의 노비만은 봉사하는 義子가 부리지 못한다는 것도 타당하지 못하다. 또 賤妾의 아들이 만일 嫡室에 아들이 없으면 承重奉祀하는 제도가 이미 있는데, 자식이 없는 嫡母와 前嫡母 ·

繼嫡母의 노비는 전연 許給하지 않는다면, 承重의 뜻에 어그러져 情理에 맞지 아니한다. 그러므로 지금부터는 無子亡妻의 奴婢는, 그의 남편이 부리다가 그가 죽은 뒤에는 後妻가 낳은 承重長子에게 3분의 1을 주되, 만일 嫡室의 아들이 없으면 승중하는 良妾의 아들에게 5분의 1을 주며, 賤妾의 아들이면 7분의 1을 주고 그 나머지의 노비는 모두 친정에 돌려주게 하며, 그리고 자식이 없는 前嫡母와 繼嫡母의 노비는 승중한 良妾子에게 3분의 1을, 賤妾子에게 5분의 1을 주고, 그 나머지는 이미 시행하는 격식과 관례에 의거하여 시행하기를 청하였다. 세종은 그대로 따랐다.

그리고 無後夫妻의 奴婢에 관하여 『經國大典』 刑典 私賤條에는 「자녀가 없는 夫妻의 奴婢는 비록 생존한 자에게 傳係할 데가 없으면 區處하되 本族 외의 다른 사람에게 줄 수 없다」고 하였다.[106] 그러나 이 규정에는 賣買에 관하여는 언급을 하지 않았다. 이로 인하여 이 규정의 해석상 많은 논의가 이루어졌다. 성종 13년 刑曹에 전지하기를, 이미 本族 이외의 다른 사람에게 주지 못한다고 하면, 放賣의 금지를 비록 아울러 기록하지 않았더라도 放賣도 區處이니, 傳係할 데가 없는 자는 스스로 任意대로 放賣할 수가 없다. 관리들이 법규정을 잘못 해석하여 그 放賣文記에 署給하여 立案하는 자가 있으니, 이후로는 하지 말도록 하였다.[107] 그런데 성종 21년, 判決事 安友騫이, 放賣하는 것은 위 규정의 제한에 구애되지 않는다고 하여 署名해 준 일이 다시 있었다. 이 일의 당부를 신하들에게 물은바 모두 大典의 법규정에 어긋나는 放賣는 불가하다는 입장이었다. 성종은 일단 방매를 허락하지 않고서,[108] 영돈녕 이상과 政府·六曹·漢城府·臺諫·弘文館에 의논토록 하여, 대신들 사이에 放賣에 대하여 찬반 양론의 큰 논의가 벌어졌다. 즉 『성종 241권 21년 6월 8일 기축』에서 「傳曰, 大典內, 無

106) 『성종 43권 5년 6월 24일 정축』: 「王大妃傳于承政院曰, 卒中樞吳靖妻成氏, 予之戚屬, 以予爲侍養, 贈予奴婢九十口, 今吳靖妻子繼孫等陳訴, 言及於予, 欲焚文券, 使繼孫等, 無怨言, 因出文券示之. 院相鄭昌孫啓曰, 凡奴婢本族外, 不得與他, 乃大典法也, 吳靖奴婢, 則繼孫等應得如成氏奴婢, 當從其主區處」. 이 記事를 통하여 朝鮮社會가 夫婦別產制를 취하고 있었음을 엿볼 수 있다.

107) 『성종 142권 13년 6월 24일 신유』.

108) 『성종 240권 21년 5월 22일 계유』.

子女夫妻奴婢, 雖無傳係生存者, 區處本族外, 不得與他放賣, 亦區處也. 貧窮者, 雖放賣可也, 今有言者云許賣於本宗, 此則雖不立法, 大典本意, 固亦如是也, 若生理貧窮者, 許令放賣他處, 有司何以知貧窮之實, 而許其放賣乎. 其議于領敦寧以上政府六曹漢城府臺諫弘文館, 沈澮尹弼商李克均卞宗仁韓倜李陸權健尹慜李季男朴楣尹兢議, 大典內, 無子女夫妻奴婢, 雖無傳係生存者, 區處本族外, 不得與他而不載買賣之條, 故生存者, 托於貧窮擅, 便放賣使本孫, 不得爭非先祖之意也, 甚不合大體. 洪應議, 貧窮不能資生則奴婢田地, 皆吾已物所當放賣, 以資生大典, 不言賣買者, 爲此也. 若其與他而稱放賣者, 在法當禁, 然豈爲此等人而廢賣買乎. 盧思愼李克培尹壕盧公弼成健議掌隷院所啓爲是, 但實不買, 賣而托稱賣買與他者間, 或有之在有司辨之如何耳. 若如司憲府所啓則生利窮迫者, 恐不得賣買資生.李鐵堅李崇元鄭文炯議, 大典云, 無子息夫妻奴婢, 雖無傳係生存者, 區處本族外, 不得與他, 而不言不得放賣則自當任意放賣也. 守信寡居衣食, 不繼賣夫奴婢, 以資其生勢, 不得不爾, 不可與假托放賣贈與者, 並禁之也. 其假托放賣者, 有司自當辨之大典內, 初不並言不得放賣者, 以此也. 李克墩議, 以大典文勢觀之, 雖不並言賣買, 亦當在區處之例, 故前日已令不得擅賣, 今掌隷院者, 經給之未便, 但守信寡婦飢餓切身其夫族傍觀, 不恤企待死亡而須賣一口奴一畝田, 得以生活則在所當恕如此者, 該司臨時啓聞取稟何如, 抑洵議夫妻之間, 所有田民財物, 不可論以彼此, 故無子息夫妻奴婢, 許其生存者, 區處, 但我國士大夫家, 多倚奴婢以入門戶奴婢, 旣爲重物也, 故不許任意, 給與異宗之人, 若其放賣則異於是鰥夫寡婦, 或有貧乏無以爲生者, 雖有亡配奴婢, 不得隨意賣用坐守窮餓爲本宗者, 視之而不恤以爲彼奴婢, 他日爲我有也, 及其死也則群聚而分占, 豈不悖於理哉. 大典只言, 區處而無放賣之文, 恐不可以放賣爲區處而不許其任意爲也. 李諿金應箕崔進閔師騫鄭光世李承健權景禧崔壽珊徐彭召洪瀚李繼福柳廷秀許輯金銓李達善成希顔申用漑金勵議, 大典內, 無子息夫妻奴婢, 雖無傳係生存者, 區處本族外, 不得與他云爾, 則雖無放賣之文, 放賣亦是區處. 雖不言本族外, 不得放賣而其意, 實在其中臣等意以爲使得放賣而其放賣, 不出本族之外則窮乏者, 得以資生自存, 亦無任情賣他之弊, 恐此乃大典立法之本意也, 但

官吏眩於奉行致此兩端同異之議, 況窮巷小民哉, 申明此意, 示諸中外, 何如. 傳曰, 更歸一議啓弼商議, 臣之本意如前議然, 今更思之若, 一禁不得放賣則寒餓死亡者, 必有之其中貧窶者, 許令放賣, 若非貧窮而冒濫賣與者, 許本族陳訴爲便. 洪應克均思愼議夫妻居家同甘苦, 妻物卽夫物, 夫物卽妻物, 有無共之無有彼此之隔, 生旣如此, 死何有異, 及其身歿夫, 不得擅其妻物, 妻不得擅其夫物, 豈理也哉, 脫有夫妻中生理窮迫, 則當任意賣買資生過活, 有何不可, 此情理之當然也, 若令買於使孫之中則使孫以爲終當歸我而不肯買之甚者, 或劫其奴婢以爲終爲我物, 或敎誘使用彼奴婢者, 亦以謂終爲我主, 無不聽從而嫠婦鰥夫老病無勢, 不能制馭是, 使孫反爲主張而本主反爲贅流矣, 反覆籌之恐不當如, 是且於大典無妨也. 傳曰, 後當更言之」라 하였고, 또 다음 날인 『성종 241권 21년 6월 9일 경인』에서 「近者, 盜賊興行侵害良民, 守令不追捕, 此甚不可, 且守令聽訟, 或怯於權勢, 故爲淹廻, 民甚寃之, 監司亦宜糾察瑛出, 上呼承旨曰, 昨日政丞等議, 似可然大典云, 生存者區處, 本族外, 不得與他放賣, 亦是區處也大典之意, 則不當放賣也, 若許放賣則有違於大典之法矣, 如貧窮之人, 迫於飢寒者, 可許放賣也. 政丞等前議云, 貧窮者許賣而冒濫放賣者, 有司辨之後, 議云妻物卽夫物, 夫物卽妻物, 固當任意區處, 若許任意賣買則有司何以辨其貧富乎, 如使任意區處則先祖之物, 托以放賣盡歸之他門矣. 同副承旨許琛對曰, 臣昨日, 詳聞其議盧思愼云, 許令放賣, 乃大典本意也, 世祖朝大典內, 只言生存者區處而無不得與他之文, 其後以爲太濫而立不得與他之法. 上曰, 以謂立法本意, 而使之任意放賣則以先祖之物賣與他人, 豈可乎, 於鄕等意何如. 都承旨韓健對曰, 昨日洪應李克培盧思愼皆云, 祖宗朝之法則皆許放賣, 此實大典本意也. 上曰, 以予意更議于許賣宰相, 尹弼商議, 臣之臆意如前議, 猶未解惑, 若不至貧窮而放賣者, 許本孫告之從而改正則賣者買者, 以有易無通生, 生之理天下所同也, 有人於此祖父有遺書, 毋得與他, 爲子孫者所當敬守不得已則賣, 以資生賣則生, 不賣則死, 子孫之生活, 重於遺書也, 使祖父見之必曰, 吾兒何不速爲生生之計也, 況匹夫匹婦, 上無所受下無所傳, 以吾分內之物, 有何疑懼而不得賣之當, 生存時盡賣以衣衾, 雖不遺一物於本宗之人, 固無害義是吾之物本族之得不得是餘事也, 幸而有餘

與其濫給於他族, 莫若歸之同族連派之人此, 祖宗仁厚之法, 至今行之賣買而冒濫者, 事事皆然奚獨疑於無子女夫妻之事, 爲官吏者宜於此辨其奸僞, 定其是非終歸於至當而已, 若更設冒覽之禁章, 是屋上加屋吏之執迷者, 益眩於施爲終將曰, 又立科條庶幾可行於是, 又立法乎是爲拙工改繩墨爲拙射變彀率將不勝其救之之方, 毋致疑於紜紜之說, 以守成憲是所願也. 李克培議, 大典內, 無賣買之文, 故自祖宗朝貧窮者, 得賣買以資生理, 其中冒濫者則必有使孫陳告, 亦在有司之明辨, 大抵情迹曖昧之事, 猶且明辨況貧窮四隣之所親見人, 人之所易知辨之何難, 仍舊爲便. 盧思愼議, 立許賣之法則奸巧者, 有冒與他人之弊, 立禁賣之法則貧窮者, 有不救朝夕之患, 是二法者, 俱有其弊而於弊之中, 又有輕重之分, 使孫與夫妻親疏懸隔與其給, 使孫之遠族, 豈若給生存者, 資生揆之人情, 豈遠是哉, 緣死者心, 亦必如此, 惟貧窮者, 得賣之法, 擇其兩端似乎得中, 若使孫勢强則旁請曲囑, 雖貧曰富無所不至, 嫠婦鰥夫老病臥床傍無子弟者, 雖欲告訴, 誰因誰極如此之奸何以禁之, 大典不言許賣故無故而欲賣者, 不得生心不言禁賣, 故貧窮而欲賣者, 有時任意, 彼此皆便情法兩得, 雖無定法, 法在言外權其輕重變而通之實, 在於人此古人所以貴於人法, 並用也, 今不必更立他法. 李鐵堅議, 曰田民欲賣者, 將貧寒切身事狀告于所居官, 官吏辨其貧富, 所告的實然後, 方許賣買則富者, 不得濫賣. 魚世謙議, 凡立法或詳或略, 各適其宜耳, 直許賣買則以祖傳奴婢濫賣與他者, 容或有之是失於略也, 惟貧窮者得許賣買則辨其貧窮之際, 財主本族必有互訟之端, 是則欲詳而訟多皆有弊然, 議者不一迄無定論, 若實有貧窶而無自已田民可賣而資生者, 方許賣之而其貧窶與否覈實節目及濫賣者推論節目, 令該曹詳悉議啓後, 更議何如. 李克均議, 臣之前議亦謂惟貧者得賣然辨其貧富爲難誠如. 上教臣妄意夫妻兩邊祖上傳係臧獲田土, 財產有無問於兩邊使孫及切隣則自不掩其貧富, 以此閱實何如. 李崇元議, 貧窮者許賣而其文券, 令該司覈實署經則其非貧窮而冒賣者, 該司覈實之際, 本孫必告爭冒賣者, 自止矣. 李克墩安瑚議, 大典內, 夫妻奴婢不得與他, 夫則尙矣, 足以自生其如年少寡婦終身守節, 他無所賴飢寒切身而不許放賣則終至失身矣, 與其失身背夫之祖宗寧賣, 祖宗之奴婢以全節且, 婦人以夫家爲家夫之宗, 卽已之宗夫之奴婢, 卽已之奴婢, 今若

不許放賣則是猶禁人之子孫, 不得賣祖之奴婢也, 以此論之終身, 守信節婦則許賣爲便至於辨其貧富, 亦不難矣, 夫宗四寸以上親, 皆應得奴婢者須具三人以上, 取招署經則貧富, 自當從實如是而又官吏妄許稅契則夫宗, 亦皆陳訴期於三度得伸而後, 已然則於情法又何害. 盧公弼議, 若許放賣則辨其貧富爲難誠, 如上敎然有貧窮者, 迫於飢寒而猶不得擅賣夫妻之物, 以資生, 豈情理也哉, 今但立法云, 唯貧者許賣則其非貧者, 雖欲賣與所親, 必畏法而不敢買者, 亦以謂貧者, 得賣而吾買非貧者之物, 他日爲使孫者所告則終當還奪, 必不肯買如此則冒法濫與之弊, 自不爲多矣, 縱其中雖有貧富之難辨, 豈可爲貧者之冒法, 並廢貧者資生之路哉. 成健議, 臣意以爲辨其貧富實難, 但夫則習矣貧窮無賴守節寡婦實, 可哀憫故只許貧窮寡婦得賣則其不實者, 應得使孫自當陳訴矣, 此法固難兩便然, 使之全不得賣則必有貧窮, 無告之嘆宜, 使得賣以濟其貧窘也, 若托以放賣縱意與他者, 亦令禁之如此則其所放賣, 不至於濫, 雖間有貧富, 難明者自有三度得伸之法終, 無大弊, 貧寒窮餓者庶得有養矣. 尹兢議, 貧不聊生, 不得已放賣者, 具其事由告官閱實後, 許令賣買則無餓死之弊而後, 亦無訟端矣. 傳曰, 今觀衆議, 自祖宗朝皆許放賣, 不可輕改, 今宜依祖宗之法, 許令放賣然官吏不可不知放賣之眞僞也, 其分辨署經. ○傳旨議政府, 曰大典內, 有無子女夫妻奴婢, 本族外不得與他之文而未有賣買之禁, 其在祖宗朝行之已久, 豈宜輕改然, 臧獲之傳受之祖先, 以立門戶嗣胤之無後者, 固當歸諸本族以庇其宗, 不可妄傳以爲他有矣, 世之巨家大族, 雖不貧乏者, 托以賣買給與他人, 甚無謂也, 有司固宜酌其輕重, 兩用情法, 期於得中, 其以此意徧曉中外」라고 하였다. 결국 洪應 등의 의견을 좇아, 祖宗朝로부터 모두 放賣하도록 허락하였으므로 가볍게 고칠 수 없으니 이제 조종의 법에 의하여 방매를 허락함이 마땅하다고 하였다. 그러나 관리는 방매의 眞僞를 꼭 알아야 하므로, 그것을 分辨하여 署經하도록 하였다.

끝으로, 犯罪人의 科田에 대해서는 『續六典』에서 「재물을 탐하여 장오죄에 걸린 자의 자손에게는 그 조부의 전지를 넘겨주는 것을 불허한다」고 하였다. 『세종 63권 16년 1월 28일 병오』를 보면, 세종 16년에 前司直趙乘이 죽은 그의 妻父 판부사 卞季良의 科田을 交替해 받으려고 하였다. 그러나 戶曹에서는, 조승의 父 戩이 일찍이 善山에 부임하여 장오를 범하여 죄를 받은 적이 있으므로 그 처부의 과전을 내려 주는 것은 부당하다고 하였다. 대신들에게 묻자, 황희는, 『續六典』의 규정은, 父가 이미 장오죄를 범하여 교체해 받지 못하였으므로, 그 아들도 아버지를 대신해서 교체해 받을 수 없다. 이 때문에 다만 그 조부를 들어서 말하기를 교체해 주지 못한다고 하였고, 과전을 더하지 못한다는 文句가 없으며, 또 조승이 이미 벼슬에 종사하였고 그 전의 과전도 그대로 주고 빼앗지 않았으므로, 그 처부의 과전은 물려주는 것이 마땅하다고 하였다. 황희의 의견을 좇았다. 그 뒤 『세종 104권 26년 6월 15일 계사』에서 「傳旨戶曹, 自今犯罪人科田, 毋得啓稟, 頒賜各品, 且公主·翁主之夫若犯罪, 其所受科田, 仍給公主·翁主, 以爲恒式」, 즉 세종 26년 6월 15일부터 犯罪人의 科田은 啓稟할 것 없이 각 品에게 나누어 주며, 만일 공주와 옹주의 남편이 죄를 범한 때에는 그가 받았던 과전은 그대로 공주와 옹주에게 주게 하여 이를 恒式으로 삼았다.

『인조 7권 2년 11월 2일 임자』에서는 인조반정 후에 李适·韓明璉 등 逆賊으로부터 籍沒한 家財와 田宅을 張晩 등에게 차등 있게 분급토록 하였다.

(7) 小　結

조선시대에 있어서 소유권의 취득은 매우 다양한 모습으로 이루어졌다. 소유권의 취득은 推刷와 陳告, 下賜나 褒賞과 같은 국가의 행위에 의하여 이루어지는 경우와 상속이나 매매에 의한 경우가 있었다. 그리고 無主地에 대해서도 일정한 법규범을 마련하여 소유권의 이전을 허용하였다. 그러나 이러한 경우의 소유권 취득은 영구적인 완전한 것이 못되었기 때문에 그 효력이 미약할 수밖에 없었다. 그리고 相續에 의한 소유권의 취득에 있어서는 당사자의 사회적 신분에 따라 그 내용에 차이가 있었다.

2. 所有權의 喪失 및 回復

(1) 所有權의 喪失

조선시대에 있어서 기존의 所有權을 상실하는 경우로는 沒收, 屬公 및 還屬 등에 의한 경우가 있었다. 몰수와 속공은 실질적으로 아무런 代償이 없이 국가기관에 소유권이 귀속된다는 점에서 큰 차이가 없었던 것으로 보인다. 다만 몰수에 비하여 속공이 이루어지는 경우가 보다 다양한 모습을 보이고 있다. 그리고 還屬은 본래 국가에 속하였던 것을 下賜 등에 의하여 개인에게 永久的 또는 限時的으로 所有權을 부여하였다가 다시 국가의 소유로 귀속시키던 것이다. 결국 몰수는 대체로 범죄행위로 인한 경우가 많았으며, 還屬과 함께 속공의 한 유형이라 할 수 있겠다. 즉 屬公은 주인이 없는 물건이나 臺帳에 등록해야 할 물건이 누락된 것, 禁制品·犯法物·犯贓物 등을 국가의 소유물로 귀속시키던 것이다. 그 가운데 官衙에 소속되는 田地를 屬公田이라고 하였는데, 여기에는 범죄행위로 인하여 몰수된 토지, 회수한 賜田, 功臣田으로서 賤妾子孫이 承重한 자에게 祭田 30結만 주고 남은 것, 기타의 사유로 속공된 전지가 있다. 다음에서 이들 사항에 관련된 것들을 고찰한다.

亂臣들이 소유하였던 토지를 나라에서 몰수한 것을 亂臣田이라 하였다. 이 토지는 대개 공신들에게 賜給하였다. 먼저, 단종 원년에 있었던 癸酉靖難의 결과 역적으로 몰렸던 황보인·김종서·조극관 등의 전지를 몰수하여 공신들에게 등급에 따라 분급하였다.[109] 『세종 116권 29년 5월 11일 신축』에서는, 전라도 나주의 죄수 박양의가 3사람의 남의 가족을 죽였는데, 그 재산을 처단하여 피살자의 집에 주도록 하였고, 문종 원년 죄를 범하여 황해도 各驛에 영구히 소속된 자는 본래 家産을 籍沒하는 죄가 아니므로 그가 고향에서 경작하던 밭은 다른 사람에게 주지 말고 스스로 區處하도록 하였다.[110] 또 『단종 8권 원년 10월 19일 임인』을 보면, 寧陽尉 鄭悰이,

109) 『단종 9권 원년 12월 26일 무신』; 『단종 10권 2년 1월 22일 갑술』.

110) 『문종 7권 원년 5월 11일 무신』: 「議政府據戶曹呈啓, 犯罪永屬黃海道各驛者, 本非

안평대군 李瑢으로부터 증여받은 노비 50구와 가사 1坐를 이용이 죄를 받았으므로 그대로 가지고 있을 수 없음을 아뢰었다. 그것은 안평대군이 이미 죄를 받았기 때문이었다. 단종은 이 일을 政府에 의논토록 하였다. 당상들은 그 전대로 할 것을 주장하였다.

단종 원년, 논죄되는 자가 이미 죄인이 된 자로부터 받은 布貨는 관에 몰수하도록 하였다. 그리고 『단종 9권 원년 11월 25일 정축』에서는, 노비가 內需司에 몰수된 경우 옛주인을 그리워하여 쓸데없는 말을 할 경우 그 사실을 고발한 자에게 범인의 家財를 주었으며,[111] 그 뒤 『영조 22권 5년 5월 20일 갑자』에서는, 역적의 田畓을 忠勳府로 하여금 文籍을 조사하여 일체 적몰케 하였다.

『숙종 37권 28년 윤6월 25일 을사』를 보면, 죄인의 집을 적몰하는 등의 일은 더러 特敎에 의하여 거행하지 않기도 하였던 것 같다. 이 때 東平君 李杭의 家財를 적몰하는 일을 가지고 대신들과 숙종 사이에 의견 대립이 있었는데, 숙종은, 이항의 家産을 적몰하도록 윤허하지 않은 이유를, 이항의 가산에는 인조와 莊烈王后[112]가 하사한 물건도 있는데, 이것을 모두 적몰하는 것은 적당하지 않고, 또 왕자의 전택을 뒤섞어 적몰하여 들이는 것도 매우 옳지 못하기 때문이라고 하였다. 신하들은, 그러면 왕자의 집에 하사하여 준 물건은 구별하여 내어주고, 다만 그 자신의 물건만 몰수하자고 하자, 그대로 따랐다.

앞에서 언급하였듯이, 조선시대에 있어서의 속공은 대개 犯罪行爲나 違法한 賣買 또는 相續人 없는 경우에 이루어졌다. 왕조실록에 나타난 사례를 보면 다음과 같은 것들이 있다. 먼저, 단종 2년 內需所에서, 안평대군 李瑢의 노비는 祖宗 때부터 전해 내려오는 것이므로 마땅히 주살당한 사람을 따르지 말고, 이전의 例[113]에 의하여 屬公해야 할 것을 아뢰자, 그대로 따랐다.[114]

籍沒家産之罪, 其本鄕所耕田, 請勿給他人, 使自區處. 從之」.

111) 『연산군 58권 11년 6월 11일 갑자』: 「傳曰, 凡沒入奴婢, 屬內需司者, 容或有戀舊主, 發不肖之言者, 可令相告, 實者, 給犯人家財」.

112) 仁祖의 繼妃를 말한다.

113) 태종조에 이방간과 이맹종 등이 하사받은 노비는 刑曹都官으로 하여금 本宮에 모두 소

또 『단종 12권 2년 11월 22일 기사』에서, 誠寧大君의 노비 역시, 별도로 제3자에게 하사한 것은 제외하고, 모두 內需所에 還屬시키도록 하였다.

『단종 14권 3년 4월 7일 임오』에서는, 동 3년 4월 7일 이후 모든 공신이 죄를 지어 籍沒되면 하사받은 노비를 모두 다 忠勳府에 소속시키도록 하였다. 그 뒤 『성종 225권 20년 2월 7일 을미』를 보면, 성종 20년 屬公된 私賤이 사실이 애매한 것은 本主에게 돌려줄지의 여부를 의논하게 하였다. 正案에 이미 붙인 것은 비록 오착이 있을지라도 屬公된 것은 전례에 따라 다시 고칠 수는 없지만, 그 사실이 애매한 것은 분간하여 개정토록 하여 모두 그 本主에게 돌려주게 하였으며, 『연산군 31권 4년 윤11월 2일 계해』에서는, 私賤을 빼앗아서 內需司로 소속시킨 일이 있었다. 대간이 여러 날에 걸쳐 부당함을 다투었으나 듣지 않았다. 또 중종 24년에(『受教輯錄』 刑典 公賤條 837항)는 「도망하여 빠진 노비의 全數와 거처 없이 도망한 노비의 진고가 있는 경우에는 상을 준 노비는 도로 屬公시키도록」 하였다. 그 뒤 숙종조에 이르러서는 『숙종 11권 6년 12월 27일 병오』에서, 역적 許堅 등으로부터 적몰한 노비 5백여 명을 忠勳府로 옮겨 보내어, 元勳으로 하여금 여러 功臣에게 다시 분급토록 하였으며, 또 영조 8년에 功臣의 賜牌에 들어있는 官奴婢는 일일이 환속시키도록 하였다.[115]

가축의 속공과 관련해서는, 명종 12년에 「말의 가격이 등귀하여 말 한 필의 값이 포목 6, 70필을 받기에 이르렀으므로 平市署에서 시장의 표준가격을 4등급으로 나누고 경국대전에 규정되어 있는 馬價를 참작하여 1등마 1필의 가격으로 오승목 40필, 2등마 1필에 28필, 3등마 1필에 13필, 4등마 1필에 8필로 정한다. 이 가격보다 중한 고가격으로 받는 자는 한성부와 사

속시켰었다.

114) 『단종 10권 2년 2월 14일 을미』: 「內需所啓曰, 瑢奴婢, 元是祖宗所傳, 不宜從被誅人例屬公, 昔芳幹孟宗等, 受賜奴婢, 令刑曹都官, 刷屬本官, 今瑢奴婢, 請依此例施行. 從之」.

115) 『영조 32권 8년 9월 5일 기축』: 「至是趙文命, 覆啓判下, 其一, 館奴婢推刷時, 受賂用奸者, 該官禁錮, 書吏典僕, 依掩匿公私賤罪, 分輕重照律也, 其一, 每歲館奴婢貢未收居末之守令, 草記拿問也, 其一, 陳告奴婢, 無實而得賞者, 限十年並令還屬, 此後則勿以舊案奴婢施賞也, 其一, 功臣賜牌中, 館奴婢, 一一還屬也, 其一, 館奴婢貢木, 依舊典以男一疋半, 女一疋, 改定式也」.

법관아에서 적발하여 制書有違律의 규정을 적용하여 처단하고 마필은 국유로 귀속116)시키도록」 하였으며, 田畓에 대해서는, 숙종 46년의 수교(『新補受教輯錄』 刑典 屬公條 998항)에서 「목장 내에서 田畓을 상송하는 경우에는 일체 수리하지 아니한다. 수령으로서 위법으로 聽理한 경우에는 모두 考律하여 勘斷하고 전에 이미 처결된 사건인데 私田으로 만든 경우에는 모두 公田으로 환속토록」 하였으며, 영조 8년의 수교(『新補受教輯錄』 刑典 屬公條 999항)에서는 「逆家의 노비를 屬公한 지 3년이 지난 경우에는 비록 上言呈卞이 있다 하더라도 일체 수리하지 못하도록」 하였다.

그런데 屬公이 위와 같이 무제한적으로 이루어진 것은 아니고, 일정한 경우 제한하는 조치를 취하기도 하였다. 즉 『중종 26권 11년 11월 6일 계미』를 보면, 「憲府啓李瑠崔有毒, 及寺社奴婢田地, 勿論王牌, 盡令推刷屬公事. 傳曰, 寺社奴婢傳地, 不可盡令屬公, 其祖宗朝有王牌處外, 皆可推刷屬公餘不允」, 즉 寺社의 노비와 전지를 王牌 유무를 막론하고 모두 추쇄하여 속공할 것을 아뢰자, 중종은 모두 속공하는 것은 불가하다고 하고, 다만 조종조에 왕패를 내린 곳 이외의 것은 모두 추쇄하여 속공하도록 하였다. 그러나 『중종 26권 11년 12월 8일 을유』에서 대신들이 다시 속공하기를 아뢰자, 마침내 맨 처음에 賜與한 수만큼만 두고, 그 동안 늘어난 나머지 자손은 모두 속공하도록 하였다. 그 뒤 『중종 2권 2년 4월 7일 경진』에서 禪宗과 教宗의 노비와 전지를 모두 內需司로 이속시켰으며, 또 『중종 39권 15년 4월 24일 신사』에서는, 「전일 判付에 무릇 대군·왕자군·공주·옹주에게 내려준 노비를 봉사자 외에는 도로 본사에 붙이라 하였으나, 애초의 賜牌 때에는 영세토록 전할 것이라 하였는데 後嗣가 없다 하여 屬公하는 것은 옳지 않은 듯하다. 후사가 없더라도 반드시 侍養 또는 收養한 자가 있을 것이며, 辛酉年(연산군 7년, 1501)에 국가가 노비를 많이 가지고자 하였으므로 속공시켰으나 이것은 祖宗의 법이 아니니, 속공하지 말고 恒式으로 삼도록」 전교함으로써 속공을 제한하였다.

『숙종 4권 원년 9월 18일 계묘』에서, 安州의 漁船을 明禮宮에 환속시

116) 『詞訟類聚』 屬公條 『명종 12년 2월 25일』의 教命 참조.

키도록 명하였는데, 여러 대신들이 불가하다고 하였다. 결국 본래의 어선은 그대로 환속시키고, 다른 곳의 배를 安州에 바꾸어 주도록 하였다.

屬公에 관한 성문법규정을 보면, 『經國大典』 刑典 禁制條에서는 「私奴婢·田地, 施納寺社, 巫覡者, 論罪後, 其奴婢·田地, 屬公」, 즉 「私奴婢나 田地를 寺社나 무당에게 갖다 바친 자는 처벌한 뒤에 그 노비와 전지는 국유로 귀속시킨다」고 하고, 『大典續錄』 戶典 雜令條에서는 「窺避徭役, 將所耕田, 暗錄他人名字者, 其田屬公. ○凡屬公限當奴婢接處及子枝, 無遺推刷, 訟案並錄, 屬公後, 隨卽續案施行. ○犯罪人屬公奴婢, 本係公賤, 則各還其司. ○私賤爲僧者, 不受度牒, 或犯罪還屬, 而本主惑於佛敎, 不卽長髮者, 推考屬公賤」, 즉 「賦役을 모면하기 위하여 자기가 耕作하는 田地를 몰래 남의 명의로 등록한 자의 전지는 국유로 귀속시킨다. 官奴婢로 番上할 期限이 된 모든 노비의 거처와 그 자손들은 빠짐없이 찾아내어 訟案과 함께 문안에 등록하여 屬公시킨 뒤에 즉시 續案에 등록 시행한다. 무릇 범죄인과 관노비로 정속된 자가 본래 공천에 속한 자이면 각각 그 관사에 돌려보낸다. 私賤으로서 중이 되어 도첩을 받지 못하였거나 또는 범죄하여 속인으로 환원시킨 자를 본주인이 불교에 현혹하여 즉시 두발을 기르게 하지 아니한 자는 추문조사하여 公賤에 편입시킨다」고 하였다.

그 밖에도 補充軍의 屬公[117)]·衛護奴婢의 屬公[118)]·本宮奴婢의 還屬[119)]·宗親에 대한 還屬[120)] 등의 경우가 있었다.

---

117) 세종 4년 형조에서 아뢴 바에 따라, 各色 補充軍들이 맨 처음 定屬할 때에 누락되어 形止案(奴婢名簿)에 들지 아니하고 閑役에 있는 자는, 그 전에 역사하던 본주에게 돌려주고, 여러 양반의 婢妾이 낳은 자손으로 일정한 기한 안에 현신하지 아니하고 뒤에 발견된 자는, 관청의 소속으로 하였다(『세종 16권 4년 6월 23일 무신』).

118) 일부에서 先祖의 노비를 衛護奴婢라고 하며 선조의 신으로 하여금 무문의 집에 기식하게 하여 폐단이 일자, 나라에서는 급히 무당을 폐지하고, 만일 기도할 일이 있는 경우에는 조정의 신하를 보내어 禮로써 제사하게 하였다. 그리고 백성들로 하여금 무당과 박수의 무리를 가까이 하지 말도록 하고, 무당의 집에 있는 衛護奴婢를 모조리 속공함으로써 무당·박수의 풍속을 근절시키고자 하였다 (『세종 45권 11년 9월 30일 계유』).

119) 세종 11년 本宮의 노비는 私家의 예와 같은 것이 아니므로, 비록 이미 각 관사의 正案에 付記된 자일지라도, 만일 그가 本宮의 奴婢라는 것을 알게 되었을 때에는 본궁에 귀속토록 하였다. 「傳旨刑曹, 本官奴婢, 非私處之例, 雖已付各司正案者, 若審知爲本

(2) 所有權의 回復

일단 소유권을 상실하였다가 다시 되찾는 경우로서 일반적인 것은, 본래의 소유권자가 자신의 奴婢를 刷還하는 것이 있었다. 쇄환이란 제자리에 도로 데려다 놓는다는 뜻으로서, 본래 평안도·함경도 및 제주도는 백성이 적었기 때문에 이 곳의 주민들이 다른 곳으로 흩어져 갔을 때 일일이 조사하여 다시 귀환시켰는데, 이를 刷還이라고 하였다. 또한 외국으로 간 백성을 다시 귀환시키는 것도 쇄환이라 하였으며, 본적에서 이탈한 자를 제곳으로 옮겨다 놓는 것에도 쇄환이란 용어를 사용하였다. 또 『중종 58권 21년 12월 19일 정묘』에서는 娼妓와 官妓를 본래의 신분으로 되돌린다는 뜻이었다. 이 노비의 쇄환은 쇄환하는 쪽에서는 소유권의 취득이 될 수 있지만, 쇄환당하는 상대편 입장에서 볼 때는 소유권의 상실이 되기도 하는 것이었다. 또한 조선시대에 있어서 신분의 변동은 곧 소유권의 변동과 연관을 가질 수밖에 없었음을 다시 한번 밝혀둔다.

먼저, 노비의 쇄환에 관한 것으로는, 중종조에 兩界의 娼妓와 官婢 등은 이미 贖身하였다 하더라도 일체 刷還시키는 법을 제정하였다. 이것은 法司가 양계를 중요하게 여겼기 때문이었다. 領事 鄭光弼이, '從良法은 『經國大典』에 실려 있다. 그런데 이미 종량된 자와 서울에 와서 태어난 자까지 아울러 쇄환시키는 것은 종량법을 무너뜨리는 것'이라며, '사대부가 여러 해 동안 데리고 살던 첩과 그 첩의 소생자들을 하루아침에 모조리 쇄환시키는 것은 합당하지 못하다. 그 중에서 守令·僉使·萬戶 등이 奉足이라 핑계하여 데리고 온 자들은 刷還시켜야 한다'는 의견을 내었다. 이 문제에 대하여 여러 대신 사이에 논의가 있었으나, 결국 사대부들의 庶子를 모두 刷還하는 것은 온당치 못하다고 하여, 중종은, 「刷還節目에는 본래 나이 50이 된 자

官奴婢, 則決屬本官」(『세종 45권 11년 9월 2일 정묘』).

120) 세종 12년, 종친이 법을 범한 경우 攸司에게 다스리게 하는 것은 마땅하지 못하다 하여, 職牒과 丘史 및 田土 등을 모두 거두고 집 밖으로의 출입을 통제하였다가, 허물을 고친 후에 도로 爵祿을 주도록 하는 것을 定式으로 삼았다 (『세종 48권 12년 6월 18일 정해』).

는 刷還시키지 않는다고 하였는데, 하물며 서울에서 낳아 기른 자식들을 쇄환하는 것은 더욱 온당치 못한 것이며, 서울에 와서 낳아 기른 자는 이미 그 곳 사람이 아니니 刷還시키지 말라. 그러나 그 어미가 데려가기를 원하는 경우에는 금할 필요가 없다」는 전교를 내리는 것으로 결론을 내렸다.[121)]

또 현종 15년(『受敎輯錄』 刑典 公賤條 835항)에는 「窮殘한 사족의 따위가 州・郡의 奴役을 희망하여 뇌물을 내사인에게 받치거나 내수사의 노와 결탁하여 投打하는 우려가 있는바, 이와 같은 극단의 예가 있으면 진고한 노비가 시비를 밝혀 辨分하여 그 본주인에게 돌려주도록」 하였다.

다음으로, 田地나 家舍의 쇄환과 관련해서는, 성종조에 여러 역의 馬位田은 立馬人에게 주어서 경작하도록 하였는데, 문종 때에 이 驛田을 서로 轉賣하여 驛路가 彫弊해지자, 성종 7년에 종전에 轉賣한 文書에 기재된

---

121) 『중종 58권 21년 12월 19일 정묘』: 「聽啓覆, 領事鄭光弼曰, 兩界娼妓官婢等, 雖已贖身, 一切刷還事, 已立法, 此法司, 以兩界爲重而然也, 但從良之法, 載在大典, 今幷與其已從良人及在京生長者而刷還, 則似毁從良之法也, 申用漑, 嘗欲廣從良之法而未及施也, 士大夫累年率居之妾, 及生長子枝, 一朝並令刷還, 則其於事體, 恐未合也, 如守令僉使萬戶等, 或託奉足而率來者頗多, 此則刷還可也, 執義柳潤德曰, 兩界人物耗少, 而朝官及守令僉使萬戶等, 非徒爲妾, 或有託有奴婢, 而潛相率來, 以致人物, 日就彫殘, 故議定刷還, 非毁大典之法也, 此立法而郎改未便, 法立後宰相之人, 尙有不送還者, 甚爲非矣, 刑曹判書韓亨允曰, 八道之中, 兩界人率來者尤多, 至如軍官, 亦皆率來, 潛圖從良, 從良則其一家人, 皆免官役, 故一人出來, 則數十人閑遊, 況土居一人, 不如徙民之數十, 若弛刷還之法, 則兩界官屬, 日就殘弊, 雖朝官宰相作妾者, 無有刷還可也, 潤德曰, 贖身者, 雖刷還本土, 亦爲良人, 不可還賤, 吏曹判書許?曰, 有及良民之法, 故持一紙散級者, 雖賤人子女, 皆得從良, 而其所代役者, 未能安接, 旋卽逃去, 監司巡行, 推刷代役之人, 則皆託以物故, 疑有詐術, 今此刷還之法, 合於實邊, 但其到京生産子女, 則不可並還, 右贊成洪淑曰, 外方之人, 雖非其父, 或以良人, 假爲其父, 皆圖從良, 如兩界女妓等, 以其土官, 冒稱其父, 從良免役, 此弊役多, 然曾已贖身, 若並與其予枝, 一切刷還則, 甚未便也, 上曰, 當身則已矣, 士大夫庶産, 一朝擧皆刷還, 非徒未便, 其與事目, 亦異矣, 到京生長者, 已非其土之人, 不可並令刷還也, 下司憲府啓目曰, 兩界人民彫弊, 今後勿令率來, 但到京生産者, 若皆刷還, 必爲騷擾, 且此言, 年滿五十者, 不發還云, 況此處生長子枝乎, 子枝勿令刷還, 若其母願率, 則不必禁也, 傳曰, 大臣有言, 用及良民三字之法, 故從良之路廣云, 我國之法, 以一人之言立之, 以一人之言毁之, 然知其有弊, 改之無妨, 此廣從良之路, 本意則是, 但近見掌隷院所決, 率多從良事也, 以此, 公賤日就彫殘, 前日削去三字之時, 朝廷必不偶然議定, 此法便否, 其命政府議啓」.

땅은 입마인에게 돌려주도록 하였다.[122] 또한『인조 12권 4년 3월 21일 갑자』에서는「且各官奴, 婢圖屬於寺奴婢, 而托稱賜牌, 任意冒占, 至於逆家奴婢, 多是叛主投托之類, 而不計本主文券, 混稱逆家之物, 竝爲受出, 亦甚無謂, 當今聖明勵翼, 群工畢力, 而有此云云之說, 病國害民, 實由於此, 民心怨苦, 不言敢怒, 自古焉有庶民不安而能保其國者乎, 請令該曺, 詳細査出, 其橫奪之物, 從文券還給本主, 各官奴婢之移屬各司者, 亦令覈還本役, 勿定賜牌事, 申明擧行, 一以祛冒占之弊, 一以慰倒懸之民, 答曰依啓, 各司移屬奴婢, 已爲賜給, 不必還定本役, 累啓, 始從之」라고 하여, 인조반정 이후 各司로 투탁한 奴婢와 적몰한 家財 가운데 본래 개인의 것으로서 逆賊들에게 강제로 빼앗겼던 것들은 모두 그 文券을 상고하여 본주인에게 돌려주도록 하였다. 그러나 이미 各司에 이속된 노비는 이미 내려준 것이라 하여 다시 본역으로 환원할 것까지는 없다고 하였다. 그 뒤『숙종 7권 4년 7월 24일 임술』에서「諫院启請, 黃海道信川郡聲月坊地宮家築堰處, 令本道, 詳査有主田土, 一從文券還給本主. 答曰, 信川築筒旣已區別民田, 勿煩. 連十八啓, 因大臣言始允」, 즉 사간원에서 황해도 信川郡의 聲月坊 땅에 궁가에서 堤堰을 쌓는 곳을 본도로 하여금 상세히 조사시켜, 주인이 있는 전토는 한결같이 文券에 따라 本主에게 돌려줄 것을 18차례나 아뢰자, 마침내 윤허하였다.

(3) 小　結

이상에서 인간의 사회적 신분이 변화함에 따라 그에 대한 법률관계 역시 변화하는 여러 모습들을 보았다. 그리고 소유권을 상실하거나 그것을 회복하는 데 있어서 소유권자 본인의 의사가 그렇게 강하게 작용할 수 없었음을 보았다. 이와 같이 소유권이 쉽게 생겼다가 쉽게 변경·소멸하였다는 사

122)『성종 72권 7년 10월 1일 신미』:「兵曹據泉南驛吏金尙元等上言啓, 諸驛馬位田, 給付立馬人耕食, 乃國家立法本意也. 近來驛田, 私相轉買, 因此, 驛路彫弊, 甚不可, 請禁之, 在前轉買案付田, 並令還給立馬人, 且驛吏之役, 艱苦倍他, 蠲減貢賦外雜役, 何如. 從之」.

실에서 당시의 소유권 관념이 오늘날의 그것만큼 강력하지 못하였으며, 또한 소유권이라고 하여 모두 똑같은 법적 힘을 가졌던 것이 아니라 그 대상이나 소유주의 환경에 따라서 각기 다른 내용을 내포하고 있었던 것으로 생각된다. 이러한 까닭으로 소유와 점유의 구별 역시 확연하다고 단정하기는 어렵다고 할 것이다.

소유권이 상실되는 경우 역시 매우 다양하였는데, 沒收나 屬公에 의한 경우가 많았다. 당시에는 아직 민·형사의 분화가 발달하지 못하였기 때문에, 민사적인 사유가 아닌 형사상의 범죄행위로 인하여 소유권이 자연히 상실되었다는 점에서, 조선시대의 소유권의 성질과 효력을 엿볼 수 있다. 그렇지만 이러한 소유권의 상실은 형사상의 사유가 소멸되는 때에는 쉽게 회복되었다. 이러한 사실로 볼 때, 당시에 있어서는 아직 財産權에 대한 私有意識이 미약하였음을 알 수 있다.

제3절 所有權의 證明[123)]

1. 一般的 考察

(1) 所有權의 證明方法

조선시대의 토지소유권은 오로지 文書에 의해 確定되고 立證되는 것이 原則이었으며, 이러한 법과 관행은 철저히 遵守되었다. 조선시대에 있어서 토지소유권은 국가에 의해 確定·保護되었으며, 紛爭이 발생한 때에는 그

123) 이 부분에 관해서는 이미 朴秉濠·崔達坤 두 분의 선행 연구가 있다〔박병호, 『한국법제사』, (법문사, 1974), 36면 이하; 최달곤, 「조선전기의 전계문기에 관한 법」, 『민사법학의 제문제(김용한교수 화갑기념논문집)』(박영사, 1990), 517～540면〕. 이 글에서는 두 분의 연구를 참고로 하여 필자가 별도로 찾아낸 실록의 記事를 보완하는 방법으로 구성하였다.

에 대한 解決基準이 마련되었다. 이러한 것들로는 田案·量案·收稅案·衿記 등의 公簿와 權原書類와 같은 사적인 것이 있었다.

量案은 土地臺帳의 일종으로서 매 20년마다 토지를 측량한 후 5통을 작성하여 호조·道·邑에 각각 1통씩 보관하였는데, 여기에는 田畓의 소재지·字號·위치·등급·形狀·면적·四標 및 所有主 등이 기록되었으며, 田籍 또는 田案이라고도 하였다.[124] 이것은 國家中心의 財政確保가 主要目的이었다.[125] 양안 작성을 위한 土地測量은 개인별 토지소유에 따라 하지 않고 하나의 面, 나아가 하나의 郡을 單位로 하여 측량하였다. 여기에는 하나의 지점에서 시작하여 千字文의 순서로 다른 지점에서 끝날 때까지 모든 田畓이 5결 단위로 순차적으로 기록되었다. 이렇게 하여 작성된 量案에는 해당 土地의 番號, 模樣, 等數, 길이, 面積, 四標, 所有者의 이름을 기록하여 토지의 실태를 파악함으로써 이를 토대로 하여 세금을 징수하고 동시에 소유권을 입증하는 가장 基本的인 수단으로 취급되었다.

토지소유자는 토지의 양에 따라 전세를 납부하고 貢賦 등을 부담하였다. 그러나 양안만으로는 개개인이 어느 정도의 토지를 소유하고 있는지 완전히 파악하기 어려웠다. 이 때문에 官廳에서 따로 個人別土地所有를 기록하여 두었는데, 이를 「收稅案」·「衿記」·「馬上草」·「名字冊」 등으로 부르고, 때로는 이들 公簿에 의하여 所有權을 立證하기도 하였다. 일단 양안에 기재된 자는 소유자로 確定된 자로서 보호를 받았으며, 또한 토지를 측량할 당시에 소송중에 있는 토지는 곧 소유권자를 결정하여서 기재하였으며, 만일 빨리 결정하는 것이 불가한 경우라면 現在의 占有者를 臨時로 「時執」(현재의 점유)이라고 기재하였다가 그 뒤에 소유자가 確實해지면 「時執」이란 名義에 불구하고, 勝訴者에게 토지를 주도록 하였다. 眞正所有者

124) 양안에 기록되지 않은 전지를 量外田土하고 하였고, 또 전지대장에 등재되어 있지 않은 전지를 기경한 것을 量外加耕田이라고 하였다. 그리고 양전할 때에 황무지로 되어 있던 전지가 다시 起耕된 곳을 量陳還起處라고 하였다.

125) 量田事業은 조선 초기부터 논의되어 세종조에 이르러서는 거의 완성단계에 도달하였다. 그 뒤 『經國大典』 戶典 量田條에 구체적인 내용이 명문화되고, 뒤에 『續大典』 戶典 量田條에서 더욱 자세하게 규정되었다.

몰래 名義를 登錄한 자는 全家徙邊의 형에 처하였다.

이러한 절차를 거친 土地를 賣買할 때에는 양안에 기재된 대로의 地番, 面積, 四標를 표시하였으며, 토지소송에서 양안의 名義人이라고 주장하면 양안에 따라 결정하고, 당사자의 주장과 양안의 기재가 일치할 경우, 그 기재를 絶對有效한 것으로 인정하여 판단하였다. 만일 양안이 작성된 지 수십 년이 경과, 그 동안 토지가 여러 차례 매매됨으로써 양안의 명의인과 현재의 소유자가 일치하지 않는 경우에는 각자의 양안으로부터 현재에 이르기까지의 權利移轉을 立證할 文書를 제시하도록 하고, 재판관은 그 所有權이 이전되는 과정의 合法性을 조사함으로써 소유권자를 판단하였다. 이러한 사실로 볼 때 量案이 最初의, 가장 오래된 토지소유권증명제도이었음을 알 수 있다.

왕조실록의 기사 가운데 양안과 관련해서는, 『세종 11권 3년 1월 12일 을해』에서 「戶曹啓田案已成之後, 曾受田而未滿科者, 與新從仕而未受田者, 以閑田給之, 或妻遆受夫田, 或子孫遆受祖父田, 更相折給而不釐改, 因此田案不明, 願自今, 每三歲取都田單字, 令受田者, 具錄其所受田數字號, 納于本曹, 以正田案, 如無故而不及限者, 或書不以實而瞞官者, 奪所受田, 許他人科受, 上命勿奪田, 以違令論」, 즉 田案이 이미 완성된 뒤에 일찍이 토지를 분배받았어도 한도에 차지 않는 자와 새로 벼슬하고서 토지를 분배받지 못한 자는 閑田을 주게 하고, 아내가 남편의 토지를 인계받던 것이나 자손이 祖父의 토지를 인계받던 것은 다시 서로 돌려주어 교정하여 고치지 아니하였으므로, 전안이 분명하지 아니하자, 이후로는 3년마다 總土地原帳(都田單子)을 가져다 토지를 배당받은 자에게 그 結數와 字號를 다 기록한 후 호조에 바치도록 하여 田案을 정확하게 할 것을 주장한 일이 있다.

그런데 양안은 물론 收稅案과 같은 公簿에도 소유자의 변동사항이 기재되지는 않는다. 현재의 소유자만이 공시될 뿐이다. 따라서 개인은, 보통의 경우에는 立案·立旨·完文 등 관청에서 발급한 證明書[126]나 私文書인

126) 立案 가운데 斜給立案은 土地賣買의 경우에 받았고, 決訟立案은 判決文을 말한다. 完文은 權利確定證明書의 일종이었고, 立旨는 權利文書에 대신하는 官廳發給文書로

分財記·文記를 가지고 자신의 소유권을 입증하였다. 관청에서 발급한 문서들의 證明力은 絶對的이었다. 따라서 만일 원고와 피고가 모두 官廳의 文書를 가지고 있는 경우에는 다른 傍證을 비롯하여 量案도 참고하였다. 이와 같은 官廳文書도 없는 경우에는 分財記(相續文書)나 遺書(贈與文書) 또는 去來文書(賣買文書)를 가지고 입증하였다. 이 때 재판에서는 權利의 來歷을 더 오래 遡及하여 立證하는 자가 승소하였다. 또 아무런 文書도 없는 경우에는 3인의 이웃사람이 立證하도록 하고, 三切隣이 不可한 경우에는 現在 占有하여 耕作하고 있는 者가 所有權者로 되었다.

(2) 立案制度와 所有權의 證明

매매나 상속 등으로 인한 소유권의 이전에 있어서 그 권리의 이전이 합법적이고 진실한 것임을 증명하는 방법이 바로 文記의 작성이다. 또 일반 개인 사이에 작성된 문기를 告官하여 그 관청의 公證을 받는 것을 立案이라고 하였다. 이 立案節次를 거친 문기를 官署文記라고 하고 그렇지 않은 것을 白文文記라고 하였다.[127)]

이 제도는 토지·가옥의 매매, 기타의 변동에 관하여 강제적 또는 임의적으로 거래행위를 규율하여 왔으며, 아울러 국가적으로도 세심한 관심을 가지고 이행되었다. 자세한 것은 項目을 바꾸어, 이러한 문기의 의의·종류

서, 이를테면 土地를 買入할 때에 ① 토지를 매입하고도 權利文書를 받지 않은 경우, ② 權利文書가 내용을 알아볼 수 없을 정도로 損傷·紛失·消失되어 자기의 권리를 입증할 수 없는 경우에는 官廳에서 그 事實을 確認하여 발급하였다. 이러한 입지를 얻으려면 먼저 訴狀을 提出하고 三切隣을 證人으로 세워야 했으며, 관청에서 사실을 확인한 후에 訴狀 끝에다가 그 事實을 確認한다는 뜻을 記載하고, 이에 덧붙여 官印을 捺印하여 신청인에게 수여하였다. 그러나 이것은 立案이나 完文처럼 絶對的 效力이 있는 것은 아니었고 단순한 確認書에 지나지 아니하였다.

127) 조선시대 말엽까지는 오늘날과 同一한 不動産의 物權變動을 공시하는 제도인 등기제도는 존재하지 않았다. 그러나 土地·家屋 등의 소유권이 인정되었고 변동이 허용되는 한, 국가적 합목적적 요청과 권리관계의 안정을 위하여는 필연적으로 공증제도가 요청되었다. 조선조에는 國初부터 1893년(고종 30년)까지 약 500년간 立案制度가 행해졌다. 朴秉濠, 『韓國法制史攷』(법문사, 1974), 36면 참조.

및 그 方式과 節次에 관하여 王朝實錄에 실려 있는 資料記事를 통해 구체적으로 살펴보도록 한다.

1) 賣買와 立案制度

文記에 관한 立案制度는 조선초부터 행해졌는데, 토지매매의 경우는 토지의 매매가 처음으로 공인된 세종 6년부터라고 할 수 있다. 즉 이 때의 경기감사의 啓聞[128]을 보면, 토지나 가옥의 매매 후에는 稅契·過割의 절차[129]를 밟아야 했다. 稅契節次는 手數料인 稅錢의 납부절차였고, 過割은 토지매매 후에 하는 地籍의 名義變更節次였다.[130] 이는 이후 甲辰年(세종 6년, 1424)의 受教에 의하여 『續典謄錄』[131]放賣田地覈實條로 명문화되었다. 다만 稅契節次를 밟지 않은 者가 매매한 田은 沒官한다는 점에서 『大明律』의 규정과 달랐다. 그러나 『세종 92권 23년 3월 13일 정미』에서, 이 규정은 大明律의 규정에 반하므로 不稅契者가 매매한 田은 沒官하지 않기로 하였다. 이 記事의 내용상으로는 田籍의 名義移轉은 買受人이 하도록 되어 있었던 것 같다. 그러나 비록 매매를 한 후에 立案節次를 밟도록 하였으나, 그 期限에 관하여는 명확한 규정을 두지 않았다. 甲辰年(세종 6년)의 수교에는 「其年限, 放賣田宅從明文決給」이라고 했을 뿐이고, 續典謄錄에는 아무런 규정도 없을 뿐 아니라, 매매 후에 입안을 받지 않으면 期間을 불문하고 賣買한 田地를 沒官하도록 하였다. 그리고 『세종 107권 27년 1월 11일 을유』를 보면, 「議政府據刑曹呈啓, 凡買賣田地, 不稅契不過割者, 依律文施行之法, 已曾受教, 然無定限不論久近, 一切沒官, 甚者勤令人吏訪問陳告, 沒爲屯田, 甚違守令委任字牧之義, 自今過三年不稅契不過割者, 方依律文施行, 所沒田地, 報監司以給貧民, 其已曾沒官田地, 亦考續典州

---

128) 『세종 23권 6년 3월 28일 갑진』 참조.

129) 조선초에 대명률을 의용하면서, 조선의 전통적 규범이나 관습을 고려한 경과적 조치가 많지 않은데, 大明律直解 戶律 典賣田宅條에는, 稅契는 매매문기와 함께 稅錢을 관에 납부하여 官斜를 받는 것으로 해석하였고, 過割은 매도인이 親相授受하는 것으로 해석하였다.

130) 朴秉濠, 『韓國法制史攷』, 37면, 註1 참조.

131) 『續典登錄』은 세종 8년 11월에 李稷 등이 修撰한 新撰六典及謄錄을 말한다.

顯屯田給卜之數, 如有過者, 竝皆刷出, 以給貧民. 從之」, 즉 토지 매매 후 3년 안에 立案을 받지 않으면 그 토지를 몰관하도록 하였다. 여기서 3년의 期限이 어디에 근거한 것인지는 알 수 없으나, 아마도 몰관의 폐단을 제거하고 입안제도를 활성화하기 위한 조치였던 것으로 보인다.132)

이러한 입안을 성급하는 경우에는,『세종 29권 7년 8월 30일 병신』을 보면, 隣里人을 관사로 출두시켜 매매의 성립에 하자가 없는가를 조사한 후에야 비로소 성급하도록 하여 그 발급에 신중을 기하였으며, 또한『성종 20권 3년 7월 16일 신해』에서는 입안을 斜給하는 데는 財主·證筆人을 供招하여 그 眞僞 여부를 조사하도록 하여 그 조건을 더욱 엄격하게 하였다.

이러한 과정을 거친 입안제도는 뒷날『經國大典』戶典 買賣限條에 입법화된다.『經國大典』戶典 買賣限條에서는「田地家舍買賣, 限十五日勿改, 並於百日內, 告官受立案. 奴婢同」이라고 하여, 토지·가옥의 매매에는 백일 내에 입안을 받도록 하였는데, 이에 따라 3년의 기한이 백일로 단축되었으며, 또『經國大典』刑典 私賤條에는「凡買賣奴婢告官, 私和買賣者其奴婢及價物並沒官…若盜賣則價物徵於盜賣者, 田宅同」이라고 하여,「관의 입안을 받지 않는 경우에는 토지·가옥과 그 매매대가를 몰수한다」고 하였다.

2) 相續과 立案制度

조선시대에 있어서 문기는 官署文記를 原則으로 하였다. 官署文記는 반드시 官의 認證을 받아야만 비로소 유효한 것으로 취급되는 文記를 말하며, 이것은 稅契文券이라고 불리기도 하였다. 여기서 官署는 財主 所在地의 官廳이 文記의 진정 여부를 심사·확인하여 주는 일종의 行政行爲였다.『태종 9권 5년 4월 10일 을해』의 입법 내용 가운데「傳得者는 4년 이내에 신고하여야 하고 해당 관청은 財主·證人·筆執者의 答書에 의거하여 사실을 조사한 다음 立案成給하여 준다」는 것이 바로 官署의 節次이다. 또한 이 입법에서는「財主가 文記만을 작성하고 사망한 경우에는 侍病한 친족이나 노비를 불러서 진정 여부를 조사한 다음 立案成給하여 준다」는 불가피

132)『태종 9권 5년 4월 10일 을해』에서는「不過四年」이라고 하였다.

한 예외를 인정하였다. 위의 내용은 經國大典에도 그대로 채택되었다. 다만 신고기간을 4년에서 1년으로 단축한 것이 다를 뿐이었다.[133] 立案과 관련하여 자세한 것은 다음 항목에서 고찰한다.

管轄이 財主所在地의 官廳이었음은 『세종 97권 24년 8월 28일 을묘』에서 「議政府, 據刑曹呈啓曰, 今之世俗, 當昏昏之時, 以奴婢多寡, 爲家風高下, 故人人務得, 爲心恬不爲怪. 僥利者, 將已奴婢, 投權納賂, 貧得者, 任情亡義, 市權受賂. 廉恥道喪, 風俗之敗, 職此之由, 請自今大小朝官兩班子弟等, 衆所共知收養侍養, 及同姓親異姓親妻親並限四寸外, 奴婢受贈, 一行禁約, 如有違法贈與, 則與者受者並皆論罪, 受者以贓吏論, 其奴婢沒入于官, 於違法許與, 執筆證保人, 並依律論罪, 當該官吏, 不能檢擧者, 以知非誤決論, 且大小官吏, 執政時受贈奴婢, 亦皆沒官. 從之」라고 하여, 그 사실이 확인되는데, 이는 『經國大典』 刑典 私賤條에서 「○田宅同. 各其所居處告官, 有相避者移他官」라고 규정하여 그대로 채택된다.[134]

입안의 절차와 관련하여 『세종 47권 12년 2월 26일 정유』를 보면, 노비와 재물을 전해 받은 사람이 財主의 소재지 관에 알리지 않고, 京外에서 서로 告狀을 교환하며, 관에서도 또한 사실을 조사하지 않으므로 쟁송이 더욱 번거롭게 되었다. 이에 형조의 청에 따라, 노비와 재물의 傳繼文書는 반드시 재물의 주인이 살고 있는 관에 告狀을 내고, 관에서는 문서에 의하여 證人과 그 문서의 執筆者 및 財主를 자세히 물어본 뒤에 문서를 만들어 주게 하여 앞으로의 쟁송하는 폐단을 막도록 하였다.

그리고 노비를 상속받는 경우에도 반드시 입안을 받도록 하였음이 『태종 9권 5년 4월 10일 을해』의 기사에서 나타나고 있다. 또한 토지의 매매에 대해서도 『세종 47권 12년 2월 14일 병술』에서 노비상속의 경우에 이에 준하도록 하였다. 그리고, 觻里人은 물론 證人·筆執人도 친족과 隣理의 有職者 2, 3인 이상이 입증하도록 하였다.

---

133) 『經國大典』 刑典 私賤條: 「傳得奴婢者, 期年內告官受立案. 若財主成文契而死者, 召侍病親族或奴婢閱實給立案」.

134) 한편 賣買에 대한 官署節次에 관하여는 『經國大典』 戶典 賣買限條 및 『성종 20권 3년 7월 16일 신해』의 受教 참고.

입안을 성급받아야 하는 기한에 대해서는, 相續의 경우『經國大典』刑典 私賤條는「傳得奴婢者, 期年內告官受立案, 若財主成文契而死者, 召侍病親族或奴婢, 閱實給立案, 田宅同」이라고 하여, 매매와 달리 1년 안에 입안을 받도록 하였다.

또한『經國大典』禮典 立案式條에는 立案의 方式을 규정하였는데, 여기에는 立案日字·立案官廳名·立案私有·當該官의 署名을 기록하게 되었으며, 이것이 관에서 교부하는 최종의 立案形式이었다. 立案의 구체적인 節次는 숙종 26년 12월의 漢城府의 立案例에 잘 나타나 있다.135)

3) 經國大典 以後의 立案制度

이러한 입안의 신청기한에 관하여는 전택·노비 모두 백일로 되어 있는데, 입안을 신청하는 소장의 제출과 이에 대한 입안성급기한에 관하여 해석상 논의가 있었다. 먼저『성종 202권 18년 4월 24일 계사』를 보면, 노비의 相續立案에 관하여 논의가 되었는데, 즉 경국대전을 시행한 지 19년 뒤인 성종 18년에, 입안을 신청한 뒤 1년 안에 입안을 성급받지 못하면 어떻게 되는가? 韓明澮 등은 문리해석에 충실하여, 반드시 1년 안에 고관하여 입안을 받아야 한다고 주장하였고, 洪應 등은, 1년의 기한은 訴狀의 제출기한을 뜻하며, 또한 오랫동안 이와 같이 시행해 왔으므로 1년 안에 소장을 제출하는 것으로 족하고, 입안의 성급 여부는 1년이란 기한과는 무관하다고 하였다. 성종은 후자를 따랐다. 이러한 기한에 대한 해석은 매매의 취소기한에도 마찬가지였으며, 또한 모든 소송기한의 해석에 있어서도 마찬가지였다. 그리하여 마침내『성종 244권 21년 9월 8일 정유』에서, 기한 안에 소장을 제출하기만 하면 1년을 경과하더라도 입안을 성급하도록『大典續錄』刑典 私賤條에「凡奴婢買得及傳得文記, 限內告官, 則雖在期年後, 並給立案, 田宅同」이라고 명문화되었다.

그런데 여기서 주의할 것은 田宅·奴婢의 賣買에도 適用하도록 하였다는 점이다. 이와 같았다면 분명히 戶典 賣買限條의 규정을 修正하는 것

135) 朴秉濠,『韓國法制史攷』, 40-41면 참조.

이 된다. 그렇다면 이것은 乙丑年(세종 27년)의 수교에서와 같이 3년 안에 입안을 받도록 한 것과 관련시켜 볼 때, 매매의 경우에도 역시 1년 안에만 소장을 제출하면 비록 1년이 경과하더라도 입안을 성급하였음을 알 수 있다. 또한 중종 16년에, 2년 안에 소장도 제출하고 입안도 성급받도록 『大典後續錄』 刑典 決訟日限條에 「續錄內, 凡傳得買得奴婢, 限內告狀, 則雖在期年後, 並給立案之法, 須要定限, 期年後過一年則勿聽. 田宅同」이라고 명문화되었다.[136]

이것은 소장의 제출과 입안의 성급기한에 간격을 둔 것은 決折立案과 같이 소장제출 후에 매매의 당사자가 증인·필집인의 출두에 의한 審理의 개시에 시간적 여유를 주기 위함이었다. 즉 소장을 제출한 후 기한 안에는 당사자나 관의 편의에 따라 언제든지 출두하기만 하면 심리를 개시할 수 있도록 한 것이었다.

실제로 立案斜給文記를 보면 그 기한은 잘 준수되지 않았으며, 미리 소장을 제출하지 않고 매매의 당사자·증인·필집인이 모두 출두하는 일시에 소장을 제출하여 當日에 立案을 성급받았다고 한다.[137] 이것은 또한 『성종 106권 10년 7월 19일 계유』에서, 호조에 전지하여 量案의 명의변경을 하지 않는 자의 토지는 몰관하도록 한 것으로도 알 수 있다.

입안의 강제는 맨 처음 토지매매의 금지에서 허용으로 전환할 당시는 가능하면 토지의 매매를 억제하여 田制의 문란을 방지하려는 데 그 목적이 있었으나, 점차 이중매매·위조문기의 방지 및 진정권리자의 보호에 치중하게 되고, 田籍의 명의변경절차는 별도의 절차로 되어 버린 것이다. 반면 입안절차의 非現實性, 즉 매매에 관여한 매도인·매수인·증인·필집인 등이 관사에 출두하여야 하는 절차상의 요청과 作紙負擔의 과중은 마침내 법의 空文化를 초래하여 官署없이 白文으로만 매매하게 되었다. 그리고 이 白文文記는 외환과 내부질서의 해이에 영향을 받아, 입안제도를 강행하려는 시도에도 불구하고 조선 중기 이후에는 더욱 성행하여 관습상 내지는 관에서도 합법화하기에 이르렀다.

---

136) 『중종 41권 16년 2월 26일 경술』 참조.

137) 朴秉濠, 『韓國法制史攷』, 43면.

白文에 의한 매매는 壬辰倭亂을 거치면서 더욱 심해졌는데, 그것은 田籍의 분실 내지 문란이 극에 달하였으며, 또한 난중에 입안을 斜給할 수도 없었던 데서도 비롯한다. 그리하여 선조 32년에는 수교를 내려, 선조 25년 5월부터 31년 12월 이전의 매매문기는 비록 입안을 성급한 것이 아니더라도 증거가 명백한 때에는 모두 시행함을 허락하는 경과조치를 취하였으며,[138] 또한 이것은 『續大典』에 이르러서도 명문화된다.[139]

그 뒤 선조 34년에 다시, 임진왜란 중에 문기를 紛失한 자와 난중에 입안을 성급받지 못한 자에 대하여 분실자는 紛失立案을, 매매자는 賣買立案을, 京中은 선조 35년 9월부터 36년 1월까지의 5개월간, 外方은 선조 36년 5월부터 9월까지 5개월간 각각 당해관에 청구하도록 하고, 당해관에서는 三切隣을 불러 사실의 진위를 확인한 후 입안을 성급하도록 하였다.[140]

이와 같이 입안을 勵行하여 白文의 폐단을 없애고자 하였으나, 인조 14년 병자호란으로 인하여 다시 田籍이 문란해지고 위조된 白文文記의 폐단이 심해졌다. 그 뒤 현종 원년 2월에 官署文記의 原則을 거듭 밝히고, 「田畓買賣, 依法文, 官斜立案」[141]이라는 수교를 내렸으며, 또 숙종 16년에는 토지의 매매문기에 입안을 받지 않은 것은 매매문기로서의 효력을 인정하지 않았으며, 소송상으로도 증거력을 인정하지 않는다고 하였다.[142]

그 뒤 이들 입안에 관한 수교들은 『續大典』 戶典 賣買限條에 「田地家舍奴婢買賣, 納該用作紙(詳見刑典)後, 立案成給」이라고, 또 『續大典』 刑典 決訟該用紙條에는 「家舍得決, 瓦家一間二卷, 草家一間一卷, 斜出則瓦

---

138) 『受敎輯錄』 戶典 賣買條: 「自壬辰五月以後・戊戌十二月前買賣文記, 雖未及斜出, 證參明白者, 皆許施行」.

139) 『續大典』 刑典 文記條: 「萬曆 壬辰(선조 25년, 1592) 5월 이후부터 戊戌(선조 31년, 1598) 12월 이전까지에 賣買한 문기는 비록 斜出이 못되었더라도 證參이 명백한 것은 모두 시행함을 허한다」.

140) 『受敎輯錄』 刑典 文記條: 「壬辰亂後閪失文券者, 辛丑九月至壬寅正月定限, 壬辰以後及亂前立案, 例無印退公文, 無遺更呈, 三切隣推閱, 當部牒呈據立案成給, 遠方人民必未及盡知, 壬寅五月至九月, 退爲定限」.

141) 『受敎輯錄』 戶典 買賣條.

142) 『受敎輯錄』 戶典 賣買條: 「田畓家垈買賣後官斜, 作紙依法捧上後, 立案成給矣…明文無官斜者勿施」.

家一間一卷, 草家一間十張, 田地得決則十負二卷, 斜出則一卷, 奴婢得決一口三卷, 斜出則一卷, 皆用楮注紙, 毋過二十卷, 空垈四間, 准瓦家一間」이라고 명문화됨으로써 매매입안의 법을 강행하게 된다.[143] 그러나 이러한 입안제도에도 불구하고 조선 후기 이후에는 전혀 空文化되고 말았다. 『영조 28권 6년 12월 29일 계해』에서 「…京兆處決時, 此等委折, 置而不問, 反以民人等二百張文書, 謂之無官斜, 而置之落科, 夫奴婢賣外, 田畓文書, 勿論京外, 絶無官斜之事, 則以此責之於海外愚氓, 已可謂稱寃之端…」라고 하여, 노비문기 외에 토지매매문기에 입안을 사출받는 일이 거의 없었음을 알 수 있다. 특히 입안이 힘써 행해지지 않은 이유 가운데 하나는, 매매의 당사자 사이에 친족관계가 있거나 친분이 두텁거나 또는 뒷날의 폐단이 없을 것으로 예상되는 경우에는 입안사출의 필요성을 느끼지 않았던 것 같다. 즉 舊文記가 구비되고 당사자 사이에 서로 신뢰하고 증인·필집인이 명확한 이상 굳이 입안을 받아서 증거로 할 필요가 없었던 것이다.

마침내 『大典會通』 刑典 決訟該用紙條에 「今廢」라고 하여 稅錢에 관한 규정을 삭제하였으며, 이에 따라 형식적으로도 입안제도는 완전히 폐지되고 말았다.

4) 立案의 效力

매매에 있어서 입안은 매매의 당사자 사이에 계약이 체결되어 매매대금의 수수가 있고 목적물의 소유권이 이전한 후에 법적으로는 경국대전에 규정된 百日의 기한 안에 신청하는 것이며, 관에서는 매매의 당사자와 증인·필집인 등을 불러 매매의 합법성 여부를 조사하고, 합법적이고 진실한 경우에 한하여 입안을 사급하는 것이므로 다툴 수 없는 公證力을 가졌다고 볼 수 있다.

그러나 입안을 사급받음으로써 매매가 법률상으로 완전·유효하게 성립하였다고 볼 수는 없다. 당사자 사이에 명문을 작성하고 대금의 수수, 목적물의 이전이 완료함으로써 일단 당사자 사이에서는 계약이 성립하며, 제3자

143) 朴秉濠, 『韓國法制史攷』, 46면의 註27 참조.

에 대한 轉賣可能力이 있는 일종의 所有權을 취득하게 되었다. 그러나 입안의 사급이 거부될 경우에 그 매매는 효력을 잃게 된다. 즉 매매계약은 당사자 사이에 일단 성립하고 소유권은 일응 이전하지만 입안사급이 거부된 경우에는 그 계약은 당연히 실효되는 해제조건부 법률행위이며, 그 소유권도 해제조건부 소유권이며, 선의의 제3자에게 대항할 수 없는 조건부 상대적인 불완전소유권에 불과하다고 보아야 한다. 그렇다면 입안사급은 토지나 가옥매매계약이 성립하기 위한 요건이 아니고, 당사자 사이에 이미 성립하고 어느 정도의 효력을 발생한 매매계약에 대하여 매매로서의 決定的 效力을 부여하고 그 효력을 완성하는 요건으로 보아야 할 것이다.[144]

입안이 일단 사급되면 번복할 수 없는 확정력을 가지게 되어 권리관계가 명확해진다. 그러므로 진실한 권리자의 권리를 보호하는 靜的 安全의 요구는 물론 去來의 安全을 보장하는 動的 安全의 요구도 충족시켰다고 볼 수 있으며, 소유자는 이를 보존하여 다음에 권리이전을 할 때에 취득자에게 인도하였다. 公的 證明에 절대적으로 信託하였음은, 당시의 백성이 舊文記를 紛失한 경우에 그 분실을 증명하는 관의 立案 또는 立旨를 청구하였던 사실에서 추단할 수가 있겠다.[145]

그런데 무주지에 대해 입안을 받은 경우에는 일단 소유권을 취득하기는 하였으나, 입안받은 문기를 소지하고만 있을 뿐 직접 경작하지 않는 경우에는 소유권을 박탈하도록 함으로써 토지 자체의 소유자가 누구냐를 정하는 것보다는 그 토지를 얼마나 잘 이용하느냐에 중점을 두었던 것으로 보인다.

(3) 小 結

조선시대에 있어서 토지, 가옥, 기타 재산상의 권리를 양도하는 증서 또는 토지, 가옥 등의 처분에 관한 계약서 및 相續을 내용으로 하는 財産處分書를 文記,[146] 「文券」 또는 「明文」이라고 하였다. 토지소유권을 입증하

---

144) 朴秉濠, 『韓國法制史攷』, 48면.

145) 朴秉濠, 『韓國法制史攷』, 49면.

146) 文記 중에서 특히 자신의 재산을 누구에게 상속시킨다는 뜻을 기록한 文券 내지 相續

는 것으로는 量案을 비롯한 收稅案, 衿記 등의 公簿를 들 수 있다. 그 중에서도 量案은 토지에 관한 최초의 가장 오래되고 절대적인 權利의 根源으로서 토지의 실태파악과 收稅를 위한 臺帳인 동시에 所有權을 立證하는 가장 기본적인 자료였다.

그런데 이러한 양안은 개인의 소유권을 입증하기 위한 것이라기보다는 국가의 재정확보에 주된 목적을 두고서 개인별 토지소유가 아닌 面 또는 郡 단위로 매우 광범하게 토지를 측량하였기 때문에 한 개인이 어느 정도의 토지를 소유하고 있는지 정확히 알 수가 없었다. 이러한 이유로 관청에서는 收稅를 위한 개인별 토지소유대장을 따로 마련해 두었는데, 이것을 收稅案, 衿記, 馬上草 또는 名字冊이라 하였다. 그러나 이러한 公簿들 역시 所有者의 變動事項이 제대로 기재되지 않았기 때문에 권리자가 자신의 권리가 眞正임을 입증하기 위해서는 公簿와 별도로 立案, 立旨 또는 完文[147]과 같은 형식의 公的 證明文書를 관청에서 발급받아야 했다. 만일 이러한 官給文書마저 없을 경우에는 文記, 文券, 明文 등으로 불리는 私的 證明書 즉, 매매문서를 비롯한 去來文書, 상속에 관한 分財記 또는 遺書(贈與文書) 등으로써 자신의 소유권을 입증할 수밖에 없었고 이것마저 없는 경우에는 자신의 권리 입증이 거의 불가능하였다.[148] 그렇기 때문에 토지나 가옥을 매매하는

에 관한 文書를 傳繼 또는 傳繼文記라고 하여, 좁은 의미로는 相續財産分割의 指定만을 뜻하는 分財의 내용을 적은 書面, 즉 分財記를 말하였지만, 보통은 共同相續人이 相續財産의 分割을 협의한 文書 및 近親者에게 재산을 贈與(別給)하는 내용을 기록한 許與文券까지를 포함하였다. 이 책에서는 후자의 넓은 의미로 傳繼 또는 傳繼文記라는 용어를 사용한다.

147) 입안에는 토지매매의 경우에 받는 斜給立案과 판결서인 決訟立案이 있고, 完文은 權利確定證明書의 일종이었다. 따라서 소유권에 분쟁이 일어나 소송이 이루어졌을 경우 이와 같은 官給文書를 소지한 자가 절대적으로 유리하였다. 立旨 역시 官給文書였다. 이것은 일정한 경우(예컨대 토지매입시에 권리문서를 받지 않았거나 권리문서가 내용을 알아볼 수 없을 정도로 훼손되거나 멸실되어 자기의 권리를 입증할 수 없는 경우)에 관청에서 권리문서에 대신하여 개인의 권리를 확인해 주던 것이다. 그러나 立案이나 完文과 같은 절대적인 효력을 갖는 것은 아니었다.

148) 만약 권리자가 앞에서 말한 문서 중에서 어떠한 것도 가지고 있지 않은 경우는 어떻게 하였을까? 이러한 경우에는 3인의 이웃사람이 입증하여야 했으며, 이것조차 어려운 경우에는 현재 점유하여 경작하고 있는 자가 소유권자로 인정되었다. 이 문제에 관하여

경우에는 반드시 매도인과 매수인, 증인 그리고 그 文記를 쓰는 筆執者의 요건을 갖춘 계약서를 작성하였으며 단순히 口頭로 하는 일은 드물었다.

文記에 의하여 매매나 상속 등으로 인하여 취득한 所有權을 證明하는 것에 관해서는 항목을 바꾸어 고찰한다.

2. 文記에 의한 所有權의 證明

(1) 所有權의 證明方法으로서의 文記

文記는 내용에 따라 許與文記와 分財文記 및 和會文記로 구분되기도 하지만, 형식상으로는 白文文記와 官署文記의 둘로 나뉜다. 여기서 白文文記는 文記의 성립에 있어서 證人이나 筆執者를 반드시 갖추어야 한다는 요건을 충족하기만 하면 유효한 것으로 취급되는 文記를 말한다. 이에 반하여 官署文記는 반드시 官의 認證을 받아야만 비로소 유효한 것으로 취급되는 文記를 말하며, 이것은 稅契文券이라고 불리기도 한다. 그런데 法典의 규정이나 受敎 등의 單行立法에 있어서는 文記를 白文文記와 官署文記의 둘로 나누어 다루고 있을 뿐, 許與文記나 分財文記 또는 和會文記에 관하여는 취급하고 않고 있다. 그리고 和會文記 역시 白文文記에 속하므로 위에서의 요건을 충족하면 유효하게 성립되었다. 다만 和會文記는 공동상속인이 상속재산의 분할에 관한 합의내용을 적은 書面이기 때문에 위 요건 이외에 共同相續人 全員의 동의를 필요로 하였다. 따라서 共同相續人 중의 어느 1인이라도 和會文記에 署名하지 아니하면 유효한 文記로서 취급되지 아니하였다. 『세조 25권 7년 7월 9일 정미』를 보면, 「壬戌年(세종24년, 1442) 8월 28일 이후 經國大典이 반포되기 이전에 조부모·부모가 허여해 준 것과 同腹의 自中分執記 외에 不稅契文券은 수리하는 것을 허락하지 아니한다. 여러 사람이 함께 아는 收養이나 侍養 및 同姓親·異姓親은 아

자세한 것은, 朴秉濠, 『韓國法制史攷』, 54-69면 참조.

울러 四寸을 한도로 하고 그 밖에 준 노비는 역시 수리하지 못한다」고 하여『經國大典』의 반포에 앞서 경과조치를 내렸다.

白文文記와 官署文記는 그 외형적인 方式에 있어서는 동일하였다. 다만 양자의 차이점은 유효한 文記로서 효력을 발생하기 위하여 官署節次가 반드시 필요한가의 여부이다.

문기의 방식에 관한 최초의 입법은『태조 12권 6년 7월 25일 갑술』의 수교인데, 이 수교에서는 文記의 방식을 두 경우로 나누어 자녀가 없는 경우 夫가 妻에게 許與할 때에는 그러하지 아니하나, 妻가 夫에게 許與할 때에는 그 진정함을 확보하기 위하여 妻의 記名捺印 이외에도 證人과 筆執者의 連書가 필요함을 밝히고 있다.

『태종 9권 5년 4월 10일 을해』의 입법도 文記에는 財主·證人·筆執者의 連書가 필요하다고 규정하며 아울러 證人이나 筆執者의 適格에 관하여 언급하고 있다. 「立奴婢傳繼文字之法. 議政府授受, 凡奴婢文字傳繼, 以在前例, 證人執筆者, 用族親及隣里中有職者二三人以上, 成給文契, 傳得者, 不過四年呈狀, 財主反證人筆執準備答通憑考, 立案成給, 財主文契成置身死者, 卽於侍病族親及奴婢憑考取招, 立案成給, 無子息, 文契未成身死者奴婢, 依奴婢傳繼親族, 限寸分給」. 즉 이 受教에 의하면, 證人과 筆執者는 族親과 이웃 중 官職이 있는 자 2, 3인 이상이어야 했다. 즉 族親 2, 3인 이상이거나 顯官 2, 3인 이상이면 족하다는 내용이다.

한편『태종 10권 5년 9월 6일 무술』에서는「夫之許與奴婢, 以許與傳系, 妻之許與, 以印信手寸, 取信難辨, 以證人執筆, 京中則有職人員, 外方則近處若無有職人員, 以里內色掌可信人等着名, 明文傳系」라고 하여, 妻의 文記方式을 규정하고 있다. 즉 자녀가 없는 경우 妻가 夫를 위하여 許與하였을 때는 印信과 手決만으로는 믿기 어려우니 證人과 筆執者의 署名이 있어야 하고, 證人과 筆執者는 官職에 있는 자이어야 하는데, 外方에서는 이웃에 官職에 있는 자가 없을 경우에는 色掌이나 믿을 만한 자로 갈음할 수 있었다.

반면에『經國大典』刑典 私賤條에서는「須具證筆(族親及顯官中二三人. ○田宅同). 同生以上文記手書者, 不必具」라고 하여『태종 10권 5년 9

월 6일 무술』과 같은 特則을 인정하지 않고『태종 9권 5년 4월 10일 을해』의 입법 내용을 그대로 채택하였으며, 自書할 것을 성립요건으로 하지 않음을 분명히 하고 있다.

賣買를 비롯한 여러 文記에는 일정한 기재사항이 있었다. 먼저 매도년월일과 매수인의 성명을 쓴 다음 본문에는 매도인의 매도사유를 쓰고 또한 그 물건을 자기가 소유하게 된 내력을 자세히 기재하였다[149]. 그리고 매도물의 특정과 위치, 매매대금, 매도의사 등을 쓴 후, 매도인과 증인 그리고 筆執者가 각각 署名[150]하면 새로운 文記의 작성이 완료되었다. 文記의 證人이나 筆執者가 될 수 있는 자격은 族親으로서 顯官이 아닌 자와 현관이면서 족친이 아닌 자는 모두 證筆을 할 수가 있었으며,[151] 그 수는 족친이나 이웃 중에서 顯官 2, 3인 이상이면 족하였다.

相續과 관련된 財産處分에 관한 내용 역시 반드시 書面으로 작성되어야 하고, 그 진정 여부를 官에 신고하여 立案을 받도록 한 法理는 朝鮮初에 있어서도 이미 확립되어 있었다. 이러한 法理는 土地나 奴婢 등 重要財産의 歸屬關係를 명확히하고, 또한 相續의 當否를 官에서 公的으로 확인・심사함으로써 장래에 일어날 수도 있는 所有權에 관한 紛爭을 미연에 방지하기 위한 목적에서 비롯되었다고 볼 수 있다.

經國大典 등에 의하면 遺言의 방식은, 父祖는 手書를 원칙으로 하나 手書할 수 없는 자는 證筆을 갖추어야 하며 祖母나 母의 遺言은 항상 證筆을 갖추어야 했다. 또한 遺言이 分財에 관한 내용일 때에는 文記로서의

149) 실제로 매도인은 매도물의 소유권이 자기에게 이전되기까지의 모든 舊文記를 매수인에게 양도하는 것이 당시의 慣例였다〔朴秉濠,『韓國法制史』(한국방송통신대 출판부, 1986), 184면〕.

150) 서명의 방식은 신분, 계급 및 남녀에 따라 각각 달랐으며, 양반을 비롯하여 글을 아는 사람들은 자기의 이름을 풀어서 쓰거나 어떤 뜻을 가진 기호(예컨대 一心 등)를 적었는데, 이것을 手決 또는 手訣이라고 했다. 글을 모르는 상민이나 천민은, 남자는 왼손의 가운데 손가락을, 여자는 오른손의 가운데 손가락의 모양을 본뜨고 左寸 또는 右寸이라고 썼는데 이것을 手寸이라고 했다. 오직 양반인 부녀만이 인장을 사용할 수 있었는데 그 규격은 법전에 규정되어 있었다(朴秉濠, 앞의 책, 184면).

151)『經國大典註解』刑典 私賤條: <用官署文記. 小註. 親族及顯官中二三人>:「凡文記, 族親之無顯官者, 顯官而非族親者, 皆可爲證筆」.

방식도 갖추어야 하므로 遺言과 文記의 방식상의 차이는 거의 없다. 다만 遺言의 허용범위와 證筆者의 적격이 다를 뿐이었다. 즉 遺言의 證筆者는 族親 중의 顯官이어야 하고 文記의 證筆者는 族親 또는 顯官이어야 했던 것이다. 그러므로 手書의 遺言으로도 유효한 遺言을 할 수 있는 直系尊屬이 直系卑屬에 대하여 遺言을 통하여 分財하는 경우에는 方式에 있어 거의 차이가 없고 그것이 傳繼文記인지 또는 遺言인지를 구별하기 어렵다. 아울러 遺言을 통하여 分財를 하면서 자녀 이외의 자에게도 分給할 수 있기 때문에 구별은 더욱 어렵게 된다.

『태종 33권 17년 6월 4일 무자』는, 李天祐가 재산을 後妻인 皇甫氏에게 遺贈하고자 하여 아들 李宏을 불러 證人을 삼으려 하였으나, 宏은 자기의 母에게는 주지 않는다고 署名을 하지 않자 처벌하고 있다. 이 사례에서 재산을 相續人인 子에게 주었다면, 그것은 遺言으로 보아야 할 것이나, 妻에게 주었기 때문에 方式에 있어서는 白文文記에 의한 傳繼의 규정을 적용하려고 한 것이다. 그러나 실제에 있어서는 이 양자가 거의 다른 것이 없고, 위 사례에서의 財産處分을 遺言에 포함시켜 遺言의 방식을 따랐어야 한다고 할 필요는 없다.

한편 白文이 허용되지 않는 자 사이에 있어서의 臨終時의 처분에 관하여는『태종 9권 5년 4월 10일 을해』의 입법과『經國大典 刑典 私賤條』3項의 규정에 따라 官署節次가 이행되어야 했다. 이 경우의 文記에는 遺言에 상당하는 내용이 들어 있을 것이나 그 효력이 官署에 매여 있다는 점에서 遺言과 다르나 역시 死因處分의 한 방법이었다.

(2) 文記에 관한 法規範의 成文化와 그 過程

1) 經國大典 以前의 文記에 관한 法規範

朝鮮王朝實錄에 나타나는 文記에 관한 최초의 것은『태조 12권 6년 7월 25일 갑술』에서「夫與妻成文許給者, 從許與傳繼, 妻爲夫許與者, 但以印信手寸取信難便, 必有證筆的實然後, 方許決給. 其妻不守信者, 勿論文契有無, 卽還本孫」이라고 한 것이다. 즉 자녀가 없는 경우 夫가 妻에게 許

與할 때에는 自書로도 족하나, 妻가 夫에게 許與할 때에는 그 진정 여부를 확인하기 위하여 記名捺印 이외에도 證人과 筆執者를 갖추어야 한다는 내용이다. 그렇지만 이 기사만으로는 白文으로도 유효하게 효력을 발생하는지의 여부는 분명하게 알 수 없다. 이 입법은 그 후『태종 10권 5년 9월 6일 무술』에서「夫之許與奴婢, 以許與傳系, 妻之許與, 以印信手寸, 取信難辨, 以證人執筆, 京中則有職人員, 外方則近處若無有職人員, 以里內色掌可信人等着名, 明文傳係, 其妻不守信者, 雖有傳係, 還取」라고 하여, 같은 내용으로 반복되지만, 妻가 夫에게 許與한 경우 證人을 요건으로 할 것을 부가하고 있다. 이것에 관하여는 후술한다.

그리고 文記를 官署로 하여야 한다는 입법은 太宗 때에 와서야 비로소 이루어진다. 즉『태종 7권 4년 6월 24일 계사』에서「禁奴婢私與私受. 刑曹都官上言, 今後京外大小人員, 子息及收養侍養許與奴婢, 贈與奴婢, 皆寫數目, 親告所在官司, 官司閱考其主本意, 給文案, 其暴卒未分子奴婢, 令子孫納名目, 官作財主, 平均分給, 其所在官司, 如有因好惡, 不公分給者, 以犯贓論, 今年七月十日以後, 私與私受奴婢, 並皆屬公, 永爲恒式」라고 하였는데, 이에 따라서 부모가 자녀에게 또는 養親이 養子女에게 許與하거나 贈與할 경우는 물론이고 相續의 경우에도 官에 신고하여 立案을 받아야 하며, 태종 4년 7월 10일 이후부터는 이 규정을 위반하여 사사로이 주고받는 奴婢는 모두 屬公한다는 내용이다.

이 입법은 그 다음 해에『태종 9권 5년 4월 10일 을해』에서 좀더 보완되는데, 奴婢文書의 傳繼에 있어서, 證人과 筆執者로는 族親 및 이웃사람 중 官職을 가지고 있는 자 2, 3인 이상을 세워서 文契를 작성하여야 하고, 傳得者는 4년 이내에 官에 신고하여야 하며, 官은 財主·證人 및 筆執者가 준비한 答書에 의거하여 사실을 확인한 후 立案하고 文契를 작성해 주며, 財主가 文契를 작성하고 사망한 경우에는 侍病한 族親과 奴婢를 불러서 사실을 조사한 뒤 立案成給하고 자녀가 없이 文契를 작성하지 않고 사망한 자의 奴婢는 法에 따라 分給하게 한다는 내용이다.

이 때까지는 官署文記만이 유효했던 것으로 보여진다.[152] 그러나 모든 文記를 官署로 하여야 한다는 요청은, 실제에 있어서까지 그대로 반영되지 않은 듯하며, 祖父母나 父母가 子孫에게 재산을 許與하는 경우나 형제들이 스스로 협의하여 相續財産을 분할하는 경우까지 官署를 요구하는 것은 무리라고 볼 수 있다. 이러한 이유에서인지는 모르나 世宗 24년(1430년) 이후에는 白文文記가 倂用되기 시작하였다.

2) 經國大典 이후의 法規範

이와 같이 경국대전이 반포된 이후에는 禮典 立案式條의 규정에 따랐으며, 그 뒤 중종 이후에는 文記와 관련된 記事가 그렇게 많이 눈에 띄질 않다가 英祖 때에 이르러 官署文記의 定式을 정하고 있다.[153] 이것은 시간이 흐르면서 점차 문기에 관한 법규범이 정비되고, 白文文記의 허용범위가 확대되었기 때문인 것 같다.

(3) 文記에 관한 立法의 錯綜과 經過措置

먼저 완성된 經國大典 刑典을 반포하면서〔京中에서의 施行日은 世祖 7년(1461) 7월 15일〕 그 經過措置를 마련하였는데, 그 중의 하나로 다음이 있다. 즉 『세조 25권 7년 7월 9일 정미』에서 「傳旨禮曹曰, 今頒行經國大典刑典, … 一, 正統壬戌年八月二十八日以後, 大典頒降以前, 祖父母父母許與及同腹自中分執記外, 不稅契文券, 勿許受理. 衆所共知收養侍養, 及同姓親異姓親並限四寸外, 贈給奴婢, 亦勿受理」라고 하여, 壬戌年(세종 24년 1442년) 8월 28일 이후부터 大典이 반포되기 이전까지, 祖父母·父母가 행한 許與文記나 同腹의 和會文記 이외에는 不稅契文券, 즉 白文文記를 수리하지 말고, 養子女나 同姓親 및 異姓親 4寸 이외의 자에게 贈與한 것도 受理하지 말라는 내용이다.

그런데 세종 24년의 受敎[154]에는 위의 후단에 규정된 贈與의 한계만을

---

152) 한편 太宗 때에는 官署制度를 이용하여 奴婢의 所有制限을 하자는 의논이 제기되기도 하였다 (『태종 34권 17년 8월 28일 신해』).

153) 『영조 82권 30년 7월 18일 을미』 참조.

154) 『세종 97권 24년 8월 28일 을묘』: 「議政府據刑曹呈啓, 今之世俗, 當婚姻之時, 以奴

규정하고 있을 뿐 官署에 관한 내용은 없다. 그리고 『세조 25권 7년 7월 9일 정미』는 『세종 97권 24년 8월 28일 을묘』의 受敎와는 달리 妻親을 異姓親에 포함시키고 있다. 하여간 『세종 97권 24년 8월 28일 을묘』의 受敎에 文記에 관한 내용이 있었다는 기록은 이후의 기사에서도 발견되므로,[155] 그 때부터는 白文文記도 유효한 것으로 인정되어 官署文記와 併用되었다고 보아야 할 것이다. 그렇지만 현존하는 乙巳大典 이전의 經國大典에도 文記에 관한 동일한 규정이 있었는지 알 수 없다. 그러나 『世祖 25권 7년 7월 9일 丁未』에서는 문기에 관한 經過措置를 취하고 있다. 이것은 經國大典이, 父母, 祖父母, 外祖父母, 妻父母, 夫·妻妾의 許與文記와 同生의 和會文記 및 子의 親에 대한 許與文記는 官署를 요하지 아니한다[156]고 규정함으로써, 『세종 97권 24년 8월 28일 을묘』에서 인정되었던 白文文記의 허용범위가 확장되고 그에 따른 법적 저촉상태가 발생하였기 때문이다.

『세조 25권 7년 7월 9일 정미』는, 『세종 97권 24년 8월 28일 을묘』의 입법이 祖父母가 孫·子女에게 父母가 子女에게 許與하는 경우와, 同生이 和會하는 경우에만 白文文記를 허용하였음을 암시하고 있다. 이러한 예외를 인정하여 법과 현실과의 차이를 줄이고자 하였지만, 世祖 7년에 大典刑典이 반포·시행된 뒤에도 실제에 있어서는 예외를 벗어나는 白文文記가 많이 통용되고 官署의 勵行은 여의치 못하였던 것 같다. 그리하여 다음과 같은 입법이 마련되기도 한다. 즉 『예종 6권 원년 6월 20일 임신』에서 「藝文館典翰崔敬止輪對曰, … 奴婢白文不稅契, 姦僞滋甚, 請告官稅契. …

婢多寡, 爲家風高下, 故人人務得爲心, 恬不爲怪, 僥利者, 將己奴婢, 投權納賂, 貪得者, 任情忘義, 市權受賂, 廉恥道喪, 風俗之敗, 職此之由, 請自今大小朝官兩班子弟等, 衆所共知收養侍養及同姓親異姓親妻親, 竝限四寸外奴婢受贈, 一行禁約, 如有違法贈與, 則與者受者, 竝皆論罪, 受者以贓吏論, 其奴婢沒入于官, 於違法許與必執證保人, 竝依律論罪, 當該官吏不能檢擧者, 以知非誤決論, 且大小官吏執政時, 受贈奴婢, 亦皆沒官. 從之」.

155) 예컨대 『성종 228권 20년 5월 26일 계미』; 『성종 234권 20년 11월 14일 무진』; 『성종 236권 21년 1월 13일 병인』 참고.

156) 『經國大典』 刑典 私賤條: 「父母·祖父母·外祖父母·妻父母·夫·妻妾及同生和會分執外, 用官署文記. (子之於親, 亦不須官署. ○須具證筆 …)」.

凡奴婢文券皆用白文, 則姦僞成生, 自今親父母義父母養父母妻父母許與, 及同腹和會分執記外, 並用經官文券」라고 하여 文記를 白文으로 하면 姦僞가 생기게 되니, 이제부터는 親父母·義父母·養父母·妻父母의 許與文記와 同生의 和會文記 이외에는 官署文記를 쓰도록 하라는 내용이었다. 여기에서는 祖父母나 外祖父母가 누락되어 있으나, 취지로 보아 이들의 許與文記가 白文이었음을 알 수 있다. 그러나 養父母에 관하여는 의문이다. 왜냐하면 嫡母나 繼母의 養子女에 대한 許與文記에 관하여는 후술하는 바와 같이 乙巳大典(1485년 1월부터 시행)이 반포된 훨씬 뒤에 입법화되며, 그렇다고 養父가 養子女에게 許與하는 文記를 白文으로 인정하여야 할 이유는 없기 때문이다. 또한, 성종 5년의 受敎에서 보는 바와 같이 庚寅年(成宗 元年) 8월에도 白文文記를 허용하는 입법이 있었던 것으로 보인다. 즉 『성종 38권 5년 1월 13일 기해』에서 「掌隷院啓, 前此父母傳繼文記, 同腹自中分執文記, 收養侍養傳繼文記, 買得文記, 並完議官署錄于決等啓本, 在庚寅八月, 上項文記, 勿許並錄, 因此奸詐之徒, 僞造文記, 以諸司奴婢奉足侍丁, 立案草御, 割而粘附, 潛用官印成之, 相訟之際, 姦僞難辨, 若例當傳繼文記, 則已矣, 買賣奴婢則盜賣者頗多, 其文記, 請依舊錄故決等啓本, 以憑後考, 以防姦僞. 命一應官署文記, 依舊例, 並錄決等啓本, 而於決訟數, 勿並計」라고 한 것이 그것이다.

이와 같이 白文의 허용범위를 확대하는 조치는 필연적으로 文書僞造나 濫訴의 폐단을 낳게 되었다. 이로 말미암아 經國大典이 시행된 뒤에도 白文의 허용범위를 되도록 축소하여야 한다는 주장이 계속 제기되었던 것이다.[157] 즉 『중종 41권 15년 12월 1일 을유』에서 「繕工臨正朴祥啓, 臣觀大典內, 祖父母父母夫妻妾及同生和會外, 用官署文記, 使一家之主, 任一家之政, 其良法美意, 可謂至矣. 然法久則弊必生, 奸巧之徒, 冒占良民, 利於白記, 雖多追逃, 而良民亦厭苦役, 爭相投屬, 以此辭訟日繁, 良戶日耗.

157) 이보다 앞서 持平 李頻은 白文의 眞僞에 관한 判決을 한 경우에는 官署하게 하여 再審을 막도록 하자는 주장을 하기도 하였으며, 特進官 李蒸은 부모가 자녀에게 또는 형제간 이외에는 白文을 금지하도록 하자는 의견을 제시하기도 하였다. 『중종 13권 6년 4월 4일 계미』 참조.

一, 今中外, 量遠近立限, 盡收白文考准, 自今以往, 雖祖父母父母夫妻妾同生和會文記, 並用官署. 一, 以杜奸巧, 追述之路. 一, 以閉良民投屬之門何如. … 命下該司, 該曹難於輕改舊章而防之. 然識時務者, 咸以爲然」이라고 하였는데, 이것은 白文으로 文記를 작성하는 경우 많은 폐단이 야기되므로 이를 일체 금지하고 官署로만 하도록 하자는 주장이었다. 이 주장은 祖宗成憲을 고칠 수 없다는 이유로 비록 입법화되지는 못했지만, 그 당시에 많은 지지를 받았음을 알 수 있다.

또한 辛巳大典이 시행된 뒤인 丙戌年(世祖 12년) 7월 9일에도 白文文記를 受理하게 한 經過措置가 있었음을 알 수 있는데, 이와 같이 文記에 관한 錯綜된 입법은 서로의 저촉이나 법의 공백을 낳은 듯하다. 이 문제와 관련하여『성종 57권 6년 7월 4일 신해』를 보면, 奴婢斷訟의 限界를 정하는 節目을 의논하였다. 鄭麟趾 등 대부분의 신하들은,「단송의 한계를 정한 것은 祖宗朝에 丁酉年(태종 17년)·甲午年(태종 14년)의 두 번으로 節目이 매우 자세하다. 그러므로 該曹로 하여금 그 節目 및『元六典』·『續六典』의 기록을 상고하여 아뢰게 한 뒤에, 다시 의논하여 확실하게 시행하도록 하자」고 하였다. 이에 따라 禮曹와 刑曹에 傳旨하기를,『大典續錄』의 定限 제10조에 壬戌年(세종 24년, 1442) 8월 28일부터 辛巳年(세조 7년, 1462) 7월 15일 이전까지, 조부모와 부모가 許與한 것과 同腹이 자기들끼리 分執한 기록 외에, 관에서 서명하지 않은 文記는 수리하지 못하게 하고, 제12조에 丙戌年(세조 12년, 1467) 7월 9일 이후부터 己丑年(예종 원년, 1469) 6월 26일 이전까지 무릇 奴婢의 文記는 비록 관에서 署名하지 않았더라도 聽理하게 하였다. 그러면 그 사이의 辛巳年 7월 16일부터 병술년 7월 8일 이전까지에 成置한 文記는 어느 것을 따라야 할지 알 수가 없으니, 그것은『辛巳大典』의 奴婢傳給條를 상고하여 添錄하도록 하였다.

『세종 97권 24년 8월 28일 을묘』의 經過措置 및『세조 25권 7년 7월 9일 정미』의 입법 그리고 丙戌年의 經過措置에 의하여서도 적용될 법이 애매한 辛巳年 7월 16일부터 丙戌年 7월 9일 사이에 이루어진 文記를 어떻게 처리할 것인가라는 문제를 제기한 것이다.『성종 20권 3년 7월 16일 신해』의 記事를 보면, 무릇 서울이나 지방의 전택을 傳係 또는 賣買하는

文記는 관에서 署押할 때에 財主와 證人 및 執筆한 사람의 供招를 받는 것이 常例였다. 그러나 이 당시의 실상은 그렇지 못하였다. 형제자매의 전택과 부모가 죽은 뒤에 분배하지 않은 전택을 함부로 放賣하고, 심한 자는 임대한 집과 밭을 제3자에게 매매한 후 증인 및 집필자와 공모하여 契券을 받는 사람을 속이는 자가 많았다. 서울에 사는 사람은 漢城府에서 분변하기가 어렵지 않았으나, 외방의 전택은 단지 증인과 집필자가 供招한 말에만 의거하게 되어 진실을 가리기가 어려웠다. 이에 한성부에서는, 금후에는 부모·조부모·수양자·시양자·同腹들이 分執한 모든 傳繼文券은 서울과 지방을 막론하고 모두 前에 의하여 斜給하고, 나머지 서울에 거주하는 사람이 외방의 전택을 매매하는 문기는 이웃사람과 田夫를 불러서 사실을 조사한 후에 署給하도록 하고, 또한 지방에 거주하는 사람들이 서울집과 基地를 매매한 문기도 이 예에 의하여 한성부에서 문서에 의거하여 서급하도록 할 것을 아뢰었다. 성종은 그대로 따랐다.

『성종 65권 7년 3월 4일 계미』에서는 「掌隷院启, 天順辛巳七月十六日以後, 成化丙戌七月初八日以前, 凡奴婢文契, 依辛巳年大典奴婢傳給條, 雖祖父母父母同腹和會文記, 並用官署, 從之」라고 하여, 일체 官署文記에 의하도록 하였다. 이 受教는 辛巳年의 大典이 예외없이 官署를 해야 하는 것으로 규정하고 있었음을 알려 주는 것이기는 하지만, 앞에서의 경과로 보아 반드시 그렇다고 단정하기는 어렵다.[158]

1) 經國大典 이후의 文記制度

현재 전해오고 있는 乙巳大典은 위와 같은 錯綜을 정리하고 白文文記가 허용되는 범위를 확장하였다. 그것은 그러한 범위에 있는 자 사이의 財産移動은 일가의 私事로 보아 가급적 官의 간섭을 배제하고, 분쟁이 발생하기 전에 官이 개입하는 업무의 부담을 줄이고자 한 데서 비롯되었다고 볼

158) 한편 『세조 46권 14년 6월 18일 병오』의 執義 李克墩의 상소에 의하면, 전에는 모두 官署文記를 사용하였는데, 당시에는 土地에 대하여는 官署를 요구하나 奴婢에 대하여는 官署가 필요하지 않다고 하여 姦僞와 爭訟이 빈번하니 奴婢에 대하여서도 官署하도록 하자는 주장이 강하였음을 엿볼 수 있다.

수 있다. 그러한 범위에 있는 자 사이의 傳繼는 항상 명확하기 때문에 官의 관여가 불필요하다고 고려한 것은 아니다. 오히려 정확성을 도모하려면 모든 경우를 官署로 하는 편이 훨씬 효율적이다. 이러한 사정은 官署할 때에 前主의 文記가 白文인 경우에는 前前主의 文記까지 소급하여 覈實[159] 할 것을 요구한 조치를 한 사실에서도 알 수 있다. 즉 『성종 254권 22년 6월 2일 정미』에서 「傳于承政曰, 掌令閔瑊啓, 大典內, 父母祖父母外祖父母妻父母夫妻妾及同生和會分執外, 用官署文記, 而掌隷院, 凡贈給買賣奴婢官署時, 納白文, 則必考上階, 有違大典之意, 掌隷院啓, 官署時, 若只考白文一張, 則奸俗難防, 故白文, 則考二階, 官署文記則須考傳傳文記, 若的實無加疑則不須考, 從之」라고 한 것을 보면, 掌隷院이 官署時 白文 하나만을 조사하면 奸俗을 방지할 수 없기 때문에, 白文이면 前前主(二階)의 文記까지 심사하고 官署이면 前主(一階)의 文記만을 심사하는 데 대한 當否를 묻자, 이에 대하여 前主의 文記가 白文이거나 官署이거나 간에 적실하면 前主의 文記를 심사하는 것으로 족하고 白文으로 의심이 있는 경우에만 前前主의 文記까지 심사하도록 受敎된 것이다.

『정조 8권 3년 11월 28일 무신』에서는 「敎曰, 從古法禁稍久, 則必至解弛, 況近日紀綱頹弛之時乎, 士大夫之閭家奪入借入貰入, 白文賣買, 科文賣買之禁, 卽先大王在宥時, 常所痛防也, 年前, 予亦敢述聖敎, 有査覈之命, 而所惟者甚多, 此屬令前, 未及按法抵罪, 而所抄文書, 尙此留中, 以寓三令之意焉, 朝延尙寬之政雖如此, 伊後爲有司者, 安保其修擧乎, 方欲復命査?而今則係是令後, 現發者之斷法, 決不容饒貸, 則設有犯者, 先期容旋, 無或不可, 況當窮冬, 歲翻不遠, 宜有闊狹之道, 限以明年二月晦嫡奸別單, 日次五條犯禁, 一一錄啓以爲勘處之地」라고 하여, 법기강이 해이해짐에 따라, 「… 사대부가 여염집을 빼앗아 들고 빌려 들고 세들고 白文으로 매매하고 斜文으로 매매하는 일을 금지한 것은 先大王께서 제위하셨을 때에 일찍이 매우 금하신 것이다. 연전에 내가 또 감히 聖敎를 繼述하여 査覈하라는 명을 내렸는데 걸린 자가 매우 많았다. … 내년 2월 그믐을 기

---

159) 죄인을 신문하여 그 실상을 캐내는 것이다.

한으로 하여 摘奸하고 日次와 다섯 가지 法禁을 낱낱이 적어 아뢰어 勘處할 바탕으로 삼으라」고 下敎한 것으로 보아 영·정조 때에는 白文文記가 금지되었음을 알 수 있다.

그 밖에 繼母가 허여한 것에 관한 문기에도 官署를 반드시 필요로 하는가가 문제되었다. 이 문제에 대해서 『經國大典』에는, 「부모·조부모·외조부모·처부모·夫·妻·妾·동생이 협의하여 분배받은 재산 외에는 官廳의 署名이 있는 文書를 쓴다」고 하여, 繼母가 義子女에게 許與할 경우 白文만으로도 족한가 아니면 官署를 꼭 하여야 하는가가 해석상 문제되었다. 물론 『예종 6권 원년 6월 20일 임신』의 입법은 義父母를 포함시키고 있기는 하다.

『중종 66권 24년 11월 23일 을묘』에서 「臺諫前事. 憲府啓, 大典私賤條云, 祖父母父母外祖父母妻父母夫妻妾及同生和會分執外, 用官署文記, 而繼母文記, 則用官署與否, 別無擧論, 故聽訟官吏, 所見不同, 或以爲, 繼母義同親母, 其傳係白文, 不許攻破, 或以爲, 繼母非天性之親, 其成置文記, 必用官署, … 議論不一, 用法名異, 請並議立定規. 立法事, 命大臣, 餘不允」이라고 하여 司憲府에서, 大典에 繼母를 거론하지 않아 법의 적용이 달라 判決에 있어 의견이 나뉘고 있으니 입법을 하자고 하였다. 즉 繼母도 의리로는 親母와 동일하니 白文을 허용하여야 한다는 견해의 대립이 있었다. 곧 『중종 66권 24년 11월 27일 기미』에서 「三公啓曰, 大典私賤條內, 繼母白文, 用官署與否事, 及無子女養父母奴婢, 以分數分給事, 使之議立定規. 然如此事, 各年受敎必多. 而近來行用法例亦多有之. 令該司相考報府, 然後公事何如. 傳曰, 如啓」라고 하여, 이를 大臣들에게 의논하게 한 결과, 繼母의 白文·官署事에 대하여는 受敎나 判決例가 많을 것이니 이를 먼저 조사하여 公事를 만들자는 주장이 제기된 바 있다. 이에 따라 법규가 마련되었는데, 그것은 『大典後續錄』 刑典 私賤條에 「繼母傳係文記, 用官署. (嫡母庶母同)」이라고 명문화된다. 즉 繼母나 嫡母 및 庶母는 官署文記에 의하여서만 許與를 행할 수 있게 된 것이다.

2) 方式違反의 文記의 效力

方式을 違反한 文記의 效力에 대해서는, 書面으로 작성되지 않았거나 證筆者의 連書가 없는 경우 또는 官署文記로 하여야 할 것을 白文으로 한 경우 등 方式에 관한 요건을 갖추지 아니한 文記의 효력에 관한 직접적인 자료는 없다. 다만 方式에 위반된 分財이더라도 그것이 當然無效로 되는 것은 아니라는 간접적인 자료가 있다. 즉 『성종 228권 20년 5월 15일 임신』에서 「大司憲金敬祖啓, 臣嘗爲判決事, 凡奴婢相訟者, 其父母分給奴婢于諸子, 而不成文券, 諸子各執使用, 傳至子孫, 姦猾者, 稱祖父母未分奴婢, 爭訟者比有之. 請父母已分奴婢, 則雖無文券, 至孫爭訟者, 勿聽理事, 立法何如. 上顧左右, 領事尹壕同知事李世佐啓曰, 此言至當. 都承旨韓堰啓曰, 此言似是而非, 强暴之人, 合執奴婢者, 亦多有之, 至孫勿聽理, 則寃抑不小. 但在聽訟官裁斷如何耳. 上曰, 法不可輕立, 聽訟官明辨之可也, 何必立法乎」라고 한 것으로 알 수가 있다.

부모가 생전에 分財하여 주었으나 文券을 작성하지 않았으며, 자녀들도 分財해 준 재산을 각자 占有·使用하다가 그 재산이 孫에 이르면, 간교한 자가 祖父母의 未分財産이라고 소송을 제기하는 경우가 많으니, 文券을 작성하지 않았더라도 孫에 이르면 爭訟할 수 없게 하는 입법을 하자는 주장이다(김경조). 이에 대하여는 贊反의 대립이 있었는데, 반대론자는 强暴한 자가 合執하는 경우도 많은데 孫에 이르면 爭訟할 수 없게 함은 오히려 옳지 못하므로 判決官이 분간하게 하면 족하다고 주장하였다(한언).

위에서는 후자의 주장이 받아들여져 이에 관한 입법은 행하여지지 아니하나, 書面에 의하지 아니한 分財도 유효함을 반증한다. 따라서 方式에 관한 요건을 갖추지 못한 文記도, 證據力을 인정받지 못하는 등 訴訟에 있어서 불리하게 취급되기는 하겠지만, 그 내용이 진정할 경우에는 유효하게 취급되었을 것이라고 추론할 수 있다.

그리고 현종 13년에는 梁繼璋이라는 사람의 私賤을 文記에 관청의 증명서가 없다는 이유로 公賤으로 삼았는데, 대사헌 이민적 등은, 문제가 된 노비의 유래가, 첫 소유자인 중종 3년(1508년)의 李珍元 이후 현종 13년(1672년)의 양계장에 이르기까지 전수한 文記가 명백하므로 掌隷院으로 하

여금 조사하게 하여 양계장에게 돌려줄 것을 주장하였다.160)

그리고 문기의 위조와 관련해서 볼 때, 文記를 반드시 官署하도록 하여 그 진정 여부를 확인하고자 했던 조선 초기에 있어서는 물론, 白文을 허용하고 또 그 改定이 어느 정도 자유로웠던 經國大典 施行 이후에도 文記를 위조하여 財産을 차지하려는 爭訟이 상당히 빈번하였음은 실록의 여러 記事를 통하여 확인할 수 있다. 奴婢訴訟에 있어서 애매한 경우는 中分하여야 한다는 입장을 고수하면서도 文書를 위조한 경우에는 예외를 두어야 한다는 受敎161)는 文記僞造에 대한 당시의 입법태도와 대처방안의 일단을 엿볼 수 있게 한다.

文記의 僞造는 자손이, 父祖가 妻·妾 또는 자손, 侍養子 등에게 分財하여 준 것을 奪占하기 위하여 행하는 경우도 많으나162) 傳繼의 전제가 되는 사실, 예컨대 侍養의 여부에 대하여 행하는 경우도 많다.163) 『세종 64권 16년 5월 6일 임오』에서는, 文記僞造에 대하여는 僞造者 자신뿐만 아니라 僞造에 방조한 자들까지 포함하여 죄를 다스렸다. 그 뒤 『연산군 43권 8년 4월 29일 경오』에서는, 文券을 위조하여 발각된 자는 刑曹에 이송하여 죄를 과하여 모두 徙邊토록 하였다. 또 『연산군 44권 8년 5월 16일 정축』을 보면, 간혹 文記를 위조하고서도 서용되는 자가 있었는데 후에 발각되면 영구히 서용하지 않도록 제재를 가하기도 하였다.

『經國大典』은 文記僞造에 관하여, 文記를 僞造한 자가 官吏이면 特赦가 행하여지더라도 이에 포함되지 아니하며 영구히 관직에 나갈 수 없게 하고, 庶人인 경우에는 徒三年에 처하며, 文記僞造에 證人이나 筆執者로 된 자도 僞造者와 마찬가지로 처벌한다고 규정하여 매우 강한 제재를 하였다.164)

---

160) 『현종 20권 13년 2월 27일 계묘』 梁繼璋의 事例.

161) 예컨대 『태종 26권 13년 10월 21일 정묘』; 『태종 28권 14년 7월 1일 임신』; 『태종 29권 15년 6월 19일 갑신』의 등 참고.

162) 『세조 19권 6년 3월 24일 신축』 李繼昌의 文記僞造件; 『예종 5권 원년 5월 15일 무술』 閔貞의 事例.

163) 『성종 232권 20년 9월 13일 무진』 李命崇의 妻 洪氏의 訴訟件.

164) 『經國大典』 刑典 私賤條: 「僞造文記姦詐現著者, 移送他司更覈, 科罪, 永不敍用. (經

受敎輯錄에는, 共同相續人 全員의 동의가 있어야 하나, 文記 作成時 어느 1인이 사고로 말미암아 署名하지 못하였고 이미 분할하여 占有·使用한 지가 오래된 경우 그러한 文記는 유효하게 취급되며, 나눈 것을 개정할 수 없다고 규정하고 있다.[165] 이 입법은 中宗 38년에 이루어졌다. 그러나 이후에도 和會文記가 유효한 효력을 발생하기 위하여는 예외없이 共同相續人 全員의 署名이 필요함을 강조하는 입법이 宣祖 32년에 있었으며,[166] 그 뒤에 위의 두 내용은 續大典에 예외를 인정하는 절충적인 내용으로 수록된다.[167]

(4) 文記內容의 改定

1) 文記改定의 意義 및 方式

許與나 分財는 財主의 一方的 意思表示에 의한 處分行爲이지만, 자의적인 변경을 인정할 수는 없다. 그러나 受贈者에게 忘恩行爲 등 일정한 사유가 발생될 경우에는 許與나 分財의 取消를 인정해야 할 필요성이 있다. 그리고 許與나 分財를 취소하게 되면 이전에 작성하였던 文記를 改定하여야 할 것이다. 이와 같이 許與나 分財를 取消하고 文記를 改定하는데 관한 입법은 "高麗史"에서도 찾아진다. 즉 그에 의하면, 贈與를 取消할 경우에는, 事由를 갖추어 官에 신고하여 文記를 改定하여야 한다. 이러한 태도는 朝鮮初에도 그대로 이어진다. 더욱이 당시의 모든 傳繼文記는 官署

赦則朝官永不敍用, 庶人徒三年. 證筆者同) 外則啓聞, 更覈」. 『연산군 45권 8년 7월 21일 신묘』; 『연산군 46권 8년 10월 27일 병인』 참조.

165) 『受敎輯錄』 刑典 文記條 1356항: 「凡父母未分奴婢, 其子女等, 和會執籌分衿, 草文記成置時, 其中一人, 雖有事故未及着名, 而各各執持, 積年使用, 則不可以未成文記論破. 仍給勿改(嘉靖 癸卯 承傳)」.

166) 『新補受敎輯錄』 刑典 聽理條 4항: 「父母奴婢和會時, 一人, 雖或有故, 未及着名, 切勿聽理」.

167) 『續大典』 刑典 文記條: 「父母奴婢和會文記, 一人未着名, 則勿施」; 同條 註: 「父母未分奴婢, 共子女等和會分衿, 草文記成置, 雖或一人有故未着名, 而各自執持, 積年使用, 則不可以未成文記論, 仍給勿改」.

이어야 했기 때문에 文記의 改定 또한 官署節次를 밟아야 함은 당연하다.

『태종 12권 6년 8월 10일 병신』은 「刑曹都官, 上奴婢事二條. 一, 凡奴婢役使者, 於收養及有恩處, 給奴婢, 成契券之後, 或有以其奴婢, 更給他人, 以生爭端, 今後如有不得已給他者, 具錄事緣告于官, 官收取前券勾鎖, 官給文案, 如有不告官隱密改券者, 並皆論罪」라고 하여, 收養者나 有恩者에게 노비를 주고 文記를 작성한 뒤에, 부득이하여 이를 取消할 경우에는 사유를 갖추어 官에 신고하게 하고, 官은 前의 文記를 거두어 삭제한 뒤에 官給文案을 다시 내어 주며, 官에 신고하지 않고 文記를 改定한 자를 論罪한다는 내용이다.[168]

이와 같이 文記의 改定을 官署에 의하도록 한 조치는, 傳繼文記도 白文을 허용하는 예외가 설정된 뒤에도 적용되었다. 그것은 母가 자녀에게 分財해 준 것이 고르지 않아, 均分으로 고치고 官에 고하여 稅契를 받았는데, 오직 딸 敬愼翁主만이 이에 응하지 않았다는 사례이다.[169] 經國大典도 위와 같은 法理를 채택하여 改定하고자 하는 자는 사유를 갖추어 官에 신고하여 改給할 수 있으나, 受贈者가 사망한 경우에는 改定할 수 없다고 규정한다.[170] 후단의 규정은 改給의 제한에 관한 내용으로, 후술하기로 한다.

文記의 改定에는 상당한 이유가 있어야 하는 것으로 되어 있는데, 구체적인 사유가 어떠하였는지는 분명하지 않다. 『태종 12권 6년 8월 10일 병신』의 사례에서는 均分이 아니라는 이유를 들고 있는데, 이로 보건대 改定의 사유로 특별한 제한이 있었던 것 같지는 않다.

한편 『經國大典』은 文記改定에 관한 條文의 註[171]에서, 부모·조부

168) 이 입법은 『세종 48권 12년 4월 27일 병신』에도 기록되어 있는데, 여기에서는 이전의 文記를 소각하고 改定文記를 다시 내준다고 되어 있다.

169) 『세조 46권 14년 5월 16일 을해』: 「敬愼翁主, 全義君李梡妻也, 其母淑善翁主啓曰, 奴婢已分於子女, 然有不均者, 故更均分, 又慮後有忿爭, 告掌隷院稅契, 獨敬愼翁主憤怨, 與其子信忠禮忠等, 飾詐强辯, 母女相訟, 於理大戾, 而司評南泳, 偏聽請辭, 淹延不決, 是以悶之. 命因禮忠信忠及其奴僕之事知者, 淑善翁主, 太宗後宮也」.

170) 『經國大典』 刑典 私賤條: 「欲改者, 具有告官改給. 受者身死, 勿改」.

171) 『各司受教』 刑曹受教 13항: 「甲寅六月初二日〔明宗 9년(1553) 6월 2일〕, 承傳內. 大典刑典私賤條, 父母祖父母外祖父母妻父母夫妻妾及同生和會分執外, 用官署文記, 欲

모·외조부모의 자손에 대한, 夫의 妻·妾에 대한 文記는 改定을 허용한다[172]고 하여 白文文記가 허용되는 경우에는 白文으로도 改定할 수 있는 것으로 해석할 여지를 남기고 있다. 이에 관하여는 官署文記와 白文文記 모두를 지칭하는 것이라고 하여 해석론의 통일이 이루어졌다.

『성종 165권 15년 4월 26일 임오』를 보면, 『經國大典』 刑典 私賤條의 「받은 자가 죽으면 고치지 못한다」고 규정하였는데, 이 규정은 남의 전지나 노비를 얻은 자를 위하여 둔 것이었다. 또 그 아래 註에는 「부모의 문기는 이 제한에 들지 않는다」고 하였는데, 성종 15년 승정원에 전교하여 註의 규정을 삭제하도록 하였다.

이리하여 『성종 189권 17년 3월 25일 경오』에서는, 부모의 노비나 전지에도 본문의 규정을 적용함으로써, 아들이나 딸이 이미 죽고, 아들·딸의 아들이나 사위가 살아 있는데 부모가 아들·딸이 살아 있을 때에 준 文契를 고치려 하여도 그 아들·사위가 숨기고 내놓지 않으면, 조부모가 노여워서 다른 죄로 誣告하므로 가리기가 매우 어렵고, 조부모와 손자가 서로 송사하여 강상을 어지럽히게 되었다. 성종이 이 문제에 대하여 물으니, 영사 노사신은, 아들·딸의 물건은 모두 부모의 소유이니, 그 뜻으로 區處하는 것이 옳다고 하였다. 즉 개정할 수 있다는 주장이었다. 이에 성종은 「부모가 아들·딸에 대하여 그 생사에 따라 대우를 후하고 박하게 하는 것은 인정이 벗어날 수 없는 것이다. 부모가 늙었으나 살아 있는데 아들·딸이 우롱하여 죽은 자의 전지와 노비를 빼앗으려고 꾀하기도 하므로, 죽으면 고치지 못하게 하여 그 간사한 짓을 막은 것」이라고 하여 반대의 뜻을 비췄다.

改者, 具由告官改給, 受者身死勿改, 其註, 父母祖父母外祖父母之於子孫, 夫之於妻妾許改亦爲有去乙, 同文勢乙, 人之所見不同, 或云, 具由告官之語, 幷指白文與官署而言之. 或云, 白文則父母等自作之, 如欲改之, 自當改之, 不必告官, 官署之記外, 白文則許其自改, 所論不一, 難於奉行, 收議二品以上, 則具由告官之言, 並指白文與官署而言之議, 居多爲置白文幷以告官改給爲只爲, 刑曹等傳敎」. 『受敎輯錄』 刑典 文記條 1항: 「具由告官之言, 並指白文與官署而言之. 自今以後, 白文, 並告官改給」.

172) 『經國大典』 刑典 私賤條: 「欲改者, 具由告官, 改給. 受者身死, 勿改. (父母·祖父母·外祖父母之於子孫, 夫之於妻妾許改)」. 여기에는 白文이 허용되는 妻父母와 同生이 제외되어 있다.

沈澮·尹弼商·洪應 등이 다시 의논하여 아뢰기를, 부모·조부모가 자손에 대하여 고치지 못하고 자손은 부모·조부모를 거스른다면, 이는 倫理가 문란해지는 것이니, 단연코 이 규정을 적용할 수 없다고 주장하였다. 성종은 이 주장을 그대로 받아들임으로써 개정할 수 있게 되었다.

2) 夫婦가 共同作成한 傳繼文記의 改定

부부가 공동으로 작성한 문기를 개정하는 경우에도 앞에서 언급한 개정 방식에 따라야 했다. 이러한 문기는 부부가 살아있는 동안에는 특별히 문제가 생길 소지가 적었다. 그렇지만 부부 중 어느 일방이 먼저 사망하게 되는 경우에 생존한 다른 배우자가, 사망한 상대방 배우자의 재산까지도 함께 改定할 수 있었을까 하는 문제가 있게 된다. 이 문제에 관한 대표적인 사례로는 端宗 때의 「李叔蕃 事件」을 들 수 있다.[173]

이 사건에 대하여는 여러 가지 의견이 주장되었다. 그 주장들은 대체로 크게 세 가지 내용으로 요약할 수 있는데, 다음과 같다.

첫째, 정씨의 청구를 인용하여 文記의 改定을 허용하자는 입장이다.[174] 그 근거로는 ① 대저 부모가 자손에게 재산을 마음대로 주고 빼앗을 수 있는 것은 古今의 공통된 법이며 강순덕·강희맹은 모두 정씨의 자손이 되었으므로 주고 빼앗는 것은 오로지 정씨에게 있다. 만일 정씨가 자기 집의 재산을 마음대로 처분할 수 없게 한다면 綱常이 무너지고 人情과 理致에 합

---

173) 李叔蕃은 그의 처 丁씨와의 사이에 1남 2녀를 두었는데 그 중에서 장녀는 姜順德의 처가 되었다. 이숙번 부부는 협의에 의하여 각자의 재산을 자녀들에게 나누어 주고 부부공동명의로 分財文記를 작성하였다. 그 후 이숙번과 장녀가 사망하고 장녀에게는 자녀가 없었다. 강순덕은 후손이 없었기 때문에 妻인 이숙번의 장녀가 생존하였을 때 협의에 의하여 조카인 姜希孟을 양자로 맞이하여 뒤를 잇게 하였다. 한편 이숙번의 처 정씨는 남편과 장녀가 사망한 후에 사위인 강순덕에게 행한 分財를 取消하고 分財文記를 개정하고자 하여 반환을 요구하였다. 그러나 강순덕은 이에 응하지 않고, 繼後者인 강희맹과 조카들에게 재산을 나누어 주면서 정씨의 자손에게는 주지 않았다. 그러자 정씨가 문기의 개정을 요구하는 소송을 제기한 사건이다(『단종 4권 즉위년 11월 5일 계해』).

174) 原文에서 尹炯·李師純, 鄭麟趾, 成奉祖·李甫欽·朴大孫·金閏福, 辛碩祖·梁誠之·李芮·柳誠源 및 任孝仁·金吉通 등의 주장.

당하지 않게 된다(윤형 등). ② 강순덕의 장모로서 정씨가 狀告한 것은 事理에 맞는 일이다(정인지). ③ 강순덕과 정씨 사이에 아직 모자관계가 끊어지지 않았으니 강순덕은 정씨의 곤궁함을 돌보았어야 마땅하다. 그러므로 강순덕의 재산을 일체 정씨의 처분에 따르도록 하자(성봉조 등). ④ 재산은 그 주인의 처분에 맡기는 것이 常例이다. 처음부터 부부가 함께 財主가 되어 文券을 작성한 共同文記라면 그 후에 다시 고치는 것도 가능하다(신석조 등). ⑤ 부부는 일체로서 亡者의 遺物은 生存配偶者가 주인이 될 수 있는 것이다. 더구나 정씨는 자기의 재산까지 포함한 夫婦共同의 文券을 작성하였기 때문에 마땅히 원래의 文券을 반환 청구할 수 있도록 하는 것이 母子의 道理에 합당하다. 만일 改定할 수 없다고 한다면 父의 사후에 母를 경시하는 悖倫을 조장하는 결과가 된다(임효인 등).

둘째, 정씨의 請求를 棄却하여야 한다[175]는 입장이다. 그 근거로는 ① 정씨가 남편 이숙번이 살아 있을 때 같이 의논하여 文券을 작성하고 강희맹을 後嗣로 세웠는데, 딸이 죽고 후사가 없다는 이유로 지금 와서 도로 빼앗고자 하는 것은 불가하다(이축). ② 정씨의 文記改定請求는 從夫의 도리에 어긋나는 것이므로 함부로 고치지 못하게 하고, 강순덕이 정씨에게 불순한 죄 또한 징계하여야 한다(최항 등). ③ 자식된 자는 直訴할 수 없다는 母와 자식·사위의 관계를 고려할 때 정씨로 하여금 愛憎에 따라 사사로이 문권을 고치지 못하도록 하는 것이 형평의 원칙에 맞다(서강). ④ 夫와 함께 작성한 共同文記이므로 夫 사망 후에 妻가 혼자 개정할 수 있게 되면 後嗣하는 법을 어지럽힐 우려가 있다(송인창 등).

셋째, 본래의 정씨의 재산인 부분은 개정을 허용하고, 夫의 재산에 대해서는 개정을 금지하자[176]는 입장이다. 그 근거는 다음과 같다. ① 妻가 夫를 따르는 것과 子가 母를 따라야 하는 것은 서로 무게를 따질 수 없이 모두 유지되어야 할 중요한 도리이다(이사철). ② 부모가 아들에게 자기의 재산을 마음대로 주고 빼앗는 것은 고금의 도리이다. 그렇지만 妻가 夫의 生

175) 李蓄, 崔恒·朴彭年·金禮蒙·李塏·李承召·李克堪·韓繼禧·崔善復, 徐岡 및 宋仁昌·趙元禧 등의 주장.

176) 李思哲, 李承孫·鄭陟·金有溫, 閔伸·卞孝敬, 趙克寬·李仁孫 및 申叔舟의 주장.

前處分을 마음대로 개정하는 것은 옳지 못하다(민신 등). ③ 夫婦共同文記는 일방이 사망한 후에는 상대방 배우자가 함부로 고칠 수 없는 것이다. 그러나 공동문기작성 당시에 생존배우자의 單獨財産이었던 재산에 대해서는 처분을 허용하는 것이 인정과 이치에 합당하다(조극관 등). ④ 夫가 살았을 때 작성한 문권은 遺妻가 함부로 고칠 수 없는 것이다. 그러나 정씨가 살아 있으면서 자기의 소유 재산에 대한 처분을 마음대로 할 수 없다는 것도 또한 합당하지 않다.

결국 이 사건은 의정부에 내려 의논하게 한 결과 둘째와 셋째의 입장이 절충되었다. 그 판결 내용은 다음과 같다. 즉 「부모가 자손에게 재산을 마음대로 주고 빼앗으면 자손은 한결같이 부모의 명령에 따르는 것이 古今의 常事이다. 사위인 강순덕이 장모인 정씨의 명령을 따르지 않고 分財文券을 내놓지 않은 것은 도리에 매우 어긋나는 것이다. 그러므로 정씨의 재산은 모두 그녀의 처분에 따르게 하고, 夫 이숙번의 재산은, 생전에는 정씨가 가지고 있다가 死後에는 文記의 내용에 따라 물려준다. 그리고 딸이 증여받은 재산은 母 정씨의 처분에 따르도록 한다」는 것이었다.

이 판결은 결국 부부의 財産處分을 각각 분리함으로써 妻 자신의 처분에 대해서는 자유로운 改定을 허용한 것이다. 그리고 夫의 처분재산에 대해서는 妻가 생존하는 동안만 管理할 수 있도록 허용하고, 妻가 죽은 후에는 夫의 처분대로 효력이 발생하도록 하였다. 이 판결을 통해 볼 때 부모는 그 자녀에 대한 재산처분을 자유롭게 변경할 수 있었고, 부부 각자의 재산처분에 대해서는 생존배우자가 마음대로 변경할 수는 없었지만, 共同文記를 작성한 경우에 생존배우자는 사망배우자의 재산에 대하여 자신의 사망을 解除條件으로 하는 한시적인 처분권 즉, 자신이 살아 있는 동안 상대방의 재산처분행위의 효력발생을 정지시킬 수 있는 권리를 가졌던 것이다.

3) 文記의 改定에 대한 制限

앞에서 본 바와 같이 經國大典은 受贈者가 사망하였을 경우에는 改定할 수 없다는 制限規定을 두고 있다. 그러나 이 규정이 부모나 조부모가 자녀나 孫에게 分財해 준 경우에도 적용되어야 할 것인가에 대해서는 논쟁이 있었다. 分財를 받은 자녀가 사망한 뒤에도 改定할 수 있는가의 여부는, 그것을 相續한 孫과 祖父母와의 利害關係에 큰 영향을 주는 것이기도 하지만, 대체로 죽은 자로부터 재산을 빼앗아 다른 자녀에게 줄 수 있는가, 즉 사망한 자녀와 생존하는 자녀와의 利害關係에 직결된 문제이다. 이 논쟁을 유발시킨 사례는 金顧의 妻 정씨의 改給件이다.177)

김고의 처 정씨는 두 아들 김맹렴과 김중렴에게 分財하여 주었는데, 중렴은 分財받은 것을 딸과 妾子인 현에게 나누어 주고 사망하였다. 이에 정씨는 현을 미워하여 중렴에게 분재해 주었던 文記를 改定하고 官署를 畢하였다. 그 후 정씨가 사망하자 현이 정씨의 改給은 사실이 아니라고 주장하면서 소송을 제기하자, 정승들은 정씨의 처분은 정당하니 현의 주장을 배척하여야 한다는 입장이었다. 그러나 成宗은 이 규정의 適用範圍에 관하여 勘校廳으로 하여금 논의하도록 하였는데,178) 大典의 制限規定을 염두에 두

177) 『성종 162권 15년 1월 4일 임진』: 「先是金顧妻鄭氏, 以奴婢八百餘口, 分給其子孟廉仲廉等, 仲廉以其奴婢, 分給其女子及妾子金鉉等. 仲廉死後, 鄭氏惡鉉等, 減前文記, 而改區處焉, 鄭氏死, 鉉以改區處文記爲不實, 訟于官, 命政丞等議, 韓明澮尹弼商議, 鄭氏雖年老, 其改區處, 甚合情理. 又告官斜給, 朴氏雖不承服, 辛永仁芎藥等拘辭明白, 且理順之招, 雖不承服, 從正決給例也, 一從財主願意, 何如. 傳曰, 其取文記以來, 予當便覽」.

178) 『성종 163권 15년 2월 30일 정해』: ①「勘校廳啓, 大典私賤條, 受者身死勿改之下, 添錄父母文記, 不在此限之語何如」, ②「傳曰, 大凡父母, 未必皆先子女而死. 父母分給子女奴婢, 而子女若有先死者, 他子女, 或有誘說父母, 還奪死者所得奴婢, 甚未便受者身死, 雖其父母, 勿許改何如. 其更問之勘校廳」, ③「啓曰, 如此, 則父母不得專家政矣. 其孫若不順, 則不可不改也. 傳曰, 雖無父母文記, 不在此限之註, 其可以解見乎. 其記于領敦寧以上」, ④「鄭昌孫議, 收養侍養族親文記, 則皆告官更改, 父母之於子孫, 雖無不在此限之文, 官吏承用已久, 仍舊何如」, ⑤「韓明澮・沈澮議, 大典身死勿改之下, 須添入父母文記, 不在此限之語爲便」, ⑥「尹弼商議, 一家之政, 聽于父母, 分給奴婢, 終有不均, 於國家大體, 有何所損. 若使父母未得擅便, 則子孫恐或有不順者矣, 須聽父母之區處, 庶合大體」, ⑦「李克培議, 大典內, 身死勿改之法, 恐非指父母文記, 依勘校廳所啓」, ⑧「傳于承政院曰, 大典云, 父母祖父母外祖父母妻父母夫妻同生和會分執外, 用官署文記, 欲改者, 具由告官改給, 受者身死勿改, 旣曰某某外用官署文記, 又父母文記, 不在此限爲註添入, 無可, 不可乎」, ⑨「承旨等啓曰, 上敎允當. 然此文字, 京官猶且疑惑未得分解, 況五官守令, 何以知之. 今議諸大臣, 尙未歸一, 則群疑益甚, 父母文記不在此限之語, 不可不添註, 使人人曉然易知也」, ⑩「傳曰, 父母之於子

고 의문을 가진 듯하다.

이 문제에 대해서 勘校廳은, 父母의 文記도 「受者身死勿改」에 해당된다면 家政을 전단할 수가 없고 孫子가 순응하지 않더라도 개정할 수 없으나, 父母의 文記는 이 제한에 들지 않는다는 단서를 첨가하여야 한다고 주장하였다〔註 180)의 原文①, ③〕. 이에 대하여 成宗은, 생존하는 자녀가 부모를 誘說하여 사망한 자녀의 노비를 빼앗을 폐단이 생길 것이라 여겨(상동 ②), 이를 大臣에게 묻도록 하였다. 大臣들의 견해는 대체로 勘校廳의 견해와 일치하며, 父母의 文記는 受者身死後라도 개정할 수 있어야 한다고 주장이었다(상동 ④, ⑤, ⑥, ⑦). 그 근거는 ① 제한규정은 주로 收養이나 侍養 또는 族親에게 分給하였을 경우에만 적용되었고 父母의 文記에는 적용되지 않고, ② 文記의 改定은 一家의 私事로서 국가가 간섭할 필요가 없으며, 改定을 허용하지 않는다면 不順한 자손이 있게 될 것이라는 것이다. 成宗은 大典의 규정으로 보아 단서를 추가하는 것은 옳지 않다고 하고 이 문제를 承旨들에게 물었다(註의 原文⑧). 이에 대해서 承旨들은 해석론이 구구할 여지가 있으니 명확히 입법할 것을 주장하였다(註의 原文⑨). 그러자 成宗은 父母의 文記는 改定할 수 있고 祖父母의 文記는 개정할 수 없다는 것은 의문이라고 하여 다시 물었다(註의 原文⑩). 承旨들은 부모와 조부모 사이에는 간격이 있어서 부모에 연고된 일을 가지고 자식은 爭訟할 수 없으나 조부모의 일은 爭訟할 수 있으니 모순되지 않는다고 대답하였다(註의 原文⑪). 그러나 成宗은 끝내 부모가 愛憎으로 말미암아 생존하는 자녀의 遊說를 듣고 사망한 자녀의 재산을 빼앗게 됨은 불가하다고 주장하면서 단서의 첨가를 반대하였다(註의 原文⑫). 신하들은 父母가 受者身死勿改에 해당되지 않는다고 주장하고 成宗은 이를 반대한 것이다. 勘校廳이 다시

女, 則當如此矣. 奴婢之源, 出於祖父母, 脫有人, 祖父母父母俱存而死, 父母則改之, 祖父母, 則以元財主, 不得擅改, 無乃有妨乎」, ⑪ 「承旨等啓曰, 以情理論之, 則上敎允當, 然父母與祖父母, 稍有間隔, 以故父母之事, 子不得告爭, 而祖父母之事, 則告爭, 此亦祖父母父母有間也, 立法將通行萬世, 不可以變論之也」, ⑫ 「傳曰, 父母之於子, 不無愛憎, 於子女已歿之後, 聽他子女誘說, 奪此與彼, 不合議, 仍舊典, 勿添入何如, 其更問勘校廳」.

의논을 제기하였으나, 成宗은 끝내 자신의 주장을 굽히지 않았다. 勘校廳은 添註하지 않으면 橫逆한 자손이 있게 될 것이라는 前日의 주장을 되풀이하였고, 成宗은 마찬가지로 不孝는 不孝로써 治罪하면 되며, 지금 세상에는 생존하는 자식을 편애하여 사망한 자식의 재산을 빼앗아 주는 자가 있으며 大典은 先王이 정한 것으로 개정할 수 없다는 점을 지적하였다.[179)]

이 문제는 그 후 또 다시 논의되었다.[180)] 『성종 164권 15년 3월 5일 임진』에서 成宗의 반대가 있었지만 그 사이에 "父母文記, 不在此限"이라는 註가 첨부되어 시행되었음을 알 수 있다. 이에 成宗은 이 단서의 삭제를 다시 의논하게 하였는데 大臣들의 의견은 삭제할 수 없다는 점에서는 의견의 일치를 보였으나, "受者身死勿改"는 收養이나 侍養에 대하여서만 적용되는 것으로 父母文記에도 이를 적용함은 입법의 本意가 아니라는 주장〔註 182)의 原文①〕, 또 부모가 생존하고 자식이 먼저 사망하였기 때문에 改給할 수 없다고 한다면 一家를 조종하는 권한이 부모에게 있지 않게 되므로 부당하나, 애증이나 참간으로 改給할 수도 있으므로 부득이할 경우에만 官에 신고하게 하여서 시행하도록 하고 삭제할 필요는 없다는 주장이 있었다(상동 ②). 成宗은 죽은 뒤에 고치면 죽은 자의 자녀가 불쌍하다는 점을 내세워 "不在此限"의 단서를 삭제하여야 한다고 強辯하고 이를 관철시켜 마

---

179) 『성종 164권 15년 3월 5일 임진』: 「勘校廳啓曰, 刑典私賤條, 受者身死勿改之下, 若不添註父母文記, 不在此限之說, 則權不在父母, 而恐有橫逆之子矣. 傳曰, 子之不孝, 豈在於身死之後乎. 若生而不順, 則當告官治罪, 豈以奴婢與奪, 而以爲權乎, 今觀世人, 於子死之後, 偏愛生存之子, 或有旣與而復奪之者, 況大典先王所定, 不可改也」.

180) 『성종 165권 15년 4월 26일 임오』: 「傳于承政院曰, 大典受者身死勿改條內, 父母文記, 不在此限之文, 削之何如. 其議諸宰相」. ① 「昌孫明澮沈澮洪應尹壕李世佐李叔瑊議, 受者身死勿改之條, 爲收養侍養或有改給他人者而設, 近來官吏, 父母奴婢, 亦據此斷之, 非立法本意也, 臣等謂, 父母文記不在此限之文, 不可削也」, ② 「徐居正許琮韓致禮議, 父母在而親子先亡, 所給奴婢, 不許父母擅便, 則一家操縱之權, 不在於父母, 似乎未安. 但父母於親子歿後, 或牽於愛憎, 或因讒間, 非理還奪, 是父母之非命, 亦不可盡從, 若有不得已更張之勢, 則令告官施行何如. 傳曰, 二相等議, 旣言不許父母擅便, 則一家操縱之權不在於父母, 又言父母之非命, 不可盡從, 何其言之相錯也. 居正等啓曰, 操縱之權, 雖在父母, 然欲使父母不得輕易更改, 故如是議啓. 傳曰, 予意謂, 受者生存則已矣, 身死後改之, 則死者之子可矜. 僉啓曰, 上教允當. 傳曰, 予非欲改大典, 但削不在此限之文可也」.

침내 父母의 文記도 受者身死後에는 개정할 수가 없게 되었다. 이에 따라 『성종 162권 15년 1월 4일 임진』의 사례도 판결된다.[181]

정씨의 己丑年 文記는 김중렴의 사후에 작성되었고 김중렴의 丁丑年 文記는 限外의 白文으로 모두 위법한 것이니, 官이 財主가 되어 大典에 따라 分給해 주라는 判決이다.[182] 이에 따르면 김중렴의 丁丑年 文記가 限外의 白文으로 無效인 것으로 되는데, 그것은 딸과 妾子에 대한, 즉 父母가 자녀에 대한 文記로 앞에서 본 바로는 白文이 허용되는 경우이다. 무엇을 근거로 限外의 白文이라 判決하였는지는 분명하지 않다. 史臣은 이 判決에 대해 朝議를 배척하고 임금이 홀로 자기주장을 관철시켰다고 비판하고 있다.

이리하여「受者身死勿改」의 적용범위에 관하여는 또 다시 의논되고 이 때에는 신하들의 견해가 채택된다.[183] 掌令 李誼는 자녀가 이미 사망하고 그 자녀나 壻가 살아 있다고 하여 改給할 수 없다면 祖父母가 다른 죄로 무고하며, 祖孫이 서로 爭訟하게 되어 옳지 못하므로 『성종 165권 15년 4월 26일 임오』의 受敎는 옳지 못하다고 주장하였고, 成宗은 이전에 주장하였던 근거를 내세우며 다시 의논하게 한 것이다. 이에 대하여 大臣들은 일

---

181) 『성종 167권 15년 6월 2일 정사』:「傳于承政院曰, 金鉉等奴婢事, 鄭氏己亥年文記, 則受者身死後改成, 金仲廉丁丑年文記, 則限外白文, 並皆違法, 官作財主, 依大典平均分給可也. 史臣曰, 金鉉等奴婢之訟, 朝議皆以爲, 當從嫡祖母鄭氏區處文記, 而上獨以受者身死勿改之法, 强違衆論, 或言, 鉉依附奉保夫人故也」. 여기서 己亥年은 성종 10(1479)이고, 丁畜年은 세조 2년(1457)이다.

182) 이와 유사한 사례로는 『중종 10권 5년 2월 5일 신묘』의 寶城君 李㟓의 사례가 있다.

183) 『성종 189권 17년 3월 5일 경오』:「掌令李誼啓曰, 大典受者身死勿改, 此法爲得他人田民者設也, 近者受教, 父母田民亦用此法, 甚不可. 若子女已死, 子女之子壻存焉, 其父母, 欲改子女生時所與文契, 而其子壻諱而不出, 則祖父母怒誣告他罪, 辨之甚難, 祖孫交訟, 紊亂綱常, 甚非美事, 上向左右. 領事盧思愼對曰, 子女之物, 皆父母所有, 惟其意區處可也. 身死勿改之法, 其不用於父母乎. 上曰, 父母之於子女, 隨其存亡, 而厚薄之, 人情所不免也. 父母老耄而生存子女愚弄之, 或謀奪死者田民, 故使之身死而勿改, 以杜其奸耳. 然當更議, 仍命領敦寧以上議之, 之沈澮尹弼商洪應盧思愼尹壕議, 大典身死勿改之法, 非謂父母祖父母之於子孫也. 凡人與人奴婢, 輒以生死冷暖, 以輕改文書, 故爲此法也. 父母祖父母, 不能改於子孫, 而子孫違逆父母祖父母, 則是彝倫紊矣, 斷不可用此法也. 從之」.

치된 의견으로 앞서의 주장을 반복한다. 즉 「受者身死勿改」는 재산을 다른 사람에게 주고 가볍게 改給하는 경우에 적용하기 위한 법이고 부모·조부모가 자손에게 分財해 준 경우에 적용하기 위한 법이 아니며, 改給할 수 없다면 자손이 부모·조부모를 거스르게 될 것이므로 부당하다는 것이다. 앞의 原文 ⑪에서는 부모가 자녀에 대한 경우만을 한정하였는데, 여기에서는 祖父母까지 그 범위를 확대하고 있다.

『성종 189권 17년 3월 5일 경오』의 受教는 부모·조부모가 자손에게 分財해 준 경우에는 受贈者가 사망한 경우에도 이를 개정할 수 있는 것으로 확정한다. 그러나 經國大典은 이에 관하여 外祖母가 자손에 대하여 및 夫가 妻妾에 대한 경우에도 改定할 수 있다고 규정한다.[184] 아마도 이것은 成宗 17년의 受教를 바탕으로 범위를 확대한 것 같다. 經國大典이 이러한 규정을 채택하게 된 이유는, 부모·조부모·외조부모의 자손에 대하여 또는 夫의 妻妾에 대하여 행한 贈與의 의미가 사후의 相續을 예정한 생전의 분할이라는 데 있으므로, 贈與者가 생존하는 동안에는 그 효력이 반드시 확정적인 것만은 아니라고 본 데서 찾아야 할 것이다. 受贈者의 生死는 이러한 자들 사이에서의 贈與에 어떠한 영향도 미칠 수 없다는 것이다.

한편 嫡母와 妾子女, 前母나 繼母와 義子女 및 養親과 收養子女나 侍養子女 사이에는 위의 논의와 立法趣旨로 보아 "受者身死勿改"의 적용이 있다고 보아야 할 것이다. 그러나 白文이 허용되는 妻父母의 壻에 대한 또는 妻妾의 夫에 대한 贈與에 관하여는 經國大典은 이를 규정하고 있지 않다. 이들 사이에서의 贈與에 대하여 규정하지 않은 이유는 분명하지 않다. 한편 大典後續錄은 자녀가 없는 자가 侍養子나 本族에게 贈與하였는데, 그 후에 자녀가 출생한 경우에도 "身死勿改"의 적용을 받지 않는다는 예외를 설정하고 있다.[185] 즉 자녀가 없기 때문에 贈與를 한 뒤에 자녀가 출생할 경우를 改給의 중요한 사유로 보고 있다.

---

184) 『經國大典』 刑典 私賤條의 註 참고.

185) 『大典後續錄』 刑典 私賤條: 「無子女者, 其奴婢·田宅, 已區處他人, 而受者身死後, 財主若有子女, 則不拘身死勿改之法, 許改」.

(5) 小 結

이상의 고찰을 통해 볼 때, 去來의 活性化가 크게 요구될 수 없었던 朝鮮前期의 사정으로 보아 賣買, 贈與 및 相續 등에 의한 財産의 所有權 變動의 形式이었던 文記에 관한 法理는 여러 여건의 狀況變化에 발맞추어 수정과 보완이 계속되었음을 알게 된다. 그러다가 임진왜란과 병자호란을 거치면서 문기의 소실로 인하여 재산에 대한 所有權의 證明이 어렵게 됨에 따라 문기에 관한 법규범도 크게 혼란에 빠지게 되고, 결국에는 成文法이 慣習法規範에 밀려 死文化되는 지경에 이르고, 마침내는 大典會通에 이르러 形式的으로도 완전히 폐지되고 말았다. 이것은 「祖宗成憲」이라는 말로 대표되는 조선시대의 입법사상이나 태도로 볼 때 매우 이례적인 현상이라 하겠다.

成文立法과 個別的인 具體的 事例를 통하여 본 朝鮮時代에 있어서의 소유권의 증명방법인 文記에 관한 法規範의 일반적인 경향과 몇 가지 특징을 요약하면 다음과 같다.

文記의 成立要件과 관련하여 조선 초기에는 엄격하게 證人·筆執人 등의 요건을 요구하였다. 그러나 이러한 方式을 違反하였다고 하여 그 문기가 當然無效로 취급된 것 같지는 않다. 다만 父子間에 있어서의 證筆拒否와 같은 사례가 제기된 점으로 보아 證筆要件의 준수가 강하게 요구되었음을 알 수 있다. 또 文記의 방식에 관하여 볼 때, 조선 초기에는 白文方式보다는 官署方式이 더 강조되었는데, 그것은 麗末鮮初의 激變과 혼란을 극복하고 새로운 支配秩序를 확립해야 했던 당시의 사정으로 보아 支配秩序의 經濟的 基盤인 奴婢와 土地 등의 重要財産에 대한 國家的 管理의 효율적 강화라는 시대적 요청상 당연한 것이었던 것으로 보인다. 즉 경국대전이 반포되면서는 그 규정에 따르도록 하다가, 그 뒤 중종 이후에는 文記와 관련된 記事가 그렇게 많이 눈에 띄질 않고, 英祖 때에 이르러 官署文記의 定式을 정한 것으로 보아, 시간이 흐르면서 점차 문기에 관한 법규범이 정비되고, 白文文記의 허용범위가 확대되었음을 알 수 있다. 이와 같이 文記에 관한 法規範이 정비됨에 따라 白文方式의 文記가 許容되는 範圍가 점차 확대된 것은, 또한 近親 사이의 財産移動에 대한 國家的 管理의 필요성의 강조가 약했던 결과이기도 하고, 私事와 公事가 점차 분별되는 새로운 모습을 보여주는 것이었다.

시대의 진전에 따라 이루어진 白文文記의 通用 및 그 許容範圍의 확대와 文記改定에 있어서의 制限規定의 適用範圍縮小는, 다른 요인의 작용도 있었겠지만, 유교사회가 정착되는 데 따른 家長權의 强化와 그 궤를 같이 한 결과였다고 하겠다. 그 이유는, 이러한 변화를 뒷받침하는 데 주장되었던 근거들이, 家長은 家庭을 專斷할 수 있었다는 점과 孝의 관념을 강조하는 데서 도출되었기 때문이라 하겠다.

그리고 입안의 효력과 관련하여, 입안이 일단 사급되면 번복할 수 없는 확정력을 가지게 되어 권리관계가 명확해진다. 그러므로 진실한 권리자의 권리를 보호하는 靜的 安全의 요구는 물론 去來의 安全을 보장하는 動的 안전의 요구도 기하였다고 볼 수 있으며, 소유자는 이를 보존하여 다음에 권리이전을 할 때에 취득자에게 인도하였다. 公的 證明을 절대적으로 신탁하는 것은 당시의 인민이 舊文記紛失의 경우에 그 분실을 증명하는 관의 立案 또는 立旨를 청구하던 것을 보아도 알 수 있다. 다만 무주지에 대해서는, 입안을 받은 경우 일단 소유권을 인정하기는 하였으나, 입안받은 문기를 소지하고만 있을 뿐 직접 경작하지 않는 경우에는 소유권을 박탈하도록 함으로써 토지 자체의 소유자가 누구냐를 정하는 것보다는 그 토지를 얼마나 잘 이용하느냐에 중점을 두었던 것이다. 그 밖에 부부의 財産關係와 관련하여, 李叔蕃 夫婦의 共同文記改定事例에서 주장된 여러 가지 法律解釋을 통하여 볼 때, 당시의 夫婦 사이의 財産關係가 남성 본위의 일방적인 것만은 아니었으며, 여성에게도 상당히 넓은 범위에서 재산에 대한 사용·수익은 물론, 독자적인 처분권까지 인정되었음을 알 수 있다.

제4절 擔保制度

1. 一般的 考察

채권자가 채무자에게 일정한 행위를 요구하는 권리가 이른바 債權이다. 따라서 채무자가 자발적으로 자신의 의무인 급부를 이행하게 되면 채권자는 그 급부를 수령하고 이를 적법하게 보유할 수 있게 되는 것이다. 이것이 채권의 最小限度의 法律的 效力이다. 그러나 채무자가 임의로 이행하지 않는 경우에는 現代法에서는 채권자는 국가기관의 힘을 얻어서 强制的으로 채권의 목적을 실현할 수 있도록 되어 있다. 다만 그것이 불가능하거나 채권자가 원하지 않는 경우에는 損害賠償을 청구할 수 있다. 이것이 金錢債權의 일반적 효력이다. 그런데 채권자의 입장에서는 이러한 일반적인 효력만 가지고서는 안심할 수가 없다. 따라서 자신의 채권 실현을 보장받기 위하여 어떠한 별도의 안전장치를 확보하려고 하는 것이 모든 채권자의 심정일 것이다. 이러한 수단으로서 가장 많이 이용되는 것이 바로 擔保制度이다. 현행법상 債權을 담보하기 위한 것으로는 크게 物的 擔保와 人的 擔保가 있다. 전자의 것으로는 擔保物權이 대표적인 것이고, 후자의 것으로는 保證債務 및 連帶債務가 있다. 이 두 가지 가운데 어느 것이 우수한 제도인가에 대해서 획일적으로 단정할 수는 없다. 각기 그 장단점을 가지고 있기 때문이다. 그렇지만 아무래도 오늘날 거래관계에 있어서 物的 擔保制度가 주로 이용되고, 다만 물적 담보의 목적물을 갖추지 못한 사람은 부득이 人的 擔保에 의하여 去來上의 信用을 뒷받침할 수밖에 없는 것이 현실이다. 그리고 오늘날에 있어서는 여러 가지 變則的인 모습으로 새롭게 등장하여 擔保制度로서의 기능을 수행하기도 한다. 다만 최근 不動産實名制에 관한 法律(부동산실권리자명의등기에 관한 법률, 1995. 3. 30 제정, 2002. 3. 30 개정이 가장 최근 개정)이 제정·공포되면서 그 이용에 다소의 제약이 있을 것으로 본다.

현행법상 담보물권이 그 분류기준에 따라 다양하게 구별되고 있음은 주지의 사실이다. 현행 민법은 담보물권으로서 留置權・質權 그리고 抵當權을 명문으로 규정하고 있다. 일반적으로 담보권의 最古의 형태는 소유물을 매도하는 형식을 취하였던 것으로 파악되고 있으며, 목적물에 대한 채권자의 무제한적인 소유권의 취득은 채무의 이행을 해제조건으로 하는 條件附所有權의 취득이거나 還買約款附取得 또는 담보의 목적 이외에는 목적물의 소유권을 행사하지 않는다는 약속을 받는 제한적인 소유권의 취득이었다. 그리하여 賣渡擔保의 형태가 완성하여 담보권의 중점은 매도담보로부터 占有質로 되고, 점유질로부터 다시 非占有質인 抵當權으로 전환하는 史的發展過程을 밟아 왔다.[186]

조선왕조실록에도 이러한 담보제도에 관한 기록은 나타나고 있다. 그렇지만 이들에 관한 구체적인 법률관계를 고찰할 수 있을 만한 기사는 찾아보기 어렵다. 왕조실록에 보이는 기사는 대체로 이들 제도로 인하여 발생하는 사회적인 폐단을 지적하고, 이에 대한 대책을 마련하자는 주장들이어서, 실록의 기사만으로는 그 구체적인 내용을 파악할 수가 없다. 결국 담보제도에 관한 구체적인 법률관계를 고찰하기 위해서는 개개의 文記를 살펴보지 않을 수 없게 된다.

조선시대의 擔保制度에 관한 선행 연구는 朴秉濠 著, 『韓國法制史攷』 중 「不動産去來法」 부분에 잘 기술되어 있으며,[187] 그 밖에도 金容圭, 金

186) 朴秉濠, 『韓國法制史攷』, 80면.

187) 王朝實錄에는 擔保制度에 관한 직접적인 자료는 그렇게 많은 편이 못된다. 그것은 擔保라는 것이 국가에 의해서 규제되기 보다는 개인과 개인 사이에서 私的으로 이루어졌기 때문이라고 생각된다. 그러므로 擔保制度에 관한 法規範과 法理論을 정확하게 밝히기 위해서는 개인 사이의 去來文書를 고찰하는 것이 필수적일 것이다. 다행히도 여기에 관해서 선행 연구가 있다. 다름 아닌 朴秉濠 교수께서 이미 『韓國法制史攷』에서 개개의 文記를 분석하여 그 법률관계를 규명하신 바가 있다. 그런데 아쉽게도 앞의 논문에서 고찰 대상이 된 것들은 주로 조선중・후기의 文記가 중심이 되었고, 조선 전기의 담보제도에 관한 것은 분명하지 않다. 그러나 지금까지 나온 연구물로서는 가장 정확하고 훌륭한 업적임은 틀림이 없다. 그런데 앞의 논문이 세상에 나온 때가 1960년대 말, 1970년대 초반이었는데, 그 뒤 30여 년이 지나도록 후속 연구가 이루어지질 못하고 있는 현실이 매우 안타까울 뿐이다. 이 책에서는 박 교수의 업적을 기초로 하여, 필자가 왕조실록에서 새로이 발견한 자료를 소개하기로 한다.

在文 두 분의 논문이 있다. 그리고 우리의 古文書를 정리해 놓은 것으로는 崔承熙 著, 『古文書硏究』(韓國精神文化硏究院)가 있다. 이 책은 담보물권 뿐만이 아니라 앞으로 거래행위에 있어서의 개개의 구체적인 법률관계를 파악하기 위하여 중요한 자료가 될 것으로 본다. 그리고 中國法制史에 관한 연구물로는 仁井田 陞 著, 『中國法制史』(日本: 岩波書店, 1952년)가 있다. 이 책에서도 주제의 분류와 편집에 있어서 『中國法制史』의 그것을 많이 참고하였다.[188)]

2. 人的 擔保

왕조실록의 기사를 분석하면서 人的 擔保에 관한 것은 많이 발견하지 못하였다. 그나마 직접적으로 현행법의 인적 담보제도와 연결시키기에는 무엇인가 어색한 감이 있다. 즉 전근대법에서의 채무와 인격책임과의 관계 및 보증제도와의 관계가 모호하다. 이러한 결점에도 불구하고 몇몇 기사를 참고로 人保證에 관하여 고찰한다.

먼저, 현종 5년(『受敎輯錄』 戶典 徵債條 255항)에 「債金 4백냥 이상을 변상하지 못한 경우에는 전가족을 정배하되 京司의 負債이면 畿內에 정배하고 運餉管理司의 부채이면 西路에 정배하여 徵捧에 편의하게 한다. 채무를 完濟하면 계문하여 석방한다. 숙종 10년 9월의 교지에는 公債 1백냥 이상을 변상하지 아니한 경우에는 본인을 貸付衙門의 근처에 期限 없이 정배하고 처자는 몰수하여 노비를 삼았다가 채무를 완제한 후에 석방한다고 규정하고 있다」고 한 기록이 있는데, 이 기사는 오늘날의 留置權 혹은 質權과 유사한 모습을 보여주고 있다.

『문종 1권 즉위년 3월 16일 경신』에서는 「司憲府啓, 扶餘顯監丁時應, 贓吏之甚者, 會赦免放, 得保首領, 雖不得依律斷罪, 追奪告身, 迸諸遐裔, 終身不返, 以快人望, 宜於咸吉道極邊郡縣, 全家入居, 然待贓物畢徵後入

188) 이에 관하여 拙稿, 「조선조 담보제도 연구」(比較私法, 제9권 4호, 韓國比較私法學會, 2002. 12)가 있다.

送, 則故迎歲月, 不肯畢納, 令父母一族, 賣田宅奴婢, 隨後充償, 右時應及家口, 卽時入送. 從之」, 즉 문종 즉위년에 扶餘縣監 丁時應이 贓吏로서 赦免을 만나 석방되어, 사헌부에서, 비록 형률에 의거하여 죄를 처단하지는 못할지라도, 告身(職牒)을 追奪하여 함길도의 먼 변방 군현에 전가족을 입거하도록 해야 마땅한데, 贓物이 다 징수되기를 기다린 후에 들여보내면 고의로 지체할 우려가 있으므로, 그 父母와 一族으로 하여금 田宅과 奴婢를 팔아서 충당 補償하게 할 것을 아뢰니, 그대로 따르고, 정시응과 가족은 즉시 전가사변하였다.

債權의 제3자에 대한 强制執行과 관련해서는, 조선 중기에 이르러 公家에서 채무를 진 경우에 親父子 외에 그 일족에게 침탈하는 일은 일체 금지하도록 하였고 (『受教輯錄』 戶典 徵債條 253항), 또한 숙종 27년(『新補受教輯錄』 戶典 徵債條 411항)에는, 채권을 징수하기 위하여 「遠系의 宗族 및 一時居住者」를 침범하는 것을 금지하였으며, 또 『영조 4권 원년 3월 12일 경술』에서는 영조 원년 당시 선혜청에서 빚진 사람이 부담해야 할 것을 관계가 없는 사람에게 강제로 징수하는 일이 있었는데, 海西에는 徵債廳을 설치하여 채무자나 切族으로부터 징수한 錢穀을 수시로 轉賣하되, 곡식인 경우는 還穀을 주고 10분의 1을 利子로 받아 점차로 채무를 변제하도록 하고, 무관한 사람에게서 강제로 거두어들인 물품은 되돌려 주었다. 이것으로 볼 때 保證人과 같이 채무와 직접적인 관계가 전혀 없는 제3자에 대해서도 채무집행을 하는 것이 당시에 흔했음을 알 수 있다.

그리고 조선시대에 있어서 皂隷이나 羅將이 도망하여 絶戶된 자의 빚을 京主人에게 독촉하였는데, 이 때 경주인이 빚을 내어 바치고, 본 고을에 내려가서 수납할 때는 반드시 그 빚의 배를 징수하는 것이 일반적 관행이었다. 그러다가 『중종 13권 6년 5월 9일 무오』에서는 皂隷·羅將이 도망하여 絶戶된 자의 빚을 京主人에게 독촉하면 경주인이 빚을 내어 바치고, 본 고을에 내려가서 수납할 때는 반드시 그 빚의 배를 징수하였는데, 중종 6년 5월 경기관찰사 成夢井의 청으로, 앞으로는 本債만 징수하고, 경주인으로 貸借하여 바치는 것을 금지토록 함으로써, 일정한 경우에는 그 목적에 따라 소비대차를 제한하기도 하였다.

또 연산군 8년에 보병·정병·공천 등이 月利를 내어서 代立[189]시키면 월리를 준 사람은 반드시 관가에 알려서 징수하였는데, 본인이 없거나 비록 본인이 있더라도 가난하면 반드시 그 一族이나 겨린(切隣)에게 분담시켜 징수하는 폐단이 있었다. 이로 인하여 보병·공천 등의 겨린(切隣)이나 一族들이 괴로움을 겪자, 대사헌 崔漢源이 대책 마련을 주장한 실록의 기사가 있다.[190]

3. 物的 擔保

(1) 還買條件附 賣買

1) 概念 및 性質

이 제도는 채권의 담보를 목적으로 매매계약을 체결할 때에 소유물을 환매할 것을 조건으로 하는 특약을 맺는 것으로서 17세기 경 특히 土地의 경우에 일반적으로 시행되던 것으로서 전답의 使用受益權(耕作權)을 매매하여 매수인이 일정기간 동안 경작한 다음 약속한 期限이 도래하면 매도인은 처음에 지급받은 매매대금을 매수인에게 돌려주고 그 전답에 대한 경작권을 되찾는 慣習上의 토지매매제도이다.[191] 이것을 退賭地賣買 또는 先賭地賣買라고도 하였다.[192]

---

189) 公役에 사람을 대신 보내는 것을 말한다.

190) 『연산군 47권 8년 12월 26일 갑자』: 「待平方有寧日, 國家詞訟繁多, 積滯不決放, 民多怨之, 成宗朝特設斷訟都監, 今無職之民, 或兄弟或親戚相訟, 至累歲不決, 甚未便, 請依成宗故事, 立斷訟都監. 王曰, 斷訟, 固有法, 何必別設局也. 正言吳益念曰, 孟子曰, 尊先生之法, 甚不可也, 大典, 外陵參奉監司自望, 今宰相啓請, 令銓曹擬望, 是大典之法毁矣, 大典私債告官徵給, 今漢城府憚其訟煩, 請不許官徵, 奸詐之徒, 負債不還, 物主終不能徵, 故雖積貨幣者, 不借貸于人, 有無無相資之意, 甚未便, 請依大典, 徵給私債. 王曰, 紛更祖宗之法, 甚不可也, 法久弊生則不得已而更之矣」.

191) 朴秉濠, 『韓國法制史攷』, 81-91면 참조.

192) 朴秉濠, 『韓國法制史攷』, 92면에서는 다른 것으로 보고 있다. 그리고 유사한 제도로서 權賣라는 것이 있었는데, 이것 역시 형태는 賣買이지만 그 실질은 擔保로서 일정기간 동안 소유물인 토지를 팔고, 약정한 기간이 만료되면 처음에 치렀던 대가를 주고 도로

이 매매는 實質的으로 債權債務關係를 내용으로 하는 債權의 擔保로서의 역할을 함으로써 債權關係와 土地耕作權의 賣買契約이 합성된 擔保物의 賣買契約이다. 따라서 매매기간의 長短을 막론하고 약정한 期限 안에 매도인이 還退하지 못하면 그 전답은 영구히 매수인의 소유로 되었다. 그리고 이 退賭地賣買는 어디까지나 耕作權만을 賣買하는 것으로서 所有權 자체를 賣買하는 것은 아니었다. 그러므로 賣買를 할 때에 매도인은 그 전답의 權利를 증명하는 文書를 매수인에게 인도할 의무는 없었다. 따라서 所有權은 여전히 賣渡人에게 남아 있게 되는 것이다. 이 때문에 賣買의 대가가 農地自體의 時價보다는 적은 것이 보통이었다.

중종 13년에 選上價布法에 의하여, 그 役價를 五升綿布로 바치도록 하였는데, 가난한 백성이 그 役의 괴로움을 견디지 못하여 田을 매도하고 流亡하는 경우가 많았는데, 이러한 폐단을 막기 위하여 매매한 것을 모두 還退시키도록 하였다. 다만 10년이 지난 것에 대해서는 소요를 우려하여 환퇴의 대상에서 제외시켰다.[193] 이 기사의 내용으로 볼 때 법적으로 보호받을 수 있는 환퇴의 기간은 최장 10년이었음을 추단할 수 있겠다.

그리고 숙종 7년에 「奴婢가 賣買된 후에 도망한 경우와 2년을 定限으로 하여 買得한 사람을 使喚으로 하였거나 신공을 받은 것이 만 2년으로 된 경우에는 還退를 허락하지 아니하며 본주도 侵奪할 수 없다[194]」고 한 수교가 있다. 여기서 還退의 法的 性質이 문제가 되는데, 오늘날의 시각에서 볼 때 이것은 法定解除로 보아야 할 것 같다. 이 문제는 다음의 연구과제로 남겨둔다.

2) 還買條件附 賣買의 期間

퇴도지매매의 기간은 당사자의 협의에 따라 자율적으로 약정하였는데

물리는 것이다. 이것은 土地 自體의 期限附 賣買로서 땅값의 時勢 그대로를 대가로 하였다. 18세기 중엽부터 盛行하다가 19세기 중엽부터 차차 소멸하고 그 대신에 典當이 보편화되어 자리를 차지하게 된다.

193) 『중종 34권 13년 11월 8일 갑진』: 「議減軍額事 … 廢朝時, 役苦賣田者, 並令還退, 實是美意, 然還奪, 亦流亡之一端, 但事在十年前, 一切還退, 不無騷擾, 恐難施行」.

194) 『受敎輯錄』 戶典 賣買條 267항.

대체로 1년에서 10년 사이였고, 이 기간 동안 매수인은 자유롭게 해당 전답을 경작할 수 있었을 뿐만 아니라 제3자에게 小作을 設定할 수도 있었다. 다만 매도인이 약정한 기한 안에 환퇴하지 못할 경우에 소유권마저 매수인에게 移轉되어 매도인에게 매우 가혹하였다. 이에 현종 15년(1674)에 환퇴기한을 10년으로 한정하는 법령을 공포하게 된다.[195] 이 법령에 의하면, 「退賭地略捧其價, 許人耕食, 年久之後, 准償其價, 則還給其田, 趁不還價則, 永作己物, 其弊不貲, 以十年爲限, 十年之內, 則當初所受其價折半備給而還給, 十年之後, 則雖不能備償其價, 還給本主」, 즉 「退賭地에 대해서는 그 가액을 대강 받고 타인에게 耕食을 허용하고 연수가 상당히 오래된 뒤에 그 가액대로 상환하면 그 전지를 還給하고 바로 가액을 상환하지 아니하면 영구히 자기 소유로 만들어 그 폐단이 적지 않으므로 10년을 한도로 하여 10년 이내이면 당초에 받았던 가액의 절반을 갖추어 주어서 도로 물리고, 10년 후에는 비록 그 가액을 준비하여 상환할 능력이 없다고 하더라도 전주에게 환급한다」고 하였다.

그 뒤 이 법령은 『續大典』 戶典 買賣限條에 수록되면서 더욱 具體化된다. 즉 「退賭地賣買, 以十年爲限, 滿十年則無償還退, 五年以後則半價還退, 若準本家, 則雖一二年, 亦許還退」라고 하여, 「퇴도지의 매매는 10년으로써 기한을 삼는다. 만 10년이 되면 그냥 반환을 요구하고, 5년 이후면 반가로써 반환을 요구한다. 만일 매매가격 전부를 돌려주면 비록 1-2년이라도 반환을 청구할 수 있다」고 규정하였다.

이와 같은 입법의 근거는 첫째, 매수인이 10년 동안 수확한 것이 原本과 利子에 해당하는 것으로 보고, 둘째, 5년 이후인 경우는 원본과 이자의 반에 해당하며, 셋째, 5년 미만은 수확과 이자가 相計되는 것으로 보았기 때문이다. 이것은 바로 퇴도지매매를 典當과 동일시한 것이다. 이 퇴도지매매는 어디까지나 사용수익권의 매매, 즉 전답의 점유만을 이전하는 것이었기 때문에 永久賣買나 소유권의 양도에서와 같이 本文記를 인도하는 것은 아니었다.[196]

---

195) 『新補受教輯錄』 刑典 聽理條 1467항.

196) 朴秉濠, 『韓國法制史攷』, 88면 참조.

退賭地賣買契約의 위반과 관련해서『續大典』戶典 徵債條에서는「徵私債者, 或代捧田土, 或以其子女勒爲奴婢者, 杖一百定配, 其田土.子女推還. (給債而以退賭地典當田土, 過限後仍執不還者, 依私債代捧田畓律論)」, 즉「사채를 징수함에 있어서 전토를 대신 받거나 그 자녀를 억지로 노비로 삼는 자는 장 일백에 처한 후 정배하며 그 전토와 자녀는 조사하여 돌려보낸다. 사채를 지급하고 토지이용권으로써 전토를 저당하고 채무기한이 지난 후에도 이를 점유하고 반환하지 않는 자는 私債代捧田畓律에 의하여 논죄」하도록 하였다. 이 규정은 대물변제를 제한하는 규정이기도 한데, 「제3장 債權法」에서 고찰한다.

(2) 賣渡擔保

이것은 所有權을 買受人에게 移轉하고, 다만 農地耕作權은 賣渡人에게 계속하여 유보하도록 하던 관습상의 토지이용제도이다. 이러한 관행은 19세기 중엽부터 행해졌다.

매도담보에 있어서 매도인의 지위는 소작관계에 있어서의 小作人과 同一하였고, 매도인은 매수인에게 매년 小作料를 지불하여야 하는 것으로서 그 법적 성질은 期限附 賣買契約과 小作契約이 혼합된 것과 같았다. 즉 그 형식은 賣買였지만 실질적으로는 擔保로서의 작용을 하였던 것이다. 이 때 小作料는 바로 매매대금의 利子에 해당하는 것으로 보았다.

또한 이 제도는 소유권 자체를 양도하는 것이었기 때문에 舊文記가 있으면 그것도 함께 인도하였으며, 대체로 당사자 사이에 일정한 특약을 체결하는 것이 보통이었는데, 그 내용은 기한이 도래하면 매도인이 매수인에게 맨처음의 매매대금을 지급하고, 그 所有權은 賣渡人에게 還退한다는 것이었다. 만일 매도인이 환퇴를 하지 않을 때에는 그 목적물에 대한 所有權은 買受人에게 영구히 귀속되는 것으로 하였다. 이와 같이 매수인은 舊文記를 인도받아 처음부터 所有權을 취득하므로 제3자에게 처분할 수도 있으나, 新文記를 작성할 때에 期限附賣買라는 특약을 하였으므로 환매조건부매매와는 달리 다른 사람에게 轉賣하는 것은 불가하였다.[197)]

(3) 典　當

본래 農地와 같은 不動産의 담보는 權賣라는 형태로 이루어지는 것이 조선시대의 慣行이었다. 반면에 典當은 주로 動産이나 노비를 객체로 하는 擔保制度로서 占有質의 성질을 갖는 것이었다. 그러다가 조선 중엽 이후부터 農地의 占有를 典當으로 보게 되었다.

전당은 원칙적으로, 期限 안에 辨濟하지 못하면, 그 擔保物의 소유권은 債權者에게 영구히 귀속한다는 特約을 체결하는 이른바 流質特約으로서 이것 역시 매매로 관념되었다. 그 까닭은 賣買와 典當을 혼동하였기 때문으로서 田畓의 典當이 동산의 전당과는 달리 賣買의 性格을 완전히 탈피하지 못한 것을 의미하는 것이었다. 즉 田畓의 停止條件附 賣買였던 것이다.[198]

이러한 전당제도로는 占有質, 無占有質 및 文書質 등이 있었으며, 그 典當을 기록한 文記에는 賣買라는 용어를 사용하지 않고 典當이라는 용어만을 사용함으로써 形式的으로나 實質的으로나 債權의 擔保로 보았던 것이다.

『정종 1권 원년 6월 15일 갑인』을 보면, 「刑曹都官上言, 請成公私奴婢之籍, 其言曰, 公私奴婢成籍革弊之法, 國家重事, 其奸詐之人, 或有將奴婢名字齒歲傳來宗派, 變易施行者, 或有以負債良人, 異土人口, 典當奴婢, 他人奴婢爲自己奴婢, 汎濫載錄者, 本司秩卑, 難於科斷, 願依給田司例, 司與刑曹判事臺省各一員, 僉議施行. 上納之. 然事意不行」, 즉 정종 원년 6월에 형조의 都官이 아뢴 바에 의하면, 채권의 담보로서 제공한 타인의 노비를 반환하지 않고 자기의 노비로 삼는 폐단이 있자, 이를 없애고자 하였으나 끝내 이루어지지 않았다는 기록이 있으며, 또한 『태종 14권 7년 7월 2일 계축』에서는 「窮民貸物未還子女典當者, 考其日月, 計其傭直, 卽皆放免. … 依所啓施行」, 즉 의정부에서, 가난한 백성이 빌린 물건을 돌려주지 못하여 자녀를 전당잡힌 것을 모두 방면하자고 청하자, 태종은 아뢴

197) 朴秉濠, 『韓國法制史攷』, 92면 참조.

198) 靑圭昌 교수는 이를 解除條件附 賣買라고 주장한다.

대로 시행토록 하였다. 그런데 이러한 조치가 과연 제대로 시행되었는지는 분명하지 않다.

『세종 63권 16년 3월 8일 을해』에서는 「백성들이 寺院에 분주하고, 다투어 사치하여 소비하는 것이 적지 아니하여, 부자는 재산을 탕진하고, 가난한 자는 公·私債를 지게 되어, 七七齋를 마치게 되면 장사지낼 힘도 약하게 되고, 葬禮가 겨우 끝나면 公私로 빚 준 자들이 그 債金을 받으려 하므로, 田宅을 典當하고 또 팔아서 그 채무를 갚게」 하였으며, 또 세종 18년에는 刑曹의 牒呈에 의거하여 의정부가 아뢴 바에 의하면, 「選上奴子가 그 역의 괴로움을 견디지 못하여 삯을 주고 사람을 사서 역을 대신 치르게 하였는데, 6개월의 값이 綿布 15필에 달하였다. 奴子들은 휴식을 위하여 소·말·토지·산업 등을 抵當잡히거나 팔아 버리기까지 하여 마침내는 직업을 잃고 도망하여 서울과 지방의 노비가 점점 피폐하게 되는 폐단을 가져왔다」는 기록이 있다.

이들 기록으로 보아 조선 전기 당시에 백성들 사이에서 典當 또는 抵當이라는 이름으로 擔保制度가 크게 성행하였음을 엿볼 수 있다.

『효종 18권 8년 2월 8일 신사』에서도 병사들이 牛馬를 典當잡혀 병장기와 의복 및 양식을 마련하는 폐단을 지적하고 있으며, 또 현종 5년(『新補受教輯錄』 戶典 徵債條 414항)에서도 「出債未報, 追於侵督, 以田畓折價以給, 或以子女奴婢者, 嚴加痛禁, 以田畓代捧·子女爲奴婢者, 刑推定配」, 즉 「대출받은 채무를 갚지 아니하여 침독이 급박하여 전답으로써 절가하여 주거나 자녀로써 노비를 삼게 한 경우에는 엄중히 통금을 가하되, 전답으로 대봉하거나 자녀로 노비를 삼는 경우에는 형추하고 정배한다」는 수교를 내렸다.

앞에서 본 『續大典』 戶典 徵債條의 「徵私債者, 或代捧田土, 或以其子女勒爲奴婢者, 杖一百定配, 其田土. 子女推還. (給債而以退賭地典當田土, 過限後仍執不還者, 依私債代捧田畓律論)」라고 하였으며, 또 『大明律』 戶律 田宅 典賣田宅條에는 「其所典田宅·園林·碾磨等物, 年限已滿, 業主備價取贖, 若典主托故不敢放贖者笞四十, 限外逮年所得花利, 追徵給主, 依價取贖, 其年限雖滿, 業主無力取贖者, 不拘此律」, 즉 「저당잡힌 전택·

원림・연자매 등의 물건은, 계약한 연한이 차면, 저당잡힌 사람은 원가전을 갖추어 전주에게 갚고 물건을 도로 찾는다. 만약 이런 경우에 錢主가 핑계로 저당잡은 물건을 도로 내주지 아니한 자는 태 40의 형에 처하고, 기한 후에 취득한 전지에서의 소득은 추징하여 본주에게 돌려주며, 전지 등 저당잡힌 물건은 빌려준 원금을 받고 본주에게 내준다. 그러나 계약 연한이 비록 되었더라도 본주가 도로 저당물을 찾아올 재력이 없었던 것은 이 규정을 적용하지 아니한다」고 하였는데, 이 규정 역시 채권의 담보로서 토지의 사용수익권을 전당하는 데 관한 것이라 하겠다. 그리고 同條에서는 채무자가 채무를 변제하지 아니한 경우에 채권자가 변제에 대신하여 전토를 占得하거나 채무자가 스스로 代物辨濟하는 것을 금지하였다. 이 규정은 동시에 전토 등에 관한 流質特約을 금지하는 취지로도 해석되었다.[199]

동산이나 부동산 또는 사람이든 구분 없이 質物의 占有를 債權者에게 引渡하는 占有質로서의 전당은 고려시대부터 담보제도로 시행되었는데, 이것은 실제로는 賣買로서 관념되었고 그 법적 성질은 權賣 또는 退賭地賣買와 同一한 것으로 보았다. 債務를 변제하지 못하여 田畓을 典當맡긴 경우에 債權者는 債務者가 해당 채무를 변제할 때까지 그 전답을 경작하도록 하고, 그 전답의 경작에서 나오는 수확물은 채무의 利子로 충당하였다. 즉 점유질로서의 전당은 담보한 부동산의 점유를 채권자에게 인도하며, 점유를 인도받은 채권자는 부동산을 사용・수익하며, 그 수익은 이자에 충당되는 것으로 보았다. 담보된 金錢債權에는 이자를 약정하지 않고 수익을 이자에 대신하였기 때문에 채권자에게는 유리하고 채무자에게는 가혹하였으며, 還退할 때까지는 자유로이 수익할 권리가 있었으며, 流質特約이 없는 경우에는 기한 후에 채무자가 환퇴할 수 있을 때까지는 언제까지든지 사용・수익할 수 있다는 것이었다.

앞에서 본 『續大典』 戶典 徵債條의 「給債而以退賭地典當土」라는 규정은 점유질로서의 전당에 관한 규정이며, 기한 후에 채무를 변제하였음에도 불구하고 토지를 반환하지 않는 채권자를 처벌하는 규정이었다.[200]

---

199) 朴秉濠, 『韓國法制史攷』, 95면 참조.

200) 朴秉濠, 『韓國法制史攷』, 95면 참조.

한편 無占有質 典當은, 앞에서 본 점유질 전당과는, 달리 채무자가 담보로 제공한 전답의 占有를 債權者에게 인도하지 않고 이자를 약정하던 것인데, 그 이자는 대개 小作料의 예에 따랐다. 이 제도는 채무자가 그의 부동산에 대한 사용·수익권을 상실하지 않음으로써 점유질로서의 전당보다는 채무자에게 유리한 것이었다. 여기에는 원본에 이자를 덧붙이는 것과 이자를 賭租의 예에 의하여 수확물을 지불하는 것의 두 종류가 있었으며, 일반적으로는 流質契約을 덧붙이는 것이 관습이었으므로 계약의 내용에 따라서는 채무자에게 불리한 경우도 있을 수 있었다.[201] 보통은 流質特約을 添附하여 債務者는 所有權과 耕作權을 留保함으로써 無占有質은 典當의 文記(借用證書) 속에 담보할 전답을 구체적으로 지정할 뿐이었다.

『순조 27권 25년 1월 27일 을묘』를 보면, 公債 가운데 평양부에서 시행하는 結分債라는 것이 있었다. 이것은 전토가 있는 公債를 주어 해마다 그 利殖을 취하는 것이었다.[202] 그런데 채무자인 백성들이 몇 세대를 거쳐서 結分한 전토가 이미 여러 차례 주인이 변경되면서 담보의 목적물은 혼동되어 버리고 그 債案은 그대로 남아 있게 됨으로써 白徵의 폐단이 생겨났다. 이에 백성들이 호소하자, 평안감사 金敎根은, 평안도의 누락된 結을 조사하여 이것으로써 대신 납부토록 하여 백징하는 폐단을 줄이는 절충적인 방법을 취하였다.

끝으로, 文書質 典當은 그 본질과 형식이 無占有質 典當과 동일한 것이었다. 다만 채무자는 자신이 擔保로 제공한 田畓의 權利에 관한 文書를 모두 債權者에게 인도하여야 했으며, 이것으로 말미암아 채무자가 채권자의 협력 없이 담보물을 處分하는 것은 事實上 不可能하였다. 또 債權者의 입장에서는 자신의 채권을 담보하기 위하여 權利에 관한 문서를 유치할 權限만 보유하였을 뿐이었으나 실제로는 담보로 제공된 농지를 처분하는 것이 가능했으므로 그 조건이 채무자에게 불리하였다.[203]

---

201) 朴秉濠, 『韓國法制史攷』, 97면 참조.

202) 처음에 8만 냥을 대여하여 1년 뒤에 1만 6천 냥의 이식을 취하였다고 한다. 즉 10분의 2의 이자를 받은 셈이다.

203) 朴秉濠, 『韓國法制史攷』, 99-101면 참조.

4. 小　結

대체로 擔保制度는 한편으로는 賣買에서 占有質로, 점유질에서 無占有質로 발전하였으며, 다른 한편으로는 所有權歸屬의 형태에서 賣渡質의 형태로 발전을 해왔다. 그러나 조선시대에 있어서는 아직까지 所有權歸屬의 형태를 벗어나지 못하고 있다. 그것은 당시에는 아직 競賣制度가 정비되지 못하였기 때문이라고 생각된다. 그리고 조선시대에는 19세기부터 무점유질인 典當이 발생하여 관행되었다. 그리고 典當에는 非占有質의 형태를 취하는 경우 流質契約을 덧붙이는 것이 보통이었다. 그러므로 유질계약을 덧붙인 전당계약은 채무자가 채무를 이행하지 않는 경우에 지정된 부동산을 채무의 변제에 갈음하여 채권자의 영구적인 소유로 귀속하도록 하는 계약이며, 또한 채권담보를 목적으로 하는 부동산의 停止條件附 讓渡로서 채무의 변제가 불가능한 경우에 借金의 元利를 대가로 해서 지정된 부동산을 채권자에게 양도하는 계약이었다. 이와 같이 전당에 있어서 流質特約이 매매로 관념되고 때때로 매매의 형태인 慣習과 典當이 혼동되었다는 것은 근세 조선에 있어서 전당이 매매의 성격을 완전히 탈피하지 못하였음을 말해 주는 것이다. 더욱이 점유질로서의 전당의 경우에 담보부동산과 함께 舊文記를 인도하는 것은 留置效用도 있겠으나 매매와의 혼동에서 유래하는 것으로 볼 수 있을 것이다. 결국 유질계약을 덧붙인 전당은 부동산의 停止條件附 賣買라고 할 수 있으며, 채무자가 담보부동산을 제3자에게 전매하는 것은 이른바 이중매매에 상당한 것으로서 채권자의 기대권을 해치는 것이 된다고 할 수 있다.[204)]

近代的 典當制度는 광무 5년(1901년) 地契·家契制度가 실시되면서 토지와 가옥을 전당하는 경우, 官廳의 認許를 받도록 하였다. 만일 관청의 허가를 받지 않으면 그 목적물을 몰수하도록 하였다. 그러나 일부 지방에서만 시행되었을 뿐, 잘 이행되지는 아니하였다. 결국 이 제도는 空文에 불과하게

---

204) 朴秉濠,『韓國法制史攷』, 101-103면 참조.

되고 말았다. 그 뒤 광무 10년(1906년)에 家契發給規則을 시행하였으며, 그 후 漢城府 내에서는 認許를 받는 것이 通例로 되었다. 그렇지만 이러한 認許가 곧 典當權을 설정하는 요건은 아니었다. 또한 土地家屋證明規則이 시행되면서 증명받은 전당은 完全한 證據로 되어, 官廳에 있어서 執行力을 保有하였다. 즉 證明을 받은 典當權은 土地家屋典當執行規則에 의하여 流質特約이 있는 경우를 제외하고는 반드시 競賣에 의하여만 執行이 가능하도록 하였다. 그러나 이 증명은 강제적인 것은 아니었다. 그리고 경매절차에 관한 것으로 土地家屋典當執行規則이라는 것이 있었는데, 그 절차가 복잡하였다. 典當權者가 流質特約에 의하여 전당의 目的物을 취득하면 전당을 證明한 官廳에 대하여 認證을 請求할 수 있도록 하였는데, 이 認證은 土地家屋證明規則에 의한 證明과 同等한 效力을 갖는 것이었다. 이 제도는 新式 法律에 익숙하지 못한 典當權 設定者에게는 상당히 不利한 規則으로서 일본인들은 이들 규칙을 이용하여 많은 토지를 수탈하였던 것이다.[205]

끝으로, 이 부분을 고찰하는 데 있어서 왕조실록에서 구체적인 자료를 발견하지 못하여 정확한 법률관계를 규명하기는 어려웠다.

이러한 방법 외에도 債權을 확보하기 위한 수단으로서 人的 擔保인 保證制度가 있었다. 그러나 직접적인 채무자가 아닌 그의 친족이나 이웃에게 대신 채권을 징수하는 폐단은 일찍부터 정부의 규제를 받아 왔으며,[206] 특히 금전소비대차에 있어서의 채무불이행의 경우에 채권집행의 범위, 즉 채무불이행에 대한 배상범위를 적극적으로 제한함으로써 채무자가 舊債務를 변제하기 위하여 또 다른 채무를 지는 악순환을 방지하기 위하여 국가적인 배려를 하였던 것으로 보인다.

---

205) 朴秉濠,『韓國法制史攷』, 103면 참조.

206) 이 문제에 관해 자세한 것은 제3장의「消費貸借」부분에서 다루게 된다.

제5절 그 밖의 物權關係

『세종 115권 29년 2월 19일 신해』에서 「健元陵[207]·齊陵[208]·憲陵[209]의 宗山에서 내려온 산줄기의 좁은 길에 통행하는 사람을 금지시킨 까닭으로, 이웃에 거주하는 백성이 왕래하면서 田地를 경작할 수 없으니 근심과 원망이 없을 수가 없다. 길을 통행하는 사람을 제외하고 이웃에 거주하는 백성이 왕래하면서 田地를 경작하는 것은 잠정적으로 통행을 금지시키는 일을 정지하고 다시 의논하기를 기다리게 하라」고 傳旨한 기록으로 보아, 조선 초기 당시에도 오늘날의 地役權과 같은 법개념이 싹트고 있었음을 알 수 있다.

또한 성종 16년에 대사간 柳允謙이 그의 아들 惠仝의 집 북쪽에 있는 빈 땅에 집을 새로 짓고, 이웃의 울타리 담을 헐어서 길을 트려고 漢城府에 呈訟한 기록에서 소유권의 내용인 당시의 相隣關係의 일부를 추단할 수 있기도 하다.[210]

山林川澤 등에 관해서는 살펴보면 오늘날의 特殊地役權과 유사한 모습을 찾을 수 있다. 조선시대에 있어서 산림에 대해서는 원칙적으로 「산림천택은 모든 백성이 다같이 이용한다」는 中國의 古代思想에 따라 개인의 사유를 허가하지 아니하였다. 그렇지만 고려말부터 권세가들이 不法占有, 백성의 燃料採取를 금지하였으며, 조선시대에 들어와서는 철저히 금하는 명령을 내렸으나, 별다른 실효를 거두지는 못하였다. 또한 風水地理說을 믿고서 山林을 사사로이 점유하는 풍조에 더욱 박차를 가하여 전국에 無主空山이 거의 없을 정도에 이르렀다. 또 연산군 7년에 掌令 鄭麟仁이, 대군에게 柴場을 주는 것의 폐단 두 가지를 지적하였다. 첫째, 柴場의 주위가 10리나

---

207) 태조의 능.

208) 태조의 妃 神懿王后의 능.

209) 태종과 元敬王后의 능.

210) 『성종 176권 16년 3월 5일 병술』; 『성종 176권 16년 3월 6일 정해』의 기사 참조.

되어, 私家에서 60리의 땅을 마음대로 소유하는 것, 둘째, 그 근방의 주민들이 山田을 일구어서 농사를 짓기도 하고, 땔나무와 꼴을 베어서 팔아 생계에 보태기도 하는데, 그것을 금지하는 것이었다. 연산군은 알고 있다는 대답으로 들어 주지 않았다.[211]

地役權이나 地上權과 같은 것에 대한 실록의 기사는 많지 않다. 이 부분에 관한 연구는 鄕約과 같은 集團共同體的인 規範을 통해서 보완되어야 할 것이다.

211) 『연산군 41권 7년 10월 2일 정미』: 「掌令鄭麟仁啓, 賜大君柴場, 其弊有二, 柴場周圍幾十里私家擅有六十里之地, 一也. 其傍近居民, 或作山田, 以資耕食, 或採薪蒭, 賣以資生, 禁民樵牧, 二也, 請停之. 傳曰, 柴場事, 前日言之已悉矣」.

제 3 장

債 權 法

제1절 一般的 考察

1. 債務의 履行

(1) 債務履行의 基本原則과 法規定

쌍무계약에 있어서 채무의 이행은 반드시 동시에 해야 하는 것이 관습이었다. 그러므로 당사자 일방은 타방이 그의 채무를 이행하지 않는 한 자기의 채무이행을 거절할 수 있었다. 債務履行에 관한 기본적인 원칙으로서 이러한 동시이행의 항변권은, 권리의 실현에 대하여 司法的 保護와 救濟가 미흡했던 조선시대의 사정으로 볼 때 그 필요성이 컸으리라 추측된다.[1)]

실제로 물건의 매매에 있어, 외상거래를 하거나 물건의 인도 또는 대금지급에 期限을 붙인 경우를 제외하고는, 매도인은 매수인이 매매대금을 지급할 때까지는 매매물건을 인도할 필요가 없었으며, 매수인 역시 매도인이 매매목적물을 제공할 때까지는 매매대금을 지급할 필요가 없었다. 그렇지만 토지나 가옥의 매매에 있어서는 文記를 주고받음으로써 권리의 이전이 이루어졌기 때문에 동시이행의 원칙은 문기와 매매대금 사이에서만 엄격하게 지켜졌을 뿐 매매목적물인 토지나 가옥의 인도와는 반드시 동시에 이행될 것을 요구하지는 않은 듯하다. 특히 수도인 한양의 경우 가옥의 인도에 있어서 草家는 10일, 기와집은 15일의 유예기간을 인정하는 것이 관습이었다. 토지나 가옥은 문기의 교부가 있는 이상 목적물을 동시에 인도할 필요가 없는 경우가 많았고, 특히 가옥의 경우 명도하는 데 상당한 기간이 필요하기 때문에 실제상의 필요에 있어서도 동시이행의 원칙이 적용될 필요성이 적었다고 할 것이다. 이러한 동시이행의 원칙은 쌍무계약의 경우에만 적용된 것이 아니라 토지나 가옥을 還退放賣한 경우에 있어 還買를 할 때 그 대가와 문기의 반환 사이에 적용되었

1) 金容圭, 「李朝社會의 去來法」, 『省谷論叢』 제3집 (省谷學術文化財團, 1972), 451-452면 참조.

고, 또한 典當附債權의 변제와 전당물의 반환 사이에도 적용되었다.[2]

한편 債務의 履行과 관련해서는, 官員이 市産을 가져다 쓰고 값을 주지 않는 경우 관직의 고하를 막론하고 종신토록 禁錮시키도록 하였으며,[3] 『영조 112권 45년 3월 14일 정유』를 보면, 당시 왕이 建明門에 나아가 시민을 소견하고 債弊에 대하여 물은 적이 있다. 이 때 가장 많은 대답이 外上[4]이라는 것이었다. 이를 査覈하니 모두 임금의 姻戚들이었다. 영조는 이들을 일단 가두어 놓고 매매대금을 償還한 후에 풀어 주도록 하였다.[5]

또 조선시대에는 채무를 집행하기 위한 수단으로서 家僮을 囚禁하는 法이 있었다. 본래 이것은 公事를 회피한 자를 직접 처벌하지 않고 그의 종을 수금하던 것이었으나,[6] 『중종 12권 5년 11월 5일 정사』를 보면, 개인의 채무를 집행하는 경우에도 적용되었음을 알 수가 있다. 그런데 당시에 『經國大典』과 『大典續錄』의 규정을 해석하는 데 있어서 그 집행방법이 人丁을 가두게 하는 것인지 아니면 그 대가를 징수하는 것인지에 대하여 해석이 나뉘어져 논의가 있었다. 결국 이 문제는 영의정 김수동의 주장에 따라, 빚받는 것을 일체 금하고 반드시 인정을 가둔다면, 인정이 없는 자는

---

2) 朝鮮總督府, 慣習調査報告書, 214면.

3) 『영조 82권 30년 7월 16일 계사』: 「敎曰, 予聞貢物衙門官之侵徵貢人者, 甚多, 或使備納章脈, 或使變通癸官, 又或有取用市産, 而終不給直者, 此奚異於盜取也, 此後如有犯者, 勿論官職高下, 禁錮終身, 至於圖免癸官者, 限三代勿許淸顯, 且予自在潛邸時, 稔知中官輩徵求於闕內所屬, 其令隨現刊名內侍府. 御營大將洪鳳漢白, 上曰, 閭家奪入之禁, 卽聖上三十年恤民之大政, 今此賣買幷禁之敎, 亦有以仰認, 聖意, 而前此買入者, 一兩日內, 幷令還退, 則殊涉搔優, 其中幸而不入於摘奸者, 亦皆狼顧, 不敢安堵, 士大夫亦, 殿下之民也, 宜有軫念之道, 今若自甲戌七月以後, 禁其賣買, 不入於摘奸者, 亦幷蕩滌, 恐宜矣. 上曰, 不入摘奸者蕩滌, 其餘限今年還退, 歲末更令京兆摘奸, 如有犯者, 朝官二年禁錮, 士子六年停擧」.

4) 당시의 俗言에 값을 주지 않고 미리 빌려 쓴 것을 일컬었다.

5) 『영조 112권 45년 3월 14일 정유』: 「上, 御建明門, 召見市民, 問債弊. 是時, 上, 每召市民問弊瘼, 或以外上爲對, 外上, 卽俗言不給價而預貸之稱也. 上, 令覈之, 皆戚連家也, 幷命囚之, 令償而後放, 至是更問之, 皆對曰, 盡償. 上曰, 其然乎, 有不信之意, 盖慮權貴之有詐也」.

6) 『經國大典』 刑典 家童囚禁條: 「公事를 違避한 자의 家童을 囚禁하되 3일을 넘지 못하며, 3일이 지나면 석방하여야 하고, 그 후 3일을 경과하기 전에는 다시 수금하지 못한다」.

사람을 고용하게 되어 폐해가 도리어 대가를 거두는 것보다 무겁게 되니 전례대로 그들 자신의 편의에 따라 대가를 징수하거나 가동을 수금하도록 하였으며, 또 채무의 액수에 따라 국가에서 강제적으로 채권관계를 해소하기도 하였는데, 이와 관련한 조선 후기의 수교(『受敎輯錄』 戶典 徵債條 254항)를 보면, 「公債 6백냥 이상을 지고 변상하지 아니한 경우에는 양인・공사천・상인을 물론하고 納物을 하되, 堂上官・嘉善大夫라고 칭하는 자를 물론하고 모두 그 妻子를 沒收하여 대출한 公家의 노비를 삼고 그 채권을 蕩滌한다. 채무자가 雜職堂上이거나 가선대부이면 본인을 정배하고 처자는 몰수하여 노비를 삼는다. 沒官한 후에 본인이나 자손 중에서 채무액을 追納하면 각각 본역」으로 돌려보내도록 하였다. 그 뒤 현종 5년의 수교에서는, 「債金 4백냥 이상을 변상하지 못한 경우에는 전가족을 정배하되 京司의 負債이면 畿內에 정배하고 運餉管理司의 부채이면 西路에 정배하여 徵捧에 편의하게 한다. 채무를 完濟하면 계문하여 석방한다」고 하였다가, 숙종 10년 9월의 교지에서는, 「公債 1백냥 이상을 변상하지 아니한 경우에는 본인을 貸付衙門의 근처에 期限 없이 정배하고 처자는 몰수하여 노비를 삼았다가 채무를 완제한 후에 석방」하도록 하여, 채무의 액수가 점차 줄어드는 경향을 보였다.[7)]

채무의 집행과 관련하여 『經國大典』 戶典 徵債條에서는 「凡負私債有俱證筆文記者許徵, 過一年不告官者勿聽. ○凡受稅貢米麵, 而不准納者, 受金銀記名不納者, 故令敗船者, 負公私宿債者, 雖身死, 有妻子財産者許徵」, 즉 「대개 私債에 대해서는 證人 및 執筆者의 署名을 갖춘 文記를 가지고 있으면 追徵을 허락한다. 그러나 1년이 경과하도록 告官하지 않은 경우에는 聽理하지 않는다. 모든 稅穀이나 貢米・貢麵을 납입의무자로부터 받아가지고 규정대로 상납하지 아니한 자와 금・은제의 器皿을 받아들이고도 납입하지 아니한 자와 고의로 破船하게 한 자와 공사의 묵은 빚을 짊어진 자는 비록 그 자신이 사망하였더라도 처자가 있고 재산이 있는 자에 대하여는 징수를 허락한다」고 하여, 私債도 관청에 알리면 징수해 주도록 하였다.

7) 『受敎輯錄』 戶典 徵債條 255항 참조.

그러나 연산군 8년 12월 당시에 한성부에서는 소송의 번거로움을 꺼려서, 관청에서 징수해 주는 것을 허락해 주지 말기를 청하였다. 이로 인하여 간사한 무리들이 부채를 갚지 아니하여도 채권자는 받을 길이 없게 되었다. 이렇게 되자 비록 화폐를 쌓아 둔 사람이라 하더라도 남에게 빌려 주기를 꺼림으로써 화폐의 융통이 이루어지질 않았다. 이에 正言 吳益念이, 『經國大典』의 법규정에 충실하여 私債를 징수해 주기를 청하였다. 그러나 연산군은, 祖宗의 법을 어수선하게 고치는 것은 불가하지만, 법이 오래되어 폐단이 생기면 부득이해서 고치는 것이라고 하며 받아들이지 아니하였다.[8)]

그 뒤 숙종조에 이르러서는 그 원년의 수교(『受教輯錄』 戶典 徵債條 256항)에서 「채권에 관한 제소에 있어서는 반드시 證人·筆執人을 갖추고 있는 것에 한하여 수리할 것이며, 언문이거나 證人·筆執人이 없는 것은 수리를 허락하지 아니한다」고 하였다. 이 수교는, 이후의 거래행위(특히 소비대차)를 하는 데 있어서 반드시 문서에 의할 것을 간접적으로 강제한 것으로서, 오늘날의 법관념상으로는 볼 때, 이른바 要式行爲에 대해서만 그 거래의 안정성을 보장해 주고자 하는 입법태도를 보여주는 것이다.

(2) 債務의 執行과 그 制限

조선시대에 있어서는 일정한 경우에는 債務의 執行에 대하여 제한을 가하였다.

조선 초기의 채무에 대한 보증책임과 관련하여, 『세종 7권 2년 윤1월 28일 정유』에서는 세종 2년 윤1월 28일 이후부터 관가의 양곡을 빌어쓰고 갚지 못하고, 이웃에서 온 집안이 모두 병으로 죽은 줄 아는 자에 대해서는

---

8) 『연산군 47권 8년 12월 11일 기유』: 「待平方有寧曰, 國家詞訟繁多, 積滯不決放, 民多怨之, 成宗朝特設斷訟都監, 今無職之民, 或兄弟或親戚相訟, 至累歲不決, 甚未便, 請依成宗故事, 立斷訟都監. 王曰, 斷訟, 固有法, 何必別設局也. 正言吳益念曰, 孟子曰, 尊先生之法, 甚不可也, 大典, 外陵參奉監司自望, 今宰相啓請, 令銓曹擬望, 是大典之法毁矣, 大典私債告官徵給, 今漢城府憚其訟煩, 請不許官徵, 奸詐之徒, 負債不還, 物主終不能徵, 故雖積貨幣者, 不借貸于人, 有無無相資之意, 甚未便, 請依大典, 徵給私債. 王曰, 紛更祖宗之法, 甚不可也, 法久弊生則不得已而更之矣」.

징수하지 말도록 하였는데, 이것은 公債인 경우 債務를 免除한 사례였다. 또 『세종 68권 17년 6월 8일 무신』은 채무에 대한 보증책임이 채무자의 이웃에게까지 확대되는 것을 금지한 것으로서 그 내용을 보면, 還上을 받은 자가 온 집안이 역질이 걸려 남녀가 다 죽고, 다만 약한 자식만이 다른 집에 寄食하고 있는데, 催促하는 아전이 그 다른 집에다 환납을 독촉하기 때문에 사람들이 모두 싫어하여 약한 자를 내쫓아서 몸 붙일 곳이 없어지자, 이후로는 징수하지 말도록 하고, 그 弱者의 眞僞와 노비·가재·전토의 유무와 다소를 조사하여 징수를 면제하도록 하였다. 또 숙종 31년(『新補受敎輯錄』 戶典 徵債條 409항)에는, 父子를 제외하고는 兄弟에 대해서도 침범하지 못하도록 하였는데, 이 수교로 미루어 볼 때, 父子 사이에서는 서로의 채무에 대하여 보증책임을 부담하였던 것으로 보인다.

代物辨濟와 관련해서는, 『성종 284권 24년 11월 6일 정유』에서, 수령들이 還上을 갚지 못한 백성들에게 억지로 전토를 팔게 하여 징수하는 일이 있었는데, 일체 금지하여 상대적으로 약자의 입장인 채무자를 보호하고자 하였다.

그런데 인조조에 이르러 채무를 징수하는 폐해는 갈수록 심해졌다. 그 한 사례로 자신의 채권을 세력가에게 委任(讓渡로 볼 수도 있다)하는 방법으로 징수하는 일이 있었다. 즉 『인조 25권 9년 6월 1일 계묘』를 보면, 閭閻 사람들이 빚을 받을 수 없으면 그 文券을 王子君의 집에 넘겨주었고, 그러면 채무자를 가두고 독촉하는데도 감히 따지지를 못하였다. 인조 9년 6월 1일 이후로는 文券을 넘겨주는 채권자는 法司에서 치조하되 死罪로 처리하라는 엄명을 내려 강력하게 금지하였다.

私的인 强制執行과 관련해서는, 숙종 18년의 수교(『受敎輯錄』 戶典 徵債條 259항)는, 왕실의 一族들이 자신들의 私債를 徵捧하기 위하여 宮奴들로 하여금 負債人을 私門에 납치하거나 임의로 형벌을 가하는 등 사사로이 侵徵[9]하는 것을 엄중히 경고함으로써, 개인인 채권자가 직접 채무자에게 강제집행하는 것을 금지하였다. 또 영조 12년의 수교(『新補受敎輯錄』 戶典 徵

9) 稅金徵收權이 없는 자가 강제로 부당하게 稅金을 徵取하는 것을 말한다.

債條 413항)에서는, 「湖西의 士大夫家가 대용한 채무를 만일 拒納하는 폐단이 있는 경우에 일찍이 實職을 거친 자는 계문하여 勘罪하고 그 외에는 본도에서 엄형으로 정배」토록 하였다.

그러나 이러한 조치들이 과연 현실적으로 어느 정도의 실효를 거두었는가는 실록의 기사만으로는 정확히 알 수가 없다.

또한 한편으로는 債權執行 자체가 停止되기도 하였는데, 그 사유는 일정하지 아니하였다. 이와 관련하여 『단종 4권 즉위년 10월 2일 경인』을 보면, 「議政府據刑曹呈啓, 平安道久旱, 年穀不登, 請限明年秋, 停奴婢續案成籍, 及私債推徵. 從之」라고 하여, 당시 평안도에 가뭄이 들자 명년 가을을 기한하여 私債의 追徵을 停止하였다. 그 뒤 『숙종 29권 21년 8월 3일 임진』에서도 그 해에 흉년이 들자, 推奴・徵債 등을 정지한 일이 있다. 이들 기사의 내용으로 볼 때, 개인의 채권관계에 대해서 국가가 매우 적극적으로 개입하였음을 알 수 있다. 동시에 이것은 조선사회의 거래행위에 있어서 그만큼 당사자의 자치영역이 좁았다는 것을 보여주는 것이라고 하겠다.

(3) 債權의 消滅

조선시대에 있어서 채권은 채무의 변제, 대물변제, 채무자의 사망, 소멸시효 등으로 인하여 소멸하였으며, 또한 공채인 경우에는 국가에 의해 일방적으로 채권관계가 해소되기도 하였다.

채권의 시효와 관련하여, 『정종 5권 2년 7월 2일 을축』에서 「一, 己卯年以前各府州郡顯稅貢, 未滿本數當充者, 稱僨係官錢糧積年未還者, 耗損官物錢糧已曾追徵未滿本數者, 官府器皿破毁遺失未償者, 一, 皆蠲免, 義倉不在此限, 一, 凡有所犯人奴隷, 非其罪而被囚獄中, 致相染疾, 召怨傷和, 今後凡官府, 合囚奴隷, 止充徒役, 散置官府, 無令雜處重囚, 一, 凡民間負債, 其有僨者與者俱歿, 子孫只應文契追徵者, 一皆痛禁, 一, 貧窮小民, 負債未還, 其有劫質子女, 沒使積年, 或謀永以爲賤所在官司, 體察痛治」라고 하여, 민간의 부채 가운데서 빌린 자와 빌려준 자가 모두 사망하였을 때에 그 자손이 文契에만 의거하여 추징하는 것을 일절 모두 엄금하였

다. 이 수교의 문리해석에 충실할 경우 조선 초기에 있어서 채권은 당사자 일방이 생존하는 동안에만 효력이 인정되었던 것으로 판단된다. 따라서 채권이 상속되는 경우가 상대적으로 제한을 받았을 것으로 보인다.

영조 12년의 수교(『新補受教輯錄』 戶典 徵債條 404항)에서는 「公債의 時效는 15년을 한도로 하고, 私債의 시효는 20년을 한도로 하되 당사자가 현존하지 아니한 경우에는 채권은 모두 소멸」하도록 하였는데, 현행 민법과 비교해 볼 때, 상당히 장기간이었음을 알 수 있다. 사채의 시효기간을 공채의 그것보다 장기간으로 정하였는데, 이 기사의 내용만으로는 그 이유를 알 수 없다.

그리고 또 代物辨濟와 관련하여서는, 『문종 4권 즉위년 10월 10일 경진』에서, 세종조에 각도에서 還上을 바치지 아니한 사람들에게, 丙辰年(세종 18년, 1436) 이전의 것은 辛酉年(세종 23년)을 기한하여 자원에 따라 布貨로써 代納시키도록 하였으며, 그 뒤에 다시 문종이 즉위하면서 그 기한을 乙亥年(단종 3년, 1455)으로 연장하여 布貨・雜物로써 代納시켜 兩界로 수송토록 하였다. 이와 같이 조선시대에 있어서도 일정한 동산에 대해서는 그것으로써 대물변제를 할 수가 있었던 것이다. 그러나 사람이나 전답에 대해서는, 현종 5년의 수교(『新補受教輯錄』 戶典 徵債條 414항)를 보면, 債務를 상환하지 아니하고 侵督이 급박하여 田畓으로써 折價하여 주거나 자녀로써 노비를 삼는 것을 엄격하게 금지하였음을 알 수 있다. 또 숙종 35년의 수교(『新補受教輯錄』 戶典 徵債條 410항)에서도 「商街 또는 譯官 중에 公債를 대용하는 것은 일체 금단한다. 비록 대출을 허용한다 하더라도 田土 또는 家舍로써 대납하는 것을 금지」하고, 동 43년의 수교(『新補受教輯錄』 戶典 徵債條 405항)에서는 「鄕中에 殖穀하는 자가 春窮期를 이용하여 곡물을 대여하고 錢으로써 가격을 折價하거나 추수기에 곡물로써 징봉하는 것은 반년 동안에 앉아서 수배의 이를 획득하는 경우에는 백성에게 고발을 하도록」 하여 논죄하고 그 거래에 사용된 財貨는 公有로 귀속시키도록 하였다.

(4) 小　結

조선시대에 있어서 채무의 이행과 관련하여, 채권의 목적을 실현하기 위한 수단으로서 채권자의 선택에 따라 대가를 징수하거나 노비를 강제로 감금할 수 있었으며, 심지어는 채무자의 妻子까지 몰수하여 채권자의 노비로 삼도록 하였다. 또한 불이행한 채무의 규모에 따라 국가에서는 그 처벌을 달리 하였음을 보았다. 그리고 채권의 소멸, 즉 채무의 변제를 위하여 본래 채권의 목적이 아닌 전토나 노비 등의 다른 내용의 급부를 제공하는 代物辨濟에 대해서는 금지와 허용이 반복되었다. 그러다가 『續大典』이 편찬되면서 戶典 徵債條에서, 채무자가 채무를 변제하지 아니한 경우에 채권자가 변제에 대신하여 전토를 占得하거나 채무자가 스스로 代物辨濟하는 것을 명문으로 금지하게 된다.[10] 이것은 현행법에서 대물변제를 명문으로 인정하고 있는 것과는 차이가 있는데, 당시에 이를 금지한 근거는 당시의 사회 실정이 경제적으로 매우 어려운 형편이었으며, 또한 각종 소송이 남발되는 사회 분위기 속에서 채무의 이행을 위하여 대물변제를 허용할 경우, 그 代物로 인하여 나중에 또 다른 분쟁이 발생할 소지가 많았기 때문에 국가에서는 가급적이면 분쟁을 줄이고자 하였을 뿐만 아니라 이미 존재하는 분쟁이라 하더라도 신속하게 종결하기를 원했던 까닭으로 생각된다. 분쟁해결에 있어서의 이러한 신속한 재판의 추구는 당시의 재판절차에서 잘 나타나고 있다. 그 밖에 公債와 관련하여서는 특정한 신분계급에 대해서는 제한을 가하였을 뿐만 아니라, 그 변제방법에 대해서도 마찬가지로 제한을 두는 등 정부에서 직접적이고 적극적인 많은 관여를 함으로써 민·형사상의 법률관계가 공존하는 모습을 보여주고 있다.

2. 契約法 總論

(1) 契約關係의 支配原理

현행법상 계약의 기본적인 원리가 되는 것은 私的 自治의 原則이라 할

10) 『續大典』 戶典 徵債條: 「徵私債者, 或代捧田土, 或以其子女勒爲奴婢者, 杖一百定配, 其田土子女推還. (給債而以退賭地典當田土, 過限後仍執不還者, 依私債代捧田畓律論)」.

수 있다. 그렇다면 조선시대에 있어서는 과연 어떠한 원칙에 따라 계약관계가 이루어졌을까? 당시에도 私的 自治와 같은 법사상이나 법관념이 존재할 수 있었는가를 살펴본다. 물론 이러한 원리가 서구에서는 근대법이 형성되면서 등장한 것이므로, 이것과 똑같은 것을 기대할 수는 없다. 조선사회는 가부장적 대가족제도를 근간으로 하였기 때문에 자연히 家長의 권위는 클 수밖에 없었고 상대적으로 나머지 가족구성원의 지위는 약화되었음은 주지의 사실이다. 이러한 가장과 가족구성원의 관계는 실제로, 제3장에서 所有權의 證明手段이었던 문기의 작성과 개정과 관련하여 볼 때 잘 알 수 있었다. 그리고 바로 앞에서 고찰한 채무의 이행과 관련하여 볼 때, 거래관계에 있어서 當事者의 私的인 自治가 허용되기보다는 국가의 강제나 금지가 더 많이 작용하였음을 보았다. 다음에서는 이러한 구조를 염두에 두고 제한적 테두리 속에서 인정된 계약관계의 지배원리를 고찰하고자 한다.

먼저, 거래 상대방을 선택하는 데 있어서도 자유로운 결정이 인정되었으며, 백성의 토지나 가옥을 매입하는 때에는 국가(조정)가 직접 거래의 당사자로 나서는 경우도 많이 보인다.

이와 같은 私的 自治의 원칙은 때로는 제한을 받기도 하였는데, 예컨대 다음과 같은 것들이 있다. 『세종 77권 19년 5월 18일 정미』를 보면, 조선조는 초기부터 불교를 억압하였기 때문에, 세종조에 이르러서는 禪宗이나 敎宗의 종파가 아닌 各司의 營繕僧人은 서울에 들어와 시장에서 매매하는 것을 금지하였다. 그리고 成均館 안에서의 賣買 역시 제한을 받았는데, 朝鮮朝에 있어 성균관은 風化를 일으키는 지역으로서 「작은 朝廷」이라고 불렀다. 이 안에서는 직접 물건을 매매한 경우 법적으로 처벌하는 직접적인 명문의 규정은 없었으나 도덕적으로는 많은 비난을 면치 못하였으며, 만일 이것이 다른 죄와 연계되었을 때에는 아울러 처벌하였다.[11]

운송계약과 관련해서는, 『세종 62권 15년 10월 28일 기묘』를 보면, 당시에 황해도와 전라도 각처의 나루터에서 私人의 배가 운송료를 많이 받는 폐단이 있자, 官船 이외에 私船은 일절 금지하였다. 이것으로 보아 운송행

---

11) 『성종 262권 23년 2월 15일 병진』 참조.

위에 대해서는 개인의 영업을 허락하지 아니하고 공공기관에서 직접 하였음을 알 수 있다.

또한 개인 사이의 주택거래에 대해서도 『숙종 35권 27년 9월 17일 신축』에서는, 사대부들이 여염집을 침해하는 행위를 금지하였는데, 이와 관련하여 憲納 朴泰恒이, 궁가에서 民田을 함부로 빼앗고 바다의 漁場을 절수해 들어가는 폐단을 지적하여 혁파하기를 청하면서 백성들이 불이익을 당하는 것보다는 오히려 公家에서 손해를 보는 것이 옳은 도리임을 말하였다. 그 뒤 『영조 81권 30년 6월 27일 을해』에서 「飭京兆, 申嚴閭家奪入之禁, 犯禁者, 爲二十餘人, 並定配」, 즉 京兆(漢城府)에 신칙하여 여염집을 빼앗아 들어가는 禁令을 더욱 엄하게 하였다는데, 당시 금령을 범한 자가 20여인이었으며 이들을 모두 定配하였고,[12] 그 뒤에 어영대장 洪鳳漢이, 「민가의 매매를 금지한 것은 옳은 일이나, 사대부도 전하의 백성이니 甲戌年(영조 30년, 1754) 7월 이후에 매매를 금한 후부터 적간에 들지 않은 자도 모두 蕩滌하는 것이 마땅하다」고 아뢰었다. 이에 영조는 적간에 들지 않은 자는 탕척하고 그 나머지는 그 해 안으로 도로 물리도록 하였다.[13]

(2) 契約의 類型

조선시대에 있어서도 매매를 비롯한 賃貸借·消費貸借·使用貸借, 雇傭, 交換, 委任 등의 다양한 모습으로 거래관계가 형성되었음이 실록의 기

---

12) 『영조 81권 30년 6월 27일 을해』: 「飭京兆, 申嚴閭家奪入之禁, 犯禁者, 爲二十餘人, 並定配」.

13) 『영조 82권 30년 7월 16일 계사』를 보면, 「教曰, 予聞貢物衙門官之侵徵貢人者, 甚多, 或使備納章脈, 或使變通癸官, 又或有取用市産, 而終不給直者, 此奚異於盜取也, 此後如有犯者, 勿論官職高下, 禁錮終身, 至於圖免癸官者, 限三代勿許清顯, 且子自在潛邸時, 稔知中官輩徵求於闕內所屬, 其令隨現刊名內侍府. 御營大將洪鳳漢白, 上曰, 閭家奪入之禁, 卽聖上三十年恤民之大政, 今此賣買幷禁之教, 亦有以仰認, 聖意, 而前此買入者, 一兩日內, 幷令還退, 則殊涉搔優, 其中幸而不入於摘奸者, 亦皆狼顧, 不敢安堵, 士大夫亦, 殿下之民也, 宜有軫念之道, 今若自甲戌七月以後, 禁其賣買, 不入於摘奸者, 亦幷蕩滌, 恐宜矣. 上曰, 不入摘奸者蕩滌, 其餘限今年還退, 歲末更令京兆摘奸, 如有犯者, 朝官二年禁錮, 士子六年停擧」.

사를 통해 확인될 수 있다. 이들 계약에 관한 구체적인 내용은 각각 그 해당되는 부분에서 詳考한다. 이 가운데 委任으로 볼 만한 것으로는 다음의 사례가 있다. 즉 사채의 징수와 관련하여 인조조에, 자신의 채권을 세력가에게 委託하는 방법으로 징수하는 일이 있었다. 즉 『인조 25권 9년 6월 1일 계묘』를 보면, 閭閻 사람들이 빚을 받을 수 없으면 그 文券을 王子君의 집에 넘겨주었고, 그러면 채무자를 가두고 독촉하는데도 감히 따지지를 못하였다. 인조 9년 6월 1일 이후로는 文券을 넘겨주는 채권자는 法司에서 치조하되 死罪로 처리하라는 엄명을 내려 강력하게 금지하였음은 앞에서 보았다. 이것이 委任인지 債權讓渡인지는 분명하지 않다.

(3) 契約의 成立

계약은 당사자 사이의 청약과 승낙이 합치됨으로써 성립하고 그 효력을 발생한다. 이하에서는 계약의 성립 및 효력에 관련된 문제들을 살펴본다.

계약은 請約과 承諾으로 이루어진다. 아래에서는 조선시대에 있어서도 이와 같은 구조 혹은 이것과 유사한 법적 구조를 갖추었는지를 고찰한다.

계약의 청약은 상대방의 승낙이 있기 전까지 언제든지 取消할 수 있었으며, 이것은 승낙기간을 정하여 한 청약의 경우에도 특별히 달리 취급하지는 않은 것으로 보인다. 승낙기간을 정하여 한 청약은 그 기간 내에 承諾의 通知가 청약자에게 到達할 것이 필요하였다. 그러므로 승낙의 통지가 정해진 기간 경과 후에 도달하더라도 청약자는 승낙의 효력을 부인할 수 있었다.[14)]

한편 承諾期間을 정하지 않고 한 청약의 경우에는, 무기한으로 계약과정이 연장되는 것이 아니라 상당한 기간 내에 승낙을 하여야 했다. 그러므로 지나치게 지연된 승낙에 대해서 청약자는 거절할 수 있었던 것이다. 그러나 이 경우에도 청약을 받은 상대방이, 청약을 받은 것과 동시에 청약 내용을 履行하거나 그 履行의 準備를 해야 하는 경우에 이미 이행에 착수했

14) 朝鮮總督府, 『慣習調査報告書』, 213면 참조.

거나 그 준비에 착수한 때에는 청약을 취소할 수 없도록 하는 것이 당시의 법규범이었던 것으로 보인다.[15]

(4) 契約의 效力

1) 同時履行의 抗辯權

동시이행의 항변권은 상대방이 자기의 채무는 이행하지 않은 채 반대급부만 청구해 올 경우 그 급부를 거절할 수 있는 권리를 말한다. 즉 상대방의 청구권행사를 일시적으로 저지할 수 있는 권리이다.[16] 이 문제에 관해서는 앞에서 보았기 때문에 여기서는 생략한다.

2) 危險負擔

계약을 체결하는 경우 당사자들이 예견하지 못한 위험이 발생할 가능성은 얼마든지 있다. 이것이 이른바 「契約締結上 危險負擔」의 문제이다. 이 문제에 대하여 조선시대에는 어떻게 규율하였을까?

일반적으로 가옥의 매매에 있어서는 권리를 징표하는 文記의 교부와 동시에 가옥매매대금을 지급함으로써 가옥매매가 완성되고 가옥의 소유권이 이전되는 것이 관례였다. 그러므로 당연히 문기의 인도 전에는 위험부담의 문제는 발생할 여지가 없었다. 문제가 될 수 있는 것은 문기를 인도한 후이다. 이 때는 가옥의 소유권은 이미 매수인에게 이전한 후이다. 그렇기 때문에 만일 매매목적물인 가옥이 天災로 인하여 멸실 또는 훼손된 경우라 하더라도 매도인은 자기가 받은 대금의 전부 또는 일부를 반환할 필요는 없었으며, 따라서 천재로 인한 손실의 부담은 전적으로 새로운 소유자인 매수인이 지게 되고, 그 결과 매매가옥이 실제로 인도되었느냐의 여부는 문제로 삼지 않았던 것이다.

동산의 매매에 있어서는 매매목적물의 인도와 매매대금의 지급을 동시에 하는 것이 관습이므로 위험부담의 문제는 애초에 일어날 여지가 없다.

---

15) 朝鮮總督府, 『慣習調査報告書』, 213면.

16) 현행민법은 제536조에 명문의 규정을 두고 있다.

다만 상거래의 경우 물건의 인도와 대금지급이 동시에 이루어지지 않는 때가 있는데, 이 경우는 매수인이 위험부담을 하는 때도 있고, 반대로 매도인이 위험부담을 하는 때도 있다.[17]

이를 통해서 볼 때 매매에 있어서의 위험부담은 현재의 소유자가 진다는 결론이 나온다. 이러한 결론은 交換의 경우에도 동일한 관례가 있으나, 그 밖의 계약관계에 있어서는 관습이 명확하지 않다.[18]

3) 제3자를 위한 계약

현행법은 계약의 특수한 형태로서 제539조 내지 제542조에서 「제3자를 위한 契約」에 관하여 규정하고 있다. 조선시대에도 오늘날의 「제3자를 위한 계약」과 유사한 형태의 거래관계가 있기는 하였으나 매우 드물었다. 그렇지만 간혹 친족 사이 또는 특별한 관계가 있는 자들 사이에서, 당사자 쌍방 또는 일방이 제3자에 대하여 물건이나 금전의 급부를 약속하는 사례를 찾아볼 수 있다.[19] 물론 이 계약은 유효하며, 그 제3자가 급부를 받을 의사를 표시한 때에는 요약자인 당사자 일방은 낙약자인 상대방에 대하여 의무를 이행하도록 할 수 있고, 또한 급부를 받을 제3자 역시 낙약자에 대하여 계약대로 이행할 것을 청구할 수 있다. 그러나 어느 당사자에 대하여 受益의 意思를 표시하여야 할 것인가에 관하여는 일정한 관습이 있는 것 같지가

---

17) 예컨대 매수인이 매매대금을 지급한 후 즉시 그 물건을 인수하지 않아서 매도인이 보관하던 중에 천재로 인하여 매매목적물이 멸실 또는 훼손된 경우 그 손실은 매수인의 부담으로 된다. 그러므로 이 경우에 매도인은 매매대금을 반환할 의무가 전혀 없다. 그리고 遠地者 사이의 매매에 있어서 매수인이 매매목적물의 송부를 요구하고 매도인이 승낙의 통지와 동시에 목적물을 발송하고, 그 도중에 천재로 인하여 목적물이 멸실 또는 훼손된 경우 그 손실은 매수인이 부담하게 된다. 이에 따라 매도인은 매수인에 대하여 매매대금의 지급을 청구할 수 있다. 이것은 매수인이 대금을 지급하기 전이라 하더라도 마찬가지이다. 그런데 앞의 사례에서 매수인이 목적물의 송부를 의뢰하지 않았는데 매도인이 임의로 발송한 경우라면 그 손실은 매도인이 부담하여야 한다. 또한 매수인의 청약에 대하여 매도인의 승낙만 있는 경우에는 매매는 비록 이미 성립하였다 하더라도 물건의 소유권의 이전은 아직 없기 때문에 손실에 대한 위험부담은 매도인이 지게 된다.

18) 朝鮮總督府, 『慣習調査報告書』, 216면.

19) 朝鮮總督府, 『慣習調査報告書』, 217면.

않다. 제3자를 위한 계약이라는 것이 대체로 당사자 일방의 은혜라는 동기에서 비롯되는 경우가 많기 때문에, 수익자인 제3자는 설령 낙약자로부터 계약에 따른 이행을 받지 못하는 경우가 있더라도 구태여 이행을 청구하지 않는 것이 상례라고 할 수 있으며, 또한 당사자의 입장에서도 제3자를 위한 계약을 자유롭게 취소할 수 있었다. 다만 제3자가 수익의사를 표시한 후에는 취소할 수 없다고 하거나 일부의 이행이 있는 경우 그 후는 취소할 수 없다고 하는 경우가 있기는 하나, 실제로 제3자가 요약자의 취소에 대하여 이의를 제기하지는 못한 듯하다. 그리고 제3자가 수익을 거절한 경우 그 계약은 당연히 효력을 상실하였다.[20]

흔하지는 않지만 조선시대에도 후기에 접어들면서 信用去來라는 것이 생겨났을 것으로 보인다. 이것은 거래관계에 있어서 매우 중요한 의미를 갖는 것이다. 왜냐하면 信用에 의지하여 타인에게 어떠한 급부를 제공한다는 것은 일반적으로 거래법상 매우 발전된 모습이기 때문이다.

(5) 契約의 取消 및 解除

契約을 비롯한 法律行爲가 완전하게 되기 위해서는 成立要件과 效力要件을 모두 갖추어야 한다. 이러한 요건을 구비하지 못한 때에는 그 법률행위는 無效이거나 取消할 수 있게 된다. 무효와 취소는 곧 법률행위로서의 효과가 완전하게 발생하지 않는다는 것을 의미하는 것이다. 현행 민법은 제137조 내지 제146조에서 이들에 관하여 규정하고 있다. 무효와 취소의 근본적인 차이는, 취소에 있어서는, 특정인의 주장이 있어야 비로소 효력이 없게 되는 데 비하여, 무효에 있어서는 누구의 주장이나 행위를 기다리지 않고 당연히 처음부터 효력이 없는 것으로 된다는 점이다. 그렇지만 그 효과에 있어서는 취소가 되었을 경우 遡及效가 인정되기 때문에 양자는 차이가 없다. 어떠한 경우에 법률행위를 무효나 취소할 수 있는 것으로 하느냐는 立法政策上의 문제이지 절대적인 것은 아니다. 따라서 시대나 사회의 상황에

20) 金容圭, 「李朝社會의 去來法」, 453면 참조.

따라 변화할 수 있는 것이다.

무효나 취소와는 달리, 법률행위가 성립요건과 효력요건을 모두 구비하여 완전하게 성립하였다가, 뒤에 당사자 일방의 의사표시에 의하여 법률행위의 효력을 소멸시키는 경우가 있는데 解除와 解止가 그것이다. 여기에 관해서 현행 민법은 제543조에 그 규정을 두고 있다. 양자는 근본적인 차이는 해제에는 遡及效가 인정되지만, 해지는 장래에 향해서만 효력이 소멸한다는 점이다.

조선시대에도 이러한 취소 및 해제에 해당하는 내용이 있었음은 실록의 기사에 의하여 입증될 수 있다. 그렇지만 현행 민법에서와 같이 양자가 명확하게 구분되지는 아니하였던 것으로 생각된다. 다음에서는 이들과 관련된 실록의 기사를 취소의 경우와 解除의 경우로 나누어 고찰한다.

1) 契約의 取消

조선시대에 있어서 법률행위가 取消로 되는 사유는 대개 强賣나 盜賣 또는 二重賣買 등 거래행위에 瑕疵가 있는 경우가 대부분이다.

일단 매매계약이 체결되어 유효하게 성립하여 매매대금의 지급이 있고, 매매 목적물의 소유권이 이전되면 쉽게 매매를 취소하지 못하도록 하였다. 그 주된 이유는 취소를 위하여 소송을 남용하는 것을 막기 위해서였다. 이를 위하여 조선 초기부터 매매의 取消 또는 解除期限에 관하여 법적인 규제를 하였던 것으로 보인다. 그러나 무효 또는 취소되었을 경우 손해배상과 같은 구체적인 문제에 관한 것은 발견하지 못하였다.

『중종 1권 원년 12월 25일 기사』를 보면, 중종 원년에도, 甲子年(연산군 10년, 1504) 이후에 사들인 집을 사헌부에서 분간하여 强制로 사들인 것은 취소하도록 하였다. 그러자 당시보다 집값이 많이 올랐기 때문에 거짓으로 강제매매였다고 주장하며 어지럽게 陳訴하는 자들이 나타났고, 이에 조정에서는 推刷都監으로 하여금 허위소송자들을 논죄토록 하였다. 그러나 그 때의 文書만으로는 진실 여부를 징험하는 것이 불가능하게 되자, 刑訊하지 말고 모두 本主에게 돌려주도록 함으로써 매매의 취소를 인정하였다.[21] 또 왜인과의 거래에 있어서도 취소한 일이 있는데, 『중종 7권 4년 2월 23일 을유』를 보면,

중종 4년에 이르러 경상도 연변의 민전을 倭奴에게 판 것을 추쇄한 일이 있었다. 그 때 倭奴에게 말하기를, 우리 국토 안에 살면 마땅히 우리 법을 따라야 한다. 민전을 너희들에게 판 것은 마땅히 代價를 지급하겠으니 매매된 전지를 돌려주는 것이 가하다. 그러자 돌려주는 자도 있었다.

또 民田의 매매와 관련해서는, 『영조 29권 7년 6월 16일 정미』에서는, 內需司에서 강제로 사들인 평안도의 民田을 본주인에게 돌려주도록 하였으며, 영조 22년에는 長淵 지방의 民田 가운데 毓祥宮에 억지로 매매된 것은 일체 돌려준 일이 있다.[22] 그리고 정조 20년에 戊申年(정조 12년, 1788)과 己酉年의 큰 水災로 인하여 北路의 백성들이 還上과 身布를 견디지 못하여 祭田이나 토지를 헐값에 매매함으로써 民田이 모두 부유한 민호에게 속하게 되었다. 정조는 특별히 윤음을 내려 모든 역을 탕척해 주고, 흩어진 사람들을 다시 모이게 하였으나, 이미 부호의 손으로 들어간 莊土를 물릴 수가 없었다. 이에 掌令 朱重翁이 상소하여, 무술년(정조 2년, 1778))부터 경술년(정조 14년, 1790) 가을 전까지 매매한 전답은 본래 가격으로 물려주기를 청하였다.[23] 이 기사는 법률행위 중 不公正한 것으로 볼 수도 있다.

『인조 7권 2년 11월 2일 임자』에서는, 인조 2년에 역적의 재산을 적몰하여 공신에게 분급하도록 하였는데, 나누어 줄 것은 적고 공신의 수는 많았다. 사정이 이러하자, 공신들은 이미 제3자에게 放賣된 것까지도 모두 도로 찾고자 하였으나, 戶曹의 반대로 무산되었다. 이 기사의 내용으로 볼 때,

---

21) 『중종 2권 2년 윤1월 19일 계해』.

22) 『영조 63권 22년 2월 15일 신해』: 「請長淵民田之爲毓祥宮抑買者, 一並還給. 批曰 … 分付道臣, 嚴懲其弊」.

23) 『정조 45권 20년 8월 29일 신축』: 「北路戊申己酉之懷襄大災, 實是挽近所無, 屢千蒼生, 流離四方之除, 還上身布, 責捧無路, 不論癸田已土, 或自官勒賣, 或自已斥賣, 本價十金之物, 僅捧一二兩, 可捧百金之土, 只捧數緡, 窮民產業, 盡歸於富民饒戶, 我殿下特下綵綸, 蕩滌諸役, 還集各散, 孰不欲樂生興業, 然些少庄土, 已入於富民之手, 欲爲還退則饒戶富民, 或稱移賣, 或託相換, 無一還退者, 唉此貧民, 何以爲命, 凡年所賣, 臣以爲自戊申至庚戌麥秋前所賣田畓, 以本價退給事, 更下飭教, 使還集民人, 勿復渙散. 批曰, 閔致愼事, 誠如風傳, 自有當律, 爲先拿問取招, 一邊行查, 該道附陳兩件事, 係是戎務民情, 分付該道道帥臣, 使之具意見狀聞」.

당시에 제3자에게 이미 양도된 물건에 대해서도, 비록 이 사례에서는 호조의 반대로 취소되지는 아니하였지만, 취소가 가능하였던 것으로 추측된다. 만일 이러한 것이 가능하였다면 조선시대에 있어서의 去來의 安定性은 매우 취약할 수밖에 없었을 것이다.

숙종조에 興陽 사람 李華에게 대대로 전해 오는 堰田[24]이 있었는데, 出身 鄭光羽가 샀다고 하고 몰래 延礽君房에 팔았다. 이로 말미암아 해마다 잇따라 송사하여 항변하였다. 숙종 31년에 이르러 判尹 閔鎭厚가 양자의 문서를 조사한 후 율문에 따라 죄를 주고, 그 전토는 본주에게 돌려주기를 계청하였다. 그러나 숙종은 명백하게 살펴서 품처하도록 함으로써 공평성을 잃고 말았다.[25]

『경종 15권 4년 7월 16일 정사』를 보면, 경종 4년 무렵에 經理廳에서 화폐를 총괄하고 이익을 독점함으로써 그 피해가 백성에게까지 미쳤다. 경리청에서는 가을의 船穀保管을 위한 창고로 쓰고자 강가의 人家를 매입하였는데, 그 뒤 선곡이 이르지 않자 쓸모없는 물건이 되어버렸다. 이에 사헌부에서, 경리청으로 하여금 그 집을 본주인에게 돌려주고 매매대금을 회수할 것을 청하였으나, 경종은 듣지 않았다. 이 기사를 통해서, 매매가 취소된 때에는 매매대금을 반환하였음을 추측할 수 있을 뿐, 그 밖의 손해배상과 같은 문제에 관해서는 알 수 없다.

그리고 목적물이 이미 제3자에게 양도되어 특수한 목적에 이용되고 있는 경우에는 취소를 제한하기도 하였다. 즉 영조 즉위년에 光城府院君의 사례와 관련하여 연좌에 들지 않은 자는 특별히 방환하고, 그 팔아버린 家舍도 推給하도록 하였다. 그러나 해당 家舍가 淸風府院君을 봉사하는 집으로 되어 있

24) 둑을 막아서 만든 田土를 말한다.

25) 『숙종 42권 31년 6월 22일 갑인』: 「興陽人李華, 有世傳堰田, 出身鄭光羽, 稱以買得, 盜賣于延礽君房, 連年訟辨, 至是判尹閔鎭厚, 取老彼此文書, 啓請依律科罪, 還給其田於本主. 傳曰, 令該曺, 明査稟處. 史臣曰, 田土盜賣者, 子奴婢叛主者, 率多投依於宮家, 一入宮家之後, 則人莫敢誰何, 設或呈辭號訴, 而法官亦多畏慴, 延施不決, 畢竟拱手見攘者, 滔滔是也, 間有自鳴如李華明, 決如鎭厚 而又有明査稟處之命, 旣已明査, 何査之更明哉, 前此具家之訟, 亦有此教, 噫, 以親王子之貴, 雖無此何患不富, 自上審知此弊, 立命還給, 則疲氓之失業者, 庶有賴焉, 而令不能然, 豈不有累於乎明之理哉」.

어 추급하기가 어렵자, 사당을 건립할 비용을 대신 주도록 하였다.[26)]

매매를 취소하는 경우 그 기간은 어느 정도였을까? 숙종조에 閔彦良으로부터 家舍를 적몰하였는데 이것은 본래 李浣의 집이었다. 처음에 이완이 그의 생질의 垈地를 매입하여 집을 짓고 산 지가 거의 50년이 되었다. 그 뒤 己巳年(숙종 15년, 1689)에 閔宗道가 옛 주인인 外族을 사주하여 송사를 일으켜 그 대지를 매입하고, 또 위협하여 싼 값으로 李家의 집을 매입하였다. 숙종 28년에 이르러 적몰당하자, 이완의 후손이 민종도에게 받은 매매대금을 반환하고 가사를 贖還하기를 청하였고, 戶曹에서는 이를 허락하였다. 그러나 그 垈地에 대해서는 가력이 미치지 못하여 대금을 내지 못하였고, 그렇다고 호조에서 공공연히 出給하기도 어려웠다. 이에 숙종은 대지의 대금을 받지 말고 李家에 還給하도록 하였다.[27)] 예외적인 것이긴 하겠지만, 50년은 대단히 오랜 것으로서 去來의 安定이란 점에서는 매우 불합리한 것이라 하겠다.

2) 契約의 解除

조선시대에 있어서 계약은 그 속에 해제권이 유보되어 있는 것으로 관념되는 것이 일반적이었던 것으로 추측된다. 따라서 계약이 체결되고 그 이행이 완료된 경우라도 일정한 기한 내에는 관에 고하고 계약을 해제할 수 있었던 것이다.

먼저, 문종 원년에는 토지의 매매계약에 대해서 체결 후 10일 지나면

---

26) 『영조 2권 즉위년 11월 19일 기미』: 「教曰, 光城府院君, 先后之親, 先朝元勳, 而斥賣家舍, 香火無人, 言念及此, 中夜無寐, 其不入緣坐者, 特爲放還, 其所賣家舍, 亦爲推給, 則奚但伸子之懷, 大行朝陟降之靈, 亦必欣悅矣, 已而該曺啓言, 所賣家舍, 方爲淸風府院君奉祀之宅, 有難推給, 遂命給建祠之需」.

27) 『숙종 36권 28년 1월 29일 신해』: 「特進官金昌集曰, 閔彦良籍沒家舍, 乃故相臣李浣家也, 始浣買得其甥姪舊垈, 作舍入居, 殆五十年, 己巳後宗道嗾舊主外族, 橫起誣訟, 圖囑決給, 仍買其垈, 又以廉直, 脅買家舍於李家, 及今籍沒之後, 浣之後孫, 請納宗道處所受之價, 贖還家舍, 故本曺許之, 而至於家垈, 則本家家力不逮, 不得納價, 本曺亦難公然出給. … 浣是朝家嘗所倚重之臣 若倣古事 特爲出給其家垈 則似爲美事矣 上命勿爲受價 還給李家」.

還退하지 못하도록 하고, 다만 軍士의 土地인 경우에는 그 특수성을 고려하여 예외적으로 10일의 기한을 적용하지 않도록 하였다.

그리고 가옥매매의 해제와 관련해서는, 『세종 31권 8년 1월 9일 갑인』에서 「刑曹據漢城府所啓, 雜訟決絶可行條件, 與議政府諸曹同議, 啓 … 一. 家舍馬匹交易後, 十日已過者, 勿許還退, … 從之」라고 하여, 세종 8년 1월에 매매를 한 후 10일이 경과하면 그 매매를 해제하거나 취소할 수 없도록 하였다. 이 10일의 기한은 후에 『經國大典』 戶典 賣買限條에 「田地·家舍買賣限十五日勿改, 並於百日內, 告官受立案. 同奴婢. 牛馬則五日勿改」라고 성문화되면서 15일로 규정함으로써 해제할 수 있는 기간이 종전보다 5일 더 연장되었다.

『세종 31권 8년 1월 9일 갑인』에서는 「刑曹據漢城府所啓, 雜訟決絶可行條件, 與議政府諸曹同議, 啓… 一. 公處推徵之物 行移各道, 守令廢閣不徵者, 移文所司推考, 一. 各司奴婢逢受遺失物色, 有使令各司, 則除報漢城府, 令其司生徵, 一. 家舍馬匹交易後, 十日已過者, 勿許還退, 一. 家舍家基家財改許與, 依奴婢許與例, 前許與告官焇毁後, 改許與, 違者論罪 … 從之」라고 하여, 家舍나 마필을 매매한 후에 10일이 지나면 還退하지 못하도록 하였다. 그런데 여기서 「還退」 및 「고친다(改)」는 용어의 의미와 그 성질이 무엇이냐에 대해서는 자세한 내용이 언급되지 않고 있다. 현행법의 해석상으로 이것은 法定取消 또는 法定解除로 볼 수가 있다. 즉 개인과 개인 사이의 법률행위인 매매에 대해서 법으로써 그 取消 또는 解除를 규정한 것은, 일단 성립된 계약을 가능한 한 계속 유효하게 유지함으로써 去來의 安定을 추구한 입법의도를 엿볼 수 있는 부분이라 하겠다. 또한 여기서의 취소 또는 해제소송을 제기할 수 있는 기한이기도 하였는데, 이와 같이 취소기한을 法定한 것은 당시에 있어서 얼마나 많이 매매의 취소·해제가 성행하였는가를 간접적으로 보여주는 것이기도 하다.

조선시대에 있어서 토지의 매매는 원칙적으로 영구적·무조건적이며 문기에도 반드시 「永永放賣」라는 文言을 약정하였던 것이다. 그러나 한편으로 토지는 소유자에게는 命脈이며 애착심을 가지고 있기 때문에 부득이한 이유로 방매하였더라도 후일에 자력이 생겼을 때에는 다시 還退코자 하는 것이 常情이며, 국가측에서 보더라도 납세의무자인 소유권자의 변동을 제한하는 방향으로 나아감은 당시의 정책이었다. 또한 부득이한 경우에 방매하는 자는 대개가 빈천한 자이기 때문에 매매된 토지를 원소유자에게 복귀하도록 노력하였다.

『세종 75권 18년 12월 18일 기묘』에서 「傳旨戶曹, 前日從政府之請, 乙卯年以上各道還上未納者 … 近來各道官吏督納之際, 過於刻迫, 緣此貧民或有盡賣田宅而償者, 或有閑戶逃避者 … 其富饒戶外貧賤之戶, 姑停徵納, 以恤其生, 已賣之田及飢餓放賣之田, 還給其主, 俟秋成償之, 勿使失業」라고 하여, 이미 매매하였던 토지를 원래의 소유주인 빈천한 매도인에게 환급하도록 하고 그 매매대금은 추수를 마친 후에 상환하도록 하였으며, 『문종 6권 원년 2월 23일 임진』에서는, 각도의 절도사·감사·수령 등이 말을 갖추도록 독촉하여 강제로 토지·노비 및 농우 등을 팔게 하였는데, 비록 赦宥를 지나 논죄하지는 않았으나, 그 매매한 노비·토지·농우 등은 장원에 따라 모두 본주인에게 돌려주도록 하였다.[28] 이 기사는 不公正한 法律行爲에 있어서의 强迫의 경우로 볼 수도 있다.

그 뒤 『성종 130권 12년 6월 9일 임자』를 보면, 성종조에 이르러서도 가난한 무리가 公賦·私債 등의 급한 징수에 몰려서 전지나 가사를 부유한 집에 팔기를 원하면, 부유한 자가 窮急한 것을 알고 값을 줄여서 사고는 15일을 넘기면 물려주지 않았다. 이로 말미암아 빈익빈 부익부의 현상이 생겨났다. 또한 가난한 자들이 도망함으로써 民戶가 줄고 軍額이 줄어들어 큰 문제로 되었다. 이에 李晏이 상소를 올려, 전지와 가사의 매매를 다시 5년으로 期限하여 잔폐한 백성의 생활을 후하게 할 것을 아뢰었다. 그리고 명종 3년에 이르러서는 전지나 가옥을 매매한 뒤에 환원하겠다는 소장을 비록 백일 내일지라도 은연중에 슬그머니 제출하여 두었다가 매주(買受人)가, 가옥이면 수리를 깨끗이 하여 놓은 날에, 전답이면 整理治畓을 하여 놓은 뒤에 비로소 전날의 소장을 들춰내어 송정에 나가서 소송을 일으켜 가지고 도

28) 『문종 6권 원년 2월 23일 임진』: 「兵曹啓曰, 各道節制使, 監司守令等, 軍士甲兵馬匹, 曾不措置檢擧, 近當治兵之時, 謀免罪責, 差人督促, 勒賣奴婢土田農牛, 怨咨者或有之, 雖已經赦宥, 不可論罪, 然其所賣, 土田奴婢農牛, 許從自願還本主」.

로 물리는 것은 매우 옳지 못하니, 지금 이후로는 매매계약의 확정기한인 15일이 지난 뒤 30일 내에 재판정에 나오지 아니한 자는 일체 접수 처리하지 못하도록 하였다.[29] 이 기사는 매매의 해제가 비록 법정해제기간 내에 주장되었더라도 특별한 사유가 있는 때에는 해제할 수 없었음을 보여주는 것이다.

또 흔한 경우는 아니지만 채무불이행을 이유로 한 계약의 해제도 인정되었다. 즉 계약당사자 중 일방이 그의 채무를 이행하지 않는 경우 상대방은 그 계약을 해제할 수 있었다. 조선시대 역시 당사자 일방이 그의 채무를 이행하지 않는 경우 상대방은 그 계약을 해제할 수 있었는데 이를 罷約이라고 하였다. 그렇다고 상대방의 채무불이행을 이유로 즉시 계약을 해제할 수 있는 것은 아니고, 일단은 상대방에 대하여 채무의 이행을 독촉하고 그래도 상대방이 이행하지 않는 경우에 비로소 해제가 가능했다. 다만 채무의 성질이나 당사자의 특약에 의하여 일정한 일시나 기간 내에 이행을 해야 하는 경우에는 따로 최고를 할 필요 없이 그 시기가 경과하였다는 사실만으로써 바로 계약을 해제할 수 있었다. 이것은 채무자의 과실로 인하여 이행불능이 된 경우에도 마찬가지였다.[30]

영조 28년에 판결사 尹彬이, 良人으로서 자신을 팔아서 노비가 된 자들을 구제하기 위한 대책 마련을 상서하였다. 즉 「양인이 자신을 판 경우 남의 속박을 받아서 자유로울 수가 없으며, 사서 취한 자도 또한 공연히 손해를 볼 수는 없으니, 이제부터 한결같이 雇工의 예에 의하여 우선 服役은 하되, 10년 뒤에는 本價를 免除시키도록 허락하여 스스로 물러나게 함이 마땅하다. 辛亥年(영조 7년, 1731)의 대흉년 이후 양민의 값은 쌀 5, 6두와 돈 3, 4꿰미에 불과하였다. 그런데 자식을 낳아 자손이 불어난 뒤에 아무리 갑절의 값을 바치며 물러나기를 애걸해도 물러날 수가 없다. 이것은 국가의 法意로 보아 있을 수 없는 일이다. 따라서 길에 버려진 아이를 거두어 기르

29) 『受教輯錄』 戶典 賣買條 263항: 「田地家舍買賣後, 還退之狀, 雖例於百日內, 隱然呈訴, 買得人家舍, 則盡數修葺, 田畓則盡加整治後, 始擧舊日之狀立訟還退, 至爲不當, 今後過限三十日, 不就訟者, 一切勿許聽理」(明宗 3년 4월 27일 教命).

30) 金容圭, 「李朝社會의 去來法」, 453-4면 참조.

는 경우 賑政이 한창 진행되고 있을 때 賑廳의 立案을 받은 경우 외에, 10세 이후에 사들인 경우에는 진정이 끝난 뒤 관에 呈狀하여 모두 雇傭으로 시행함이 마땅하다」고 하자, 이에 왕세자는 의정부로 하여금 품처하도록 하였다.[31)]

3) 取消 및 解除의 方法과 效果

계약의 解除에 대해서는, 채무를 불이행한 상대방에 대하여 해제의 의사를 통고함으로써 충분하고 특별히 정해진 절차는 없었던 것으로 보인다. 계약이 해제되면 당사자 쌍방은 原狀回復義務를 부담한다. 그러나 이 경우 반환해야 할 금전에 이자를 붙이는 관습은 보이지 않는다. 그리고 이러한 해제의 효력은 제3자에게 효력을 미치지 않는다. 그러므로 물건의 매도인은 제3취득자에 대하여 반환을 청구할 수 없었다.[32)]

매매의 경우 매수인이 매도인에게 교부하는 보증금 또는 계약금에 관한 관습은 조선시대에도 있었다. 이와 같이 매수인이 매도인에게 미리 대금의 일부를 교부하는 것을 先給이라고 하였다. 이것은 매수인이 매도인과의 계약을 준수하겠다는 증거로서 교부되었고, 매도인 또한 罷約을 하지 않겠다는 뜻으로 그것을 받았던 것이다. 그러나 매수인이 선급금을 포기하고 계약을 해제하거나 매도인이 선급금 또는 그 배액을 매수인에게 반환함으로써 계약을 해제할 수 있다는 관습은 보이지 않는다. 따라서 매수인이 계약을 해제한 경우에는 매도인은 미리 받은 선급금을 반환하여야 하며, 매도인이

---

31) 『영조 77권 28년 8월 27일 을묘』: 「判決事尹彬上書略曰, 臣待罪本職, 今四箇月, 而民訴之最可矜惻者, 卽良人之願賣其身也, 或爲父死不葬, 或爲母飢垂死也, 京城如此, 則外方可知, 噫如傷之化, 雖洽於一世滞穗之利, 猶阻於伊寡, 致令可哀之民, 爲奴爲婢, 顧今秋成己届, 蕩柝之民, 庶有安集之望, 而至若賣身者, 受人羈絆, 不得自由, 買取者, 亦不可公然見失, 自今一依雇工例, 姑爲服役, 十年後則許其除本價, 自退宜矣, 辛亥大殺後良民之自鬻者, 其直不過五六斗米三四貫錢, 而生子生女支屬繁殖之後, 雖納倍價, 乞退不得, 國家法意, 寧有是理, 臣謂道路遺棄兒呈官收養者及賑政方張時, 受賑廳立案者外, 十歲後買得者, 畢賑後呈官, 并以雇傭施行爲宜, 至於奴良妻所生, 自辛亥從母爲良事定式, 而猶有恣意侵暴者, 亦宜隨現重繩焉, 王世子答曰, 令廟堂稟處」.

32) 金容圭, 「李朝社會의 去來法」, 454면 참조.

해약을 한 경우 역시 그 액수를 그대로 반환함으로써 양자의 계약관계는 종료된 듯하다. 그리고 선급금은 대금의 일부에 불과했기 때문에 매매계약이 해제되지 않고 유효하게 이행될 경우 그것은 당연히 매매대금의 일부로 인정되었다.[33]

4) 賣買의 取消 및 解除에 관한 法規定의 檢討

앞에서 본 실록의 기록 내용과 성문법규정의 내용을 비교·분석한다.

『經國大典』 戶典 買賣限條 및 『續大典』 戶典 買賣限條[34]의 규정을 보면, 일반적으로 토지매매계약은 계약체결 후 10일이 경과하면 해제할 수 없도록 되어 있다.

다만 『문종 6권 원년 2월 23일 임진』에서 「兵曹啓曰, 各道節制使, 監司守令等, 軍士甲兵馬匹, 曾不措置檢擧, 近當治兵之時, 謀免罪責, 差人督促, 勒賣奴婢土田農牛, 怨咨者或有之, 雖已經赦宥, 不可論罪, 然其所賣, 土田奴婢農牛, 許從自願還本主」라고 하여, 군사의 토지를 매매한 경우에는 그 특수성을 고려하여 10일의 기한에 구애받지 않도록 하였다.

그리고 『세종 31권 8년 1월 9일 갑인』에서는 「刑曹據漢城府所啓, 雜訟決絶可行條件, 與議政府諸曹同議, 啓, … 一. 家舍馬匹交易後, 十日已過者, 勿許還退, … 從之」라고 하여, 가옥의 매매에 대하여는 10일의 기한을 두었다. 이와 같이 국가에서 성문법으로 해제의 기한을 규정하고 있다는 사실은 조선시대의 법현실이, 일단 성립된 매매계약의 취소나 해제가 성행하였음을 보여 주는 것이라 할 수 있다. 그리고 이들 법규정에 있어서의 기한은 매매의 취소기한인 동시에 제소기한이기도 하였다.

그리고 토지의 매매는 영구적·무조건적인 것이 원칙이었으나, 매매가 擔保로서의 기능을 하는 경우에는 예외적으로 일시적인 소유권의 양도로 취급되는 경우가 있었다. 이것에 대해서는 第3章의 「擔保制度」 부분에서 고찰하였다.

---

33) 朝鮮總督府, 『慣習調査報告書』, 220면.

34) 「驛馬買賣以三朔爲限, 過限則勿許還退」

(6) 小　結

조선시대에 있어서 계약은, 국가에 의한 禁止라는 커다란 제한적인 테두리 속에서 허용되는 범위에 한해서 나름대로의 私的인 自治가 이루어졌던 것으로 보인다. 그렇더라도 이것을 근대민법상의 그것과 같은 것이라고 볼 수는 없을 것이다. 어디까지나 새장 속의 자치였기 때문에 현행 민법에서 논의되는 私的 自治와 연계시키기에는 무리가 따를 것이다. 그나마 이러한 자유로움 역시 당사자의 사회적 신분에 따라 더욱 많은 제약을 받았던 것이 조선사회의 현실이었다.

계약의 성립에 있어서 請約과 承諾의 문제, 의사표시의 도달시기, 계약성립 후의 효력에 관한 문제를 보았고, 또한 일단 성립하였던 계약이 取消 또는 解除되는 경우에 대해서도 구체적인 사례를 통하여 고찰하였다. 그리고 이를 통하여, 세부적인 법률문제에 대해서는 전혀 고려를 하고 있지 않은 사실도 알았다. 예컨대 損害賠償에 있어서의 피해자, 손해의 정도, 손해배상의 방법과 같은 실질적인 문제에 대해서는 전혀 고려하지를 아니하였다. 더욱이 계약이 취소되거나 해제되었을 경우, 오늘날의 원상회복의무의 문제에 대해서도 입을 다물고 있다. 이것은 근본적으로 당시에 法學이란 分野가 아직까지 독립된 분야로서 정립되지 못한 데 원인이 있을 것이다.

제2절 賣　買

1. 賣買에 대한 一般的 考察

조선시대에 있어서 去來關係를 立證하기 위해서는, 개인 사이에서 이용된 거래계약서를 고찰하는 것이 하나의 좋은 방법이 될 수 있다. 즉 개인과 개인이 일정한 거래관계를 맺는 경우 그것에 관하여 문서로써 분명히 해둠으로써 뒷날 문제가 발생하였을 경우 그 증거로 삼기 위하여 이른바 契券이란 것을 작성하였는데, 이 계권을 작성하게 된 후 거래목적을 이행하지 못하고 사망한 경우 그 계권을 돌려받음으로써 거래관계가 종료되었던 것으로 생각된다.35) 이 책에서는 왕조실록에 나타나는 記事의 내용을 중심으로 하면서 성문법규정도 함께 고찰한다.

(1) 賣買의 當事者 및 對象

매매의 주체는 良賤을 물론하였고, 임금 또한 궁궐을 개축하거나 새로 짓기 위하여 人家를 매입하는 때에는 직접 매매의 당사자로 되었으며,36) 국가도 필요한 경우 매매계약의 당사자로 되었다.37) 그리고 사람인 노비 역시 매매의 대상이 되었다.38)

매매를 업으로 하는 것과 관련해서는, 『성종 181권 16년 7월 16일 갑자』에서는 「京中京畿失業之民 許行興販 以有易無何妨」이라 하여, 황해도와 평안도를 제외한 각도에서 물건을 홍정하여 판매하는 사람인 이른바 興販人을 금지하였다. 그 뒤 『중종 27권 11년 12월 1일 정미』에서는, 충청도

---

35) 『문종 5권 즉위년 12월 8일 무인』 참조.

36) 『태종 2권 원년 7월 19일 병오』: 「上欲改楸洞時坐宮, 驪興府院君閔霽, 買王興家進之, 其旁近人家, 上皆賜價買之」.

37) 『성종 283권 24년 10월 11일 임신』; 『연산군 49권 9년 3월 6일 계유』; 『인조 18권 6년 6월 4일 계사』: 「宣惠廳啓曰, 伏見戶曹移文, 梨峴宮所屬安山陽城田畓三十五結, 自前給價買之, 而反正後, 盡令革罷, 今則竝還屬本宮, 依前例免稅六, 又見內需司移文, 壽進宮所屬安山漁箭, 數年來屬于水營, 而今則還屬本宮, 本郡奴婢, 亦有依前例田結給復之教, 臣等不覺寒心, 光海時宮家所占漁箭田場, 反正後一切革罷, 意實有在, 而曾未數年, 漸漸復古, 已極可駭, 況內需司奴婢, 只復戶役, 勿復田結, 曾在甲子年大臣筵臣建白榻前, 定爲事目, ?在備局, 通行八道, 豈可無端壞了已定之規, 使中外失望乎, 且內需司公文, 例經吏曹反貼施行, 而今此移文, 不經該曹, 直送本廳, 尤極可駭, 臣等忝在有司之職, 不敢奉行. 答曰, 雖曰廢朝時所屬田畓, 若非民田之被奪者, 則依例免稅, 未爲不可矣, 且安山奴婢復戶事則考先王朝規例處之」.

38) 『태조 14권 7년 6월 18일 임술』 참조.

관찰사 權敏手가 도내에 場門(市場)을 설치하겠다고 청하자, 각도에서도 아울러 설치하자고 청하였는데, 홍판하는 자들이 농가의 물건을 모조리 차지하는 폐단을 염려하여, 충청도에만 설치를 허가하였다. 그리고 『숙종 14권 9년 1월 18일 경신』을 보면, 숙종 8년에 御營廳을 설치하여 麻浦江 위에 점포를 설치하여 물건을 팔았는데, 그 뒤에 管理廳에 이속되었다. 그러나 이것은, 監官의 폐단이 너무 심하여 숙종 9년 12월에 혁파되었다. 그리고 경종 3년에는 欄頭[39]를 혁파하였다. 숙종 15년(1689년) 무렵부터 遼人 胡嘉佩 등이 欄頭를 설치할 것을 청하여 품삯의 이익을 독점하였고, 해마다 액수를 덜고 稅收 2천냥을 거두었다. 그러나 기일의 지체·암거래 등의 폐단이 생겨나자, 중국의 禮部에 咨文을 보내 혁파하기를 청하였던 것이다. 이에 따라 사신이 갈 때 무역하는 包子[40]는 종전처럼 편리한 대로 품삯을 주고 싣게 하고, 進貢하는 포자는 그대로 驛站의 수레를 이용하여 운반하도록 하였다.[41]

또 『성종 224권 20년 1월 22일 신사』를 보면, 당시 아첨하는 자들이 權貴한 집에 노비와 전택을 뇌물로 주고서는 매매한 것이라고 하여 文記로 증명하여 관작을 얻으려는 자들이 있었다. 이에 獻納 朴三吉이, 朝士가 전택과 노비를 사는 것은 보았으나 放賣하는 자가 있다는 것은 듣지 못하였다고 하며, 이것의 시정을 청하였다. 그러나 새로운 立法으로 연결되지는 못하였다.

매매의 대상을 제한한 것으로는, 『세종 62권 15년 11월 22일 신축』을 보면, 세종조에 병조의 청에 따라 焰硝로 靑珠나 水晶 따위를 굽는 것을 금지하였으나, 공인이나 상인들이 금령을 어기고 사사로이 염초를 굽고 가만히 燔造하여 비밀리에 매매함으로써 폐해가 일어나자 사사로이 焰硝를

39) 北京에 가는 使臣 일행의 물자를 도맡아 보급하는 商人을 말한다.

40) 銀錢을 싸서 봉한 물건을 말한다.

41) 『경종 13권 3년 10월 23일 기사』: 「移咨燕京, 請罷欄頭, 許之, 先是, 我國使臣回還之時, 一行員役所市物貨, 隧便雇車遲速在我, 自己巳年間, 遼人胡嘉佩等, 請設欄頭, 獨專雇利, 每歲除額徵稅銀二千兩, 自此行留淹速, 唯意所欲, 動滯多月, 浪費盤纏裘褐愆期, 廢不貿遷, 或穿包竊貨, 許多侵剝, 逐年滋加, 人衆雜還, 且有潛相買賣之弊, 至是移咨禮部, 請加禁斷」.

구어 매매하는 것을 금지하였다. 그 이유는 화포를 제조하게 된 후부터 염초를 구울 흙을 거의 다 파내 버렸기 때문이다.

(2) 賣買費用의 負擔

賣買에 소요되는 費用을 누가 부담할 것인가에 대해서, 매매의 비용부담에 관한 일반적인 관습이 있었는지는 현재까지 알 수 없다. 다만 토지나 가옥의 매매의 경우 祝賀酒를 내는 관습이 있기는 하였다. 이것을 「성애」라고 하고 그 술안주를 「성애술」이라고 하였고, 그에 관한 비용은 매수인이 부담하는 것이 보통이었다. 특히 토지나 가옥의 매매는 居間 또는 家儈이라고 하는 중개인의 손을 거치는 경우가 많았는데 그 중개료인 口錢은 의뢰자의 부담으로 되어 결국은 당사자 쌍방으로부터 받는 것이 보통이다. 그리고 매매의 성립을 증명하는 데 필요한 비용은 매수인이 부담하고 상품의 위탁판매를 업으로 하는 객주의 구전은 위탁자가 부담한다. 그 밖에 지방에 따라서는 시장에서 미곡을 매매하는 경우 居買라고 하는 중개인이 있었는데, 그 경우 구전은 매수인이 부담하고, 농민이 米廛에 나가서 쌀을 매도하는 경우는 쌀을 되는 것을 업으로 하는 升看軍이라는 자가 있어서 구전으로 약간의 쌀을 주는 관습이 있었다.[42]

(3) 賣買의 手段 -貨幣의 使用-

우리나라의 화폐 사용은 중국에 비하여 훨씬 늦게 시작되었다. 古代에는 화폐의 통용이 활발하지 못하다가, 고려 성종 때에 乾元重寶라는 鐵錢이 사용되었고, 이후로 銀貨를 비롯하여 海東通寶·三韓通寶·東國通寶 등의 銅錢이 발행되었으며, 몽고 지배하에서는 碎銀·小銀瓶을 사용하기도 하였다. 그러다가 공양왕 2년(1390)에 楮貨라는 紙幣를 발행하였으나 사용되지는 못하였으며, 이것이 조선시대의 楮貨로 계승되었다.[43]

---

42) 朝鮮總督府, 『慣習調査報告書』, 221면.

楮貨는 고려의 것을 이어받아 태종 원년(1401)에 司贍署[44]를 두어 楮貨를 제조하게 하였다.[45] 그 후 세종·문종 때에도 계속 사용되었으나, 중기 이후는 거의 소멸되고 말았다.

楮貨의 사용에 따라 오승포의 사용이 금지되고 楮貨를 쓰도록 하고, 전라·경상 두 도에서 바치는 布도 모두 쌀로 바꾸도록 하였다. 이에 사헌부에서, 우리나라는 저화를 쓰지 않고 布貨를 써왔기 때문에 사람들이 저화를 싫어하니, 司贍署를 혁파할 것을 아뢰었으나, 태종은 듣지 않았고,[46] 마침내 이듬해 4월 사평부의 의견에 따라, 모든 저자 안에서 楮貨와 常布를 반반씩으로 하여 서로 매매하게 하되, 매도인이 저화를 받지 않거나 매수인이 저화를 가지고 다니지 않는 때는 매매한 물건을 모두 관에 몰수토록 하는 楮貨通行法을 시행하였다.[47]

『세종 18권 4년 10월 13일 정유』를 보면, 당시 매매할 때에 楮貨를 사용하지 않고, 쌀·벼 등으로 매매하게 되자 物價는 오르고 저화의 가치는 매우 떨어지게 되었다. 이에 다른 물건을 사용하는 자는 잡아다가 京市署의 문에 매달도록 하는 조치를 취하기도 하였다. 그러나 『세종 28권 7년 6월 17일 을묘』에서는, 「戶曹啓, 今降敎旨, 不用錢文, 潛以米布雜物私相買賣

43) 조선전기에는 朝鮮通寶(세종5년, 1423)·八方通報(세조 10년, 1464) 등이 만들어졌고, 후기에는 화폐가 광범하게 유통되어 常平通寶(인조 11년, 1633)·當百錢(고종 3년, 1866)·當五錢(고종 20년, 1883) 등의 화폐가 만들어졌다.

44) 세조 6년(1460)에 司贍寺로 개칭된다. 병자호란 때 폐지되었다가, 인조 때에 부활하고, 숙종 31년(1705)에 司贍色에 합쳤다.

45) 대개 저화 1장에 麻布 1匹, 쌀 1斗에 상당하였으나 점차 그 가치가 폭락하였다.

46) 『태종 2권 원년 10월 21일 병자』: 「司憲府上疏, 請罷司贍署, 不允, 疏略曰, 吾東方, 自古不用楮貨, 而習用布貨, 人人惡楮貨, 願停造楮貨之役, 罷司贍之官, 召大司憲李至, 掌令朴翶命曰, 卿等以利民之事上言, 予固悅之, 楮貨用之輕便, 予欲行之, 卿等以不可聞於上國言之, 然楮貨但行境內, 上國雖知, 何罪之有, 翶對曰, 臣等安敢以不利於民之事言之, 人民所重, 米布而已, 殿下欲行楮貨之法, 禁用五升布, 又慶尙全羅兩道所貢之布, 皆易以米, 民之弊, 莫大於此, 臣等不知以楮貨爲生財之門, 然後國家之財用, 足乎. 上曰, 卿等之言, 然矣, 雖然持之悠久, 楮貨之法行矣, 若楮貨之法行而有弊於民, 則予不待言而改之」.

47) 『태종 3권 2년 4월 6일 무오』: 「申楮貨通行之法. 司平府啓, 凡市裏, 楮貨常布爲半, 交幷貿賣, 買者不受楮貨, 賣者不持楮貨者, 貿賣之物, 竝皆沒官. 從之」.

者, 一皆禁止, 其斗升以下, 不在此限, 然市裏魚菜等常用雜物買賣者, 以升斗終日買賣, 積至成石由此不用錢文, 今後幷皆禁止, 命自來九月始禁」, 즉 저자에서 쌀이나 무명으로 매매하는 것을 금하되, 말이나 되 이하의 매매는 예외로 허용토록 하였다. 그러다가 곧바로 兼判戶曹 柳廷顯이, 말과 되가 모이면 섬(石)이 되는, 규정상의 허점을 지적하자, 9월부터는 모두 금지하도록 하였다.

그러나 『세종 29권 7년 8월 26일 임진』을 보면, 「上曰, 錢幣自初鑄時, 已聞百姓怨咨, 然國家重事, 故雖當是月, 亦不得止焉, 自九月初一日, 一禁斗升以下買賣之令, 予初以爲不可, 然以大臣所議姑從之, 今更商量, 勢不可行, 乃命左代言趙從生, 議諸大臣. 領議政李稷, 右議政柳觀, 贊成黃喜, 大提學卞季良, 禮曹參判金自知, 刑曹參判柳穎等啓曰, 朝夕不給者, 賣蒭蕘賴以生活, 不過斗升, 若行是令, 則臣等常恐貧之者, 不能自存, 今日, 上教, 允合好生之心, 卽下教旨, 停自九月初一日用斗升以下米穀雜物貿易禁止之令, 初兼判戶曹柳廷顯, 欲興用錢幣, 首建此議, 小民多怨, 教下, 國人皆喜」, 즉 錢幣는 처음 만들 때부터 백성들의 원망을 들었다. 그런데 국가의 중대한 일이므로 비록 가뭄이 들더라도 역시 중지할 수는 없었다고 하며, 맨 처음 9월 1일부터 말되(斗升) 이하의 賣買를 일절 禁止하는 令을 형편상 시행할 수 없다고 하고, 대신들에게 다시 의논토록 하였다. 이에 이직・황희 등은, 이 금지령을 시행할 경우 가난한 자가 自力으로 살아갈 수 없을 것을 염려하여 禁止令을 停止하자고 주장하였다. 세종은 이 의견을 좇아, 금지령의 시행을 정지한다는 教旨를 내렸다.

그 뒤 『세종 30권 7년 12월 11일 병자』에서, 「戶曹啓, 新鑄錢文, 頒布未廣, 若民間價重之物, 全用錢文, 則未易買賣, 請限錢文周足, 如家舍奴婢馬匹金銀珠玉等項價重物色買賣用錢十貫外, 餘價並許兼用雜物, 若以家換家, 以馬換馬等買賣, 餘價未滿十貫, 則並用錢文, 違者依律論罪. 從之」라고 하였는데, 그 내용인즉 그 해 12월에 戶曹에서, 새로 주조한 돈을 아직 널리 반포하지 않았는데, 만일 민간에서 값이 많은 물건을 모두 돈으로만 거래하라고 한다면, 매매하기가 쉽지 않을 것이니, 돈이 두루 넉넉하게 될 때까지를 기한으로 하여, 家屋・奴婢・馬匹・금은・주옥 등 고가의 물건의 매매에는 돈 10貫을 사용하고, 그 밖의 나머지 代價는 모두 雜物을 兼用하도록 許可하며, 만일 가옥으로 가옥을 바꾸고, 말로써 말을 바꾸는 것과 같은 매매에서, 웃돈(餘價)이 10貫 미만인 것은 모두 돈을 사용하게 할 것을 계청하였다. 세종은 그대로 따랐다.

『세종 31권 8년 2월 26일 경인』을 보면, 세종 8년 1월에 좌의정 이원 등이, 화재를 당한 사람의 경우 그 의복·식량과 목재·기와 등을 모두 錢으로 사들이기가 어려우니, 일반인들이 매매하는 것은 年限을 정하여 雜物을 겸용하도록 하고, 京市署에 명하여 물품으로 매매하는 자에 대하여 문제를 삼지 말도록 하기를 청하였고, 이조참판 成揜 등은, 이제부터 銅錢을 사용하지 않는 자는, 가산이 몰관되었거나 자신이 수군에 보충되었거나 왕명에 의하여 杖刑을 받은 자를 제외하고는, 다른 물품으로 매매한 때에는 동전으로 환산하여 3배를 추징할 것을 건의하였다. 이에 세종은 적당히 고려하여 실시토록 하였다.

『세종 50권 12년 10월 12일 기묘』를 보면, 戶曹에서, 화폐를 사용하는 것은 본래 백성을 유리하게 하려는 것인데, 乙巳年(세종 7년)의 受敎는 그 논죄함을 너무 과중하게 하여 생명을 해치고 파산까지 하게 되니, 지금부터는 말되(斗升) 이하의 食糧 이외에는 동전을 사용하지 않고 쌀과 布만을 사용하는 자는 京市署로 하여금 禁止하게 하기를 아뢰자, 그대로 따랐으며, 『세종 51권 13년 3월 14일 무인』에서는, 동전의 사용을 확대하기 위하여 軍資監의 묵은 쌀과 廣興倉의 묵은 보리를 동전을 납부하고 교환해 가도록 하였고, 『세종 63권 16년 2월 29일 정축』을 보면, 은 10分 1兩의 값을 正布 9필, 9품 1냥에 8필, 8품 1냥에 7필, 7품 1냥에 6필로 하였다가, 세종 16년에 이르러 이것이 과중하다는 호조의 의견에 따라 각각 2필씩을 감하였다. 그 뒤 『중종 22권 10년 6월 17일 임신』을 보면, 당시에 布貨와 楮貨를 통용하라는 大典의 규정에도 불구하고, 저화는 다만 月稅로만 수납하여 국고에 간직하고, 贖錢을 징수할 때나 매매하는 데에는 모두 쓰지 않고 綿布만 사용하였다. 이로 인하여 이득을 엿보는 무리가 생겨나 綿布의 織造가 점점 거칠고 나빠졌다. 이를 방지하기 위하여 楮貨에 관하여 의논토록 하였는데, 柳洵·鄭光弼 등은, 6월 17일 이후부터는 京外의 贖錢徵收나 매매하는 데에는 오로지 楮貨만을 사용하게 하고, 該曹로 하여금 楮貨로 麤布(惡布)의 값을 결정하여, 그 값을 백성에게 주고 사들여 관에 바치기를 兩界 防戍軍의 衲衣(軍服)과 같이 하여 편리한 대로 사용하고, 또 저화를 각도에 나누어 보내 惡布를 매수하게 하고, 백성의 麤布織造를 금지하도록 하였다. 한편 趙元紀・金安老 등은, 면포를 저화나 다른 화폐와 섞어서 사용하는 것은 현실적으로 어려우니, 贖錢을 징수하는 것과 매매하는 것은 오로지 저화만 사용하고, 면포를 사용하는 것은 일체 금지하는 것이 좋겠다고 하고, 그러나 당시의 저화의 가치가 너무 낮으므로 銅錢을 주조하여 저화보다 조금 귀하게 하여 저화와 함께 행용하는 것이 낫다는 의견이었다. 그런데 실록의 내용만으로는 볼 때, 이에 대한 중종의 명확한 대답은 분명하지 아니하다. 그 뒤 『인조 31권 13년 7월 14일 임술』을 보면, 「常平廳啓曰, 用錢乃天下萬古通行之法, 而本國二百年所無之事, 故人情不慣於耳目, 且從前國法, 不能見信於民, 如大同號牌等事, 旋設旋罷, 故雖有心知用錢之利者, 亦慮其終必不行, 疑信相半, 以此愚下之民, 不卽趨令, 麗朝所以告宗廟者, 實示民以信之義也, 今當堅定力行, 以示必可行之勢, 如有沮閣之浮議, 斷以亂法之律, 然後庶可行矣, 臣等敢以應行若干條, 開錄于左, 請布告中外. 上從之, 其條有六. 一曰, 凡物貨, 有根本之地然後, 易可通行, 市井人中, 聽其自願, 別設錢市. 二曰, 各司各衙門徵贖作紙之處, 當初必以錢文捧徵事, 啓下已久, 而絶不擧行, 民不信法, 必由於此, 自今更令箸實擧行. 三曰, 用錢必自市上徵物爲始, 若柴炭蔬菜等物, 必令以錢換貿, 五部平市等處, 箸實分付. 四曰, 都城及外方私設鋪子者, 聽其自願. 五曰, 國中日日貿易, 莫如牛馬, 都城牛隻換貿之價, 絶勿用他物, 專用錢文, 而如有私以他物論價者, 請自本廳, 時出禁令, 摘發冒法者, 徵贖錢文. 六曰, 自京城至八道直路各官, 必設鋪子, 以爲用錢之地, 而守令視之尋常, 不卽着實擧行, 使愚民不信國法, 事甚非矣, 此後無得玩愒, 着實擧行」, 즉 錢貨에 관한 법이 백성들로부터 믿음을 받지 못하게 되자 常平廳에서 錢貨의 通用을 위한 條目을 만들었는데, 이를 그대로 포고하였다. 그 내용은, 첫째, 무릇 物貨는 근본이 되는 곳이 있어야 쉽게 통행되는 것이니, 市井人 가운데 자원하는 자는 별도로 錢市[48]를 설치하는 것을 허가한다. 둘째, 各司와 각 아문 가운

데 贖錢을 받는 곳은 그 수수료를 맨 처음부터 반드시 돈으로 받도록 할 것을 啓下한 지 이미 오래되었으나, 전혀 거행하지 않고 있다. 백성들이 법을 믿지 않음이 반드시 여기에서 말미암은 것이니 이제부터는 다시 착실히 거행하도록 한다. 셋째, 돈의 사용은 반드시 저자의 자잘한 물건으로부터 시작해야 하므로 땔감이나 숯·야채 등의 물건을 반드시 돈으로 매매하도록 五部와 平市署에 착실히 분부한다. 넷째, 도성과 외방에 점포를 사사로이 내려는 자는 그 원에 따라 들어준다. 다섯째, 나라에서 매일 매매하는 것으로는 牛馬만한 것이 없으니 도성에서 소를 매매할 때 그 값은 절대로 다른 물건을 쓰지 말고 오로지 돈만을 쓰게 한다. 만일 사사로이 다른 물건으로 값을 따지는 자는 常平廳에서 때때로 禁令을 내어 적발하며, 법을 어기는 자는 돈으로 徵贖한다. 여섯째, 경성에서 팔도에 이르는 각 관아에서는 반드시 점포를 설치하여 돈을 사용할 곳으로 삼을 것 등이었다.

또 미곡과 布貨를 相換하는 법을 시험하게 하였는데, 『세종 109권 27년 8월 8일 기유』를 보면, 관에서 내는 곡식은 時價보다 1말을 더 주고, 바치는 곡식은 시가보다 1말을 감할 것을 호조에 명였고, 『세종 110권 27년 10월 11일 신해』에서는, 호조에서 錢幣를 계속 쓰기가 어려우니 楮貨를 쓰도록 고치자는 주장을 제기하였고, 그 뒤 『인조 14권 4년 8월 2일 신축』에서는, 돈 1文을 쌀 1되 값에 준하여 그 단위를 정하고, 10월에는 사사로이 鑄錢을 못하도록 거듭 금령을 내렸다. 다시 인조 11년에 쌀 1되가 너무 높다고 하여 쌀 반되 값에 준하도록 단위를 조절하자는 의논이 있었다. 이에 따라 戶曹에서, 이 의견을 따르되, 다만 朱錫으로 만든 돈만은 1문당 쌀 1되 값으로 하도록 하고, 公家에서 받아들여야 할 무명·쌀 등의 물품은 3, 4분의 1을 돈으로 계산하여 받게 하며, 三司에서 죄인에게서 거두는 贖錢과 각사의 作紙價를 우선 돈으로 바치게 하고, 모든 시중에서 사는 물건과 賞役에 내려주는 물품은 원래의 수요를 참작하여 돈으로 계산해 주자고 아뢰었다. 인조는 그대로 따랐다. 그러나 中國의 돈을 通用하자는 호조의 주장은 받아들이지 않았다.[49] 또 『숙종 22권 16년 12월 18일 갑술』을 보면, 당시 시중의 錢價가 매

48) 물건 값을 돈으로 받는 상점을 말한다.

49) 『인조 28권 11년 11월 4일 임진』: 「戶曹啓曰, 用錢事, 旣已設廳, 本曹堂上及郎廳三員,

우 낮아서 은 1냥에 錢 2냥 6전이었다. 이로 인하여 돈이 무용지물로 되는 것을 막기 위하여, 戶曹에서 받아들이는 民役은 돈으로 계산하여 받고, 賑廳에서 各司에 常例로 주는 綿布도 돈으로 계산하여 주도록 하였다.

그러다가 효종 7년 10월에 이르러 『효종 17권 7년 10월 3일 무인』을 보면, 돈의 通用을 혁파하려고 하였다. 이에 영돈녕부사 김육이 차자를 올려 계속 통용할 것을 청하였으나, 대부분의 신하는 혁파하자는 쪽이었으며, 효종 역시 이에 동조하였다. 그 뒤 다시 『숙종 7권 4년 1월 23일 을미』에서, 錢을 사용하는 일을 定奪하였는데, 錢貨의 사용은 조종조로부터 여러 차례 시행하고자 하였으나 이루지 못했던 일이었다. 숙종조에 이르러 許積 등이 시행하기를 청하자, 마침내 戶曹·常平廳 등에 명하여 常平通寶를 주조하여 錢 4백 文을 銀 1兩의 값으로 정하여 시중에 유통하게 하였다.

『숙종 8권 5년 9월 21일 계축』에서, 「憲府啓曰, 錢文之淆亂不行, 不專在二百文之定, 實由各司徵債, 錢取銀, 顯有彼此輕重之別故也民見公家取捨之如此, 遂慮有錢貨難行之弊, 持銀者不肯出賣, 以致銀日益貴, 錢日益賤, 終至於以銀一兩, 直錢四白而後已, 請凡干公債, 無分銀錢, 隨所納許捧事, 定式施行, 錢文之式, 旣以四白文改定矣, 未改定前公私債之以二白文出給者, 今若一切責徵以四白文, 則給債者收一倍之利, 負債者有倍寃之輸, 請新令前所給公私債, 一以當初所給之數, 徵捧. 上, 令廟堂稟處. 大臣啓言, 銀錢各有用處, 凡公私債, 本銀則捧銀, 殖利捧錢, 新令前所給, 依臺啓施行. 上從之」, 즉 司憲府에서, 모든 公債에 관계되는 것은 돈과 은의 구별없이 바치는 대로 받아들이도록 法式을 정하여 시행하도록 하고, 또한

常平郎廳二員, 各令句管, 分左右鑄錢, 而監鑄於常平廳, 嚴禁私鑄, 俾無奸濫之弊, 私鑄者, 依大明律處絞, 匠人罪同, 各衙門鑄錢者, 亦宜禁斷, 且臣等取見萬曆通寶及朝鮮通寶, 則萬曆通寶重一錢四分, 朝鮮通寶其體過小, 請依萬曆樣子, 鑄成朝鮮通寶, 易以八分書, 以別新舊, 而丙寅年事目則錢一文準米一升爲式, 今之議者多以爲, 其價太重, 一文準米半升爲式, 則價可平準云, 請以此爲式, 但錫錢則每一文準米一升, 而公家應捧木綿米穀等物, 或三四分之一, 以錢文計捧, 如田稅三手粮等物, 遠方之人, 似難以錢文卒然備納, 而若三司收贖各司作紙, 爲先以錢捧之, 凡市中給價之物及賜子賞役之物, 參諸元數, 以錢文分數計給, 但行錢患在於不得多鑄, 通用中原之錢, 則譯官輩, 必多貿來, 厥價與本國錢價同用爲當. 答曰依啓, 但中原錢文, 不可通用矣」.

새 법령 이전의 公·私債는 한결같이 맨 처음에 준 액수대로 받아들일 것을 아뢰었다. 숙종은 후자의 청만 윤허하고, 모든 公·私債 가운데 本銀은 은으로 받고 利殖은 돈으로 받도록 하였다. 그러나 시행 후 폐단이 생겨나자, 영조 3년에 혁파하였다.[50)]

화폐의 통용과 관련하여『숙종 32권 24년 6월 4일 무신』을 보면, 당시 왜인들이 六星銀을 通用하기를 청하자, 東萊府로 하여금 시험삼아 改鑄하도록 하고, 島主의 書契를 기다려 비로소 허락하도록 한 일이 있다. 영조 48년에 10여 만 냥을 鑄錢하였으며,[51)] 다시 순조 28년에 이르러 호조의 저축이 충분하지 못하자, 北關의 수령으로 하여금 甲山의 生銅을 무역해 보내게 하여 시기에 맞추어 鑄錢을 開設토록 하였다.[52)] 또한『순조 32권 32년 10월 10일 임자』에서는, 銀子와 銅錢을 섞어서 쓰는 것의 이해와 편부를 의논하였는데, 여러 대신들의 논의가 일치하지 않아서 마침내 중단되고 말았다.

화폐에 관한 법규정으로는『經國大典』[53)]에서「布貨와 楮貨를 通用한다」고 하고, 그 주에「모든 徵贖에는 오로지 楮貨를 사용하며, 價買에는 布貨와 저화를 반반씩 사용한다」고 하였으며, 또『續大典』[54)]에는,「國弊에는 동전을 사용한다」고 하였다.

---

50)『영조 14권 3년 11월 5일 정사』. 당시 錢 1兩에 대한 利子가 쌀 1-2斗에 해당하여 빈익빈 부익부 현상만 초래할 뿐이었다.

51)『영조 119권 48년 9월 17일 기유』:「上, 問張志恒曰, 鑄錢今幾何. 對曰已鑄十餘萬兩, 盡鑄則又爲百餘萬兩也. 上曰, 殖利幾何對曰, 似不過什二矣」.

52)『순조 30권 28년 9월 5일 임인』:「戶曹判書金鑞啓言, 畜儲不敷, 排用極艱, 將開鑄錢布, 而近者甲山生銅, 無遜倭品, 固當設店收稅, 而開店於無人絶峽之間, 驅入牟利無賴之輩, 弊固難言, 但令前潛採之銅, 多在於北關諸邑云, 請使北關守令, 從便貿送, 以爲趂期設鑄之地. 從之. 又啓言, 本曹每年公貿生銅二萬八千斤, 彼人稱以騰貴, 每患過期出送, 而每年九送使例給禮單蔘, 爲三十餘斤矣, 以蔘價, 比彼銅價, 則價折爲二萬餘兩, 臣意則貿銅, 使彼人, 勿爲出送單蔘, 自我國不爲例給, 以蔘換銅, 似甚便好, 而事係邊政, 請下詢大臣處之. 公轍曰, 生銅則公貿, 單蔘, 是贈給, 名色各異, 而蔘給每患相持, 銅出亦多愆期, 今若互換, 事極便利, 差送幹事任譯, 使之從近講定好矣. 左議政李相璜曰, 單蔘所入, 與公貿銅價相當, 且倭情日狡, 蔘每生梗, 銅不時出, 若有如是變通之道, 則事甚便順矣. 從之」.

53)『經國大典』戶典 國弊條:「國弊通用布·楮貨.(… 凡徵贖全用楮貨, 價買一半用之)」.

54)『續大典』戶典 國弊條:「國弊用銅錢」.

(4) 朝鮮朝의 物價[55)]

조선 초기의 노비의 경제적 가치에 대해서는, 『태조 14권 7년 6월 18일 임술』을 보면, 「刑曹都官上言, 凡奴婢價, 多不過五升布一百五十匹, 馬價則至四五百匹, 是重畜輕人, 於理不順, 願自今, 凡奴婢價, 勿論男女, 年十五以上四十以下者, 四百匹, 十四以下四十一以上者, 三百匹, 論定買賣, 永爲恒法, 其在逃役價則每一名, 日朔五升布三匹, 年月雖多, 不過其直. 上允之」, 즉 태조 때의 노비의 값은 최고 五升布[56)] 1백 50필에 지나지 않았고, 말값은 4, 5백 필에 이르러, 가축을 중히 여기고 사람을 경하게 여기는 꼴이 되었다. 이에 刑曹都官의 의견을 따라, 지금부터는 남녀를 물론하고 15세 이상에서 40세 이하인 자는 4백 필, 14세 이하와 41세 이상인 자는 3백 필로 하여 매매하도록 하고, 이를 일정한 법으로 삼았다. 그리고 현재 도망중에 있는 노비의 役價는 1명마다 1개월에 五升布 3필로 하고, 비록 年月이 많더라도 그 값을 넘지 않도록 하였다.

그 뒤 『세종 65권 16년 7월 22일 정유』에서는 「刑曹啓, 奴婢買賣者多而價錢之數不同, 其價錢依贖六典徵役價例施行. 從之」, 즉 노비를 매매하는 자가 많았는데 그 값이 일정하지가 않았기 때문에 그 값을 『續六典』의 徵役價의 예에 의하여 시행토록 하였다.

태종 때에 의정부에서 무역할 말의 값을 정하였는데, 大馬 上等價는 常五升布 5백 필, 중등가는 4백 50필, 하등가는 4백 필, 中馬 上等價는 3백 필, 중등가는 2백 50필, 하등가는 2백 필로 하였다. 그리고 명나라 말값의 段子 상품 1필은 상오승포 90필에, 중품 1필은 80필에, 하품 1필은 80필에, 官綃 1필은 상오승포 30필에, 중품 1필은 25필에, 綿布 1필은 20필에 준하였다.[57)]

---

55) 이 부분은 법률과 직접적인 관련은 없지만 당시의 매매행위를 고찰하는 데 있어서 필요하다고 생각되어 아래에 기술하게 되었다.

56) 中等品의 닷새 베를 말한다. 升은 삼베의 곱고 거친 정도를 표시하는 단위이다.

57) 『태종 2권 원년 10월 3일 무오』: 「議政府, 定易換馬價, 大馬上等價, 常五升布五百匹, 中等價四百五十匹, 下等價四百匹, 中馬上等價三百匹, 中等價二百五十匹, 下等價

세종 5년 의정부 受教에, 말값은 저화로 큰 말은 상등에 4백 50장, 중등은 4백 장, 하등은 3백 50장이고, 중마는 상등이 3백 장 등 모두 9등급의 말을 1등급에 50장씩 차등을 두어 가격을 정하였다. 그러나 전에는 銅錢 1貫이 저화 10장이었는데 지금은 30장에 해당하여 민간의 저화가 너무 천하여, 公私의 말가격을 예전처럼 하는 것은 옳지 못하다고 하였다. 이에 戶曹에서 청하기를, 4백 50장 하던 말은 1천 3백 50장, 4백 장 하던 말은 1천 2백 장으로 가격을 정하여 매매하도록 하였다.[58)]

『세종 110권 27년 12월 13일 임자』를 보면, 당시에 市准[59)]의 법이 있었으나, 雜物의 가격은 일일이 다 알 수가 없었다. 이에 세종 27년 12월 13일 이후부터는 모든 물건의 품등과 시가의 경중을 戶曹에서 富商・大賈를 모아서 서로 辨問에서, 영구히 定價를 정할 물건이거나 1년 또는 3개월에 市准할 물건을 구분하여, 布貨・가죽・철・柴木 등은 모두 값이 거의 일정하므로 布貨・錢・楮貨로써 값을 정하고, 다른 나라에서 생산되는 銅・鑞・丹木・白礬・藥材 등의 물건은 京市署에서 戶曹에 報告하여 때에 따라 값을 정하고, 값이 자주 변하는 菜蔬와 魚肉 등의 細碎한 食物은 前例에 의하여 京市署에서 市准하도록 하였다.

『세종 111권 28년 2월 8일 정미』를 보면, 세종 때에 義鹽 5斗를 쌀 1두에 준하여 화매하게 하였는데, 세종 28년 2월 8일 당시의 시가는 소금 2두가 쌀 1두에 상당하였다. 이에 每朔마다 시가의 예에 준하여 소금을 1두

二百匹, 朝廷馬價, 段子上品一匹, 惟常五升布九十匹, 中品八十匹, 下品七十匹, 官絹一匹, 惟常五升布三十匹, 中絹二十五匹, 緜布一匹惟二十匹, 且以諸般藥材, 幷給之, 上命判承樞府事趙英茂, 擇進獻馬匹, 上自諸君, 下至九品, 隨品出馬, 送大平館, 監生等, 書其毛色, 獸醫二人, 選馬四尺以上爲中馬, 三尺以下不納」.

58) 『세종 20권 5년 6월 21일 경오』: 「戶曹啓, 議政府受教內, 馬價楮貨大馬上等四百五十張, 中等四百張, 下等三百五十張, 中馬上等三百張, 九等之馬, 以五十張爲差定價, 然在前銅錢一貫, 曾准楮貨十張, 今則淮三十張, 民間楮貨甚賤, 公私馬價, 因舊未便, 請曾直四百五十張馬, 今加一千三百五十張, 曾直四百張馬, 今加一千二百張, 以此例定價買賣, 司僕寺不實馬放費, 亦依此例增價而賣, 其巫女業中稅, 奴婢身貢, 魚箭行狀稅等, 項, 一應楮貨之用, 亦依上加數施行, 從之」.

59) 市中의 標準價格을 말한다. 물가의 時價에 다라 그 높고 낮은 것을 平準하게 하여 民情을 편안하게 하고자 한 것이다.

더하여 화매할 것을 청하였으나, 세종은 듣지 않았다.

당시의 가옥의 가격에 관한 것으로는, 단종 즉위년 세종의 막내딸인 貞安翁主가 시집갈 때 단종이 사서 하사한 집은 綿布 6백 필이었다.[60] 성종 12년 당시 生芻(꼴) 여섯 束의 값이 쌀 4되였다. 이것은 당시에 풀이 귀하였기 때문이었다. 권세가의 종들이 어느 구역을 사사로이 차지하고는 자기 柴場이라 하여 다른 사람이 베어 가지 못하게 하였기 때문인데, 이러한 폐단은 세조 말년에 더욱 심하였는데, 특별히 명하여 금지시키고 또한 『經國大典』에 사사로이 柴草場을 차지하는 것을 명문으로 금하였었다. 이 때에 영사 洪應이 다시 엄하게 금할 것을 아뢰었다.[61] 또 『광해군 147권 11년 12월 13일 임술』에서는, 당시 正鐵 5백 근의 값이 熟石 1백 50개의 값과 같았는데, 그 값은 목면 1동에 해당하였다. 그리고 『정조 19권 9년 2월 1일 신사』를 보면, 原春道에서 인삼 1兩의 값이 錢 42兩이었다가, 최고 2백 兩까지 올라갔다.

物價의 조절에 관한 것으로는, 연산군 8년에는 시중의 장사꾼들이 물가를 마음대로 조작하는 일이 발생하자, 이를 논죄토록 한 일이 보인다.[62] 그 뒤 『순조 33권 33년 3월 10일 신사』를 보면 「備國啓言, 近來國綱解弛,

---

60) 『단종 4권 즉위년 12월 4일 임신』: 「議政府據戶曹呈啓, 貞安翁主將出閤, 請以綿布六百匹買宅以賜, 從之」.

61) 『성종 130권 12년 6월 19일 임술』: 「左副承旨李世佐啓 尹遇妻金氏與金鉉訟家舍事. 上曰, 鉉雖妾產而承重者也, 金氏旣得一家, 又欲奪有祠堂家, 操弄老祖母, 數鉉不孝之罪, 爲計甚奸, 其家舍, 給鉉可也. 又啓, 金崙與尹之峻爭玉梅家舍財產事. 上顧問左右. 吏曹判書韓致禮 · 同知事李克基 · 禮曹參議金自貞曰, 崙雖曰玉梅三歲前收養, 而不服其喪, 其家舍財產, 何可爭也. 戶曹參判李瓊仝曰, 玉梅初爲崙祖金攸妾, 攸死, 尹岑娶以爲妾, 岑死後, 玉梅成文券, 傳家財於崙, 今問玉梅一族及婢子, 則曰, 玉梅家產, 皆爲攸妾時所備, 故傳之崙耳, 臣意以爲, 給崙爲是. 左議政洪應曰, 金攸與尹岑, 素有交分, 相來往, 岑見玉梅居計富贍, 悅之, 乘攸死, 乃娶爲妾, 言之可醜, 玉梅旣改嫁, 雖與金義絶, 其家財乃攸之物, 宜給金崙」. 『經國大典』 兵典 草料條 참조.

62) 『연산군 44권 8년 5월 20일 신묘』: 「傳于司憲府曰, 市中商賈之徒, 謀欲專利, 私相結約, 人之所賣之物則雖價重, 從輕折之, 已之所賣之物則雖價賤, 從重折之, 一折價之後, 無復上下其直, 致令愚民, 減受其價, 至於愚民所賣之物, 公然奪取者或有之, 牛馬市肆人, 亦自符同, 互稱牙保, 任意折價, 使人不得措手, 利專於己, 害及于民, 至爲汎濫, 治罪節目, 磨鍊以啓」.

民習獰悍, 甚至日昨都市之變而極矣, 亂民就捕之類, 今方盤覈, 明正典刑, 而苟究其源, 卽由於米廛人之乘時財利, 以致衆怨沸騰, 一唱百隨, 其勢莫遏而然也, 見今商貿, 多聚於江上, 市直反踊於歲初, 日日刁蹬, 轉至幾萬家, 待此擧火者, 多有齊錢而未售, 則市人貿商, 互相和應, 暗地約束之跡, 不問可知, 今使亂民抵法, 而容貸此輩, 則將無以底定騷擾, 奠安窮乏, 請各米廛首頭人等, 令秋曺, 一併捉來, 査實後嚴刑島配, 京內江上都賈積置者, 又使京兆捕廳, 別加檢筋, 俾無得如前壅穀, 亦毋敢因端擾市, 雖以平市署言之, 常時苟能操束, 豈容廛民, 任意低昂乎, 請提調, 施以譴罷之典, 允之」라고 하여, 그 내용인즉 순조 33년 무렵 시장의 물가가 상인들에 의해 마음대로 조작되어, 특히 쌀은 돈을 가지고서도 살 수 없는 실정이었다. 이에 쌀가게의 우두머리들을 형조로 하여금 잡아다가 조사토록 하고, 京城과 江上에 있는 도매상 가운데 쌀을 쌓아 둔 자들도 捕廳으로 하여금 별도로 단속토록 하여 곡식의 유통을 원활하게 하도록 하였다.

(5) 貿易과 그에 대한 制限

조선시대에는 초기부터 중국을 비롯한 야인·왜인 등과 대외관계를 맺었기 때문에 그에 따라 경제적 교류도 함께 이루어졌다. 貿易은 대체로 국가나 관이 주도하는 형식이었고, 개인이 주도하는 私貿易에 대해서는 제한적인 정책을 취하였다. 이에 따라 국경 부근에서는 자연적으로 밀무역이 성행하게 되었다.

『세종 56권 14년 4월 12일 경자』를 보면, 당시에는 중국과의 무역이 금지되었는데, 그것은 조선 때문이 아니고 명에서 무역금령을 내렸기 때문이었다. 이로 인하여 원칙적으로는 매매를 하지 않았으나, 조선에서 나지 않는 藥은 부득이 무역하지 않을 수 없었기 때문에 예외적으로 허용하였다.[63]

貿易의 제한에 관한 것으로는, 『세종 59권 15년 1월 15일 기사』에서, 세종 15년 1월 15일 이후부터 국내의 銅錢을 倭商에게 파는 자는 盤詰奸

63) 『세종 58권 14년 10월 20일 을사』 참조.

細律[64]에 의하여 처참하였으며, 또 『세종 61권 15년 8월 21일 신축』에서는, 세종 15년 8월 21일 이후로는, 매매를 금지하는 물건 이외에는 私貿易을 금하지 말도록 하였다. 그리고 『세종 63권 16년 2월 29일 정축』에서는, 세종 16년 2월 29일 이후부터 金·銀의 私貿易을 금지하였다. 그런데 그 뒤에 『세종 64권 16년 6월 14일 기미』에서, 賣買禁止令으로 인하여 폐단이 일자, 의금부에서는 따로 금·은의 매매를 허용하는 입법을 건의하였다. 세종 역시 이에 동감하여 금지령을 개정하도록 하였다. 이에 최사강의 의견에 따라, 외국인과 더불어 몰래 매매하는 자는 엄중히 금하되, 본국인끼리 민간에서 사사로이 매매하는 것은 전례에 따라 금하지 말도록 함으로써 다소 완화되었다.

왜인과의 무역에 대해서는, 『세종 63권 16년 3월 20일 정유』를 보면, 「禮曹啓, 倭人鑞鐵, 禁其私買, 竝令公貿, 因此典賣各司, 思欲減價, 客人之意, 以謂價少, 不汲汲交易, 相持累朔, 支待有弊, 依已會受教, 肅拜五日後, 則勿論公私買賣, 從之」, 즉 왜인의 鑞鐵은 사적인 매입을 금지하고, 모두 공적인 무역만 하게 하자였는데, 이로 인하여 가격에 대한 합의가 이루어지지 않아 폐단이 있었다. 이에 세종 16년 肅拜[65]하고 5일이 지나면 公私를 막론하고 매매할 수 있도록 하였으며, 또 성종 25년에는 왜인들이 書契에 부쳐 온 물건은 公貿易으로 하고, 그 나머지는 私貿易으로 하도록 하고 사사로이 바치는 것을 받지 않는 것은 나라에 정한 법이 있으니, 이제부터는 바치지 말도록 하였다.[66]

그 뒤 『숙종 29권 21년 8월 3일 임진』에서는, 우의정 申翼相의 청에 따라, 使行하는 때에 尙衣院에서 물건을 무역하는 것을 정지하였으며, 또 『숙종 31권 23년 4월 13일 임술』에서는, 公貿易을 위하여 東萊의 公作米를 公貿하는 면포의 대가로 대마도에다 바꾸어 지급하도록 하였다. 또한 『숙종 32권 24년 6월 28일 임신』을 보면, 당시 중국에 사신을 보낼 때에 員役들이 가지고 가는 것은 八包의 規定[67]이 있었는데, 당시의 당상관은 3천 냥,

64) 간사한 소인을 자세히 캐물어 조사하는 율을 말한다.

65) 임금에게 공손하게 절하는 것을 말한다.

66) 『성종 288권 25년 3월 18일 정미』; 『성종 288권 25년 3월 29일 무오』 참조.

당하관은 2천 냥을 規例로 삼고, 商賈들은 엄중하게 금지하였다.

그리고 중국에 가는 譯官은 모두 包銀을 가지고 가게 하였는데, 당상관은 3천 냥, 당하관은 2천 냥을 가져가게 하였으며, 가난하여 가지고 갈 수 없는 경우에는 장사꾼의 은을 자기 몫의 포대에 채우고, 그 중의 10분의 1을 취하여 여비 및 교역의 밑천으로 삼게 하였다. 이것은 장사꾼들은 사사로이 가져가는 것이 금지되었기 때문이었다.

『정조 24권 11년 10월 10일 갑진』을 보면, 비변사에서 使行賚去事目을 바쳤는데, 그 중 하나가 公文外에 몰래 禁物[68]을 사는 자는 처벌한다는 것이었다. 이것은 『大典通編』과 『經國大典』에도 있는 내용이었으나 恒例로 무역하는 물건이 많았기 때문에 公文外 이하를 열거한 것이었다.

『정조 36권 16년 10월 6일 신미』를 보면, 영조 23년(1747년) 이전에는 청 나라 사람들이 왜인들과 매매하는 일이 없었기 때문에 왜인들이 중국의 물건을 사기 위해서는 반드시 東萊에서 구하여야 하였다. 이로 인하여 東萊府에는 다른 곳보다 은이 월등히 많아 조선에 유통되는 은은 대부분 倭銀이었고, 조선의 여러 鑛山에서 나는 은도 풍부하여 중국에 가서 교역해 오는 것을 허락하지 않았다. 그 뒤 『정조 36권 16년 10월 19일 갑신』에서는, 청 나라 사람들이 왜인들과 교역을 시작하면서 왜인들은 직접 長崎島로 가서 교역하고 다시 東萊로 오지 않았다. 이렇게 되자 조선에서는 마침내 강산에서 캐내는 은만을 사용하게 되었는데 산출량도 옛날보다 점점 줄어들었다. 이로부터 국내의 은이 크게 부족하여 장사꾼들이 모두 雜貨로써 은값을 계산하여 포대를 채웠는데 늘 기준에 미달하여 譯官들이 손해를 보게 되었다. 이 때 역관들 중에는 청 나라 돈을 사들여 조선에 유통시키기를 원하는 자도 있었다. 이에 정조는 그 편리 여부를 의논토록 하였으나 쉽게 결말이 나질 않다가, 마침내 譯院에서 돈 무역에 관한 節目을 올렸다. 평안도 관찰사 洪良浩가 그 불가함을 아뢰었으나, 일단 유통을 시험해 보고자 하는 것

---

67) 義州 商人으로 하여금 紅蔘을 가지고, 중국에 가는 사신을 따라가 무역하게 한 것을 말한다. 허가된 무역량은 1인당 紅蔘 80근이었다.

68) 매매가 금지된 물건은 闊細布・綵紋席・厚紙・豹皮・土表皮・海獺皮・水獺皮・金・鐵・牛馬・珠玉・寶石・焰硝軍器 등이었다.

이므로 그대로 진행하였다.

2. 賣買의 法的 性格과 方式

다음으로는 조선시대에 있어서 매매의 法的 性格이 무엇이며 또 어떠한 方式으로 매매가 성립되었는지를 고찰한다.

물건과 물건을 서로 바꾸는 매매에 있어서는 그 법적 성격이 교환과 비교하여 구별이 분명하지 않았다. 『세종 30권 7년 12월 11일 병자』를 보면 「戶曹啓 … 若以家換家, 以馬換馬等買賣, 餘價未滿十貫, 則並用錢文, 違者依律論罪. 從之」라고 하여, 집과 집, 말과 말 등과 같이 동일한 물건으로 서로 교역하는 것도 매매로 보았음을 알 수가 있다.

『세종 31권 8년 1월 9일 갑인』에서 「刑曹據漢城府所啓, 雜訟決絶可行條件, 與議政府諸曹同議, 啓 … 一. 商賈之徒, 自中貸借, 物色其證筆明白, 方許推考 … 從之」라고 하였는데, 이 기사의 내용으로 볼 때 조선시대에 있어서 매매는 매매 당사자의 合意를 비롯하여 매매대가의 교부, 매매목적물의 인도 등이 요구되는 要物契約이었다. 이러한 매매의 합의와 목적물의 인도는 반드시 文記라는 문서로써 계약서를 작성하여 이를 주고받음으로써 물건의 소유권이 이전되는 것이 당시의 거래 관습이었다. 또 매매를 할 때에 매도인은 당시까지 매매목적물인 토지에 대한 권리의 유래를 증명하는 그 동안의 모든 서류 즉, 이른바 舊文記[69]를 새로운 매매계약서와 함께 매수인에게 인도하여야 하였다. 이와 같은 文記는 토지의 매매에서뿐만 아니라 相續이나 遺贈, 증여 그리고 賃貸借를 하는 경우에도 필요로 하였다.

『세종 107권 27년 1월 11일 을유』는 「議政府據刑曹呈啓, 凡買賣田

---

69) 「이 舊文記는 그 權利의 由來가 眞正하며, 그 權利를 處分하는 자가 眞正한 權利者임을 證明하는 소위 權原證書라고 할 수 있다. 權利의 最初의 取得時는 新文記뿐이나 후의 取得 또는 移轉에는 반드시 舊文記를 具備해야 하며, 그 權利의 移轉이 많을수록 舊文記의 數가 增加하며 權利傳承의 由來를 證明할 수 있는 것이면 무엇이든지 모두 引渡하였다」(朴秉濠, 『韓國法制史攷』, 15면).

地, 不稅契不過割者, 依律文施行之法, 已曾受教, 然無定限不論久近, 一切沒官, 甚者勸令人吏訪問陳告, 沒爲屯田, 甚違守令委任字牧之義, 自今過三年不稅契不過割者, 方依律文施行, 所沒田地, 報監司以給貧民, 其已曾沒官田地, 亦考續典州縣屯田結卜之數, 如有過者, 竝皆刷出, 以給貧民. 從之」, 즉 세종 27년 1일 11일 이후부터는 모든 매매하는 토지로서 3년이 지나도록 租稅의 文書를 정리하지 않거나 문서에서 삭제하지 않은 것은, 일정한 기한이 없어서 오래된 것과 최근의 것을 불문하고, 일체 관에서 몰수하고, 몰수한 토지는 감사에게 보고하여 빈민에게 주며, 이미 그 전에 관에서 몰수한 토지도 또한 『續典』에 각 고을의 屯田 結卜의 數를 상고하여 만일 초과한 것이 있으면 찾아내어 빈민에게 주도록 하였다. 이 기사는 조선시대에 있어서 土地를 매매한 경우 문서상의 소유권자의 명의를 實名으로 변경하도록 국가에서 법적으로 강제하였음을 보여주는 것으로서 그 기간은 3년이었다.

토지나 가옥의 賣買文記의 形式은 먼저 매매일자와 매수인을 기록하고, 그 다음에 매매사유, 그 토지의 권리전승의 유래, 토지가옥의 소재처와 四標, 매매대금과 그 수취사실, 영구적 매도의 文言, 본문기의 허급여부와 그 이유, 擔保文言의 순서로 기재하고, 끝으로 매도인이 記名花押하고 證人 또는 立會人 및 筆執人이 기명화압하는 것이 원칙이었다. 이들 관계인의 自署는 계약성립의 진정성을 보증하는 것으로서 문서의 진위에 다툼이 있는 경우에는 진위판단의 기준으로 되었다.[70)]

3. 成文法規定과의 比較・檢討

매매에 관한 주요한 성문법규정으로는 다음과 같은 것들이 있다.

먼저, 『經國大典』 戶典 賣買限條에는 「田地家舍賣買, 限十五日勿改, 並於百日內, 告官受立案(奴婢同). 牛馬則限五日勿改」, 즉 「田地나 家屋의

70) 문기의 형식에 관하여 관하여 상세한 것은 朴秉濠, 『韓國法制史攷』, 17-20면 참조.

買賣는 15일이 지나면 변경하지 못하며, 모두 100일 내에 관에 보고하고 매매증명서인 立案을 받아야 한다. 노비도 이와 같다. 牛馬의 賣買는 5일이 지나면 변경하지 못한다」고 규정하였다. 이 규정에 의하면 전지나 가옥과 같은 부동산 매매의 경우 15일을 期限으로 하여 매매가 확정되며, 이 기한은 변경할 수 없고, 아울러 100일 이내에 관청에 보고한 후 賣買證明書인 立案을 받아야 한다. 이것은 노비를 매매하는 경우에 있어서도 마찬가지이다. 그리고 牛馬의 매매는 5일을 기한으로 하여 확정되고, 이 기간을 경과하면 매매를 변경할 수 없다.

또『大典後續錄』兵典 驛路條에서는「驛馬買賣, 以三朔爲限」, 즉「驛馬를 賣買한 것은 3개월을 기한으로 하고 이 기간이 지나면 변경하지 못한다」고 하였으며, 그리고 조선시대 최후의 법전인『大典會通』戶典 賣買限條에서는 노비의 매매에 관하여 상세하게 다루고 있다. 그 자세한 내용은 다음과 같다.

첫째, 노비의 매매 후 매매목적물인 노비가 도망한 경우 2周年을 기한으로 하고, 이 기한이 경과하면 반환을 청구할 수 없다. 그리고 전지와 가옥의 매매는 15일을 기한으로 하고 있다. 그러나 이 경우에도 30일이 경과하도록 소송당사자가 법정에 출석하지 않을 경우에는 비록 15일의 기한 내에 소장을 제출한 경우라 하더라도 소송당사자의 청구를 기각하게 된다. 그리고 전지나 가옥의 매매의 경우 소송비용인 作紙를 납부하면 관에서는 매매증명서를 작성하여 발급해 주게 된다. 둘째, 궁가의 전토를 구매하는 경우에는 대체로 관에서 빈집(虛家) 여부를 확인한 후 사실관계가 명백하게 되어야만 비로소 매매를 허가한다. 이 규정의 절차를 무시하고 임금에게 직접 啓聞하여 허가를 얻는 것은 허용하지 않는다. 이와 같은 경우에는 우선 內司에서 소관부서에 빠짐없이 보고하고, 또한 소관부서에서는 공문으로 작성하여 本道에 조회함으로써 사실관계를 조사하게 된다. 셋째, 소송중인 노비나 전토를 궁가에 자원하여 매각하고자 하는 경우 판결 전에는 매매계약을 체결할 수 없으며, 판결을 통하여 현재의 점유자가 진정한 점유자로 확정된 후에야 매매가 이루어질 수 있다. 넷째, 驛馬賣買의 기한은 3개월이다. 이 기한이 경과하면 반환을 청구할 수 없게 된다. 다섯째, 退賭地賣買의 기한은 10년이다. 만 10년이 되면 반환을 청구하고, 5년 이후인 경우에는 절반의 값으로 반환을 청구한다. 다만 가격의 전부를 돌려주는 경우라면 비록 1, 2년밖에 경과하지 않은 경우라 하더라도 반환을 청구할 수 있다. 이상의 규정 내용을 통해서 알 수 있는 것은 첫째, 전지와 가옥의 매매가 허용되었다는 것, 둘째, 전지, 가옥 및 노비의 매매는 관의 매매증명서인 立案을 받아야 했다는 것, 셋째, 動産에 관하여는 당시의 중요재산인 牛馬에 관해서만 규정하고 있다는 것이다.

4. 賣買의 限界와 制限

조선시대에는 田地는 일정한 경우에 그 매매가 제한을 받았다. 즉 조선 초기에는 전지를 매매하는 것을 원칙적으로 금지하였다. 이에 따라 전지를 放賣하는 자는 그 값을 모두 沒官하였다. 그러나 부득이한 경우에는 토지의 매매를 허용한 기록이 있다. 『세종 20권 5년 5월 27일 정미』에서 「… 吏曹正郎金孝貞陳言 … 官軍之用, 專在於馬, 各道節制使下界之初, 軍器馬匹整齊, 載於令甲, 各官守令, 督修軍器, 督備實馬, 富足之人則可矣, 生理貧寒者, 展盡家産, 至賣土田, 乃得實馬 …」라고 한 것과 그 뒤 『세종 23권 6년 3월 8일 갑신』에서는 「凡田地放賣人, 或因父母喪葬, 或人宿債收贖, 或因家貧不能自存者, 皆緣不得已之事而其價錢並皆沒官, 寃抑不少, 且京中造家其地菜田, 猶許放賣, 獨外方田地禁其買賣, 未便, 請毋禁買賣, 其不稅契不過割者, 依律施行, 命依律文施行, 其限年放賣田宅, 從明文決給」이라고 하여, 세종 6년에 경기감사의 계청에 의하여 그 동안 금지해 오던 토지의 매매를 허용하게 되었다. 세종 6년 3월까지만 하더라도 서울을 제외한 외방의 토지는 매매가 금지되었으며, 만일 이를 어기고 매매를 한 때에는 그 매매대금을 관에서 몰수토록 하였다. 그런데 토지를 매도하는 자들은 대개 부모의 장례비용을 마련하거나 밀린 채무의 변제 또는 가난으로 인하여 토지를 팔지 않고서는 도저히 살아갈 수 없는 경우와 같이 아주 부득이한 사람들이 대부분이었다. 드디어 조정에서는 이들을 위하여 대명률을 의용하여 稅契過割의 節次를 밟도록 하게 되었고, 이 조치에 의하여 토지의 매매를 일반적으로 허용하게 되었다.

소유권이 확실하지 않은 토지에 대해서는 매매를 제한하였는데, 숙종 14년에 백성들로 하여금 訴訟中인 토지는 宮家에 팔지 못하도록 하였으며,[71]『숙종 36권 28년 6월 21일 신미』에서는, 백성 중 간사한 무리들이 文券을 위조하여 타인의 전답을 차지하고자 하여, 한편으로는 사헌부에 소송을 제기하고, 다른 한편으로는 몰래 宮家에 팔아서 啓下公事[72]로써 差人[73]을 파견하여 決折(판결)을 기다리지 않고 곧바로 打量(測量)하는데도, 지방관원이 감히 이를 어기지 못해서 받들어 행하여, 가난한 백성이 속수무책으로 빼앗기고도 고소할 곳이 없었다. 처음에 여러 궁가로 하여금 값을 주어 전답을 사들이게 한 것은 백성을 위해 폐단을 없애고자 한 것이었는데, 또 다른 민폐가 생겨났던 것이다. 이에 사헌부의 계청에 따라, 6월 21일 이후부터는 宮家에서 사들인 전답은 반드시 內需司에서 낱낱이 該曹에 보고하고, 해조에서 本道에 公文을 보내어 虛實을 빙고하여 조사해서 그 명백함을 안 연후에 賣買를 許諾해서, 盜賣하는 폐단을 방지하고자 하였다. 또 서로 소송중인 노비를 먼저 방매하거나 전답을 자원하여 궁가에 들어가 방매한 경우에는 일체 代價를 지급하고 先買하는 것을 금지하고 現占有者로 하여금 訴訟事件이 判定된 뒤에 放賣할 수 있도록 하였다.[74]

또 下賜받은 가옥에 대해서는 일정한 조건을 부가하였는데,『영조 98권 37년 8월 4일 경오』에서「命度支, 給其價, 使贈崔領相贈洪贊成子孫世居, 勿令轉賣」라고 하여, 和敬淑嬪이 탄생한 옛집을 호조에 명하여 대금을 지불하도록 하고, 贈 崔領相·贈 洪贊成의 자손으로 하여금 대대로 살면서

71)『숙종 19권 14년 12월 3일 임인』:「金壽興曰, 職田之制, 因大臣陳達, 有問議稟行之命, 而諸議皆以爲, 猝難不行, 此法難行而折受革罷, 則不可無變通之道矣, 宜今該曺, 給價於宮家, 使之買庄, 最爲便好. 上曰, 給價之數, 當以幾何爲定耶. 壽興曰, 大君公主則四千兩, 王子翁主則三千兩爲定矣. 上復曰, 大君公主則給五千, 王子翁主則給三千可也, 仍命嚴立科條, 今民毋敢以相訟土地, 賣於宮家」.

72) 임금의 裁可를 받은 公事를 말한다.

73) 각 宮房에서 파견하는 사람을 말한다.

74)『新補受教輯錄』戶典 賣買限條 398항 (肅宗 23년의 王命).

轉賣하지 못하도록 제한하였으며, 또 『정조 10권 4년 7월 13일 기묘』를 보면, 정조조에는 敦洞의 공주 집은 영조가 친히 임한 장소라 하여 사사로이 買入할 수 없도록 하였다. 그런데 정조 4년에 李秉鼎이 이를 강제로 매입하였다가 탄핵을 받은 일도 있다.

또한 조선시대에 있어서는 일반적으로 公田에 해당하는 것에 대해서는 매매를 금지하였으며 특히 『성종 72권 7년 10월 1일 신미』를 보면 「諸驛馬位田, 納付立馬人耕食, 乃國家立法本意, 近來驛田私相轉買, 因此驛路彫弊, 甚不可, 請禁之, 在前轉買案付田, 並令還給立馬人 …」, 즉 驛馬位田은 驛吏나 立馬人이 갈아먹는 토지인데 이에 대한 暗賣가 성행하였다. 이와 같이 驛馬位田을 사사로이 매매한 자는 적발하여 논죄하고 驛田은 입마인에게 돌려주도록 하였다.[75] 또한 『續大典』 戶典 廩田條에서 「驛位田買賣者, 擅賣賭地者與受者, 並杖一百徒三年, 田地還屬該驛, 橫占馬位田者, 杖一百徒三年」이라고 규정함으로써 역마위전을 사사로이 매매하는 경우 그 처벌을 한층 더 강화함으로써 역위전의 매매를 더욱 엄금하였다.

그 밖에도 종중 또는 문중의 祭位畓은 영구방매한 토지라 하더라도 本價를 주고 환급·환매하도록 하거나 還退特約附 賣買를 한다는 취지를 명문으로 기록하도록 한 예가 많다. 이와 같이 祭位畓이기 때문에 영구방매할 수 없으므로 환퇴특약부 매매를 한다는 취지를 명기하거나 혹은 영구적 매매를 한 후에도 제위토임을 이유로 환퇴하려고 하여 분쟁을 일으켜 이것의 해결을 소구하여 환퇴하는 예가 허다하였다. 이와 같은 경우에도 처분하는 자가 단독적으로 하는 것이 아니라 宗中 내지 宗長, 宗孫 등의 허락을 얻어 처분했던 것이며 특히 영구적 매매를 하는 경우에는 協議와 承諾을 필요로 하는 관습이 확고하였다.[76]

또한 『세종 20권 5년 4월 21일 신미』에서는 「漢城府啓, 京中大小人員, 家基或交易或相換, 久未造家者, 聽人陳告折給…」라고 하여, 서울인 한성부 안에 있는 집터에 대해서도 예외적으로 그 처분을 허용하여 서로 매

75) 이것에 관련된 것으로는 『新補受教輯錄』 戶典 賣買限條 397항: 「馬位田沓私相買賣者, 以公田私相買賣之罪, 賣者買者照律定配, 察訪問定罪, 依大明律不應杖八十」.

76) 이것에 관하여 상세한 것은 朴秉濠, 『韓國法制史攷』, 31-33면 참조.

매나 교환을 할 수 있도록 하고, 또한 자기의 땅이라 하더라도 오래도록 집을 짓지 않은 때에는 다른 사람이 진고하면 절급을 허용하였는데, 그것은 새로운 수도 건설에 따라 주민들을 불러 모으기 위한 정책적 이유 때문이었던 것으로 보인다. 매매의 제한과 관련해서, 『大明律直解』 刑律 盜賊 略人略賣人條에는 만일 和同하여 서로 유혹하였거나 서로 良人을 팔아서 奴婢로 만든 자는 처벌하도록 규정하였다.

『세종 37권 9년 8월 28일 무자』에서는, 경상도 감사가 倭客의 銅鐵을 산 사람을 추문하여 아뢰었다. 이에 세종은, 銅鐵을 사사로이 사는 것에 대한 금령이 있는가를 물었다. 예조판서 申商이 아뢰기를, 銅錢을 주조한 뒤에는 國用이 되어 금령이 있다고 하였다. 그러나 세종은, 동철과 丹木은 짐이 무거우므로 서울로 운반할 수도 없으니, 장사꾼들이 和賣하는 것을 방해할 것이 없다고 하였고, 세종 14년에는 민간에서 쇠를 부어서 그릇을 만들거나 파는 경우 모두 몰관하고 重刑으로 다스렸다. 또한 민간에서 헐고 깨진 쇠로 만든 器皿도 아울러 관에 바치게 하되, 그들이 원하는 대로 값을 주고, 그 전에 있던 쇠그릇도 사사로이 매매하지 못하게 하였으며,[77] 동 25년에 焰硝(火藥)로 구슬을 구워 만들어 매매하는 것을 금지하였다. 그러나 이익은 많고 형벌은 가벼워 위반하는 자가 많았다. 다시 세종 29년 5월에 이르러 무엇이든지 焰硝로 구워 만든 물건을 사서 가진 자 및 구워 만든 자의 처벌을 한층 강화하였다.[78]

---

77) 『세종 58권 14년 11월 10일 을축』: 「刑曹啓, 前此燒錢鑄銅者, 依私鑄錢律論罪, 新造鑄鐵器皿者, 杖一百身充水軍, 然而無識之徒, 不畏法令, 以一時謨利之計, 潛燒錢寶鑄器,又新造鑄鐵器皿, 以無告擧者, 未能懲之, 今金春所告燒錢鑄器崔石伊劉乙夫, 竝置極刑, 春依例賞給然犯者相繼, 自今燒錢鑄器者, 依律論斷, 有能告者, 賞緜布一百匹, 自首者免罪, 雖同謀燒錢而反自捕告者亦免罪, 賞綿布一百匹, 京中管領色掌, 外方監考里正長, 知而不告者杖一百, 不用心捕告者以違令論, 新造鑄鐵器皿者依律治罪, 令京中管領外方監考里正長, 隨卽捕獲付官, 如有知情不告者, 杖一百, 不用心捕告者, 以違令論, 能自捕告者賞綿布五十匹, 同謀鑄成而自相捕告者免罪, 賞緜布五十匹, 自首者免罪, 私相買賣者以不應爲事理重論, 其所賣器皿沒官, 民間破毁鑄鐵器皿, 竝令納官, 從自願給價, 舊鑄鐵完器, 毋得私相買賣, 其或賣者, 亦令納官, 從自願給價, 違者依律治罪. 從之」.

78) 『세종 116권 29년 4월 8일 기해』: 「議政府據兵曹呈啓, 以焰焇燔造珠玉買賣者, 已於

또 모든 宮家·여러 各司 또는 軍門이 강제로 매수하거나(『新補受教輯錄』戶典 賣買限條 396항) 모든 上司 또는 모든 宮家가 先上[79]으로 강제로 매수하는 것을 금단하였다(『新補受教輯錄』戶典 賣買限條 394항).

또 숙종 17년에, 감사·수령이 백성의 토지를 억지로 사는 것을 엄히 금하고 定式으로 삼았으며,[80] 『숙종 50권 37년 3월 20일 기유』에서는, 무릇 宮家로서 田土를 買得할 경우에도 먼저 측량하는 것을 금지하여 반드시 내수사로부터 當該曹에 일일이 보고하고 本道에 공문으로 조회하여 허실들

正統八年受教痛禁, 然利重罰輕, 故似前燔造買賣, 軍國重物, 公然私用, 甚爲不可, 謹按大明律, 私有人馬甲方牌火筒火砲旗纛號帶之類, 應禁軍器者, 一件杖八十, 私造者加一等, 罪止杖一百流三千里, 今後一應焰焇燔造之物, 買得者雖至數件, 依私有軍器一件例, 杖八十, 私燔造者, 雖至一度, 依私造軍器者加等例, 杖一百流三千里, 以嚴禁約, 從之, 仍諭諸道監司, 以政府之啓, 申明焰焇之禁, 尙慮愚民未知此法, 干犯重典, 予甚憐焉, 其令州縣守令及里正長, 家諭戶曉, 無使犯法」.

倭人과의 銅鐵貿易에 관하여는『연산군 13권 2년 3월 27일 을사』:「尹弼商議, 野人地面, 本無鐵物, 野人爭欲買之, 故大典泛稱鐵物一切禁止, 然豆錫, 則非正鐵水鐵可造軍器之物, 其潛賣者, 坐以死罪, 似未安, 倭船修補板子鐵釘, 國家題給已久, 今不可卒變. 盧思愼議, 鐵物禁不得賣於外人, 以其作兵器也, 祖宗朝野人賜給鞍鐙, 皆用銅錫, 野人地面, 不產鐵故也, 倭國則以鐵物所產之地, 前此無禁大典之法, 恐專爲野人立也. 尹壕議, 白隱達倭人處所賣豆錫, 非正鐵水鐵之例, 處絞似重, 倭鍮鍋剪子之賣之罪, 論斷何如, 然倭人所給船上什物內, 鐵釘則權景禧所啓甚當愼承善議, 大典, 泛稱鐵物而銅錫則不言, 銅錫雖鐵物, 非如正鐵水鐵之例, 其坐罪, 當有輕重, 依僭賣禁物條, 杖一百, 徒三年爲便, 且倭人所求船板鐵釘等物雖多, 其來已久, 若以粧造敗船爲辭而請之, 則固拒爲難, 今遽以綿布米穀充給, 則必生怨, 姑從前例何如. 魚世謙議, 大典禁制條, 泛稱鐵物, 而其罪絞, 正鐵水鐵銅錫之類, 皆是鐵物, 然不論立法本意, 不論土產有無, 不論禁制當否, 皆置之死, 實爲未安, 刑曹啓稟宜矣, 野人地面, 不產正鐵, 祖宗朝賜給之物, 皆用銅錫於倭人則不然, 凡銅錫皆出於倭人, 今資其流而禁其源, 不亦顚乎, 以此言之, 賣豆錫於倭人之罪, 在所當恕, 且堅甲利兵, 無過於倭人, 奚賴於我國船板鐵釘, 而曲爲之慮, 廢舊例而起新嫌乎. 從尹壕議」. 그 밖에『연산군 32권 5년 1월 15일 을해』;『연산군 32권 5년 3월 10일 기사』참조.

79) 優先하여 賣買하는 것을 말한다.

80)『숙종 23권 17년 7월 16일 기해』:「上曰, 近來監司守令, 卜山於本道本邑, 而若其地師所贊, 則或抑買田宅, 或勒毁民舍, 或先受文卷, 遷延不買以爲漸取之計者有之, 或在官營窆, 仍置家舍, 以爲日後居息之所者有之, 監司旣自犯禁, 則守令益無忌憚, 聽聞所及, 豈不寒心, 謂自今嚴禁定式施行. 上是之」.

을 조사하고 그 명백한 것이 확인된 연후에 비로소 매매를 하도록 하여 奸民의 폐를 미연에 방지하고자 하였다.[81] 실제로 숙종 37년에 成平副守 李渾이 수백 명의 백성과 소송을 벌이던 田土를 王子宮에 매도함으로써 문제가 되자, 매매를 취소한 적이 있다.

그 밖에 『숙종 29권 21년 11월 10일 무진』에서는, 四山의 蟲損木을 發賣하였는데, 이로 말미암아 近畿의 가난한 백성으로서 땔나무를 팔아서 생계를 삼는 자들이 실업하게 되자, 명년 봄까지 발매를 정지하였으며, 또한 특정한 장소에서는 매매가 금지되기도 하였는데, 使臣館 등에서 하는 매매를 제한하였고, 『세종 27권 7년 2월 26일 병인』에서는, 사신관에서 매매할 때에 金·銀·皮物과 13升 이상의 苧麻布는 금지하였고, 그 나머지의 물건에 대해서는 매매를 허가하였다. 또 『중종 12권 5년 9월 24일 정축』에서도, 滿浦에서 野人들과 매매하는 것을 엄금하였다.

그리고 向化人의 家舍에 대해서도 매매를 제한하였는데, 『문종 7권 원년 4월 12일 경진』을 보면, 官給한 向化人의 집은 예조와 한성부에서 장부를 만들어 함부로 매매하지 못하게 하였는데, 이를 어길 경우에는 그 집을 몰수하였다.

5. 瑕疵 있는 賣買

자기의 것이 아닌 타인이 소유한 토지나 가옥을 매매한 경우에는 『大明律』 戶律 田宅 典賣田宅條에 의하여 처벌되고 또한 經國大典 戶典 田宅條의 규정에 의하여 도매자에게 대해서는 5년의 呈訴期限의 적용을 받지 않고 언제든지 소송을 제기하여 환수할 수 있었다.

영조 46년(1770년) 3월 17일 李起成前明文은, 동생이 형과 형수가 사망한 후에 그 장례비용을 마련하기 위하여 형의 토지를 방매하는 경우인데 자기 소유의 토지매매의 경우와 같이 田主 또는 畓主라고 하지 않고 「田主代弟金載文」이라고 표시하였으며, 또한 嘉慶 22년(순조 17년, 1817) 2월 10

81) 『新補受敎輯錄』 戶典 賣買限條 399항 (肅宗 27년의 王命).

일 廉甲宗前明文은, 어영군으로 있던 廉加里金이 사망했으므로 그가 반환할 軍裝服色을 備給하기 위하여 洞長과 里任이 염가리금이 소유하였던 토지를 매도하는 것인데, 역시 「放賣畓主 洞長金莻石 里任廉岳只」라고 표시하였다. 이 두 경우는 그것이 합법적인 계약으로서 인정되었다.[82)]

또 숙종조에 興陽 사람 李華에게 대대로 전해 오는 堰田이 있었는데, 出身 鄭光羽가 샀다고 하고 몰래 延礽君房에 팔았다. 이로 말미암아 해마다 잇따라 송사하여 항변하였다. 숙종 31년에 이르러 判尹 閔鎭厚가 양자의 문서를 조사한 후 율문에 따라 죄를 주고, 그 전토는 본주에게 돌려주기를 계청하였다. 그러나 중종은 명백하게 살펴서 품처하도록 함으로써 공평성을 잃고 말았다.[83)]

그리고 二重賣買와 관련하여서는, 매매를 할 때에는 그 토지가옥의 權利傳承의 유래를 증명하는 舊文記도 함께 인도하였으므로 이중매매는 법률상 불가능하였다. 그럼에도 불구하고 이중매매가 간혹 행해져서 소송까지 가는 경우가 있었는데, 이러한 경우는 대체로 舊文記의 분실·도난 또는 소실 등의 이유를 들어, 관에다 고한 후 다시 立案이나 立者를 成給받아 舊文記대신 사용한 경우이다. 『秋官志』 雜犯 賣買 重複放賣條에 「三陟陳世光, 放賣田畓之後, 稱以文書燒燼, 呈出立旨, 又爲移賣, 大典聽理條云, 非理起訟者, 杖一百流三千里」, 즉 삼척의 진세광이 전답을 방매한 뒤에 문서를 불태었다고 일컫고 呈訴하여 立旨를 받은 뒤에 또 다른 사람에게 팔았다는 사례가 있다.

당시의 의용법인 『大明律』 戶律 田宅 典賣田宅條에는 「○若將已典賣與人田宅, 朦朧重復典賣者, 以所得價錢, 計贓准竊盜論, 免刺, 追價還主, 田宅從原典買主爲業. … ○若重複典買之人及牙保知情者, 與犯人同罪, 追價入官, 不知者不坐」, 즉 「만일 이미 방매한 전택을 다른 곳에 중복으로 방매한 자는 그 소득의 價錢을 장물로 계산하여 절도에 준하여 논죄하되 자자형은 면제하고 가전을 추징하여 錢主에게 환급하며, 전택은 처음 매입한 자에게 돌려 준다. 만일 중복으로 매수한 자와 중매인이 중복매매라는

---

82) 이상은 朴秉濠, 『韓國法制史攷』, 22면 참조.

83) 『숙종 42권 31년 6월 22일 갑인 참조』.

것을 안 자는 범인과 더불어 죄가 같으며 가전은 추징하여 관에 몰수하되, 알지 못한 자는 처벌하지 아니한다」라고 규정하여 이중방매를 한 경우 가격에 비례해서 절도의 例에 따라 처벌하며 이중방매의 사실을 알고 매수한 惡意의 이중방매자와 동죄로 논하도록 하였다.

일단 매도한 이상 소유권은 매수인에게 귀속하므로 이중방매의 경우에 있어서의 매도인은 소유권이 없는 자이므로 결국 타인의 물건을 盜賣하는 경우에 해당된다고 보았다.

6. 賣渡人의 擔保責任

(1) 追奪擔保

조선시대에는 노비 역시 법률상으로는 권리의 객체로서 거래의 대상으로 취급되었기 때문에 거기에 어떠한 하자가 있는 경우 문제가 되었다.

『세종 11권 3년 3월 14일 병자』에서 「慶尙道觀察使啓前者兵曹奉宣旨, 分置倭人等, 若有雜亂出入, 不從國令者, 所在守令, 不待啓聞, 大懲鑑後, 若交易倭奴婢逃亡者, 未有定法, 何以區處, 宣旨, 如有逃亡者, 嚴鞫以啓」라고 한 것으로 볼 때, 세종 3년까지는 매매된 왜인의 노비로서 도망한 자에 대하여는 정해진 법이 없었으며, 다만 엄중히 신문하여 보고하도록 하였을 뿐임을 알 수가 있다.

숙종 7년(『受教輯錄』 戶典 賣買條 267항)에 「奴婢가 賣買된 후에 도망한 경우와 2년을 定限으로 하여 買得한 사람을 使喚으로 하였거나 신공을 받은 것이 만 2년으로 된 경우에는 還退를 허락하지 아니하며 본주도 侵奪하지 못한다」는 수교가 있다.

(2) 瑕疵擔保責任

매매의 목적물이나 권리 자체에 하자가 있거나, 매수인이 산 것을 훗날 제3자가 빼앗거나 권리를 주장하거나 그런 염려가 있을 것에 대비하여 매매계약 체결 때에 매도인이 꼭 해결하겠다고 확약하는 담보관행이 있었다.

『세종 31권 8년 1월 9일 갑인』에서 「刑曹據漢城府所啓, 雜訟決絶可行條件, 與議政府諸曹同議, 啓 … 一. 逃亡奴婢役價, 依匠人收稅例 楮貨一張, 准米一斗, 每米一斗, 准銅錢四十文, 一年役價, 徵銅錢一千四百四十文 給還本主 … 從之」라고 하여, 노비가 도망한 때에는 그 노비의 역가를 대신하여 장인의 예에 따라 일정한 재물을 그 本主에게서 거두도록 하였다. 이 기사의 내용으로 볼 때 당시에 노비의 本主는 자신의 노비에 대해서 일종의 담보책임을 부담하였던 것으로 보인다.

不動産의 賣買에 있어서 다른 사람의 土地를 盜賣한 것에 대해서는 명문의 규정이 있다. 즉 『大明律』 戶律 田宅 盜賣田宅條에는 「凡盜賣換易, 及冒認, 若虛錢實契典買, 及侵占他人田宅者, 田一畝・屋一間以下笞五十, 每田五畝・屋三間加一等, 罪止杖八十徒二年, 係官者各加二等. … ○若將互爭及他人田産妄作己業, 朦朧投獻官豪勢要之人, 與者受者, 各杖一百徒三年. ○田産及盜賣過田價, 幷遞年所得花利, 各還官給主. …」라고 규정하였고, 『經國大典』 刑典 私賤條에는 「凡買賣奴婢告官, 私和買賣者, 其奴婢及價物, 並沒官 … 若盜賣則價物徵於盜賣者. 田宅同」이라고 규정하였으며, 또 『經國大典』 戶典 田宅條에는 「凡訟田宅, 過五年則勿聽, 盜賣者・相訟未決者・父母田宅合執者・賃居永執者, 不限年」이라고 규정하였다. 이러한 규정들로 미루어 볼 때, 매수인이 자기의 소유가 아닌 다른 사람의 토지를 盜賣한 경우에 그 토지의 본주인은 매수인으로부터 반환을 청구할 수 있도록 하고, 盜賣한 매수인에 대해서는 언제든지 소유물반환청구소송을 제기할 수 있도록 하였다. 이것은 제소기한을 5년으로 규정하고 있는 『經國大典』 戶典 田宅條를 적용하지 않고 예외를 인정한 것이다.

7. 奴婢・家畜의 賣買

노비를 매매하는 방식은, 토지・가옥의 매매와 같은 형식으로 매매되었으며, 『經國大典』 刑典 私賤條에는 「凡買賣奴婢告官, 私和買賣者, 其奴婢及價物並沒官」, 즉 「모든 노비의 매매는 관에 신고하여야 한다. 사사로이 協議賣買한 자는 그 노비와 代價를 모두 관에 몰수」하도록 하였으며, 또한 『經國大典』 戶典 賣買限條에서 「田地家舍賣買, 限十五日勿改, 並於百日內, 告官受立案. (奴婢同). 牛馬則限五日勿改」, 즉 반드시 賣買契約書를 작성하도록 하였다. 매매 후 100일 안에 官廳에 고하여 立案을 받았고, 매매 후 15일이 지나면 契約을 解除할 수 없도록 하였다.

노비의 매매에 대해서 일정한 제한을 가하거나 조건을 붙이도록 하였는데, 숙종 7년의 수교(『受敎輯錄』 刑典 公賤條 870항)에서 「토착인으로서 使喚을 私買하는 것은 永禁하고 自贖을 하고자 하는 경우에는 각각 함경도의 예를 적용한다. 노비의 가격은 15세 이상이면 銀兩으로 값을 정하여 관에서 수납하고 장례원에 上送하여 본주에게 분급하는 문안을 작성하여 官文書로써 本島에 이송하여 牧使로 하여금 일일이 분급」토록 하였고, 또 숙종 9년의 수교(『受敎輯錄』 刑典 私賤條 892항)에 「함경도에 거주하는 사천은 일체 매매를 불허하고 潛賣買를 한 경우에는 그 文券을 소각하고 시행」하지 아니하였고, 숙종 12년의 수교(『受敎輯錄』 刑典 私賤條 893항)에서는, 「평안도 강변의 사천은 본주가 방매할 경우에는 노비에게는 許賣를 하되 타인에게는 매매하지 못하게 하고 함경도의 예에 따라 임의대로 축거하지 못하게」 하였다. 이와 관련하여 숙종 27년의 수교(『新補受敎輯錄』 刑典 私賤條 1293항)에는 「경외의 사대부가 北關에 들어가 만일 공선을 侵徵하거나 위법으로 私賤을 放賣하는 자」를 논죄하도록 하였으며, 영조조에 이르러서도 원년의 수교(『新補受敎輯錄』 刑典 私賤條 1295항)에 「北路의 私奴婢를 그 上典이 來推하지 못하고 또한 매매나 수공을 하지 못한 경우에는 대개 實邊의 뜻에서 나온 것이고 관에 呈訴하지 않고 사사로이 침학하는 경우」 논죄하였다.

가축의 매매와 관련하여, 야인과의 거래에 대해서는 『세종 10권 2년 11월 7일 기사』를 보면, 壬申年(태조 원년, 1392년) 사헌부의 受判에, 農牛를 韃靼이나 禾尺에게 매도하거나 매수한 자를 모두 소를 도살한 죄에 처한 일이 있고, 또 왜인과의 거래에 있어서는 『세종 46권 11년 12월 3일 을해』

를 보면, 당시 일본에는 사람은 많고 먹을 것이 적어서 노비를 팔거나 남의 子弟를 훔쳐다 파는 것이 허다하였다. 조선에서는 이를 금지하였기 때문에 沿邊에 와서 파는 자가 없어졌다. 이에 아뢰기를, 값에 따라 원수를 갚는 것은 고금의 공통된 事宜라고 하며, 왜인들이 그랬던 것처럼 우리도 왜인들을 사다가 賤役을 시켜야 하고, 이후부터 남자 10세, 여자 20세 이하는 모두 와서 팔도록 허용하고, 또 일본에 가는 자로 하여금 모두 사다가 영구히 노비로 삼아서, 원수를 갚자고 한 기록이 있다.

세종 12년에는 서울 안 五部 및 성 밑 10리 안에 物故된 소와 말을 검사하여 立案을 준 뒤에, 고기는 표를 붙이고, 가죽은 표를 붙이지 않는 까닭으로 마소를 절도하는 자가 많자, 이후부터 날가죽은 한성부에 들여서 漢字火印을 받게 하고, 熟正[84]하여 시장에 팔 적에도 역시 京市署에 고하면, 경시서에서는 그 표가 붙었는가를 조사한 뒤에 매매를 허가하고, 그 표는 거두어 불태워 없애되, 만일 표는 가죽을 사사로이 매매하는 자에게는, 서울 안에서는 管領[85] 및 五家의 장이, 성밑 10리 안에서는 勸農[86]과 坊의 別監 등이 바로 한성부에 보고하면, 한성부는 형조에 공문을 보내어 표가 없는 마소 고기를 매매하는 예에 의하여 논죄하고, 가죽은 몰관하도록 하였다.[87]

8. 小 結

조선시대의 매매에 있어서 그 상대방 또는 매매대상의 선택에 대해서 원칙적으로는 자유로운 결정권을 부여하였으나, 사회적·종교적·정치적인 이유로 여러 가지 모습의 제한이 함께 하였음을 보았다. 또한 당사자 사이의 대등하지 못한 계약인 때에는 정부가 직접 개입함으로써 불평등관계를

84) 다뤄서 만든 가죽을 말한다.

85) 漢城府의 五部에 속해 있던 各坊의 우두머리를 말한다.

86) 지방의 坊이나 面에 딸려서 농사를 장려하는 有司를 말한다.

87) 『세종 48권 12년 4월 4일 을해』 참조.

미연에 방지하고자 하는 적극적인 노력도 보았다. 물론 이러한 적극적인 대응이 백성 개인의 私的 權利를 보호하기 위한 것이라기보다는, 권리에 대한 다툼을 억제함으로써 백성에 대한 통치의 편의를 도모하기 위한 것이었음은 당시 시대의 법사상이나 입법태도를 통해서 알 수 있다.

조선왕조는 초기부터 매매의 수단으로서 화폐의 사용을 권장하기 위하여 많은 노력을 기울여 왔으나, 화폐를 통용하는 것이 아직까지는, 반드시 국민에게 이익이 되는 제도라고 하기에는 어려움이 있었던 까닭에 여러 차례 상반되는 입법이 반복되어 이루어질 수밖에 없었다. 이에 따라 물가수준 역시 일정하지가 못해서 이를 조절하기 위하여 市准과 같은 제도가 마련되기도 하였다. 참고로 조선 초기에는 건장한 노비 1명과 中馬 1필의 재산적 가치가 비슷하였던 것으로 보인다. 또 매매는 국내에서뿐만 아니라 국제적으로도 다양하게 이루어졌으며, 다만 여기에는 매매가 금지되는 물건들이 많았기 때문에 여러 가지 폐단을 낳기도 하였다. 그리고 조선 초기에는 尙衣院 등의 국가기관이 직접 무역의 당사자가 되기도 하였는데, 이 역시 폐단이 있게 되자, 숙종 21년에 무역을 정지하는 조치를 취하였다.

조선시대에 있어서도 청약과 승낙에 의해서 계약이 성립되었음은 지금과 크게 다를 것이 없었고, 다만 그 법적 성격에 있어서 교환과의 구별이 분명하지 않았다는 점은 있다. 그리고 매매의 유효한 성립을 보증하기 위하여 要物契約의 형태를 가졌음도 특기할 만하다.

또 조선 후기에 이르러 外上이 성행한 사실로 볼 때는 同時履行의 抗辯權이 제대로 역할을 담당하지 못한 듯하다. 그 밖에 매매에 있어서의 위험부담이나 비용과 관련하여 정해진 관습이 있었을 법하나, 왕조실록에서는 그에 대한 자세한 기록을 찾을 수 없었다.

매매에 관한 성문법규정의 내용을 보면,『經國大典』에서는, 매매의 요식행위성, 매매의 취소 및 해제기한에 관한 것들을 담고 있다. 즉 전지나 가옥, 노비 및 牛馬 등의 매매에 있어서는 100일 이내에 관에 보고하여 매매의 증명서인 立案을 받도록 하고 있으며, 매매가 일단 성립하면 부동산은 15일, 중요한 동산인 우마는 5일이 지나면 취소할 수 없도록 규정하고 있다. 다만『大典續錄』에서는 驛馬인 경우에 그 특수성을 고려하여 취소기한을 3개월로 한 것이 특이하고, 끝으로 조선시대 최후의 법전이라 할 수 있는 『大典會通』에서는 이들 외에도 이른바 退賭地賣買에 대해서 자세하게 규정하고 있다. 이들 중요 재산을 제외한 나머지 일반 동산에 관한 것은 자세히 알 수 없다.

토지의 처분과 관련하여 조선 초기에는 한때 상속 이외의 처분이 원칙적으로 금지되다가, 세종 3년에 이르러 『大明律』의 稅契過割의 절차에 따르게 함으로써 비로소 토지의 매매가 허용되게 되었다. 이 사실로 볼 때 조선시대에 있어서 토지에 대한 소유권이 비록 개인에게 인정되기는 하였지만, 그것이 오늘날과 같이 완전하고 강력한 것이 못되었음을 알 수 있다. 즉 個人所有權의 인정이라는 것을 바탕으로 삼고서 여러 가지 사유로 제한이 가해졌음을 보았다. 그렇다고 개인의 소유권이 그렇게 약한 것도 또한 아니었다. 즉 타인소유의 부동산을 몰래 제3자에게 매도하거나 아니면 일단 매매한 것을 다시 이중으로 매매한 경우에는 처벌할 것임을 명문으로 규정한 것으로 볼 때 對私人的으로는 거의 절대적이었음을 알 수 있다.

제3절 기타 계약

여기에서는 대차관계로서 賃貸借·使用貸借 및 消費貸借, 그리고 贈與, 雇傭 및 交換 등에 관하여 고찰한다.

1. 貸借關係

물건을 빌려 주는 貸借關係는 크게 임대차·소비대차 및 사용대차로 나누어 고찰하는 것이 보통이다. 그런데 조선시대에 있어서는 이러한 개념에 대해서 명확하게 구분하지 않았기 때문에 하나의 賃借關係에는 이러한 요소들이 복합적으로 섞여 있었던 것으로 추측된다. 특히 임대차와 사용대차의 구분이 그러한데, 어쨌든 이 책에서는 앞의 세 부분으로 나누어 고찰한다.

(1) 賃 貸 借

土地의 賃貸借와 관련하여 조선 후기의 기록을 보면 小作關係가 매우 성행하였던 듯하나, 그에 대한 구체적인 법률관계는 자세하게 나타나지 않는 것으로 보아 당시의 관습에 의하였던 것으로 보인다. 이처럼 왕조실록에 토지나 가옥의 임대차에 관한 기록이 적은 것은 아마도 소작관계가 개인과 개인 사이에서 사적으로 이루어졌기 때문인 탓도 있으나, 전국의 각 지방마다 관행이 조금씩 달랐기 때문에 일률적으로 입법화하여 규율할 수 없었기 때문인 것으로 생각된다.

조선시대에는 외국인에게도 토지를 빌려주어 경작토록 하였으며,[88] 草價라고 하여, 穀草인 짚을 경작인이 전부 차지하고, 그 대신에 경작인은 田主에게 代價를 주는 제도가 있었다.[89]

그리고 『大典通編』에서는, 空垈地나 圃田을 물론하고 백성에게 가옥의 건축을 허가한 때에, 본래의 田主가 이를 훼방하는 경우에는 制書有違律로써 논죄하도록 하고, 양반이 이로 인하여 백성의 田地를 占奪할 것을 도모하여 貨賂를 討索하며 賃借料를 지불하지 않은 자는 侵占田宅律로써 논죄하도록 하였다.

또한 조선조에는 일반 가옥의 임대차가 성행하였던 것으로 보인다. 『성종 183권 16년 9월 24일 임신』의 監察 李順命의 사례를 보면, 일반 관리들도 세들어 사는 경우가 있었으며, 『광해군 113권 9년 3월 9일 갑술』에서는, 군사상 필요한 경우 人家의 주인은 군사들에게 집을 빌려 주어야 했던 것으로 여겨진다.

또 『영조 1권 즉위년 9월 24일 갑자』를 보면, 숙종조에 사대부로서 백

88) 『성종 287권 25년 2월 26일 을유』 참조.

89) 『영조 35권 9년 8월 6일 갑인』 참조.

성의 집을 임대하였다가 오래도록 돌려주지 않는 것을 엄금하도록 하고, 한성부로 하여금 이러한 사례를 적발하여 아뢰도록 하였다. 영조 즉위년 9월에 이르러 한성부에서 그러한 일이 없다고 아뢰자, 영조는 미더워 하지 못하고 京兆의 郞官으로 하여금 摘奸토록 하였으며,[90] 정조 역시 즉위년에 여염집을 빌리는 금령을 거듭 밝혔다.[91]

토지나 가옥 등의 부동산을 제외한 일반적인 물건에 대한 임차관계는 임대차인지 사용대차인지 명확하게 파악되지는 않지만, 서술의 편의상 여기서 다룬다.

『세종 63권 16년 1월 12일 경인』의 기록에는 조선 사람과 婆猪江의 野人들이 서로 왕래하면서 물건을 貸與했다는 기록이 있다. 그리고 노비 역시 물건으로서 취급되었기 때문에 서로 빌려 주기도 하였음은 물론이다. 『세종 68권 17년 6월 5일 을사』를 보면, 당시에 公州에 公賤 12口를 빌려주었는데, 이것으로 보아 국가기관 사이에서도 대차관계가 이루어졌음을 알 수 있다. 또 세종 21년에 彦陽縣監 金仲宗이 知蔚山郡事 崔澄의 요청에 따라 관청의 쌀과 콩을 사사로이 빌려 준 것이 발각되자, 율에 의하여 처벌하고 그 죄를 贖[92]바치게 하였다.[93]

한편 『大明律』[94]에는, 무릇 자기가 맡아서 감독하거나 지키는 官의 車船·店屋·연자매 등을 사사로이 빌려 쓰거나 타인에게 轉貸하여 준 자와 이를 빌린 자는 처벌하고, 그 빌린 日數를 계산하여 雇賃錢을 추징하도록 규정하였다. 그런데 『성종 284권 24년 11월 3일 갑오』에서는, 朴元宗 등이

90) 『영조 1권 즉위년 9월 24일 갑자』: 「申禁士大夫橫占民舍, 先是, 士大夫, 或以輕價, 勒買民舍, 或僦入民舍, 久不還之, 肅宗, 稔知其弊, 痛加禁遏, 令漢城府, 以時啓其奪閭家與否, 至是漢城府啓言, 無有也. 上, 判曰, 實無則可, 不然深邃九重, 何知都民之抑鬱乎」.

91) 『정조 2권 즉위년 8월 24일 계해』: 「申明閭家借奪之禁, 飭籍法」.

92) 죄를 용서받는 대가로 돈이나 물품을 바치는 것을 말한다.

93) 『세종 86권 21년 9월 16일 신유』. 이와 유사한 사례로는 『영조 4권 원년 3월 12일 경술』 참조.

94) 『大明律』 戶律 私借官車船條: 「凡監任主守, 將係官車船·店舍·碾磨之類, 私自借用, 或轉借與人及借之者, 各笞五十, 驗日追雇賃錢入官, 若計雇賃錢重者, 各坐贓論加一等」.

船隻을 借用한 일과 관련하여 이 규정의 해석에 관한 논의가 있었다. 그 결과 우선 본래 조율한 대로 시행하고, 赴京하는 편에 부쳐 보내 질문하기로 하였다.

또한 『연산군 51권 9년 10월 25일 무오』를 보면, 임금이 사냥할 때 군사들이 탄 말이 모두 여위고 약한 것을 보고 정승들에게 軍馬를 정예하게 훈련시키는 절목을 마련토록 하였는데, 尹弼商 등이 아뢰기를, 군사들이 말을 먹이기가 어렵자 점고받은 뒤에는 곧 본가로 돌려보내고, 扈從하는 때에는 반드시 모두 세내거나 빌렸는데, 앞으로는 빌려 타는 자는 制書有違律로 처벌하고, 빌려준 자도 같은 죄로 하고, 말은 沒官하도록 하며, 番든 군사로서 남의 집에 붙어 있으면서 말을 직접 기르지 않고 빌려 타는 자는 그 주인도 중죄로 처벌하자고 하였다.

그리고 숙종 30년에 漕軍制度를 개정하였는데, 靈光 등의 창고에 소속된 조군 가운데 山郡에 사는 사람은 배를 탈 수가 없어서 값을 지급하고 사람을 사서 대신 세웠다. 그런데 各倉이 千戶가 그 이익을 독점하기 위해 싼 값으로 사람을 사서는 그 나머지를 착복하였고, 또한 세곡이 많아 다 실을 수 없는 때에는 漕軍을 시켜 배를 임대하기도 하였으며, 稅穀이 축나면 집에 있는 조군에게 月利로 징수하는 폐단이 있었다.[95] 이에 따라 新法을 만들어 숙종 31년부터 시행토록 하였다.

(2) 使用貸借

『세종 43권 11년 2월 16일 임진』에서는, 講武할 때의 禁令條件에 대해서, 尙衣院·司僕寺·司饔院·忠扈衛 등에서 필요한 雜物은 일반인으로부터 빌려쓰고, 사용이 끝나면 모두 그 物主에게 지체없이 돌려주도록 하였으며, 『세종 63권 16년 1월 24일 임인』을 보면, 각 섬에 들여보내 방목하고 있는 소를 백성들의 자원에 따라 나누어 주고, 만 3년에 송아지 1마리씩을 거두고, 그 나머지는 백성들로 하여금 임의로 사용토록 하였다. 또한 그

95) 『숙종 39권 30년 1월 17일 정사』. 이 때에 결국 千戶는 혁파되고, 3천 4백 8명의 元漕軍이 漕役에서 면제되었다.

동안 故失한 것이 있더라도 징수하지 않도록 하였다. 이들 기사로 보아, 국가기관과 개인 사이에서도 일반 물건에 대한 대차관계가 이루어졌음을 짐작할 수 있다.

조선시대에 행해진 사용대차는 有償貸借가 원칙이었던 것으로 보인다.『영조 40권 11년 12월 1일 병인』을 보면, 즉 영조 11년의 기록을 보면 당시에 馬契라는 것이 있었다. 한강 주변의 坊民은 말이 있었기 때문에 公家에서 물건을 수송하는 때에는 役에 응해야 했다. 그러나 방민이 점차 줄어들자 이를 변통하기 위하여 만든 것이 바로 馬契였다. 방민은 매년 1戶에서 3백 錢을 내고, 戶曹에서는 한 바리(馱)의 쌀에 각각 6升을 지급하여 말을 빌리는 값을 보상하던 것이다. 그런데 그 뒤에 馱價를 즉시 지급하지 않았기 때문에 폐단이 일었다. 이에 한성부에서, 丙辰年(영조 12년, 1736)부터는 1년에 운송하는 바리를 1만 필로 정하고, 봄철과 가을철로 나누어서 쌀을 지급하되, 한결같이 兩西 지방에서 공물을 운송하는 예대로 한다면, 호조로서는 값을 지급하는 수량이 처음부터 손해되는 바가 없을 것이고, 貢人으로서는 말을 세우는 방도를 계속 보전할 수가 있을 것이라고 하자, 윤허하였다.

정조조에 사신 일행이 건량을 실어가기 위하여 말을 세내었는데, 사신 행차가 있을 때마다 義州府에 사람과 말을 마련하도록 요구하였다. 말 1마리의 값은 22냥이고, 왕복에 소요되는 여비 역시 의주부에서 내어주는데 말 1마리와 사람 1명에 소요되는 돈은 12냥 6전이었다. 그런데 말을 모는 자들이 모두 거주가 일정하지 않은 무리들이어서 여러 가지 폐단을 낳게 되었다. 이에『정조 30권 14년 4월 17일 정묘』에서, 修撰 成種仁이 상소하여, 말값으로 주는 돈과 여비로 지급하는 은자를 가지고 사신의 나라에서 쓰게 되면 수레를 빌리는 값은 충분히 감당해낼 수 있다고 하자, 정조는 이 문제를 의정부로 하여금 稟處토록 하였다.

『현종 8권 5년 6월 13일 갑진』을 보면, 당시에 兩西 지방에서는 管餉鋪子(역말)에 대해서 그 폐단이 심하였는데, 關西 지방은 설립한 지가 오래되었고, 海西 지방은 겨우 10년이 되었다. 그런데 강제로 貨物을 지급하고서 몇 년 동안 이자를 늘린 뒤에야 독촉하여 징수하자, 채무자들이 도망하거나 죽으면 그의 족속과 이웃 마을에까지 침탈하는 폐단이 있었다. 이에 우의정 홍명하가 혁파할 것을 아뢰었다. 대신들에게 의논토록 한 결과, 許積 등이 혁파에 찬성하자 그대로 따랐다.

(3) 消費貸借

1) 利子와 그에 대한 制限

利子의 制限에 대해서는, 『세종 55권 14년 3월 19일 무진』을 보면, 당시 公私의 貸借에 관한 月利는 율문의 규정에 의거하여 年 10푼(分)을 최고의 率로 정하고, 매월의 利子는 3푼을 초과할 수 없으며, 기간이 비록 오래 되었더라도 一本一利[96]만 받도록 하였다. 그러나 만일 月利로 利殖을 취하는 법을 금단한다면, 가난한 백성은 빌려 쓸 곳이 없게 되므로 폐지시키지는 않고, 다만 한성부에 내린 受敎에 「1백일이면 배로 결정한다」는 규정은 과중하다고 하여, 이후부터는 月利를 年 10푼으로 정하고 매월 1푼을 받도록 하였다. 또한 公處의 貸與에 대한 月利도 폐지할 수 없다고 하여, 그렇다고 私債의 예를 좇는 것도 옳지 않으니, 백푼을 최고율로 정하고 매월 2푼의 이자를 받도록 하였으며, 公私의 月利借貸는 경과 연월이 비록 많더라도 一本一利만 받도록 하였다.

『經國大典』 刑典에는 「濫收私債者, 杖八十. 十分爲率, 每月取一分(如十升取一升之類), 每年五分(如十升取五升之類), 年月雖多, 不過一倍」, 즉 「私債를 지나치게 많이 징수하는 자는 장 80의 형에 처한다. 十分을 率로 하여 매월 변리 1푼을 받고 매년 변리 5푼을 받는다. 年月日이 비록 오래되더라도 原本의 1배를 넘지 못」하도록 하였으며, 『大明律』 戶律 錢債 違禁取利條에는 「무릇 사채를 방출하거나 典當잡은 재물은 매월 이자를 3푼을 넘지 못한다. 年月이 비록 오래 되더라도 一本一利를 넘지 못한다. 위반한 자는 笞 40의 형에 처하고 위법하게 징수한 邊利는 장물로 계산하여 범한 바가 중한 자는 坐贓罪로 논죄하되 장 일백에 그치고 모두 過徵한 이자를 도로 추징하여 채무자에게 돌려준다. 그러나 사채를 짊어진 자가 약속을 어

---

96) 元金과 單利. 즉 아무리 세월이 오래 되어도 원금은 그대로 원금이고, 이자는 원금의 액수를 초과하지 못하는 것을 말한다.

기고 반환하지 아니한 자는 그 액수에 따라 차등 있게 처벌하고, 모두 元金과 利邊을 추징하여 채권자에게 준다. 만일 세력 있는 사람이 관에 제소하지 아니하고 私債로 남의 가축이나 가산을 강제로 빼앗아간 자, 만일 평가하여 보아서 본전과 이자를 초과하는 것은 초과한 액을 계산하여 각각 논죄하고 그 액수대로 추징하여 채무자에게 돌려주도록」 규정하였다.

숙종 10년의 수교(『受敎輯錄』 戶典 徵債條 258항)에는 「子母停息法[97]은 다만 채권을 取尋하는 자에게 한하여 적용하는 것이며 監官이거나 別將 무리로서 公債를 徵捧하거나 수여할 경우에는 이 법을 적용하지 아니」하였다.

또 이자를 계산하는 기간에 대해서는, 숙종 13년의 수교(『新補受敎輯錄』 戶典 徵債條 400항)에서는 「徵債의 利子는 다만 3년을 한도」[98]로 하도록 하였다. 그리고 利子의 징수와 관련하여 숙종 9년의 수교(『受敎輯錄』 戶典 徵債條 257항)에서, 公債 또는 私債를 取尋하는 경우 3년 이상의 邊利를 계산하여 徵捧하지 못하도록 하고, 숙종 10년의 수교(『受敎輯錄』 戶典 徵債條 258항)에서는, 이른바 子母停息法을 채권을 取尋하는 자에게만 적용하도록 제한하였으며, 監官이거나 別將 무리로서 公債를 徵捧하거나 수여할 경우에는 이 법을 적용하지 않도록 하였다. 그 뒤 숙종 41년의 수교(『新補受敎輯錄』 戶典 徵債條 401항)에서 다시 「여러 해 동안 채무가 이행되지 않았더라도 3년 동안의 이자를 제외하고는 이자를 濫徵하지 못한다. 10냥의 債務額에 대해서는 1년 동안의 이자는 2냥 또는 10두의 곡물에 대한 1년 동안의 이자는 2斗씩으로 하되 3년을 한도로 계산하여 징급」하였으며, 또 숙종 43년의 수교(『新補受敎輯錄』 戶典 徵債條 402항)에서는 「米・布・銀 또는 錢을 불문하고 서울이나 지방의 각 아문에 있어서는 일체 還上의 例에 좇아 1할 生殖으로 한다. 민간에 있어서는 미곡이면 년 5할 式을 적용하고, 銀・錢・布이면 연 2할 생식으로 한다. 만약 이를 위반하고 規定率을 초과하여 받는 경우에는 장 1백의 律로써 시행」토록 하였다.

이자의 제한과 관련하여, 숙종 43년(『新補受敎輯錄』 戶典 徵債條 405항)

---

97) 金錢貸借에 있어서 元金을 母라고 하고, 利息을 子라고 하던 것이다. 子母停息法은 일정한 年限을 지내면 그 뒤의 利息을 받지 못하도록 停止시키는 법이다.

98) 『숙종 37권 28년 7월 12일 신유』 참조.

에는, 鄕中에 殖穀하는 자가 春窮期를 이용하여 곡물을 대여하고 錢으로써 가격을 折價하거나 추수기에 곡물로써 징봉하는 때에, 불과 반년 동안에 가만히 앉아서 수배의 이익을 획득하는 것을 백성에게 고발하게 하여 엄중히 치죄하고 그 財貨는 公有로 귀속시키도록 하였다. 또 숙종 25년의 수교(『新補受教輯錄』 戶典 徵債條 408항)에서는 「軍門에 銀貨를 대출한 경우에는 本利는 本色으로써 봉납」토록 하였고, 숙종 35년의 수교(『新補受教輯錄』 戶典 徵債條 410항)에서는 「商街 또는 譯官 중에 公債를 대용하는 것은 일체 금단한다. 비록 대출을 허용한다 하더라도 田土 또는 家舍로써 대납할 수 없도록」 하였으며, 또한 숙종조에 부유층에서 利殖을 늘리는 방법이 甲利[99]에 이르러서 극에 달하자, 동 44년 9월 15일 이후부터는 官貨인 경우에는 銀錢을 물론하고 京外의 각 아문에서 일절 환상의 예에 따라 10분의 1로 이식을 늘리게 하고, 銀錢과 布는 10분의 2를 격용하도록 하였다. 만일 이를 어긴 자가 있으면 制書有違律로 다스렸으며,[100] 정조 8년에는 禁衛營·御營廳 및 守御廳 등의 돈을 無利子로 1년 동안 대출해 주기도 하였다.

영조 3년의 수교(『新補受教輯錄』 戶典 徵債條 412항)에서, 수령 또는 변장 가운데 甲利로 출급하여 이익을 취득한 경우 구속 신문하여 논죄하는 강력한 조치를 취하였다. 그러다가 드디어 『영조 14권 3년 11월 11일 계해』에서 高率의 利子로 인한 폐단을 없애고자 하여 영구적인 定式을 세우게 된다. 이 정식의 구체적인 내용은, 첫째, 돈 1냥에 대한 1개월의 이자가 2푼을 넘지 못하며, 10개월에 이르러 2錢이 되면 더 받지 못한다. 둘째, 곡식

---

99) 조선조 때 1개월에 10할의 이자를 받던 것으로서 甲邊이라고도 하였다. 公私債를 막론하고 월 2할 이상의 이자를 받는 사람은 杖 80에 徒 2년의 처벌을 받았으며, 甲利를 私的으로 받는 자는 장 1백에 定配의 형을 받았다.

100) 『숙종 62권 44년 9월 15일 경인』: 「又言, 近來富民生殖之道, 至於申利而極矣, 生殖無有限節, 或有月捧其殖, 歲未周而至倍者, 至於穀貴之時, 一斗宋折錢一兩, 至秋索二兩, 以米計之, 殆過五六倍, 小民安得不困那, 自今定制, 官貨則勿論銀錢京外, 各衛門一從還上例, 什一生殖民間則宋穀則?什五, 銀錢布用什二, 生殖如有違越者, 官吏夸論以制書有違, 私家則施以杖一百之律, 而使報償者, 詣官自告, 則貧民庶可支保, 而法令均平矣. 上, 可之」.

10斗에 대한 1개월의 이자가 5升을 넘지 못하며 10개월에 이르러 5두를 채우면 그치고 비록 10년이 경과하더라도 더 이상은 받지 못한다. 셋째, 公債에 있어서는 錢·穀의 이자가 모두 10분의 1에 그친다는 것이었다. 이리하여 私債에 있어서 利率은 錢이면 연 2할, 穀物이면 연 5할로 하고 公債에 있어서는 錢·穀 모두 연 1할 씩을 받되 비록 10년이 되더라도 다만 10개월분의 이자만 받도록 되었다(『新補受敎輯錄』 戶典 徵債條 403항). 그 뒤에 개성유수 趙遠命·李箕鎭 등이 공채의 이식을, 적어도 개성에 있어서만은, 10분의 2로 환원하자고 주장하였으나, 영조는 법의 信賴와 安定을 내세워 듣지 아니하였다.[101] 그러나 이러한 수교의 내용에도 불구하고 『영조 124권 51년 1월 8일 병진』을 보면, 당시 1냥에 대한 이자가 최고 매월 2錢을 넘었다는 기록으로 볼 때 법규정과 현실의 괴리가 심하였음을 알 수 있다. 이러한 폐단을 없애기 위한 노력으로 정조는 즉위하자 곧 京外의 放債(돈놀이)를 금단하는 조치를 취한 바 있다.[102]

한편 公的 貸借制度인 社倉制度의 시행과 관련하여, 『중종 11권 5년 7월 5일 기미』를 보면, 당시 함경도 관찰사 高荊山이 중국의 三河의 例[103]를 들어 社倉法을 시행할 것을 힘써 아뢰었으나, 戶曹에서 조선의 민속이 중국과 같지 않아 불편이 있다 하여 결국 시행되지 못하였다. 그 뒤 숙종 즉위년에 사목을 만들었으나, 이것은 백성이 사창에 곡식을 모아들이게 하였기 때문에 백성의 호응을 얻지 못하고 마침내 폐기되고 말았다. 그 뒤 『숙종 15권 10년 3월 13일 기묘』에서, 예조판서 李端夏가 사창에 관한 절목

101) 『영조 19권 4년 8월 16일 갑오』; 『영조 24권 5년 9월 10일 신사』; 『영조 27권 6년 8월 5일 신축』 참조.

102) 『정조 4권 원년 12월 10일 임인』 참조.

103) 중국에서는 宋나라 때 朱熹가 社倉法을 시행하였는데, 孝宗이 좋게 여겨 그 법을 諸路에 내렸다. 조선조의 中宗 때에 중국에서는 吳賢이 三河 지방에 수령으로 부임하여 社倉法을 시행하였다. 社長·副長을 두어 田穀을 맡게 하고, 社民으로 하여금 上半에는 銅錢 60文을 내고 下半에는 穀食 60斗를 내게 하여 社長의 집에 운반하였다가 작은 흉년이면 우선 賑貸法을 시행하고, 큰 흉년이면 賑濟法을 시행하여 반드시 償還하지는 않았다. 평시에는 곡식 1섬의 利子로 3斗를 내고, 돈 1百 文에 이자 30文을 내었다.

일곱 조목을 아뢰었다. 이에 따라 진휼청의 곡식을 덜어내어 社倉에 貸與하고 耗穀을 10분의 2로 정하도록 하고 그 해 가을부터 각 고을마다 사창을 설치하고 곡식을 내어 주었다가 가을에 거두어들이되, 반드시 그 고을에서 진휼청에 轉報하고 그 斂散을 통제하고 출입을 살피도록 하였다.

그리고 조선시대에도 오늘날의 借款과 유사한 제도가 있었던 것으로 보인다. 『인조 12권 4년 2월 24일 정유』를 보면, 당시 청나라의 도독 모문룡의 군영으로부터 銀子 4-5만 냥을 대출하여 糧餉으로 還上할 것을 약정하여 긴급한 수요를 해결한 기록이 있다.

2) 私 債

사채와 관련한 법규정으로는, 『經國大典』 戶典 徵債條에는, 「대개 私債에 대해서는 證人 및 執筆者의 署名을 갖춘 文記를 가지고 있으면 追徵을 허락한다. 그러나 1년이 경과하도록 告官하지 않은 경우에는 聽理하지 않는다」고 하여, 私債도 관청에 알리면 징수해 주도록 하였다. 그러나 연산군 8년 12월 당시에 한성부에서는 소송의 번거로움을 꺼려서, 관청에서 징수해 주는 것을 허락해 주지 말기를 청하였다. 이로 인하여 간사한 무리들이 부채를 갚지 아니하여도 채권자는 받을 길이 없게 되었다. 이렇게 되자 비록 화폐를 쌓아 둔 사람이라 하더라도 남에게 빌려 주기를 꺼림으로써 화폐의 융통이 이루어지질 않았다. 이에 正言 吳益念이, 『經國大典』의 법규정에 충실하여 私債를 징수해 주기를 청하였다. 그러나 연산군은, 祖宗의 법을 어수선하게 고치는 것은 불가하지만, 법이 오래되어 폐단이 생기면 부득이해서 고치는 것이라고 하며 받아들이지 아니하였다.[104)]

『세종 109권 27년 8월 8일 기유』에서, 호조에 수교를 내려 미곡과 布

---

104) 『연산군 47권 8년 12월 11일 기유』: 「待平方有寧曰, 國家詞訟繁多, 積滯不決放, 民多怨之, 成宗朝特設斷訟都監, 今無職之民, 或兄弟或親戚相訟, 至累歲不決, 甚未便, 請依成宗故事, 立斷訟都監. 王曰, 斷訟, 固有法, 何必別設局也. 正言吳益念曰, 孟子曰, 尊先生之法, 甚不可也, 大典, 外陵參奉監司自望, 今宰相啓請, 令銓曹擬望, 是大典之法毁矣, 大典私債告官徵給, 今漢城府憚其訟煩, 請不許官徵, 奸詐之徒, 負債不還, 物主終不能徵, 故雖積貨幣者, 不借貸于人, 有無無相資之意, 甚未便, 請依大典, 徵給私債. 王曰, 紛更祖宗之法, 甚不可也, 法久弊生則不得已而更之矣」.

貨를 相換하는 법을 시험하게 하였는데, 관에서 내는 곡식은 時價보다 1말을 더 주고, 바치는 곡식은 시가보다 1말을 감하게 하였다. 그러나 빌려간 자들이 제때에 환납하지 않아 그 폐단이 막심하였다. 이에 『세종 109권 27년 8월 24일 을축』에서, 의정부가 戶曹의 牒呈에 의거하여 그 救弊할 조건을 아뢰었다. 즉 무릇 州縣 경내에 사는 백성의 전택·자산을 상중하 3등급으로 나누어, 매년 정월 이전에는 還上을 주지 말고, 응당 환상을 받을 자도 모두 쌀을 매매하는 법에 의하여 木棉·正布·綿紬·銅錢 등의 물건을 관에 바치면, 관에서는 時價보다 쌀 1말을 더하여 쌀을 내주고, 秋冬에 이르러 백성이 쌀을 가지고 錢과 布를 사는 자가 있으면, 관에서 시가에 준하여 백성에게 쌀 2말을 감하여 쌀을 받되, 시가의 높고 낮은 것은 監司에게 稟하여 호조에 알려서 하고, 또 布의 끝에 捺印하여 후일의 考證에 빙거하되, 만일 매우 가난하여 錢과 布를 바칠 수 없는 자는 錢還上의 예에 의하여 나누어 주도록 하였다. 그 뒤 숙종 9년에 이르러서는 『숙종 14권 9년 1월 16일 무오』에서, 이자를 받고 銀과 布를 대부하는 것을 금단하였다.

이와 같은 私債의 徵收에 대해서는 『정종 5권 2년 7월 2일 을축』에서, 민간의 부채에 대해서는, 빌린 자와 빌려준 자가 모두 사망하였을 때에 그 자손이 文契에만 의거하여 추징하는 것을 일절 모두 엄금하였음은 앞에서 보았다.

私債의 徵收年限에 대해서는 『성종 108권 10년 9월 2일 을묘』에서 「漢城府啓, 大典內, 田宅, 過五年勿聽, 奴婢誤決, 過三年勿聽, 而私債則獨無年限, 故市井謀利之徒, 陰欲取息, 故爲不徵, 或過五六年, 或至十餘年後告爭, 雖或已徵, 遷延不給, 契券故待年久, 更訴疊徵者有之, 爭訟日繁, 辨明爲難. 請自今負債, 不償而過一年不告官者, 勿許聽理, 以杜奸僞, 其未接狀者, 限今年許告官. 從之」, 즉 『經國大典』에, 「모든 田土에 관한 소송은 5년이 경과하면 聽訟하지 않는다」고 하였고, 「奴婢誤決은 3년이 지나면 청송하지 않는다」고 하여 田宅과 奴婢의 소송에 관하여는 그 年限을 명문으로 규정하였다. 그러나 私債만은 年限이 없기 때문에 시정의 모리배들이 몰래 利殖을 취하고자 하여 故意로 징수하지 아니하여 5, 6년 또는 10년이 지난 후에 다투며, 비록 이미 징수한 것이라 하더라도 미루고 契券(증서)을

주지 아니하고는 고의로 해가 오래 되기를 기다렸다가 다시 소송하여 거듭 징수하는 자가 있었다. 이에 성종 10년 漢城府에서, 이제부터는 負債를 갚지 아니하고 1년이 지나도록 告官하지 않은 자는 聽理를 허락하지 말고, 아직 告狀을 접수하지 않은 것은 금년에 한하여 告官을 허락하기를 아뢰었다. 그대로 따랐다.

연산군 8년에 보병·정병·공천 등이 月利를 내어서 代立[105]시키면 월리를 준 사람은 반드시 관가에 알려서 징수하였는데, 본인이 없거나 비록 본인이 있더라도 가난하면 반드시 그 一族이나 겨린(切隣)에게 분담시켜 징수하는 폐단이 있었다. 이로 인하여 보병·공천 등의 겨린(切隣)이나 一族들이 괴로움을 겪자, 대사헌 崔漢源이 대책 마련을 아뢰었다.[106]

또 중종조에는 皂隷·羅將이 도망하여 絶戶된 자의 빚을 京主人에게 독촉하면 경주인이 빚을 내어 바치고, 본 고을에 내려가서 수납할 때는 반드시 그 빚의 배를 징수하였는데, 『중종 13권 6년 5월 9일 무오』를 보면, 당시 경기관찰사 成夢井의 청으로, 앞으로는 本債만 징수하고, 경주인으로 貸借하여 바치는 것을 금지토록 함으로써, 일정한 경우에는 그 목적에 따라 소비대차를 제한하기도 하였다. 한편 『續大典』 刑典 禁制條에서는 「… 倭人處負債者, 倭物偸取者, 並館前斬 …」라고 하여, 왜인에게 부채를 진 자는 참형에 처할 것을 규정하였다.

公·私債의 징수와 관련하여, 『영조 98권 37년 8월 22일 무자』를 보면, 홍봉한이 아뢰기를, 「… 白木廛에는 公·私債를 3년을 기한하여 받지 말라고 이미 전교가 있었는데, 3년 후에는 7년을 한정하여 점차 도로 갚게 하고, 남아 있는 遮帳白木은 현재 받아 주던 것 가운데 10분의 1과, 歲幣

105) 公役에 사람을 대신 보내는 것을 말한다.

106) 『연산군 47권 8년 12월 26일 갑자』: 「待平方有寧曰, 國家詞訟繁多, 積滞不決放, 民多怨之, 成宗朝特設斷訟都監, 今無職之民, 或兄弟或親戚相訟, 至累歲不決, 甚未便, 請依成宗故事, 立斷訟都監. 王曰, 斷訟, 固有法, 何必別設局也. 正言吳益念曰, 孟子曰, 尊先生之法, 甚不可也, 大典, 外陵參奉監司自望, 今宰相啓請, 令銓曹擬望, 是大典之法毁矣, 大典私債告官徵給, 今漢城府憚其訟煩, 請不許官徵, 奸詐之徒, 負債不還, 物主終不能徵, 故雖積貨幣者, 不借貸于人, 有無無相資之意, 甚未便, 請依大典, 徵給私債. 王曰, 紛更祖宗之法, 甚不可也, 法久弊生則不得已而更之矣」.

白木 1년조 가운데 10분의 1은 탕감하며, 세폐 값 1년조는 미리 내려 주고 이미 값을 받은 외에 3분의 1은 品貴에 따라 마련하며, 차장백목은 탕감한 외에 남은 수효는 별도로 기록하여 5년을 한정하고 계산하여 감해 주어야 하고, 綿紬廛에는 公·私債를 백목전의 규례에 의거하여 남아 있는 賞格紬 10분의 1을 탕감하며, … 望門床廛에는 公·私債를 위 두 전의 규례에 의거하여 돈 3천 냥은 병조와 진휼청에서 반을 나누어 貸與하도록 허락하되, 7년을 한정하고 점차로 利子가 없이 돌려받도록 하는 것이 마땅하다」고 하였다. 이에 영조는 「내년 가을을 한정하고 모든 상격면주와 백목은 거행하지 말게 하고, 면주·백목전 公債 3년 후의 年條도 또한 망문상전의 규례에 의거하여 거행하며, 백목전에서 받아 준 地銀 1천 냥은 특별히 탕척시키고, 면주전의 상격면주는 내년 가을을 한정하여 거론하지 말며, 그 외에 특별히 3同을 감해 주고 色紬는 壬寅年(경종 2년, 1722년)의 예에 의거하여 값을 지급하며, 망문상전은 그 절반만을 지급하고, 백목전에는 吹鍊銀 1천 냥을 탕척한 외에 1년조의 값을 지급하도록」 하였다. 그리고 『정조 17권 8년 4월 22일 병오』에서는, 關西의 記簿錢 10만 냥을 방출하되 이자를 가볍게 하여 백성들에게 주고 13년을 한정하고, 이식을 정지하고 빚을 탕감하도록 하였다.

3) 公 債

관에서 錢·穀을 대여하는 것으로서는 여러 가지가 있었다.[107] 먼저, 『정종 5권 2년 7월 2일 을축』을 보면, 조선 초기인 정종조에 己卯年(정종 원년, 1399년) 이전에 賑貸라 칭하면서 관가에 관계된 錢糧을 여러 해가 되어도 갚지 않은 것을 일찍이 추징하도록 하였으며, 義倉을 설치하여 가난한 백성에게 꾸어 주고, 만일 부족하면 軍資를 내어서 보충하였다.

또 이른바 還上에 대해서는 『세종 50권 12년 11월 5일 임인』을 보면, 흉년이 들거나 하는 경우에는 채무자들의 생활 정도를 고려하여 적절하게

---

107) 대여해 주는 주체나 목적에 따라 文書債, 改都案債, 延命債, 官門聚點債, 都目改案債, 戶案債, 重記分留擧案債, 結分債 등 여러 가지 이름의 公債制度가 있었다. 이러한 여러 공채제도는 정조조에 이르러 그 폐단으로 인하여 폐지가 논의된다.

징수를 조절해 주기도 하였고, 『세종 64권 16년 4월 23일 경오』에서는, 함길도의 從仕人들이, 還上을 서울에서 받고, 가을에 곡식이 성숙한 뒤에 자신들이 살고 있는 고을에 還納하기를 청하였다. 戶曹에서는 六典을 근거로 하여 반대하였으나, 세종은 이들의 고생을 고려하여 우선 그렇게 하도록 하였으며, 『세종 78권 19년 9월 14일 신축』에서는, 각도의 백성이 還上穀을 많이 꾸어 쓰고는 갚지 않자, 각 고을마다 그 損失에 따라서 옛 것은 거두고 새 것은 남기도록 하여 독촉하기도 하였다. 그리고 『세종 79권 19년 10월 21일 정축』을 보면, 丙辰年(세종 18년, 1436)에 경기·충청·경상·전라도에 한재가 들자, 관에서 꾸어준 곡식을 다 징수하지 않고, 절반 또는 3분의 1을 감해 주었다. 그리고 『세종 79권 19년 12월 4일 신유』에서는, 의창에서 빌려간 곡식을 일시에 다 받아들이지 말고, 부유한 사람을 제외한 가난한 사람에게는 형편에 맞게 거두어들이도록 하는 배려를 하였다. 그러나 『세종 82권 20년 9월 25일 병오』에서는, 세종 20년 9월 25일부터 외방 각 고을의 환상곡은 『續典』 還上分給條에 의거하여 겨울 초기부터 세전까지 필납하도록 하였다. 이 수교에서는 또 「앞서 의정부에서 아뢴 바에 따르면, 活民書를 상고하면, 朱文公의 崇安縣 社倉條約에는 '매년 2월에 옛 장부를 가지고 거듭 순위를 검토해 조정하되, 그 생활을 영위하는 데 그다지 匱乏하지 않은 자가 있으면, 즉시 미곡의 신청이 부당하다는 글자를 註로 단다'고 하였으며, 또 '人戶에 대출한 관의 米穀은 겨울에 이르러 還納하되, 11월 하순을 경과하지 못한다'고 하였고, 『續典』 還上分給條에는 '京外의 還上米豆는 鰥寡孤獨에 속하는 외롭고 궁한 자와 빈민에게 우선적으로 나누어 주고, 喪故 또는 葬事를 당하였거나 水火의 재화를 입은 자로서 한 동네가 공인하는 빈한한 사람에게는 그 호구의 대소에 따라 주되, 많아도 5, 6석을 초과하지 않게 준다'고 하였고, 軍資監 義倉 斂散條에는 '各戶에서 받은 還上米豆의 손실에 관한 것은 敬差官이 이를 감독 고찰하되, 세전에 모름지기 畢納하게 한다」는 내용이 있다.

그 뒤 중종 6년에 이르러서는 경기관찰사 成夢井이, 己巳年(중종 4년, 1509)과 庚午年의 미수된 田稅를 가을까지 미루었다가 징수하고, 또 各司奴婢의 身貢 외에 전에 남은 楮貨債·木棉을 모두 수납케 한 것을 정지하였다가 가을에 수납하도록 할 것을 청하였으며, 중종 19년에는, 公債를 많이 받고서 여러 해 동안 바치지 않은 자 가운데 15석 이상인 자는 논죄하였다.[108] 그 뒤 호남지방에 大同法을 시행한 후에 각 고을 가운데 劃給해 준 수량을 다 써버리고 大同米를 빌려 쓴 고을이 많았다.

중종 20년에 이르러 평안도 백성에게 28-29년이 지난 公債를 독촉하였는데, 그 중에는 죽은 자도 있었다. 이들의 것을 이웃 사람에게서 거두기도 하였다. 이에 侍督官 許寬이, 죽고 族親이 없는 사람은 公債를 분간할 것을 아뢰자, 중종은 햇수를 한정하여 감면할 것을 의정부로 하여금 의논토록 하였다.[109]

공채를 제때 징수하지 못한 관원에 대해서는 징계를 가하였는데, 명종 9년의 수교(『受敎輯錄』 戶典 還上條 228항)에 「强豪品官으로서 官穀을 갚지

---

108) 『중종 51권 19년 8월 24일 병진』: 「兵曹判書洪淑啓曰, 水軍及陸軍戶首及保人以旅外保人充之以不足, 故其絶戶者及保人未充者甚多, 而全羅京畿尤甚焉, 事目有云, 戶首及保人未充, 則以保人率丁及餘丁充定云, 然各邑人數不均, 率丁餘丁, 或有有餘者, 或有不足者, 若以有餘之邑人, 補其不足之邑軍則可也, 然郡邑各有額數不可擅便推移, 今大臣適會, 請共議何如, 前曰, 八居條件至當, 但多數公債, 累年不納者, 罪之當矣, 然十石以上皆罪之, 則似太重, 今以十五石以上罪之可也, 且冒占良民一口以上, 皆當入居, 但所謂冒占者, 若容隱避軍役良民, 雖一口可罪也, 或以窮民無歸者, 爲雇工, 而並謂許接而罪之, 則似乎曖昧, 備邊儲穀等事, 當依所啓, 且土豪抄出事, 已遣御史矣, 黃海江原京畿三道, 並遣御史似可也, 用人事使曹判書, 啓請爲變通之道, 故議之, 今聞大臣所啓至當, 大抵勿論, 有時而異, 初以爲不可用後, 或以爲可用, 今若汰去, 則終身不用也, 姑今有司, 斟酌用之可也, 絶戶, 以餘丁充定事, 依兵曹啓議于大臣. 大臣等議啓曰, 餘丁充定事. 依洪淑之啓, 推移充定可也, 傳曰知道」.

109) 『중종 52권 20년 1월 13일 임신』: 「御夕講, 侍讀官許寬曰, 平安道人民, 有哀矜之事矣, 二十八九年往年公債, 今督徵納, 所受者或有死亡之人, 遠近族親則猶可也, 至徵於隣近之人, 甚者癘疫死亡者, 在家未斂, 而官差臨門督納, 甚爲哀矜, 且近以義州築城及閭延驅逐之後, 復遭大疫, 其死亡無族親之人, 則其公債分揀何如. 侍進官曹繼商曰, 聞江邊士兵可以禦敵者, 幾盡病死云, 若或有邊患, 則雖或以南軍禦之, 豈能如此兵之勇且壯哉, 平安道之事, 自上不可不留念. 傳曰, 平安道往年公債事, 其問于戶曹以啓」; 『중종 52권 20년 1월 14일 계유』: 「戶曹啓曰, 平安道往年公債捧納事, 本曹非別爲行移, 各官守令, 用於解由, 故必督納, 平安道則無年凶之報, 故本曹不爲停納矣, 傳曰, 平安道以癘疫, 蠲減他雜事, 而公債則果未之及也, 限年減事. 其問于政府」. 이러한 사례로는 『숙종 31권 23년 7월 26일 갑진』 참조.

아니한 것이 百石 이상이면 家族을 推刷하여 邊地에 入送시키고, 50석 이상이면 다음가는 江邊에 입송시키고, 10석까지인 경우에는 本人을 拘禁하여 責任納付를 시킨다. 수령으로서 사정에 끌려 곧 구금하지 아니한 것이 現露된 경우에는 계문하여 파면」토록 하고, 인조 15년의 수교(『受敎輯錄』 戶典 還上條 229항)에는 「還上穀을 反作[110]한 수령은 終身定配」의 형으로 다스렸으며, 효종조에 이르러서는 金堉의 건의에 따라 상평청의 쌀 수천 석을 내어 저자 백성들에게 빌려 주면서 그들로 하여금 돈으로 되돌려 갚도록 하였는데, 『효종 17권 7년 10월 3일 무인』에서, 돈의 通用을 혁파하려고 하자, 많은 사람들이 그 전처럼 돈으로 갚는 것은 불가하다고 하여 도로 쌀로 징수하기를 청하였다. 이에 영돈녕부사 김육이 쌀로 징수하지 말기를 청하였으나, 이에 효종은, 이미 혁파한 돈은 거두어도 쓸모가 없으니, 기한을 넉넉히 주어 쌀로 징수하도록 하였으며, 또한 각읍이 빌려 주었다가 거두어들이지 못한 곡식은 해마다 耗穀을 계산하지 말고 1년치의 모곡만을 받도록 하고, 감영과 병영의 곡식도 그와 같이 시행하도록 하였다.

그 뒤 『현종 19권 12년 9월 27일 을해』에서는, 당시 각 아문에서 은자를 대여하고 이식을 얻는 일을 일체 금지토록 하였다. 다만 軍器寺에 대해서만은 본래 재물이 모자란다는 이유로 그대로 두었다. 그리고 『영조 4권 원년 3월 12일 경술』을 보면, 당시 선혜청에서 빚진 사람이 부담해야 할 것을 관계가 없는 사람에게 강제로 징수한 것은 곧바로 되돌려 주도록 하였는데, 이것으로 볼 때 保證과 같은 채무와 직접적인 관계가 전혀 없는 제3자에 대해서도 채무집행을 하는 것이 당시에 흔했음을 알 수 있다.

내수사는 궁중에서 쓰는 쌀·베 및 잡물 등과 노비 등에 관한 일을 맡아 보던 곳이었는데 이곳에서는 長利라는 대차제도가 있었다. 長利는 곡식을 빌려 주었다가 받을 때 5할의 이식을 가산해서 받던 것으로서 왕실의 私事費用을 조달하기 위한 것이었다. 이와 관련하여 폐단이 많아지자 성종조에 혁파하였다가, 성종 13년 대왕대비의 명에 의하여 다시 두었다. 그 논

---

110) 창고의 곡식을 貸與하지도 還上시키지도 아니하고 수령이 아전들과 결탁하여 倉穀을 대여 또는 환상시킨 것 같이 帳簿에 虛僞記錄하고 管內의 농민으로부터 매석당 1錢씩을 收捧分食한 것을 말한다.

거는 당시 私債의 利率이 5할이었는데, 내수사의 그것은 3할에 불과하므로 백성에게 이익이 된다는 이유에서였다.[111] 그 뒤 중종 2년 대사헌 李惟淸·柳洵·盧公弼 등이 內需司를 革罷할 것을 다시 주장하였다. 이유청이 아뢴 바에 따르면, 본래 三代(夏·商·周) 이상에는 임금에게 私財가 없었는데, 漢나라의 桓帝·靈帝와 唐나라의 德宗이 처음으로 두었었고, 高麗朝에 忠惠王이 後殿에 私畜을 하였다고 한다. 朝鮮朝에서는 세조 때에 처음 설치되었다고 하였다. 이에 중종은, 內需司의 長利는 성종 때 혁파하였는데, 大妃가 다시 설치한 것이니 지금 갑자기 혁파할 수 없다고 답하였다.[112] 그 뒤에도 『중종 25권 11년 6월 2일 임자』에서, 사간 柳溥 등이 혁파할 것을 또 아뢰었으나 중종은 종래의 태도를 바꾸지 아니하였다.

그 밖에 소비대차제도로서는 預債·立本 및 관가에서 행하는 것이 있었다. 숙종조에 宣惠廳에 명하여 物膳價米 여러 해 것을 미리 앞당겨 받아들이게 하였는데, 이것을 預債라고 하였다. 『숙종 39권 30년 3월 15일 갑인』을 보면, 이것에 관한 논의가 있었는데, 宣惠堂上 李濡·閔鎭厚·영의정 申琓 등은 불가함을 주장하였다. 그러나 숙종은 뜻을 굽히지 않고 강행하였다.

그리고 영조 8년 5월 충청도 어사 金尙翼이 아뢴 바에 따르면, 湖西의 큰 폐단은 立本하여 利殖을 취하는 것이었다. 立本이란, 軍餉이나 糶穀을 물론하고 春窮期에 1包의 쌀을 散賣하고 거두는 값이 10貫인데, 그 중 2관을 백성에게 도로 주었다가 추수하기를 기다려 1포의 쌀을 바치도록 하는 것이었다. 영조는, 호서뿐만이 아니라 여러 道가 모두 그러하므로 이후부터 수령들이 범하는 자가 있으면, 貪汚한 사례에 의거하여 논죄토록 하였다.[113]

---

111) 『성종 148권 13년 11월 2일 병신』: 「內需司長利, 曩因朝論而罷, 今者, 大王大妃, 命復置, 子之子孫甚多, 宜有私貯, 以擬錫予, 況私債貳十而息五, 此則貳十而息三, 非瓊林大盈之比, 取民太寬, 置之何如. 世恭等曰, 前日罷內需司長利, 割公廨田三千結屬之, 今又如此, 則軍需恐不敷, 此外無策矣, 命復置長利」.

112) 이에 앞서 臺諫이 내수사를 혁파하기를 청하였었다 (『중종 4권 2년 11월 15일 갑인』).

113) 『영조 31권 8년 5월 29일 을유』: 「忠淸道御史金尙翼復, 命奏曰, 湖西大弊, 卽立本取殖也, 不論軍餉糶穀, 窮春散賣一包之米, 徵價十貫, 而還給二貫於殘民, 待秋徵納一包米, 此所謂立本也. 上曰, 非但湖西一道, 諸道皆然, 自今守令, 如有犯者, 依貪汚例論罪」.

한편 官家의 消費貸借와 관련하여서는, 조선시대에는 관에서 일반 백성들에게 錢·穀을 대여하는 것이 매우 성행하였음을 보여주는 기록이 왕조실록에는 많이 보이고 있다. 예컨대, 『정조 10권 4년 12월 21일 을축』을 보면, 정조 4년 당시에 大邱營의 경우 백성들에게 貸借를 하기 시작한 것이 이미 30여 년이 되었는데, 그 貸與法에 따르면, 1냥의 이자는 2전이었으나, 실제로 監官과 色吏에게 바치는 선물을 포함하면 3전 7푼 남짓하였다고 한다. 또 그 대여기간은 1년을 원칙으로 하였으며, 대여할 때에 먼저 이자를 떼고, 받을 때는 원래의 수량대로 받았다. 이리하여 백성들은 끝내는 빚더미에서 헤어나지 못하게 되고, 채무의 부담은 그 자손에게까지 미치는 폐단을 낳게 되었다.

『경종 1권 즉위년 8월 5일 기해』에서는, 당시 평안도의 遼軍木[114]의 貸付를 일체 금지하였으며, 『영조 53권 17년 6월 10일 계묘』에서는, 北兵營과 行營[115]의 수리로 여러 고을에 폐단을 끼치게 되자, 還穀 3천 석을 분급하고, 耗穀[116]을 받아서 수리하는 밑천을 삼도록 하고, 會寧과 隱城의 곡식 3백 석을 北兵營에 지급토록 하였다.

(4) 小　結

조선시대의 대차관계 중 특히 토지나 가옥의 임대차가 매우 활발하였을 것으로 추측될 뿐, 그 구체적인 법률관계에 관한 왕조실록의 기록은 많지 않다. 이처럼 왕조실록에 토지나 가옥의 임대차에 관한 기록이 적은 것은 아마도 소작관계가 거의 개인과 개인 사이에서 사적으로 이루어졌기 때문인 탓도 있으나, 전국의 각 지방마다 관행이 조금씩 달랐기 때문에 일률적으로

114) 遼軍에게 역을 면제해 주는 대가로 받아들이던 삼베나 무명을 말한다. 遼軍은 본래 北京으로 가는 사신의 행차를 호송하기 위해 遼東을 왕래하기 때문에 붙여진 이름인데, 숙종 28년(1702)에 巡別抄로 개칭되었다.

115) 두 가지의 뜻이 있다. ① 장군이 出征하다 머무는 곳, ② 진영 안을 순찰하는 일.

116) 각 고을의 창고에 저장한 糧穀을 봄에 백성에게 貸與하였다가 秋收 후 받아들일 때 말(斗)이 축나거나 倉庫에서의 損失을 補充하기 위하여 10분의 1을 첨가하여 받는 곡식을 말한다.

입법화하여 규율하기가 쉬지 아니하였던 탓도 있을 것이다.

조선시대에는 외국인에게도 토지를 빌려주어 경작토록 하였으며, 또 草價라는, 穀草인 짚을 경작인이 전부 차지하고, 그 대신에 경작인은 田主에게 代價를 주는 제도가 있었다. 그리고 『大典通編』에서는, 空垈地나 圃田을 물론하고 백성에게 가옥의 건축을 허가한 때에, 본래의 田主가 이를 훼방하지 못하도록 함으로써 진정한 소유권자의 권리보호보다는 해당 토지의 이용을 최대한 효율적으로 하는 정책을 추구하였다. 그리고 山林川澤 등에 대해서는 개인의 사유를 허가하지 아니하여 사사로운 출입을 금지하였으나, 별다른 실효를 거두지는 못한 것으로 보인다.

한편 소비대차에 관한 기록이나 법규정은 임대차에 비해서 비교적 풍부한 편이다. 여기에는 크게 私債와 公債가 있었는데, 법규정은 대체로 공채와 그것의 징수에 관한 것이었지만, 私債에 준용하는 경우도 있었다. 그러나 성종 때에 私債를 징수할 수 있는 기한을 1년으로 한정하여 1년 이내에 告官하지 않은 私債는 청리하지 않도록 하였다. 이 수교는 경국대전에 입법화된다. 이 규정은 사채를 관청의 힘을 빌려 징수할 수 있는 기한을 1년으로 한정함으로써 화폐의 유통을 저해하는 결과를 초래하였다. 이러한 폐단을 고치기 위하여 연산군 때에 잠시 경국대전의 규정에도 불구하고 1년이 넘은 사채를 관에서 징수하도록 한 예외가 있다.

소비대차에 관한 기록에는 利率, 利子의 徵收期限, 消滅時效 등에 관한 것들이 비교적 자세하게 나타나고 있다. 소비대차에 있어서 이자를 一本一利만 받도록 하고 그에 대한 利率은 10분의 1이 보통이었다. 다만 왕실의 私事費用을 조달하던 內需司의 長利는 최고 5할까지 이르렀기 때문에 많은 폐단을 일으켰기 때문에 조선 초기부터 혁파하자는 주장이 끊이지 않았으나 조선 후기까지 존속하였다.

그리고 徵債의 利子는 3년을 한도로 한다는 이른바 子母停息法을 적용하였으며, 시효에 있어서는 公債는 15년, 私債는 20년을 한도로 하고 이것 역시 당사자가 사망한 경우에는 모든 채권이 소멸하는 것으로 보았다.

끝으로, 사용대차는 조선 초기에는 無償이 원칙이었던 것으로 보이나, 후기에 이르러서는 有償으로 대차하는 경우도 있었던 것으로 보인다. 여기에 관한 자료가 많지 않기 때문에 분명하지는 않다.

2. 贈　與

近親 사이에 贈與하는 관습이 있었는데, 이를 別給이라 하였다.

증여의 대상이 되는 물건은 받은 사람의 特有財産으로 되고, 며느리나 손부에게 별급하는 재산도 어디까지나 받은 자가 名義人으로 되었다. 여자의 경우에는 改嫁하면 별급받은 財産을 返還하여야 하는 條件附贈與였다.

(1) 贈與의 基本原則

증여에 있어서는 無償贈與가 원칙이었던 것으로 보이며, 일정한 경우 증여자는 증여물의 하자에 대해서도 담보책임을 부담하였던 것으로 추측된다.

『태종 1권 즉위년 4월 30일 무자』에서 특별히 傳旨를 내려, 戊申年에 증여한 노비로서 도망하였거나 物故한 자는 本主로 하여금 보충하여 세우지 말게 한 기록으로 볼 때 본주가 자기의 노비를 증여한 경우 그 노비가 자기 역을 다하지 않고 도망한 경우 다시 보충할 책임을 졌던 것으로 보인다. 그리고 증여를 하면서 일정한 조건을 붙여서 하는 경우도 있었다.

(2) 贈與의 效力

『세종 17권 4년 9월 1일 을묘』를 보면, 朔寧敎導 鄭孝溫의 처는 故典書 李勉의 養女이다. 이면이 효온의 아내에게 노비를 주었었는데, 그 뒤 이면이 죽자, 그의 아내 정씨가 그의 族人인 前正郎 尹江을 養子로 삼고 이면의 노비를 주려고 하였다. 이에 정효온이 도관에 소송을 제기하였다. 그러나 이것과 관련된 실록기사를 찾지 못하여 그 결과는 알 수 없다.

그리고 일정한 경우 증여의 취소가 인정되었다. 세종 19년 수증자가 증여자에게 孝順하지 않자, 증여한 물건의 文券을 빼앗음으로써 서로 소송한 기록이 있고,117) 또 수증자가 증여자에 대하여 不孝한 때에는 증여자가 일방적으로 증여를 취소할 수 있었던 것으로 보인다.118)

또 증여와 관련하여, 성종조에 왕대비가 侍養한 여자 친척에게 노비 90구를 주었는데, 이것이 소송에 휘말리자 그 文券을 불태움으로써 소송을 끝내고자 하였다.119)

(3) 贈與의 制限 및 限界

증여의 정도에 대하여 구체적인 법규정은 없다.120) 세종조의 기록에는 奴婢를 50口까지 준 사례가 있다.121)

조선시대에 있어서 노비의 증여에는 일정한 제한이 있어서 4촌 외에는 奴婢를 서로 주지 못하도록 하였다. 실례로 7촌인 친척에게 노비를 준 경우 속히 돌려보내도록 하였다.122) 세종 24년 8월 28일 이후부터는 大小朝官과

---

117) 『세종 77권 19년 6월 20일 무인』: 「兵曹啓, 續六典補充, 軍條, 凡公私婢嫁平民所生, 依高麗判定百姓例差役, 今嫁良夫所生則男定屬本曹役使, 但女無定役, 今後上項平民所生之女, 差定闕內之任. 從之」.

118) 『세조 46권 14년 6월 14일 임인』: 「初敬愼翁主, 以奴婢之故, 忤於其母淑善翁主, 淑善翁主上書, 訟敬愼不孝, 上命義禁府, 盡囚其子及奴婢之稍解事者, 鞫之, 至是, 命奪敬愼祿, 收長子孝忠告身, 發配外方, 杖婢小金一百, 屬官婢, 悉刷敬愼據執奴婢土田及所庋曾給文券, 以還淑善. 史臣曰, 當淑善之病也, 敬愼常侍湯藥, 會有疾回家, 其兄謚寧君妻朴氏, 獨侍焉敬愼, 遣人問疾, 則朴輒稱忌諱不病, 及淑善卒, 敬愼奔喪, 朴閉門固拒, 成服日, 朴又不以衰麻歸敬愼, 姊夫之子黃浩黃徽, 擧義曉譬, 然後歸之, 且淑善平時, 不稱敬愼爲不孝, 而病革垂歿, 遽稱爲不孝, 奪其奴婢土田, 分與朴氏及浩徽, 其後浩徽之供於官也, 亦曰敬愼不孝之言, 外祖母淑善生前, 未嘗出諸口, 又於成服之時, 敬愼至, 朴拒而不納, 聞者多疑之」.

119) 『성종 43권 5년 6월 24일 정축』: 「王大妃傳于承政院曰, 卒中樞吳靖妻成氏, 予之戚屬, 以予爲侍養, 贈予奴婢九十口, 今吳靖妻子繼孫等陳訴, 言及於予, 欲焚文券, 使繼孫等, 無怨言, 因出文券示之. 院相鄭昌孫啓曰, 凡奴婢本族外, 不得與他, 乃大典法也, 吳靖奴婢, 則繼孫等應得如成氏奴婢, 當從其主區處」.

120) 참고로 『단종 4권 즉위년 12월 4일 임진』: 「議政府據戶曹呈啓, 貞安翁主將出閤, 請以綿布六百匹買宅以賜, 從之」.

121) 『세종 2권 즉위년 11월 13일 기미』; 『세종 2권 즉위년 11월 14일 경신』.

122) 『세종 125권 31년 7월 7일 을유』: 「司憲府啓, 奴婢爭訟者, 已經主掌官決折後, 以連

양반자제 등의, 여러 사람들이 다 아는 收養·侍養子女와 同姓親屬·異姓親屬·妻親은 모두 四寸을 한계로 하고, 그 밖에 노비를 주고 받는 일은 일체 금지하였으며, 이 법규를 어긴 증여에 대하여 代書한 사람과 保證人도 함께 논죄하도록 하였다. 또한 대소관리로서 執政하였을 때에 노비의 증여를 받은 것은 모두 관에 몰수하도록 하였다.[123]

명나라와의 관계에 있어서 『세종 56권 14년 5월 21일 무인』을 보면, 명나라에서 보내는 內官·內司 등에게는 예로써만 접대하고 물품을 증여하는 것은 금지하였다. 또 『세종 68권 17년 7월 13일 임오』에서는, 예조에서 아뢰기를, 중국의 사신이 우리나라에 이르러 사사로이 물품을 주는 일이 있는데, 굳이 사양하고 받지 말게 하면 그 뜻에 어긋날까 염려되고, 만일 관에서 그 물품을 거두었다가 돌아갈 때에 돌려준다면 贈與하는 뜻에 어긋나게 되고, 또 받은 사람으로 하여금 사사로이 쓰게 하고, 돌아갈 때에 관에서 물품을 주게 된다면 명목 없는 낭비가 있게 될 것이라고 하였다. 이에 따라 지금부터는 증여하는 물품은 받은 受贈者에게 자세히 承政院에 알려서 자기가 쓰고 자기가 준비하도록 하고, 돌아갈 때 주는 물품은 임금에게 의견을 아뢴 뒤에 주도록 하였다.

증여자가 증여한 물건에 하자가 있는 경우에 대해서는, 『세종 9권 2년 8월 7일 계묘』를 보면, 증여자가 증여한 물건이 타인의 소유이거나 官物이라든지 하는 하자가 있는 때에는 그 물건을 모두 몰관하였다.

증여의 제한에 관한 세종조의 기록을 보면, 동 8년에 金道練이란 자가,

訟僥倖, 爲要重呈, 誤決于本府累朔不見, 遲留觀變, 斷訟無日, 請自今呈誤決狀, 而滿五十日不見者, 不許受理, 狀背書過限不見辭緣, 以授被告人, 以絶爭訟, 命限三十日」.

123) 『세종 97권 24년 8월 28일 을묘』: 「議政府據刑曹呈啓, 今之世俗, 當婚姻之時, 以奴婢多寡, 爲家風高下, 故人人務得爲心, 恬不爲怪, 僥利者, 將己奴婢, 投權納賂, 貪得者, 任情忘義, 市權受賂, 廉恥道喪, 風俗之敗, 職此之由, 請自今大小朝官兩班子弟等, 衆所共知收養侍養及同姓親異姓親妻親, 竝限四寸外奴婢受贈, 一行禁約, 如有違法贈與, 則與者受者, 竝皆論罪, 受者以贓吏論, 其奴婢沒入于官, 於違法許與必執證保人, 竝依律論罪, 當該官吏不能檢擧者, 以知非誤決論, 且大小官吏執政時, 受贈奴婢, 亦皆沒官, 從之」; 『세종 100권 25년 4월 7일 임진』; 『세종 105권 26년 8월 22일 무진』; 『문종 1권 즉위년 5월 4일 정미』: 「司憲府啓, 南海縣令金允德, 以快訟官吏, 與訟者同謀, 壓良爲賤, 且受贈與奴婢, 貪汚譎詐, 雖經赦宥, 不可不懲, 請收職牒, 終身不敍, 從之」.

자기가 송사한 노비를 각처의 권력가에게 증여하였는데, 승소판결을 받기 위한 賂物性이 인정되자, 증여한 노비를 모두 관가에 소속시켜야 마땅하나, 그 중에는 양민도 있었기 때문에 담당관원으로 하여금 良賤에 대하여 판결을 내렸고,[124] 『세종 32권 8년 5월 13일 병오』에서는, 조말생이 僧 尙惠·義游으로부터 遺贈한 白銀을 받았고, 또한 洪忠으로부터는 전지를 받는 등 법을 어기면서까지 많은 뇌물을 받았었다. 이를 사헌부에서 탄핵하자 贓物을 모두 몰관하도록 하였다.[125] 그리고 『세종 41권 10년 9월 5일 갑인』을 보면, 趙萬安이 閑田과 관가의 물건을 高得宗에게 주고 말과 바꾸었었다. 비록 赦宥를 지나서 치죄할 수는 없었지만, 증여한 물건은 모두 징수하도록 하였고,[126] 『세종 52권 13년 4월 21일 을묘』에서는, 관가의 屯田을 사사로이 개인에게 증여한 때에는 직첩을 거두고 拷問하여 다스렸다. 또한 『세종 71권 18년 1월 12일 무인』에서는, 관리가 합당한 이유없이 노비를 증여받은 경우 그 노비는 관청에 소속시켰던 듯하다.[127]

한편 『현종 18권 11년 6월 29일 갑인』을 보면, 현종 10년 겨울에 知事 閔鼎重이 친구인 전라감사 金澄으로부터 표피로 만든 갖옷 한 벌을 선물로 받았었다. 그 뒤 김징이 사사로이 표피를 사용한다는 것이 訴狀에 거론되자, 민정중이 상소하기를, 김징이 만일 써서는 안 되는 물건을 사사로이 썼다면 나도 받아서는 안 될 물건을 사사로이 받은 것이라고 하며 待罪하

---

124) 『세종 31권 8년 3월 4일 무술』; 『세종 31권 8년 3월 5일 기해』; 『세종 31권 8년 3월 7일 신축』 참조.

125) 이와 유사한 사례로는 『세종 71권 18년 1월 12일 무인』.

126) 『세종 41권 10년 9월 5일 갑인』: 「司憲府啓, 趙萬安, 嘗爲交河縣監, 濫用米穀一百六十餘石, 又以官米, 換鹽, 抑賣民間, 多收雜穀, 又以油鐵紙筆等物, 抽斂民戶, 用之, 又以閑田及官家材木, 給高得宗之奴, 謀換良馬, 其籍公營私, 暴斂傷民, 莫此爲甚, 雖經赦宥, 未可治罪, 請徵濫用米穀, 及贈人雜物, 從之」.

127) 『세종 71권 18년 1월 12일 무인』: 「司憲府啓, 故萬戶李忖之妾, 投狀告曰, 忖姪女夫趙從生爲代言時, 忖給奴婢二口, 從生後爲忠清監司, 而忖居清州病死, 從生特厚其賻而給其喪葬所需焉, 忖子自溫深德之, 又奪我婢一口, 給之, 臣等以謂從生於李忖, 本非收養, 以一方重任, 濫受奴婢, 是雖事在赦前, 不可不懲, 且其奴婢, 請依舊例屬公. 上曰, 所謂舊例何例也, 掌令黃守身曰, 往者趙末生, 受贈奴婢, 赦後事覺, 推覈論罪, 其奴婢竝皆屬公是例也」.

였다. 그러나 현종은, 그것이 관청창고의 물건인 줄 알고서(악의) 받았다면 불가한 일이지만, 모르고(선의) 받았으므로 아무 잘못이 없다고 하였다.

(4) 小 結

왕조실록에는 증여에 대해서도 비교적 다양한 기록이 발견된다.

증여의 대상에는 제한이 없었던 것으로 보인다. 따라서 증여의 내용은 보통의 물건에서부터 사람인 노비에 이르기까지 매우 다양하였다. 그리고 그 한도에 대해서도 명문의 규정이 없는 것으로 보아, 일정한 제한은 없었던 것으로 생각된다. 그러나 노비의 경우에는 4촌 이외에는 주지 못하도록 하는 수교가 세종조에 있었다. 특히 공천의 경우 증여에 대한 제한이 다양하였다. 이러한 증여에는 무상인 경우와 유상인 경우가 공존하였던 것으로 보인다. 유상증여의 경우 매매나 교환과 그 구별이 모호하기는 하나, 반드시 같은 것은 아니었던 것으로 판단된다. 또 일정한 조건을 붙인 증여도 있었다.

증여가 일단 성립하더라도 不孝와 같은 사유가 있으면 증여자에 의한 일방적인 취소가 가능하였으며, 그리고 증여자는 일정한 경우 증여에 대한 담보책임을 부담하였다. 특히 조선 초기에 있어서는 정부에 노비를 증여한 경우에 그 노비가 도망하거나 사망한 때에는 증여자가 다시 보충할 책임을 지도록 하였다. 그러다가 명종조에 이르러 樂工과 奉足에 대해서만 更正責任을 부과하는 것으로 하여 증여자의 책임을 경감하였다.

3. 雇 傭

(1) 雇傭의 內容

조선시대에 있어서 고용관계는 개인과 개인뿐만이 아니라 또한 개인과 국가기관 사이에서도 이루어졌던 것으로 보인다.

전자의 것으로는, 選上奴를 다른 사람으로 代立시키는 것이 있었는데,

세종 18년에 刑曹의 牒呈에 의거하여 의정부가 아뢴 바에 의하면, 選上奴子가 그 역의 괴로움을 견디지 못하여 삯을 주고 사람을 사서 역을 대신 치르게 하였는데, 6개월의 값이 綿布 15필에 달하였다. 노자들은 훗날 파산될 걱정을 하지 않고 휴식하는 방책으로써 소・말・토지・산업 등을 抵當잡히거나 팔아 버리기까지 하여 마침내는 직업을 잃고 도망하여 서울과 지방의 노비가 점점 피폐하게 되는 폐단을 가져오자, 지금부터는 各司의 選上奴子는 대신 세우는 것을 허가하지 말고 모두 本身으로 역을 치르게 하고, 서울에 거주하는 노자는 모두 3번으로 나누어, 일이 많지 않을 때는 번을 합하지 말게 하고, 매양 2번씩으로 역을 하게 하며, 1번은 교대로 휴식하게 하여 부자와 형제가 한집에서 같이 거주하게 하고, 4인 이상이 역을 하는 자는 1인을 奉足으로 삼도록 하였다.[128)]

또 『성종 276권 24년 4월 12일 병오』에서는 이러한 代立을 나라에서 통용되는 例事로 보고 있다. 正兵을 代立시키는 것과 관련하여 성종 24년에 대립하는 자를 금하였다가, 곧 다시 대립을 허가하고 그 값을 정하도록 하였다. 그러나 대신들 대부분이 대립을 허가하는 법규에 반대의 주장을 하자, 『성종 278권 24년 윤5월 8일 신축』에서, 결국 伺候[129)]가 되는 자만은 대립을 허가하지 않는 것으로 타협하였다.

이 문제와 관련하여 『연산군 28권 3년 10월 12일 기유』를 보면, 당시에 柳子光이, 군액을 감하여 민생을 구제하자는 주장을 제기함으로써 대신들 사이에 논의가 있었는데, 결국 盧公弼・許琛・李堪 등의 의견에 좇아, 군대에 소속되지 않은 정병의 수효가 많으므로 이들로써 빠진 수효에 충당

128) 『세종 74권 18년 9월 23일 을묘』: 「議政府, 據刑曹呈啓, 各司居京奴子數少, 不能獨當其役, 故以各道散住奴子, 稱爲選上三丁爲一戶, 六朔相遞番上, 蓋欲使京外奴婢, 更相休息, 以寬力役也, 今旣立選上之法, 而居京奴婢之苦役, 猶故選上之奴, 則官吏尤不用心存恤故亦不堪其苦, 雇人代役六朔之價, 緜布十五匹, 無知奴子, 不顧後日破產之患, 徒以目前息肩之計, 至典賣牛馬田產, 終至失業逃散, 京外奴婢, 轉相凋弊, 實爲可慮, 今後各司選上奴子, 勿許代立, 竝令本身當役仍使官吏, 常加存恤, 其居京奴子, 竝分三番, 非遇多事, 則勿令合番, 每使二番立役, 一番輪流休息, 其父子兄弟, 同居一戶, 而四人以上立役者, 以一人爲奉足何如. 從之」.

129) 망을 보거나 적의 동정을 살피는 군사를 말한다.

하고 나이 장성한 자들을 너무 심하게 수색하지 말도록 하여 그 힘을 휴양할 수 있도록 하였다. 그 뒤 연산군 8년에도 보병·정병·공천 등이 月利를 내어서 代立[130]시킨 기록이 보인다.[131]

그리고 조정 관료들을 국가와의 고용관계로 볼 수 있을 듯한 事例로는 다음과 같은 것이 보인다. 『숙종 29권 21년 8월 3일 임진』을 보면, 좌의정 柳尙運이, 백관의 녹봉을 辛亥年(현종 12년, 1671)의 전례에 의거하여 散料[132]로 분급하기를 청하자, 숙종은 忠臣重祿의 도리에 어긋남이 있다 하여 허락하지 않다가 마침내 그대로 따랐다. 또한 『영조 89권 33년 3월 30일 신유』에서는, 백관과 군병의 頒料는 달을 넘길 수 없다 하여 祿都目[133]을 행하도록 명하였다.

(2) 雇傭의 種類

영조 28년에는 판결사 尹彬이, 유기아를 거두어 기른 경우 賑政이 바야흐로 한창 진행되고 있을 때 賑廳의 立案을 받은 경우 외에, 10세 이후에 사들인 경우에는 진정이 끝난 뒤에 관에 呈狀하여 모두 雇傭으로 시행할 것을 주장하였다.

숙종 25년의 수교(『新補受敎輯錄』 刑典 公賤條 1254항)에서는 「왕명을 받들어서 면역하는 것과 같은 것에 대해서는 쇄환하여서는 아니 된다. 비누匠 및 각처의 水工을 품값을 주고 雇立하는 경우에는 戶曹에서 稟處」토록

---

130) 公役에 사람을 대신 보내는 것을 말한다.

131) 『연산군 47권 8년 12월 26일 갑자』: 「大司憲崔漢源曰, 全羅道水災處多, 賑救之方, 不可忽也, 頃者鰥寡孤獨撫恤事, 申移于外方, 此國家盛事, 請加留念, 臣久任於外, 備知民間事, 民生貧苦, 莫甚於此時, 陳許之人, 類皆步正兵公賤切隣一族也, 正兵公賤等出月利以代立, 給月利者, 必呈官徵之, 或無當身, 雖有而貧乏者, 則必分徵一族切隣, 年年若是, 其何能堪, 國家非不知此弊也, 臣亦不知說何策以祛之也, 但弊及於民之事, 一切裁省, 以休民生何如, 故云, 寬民一分, 民受一分之賜, 請更留意, 各道分定天使時人情物件, 皆難備之物, 監司分于各官, 各官分于民戶, 使之備納, 民何以堪, 然此事不可廢也, 此外無名之斂, 一切裁抑幸甚」.

132) 四孟朔에 주던 녹봉을 매달 나누어 주는 것을 말한다.

133) 1년 4계절에 나누어 주는 관원의 녹봉을 책정하는 것을 말한다.

하였다.

또 投託奴婢에 대해서는『영조 77권 28년 8월 27일 을묘』에서「判決事尹彬上書略曰, 臣待罪本職, 今四箇月, 而民訴之最可矜惻者, 卽良人之願賣其身也, 或爲父死不葬, 或爲母飢垂死也, 京城如此, 則外方可知, 噫如傷之化, 雖洽於一世滯穗之利, 猶阻於伊寡, 致令可哀之民, 爲奴爲婢, 顧今秋成已屆, 蕩柝之民, 庶有安集之望, 而至若賣身者, 受人羈絆, 不得自由, 買取者, 亦不可公然見失, 自今一依雇工例, 姑爲服役, 十年後則許其除本價, 自退宜矣, 辛亥大殺後良民之自鬻者, 其直不過五六斗米三四貫錢, 而生子生女支屬繁殖之後, 雖納倍價, 乞退不得, 國家法意, 寧有是理, 臣謂道路遺棄兒呈官收養者及賑政方張時, 受賑廳立案者外, 十歲後買得者, 畢賑後呈官, 幷以雇傭施行爲宜, 至於奴良妻所生, 自辛亥從母爲良事定式, 而猶有恣意侵暴者, 亦宜隨現重繩焉. 王世子答曰, 令廟堂稟處」, 즉 良人으로서 자신을 팔아서 노비가 된 자들을 구제하기 위한 대책을 마련할 것을 상서하였는데, 즉「양인이 자신을 판 경우 남의 속박을 받아서 자유로울 수가 없으며, 사서 취한 자도 또한 공연히 손해를 볼 수는 없으니, 이제부터 한결같이 雇工의 예에 의하여 우선 服役은 하되, 10년 뒤에는 本價를 免除시키도록 허락하여 스스로 물러나게 함이 마땅하다. 辛亥年(영조 7년, 1731)의 대흉년 이후 양민의 값은 쌀 5, 6두와 돈 3, 4꿰미에 불과하였다. 그런데 자식을 낳아 자손이 불어난 뒤에 아무리 갑절의 값을 바치며 물러나기를 애걸해도 물러날 수가 없다. 이것은 국가의 法意로 보아 있을 수 없는 일이다. 따라서 길에 버려진 아이를 거두어 기르는 경우 賑政이 한창 진행되고 있을 때 賑廳의 立案을 받은 경우 외에, 10세 이후에 사들인 경우에는 진정이 끝난 뒤 관에 呈狀하여 모두 雇傭으로 시행함이 마땅하다」고 하자, 이에 왕세자는 의정부로 하여금 품처하도록 한 내용이다.

(3) 小　結

조선시대에 있어서 고용관계는 개인과 개인뿐만이 아니라 개인과 국가기관 사이, 국가기관끼리에서도 이루어진 것으로 보인다.

특히 遺棄兒의 收養과 관련하여서는 여러 차례 입법이 진행되다가, 영조 28년에 이르러, 유기아를 10세 이후에 사들인 경우에는 고용으로 시행하려는 시도가 있었다.

그리고 조선 후기에 이르면서 공천의 경우 사회적 신분이나 지위가 향상되면서 所有關係에서 雇傭關係로, 身分關係에서 契約關係로 발전하게 된다.

4. 交　換

(1) 意義 및 內容

조선 초기의 매매는 아직까지 화폐제도가 발달하지 못한 물품화폐시기였으므로 물건과 물건을 서로 바꾸는 매매와 교환은 그 법적 성격의 구별이 분명하지 않았다. 교환은 대개 동일한 종류의 물건을 서로 교역하는 경우에 인정되었으며, 相換, 換買 또는 換給이라고도 하여 交換文記에도 이를 명시하였다.

교환할 때에 文記를 작성하고 追奪擔保文言을 약정하는 점은 매매와 동일하였다. 특히 매매를 물품화폐로 하던 시대에는 매매와 교환이 명확히 구분되지 않았으나, 銅錢이 유통되면서 물건끼리 바꾸는 경우를 교환이라 하여 매매와 명확히 구별하고 있다. 상세한 것은 賣買의 章에서 다루었으므로, 여기에서는 간단하게 살핀다.

먼저, 『세종 21권 5년 9월 15일 계사』를 보면, 당시 綃子의 값으로 인삼을 바꾸기도 하였으며, 『세종 43권 11년 1월 12일 기미』에서는 乃而浦千戶 曺顔仲이 법에 정한 이외의 鹽軍 9인을 징발하여, 매월 2석의 소금을 거두어 선군으로 하여금 魚物을 싣고 가서 米穀과 바꾸게 하였다가 처벌받은 기록이 있다.

또 『세종 51권 13년 3월 14일 무인』에서는, 당시 동전의 사용을 확대하기 위하여 軍資監의 묵은 쌀과 廣興倉의 묵은 보리를 동전을 납부하고 교환해 가도록 하였으며, 세종 13년에는, 함길도 각 고을의 還上은 乙巳年(세종 7년, 1425)의 수교에 의거하여, 가난하여 本色[134]을 갖추지 못한 사람에게는 서로 交換하여 관청에 바치게 하고, 그 田稅와 義倉還上米는 서로 교환하는 것을 없애고 모두 本色으로 수납하였다. 다만 義倉米는 皮穀을 구분하지 말고 모두 자원하는 대로 수납하도록 하였다.[135]

(2) 奴婢·田土 등의 換給

조선조에는 사람인 노비와 말을 서로 교환하거나 매매하기도 하였다.[136]

『세종 73권 18년 7월 18일 신해』를 보면, 당시 양민 중에서 변방을 지키기 위하여 상주하는 자에게 전토와 농기구를 갖추어 주고, 거기에다가 公處·私處의 노비를 증가해 주었는데, 사처의 노비인 경우에는 정부의 各司의 노비로 교환하여 주었다. 그러나 공처의 노비인 경우에는 그 또한 국가의 일이기 때문에 반드시 주지는 않았다.

이듬해에 『세종 77권 19년 4월 2일 신유』에서는, 慶源府에 사는 백성의 자제로서 서울에 올라와 벼슬하는 사람에게는 약간의 노비를 주고, 경원부에는 노비 20여 구를 더 주고자 하였는데, 만일 公賤이 없으면 私賤으로써 바꾸어 주도록 하였다.

또 세종조에 경상도·전라도 등 여러 도의 쌀과 布를 서로 교환하는 법을 시험적으로 시행하였으나 백성들이 즐겨 따르지 않았다. 이에 세종 29년에 의정부에서 호조의 呈狀에 의거하여 폐지하기를 청하자 그대로 따랐다.[137]

---

134) 田地에서 생산된 그대로의 것인 벼·보리·밀·콩 등을 말한다.

135) 『세종 54권 13년 11월 10일 신미』: 「戶曹啓, 咸吉道各官還上, 請依乙巳年受敎, 貧窮未備本色者, 令相換納官, 其田稅又義倉還上米, 則除相換, 竝以本色收納, 命依所啓施行, 但義倉米, 則勿分皮穀雜穀, 並從自願收納」.

136) 『단종 6권 원년 5월 11일 정묘』; 『예종 2권 즉위년 11월 29일 을유』 참조.

137) 『세종 115권 29년 2월 4일 병신』: 「議政府據戶曹呈啓, 慶尙全羅道等, 施行米布相換之法, 民不樂從, 請罷之. 從之」.

본래 永安道는 백성은 희소하고, 私賤은 많았으므로 세종조에 처음 5진을 설치하여 官奴婢와 私賤을 바꾸도록 하였었다.

『성종 264권 23년 4월 11일 신해』에서도, 金升卿이, 私賤과 하삼도의 公賤을 서로 바꾸어서 民戶를 늘릴 것을 주장하였으나, 나라에 이익될 것이 없다는 尹弼商의 반대에 부딪혀 무산되었다.

公田의 교환에 관한 것으로는, 연산군 2년에 廣平大君의 妻의 토지가 宣陵의 標內로 많이 들어가자 廣州의 屯田으로 바꾸어 주고자 하였다. 그러나 승지들이, 公田을 떼어서 민간인에게 주는 것은 부당하다는 이유를 들어 반대하자, 연산군도 양보하였고, 앞서 徽淑翁主에게 주었던 原州의 屯田 역시 주지 말도록 하였다.[138] 그리고 현종 14년에도 효종의 묘인 寧陵의 火巢로 정해진 한계 안에 포함된 田土의 주인이 모두 다른 땅으로 바꿔 주기를 원하자, 公田으로 대신 주었다.[139] 또한 『영조 35권 9년 9월 5일 계미』를 보면, 당시에 寧嬪房에서 절수한 곳을 戶曹에 소속되어 籍沒해 들인 田土와 바꾸어 주도록 하였다. 이에 대하여 여러 대신들이 극구 반대하였으나, 영조는 주장을 굽히지 않았다.

138) 『연산군 12권 2년 1월 8일 정해』: 「廣平大君妻田地, 多入宣陵標內, 故欲以廣州屯田, 折半償之爾, 承旨等啓, 廣州, 畿甸殘邑, 而陵寢在境內者非一, 三路來倭, 皆由州治, 供頓浩繁, 今又折屯田之半以與人, 則恐益疲弊, 且廣平妻, 素富贍, 雖不償之, 固足生活, 借使貧乏, 無以自存, 不宜折公田以給, 且今田地入標內如廣平妻者甚多, 國家不能盡償, 況此田, 成宗償賜王子, 旋屬廣州, 亦必料此弊而然也, 大低諸邑屯田, 不宜與人, 近者徽淑翁主所賜原州田, 亦可勿給. 傳曰, 可」.

139) 『현종 21권 14년 9월 4일 경오』: 「又曰, 火巢定限內, 有人家二十五, 塚墓六十餘, 民田五六結矣, 人家當此寒節, 似難撤移, 渠輩亦願特春遷徙, 當依情願, 塚墓在於舊火巢之外, 今不必掘出, 田土皆願換給, 不願受價, 亦難強迫, 綾原大君家免稅田, 在火巢外, 以公田相換給之, 似爲便矣. 上皆許之」.

연구문헌목록

1. 法令集 및 資料集

『各司受敎』
『經國大典』
『經國大典註解』
『高麗史』
『高麗史節要』
『舊慣及制度調査委員會 決錄』(서울高等法院)
『大明律』
『大明律直解』
『大典續錄』
『大典註解』
『大典通編』
『大典會通』
『大典後續錄』
『詞訟類聚』
『三國史記』
『三國遺事』
『續大典』
『受敎輯錄』
『新補受敎輯錄』
『典律通補』
『朝鮮經國典』
『朝鮮王朝實錄』
『秋官志』
『慣習調査報告書』(朝鮮總督府, 1905)
『慣習調査報告書』(朝鮮總督府, 1912)
『慣習調査報告書』(朝鮮總督府, 1923)
『農地關係統制法令便覽』(朝鮮總督府 農林局 農政課, 1941)

『臨時農地價格統制令關係』(朝鮮總督府 農林局 農政課, 1936)
『民事慣習回答彙集』(朝鮮總督府 中樞院, 1933)
『法令類纂』(朝鮮總督府 內務部 地方局, 1917)
『小作慣行調査書』(朝鮮總督府 行政學會, 1933)
『司法ニ關スル新法令集』(高等法院書記課 編纂, 1915)
『小作ニ關スル慣習調査書』(朝鮮總督府, 1930)
『李朝法典考』(朝鮮總督府, 1940)
『朝鮮ノ小作慣習』(朝鮮總督府, 1932)
『朝鮮ノ土地制度及地稅制度 調査報告書』(朝鮮總督府, 1917)
『朝鮮高等法院判例要旨類集』(朝鮮高等法院, 1927)
『朝鮮農地價格統制便覽』(朝鮮總督府 農林局 農政課, 1944)
『朝鮮民事令 朝鮮刑事令』(朝鮮總督府, 1912)
『朝鮮森林山野所有權ニ關スル指針』(朝鮮總督府, 1917)
『朝鮮田制考』(朝鮮總督府, 1884)
『朝鮮土地改良例規追錄』(朝鮮總督府 農林局 農政課, 1935)
『朝鮮土地調査事業 概覽』(朝鮮總督府 臨時土地調査局, 1917)
『朝鮮土地調査事業 報告書』(朝鮮總督府 臨時土地調査局, 1917)
『朝鮮土地調査事業報告書 追錄』(朝鮮總督府, 1917)
『土地調査事業의 說明』(朝鮮總督府 臨時土地調査局, 1917)

2. 單 行 本

姜晋哲, 『高麗土地制度史硏究』, 高麗大學校 出版部, 1983.
高承濟, 『韓國村落社會史硏究』, 一志社, 1977.
丘秉朔, 『韓國古代法史』, 高麗大學校 出版部, 1984.
旗田 巍, 『朝鮮中世社會史の硏究』, 東京: 法政大學出版局, 1972.
金炳華, 『韓國司法史』 上・中・下, 一潮閣, 1976.
金成俊, 『韓國中世政治・法制史硏究』, 一潮閣, 1985.
金容德, 『韓國制度史硏究』, 一潮閣, 1983.
東洋學硏究所, 『經國大典註解』, 檀國大學校, 1985.
朴秉濠, 『法制史料講讀』, 國史編纂委員會, 1990. 6.

朴秉濠,『世宗時代의 法律』, 世宗大王記念事業會, 1986. 12.
______,『傳統的 法體系와 法意識』, 서울대학교 韓國文化研究所, 1972. 10.
______,『韓國法制史』, 韓國放送通信大 出版部, 1986. 2.
______,『韓國法制史攷』, 法文社, 1974.
______,『韓國의 傳統社會와 法』, 서울대학교 出版部, 1985. 5.
宋斗用,『韓國法制史 -高麗律의 研究-』, 進明文化社, 1985.
申榮鎬,『共同相續論』, 도서출판 나남, 1987.
______,『朝鮮前期相續法制』, 세창출판사, 2002.
延正悅,『韓國法制史』, 學文社, 1984.
劉承源,『朝鮮初期身分制研究』, 乙酉文化社, 1987.
李成茂,『朝鮮初期 兩班研究』(一潮閣, 1985)
仁井田陞,『補訂 中國法制史研究』II, 東京: 東京大學出版會, 1981.
______,『中國法制史』, 東京: 岩波書店, 1952.
池承鍾,『朝鮮前期 奴婢身分研究』, 一潮閣, 1995.
淺見倫太郎,『朝鮮法制史稿』, 学文閣, 1968.
崔承熙,『古文書研究』, 韓國精神文化研究院, 1981.
韓國法制研究院,『大典會通研究 -卷首・吏典編-』, 1993.
韓國精神文化研究院,『譯註 經國大典』, 1985.
韓國學研究所,『韓國近代法制史料叢書』(1): 萬國公法, 亞細亞文化社, 1981.
______,『韓國近代法制史料叢書』(2): 公法便覽(上), 亞細亞文化社, 1981.
______,『韓國近代法制史料叢書』(3): 公法便覽(下), 亞細亞文化社, 1981.
______,『韓國近代法制史料叢書』(4): 公法會通, 亞細亞文化社, 1981.
玄勝鍾(曺圭昌 增補),『게르만法』, 博英社, 1989.
______,『로마法』, 一潮閣, 1982.
______,『西洋法制史』, 博英社, 1984.
花村美樹,『朝鮮社會法制史研究』, 東京: 岩波書店, 1936.
喜頭兵一,『李朝の財産相續法』, 朝鮮總督府 中樞院, 1936.

3. 論　文

高承濟,「李朝律令體制의 形成과 良賤制度의 特殊性」,『學術院論文集』 제20집, 大韓民國學術院, 1981.

丘秉朔, 「韓國古代의 社會法制」, 『法學의 諸問題』(고병국박사 환력기념논문집), 경희대학교, 1969.

______, 「韓國古代奴婢制度」, 『法史學硏究』 제1호, 韓國法史學會, 1974. 7.

______, 「古代奴婢制度-高麗時代 奴婢制度硏究의 基礎로서-」, 『法史學硏究』 제1호, 韓國法史學會, 1974. 7.

______, 「高麗時代 奴婢制度의 法理」, 『法律行政論集』 제14집, 高麗大學校 法學硏究所, 1976. 5.

______, 「韓國社會法制史特殊硏究-朝鮮王朝初期의 奴婢問題를 中心으로-」, 『友石大學校 文理科大學法經大學論集』, 1967.

金三守, 「三國遺事에 나타난 所有權 事例에 관한 考察」, 『法史學硏究』 제7호, 韓國法史學會, 1983. 6.

______, 「三國遺事에 나타난 所有權 事例에 관한 考察」, 『淑明女子大學校論文集』 19, 淑明女子大學校, 1979. 12.

金容圭, 「韓國의 近代的 土地所有權에 관한 考察」, 『法學의 諸問題』(고병국박사 환력기념논문집), 경희대학교, 1969.

______, 「李朝社會의 去來法」, 『省谷論叢』 제3집, 省谷學術文化財團, 1972.

______, 「李朝社會의 土地相續法」, 『現代法學의 諸問題』(서돈각박사 화갑기념논문집), 법문사, 1981.

金裕赫, 「鄕約의 類型的 考察」, 『法史學硏究』 제3호, 韓國法史學會, 1976. 10.

金在文, 「朝鮮王朝의 擔保制度에 관한 硏究」, 東國大學校 博士學位論文, 1983.

______, 「朝鮮王朝의 私債權實現(其一)-私的 强制執行」, 『法史學硏究』 제8호, 韓國法史學會, 1985.

朴德培, 「鄕約의 法的 硏究」, 『法史學硏究』 제3호, 韓國法史學會, 1976. 10.

朴秉濠, 「經國大典의 法思想的 性格」, 『震檀學報』 제48권, 震檀學會, 1979. 10.

______, 「經國大典의 編纂 · 頒行」, 『한국사』 9, 國史編纂委員會, 1972. 2.

______, 「古代의 政治 · 法制」, 『韓國學基礎資料選集<古代編>』, 韓國精神文化硏究院, 1987. 12.

______, 「高麗末의 奴婢贈與文書와 立案」, 『法思想과 民事法』 제1권, 국민서관, 1979. 12.

______, 「舊韓國時代의 刑事立法의 沿革」, 『法制月報』 제7권 제11호, 법제처, 1965. 11.

朴秉濠, 「農地利用强制制度의 史的 基礎」, 『法學』 제20권 제2호, 서울대학교 법학연구소, 1980. 5.

______, 「茶山의 法思想」, 『丁茶山研究의 現況』, 民音社, 1985.

______, 「法制度面에서 본 世宗朝文化의 再認識」, 『世宗朝文化의 再認識』, 韓國精神文化研究院, 1982. 4.

______, 「相續法制와 傳統家族의 意識」, 『文學思想』 제108호, 문학사상사, 1981. 10.

______, 「世宗 21年의 牒呈」, 『法史學研究』 제1호, 1974. 7.

______, 「우리나라 不動產去來法 略史」, 『不動產去來의 諸問題』, 경영문화원, 1979. 6.

______, 「李朝時代의 不動產物權에 관한 研究」, 서울大學校 碩士學位論文, 1958. 3.

______, 「李朝時代의 不動產訴訟法小考」, 『法學』 제2권 제1호, 서울대학교 법학연구소, 1960. 6.

______, 「傳統的 法意識과 現代法의 課題」, 『歷史的 脈絡에서 본 現代韓國文化의 方向』, 韓國精神文化研究院, 1980. 3.

______, 「傳統的인 裁判制度와 近代的인 裁判制度」, 『東亞年鑑』, 동아일보사, 1970.

______, 「朝鮮時代의 裁判制度」, 『서울六百年史』 II, 서울특별시, 1978. 12.

______, 「朝鮮時代 土地所有의 法的 性格」, 『民事法學』 제1호, 韓國民事法學會, 1978.

______, 「朝鮮初 立法者의 法律觀」, 『韓國思想大系』 II, 성균관대학교 출판부, 1979. 8.

______, 「韓國近世의 土地所有權에 관한 研究 (一)」, 『法學』 제8권 제1·2호; 제9권 제1호, 서울대학교 법학연구소, 1966. 3·12; 1967. 7.

______, 「韓國法制史의 時代區分과 各時代 特徵」, 『韓國史의 時代區分에 관한 研究』, 韓國精神文化研究院, 1995. 8.

______, 「韓國의 傳統社會와 法」, 『法學』 제15권 제1호, 1974. 6.

徐吉洙, 「高麗時代의 貸借關係 및 利子研究」, 『國際大學論文集』, 국제대학, 1981. 5.

申榮鎬, 「朝鮮前期의 祭祀相續法制」, 『石堂論叢』 제13집, 東亞大學校 石堂傳統文化研究院, 1987.

禹柄彰, 「朝鮮時代 胎兒의 法的 地位」, 『安岩法學』 제14호, 安岩法學會, 2002. 4.

______,「朝鮮王朝 貸借制度 硏究」,『동양고전연구』 제8집, 동양고전학회, 1997. 5.

______,「朝鮮王朝 不動産物權變動 硏究」,『동양고전연구』 제5집, 동양고전학회, 1995. 12.

______,「朝鮮朝 擔保制度 硏究」,『比較私法』 제9권 4호, 韓國比較私法學會, 2002. 12.

柳宅馨,「栗谷의 變法思想을 통해서 본 私法理論에 관한 硏究」, 漢陽大學校 博士學位論文, 1980.

尹載秀,「高麗時代의 身分位階法制에 관한 硏究」, 慶南大學校 博士學位論文, 1989.

李光秉,「韓國村落 共同財産에 관한 硏究」, 漢陽大學校 博士學位論文, 1986.

崔達坤,「朝鮮前期의 傳係文記에 관한 法」,『民事法學의 諸問題』(金容漢敎授 華甲記念論文集), 박영사, 1990.

______,「朝鮮前期의 戶籍法」,『法學論集』 第25輯, 高麗大學校 法學硏究所, 1987.

記事索引

【ㅅ】

【ㅊ】

■ 著者略歷

禹 柄 彰

- 고려대학교 법과대학 졸업
- 고려대학교 대학원 법학과 졸업(법학석사, 법학박사)
- 한국가족법학회 총무이사 · 감사, 早稻田大學 比較法硏究所 訪問學者
  (日韓法學會招請 韓日間硏究交流) 역임
- 현재 상지대학교 법학부 부교수, 동북아친선협회 간사,
  한중법학회 이사, 한국가족법학회 출판이사

주요논문

- 중국의 이혼법
- 중국 입양법 연구
- 친족제도의 변천
- 북한 가족법의 변천 外 多數

조선시대재산법

2006년 3월 25일 초판 발행
2007년 3월 30일 2쇄 발행

저 자 우 병 창
발행인 이 방 원
발행처 세창출판사
서울 종로구 송월동 64-1
전화 723-8660 팩스 720-4579
E-mail: sc1992@empal.com
homepage: www.sechangpub.co.kr
등록 1990. 10. 8. 제2-1068호(윤)

정가 35,000원

ISBN 978-89-8411-144-8 93360

국립중앙도서관 출판시도서목록(CIP)

조선시대재산법 / 저자: 우병창. -- 서울 : 세창출판사, 2006(2007쇄)
p. ; cm. -- (금산법학 ; 제4호)

색인수록
ISBN 978-89-8411-144-8 93360 : \35000

365.2-KDC4
346.04-DDC21 CIP2007000889